Simone de Beauvoir
A FORÇA DA IDADE

TRADUÇÃO *Sérgio Milliet*
PREFÁCIO *Mirian Goldenberg*

8ª EDIÇÃO

EDITORA
NOVA
FRONTEIRA

Título original: *La Force de l'âge*
Copyright © Éditions Gallimard 1960

Direitos de edição da obra em língua portuguesa no Brasil adquiridos pela EDITORA NOVA FRONTEIRA PARTICIPAÇÕES S.A. Todos os direitos reservados. Nenhuma parte desta obra pode ser apropriada e estocada em sistema de banco de dados ou processo similar, em qualquer forma ou meio, seja eletrônico, de fotocópia, gravação etc., sem a permissão do detentor do copirraite.

EDITORA NOVA FRONTEIRA PARTICIPAÇÕES S.A.
Rua Candelária, 60 — 7º andar — Centro — 20091-020
Rio de Janeiro — RJ — Brasil
Tel.: (21) 3882-8200

Tradução do texto da página 5 de Alcida Brant

Imagem de capa: foto de Henri Cartier Bresson, 1947

CIP-Brasil. Catalogação na fonte
Sindicato Nacional dos Editores de Livros, RJ

B352f Beauvoir, Simone de, 1908-1986
      A força da idade / Simone de Beauvoir ; tradução Sérgio Milliet. - 8. ed. - Rio de Janeiro : Nova Fronteira, 2022.
      576 p. ; 23 cm. (Clássicos de Ouro)

      Tradução de: La force de l'âge
      ISBN 978.65.5640.162-1

      1. Beauvoir, Simone de, 1908-1986. 2. Escritores franceses - Biografia. I. Milliet, Sérgio. II. Título. III. Série.

17-46379   CDD: 848
                            CDU: 821.133.1-94

Simone de Beauvoir, em suas memórias, nos dá a conhecer sua vida e obra. Quatro volumes foram publicados entre 1958 e 1972: *Memórias de uma moça bem-comportada*, *A força da idade*, *A força das coisas* e *Balanço final*. A estes se uniu a narrativa *Uma morte muito suave*, de 1964. A amplitude desse empreendimento autobiográfico encontra sua justificativa numa contradição essencial ao escritor: a impossibilidade de escolher entre a alegria de viver e a necessidade de escrever; de um lado, o esplendor do contingente; do outro, o rigor salvador. Fazer da própria existência o objeto de sua obra era, em parte, solucionar esse dilema.

Simone de Beauvoir nasceu em Paris, a 9 de janeiro de 1908. Até terminar a educação básica, estudou no Curso Désir, de rigorosa orientação católica. Tendo conseguido o certificado de professora de filosofia em 1929, deu aulas em Marseille, Rouen e Paris até 1943. *Quando o espiritual domina*, finalizado bem antes da Segunda Guerra Mundial, só veio a ser publicado em 1979. *A convidada*, de 1943, deve ser considerado sua estreia literária. Seguiram-se então *O sangue dos outros*, de 1945, *Todos os homens são mortais*, de 1946, *Os mandarins* — romance que lhe valeu o Prêmio Goncourt em 1954 —, *As belas imagens*, de 1966, e *A mulher desiludida*, de 1968.

Além do famoso *O segundo sexo*, publicado em 1949 e desde então livro de referência do movimento feminista mundial, a obra teórica de Simone de Beauvoir compreende numerosos ensaios filosóficos, e por vezes polêmicos, entre os quais se destaca *A velhice*, de 1970. Escreveu também para o teatro e relatou algumas de suas viagens ao exterior em dois livros.

Depois da morte de Sartre, Simone de Beauvoir publicou *A cerimônia do adeus*, em 1981, e *Cartas a Castor*, em 1983, o qual reúne uma parte da abundante correspondência que ele lhe enviou. Até o dia de sua morte, 14 de abril de 1986, colaborou ativamente para a revista fundada por ambos, *Les Temps Modernes*, e manifestou, de diferentes e incontáveis maneiras, sua solidariedade total ao feminismo.

Sumário

Prefácio 9

Prólogo 15

Primeira parte 17
Capítulo I 19
Capítulo II 85
Capítulo III 119
Capítulo IV 194
Capítulo V 265

Segunda parte 353
Capítulo VI 356
Capítulo VII 442
Capítulo VIII 522

Prefácio

Muitos estudiosos acreditam que o século XX foi o século da revolução das mulheres. E é inegável que a protagonista dessa revolução feminista foi Simone de Beauvoir.

Nos meus 16 anos li *O segundo sexo*, livro que mudou decisivamente o rumo da minha vida. Li e reli, inúmeras vezes, todos os livros de Simone de Beauvoir, que se tornou a principal referência na minha trajetória profissional e pessoal. Se eu estava destinada a ser uma "moça bem-comportada", como tantas mulheres da minha geração, a obra de Simone de Beauvoir me tornou uma mulher cujo principal valor é a liberdade.

Iniciei minha conferência para me tornar professora titular da Universidade Federal do Rio de Janeiro com um trecho de *Memórias de uma moça bem-comportada*, livro em que Simone de Beauvoir retratou sua infância e adolescência:

"Por que resolvi escrever? (...) Temia a noite, o esquecimento; o que eu vira, sentira, amara, era-me desesperante entregá-lo ao silêncio. Comovida com o luar, desejava logo uma caneta, um pedaço de papel e saber utilizá-los. (...) Escrevendo uma obra tirada da minha história, eu criaria a mim mesma de novo e justificaria minha existência."

Simone de Beauvoir se convenceu de que o primeiro volume de suas memórias exigia uma continuação: seria inútil ter contado a história de sua vocação como escritora se não tentasse dizer como ela se concretizou.

A força da idade, segundo volume de sua obra autobiográfica, retrata sua vida dos 21 aos 36 anos (1929-1944). O livro é uma ode à liberdade: "O que me inebriou quando voltei a Paris, em setembro de 1929, foi primeiramente minha liberdade."

Neste livro, que nos prende da primeira à última linha, acompanhamos detalhadamente a invenção de uma parceria amorosa e intelectual que influenciou os pensamentos e comportamentos de toda uma geração. "Em relação a Sartre, eu me acomodara declarando: 'Somos um só'."

O célebre casal fez um pacto: não somente nenhum mentiria ao outro, como também não lhe esconderia nada. Deveriam contar tudo um ao outro.

Sartre, que não tinha "a vocação da monogamia", propôs: "Entre nós, trata-se de um amor necessário: convém que conheçamos também amores contingentes." Simone de Beauvoir aceitou o pacto: "Éramos de uma mesma espécie e nossa compreensão duraria tanto quanto nós mesmos, mas ela não podia suprir as riquezas efêmeras dos encontros com seres diferentes; como consentiríamos deliberadamente em ignorar a gama dos espantos, das saudades, dos remorsos, dos prazeres que éramos também capazes de sentir?"

A liberdade era, para os dois, a "única regra".

"Nada nos limitava, nada nos definia, nada nos sujeitava; nossas ligações com o mundo, nós é que as criávamos; a liberdade era nossa própria substância. (...) Éramos escritores. Qualquer outra determinação era impostura. (...) Empenhados de corpo e alma na obra que dependia de nós, libertávamo-nos de todas as coisas que não dependiam dela."

No entanto, além da ânsia pela liberdade, Simone de Beauvoir tinha uma "obstinação esquizofrênica da felicidade":

"Em toda a minha existência, não encontrei ninguém que fosse tão dotada para a felicidade quanto eu, ninguém tampouco que se prendesse a isso com tamanha obstinação. Logo que a toquei, tornou-se minha única preocupação."

A força da idade é um documento rico em detalhes sobre sua relação com Sartre, suas amizades e seus amores, suas longas caminhadas, seus passeios de bicicleta e de carro, seu anseio de viajar e conhecer o mundo, seu processo de criação, seu sofrimento com a ascensão do fascismo e do nazismo. Sua intensa curiosidade e sua paixão pela vida estão presentes na troca de cartas com Sartre, nas conversas com os amigos, nos diários, e, principalmente, no dilema entre viver o presente ou escrever sobre ele.

Simone de Beauvoir se desnudou ao revelar uma mulher ambígua. Uma mulher forte e corajosa em sua luta pela liberdade, mas também insegura e carente em suas relações amorosas. Uma mulher com os mesmos conflitos, ciúmes, invejas, medos e desejos das mulheres que nasceram no início do século passado. Uma mulher que, para se definir, precisava dizer primeiramente: "Sou uma mulher", mas que sabia que sua feminilidade não constituía um incômodo ou um álibi.

As experiências cotidianas descritas minuciosamente em cada página do livro foram decisivas para a construção de uma mulher que influenciou não só os meus projetos de vida, mas os de incontáveis mulheres de todo o mundo. *A força da idade* retrata magnificamente a lição mais importante que aprendi com Simone de Beauvoir: que liberdade é a melhor rima para felicidade.

Mirian Goldenberg

A Jean-Paul Sartre

Prólogo

Lancei-me numa aventura imprudente quando comecei a falar de mim: começa-se e não se acaba mais. Meus vinte primeiros anos, há muito que os desejava contar; nunca esqueci os apelos que dirigia, na adolescência, à mulher em que iria me tornar, corpo e alma. Nada ficaria de mim, nem mesmo uma pitada de cinzas; rogava-lhe que me arrancasse um dia desse vazio em que ela teria me feito mergulhar. Talvez meus livros não tenham sido escritos senão para atender a essa antiga prece. Aos cinquenta anos julguei que chegara o momento; emprestei minha consciência à criança, à jovem abandonada no fundo do tempo perdido e com ele perdida. Fiz com que existissem em preto e branco no papel.

Meu projeto não ia mais longe. Adulta, cessei de invocar o futuro; quando terminei minhas *Memórias*, nenhuma voz se erguia em meu passado para incitar-me a continuá-las. Eu estava decidida a empreender outra coisa. E eis que não consegui. Invisível, embaixo da última linha, desenhara-se um ponto de interrogação de que não pude desviar o pensamento. A Liberdade: para quê? Toda essa desordem, esse grande combate, essa evasão, essa vitória, que sentido minha vida lhes devia dar? Meu primeiro impulso foi entrincheirar-me atrás de meus livros; que nada, eles não me trazem nenhuma resposta: eles é que estão em discussão. Resolvera escrever; escrevi, concordo: mas para quê? Por que esses livros, somente esses, exatamente esses? Eu queria mais, ou menos? Não há medida comum entre a esperança vazia e infinita de meus vinte anos e uma obra acabada. Eu queria ao mesmo tempo muito mais e muito menos. Pouco a pouco me convenci de que o primeiro volume de minhas recordações exigia a meus próprios olhos uma continuação: fora inútil ter contado a história de minha vocação de escritora se não tentasse dizer como se encarnara.

Ademais, refletindo bem, o projeto me interessa em si. Minha existência não terminou, mas já possui um sentido que, verossimilmente, o futuro não modificará muito. Qual? Por motivos que no decorrer dessa investigação precisarei tirar a limpo, evitei perguntar a mim mesma. Está na hora, ou nunca, de sabê-lo.

Dirão talvez que uma tal preocupação só diz respeito a mim; mas não, Samuel Pepys ou Jean-Jacques Rousseau, medíocre ou excepcional, se um indivíduo se exprime com sinceridade, todo mundo, mais ou menos, se acha em jogo. É impossível lançar alguma luz sobre a própria vida sem iluminar, em algum ponto, a dos outros. De resto, os escritores são atormentados por perguntas: Por que escreve? Como passa seus dias? Para além do gosto pelas anedotas e bisbilhotices, parece que muitas pessoas desejam compreender que modo de vida representa a literatura. O estudo de um caso particular informa melhor do que as respostas abstratas e gerais; é o que me anima a examinar o meu. Talvez esta exposição ajude a dissipar certos mal-entendidos que separam sempre os autores de seu público e cujo dissabor senti muitas vezes; um livro só adquire seu sentido verdadeiro quando se sabe em que situação, em que perspectiva foi escrito e por quem. Gostaria de explicar os meus, falando aos leitores de pessoa para pessoa.

Entretanto, devo preveni-los de que não pretendo dizer *tudo*. Contei minha infância e minha juventude sem nada omitir; mas se pude sem embaraço nem demasiada indiscrição pôr a nu meu longínquo passado, não experimento em relação à minha idade adulta o mesmo desapego, não disponho da mesma liberdade. Não se trata aqui de tagarelar acerca de mim mesma e de meus amigos; não gosto de intrigas. Deixarei resolutamente na sombra muitas coisas.

Por outro lado, minha vida viu-se estreitamente ligada à de Jean-Paul Sartre; mas sua história, ele espera contá-la ele próprio, e deixo-lhe a tarefa. Só estudarei suas ideias, seus trabalhos, só falarei nele à medida que interveio em minha existência.

Certos críticos acreditaram que em minhas *Memórias* eu tivesse querido dar uma lição às jovens; desejei sobretudo pagar uma dívida. Este relatório apresenta-se em todo caso isento de qualquer preocupação moral. Atenho-me a testemunhar o que foi minha vida. Nada prejulgo, a não ser que toda verdade pode interessar e servir. A que e a quem servirá o que tento exprimir nestas páginas? Ignoro. Desejaria que fossem abordadas com idêntica inocência.[1]

---

[1] Neste livro, consenti em omitir, nunca em mentir. Mas é provável que minha memória me tenha traído em pequenas coisas. Os pequenos erros que o leitor talvez anote não comprometerão certamente a verdade do conjunto.

Primeira parte

Capítulo I

O que me inebriou quando voltei a Paris, em setembro de 1929, foi primeiramente minha liberdade. Com ela sonhara desde a infância, quando "brincava de gente grande" com minha irmã. Já disse como ansiava apaixonadamente por ela, quando estudante. Repentinamente eu a possuía; a cada gesto eu me maravilhava com minha leveza. Ao abrir os olhos pela manhã, agitava-me jubilante. Por volta dos meus doze anos, sofrera por não ter um canto meu em casa. Lendo em *Mon Journal* a história de uma colegial inglesa, contemplara com nostalgia o cromo que representava o quarto dela: uma carteira, um sofá, prateleiras cheias de livros; entre aquelas paredes de cores vivas, ela trabalhava, lia, tomava chá, sem testemunhas: como a invejava! Entrevira pela primeira vez uma existência mais favorecida do que a minha. E eis que afinal eu também estava em minha casa! Minha avó livrara-se de todas as poltronas, mesinhas e bibelôs de seu salão. Eu comprara móveis de bétula que minha irmã ajudara a envernizar de escuro. Tinha uma mesa, duas cadeiras, um grande baú que servia também de assento, prateleiras para meus livros, um sofá combinando com o papel alaranjado das paredes. Da sacada de meu quinto andar, eu dominava os plátanos da rua Denfert-Rochereau e o Lion de Belfort. Aquecia-me com um fogareiro vermelho a querosene que cheirava mal, e eu gostava desse cheiro porque sentia que defendia minha solidão. Que alegria poder fechar a porta e passar dias ao abrigo de todos os olhares! Durante muito tempo permaneci indiferente ao aspecto do ambiente em que vivia; talvez por causa da ilustração de *Mon Journal,* preferia os quartos que ofereciam um sofá e prateleiras, mas eu me acomodava em qualquer canto; bastava-me apenas poder fechar a porta para me sentir plenamente satisfeita.

Pagava uma pensão a minha avó e ela me tratava com a mesma discrição com que tratava os outros inquilinos; ninguém controlava minhas idas e vindas. Podia voltar para casa de madrugada ou ler a noite inteira, dormir ao meio-dia, ficar emparedada vinte e quatro horas seguidas, sair para a rua subitamente. Almoçava um *borscht* no Dominique, jantava no Coupole uma xícara de chocolate. Gostava do chocolate, do *borscht*, das longas sestas, das noites sem sono, mas apreciava sobretudo meu capricho. Quase nada o contrariava. Constatei alegremente que "a seriedade da existência", com que os adultos me tinham enchido os ouvidos, na verdade não pesava muito na balança. Passar nos exames não fora brincadeira; estudara seriamente, tivera medo de levar bomba, tropeçara em obstáculos e cansara-me. Agora não encontrava resistências, sentia-me de férias, e para sempre. Alguns alunos particulares e uma substituição no Liceu Victor-Duruy garantiam-me o pão de cada dia; essas tarefas não me aborreciam de modo algum, pois, executando-as, parecia que me entregava a um novo jogo: o jogo de ser adulta. Diligenciar para arranjar uns *tapirs*,[2] discutir com diretoras e pais de alunos, organizar meu orçamento, pedir emprestado, pagar, calcular, todas essas atividades me divertiam porque as enfrentava pela primeira vez. Recordo com que alegria recebi meu primeiro cheque. Tinha a impressão de iludir alguém.

Nunca me interessei muito por roupas; entretanto, tive prazer em vestir-me de acordo com minha vontade. Ainda estava de luto pela morte de meu avô e não desejava chocar; comprei um manto, um gorro e escarpins cinzentos; mandei fazer um vestido para combinar e outro preto e branco. Reagindo contra os tecidos de algodão e de lã que me tinham obrigado a usar, escolhi tecidos sedosos: crepe da china e outro tecido muito feio que estava na moda naquele inverno, um veludo grosso. Todas as manhãs pintava-me com extravagância: uma placa vermelha em cada maçã, muito pó de arroz, batom. Achava absurdo que as pessoas se vestissem com mais apuro nos domingos do que nos dias de semana; para mim, todos os dias eram feriados, então eu me enfeitava em todas as circunstâncias da mesma maneira. Percebia que o crepe da china e o veludo grosso pareciam algo deslocados nos corredores do liceu, que meus escarpins estariam menos acalcanhados se não os tivesse arrastado o dia inteiro sobre os paralelepípedos de Paris, mas eu não ligava. A toalete era uma dessas coisas que eu não levava a sério.

Instalava-me, arranjava as coisas, recebia amigos, saía; mas eram apenas preliminares. Quando Sartre voltou para Paris, em meados de outubro, uma nova vida começou realmente.

---

[2] Alunos particulares que se preparam para a universidade. (N.T.)

Sartre viera me ver no Limousin; hospedara-se no hotel Boule d'Or, em Saint-Germain-les-Belles; para evitar falatórios, encontrávamo-nos a boa distância da cidade, no campo. Com que alegria, pela manhã, eu descia correndo os gramados do parque, pulava outeiros, atravessava os prados ainda úmidos onde tantas vezes, e não raro amargamente, eu ruminara a minha solidão! Sentávamo-nos na relva e conversávamos. Não imaginara, no primeiro dia, que, longe de Paris e de nossos colegas, essa ocupação pudesse bastar-me. "Levaremos livros e leremos", sugerira eu. Sartre ficara indignado; rejeitara também todos os meus projetos de passeio; era alérgico a clorofila, o verde das pastagens irritava-o, só o tolerava com a condição de esquecê-lo. Pois que fosse assim. Por pouco que me encorajasse, o discurso não me assustava; retomamos a conversa iniciada em Paris e logo me dei conta de que, ainda que continuasse até o fim do mundo, o tempo me pareceria curto demais. Mal a manhã acabava de nascer e já o sino do almoço tocava. Ia comer em casa; Sartre comia pão de centeio e mel, ou queijo que minha prima Madeleine depositava com mistério num pombal abandonado ao lado da "casa de baixo"; ela gostava do romanesco. Mal desabrochava e já fenecia a tarde, caía a noite. Sartre voltava ao hotel; jantava ao lado dos caixeiros-viajantes. Eu dissera a meus pais que estávamos trabalhando em um livro que seria uma crítica ao marxismo. Esperava amansá-los, lisonjeando-lhes o ódio ao comunismo, mas não os convenci em absoluto. Quatro dias depois da chegada de Sartre, vi-os surgindo nos limites do prado em que estávamos instalados; aproximaram-se. Meu pai tinha um ar resoluto mas um tanto embaraçado com seu palheta amarelado. Sartre, que nesse dia usava uma camisa de um rosa agressivo, pôs-se em pé, com o olhar provocante. Meu pai pediu-lhe cortesmente que deixasse a região; o povo falava, comentava, e minha aparente má conduta prejudicava a reputação de minha prima, que procuravam casar. Sartre retorquiu com vivacidade mas sem muita violência, pois estava decidido a não adiantar em uma só hora sua partida. Limitamo-nos a ter encontros um pouco mais clandestinos num longínquo bosque de castanheiros. Meu pai não voltou a insistir e Sartre ficou ainda uma semana no Boule d'Or. Depois disso, escrevemo-nos diariamente.

Quando tornei a encontrá-lo, em outubro, tinha liquidado meu passado;[3] empenhei-me por inteira em nosso caso. Sartre devia partir em breve para o serviço militar; entrementes estava de férias. Residia na rua Saint-Jacques, com seus avós Schweitzer, e encontrávamo-nos pela manhã no jardim Luxemburgo cinzento e dourado, sob o olhar branco das rainhas de pedra; só nos largávamos tarde da noite. Andávamos por Paris e continuávamos a conversar, considerando o pé em que estávamos em relação a nós mesmos, nossa ligação, nossa vida e nossos futuros livros. Hoje, o que me parece mais importante nessas conversas são menos as coisas que dizíamos do que as que encarávamos como resolvidas; não estavam, enganávamo-nos em relação a quase tudo. Para nos definir, cumpre examinar esses erros, pois exprimiam uma realidade: a de nossa situação.

Já o disse: Sartre vivia para escrever; tinha por missão testemunhar todas as coisas e retomá-las por sua conta e à luz da necessidade; a mim, era prescrito emprestar minha consciência ao múltiplo esplendor da vida, e eu devia escrever para arrancá-la do tempo e do nada. Essas missões impunham-se a nós com uma evidência que nos garantia sua realização; sem nos formular, aderíamos ao otimismo kantiano: deves, logo podes. E efetivamente, como a vontade duvidaria de si mesma no momento em que se decide e se afirma? É uma só coisa então querer e acreditar. Por isso mesmo confiávamos no mundo e em nós mesmos. Éramos contra a sociedade em sua forma atual; mas esse antagonismo nada tinha de melancólico: implicava um robusto otimismo. O homem devia ser recriado e essa invenção seria em parte obra nossa. Não pensávamos em contribuir para isso senão com livros; os negócios públicos nos entediavam muitíssimo, mas esperávamos que os acontecimentos se desenrolassem segundo nossos desejos, sem que tivéssemos que nos meter neles. A esse respeito, no outono de 1929, partilhávamos a euforia da esquerda francesa. A paz parecia definitivamente assegurada. A expansão do Partido Nazista na Alemanha representava apenas um epifenômeno sem gravidade. O colonialismo seria liquidado em pouco tempo: a campanha iniciada por Gandhi na Índia e a agitação comunista

---

[3] Contei-o em *Memórias de uma moça bem-comportada*.

na Indochina nos garantiam isso. A crise de virulência excepcional que sacudia o mundo capitalista pressagiava que essa sociedade não aguentaria muito tempo. Já nos afigurava vivermos na idade de ouro que constituía a nossos olhos a verdade recôndita da História, e que ela se limitaria a desvendar.

Ignorávamos em todos os domínios o peso da realidade. Vangloriávamo-nos de uma liberdade radical. Acreditamos durante tanto tempo e com tanta tenacidade nessa palavra que foi preciso ver de perto o que nela púnhamos.

Cobria uma experiência real. Em toda atividade descobre-se uma liberdade, particularmente na atividade intelectual, porque dá pouca margem a repetição. Tínhamos trabalhado muito; sem cessar, fora preciso compreender e inventar novamente. Tínhamos uma intuição prática da liberdade, irrecusável; nosso erro foi não a encerrar dentro de seus justos limites; ficamos presos à imagem da pomba de Kant: o ar que lhe resiste, longe de travar, suporta seu voo. O dado apareceu-nos como a matéria de nossos esforços, não como seu condicionamento; pensávamos não depender de nada. Assim como nossa cegueira política, esse orgulho espiritualista explica-se antes de tudo pela violência de nossos projetos. Escrever, criar: não ousaríamos, na verdade, arriscar-nos a essa aventura se não tivéssemos absoluta certeza de nós mesmos, de nossos fins e de nossos meios. Nossa audácia era inseparável das ilusões que a sustentavam, e as circunstâncias as haviam favorecido juntas. Nenhum obstáculo exterior jamais nos forçara a ir de encontro a nós mesmos; queríamos conhecer e exprimir-nos; estávamos empenhados até o pescoço nessa tarefa. Nossa existência satisfazia tão bem nossos desejos que nos parecia que a tínhamos escolhido; daí acharmos que sempre se submeteria a nossos desígnios. A sorte que nos servira mascarava a adversidade do mundo. Por outro lado, interiormente, não sentíamos empecilhos. Eu mantinha boas relações com meus pais, mas eles tinham perdido todo domínio sobre mim; Sartre nunca conhecera o pai; nem sua mãe nem seus avós tinham encarnado a lei a seus olhos. Em certo sentido, éramos ambos sem família e tínhamos erigido essa situação em princípio. Havíamos sido encorajados pelo racionalismo cartesiano que Alain nos transmitira e que tínhamos abraçado justamente porque nos convinha. Nenhum escrúpulo, nenhum respeito e nenhuma aderência afetiva nos impediam de tomarmos nossas resoluções à luz da razão e de nossos desejos; não percebíamos em nós nada de opaco ou turvo; pensávamos ser pura consciência e pura vontade. Essa convicção era fortalecida pelo arrebatamento com o qual apostávamos no futuro; não estávamos alienados a nenhum interesse definido, porquanto o presente e o passado deviam ser sempre ultrapassados. Não hesitávamos em contestar todas as coisas e nós mesmos sempre que a ocasião o solicitava; criticávamo-nos e condenávamo-nos com desenvoltura, uma vez que toda mudança nos afigurava um progresso. Como nossa ignorância dissimulava a maior parte dos problemas que nos deveriam ter inquietado, contentávamo-nos com essas revisões e imaginávamo-nos intrépidos.

Seguíamos nosso caminho sem constrangimento, sem entrave, sem embaraço, sem medo; mas como não tropeçávamos em algumas barreiras pelo menos? Porque, afinal de contas, tínhamos os bolsos vazios; eu ganhava a vida com dificuldade, Sartre roía uma pequena herança de sua avó paterna; as lojas regurgitavam objetos proibidos; os lugares de luxo estavam fechados para nós. A tais interdições opúnhamos a indiferença e até o desdém. Não éramos ascetas, longe disso; mas hoje, como outrora — e Sartre parecia-se comigo —, somente as coisas que me eram acessíveis, e sobretudo as que tocava, tinham seu peso de realidade; entregava-me tão inteiramente a meus desejos, a meus prazeres, que nada sobrava para ser desperdiçado em vontades vãs. Por que teríamos lamentado não andar de carro se, ao longo do canal Saint-Martin ou dos cais de Bercy, fazíamos tantas descobertas a pé? Quando comíamos pão com *foie gras* Marie no meu quarto, ou quando jantávamos na *brasserie* Demory, cujo cheiro pesado de cerveja e chucrute Sartre apreciava, não nos sentíamos privados de nada. À noite, no Falstaff, no College Inn, bebíamos com ecletismo *bronx*, *sidecar*, Bacardi, *alexandra*, martíni; tinha uma predileção pelos coquetéis com hidromel do Vikings, os coquetéis com abricó, especialidade do Bec de Gaz da rua Montparnasse: o que mais nos poderia ter oferecido o bar do Ritz? Tínhamos nossas festas. Uma noite, no Vikings, comi frango com cranberries enquanto uma orquestra tocava a melodia em voga: "Pagan love song". Sabia que o festim não me teria maravilhado se não fosse excepcional. A própria modéstia de meus recursos servia minha felicidade.

Não é de resto um gozo imediato que se busca nos objetos caros; eles servem de mediação com outras pessoas; seu prestígio é outorgado a eles por terceiros prestigiosos. Dadas nossa educação puritana e a firmeza de nosso engajamento intelectual, os fregueses dos palácios, os homens de Cadillac, as mulheres de peles de *vison*, os duques, os milionários não nos impressionavam; como aproveitadores do regime que condenávamos, considerávamos mesmo esses integrantes da alta sociedade a borra da terra. Sentia por eles, esses homens e mulheres, uma piedade irônica. Sem contato com a massa, confinados em seu luxo e em seus esnobismos, eu dizia a mim mesma, quando passava diante das portas intransponíveis do Fouquet's ou do Maxim's, que os excluídos eram eles. Em geral não existiam para mim. Seus privilégios e seus requintes faziam-me tão pouca falta quanto o cinema ou o rádio aos gregos do século V. Evidentemente, o muro de dinheiro punha em xeque nossa curiosidade, mas não nos irritávamos porque pensávamos que aquela "gente do dinheiro" nada tinha a nos ensinar; suas dissipações cerimoniosas cobriam tão somente um vazio.

Nada, portanto, nos limitava, nada nos definia, nada nos sujeitava; nossas ligações com o mundo, nós é que as criávamos; a liberdade era nossa própria substância. A cada dia, nós a exercíamos, mediante uma atividade que ocupava um lugar grande em nossas vidas: o jogo. Em sua maioria, os casais jovens suprem com jogos e fábulas a pobreza de seu passado comum. A isso recorríamos com maior zelo, pois éramos de temperamento ativo e vivíamos provisoriamente no ócio. Comédias, paródias, apólogos, nossas invenções desempenhavam um papel preciso: defendiam-nos contra esse espírito de seriedade que recusávamos com o mesmo rigor que Nietzsche e por motivos análogos; tornavam o mundo mais leve, projetando-o no imaginário e permitindo que o mantivéssemos a distância.

Sartre era o mais inesgotável de nós dois. Compunha lamentos, versinhos infantis, epigramas, madrigais, fábulas expressas, toda espécie de poemas-relâmpagos e, por vezes, cantava-os com melodias por ele inventadas; não desprezava nem os trocadilhos nem os despropósitos;

divertia-se com assonâncias, aliterações: era uma maneira de se habituar a manipular as palavras, a explorá-las e ao mesmo tempo despojá-las de seu peso cotidiano. Tomara de empréstimo a Synge o mito do *Baladin*,[4] eterno errante que fantasia com belas histórias mentirosas a mediocridade da vida. *The Crock of Gold*, de James Stephens, fornecera-nos o mito do *Leprechaun*: encolhido sob as raízes das árvores, esse gnomo desafia a desgraça, o tédio, a dúvida, fabricando sapatinhos. Ambos, o aventureiro e o sedentário, ensinavam a mesma lição: antes de tudo a literatura. Mas esta perdia através deles seu peso dogmático. Com relação aos livros que escreveríamos e que tanto nos preocupavam, tomávamos certa distância chamando-os "nossos sapatinhos".

Tínhamos ambos uma saúde de ferro e boa disposição para tudo. Mas eu suportava mal as contrariedades; minha fisionomia mudava, eu me encolhia, hesitava. Sartre atribuía a mim uma dupla personalidade; de costume era o Castor, mas por momentos esse animal cedia o lugar a uma jovem mulher bastante desagradável: Mlle De Beauvoir. Sartre bordava sobre esse tema variações que acabavam sempre fazendo-me sorrir. Quanto a ele, acontecia frequentemente — de manhã, quando sobre a cabeça ainda havia nuvens, ou quando as circunstâncias o reduziam à passividade — que a contingência lhe caísse em cima; contraía-se todo, como para que ela tivesse menos ação sobre ele. Assemelhava-se então ao elefante-marinho que tínhamos visto no jardim zoológico de Vincennes e cuja dor nos partira o coração. Um guarda enfiara-lhe na goela um balde cheio de peixinhos e depois saltara-lhe sobre o ventre; invadido pelos bichinhos, o elefante erguera para o céu os olhos minúsculos e desvairados: era possível dizer que sua enorme massa de carne tentava, através da estreita fenda, transformar-se numa súplica, mas mesmo esse embrião de linguagem lhe era proibido. O monstro bocejou, lágrimas rolaram sobre seu couro oleoso, ele meneou a cabeça e arriou, vencido. Quando a tristeza descompunha o rosto de Sartre, dizíamos que a alma desolada do elefante-marinho se apossara dele. Ele terminava a metamorfose: erguia os olhos para o céu, bocejava e suplicava, mudo; a pantomima despertava sua alegria. Nossos humores não

---

[4] Homem que gosta de passear; turista, *globe-trotter*. (N.T.)

se apresentavam, portanto, a nós como uma fatalidade secretada pelos nossos corpos, e sim como fantasias que envergávamos por perversidade e que abandonávamos à vontade. Durante toda a nossa juventude, e mesmo depois, entregamo-nos a esses psicodramas sumários, sempre que tínhamos de enfrentar situações desagradáveis ou difíceis: nós as transpúnhamos, nós as levávamos ao extremo ou as ridicularizávamos; nós as explorávamos a fundo e isso nos ajudava muito a dominá-las.

Foi também com esses procedimentos que assumimos nosso estatuto econômico. De volta a Paris, antes mesmo de definir nossas relações, já lhes tínhamos dado um nome: "É um casamento morganático." Tínhamos uma dupla identidade. Habitualmente éramos M. e Mme M. Organatique,[5] funcionários nada ricos, sem ambição e que se satisfazem com pouco. Às vezes eu me arranjava melhor, íamos a um cinema do Champs-Élysées ou ao *dancing* do Coupole, e éramos então milionários norte-americanos, M. e Mme Morgan Hattick. Não se tratava em absoluto de uma comédia histérica, destinada a convencer-nos de que durante algumas horas fruíamos prazeres de nababos, e sim de uma paródia que nos confirmava em nosso desprezo pela vida dos ricos; nossas festas modestas enchiam-nos de felicidade, a fortuna não tinha influência sobre nós; reivindicávamos nossa condição. Mas ao mesmo tempo pretendíamos evadir-nos dela; os pequeno-burgueses sem dinheiro a quem chamávamos M. e Mme M. Organatique não eram realmente nós: brincando de nos metermos na pele deles, deles nos distinguíamos.

Vimos que eu considerava também uma fantasia minhas ocupações rotineiras e, entre outras, a de professora. O jogo, desrealizando nossa vida, acabava convencendo-nos de que não nos continha. Não pertencíamos a nenhum lugar, a nenhum país, a nenhuma classe, a nenhuma profissão, a nenhuma geração. Nossa verdade estava em outro lugar. Inscrevia-se na eternidade, e o futuro a revelaria. Éramos escritores. Qualquer outra determinação era impostura. Pensávamos seguir o preceito dos velhos estoicos, que, eles também, tinham apostado tudo na liberdade. Empenhados de corpo e alma na obra que dependia de nós, libertávamo-nos de todas as coisas que não dependiam dela. Não

---

[5] Série de trocadilhos com a palavra *morganatique*. (N.T.)

chegávamos a abster-nos, éramos demasiado ávidos, mas nós as colocávamos entre parênteses. Esse desapego — essa despreocupação e a disponibilidade que as circunstâncias nos permitiam — era tentador confundi-lo com uma liberdade soberana. Para destruir esse engodo, fora necessário distanciar-nos de nós mesmos: não tínhamos meios para isso, e nem vontade.

Duas disciplinas teriam podido nos esclarecer: o marxismo e a psicanálise. Só as conhecíamos em seus aspectos grosseiros. Lembro-me de uma discussão animada no Balzar entre Sartre e Politzer, que pretendia reduzir Sartre à sua qualidade de "pequeno-burguês". Sartre não recusava o epíteto, mas sustentava que não era suficiente para definir suas atitudes; ele propunha o espinhoso problema do intelectual saído da burguesia, que é capaz, segundo o próprio Marx, de superar o ponto de vista de sua classe: Em que circunstância? Como? Por quê? A bela cabeleira ruiva de Politzer flamejava, e ele falava com fluência, mas não conseguiu convencer Sartre. De qualquer maneira, Sartre teria levado em conta a liberdade, já que ainda acredita nela hoje. Mas uma análise séria teria diminuído a ideia que dela formávamos. Nossa indiferença ao dinheiro era um luxo que podíamos nos oferecer, porque tínhamos o suficiente para não passar necessidades e não ser acuados a trabalhos penosos. Nossa grandeza de espírito, nós a devíamos a uma cultura e a projetos acessíveis tão somente à nossa classe. Era nossa condição de jovens intelectuais pequeno-burgueses que incitava a nos acreditar incondicionados.

Por que esse luxo em detrimento de outro? Por que permanecíamos acordados em vez de adormecermos em certezas? A psicanálise nos teria apresentado respostas se a tivéssemos consultado. Ela começava a expandir-se na França e alguns de seus aspectos nos interessavam. Em psicopatologia, o "monismo endócrino"[6] de Georges Dumas nos parecia — como à maior parte de nossos colegas — inaceitável. Acolhíamos favoravelmente a ideia de que as psicoses, as neuroses e seus sintomas têm uma significação e que esta remete à infância do indivíduo. Mas parávamos aí; como método de exploração do homem normal,

---

[6] Tínhamos batizado assim seu sistema de explicação, embora ele pretendesse seguir o dualismo cartesiano.

recusávamos a psicanálise. Só tínhamos, por assim dizer, lido de Freud *A interpretação dos sonhos* e *A psicopatologia da vida cotidiana*. E aprendêramos a letra mais do que o espírito desses livros; eles nos haviam desagradado pelo seu simbolismo dogmático e pelo associacionismo de que estavam impregnados. O pansexualismo de Freud parecia-me participar do delírio, chocava nosso puritanismo. Sobretudo pelo papel que atribuía ao inconsciente, pela rigidez de suas explicações mecanicistas, o freudismo, tal qual o concebíamos, esmagava a liberdade humana; ninguém nos apontava possíveis conciliações, e não éramos capazes de descobri-las. Ficamos presos à nossa atitude racionalista e voluntarista; em um indivíduo lúcido, pensávamos, a liberdade triunfa dos traumas, dos complexos, das recordações, das influências. Afetivamente desligados de nossa infância, ignoramos durante muito tempo que essa indiferença se explicava pela nossa própria infância.

Se o marxismo e a psicanálise nos impressionaram tão pouco, num momento em que numerosos jovens se apegavam a tais doutrinas, não foi somente porque delas tínhamos apenas noções rudimentares: não queríamos olhar-nos de longe com olhos estranhos; importava-nos primeiramente coincidir com nós mesmos. Em vez de atribuir teoricamente limites à nossa liberdade, preocupávamo-nos praticamente em salvaguardá-la, pois estava em perigo.

A esse respeito, havia grande diferença entre mim e Sartre. Parecia-me milagroso ter me arrancado do passado, bastar-me e decidir sobre o que dizia respeito a mim; conquistara de uma vez por todas minha autonomia; nada a tiraria de mim. Sartre não fazia senão chegar a um estágio de sua existência de homem que ele previra havia muito com desgosto; acabava de perder a irresponsabilidade da adolescência; entrava no universo, detestável, dos adultos. Sua independência achava-se ameaçada. Primeiramente ia ser obrigado a dezoito meses de serviço militar; aguardava-o em seguida o magistério. Encontrara uma defesa: solicitavam do Japão um assistente de francês e ele apresentara sua candidatura para outubro de 1931; contava ficar dois anos por lá e esperava conhecer depois outras expatriações. A seu ver, o escritor, o contador de histórias, devia assemelhar-se ao *Baladin* de Synge; não devia parar definitivamente em nenhum lugar. Nem junto de ninguém. Sartre não tinha a vocação da monogamia; comprazia-se na companhia das mulheres que achava menos cômicas do que os homens; não desejava, com vinte e três anos, renunciar para sempre à sedutora diversidade delas. "Entre nós", explicava-me utilizando o vocabulário que lhe era caro, "trata-se de um amor necessário: convém que conheçamos também amores contingentes". Éramos de uma mesma espécie e nossa compreensão duraria tanto quanto nós mesmos, mas ela não podia suprir as riquezas efêmeras dos encontros com seres diferentes; como consentiríamos deliberadamente em ignorar a gama dos espantos, das saudades, dos remorsos, dos prazeres que éramos também capazes de sentir? Refletimos longamente sobre isso durante nossos passeios. Uma tarde, com os Nizan, fôramos ver, nos Champs-Élysées, *Tempestade sobre a Ásia* e, depois de os termos deixado, descêramos a pé até os jardins do Carrousel. Sentamos num banco de pedra ao lado de uma das alas do Louvre. Como encosto havia uma balaustrada separada do muro por um espaço estreito: nessa gaiola um gato miava; como se metera ali dentro? E era grande demais para sair. A noite caía e uma mulher aproximou-se com um saco de papel nas mãos: tirou de dentro restos de comida e os deu ao gato, acariciando-o com ternura. Foi nesse momento que Sartre propôs: "Façamos um contrato de dois anos." Eu podia arranjar-me para ficar em Paris durante esses dois anos e viveríamos na intimidade mais estreita possível. Depois, ele aconselhava-me a solicitar, eu também, uma situação no estrangeiro. Ficaríamos separados dois ou três anos e voltaríamos a nos encontrar em algum lugar no mundo, em Atenas, por exemplo, para retomar durante um tempo mais ou menos longo uma vida mais ou menos comum. Nunca seríamos estranhos um ao outro, nunca um de nós apelaria ao outro em vão, e nada prevaleceria sobre essa aliança; mas era preciso que não degenerasse em constrangimento, em hábito; devíamos preservá-la por todos os meios desse apodrecimento. Aquiesci. A separação que Sartre encarava não deixava de me assustar, mas esboçava-se ao longe, e eu adotara como regra não me preocupar com problemas antecipados; contudo, à medida que o medo me assaltava, eu o encarava como uma fraqueza e esforçava-me por diminuí-lo; o que me ajudava é que já comprovara a solidez das palavras de Sartre. Com ele, um projeto não era conversa fiada, e sim um momento de realidade. Se me dissesse um dia: "Encontro-a daqui a vinte e dois meses, exatamente às dezessete horas, na Acrópole", poderia estar certa de que o encontraria na Acrópole às dezessete horas exatamente, vinte e dois meses depois. De um modo mais geral, sabia que nenhuma desgraça vinda da parte dele me ocorreria, a não ser que morresse antes de mim.

Quanto às liberdades que nos tínhamos teoricamente concedido, não se tratava em absoluto de usá-las durante o período do "contrato"; entendíamos entregar-nos sem reticência e sem partilha à novidade de nossa história. Fizemos outro pacto: não somente nenhum de nós nunca mentiria ao outro, como também não lhe esconderia nada. Os "amiguinhos" sentiam a maior repugnância pelo que chamamos "vida interior"; nesses jardins em que as almas de qualidade cultivam segredos delicados, viam fétidos pantanais; é aí que se realiza docemente o tráfico da má-fé, é aí que se saboreiam as delícias estagnadas do narcisismo. Para dissipar essas sombras e esses miasmas, tinham por hábito expor abertamente suas vidas, seus pensamentos, seus sentimentos. O que limitava essa publicidade era a falta de curiosidade; falando demais de si mesmo, cada um teria aborrecido os outros. Mas entre mim e Sartre essa restrição não funcionava; ficou combinado que nos diríamos tudo. Eu estava acostumada ao silêncio, e, a princípio, a regra perturbou-me. Mas compreendi depressa suas vantagens; não precisava mais inquietar-me comigo mesma: um olhar, sem dúvida benevolente, porém mais imparcial do que o meu, devolvia-me uma imagem, que eu julgava objetiva, de cada um de meus movimentos; esse controle defendia-me contra os receios, as falsas esperanças, os escrúpulos vãos, as fantasmagorias, os pequenos delírios que se arquitetam tão facilmente na solidão. Pouco me importava que esta não existisse mais para mim: ao contrário, estava muitíssimo alegre por ter escapado dela. Sartre era-me tão transparente quanto eu mesma: que tranquilidade! Aconteceu-me mesmo abusar dela: desde que não me escondia mais, acreditei-me dispensada de pôr perante mim mesma a menor questão a seu respeito; percebi, mais tarde, duas ou três vezes, que era uma solução preguiçosa. Mas, se me censurei então por ter carecido de vigilância, não incriminei o estatuto a que obedecíamos e de que nunca nos afastamos; nenhum outro nos teria sido conveniente.

Isso não implica a meus olhos que a sinceridade seja para todos, em qualquer caso, uma lei nem uma panaceia; tive muitas oportunidades, depois, de refletir sobre seus bons e seus maus empregos. Indiquei um desses perigos numa cena de meu último romance, *Os mandarins*. Anne, cuja prudência aprovo nesse trecho, aconselha sua filha Nadine a não confessar uma infidelidade ao rapaz que ela ama; Nadine, com efeito, não tem absolutamente a intenção de esclarecer o rapaz: deseja provocar ciúmes nele. Acontece muitas vezes de falar não ser somente informar, e sim agir; trapaceamos se, fingindo não exercer nenhuma pressão sobre outra pessoa, jogamos na sua cara uma indiscreta verdade. Essa ambiguidade de linguagem não impede a franqueza; obriga apenas a algumas precauções. Basta habitualmente deixar passar algum tempo para que as palavras percam sua eficácia; pode-se, com alguma distância, descobrir de maneira desinteressada fatos, sentimentos, cuja revelação imediata teria constituído uma manobra ou, pelo menos, uma intervenção.

Sartre debateu muitas vezes comigo essa questão e abordou-a também em *A idade da razão*. No primeiro capítulo, Mathieu e Marcelle, fingindo "dizer tudo", evitam falar o que quer que seja. A palavra representa às vezes apenas uma maneira, mais hábil do que o silêncio, de calar-se. Mesmo no caso em que as palavras informam, não têm o poder de suprimir, superar, desarmar a realidade: servem para enfrentá-la. Enganam-se mutuamente dois interlocutores que acreditam dominar os acontecimentos e as pessoas acerca das quais trocam confidências, a pretexto de praticar a sinceridade. Há uma forma de lealdade que observei amiúde e que não passa de flagrante hipocrisia; limitada ao terreno da sexualidade, não visa em absoluto a criar uma íntima compreensão entre o homem e a mulher, e sim a fornecer a um deles — ao homem em geral — um tranquilo álibi: ele se embala na ilusão de que, confessando suas infidelidades, ele as resgata, quando na realidade inflige à sua parceira uma dupla violência.

Enfim, nenhuma máxima intemporal impõe a todos os casais uma perfeita translucidez: cabe aos interessados decidirem que gênero de acordo desejam atingir; não têm nem direitos nem deveres *a priori*. Na minha adolescência, eu afirmava o contrário: inclinava-me demasiado a pensar que o que valia para mim valia para todos.

Hoje, em compensação, irrito-me quando terceiros aprovam ou censuram as relações que estabelecemos, sem levar em conta a particularidade que as explica ou justifica: esses sinais gêmeos em nossas frontes. A fraternidade que soldou nossas vidas tornava supérfluos e irrisórios todos os laços que teríamos podido forjar. Para que, por exemplo, morar sob o mesmo teto se o mundo era nossa propriedade comum? E por que recear distâncias entre nós que nunca poderiam nos separar? Um só projeto nos animava: tudo abarcar e tudo testemunhar; esse projeto mandava-nos seguir, em certas ocasiões, caminhos diferentes sem roubarmos um ao outro o mais ínfimo de nossos achados; juntos, dobrávamo-nos às suas exigências, a tal ponto que no próprio momento em que nos dividíamos, nossas vontades confundiam-se. Era o que nos ligava e nos desligava; e, com esse desligamento, nós nos achávamos de novo ligados profundamente.

Falo aqui de sinais; em *Memórias*, disse que Sartre procurava, como eu, uma espécie de *salvação*. Se emprego esse vocabulário é porque éramos ambos místicos. Sartre tinha uma fé incondicional na Beleza, que ele não separava da Arte, e eu dava à Vida um valor supremo. Nossas vocações não se recobriam exatamente. Indiquei essa diferença no caderno em que consignava ainda, de vez em quando, minhas perplexidades; um dia anotei: "Tenho vontade de escrever; tenho vontade de frases no papel, de coisas de minha vida postas em frases." Mas de outra feita precisei:"Eu não poderei nunca amar a arte senão como salvaguarda de minha vida. Não serei nunca escritora antes de tudo, como Sartre." A despeito de sua exuberante alegria, Sartre dizia que dava pouco valor à felicidade. Nas piores provações ainda teria escrito. Conhecia-o bastante para não pôr em dúvida essa obstinação. Eu não era do mesmo estilo. Se uma desgraça demasiado grande me atingisse, eu me mataria, decidira. A meus olhos, Sartre, pela firmeza de suas atitudes, me excedia; admirava que tivesse em mãos seu destino; mas, longe de me sentir incomodada, achava confortável estimá-lo mais do que a mim mesma.

Conhecer um entendimento radical com alguém é em todo caso um imenso privilégio; a meus olhos revestia-se de um valor literalmente infinito. No fundo de minha memória brilhavam com uma doçura sem igual as horas em que me refugiava com Zaza no escritório de M.

Mabille e conversávamos. Experimentara também alegrias pungentes quando meu pai me sorria, e eu dizia a mim mesma que, de certa maneira, esse homem superior a todos os outros me pertencia. Meus sonhos de adolescente projetaram no futuro esses momentos supremos de minha infância; não eram sonhos vãos, possuíam em mim uma realidade e é por isso que sua realização não se afigura a mim milagrosa. Por certo as circunstâncias me auxiliaram; teria podido não encontrar um entendimento perfeito com ninguém. Mas, quando me foi dada a oportunidade, se a aproveitei com tamanho arrebatamento e tamanha tenacidade foi porque respondia a um velho apelo. Sartre tinha apenas três anos mais do que eu; era, como Zaza, um igual; partíamos juntos à descoberta do mundo. Entretanto, confiava tão plenamente nele que ele me garantia, como antes meus pais, como Deus, uma segurança definitiva. No momento em que me lancei na liberdade, tornei a encontrar por cima de minha cabeça um céu sem falhas; escapava a todas as obrigações e, no entanto, cada um de meus instantes possuía uma espécie de necessidade. Todos os desejos mais longínquos, mais profundos, estavam satisfeitos; nada me restava a desejar, senão que essa beatitude não fraquejasse nunca. Sua violência levava tudo de roldão; mesmo a morte de Zaza nela se abismou. Por certo solucei, desesperei-me, revoltei-me, mas foi mais tarde, insidiosamente, que a mágoa abriu seu caminho em mim. Nesse outono meu passado dormia; eu pertencia por inteira ao presente.

A felicidade é uma vocação menos comum do que imaginam. Parece-me que Freud tem toda razão de ligá-la à satisfação de nossos desejos infantis; normalmente, a menos que empanturrada até a imbecilidade, uma criança formiga de apetites: o que tem nas mãos é tão pouca coisa em confronto com essa superabundância que percebe e pressente ao redor de si! E ainda é preciso que um bom equilíbrio afetivo lhe permita interessar-se pelo que tem, pelo que não tem. Observei-o amiúde: as pessoas cujos primeiros anos foram devastados por um excesso de miséria, de humilhação e de medo, ou — principalmente — de ressentimento, não são capazes, em sua maturidade, senão de satisfações abstratas: dinheiro,[7]

---

[7] "Se o dinheiro como dinheiro não traz felicidade", diz Freud, "é porque nenhuma criança deseja o dinheiro".

glórias, notoriedade, poder, respeitabilidade. Precocemente presas de outras pessoas e de si mesmas, desviaram-se de um mundo que só lhes reflete mais tarde a antiga indiferença.[8] Em compensação, como pesam, que plenitude de alegria podem trazer-lhes as coisas em que aplicaram o absoluto! Eu não fora uma menina particularmente mimada, mas as circunstâncias tinham favorecido em mim a eclosão de um ror de desejos — meus estudos e minha vida em família obrigaram-me a extingui-los; por isso mesmo explodiram com maior violência e nada me pareceu mais urgente do que apaziguá-los. Era um empreendimento de grande fôlego, ao qual, durante anos, me entreguei sem reservas. Em toda a minha existência, não encontrei ninguém que fosse tão dotada para a felicidade quanto eu, ninguém tampouco que se prendesse a isso com tamanha obstinação. Logo que a toquei, tornou-se minha única preocupação. Se me tivessem proposto a glória e ela devesse ser o luto retumbante da felicidade, eu a teria recusado. Não era apenas essa efervescência em meu coração: entregava-me, pensava, à verdade de minha existência e do mundo. Essa verdade, eu necessitava, mais apaixonadamente do que nunca, possuir. Chegara o momento de confrontar as coisas de carne e osso com as imagens, os fantasmas, as palavras que me tinham servido para antecipar sua presença; eu não teria desejado começar esse trabalho em condições diferentes das que me tinham sido dadas. Paris se apresentava a mim como o centro da Terra; eu transbordava saúde, tinha lazeres sem conta, e encontrara um companheiro de viagem que caminhava pelos meus próprios caminhos com um passo mais seguro do que o meu; podia esperar, graças a essas circunstâncias, fazer de minha vida uma experiência exemplar em que se refletiria o mundo inteiro. E elas asseguravam meu acordo com ele. Em 1929, acreditava, disse-o, na paz, no progresso, nos dias de alegria. Era preciso que minha própria história participasse da harmonia universal. Infeliz, eu teria me sentido exilada: a realidade teria me escapado.

No princípio de novembro, Sartre partiu para o serviço militar. Aconselhado por Raymond Aron, engajara-se na meteorologia. Foi para o

---

[8] Meu primo Jacques, de quem falei em *Memórias*, parece-me um exemplo típico dessa inaptidão à felicidade: resultado, evidentemente, das condições em que se desenrolara sua infância.

forte de Saint-Cyr, onde Aron, que era sargento-instrutor, o iniciou no manuseio do anemômetro. Lembro-me de que na noite de sua partida fui ver Grock e não o achei engraçado. Sartre ficou encerrado durante quinze dias no forte e eu só tinha direito de lhe fazer uma visita rápida; ele recebeu-me num locutório cheio de soldados e de famílias. Não se resignava à estupidez militar nem a perder dezoito meses; revoltava-se. Eu também, qualquer constrangimento me revoltava, e, como éramos antimilitaristas, não queríamos fazer nenhum esforço para suportá-lo de bom grado. Esse primeiro encontro foi fúnebre: o uniforme azul-escuro, o gorro, as perneiras pareceram-me um uniforme de prisioneiro. Mais tarde Sartre teve liberdade. Três ou quatro vezes por semana ia encontrá-lo em Saint-Cyr, no fim da tarde; esperava-me na estação e jantávamos no Soleil d'Or. O forte estava a quatro quilômetros da cidade; eu acompanhava Sartre até metade do caminho e voltava apressadamente para pegar, às nove e meia, o último trem; perdi-o uma vez e tive de ir a pé até Versailles. Caminhar sozinha, por vezes na chuva e no vento, numa estrada escura, olhando brilhar ao longe, em meio aos trilhos, algumas luzes, dava-me uma exaltante impressão de aventura. De vez em quando, era Sartre que vinha à noite a Paris; um caminhão trazia-o até a praça Étoile com alguns camaradas. Não restavam senão duas horas; sentávamo-nos em um café da avenida Wagram ou então caminhávamos pela avenida dos Ternes, comendo à guisa de jantar panquecas de geleia que chamávamos "mata-fome". Nos domingos tinha em geral todo o dia livre. Em janeiro ele foi destacado para Saint-Symphorien, perto de Tours. Ocupava com um chefe e três ajudantes uma casa transformada em estação meteorológica. O chefe, um civil, deixava que os militares se organizassem à vontade; eles tinham estabelecido um revezamento que assegurava a cada um, além das licenças regulamentares, uma semana de liberdade por mês. Paris continuou, portanto, o centro de nossa existência comum.

Passávamos muito tempo a sós, mas saíamos também com amigos. Eu perdera quase todos os meus. Zaza morrera, Jacques casara, Lisa partira para Saigon, Riesmann não me interessava mais e minhas relações com Pradelle definharam. Suzanne Boigue brigou comigo: tentara casar minha irmã com um quarentão de grande valor, assegurava ela, mas cuja seriedade e nuca protuberante assustaram Poupette. Suzanne responsabilizou-me pela recusa. Pouco depois recebi dela uma carta irritada: uma voz desconhecida interpelara-a ao telefone e a chamara de idiota; ela me acusava de ter urdido essa trama. Neguei de imediato, mas sem a convencer. Por isso, das pessoas que tinham importância para mim, só apresentei a Sartre minha irmã, Gégé, Stépha, Fernando, ele se entendia sempre com as mulheres e teve simpatia por Fernando, mas este instalou-se em Madri com Stépha. Herbaud, entretanto, aceitara um lugar em Coutances; embora ensinando, preparava-se novamente para o concurso; eu continuava a gostar muito dele, mas ele só aparecia de vez em quando em Paris. Desse modo, só conservei poucas ligações com meu passado. Em compensação, familiarizei-me com os camaradas de Sartre. Víamos amiúde Raymond Aron, que terminava seu serviço militar no forte de Saint-Cyr. Fiquei muito intimidada no dia em que fui a Trappe sozinha com ele, de carro, à cata de um balão-sonda perdido; ele tinha um carro pequeno e às vezes levava-nos de Saint-Cyr a Versailles para jantar. Estava inscrito no Partido Socialista, o qual desprezávamos, principalmente porque se aburguesara, mas também porque o reformismo nos repugnava: a sociedade só podia mudar globalmente, de um golpe, em virtude de uma convulsão violenta. Mas não falávamos muito de política com Aron. De costume, Sartre e ele discutiam asperamente questões filosóficas. Eu não me metia na conversa, não pensava muito rápido; entretanto, eu teria me colocado de preferência do lado de Aron; como ele, inclinava-me para o idealismo. Para garantir sua soberania ao espírito, eu tomara a decisão banal de diminuir o mundo. A originalidade de Sartre está em que, dando à consciência uma independência gloriosa, outorgava à realidade todo o seu peso; entregava-se ao conhecimento numa translucidez perfeita, mas também na espessura irredutível de seu ser; não admitia distância entre a visão e a coisa vista, o que o metia em problemas espinhosos, mas nunca a dificuldade sequer arranhava suas convicções. Cumpre atribuir ao orgulho ou ao amor esse realismo obstinado? Ele recusava que o homem fosse nele ludibriado pelas aparências; era demasiadamente apegado à terra para reduzi-la a uma ilusão; sua vitalidade inspirava-lhe esse otimismo em que se afirmavam com o mesmo brilho o sujeito e o objeto. Como é impossível acreditar ao mesmo tempo nas cores e nas vibrações do éter, ele rechaçava a ciência: seguia o caminho traçado pelos múltiplos herdeiros do idealismo crítico, mas era com excepcional tenacidade que pisoteava todo pensamento do universal: as leis, os conceitos, todas essas abstrações só continham vento; as pessoas concordavam unanimemente em acolhê-las porque mascaravam delas uma realidade que as inquietava; ele queria apreendê-la em sua verdade imediata; desprezava a análise que só disseca cadáveres; visava a uma inteligência global do concreto, logo do individual, porque só o indivíduo existe. Entre as metafísicas, retinha exclusivamente as que veem no cosmo uma totalidade sintética: o estoicismo, o spinozismo. Aron, entretanto, comprazia-se nas análises críticas e esforçava-se por despedaçar as temerárias sínteses de Sartre; tinha a arte de encerrar o interlocutor dentro de dilemas e, quando o tinha preso, zás, pulverizava-o. "De duas coisas uma, meu amigo", dizia com um pálido sorriso nos olhos muito azuis, muito desabusados e muito inteligentes. Sartre debatia-se para não se deixar amarrar, mas, como seu pensamento era mais inventivo do que lógico, precisava esforçar-se realmente. Não me lembro de que tenha porventura convencido algum dia Aron, nem que este o tenha abalado.

Marido e pai, Nizan fazia seu serviço militar em Paris. Seus sogros possuíam em Saint-Germain-en-Laye uma casa construída e mobiliada em estilo ultramoderno; passamos um domingo rodando um filme no alpendre: o irmão de Rirette Nizan era assistente de direção e dispunha de uma câmera. Nizan desempenhava o papel de um cura, e Sartre, o de um jovem devoto educado num colégio de padres; raparigas debochavam dele, mas quando lhe arrancavam a camisa via-se flamejar em seu peito um enorme escapulário e Cristo aparecia, falando-lhe como de homem para homem: "Fuma?", e à guisa de isqueiro extirpava do peito o Sagrado Coração e lhe oferecia. Na realidade, essa parte do roteiro era muito difícil de realizar e nós a abandonamos. Contentamo-nos com um milagre menos violento: fulminadas pela visão do escapulário, as moças caíam de joelhos e adoravam a Deus. Eram encarnadas por Rirette, eu mesma e uma soberba jovem mulher, casada então com Emmanuel Berl e que nos deixou pasmos, ao despojar-se agilmente de seu elegante vestido verde-amêndoa para surgir, ao sol, de *slip* e sutiã de renda preta. Depois fomos passear pelo campo. A batina caía bem em Nizan, que abraçava ternamente sua mulher: os passantes arregalavam os olhos. Na primavera seguinte, ele nos levou à festa de Garches; derrubamos com bolas de pano banqueiros e generais, e ele nos mostrou Doriot: este apertou a mão de um velho operário com uma afetação de simplicidade fraternalista que Sartre reprovou vivamente.

Com Nizan não se discutia nunca; os assuntos sérios, ele não os abordava de frente; contava anedotas selecionadas cujas conclusões evitava tirar; proferia ameaças e profecias sibilinas roendo as unhas. Nossas divergências eram assim silenciadas. Por outro lado, como muitos intelectuais comunistas dessa época, Nizan era um revoltado mais do que um revolucionário; por isso havia entre nós e ele uma porção de cumplicidades: algumas assentavam em mal-entendidos que deixávamos na sombra. Juntos metíamos a ronca na burguesia. Em Sartre e em mim essa hostilidade permanecia individualista, logo, burguesa; não diferia muito da que Flaubert votava aos *comerciantes* e Barrès, aos *bárbaros*; não era por acaso que, tanto para nós como para Barrès, o engenheiro representava o adversário privilegiado; ele enclausura a vida no ferro e no cimento; caminha para a frente em linha reta, cego, insensível, tão seguro de si quanto de suas equações e tomando impiedosamente os meios como fins; em nome da arte, da cultura, da liberdade, condenávamos nele o homem do universal. Não nos cingíamos contudo ao esteticismo de Barrès: a burguesia como classe era nossa inimiga e desejávamos sua liquidação. Tínhamos uma simpatia de princípio pelos operários porque não eram atingidos pelas taras burguesas; pela crueza de sua necessidade, pela sua luta corpo a corpo com a matéria, enfrentavam a condição humana em sua verdade. Partilhávamos, portanto, as esperanças de Nizan de uma revolução proletária, mas ela nos interessava exclusivamente pelo seu aspecto negativo. Na URSS, os grandes incêndios de outubro há muito haviam se apagado e, em suma, o que lá se elaborava era "uma civilização de engenheiros", dizia Sartre. Não nos teríamos absolutamente sentido à vontade em um mundo socialista; em todas as sociedades, o artista, o escritor, permanece um estranho; a que pretende mais imperiosamente integrá-lo parecia-nos a mais desfavorável a ele.

O camarada com quem Sartre tinha mais intimidade era Pierre Pagniez, um normalista da mesma turma que a dele e que acabava de passar nos exames de *agrégation* em letras. Tinham conseguido fazer o serviço militar na meteorologia e irritavam Aron lançando-lhe aviõezinhos de papel durante os cursos. Pagniez jantava por vezes conosco no Soleil d'Or. Teve a sorte de ficar em Paris. Sartre encontrava-o sempre que vinha de licença. De origem protestante, exibindo como muitos protestantes uma agressiva modéstia, bastante reservado, amiúde sarcástico, entusiasmava-se por poucas coisas, mas interessava-se por muitas. Tinha vínculos camponeses; gostava do campo e da vida rústica. Dizia, rindo, que era passadista: acreditava numa idade de ouro da burguesia, em certos valores dela, nas virtudes do artesanato. Apreciava Stendhal, Proust, os romances ingleses, a cultura clássica, a natureza, as viagens, a conversação, a amizade, os vinhos velhos, os bons pratos. Recusava-se a qualquer ambição; não pensava que fosse necessário escrever para se sentir justificado por existir; parecia-lhe inteiramente suficiente fruir de forma inteligente este mundo e ter alguma felicidade. Certos instantes, dizia — o encontro de uma paisagem, por exemplo, ou de uma disposição de espírito —, davam-lhe a impressão de perfeitas necessidades. Ademais, sua atitude nada tinha de sistemática. "Não faço teorias", afirmava alegremente. As de Sartre divertiam-no muito, não que as julgasse mais falsas do que as outras, mas estimava que a vida passa sempre através das ideias, e era a vida que lhe interessava.

Sartre interessava-se pela vida e por suas próprias ideias; as dos outros aborreciam-no; desconfiava do logicismo de Aron, do esteticismo de Herbaud, do marxismo de Nizan. Era grato a Pagniez por acolher toda experiência com uma atenção que nenhuma segunda intenção deformava; reconhecia-lhe um "sentido dos matizes" que corrigia seus próprios arrebatamentos: era uma das razões que o levavam a apreciar vivamente sua conversa. Estávamos de acordo com Pagniez em muitos pontos. Nós também estimávamos *a priori* os artesãos; seu trabalho se nos afigurava uma livre invenção que levava a uma obra em que se inscrevia sua singularidade. Sobre os camponeses, não tínhamos opinião e acreditávamos de bom grado no que Pagniez nos dizia. Ele aceitava o regime capitalista e nós o condenávamos. Entretanto, ele censurava a decadência das classes dirigentes e nos pormenores criticava-as a fundo, como nós; por nosso lado, a reprovação permanecia teórica; levávamos com alegria a vida dos pequeno-burgueses que éramos; na realidade, nossos gostos e nossos interesses não divergiam muito dos deles. Uma paixão comum aproximava Sartre de Pagniez: a de compreender as pessoas. Podia conversar durante horas sobre um gesto ou uma inflexão de voz. Unidos por suas afinidades, alimentavam um em relação ao outro a mais resoluta parcialidade. Pagniez chegava a dizer que com seu nariz cinzelado, sua boca generosamente modelada, Sartre tinha sua beleza. Sartre perdoava em Pagniez uma atitude humanista que o teria revoltado da parte de qualquer outro.

Havia ainda entre eles outro laço: a amizade admirada que sentiam em graus diferentes por Mme Lemaire. Herbaud falara-me nela no ano anterior em termos que tinham despertado minha curiosidade. Estava muito intrigada quando entrei pela primeira vez no apartamento dela, no fim do bulevar Raspail. Quarenta anos: era a meus olhos uma idade avançada, mas romanesca. Nascera na Argentina, de pais franceses. Tendo morrido a mãe, fora educada, com uma irmã um ano mais velha, na solidão de uma grande estância, por um pai médico e livre-pensador; ele lhes dera, com o auxílio de diversas governantas, uma educação resolutamente viril; aprenderam latim, matemática, o horror das superstições e o valor de um bom raciocínio; galopavam a cavalo através dos pampas e não conviviam com ninguém. Aos dezoito anos, o pai mandou-as para Paris; foram recebidas por uma tia, esposa de um coronel e devota, que as exibiu nos salões. As duas jovens interrogaram-se, desnorteadas: alguém era louco, mas quem: o resto do mundo ou elas próprias? Mme Lemaire tomou a decisão de casar e desposou um médico bastante rico para se consagrar às pesquisas; a irmã imitou-a, mas foi infeliz e morreu de parto. Mme Lemaire não teve mais ninguém com quem partilhar o espanto em que a lançavam os usos e as ideias em voga na sociedade. Deixava-a particularmente estupefata a importância que as pessoas davam à vida sexual, que ela encarava como uma palhaçada. Teve dois filhos. Em 1914, o dr. Lemaire largou seu laboratório e seus ratos e partiu para o front, onde operou em lamentáveis condições centenas de feridos. De regresso, adoeceu e nunca mais se levantou. Vivia em um quarto calafetado, solapado por males imaginários, e só recebia raras visitas. No verão, transportavam-no para a casa de Juan-les-Pins que Mme Lemaire herdara do pai ou para sua própria casa de campo em Angers. Mme Lemaire dedicava-se a ele, aos filhos, a velhas parentas, a diversos pobres-diabos; renunciara a viver para si. Tendo o filho malogrado nos exames finais da escola, contratara um jovem normalista que foi com a família para Anjou, nas férias: era Pagniez. Ela gostava de caçar, ele também. Em setembro, percorreram juntos os campos e começaram a conversar. Não pararam mais. Para Mme Lemaire, estava entendido que essa amizade devia permanecer platônica. Como Pagniez fora marcado pelo puritanismo de seu meio, penso que a ideia de ultrapassar certas distâncias não lhe passou tampouco pela cabeça. Mas criou-se entre ambos uma intimidade que M. Lemaire encorajou; ele tinha inteira confiança na mulher e Pagniez conquistou rapidamente sua estima. O filho passou nos exames em outubro e Sartre, apresentado por Pagniez, preparou-o para a licença de filosofia; tornou-se assim um dos familiares da casa. Pagniez passava todo o tempo que tinha livre no bulevar Raspail, onde havia um quarto para ele; aconteceu muitas vezes de Sartre dormir lá, e o próprio Nizan de uma feita ali passou a noite. Meus primos Valleuse, que por acaso residiam no mesmo prédio, indignavam-se com esses costumes acolhedores e imputavam a Mme Lemaire incríveis orgias.

Era uma mulher muito pequena, meio gorducha, vestida com requinte, embora muito discretamente. Fotografias que vi mais tarde mostram que fora notavelmente bonita; perdera todo o brilho, mas não sua sedução. Tinha um rosto bem redondo, sob uma abundante cabeleira preta, uma boca minúscula, um nariz perfeito, olhos que espantavam, não pela cor ou pelas dimensões, mas pela presença: como viviam! Era viva dos pés à cabeça: olhar, sorrisos, gestos, tudo se movia nela sem que jamais parecesse agitada. Seu espírito também estava sempre de atalaia; curiosa, atenta, incitava às confidências; sabia muita coisa acerca de todos os que dela se aproximavam e, no entanto, conservava a respeito deles o mesmo espanto dos dezoito anos; referia-se a todos com a ausência de paixão de um etnógrafo e uma grande felicidade de linguagem; por vezes, entretanto, exaltava-se; manifestava então, com palavras, inesperadas indignações ditadas por um racionalismo algo absurdo. Sua conversa encantou-me. Agradou-me também por outro motivo: embora zombando do que pudessem dizer dela, permanecia uma mulher honesta. Eu desprezava o casamento, achava justo que um amor fosse completo, mas não me libertara de todos os tabus sexuais; chocavam-me as mulheres muito fáceis ou demasiado livres. E, depois, eu admirava tudo o que saísse da banalidade habitual. As relações de Mme Lemaire com Pagniez pareciam-me delicadamente insólitas e mais preciosas do que uma ligação.

Sartre ocupava na vida de Mme Lemaire um lugar bem menos importante que Pagniez, mas ela gostava muito dele. Sua obstinação em escrever, suas imperturbáveis certezas lançavam-na em uma estupefação encantada. Ela achava-o muito engraçado quando ele fazia um esforço para diverti-la e mais ainda em numerosas circunstâncias em que ele não tinha tal intenção. Dois anos antes ele escrevera um romance, *Une défaite*, judiciosamente recusado por Gallimard e que se inspirava nos amores de Nietzsche e de Cosima Wagner. O herói, Frédéric, divertira muito Mme Lemaire e Pagniez, pelo seu voluntarismo agressivo; tinham apelidado Sartre "o lamentável Frédéric", assim era como Mme Lemaire o chamava quando ele pretendia impor-lhe gostos ou ideias, ditar-lhe condutas, particularmente relativas à educação do filho. "Escutai esse lamentável Frédéric", dizia rindo. Sartre ria igualmente. Ele censurava--lhe excessos de benevolência, ela acusava-o de dar, irrefletidamente, conselhos perigosos; ele zombava da moral e dos costumes, incitava as pessoas a só consultarem sua razão e seus impulsos: era carecer de discernimento. Talvez ele fosse bastante esclarecido para usar de sua liberdade, dizia ela com insolência, mas o comum dos mortais não tinha suas luzes, era melhor não o desviar dos caminhos batidos. Apreciavam grandemente essas discussões.

Mme Lemaire não concedia suas aprovações levianamente; conquistei mais rapidamente a simpatia de Pagniez, mas ela se matizava de uma ironia que amiúde me desnorteava. Ambos me intimidavam. Eles prezavam a reserva, a discrição, a civilidade; eu era veemente, mais apaixonada do que sutil, pecava por excesso de bonomia, ia à frente tão resolutamente que por vezes carecia de tato. Não me dava conta disso de uma maneira positiva, mas muitas vezes na presença de Mme Lemaire eu me sentia embaraçada e demasiado juvenil; ela e Pagniez julgavam-me, eu o sabia. Não fiz muito caso disso porque não imaginava que seu julgamento visasse a algo essencial, e somente a opinião de Sartre podia penetrar-me até a medula. De resto, a despeito de suas reticências, tratavam-me com uma gentileza com a qual precisamente minha brusca sinceridade permitia que me contentasse.

Mme Lemaire, Pagniez e Sartre faziam muita questão de respeitar os matizes de suas relações. Se entrava com Sartre num restaurante em que jantava com Pagniez, Mme Lemaire dizia alegremente: "Cada qual com seu convidado." Por vezes saíamos sem ela com Pagniez, por vezes tomávamos chá sem ele no bulevar Raspail; acontecia-me deixar que Sartre fosse encontrar-se sozinho com seus camaradas; frequentemente também ele tinha encontros a sós com Pagniez. Essas maneiras me espantaram, mas aprovei-as depois. Uma amizade é um edifício delicado; acomoda-se com certas partilhas, mas exige também monopólios. Cada uma de nossas combinações — duas, três, quatro — tinha sua fisionomia e suas satisfações; convinha não sacrificar essa diversidade.

Muito frequentemente, entretanto, reuníamo-nos os quatro. Que agradáveis noitadas! Às vezes, jantávamos, na cozinha de Mme Lemaire, um pouco de patê e dois ovos estrelados. Outras vezes, íamos ao Chez Pierre, na avenida Itália; eu engolia sem pestanejar "todos os salames", um peixe ao molho, um guisado de lebre, crepes chamuscados: não acredito muito em minha memória, mas meu trivial era tão frugal que, quando me deparava uma ocasião, eu exagerava. Na noite do Réveillon, a filha de Mme Lemaire, Jacqueline, e seu filho, que chamávamos por Tapir, jantaram conosco no bulevar Raspail. Tinham mais ou menos a minha idade. Flores, rendas, cristais, a mesa brilhava. Pagniez mandara vir de Strasbourg o *foie gras* mais famoso, de Londres um verdadeiro bolo de Natal, encontrara pêssegos da África, deliciosamente abertos; havia um ror de pratos, doces e vinhos; a nossa cabeça virava um pouco e transbordávamos de simpatia uns para com os outros. Na primavera, fomos muitas vezes passear às margens do Maine, no carro de Mme Lemaire, que Pagniez dirigia; comíamos batatas fritas no Chant des Oiseaux, ou passeávamos pela floresta de Saint-Germain, ou pelos bosques de

Fosse-Repose; tudo era novo para mim, e como achava bela essa brecha de luz que os faróis abriam no coração dos bosques! Muitas vezes, antes de voltar, tomávamos um ou dois coquetéis em Montparnasse. Acontecia de vermos juntos um filme novo; íamos com grande aparato escutar Jack Hylton e seus rapazes; mas sobretudo conversávamos. Falávamos de um e de outro, apreciando suas condutas, seus motivos, suas razões, seus erros e, principalmente, seus casos de consciência. Mme Lemaire pregava a prudência; Sartre e eu preconizávamos as soluções ousadas; Pagniez de ordinário propunha o meio-termo. Os interessados eram senhores de si, mas discutíamos com tanto escrúpulo como se tivéssemos sua sorte nas mãos.

Nos domingos Sartre ficava em Tours e eu ia no primeiro trem; ele descia a toda, de bicicleta, a colina em que se achava empoleirada a vila Paulownia, e nós nos encontrávamos na estação, pouco antes do meio-dia. Eu descobri os encantos, restritos mas para mim inéditos, dos domingos provincianos. Havia uma grande *brasserie* onde tocava uma orquestra feminina, uma porção de cafés, alguns restaurantes, um *dancing* miserável, um parque maltratado onde os namorados se perdiam, passeios às margens do Loire que as famílias frequentavam e muitas velhas ruas silenciosas. Era o bastante para nos distrair; naquele tempo, todos os objetos se assemelhavam a esses minúsculos lenços de que os prestidigitadores fazem sair rolos de fitas, xales, bandeirinhas, estandartes. Uma xícara de café era um caleidoscópio em que contemplávamos durante muito tempo os reflexos cambiantes de um lustre ou de um teto. Inventávamos um passado ou um futuro inteiramente diferente para a violinista e para a pianista. De um encontro a outro, sempre nos acontecia um ror de coisas; nada nos parecia insignificante e nada deixávamos passar em silêncio. Eu conhecia os menores sestros de cada ajudante de Sartre; ele não ignorava nenhum dos fatos e gestos de nossos amigos de Paris. O mundo não cessava de nos contar histórias que não cansávamos de ouvir.

Não tínhamos exatamente a mesma maneira de nos interessar por elas. Eu me perdia em minhas admirações e minhas alegrias: "Eis o Castor que entra em transe", dizia Sartre; ele conservava seu sangue-frio e tentava traduzir verbalmente o que via. Certa tarde contemplávamos do alto de Saint-Cloud uma grande paisagem de árvores e água; exaltei-me e censurei Sartre por sua indiferença: ele falava do rio e das florestas muito melhor do que eu, mas não sentia nada. Defendeu-se. O que significa ao certo sentir? Não se entregava às batidas do coração, aos frêmitos, às vertigens, a todos esses movimentos desordenados do corpo que paralisam a linguagem; extinguem-se e nada fica; dava mais valor ao que chamava os "abstratos emocionais": a significação de um rosto, de um espetáculo, atingia-o sob uma forma desencarnada e ainda sobrava o suficiente para que a tentasse fixar em frases. Explicou-me muitas vezes que um escritor não podia ter outra atitude. Quem não sente nada é incapaz de escrever, mas se a alegria e o horror nos sufocam sem que os dominemos, nunca poderemos exprimi-los. Às vezes eu lhe dava razão, mas às vezes eu me dizia que as palavras só retêm a realidade depois de a ter assassinado; deixam escapar o que há nela de mais importante: a presença. Era levada a perguntar-me com alguma ansiedade o que convinha conceder-lhe, o que convinha tirar-lhe; por isso, sentia-me diretamente alcançada pelas reflexões de Virginia Woolf sobre a linguagem em geral e o romance em particular. Sublinhando a distância que separa os livros da vida, ela parecia confiar que a invenção de novas técnicas permitiria diminuí-la; eu desejava acreditar nessas reflexões. Mas qual! Sua obra mais recente, *Mrs. Dalloway*, não trazia nenhuma solução ao problema que ela pusera. Sartre estimava que o erro estava no ponto de partida, no próprio enunciado da questão. Pensava ele também que toda narrativa introduz uma ordem falaciosa na realidade;[9] ainda que se empenhe na incoerência, se o contador se esforça por reapreender a experiência crua, em sua dispersão e sua contingência, só produz uma imitação em que a necessidade se inscreve. Mas Sartre achava inútil deplorar essa distância entre a palavra e a coisa, entre a obra criada e o mundo dado: nela via, ao contrário, a própria condição da literatura e sua razão de ser; o escritor deve jogar com ela e não sonhar com sua abolição; seus êxitos estão na aceitação desse malogro.

Fosse como fosse, eu me acomodava com dificuldade a esse divórcio; queria fazer livros, mas não renunciar a meus "transes"; sentia-me

---

[9] Ele se explicou em *A náusea*.

perplexa, hesitante. Foi por causa desse conflito que perseverei durante muito tempo na concepção da arte a que me detivera antes de conhecer Sartre e que se afastava da dele. Criar, pensava ele, era conferir ao mundo uma necessidade assumindo-lhe o encargo; a meu ver, era antes necessário virar-lhe as costas. Eu desconfiava não somente do realismo, mas também do trágico, do patético, de todo sentimento. Punha Bach muito acima de Beethoven; Sartre preferia então Beethoven, muito mais. Eu apreciava os poemas herméticos, os filmes surrealistas, os quadros abstratos, as iluminuras e as tapeçarias antigas, as máscaras negras. Gostava imoderadamente dos espetáculos de marionetes; os de Podrecca tinham me desagradado pelo seu realismo, mas vira outros, como os do Atelier, cuja ingenuidade acentuada me encantara. Essas predileções explicam-se em parte pelas influências que sofri na juventude. Renunciara ao divino, não a toda espécie de sobrenatural. Evidentemente, sabia que uma obra forjada na Terra só pode em verdade falar uma linguagem terrestre, mas algumas pareciam-me ter escapado a seus autores e absorvido nelas o sentido que eles lhes tinham querido dar; ficavam de pé, sem o auxílio de ninguém, mudas, indecifráveis, semelhantes a grandes totens abandonados: somente nelas eu tocava algo de necessário e absoluto. Pode parecer paradoxal que tenha continuado a exigir da arte essa pureza inumana quando tanto amava a vida, mas havia uma lógica nessa obstinação: a arte só podia realizar-se pela negação da vida, posto que esta me desviava daquela.

Menos entregue à literatura do que Sartre, era, como ele, ávida de saber; mas ele punha muito mais obstinação do que eu em correr atrás da verdade. Tentei mostrar em *O segundo sexo* por que a situação da mulher a impede ainda hoje de atacar o mundo pela raiz; desejava conhecê-lo, exprimi-lo, mas nunca pensara em arrancar-lhe os segredos últimos pela força de meu cérebro. Ademais, naquele ano eu estava demasiado absorvida pela novidade de minhas experiências para sacrificar muito à filosofia. Limitava-me a discutir as ideias de Sartre. Mal nos encontrávamos na estação de Tours ou de Austerlitz e já ele me agarrava: "Tenho uma nova teoria." Escutava-o atentamente, mas não sem alguma desconfiança. Pagniez achava que as belas construções de seu camarada assentavam amiúde em um sofisma escondido; quando uma ideia de Sartre me desagradava, eu procurava "o sofisma de base"; mais de uma vez achei-o; foi assim que desmantelei certa "teoria do cômico" a que, de resto, Sartre pouco ligava. Em outros casos, ele persistia, a ponto de não hesitar em desprezar o bom senso quando eu o acuava. Ele fazia questão, já o disse, de salvar a realidade deste mundo; afirmava que ela coincide exatamente com o conhecimento que o homem tem dela; se tivesse integrado no mundo os próprios instrumentos desse conhecimento, sua posição teria sido mais sólida, mas ele recusava-se a acreditar na ciência, a tal ponto que de uma feita eu o impeli a sustentar que os ácaros e outros animaizinhos invisíveis a olho nu muito simplesmente não existiam. Era absurdo, ele o sabia, mas não deu o braço a torcer porque sabia também que, quando se tem nas mãos uma evidência, cumpre apegar-se a ela contra tudo e contra todos, contra a própria razão, ainda que se seja incapaz de justificá-la. Compreendi mais tarde que para fazer descobertas o essencial não é perceber, aqui e acolá, luzes de que os outros não suspeitam, e sim atirar-se a elas não dando importância a mais coisa nenhuma; eu acusava então Sartre de leviandade, mas dava-me conta assim mesmo de que havia algo mais fecundo em seus exageros do que em meus escrúpulos.

Sartre construía teorias a partir de certas posições em que nos empenhávamos com obstinação. Pelo nosso amor à liberdade, nossa oposição à ordem estabelecida, nosso individualismo, nosso respeito ao artesanato, nós nos aparentávamos aos anarquistas. Mas, a bem dizer, nossa incoerência desafiava todas as etiquetas. Anticapitalistas, mas não marxistas, exaltávamos os poderes da pura consciência e da liberdade e, no entanto, éramos antiespiritualistas; afirmávamos a materialidade do homem e do Universo, desdenhando ao mesmo tempo as ciências e as técnicas. Sartre não se inquietava com essas contradições, recusava até formulá-las: "Não se pensa em nada", dizia, "quando se pensa por problema". Ia, de qualquer maneira, de certeza em certeza.

O que o interessava antes de tudo eram as pessoas. À psicologia analítica e empoeirada que ensinavam na Sorbonne, ele desejava opor uma *compreensão* concreta, logo sintética, dos indivíduos. Essa noção ele tinha encontrado em Jaspers, cujo tratado de *psicopatologia*, escrito em 1913, fora traduzido em 1927; ele corrigira as provas do texto francês com

Nizan. Jaspers opunha à explicação causal, utilizada nas ciências, outro tipo de pensamento que não se assenta em nenhum princípio universal, mas que apreende relações singulares, mediante intuições, mais afetivas do que racionais e de irrecusável evidência; ele a definia e a justificava a partir da fenomenologia. Sartre ignorava tudo dessa filosofia, mas nem por isso deixara de reter a ideia de compreensão e tentava aplicá-la. Acreditava na grafologia e mais ainda na fisiognomonia; entregou-se, a respeito do meu rosto, do de minha irmã e dos de meus amigos, a exames e interpretações que levava absolutamente a sério. Vimos por que desconfiava da psicanálise, mas estava à espreita de novos tipos de sínteses e leu avidamente as primeiras vulgarizações da teoria da Gestalt.

Se o indivíduo é uma totalidade sintética e indivisível, suas condutas só podem ser julgadas globalmente. No plano ético recusávamos também a atitude analítica. Isso que se chama classicamente a moral, não a queríamos nem um nem outro. Na École Normale, Sartre adotara um slogan enérgico: "Ciência não é nada. Moral é m..." Recusávamos, eu em virtude de uma antiga predileção pelo absoluto, Sartre por sua repugnância pelo universal, não somente os preceitos em voga na nossa sociedade, como também qualquer outra máxima que pretendesse impor-se a todos. Dever e virtude implicam submissão do indivíduo a leis exteriores a ele: nós os negávamos. A essas noções vãs, opúnhamos uma verdade viva: a sabedoria. O sábio, com efeito, estabelece, entre si mesmo e o Universo, um equilíbrio singular e totalitário; a sabedoria é indivisa, não se deixa vender em fatias, só se alcança através de uma paciente acumulação de méritos: temo-la ou não a temos, e quem a possui não se preocupa mais com pormenores de sua conduta: pode errar à vontade. Assim é que em Stendhal certos heróis se acham marcados por uma graça radicalmente recusada ao vulgo e que os justifica por inteiro. Nós nos colocávamos evidentemente entre os eleitos, e esse jansenismo satisfazia nossa intransigência, autorizando-nos ao mesmo tempo a seguir sem hesitação nossas vontades. A liberdade era nossa única regra. Proibíamos que se alienasse a papéis, a direitos, a complacentes representações de si. A propósito de *The Tragic Comedians*, de Meredith, havíamos discutido longamente os males da reflexividade. Não pensávamos em absoluto que o amor-próprio (no sentido de

Rochefoucauld) corrompesse todas as condutas humanas, mas, quando nelas se introduzia, corroía-as inteiramente. Só aprovávamos os sentimentos espontaneamente provocados pelo seu objeto, as condutas que atendiam a uma situação dada. Medíamos o valor do homem pelo que ele realizava: seus atos e suas obras. Esse realismo tinha suas qualidades, mas nosso erro era acreditar que a liberdade de escolher e fazer se encontra em todo mundo; por esse lado, nossa moral permanecia idealista e burguesa; imaginávamos que apreendíamos em nós o homem em sua generalidade: manifestávamos assim, sem o perceber, nossa dependência a essa classe privilegiada que pensávamos repudiar.

Tais confusões não me espantam. Estávamos perdidos em um mundo cuja complexidade nos ultrapassava. Não possuíamos para nos dirigir dentro dele senão instrumentos rudimentares. Esforçávamo-nos, pelo menos, para abrir caminhos nele, e a cada passo surgiam conflitos, que nos jogavam para a frente, de encontro a novas dificuldades; e foi por isso que, nos anos que se seguiram, nós nos vimos levados para muito longe desses acontecimentos.

Em Saint-Cyr, Sartre recomeçara a escrever; como não podia dedicar-se a uma obra de fôlego, tentara escrever poemas. Um deles intitulava-se *L'Arbre*; como mais tarde, em *A náusea*, a árvore com sua vã proliferação indica a contingência; ele o releu sem entusiasmo e esboçou outro cujo início eu recordo:

Adoçado pelo sacrifício de uma violeta
O grande espelho de aço deixa um ressaibo roxo nos olhos.[10]

Pagniez cortou-lhe a inspiração rindo às gargalhadas. Não foi muito mais indulgente com o primeiro capítulo de um romance em que Sartre projetava contar a morte de Zaza; certa manhã, o herói passeava sobre o mar um olhar a "contrassol"; esse sol contrariado teve a mesma sorte que a violeta sacrificada, e Sartre não insistiu. Aceitava as críticas

---

[10] *Adouci par le sacrifice d'une violette.*
Le grand miroir d'acier laisse un arrière-goût mauve aux yeux. (N.T.)

com uma impávida modéstia; do fundo desse futuro em que já tomara pé, o mais próximo passado já lhe parecia tão ultrapassado! Entretanto, quando um objetivo lhe interessava realmente, ele o levava até o fim; foi o caso de *La Légende de la vérité*, que escreveu em Saint-Symphorien.

Dessa vez ainda dava a suas ideias a forma de um conto; não lhe era, por assim dizer, possível expô-las sem rodeios; recusando qualquer crédito às afirmações universais, ele tirava de si o direito de enunciar a própria recusa no tom do universal; em vez de dizer, cabia-lhe mostrar. Ele admirava os mitos a que, por razões análogas, Platão recorrera, e não se incomodava em imitá-lo, mas esse processo obsoleto impunha a seu pensamento batalhador constrangimentos que o serviam mal e que se refletiam na rigidez de seu estilo. Entretanto, novidades transpareciam sob a armadura; em *La Légende de la vérité*, as teorias mais recentes de Sartre se anunciavam; ele já ligava os diversos modos do pensamento às estruturas dos grupos humanos. "A verdade procede das trocas", escrevia, e ligava as trocas à democracia; quando cidadãos se consideram interpermutáveis, eles se obrigam a ter do mundo juízos idênticos, e a ciência exprime esse acordo de seus espíritos. As elites desdenham essa universalidade; elas forjam unicamente para seu uso essas ideias que se chamam gerais e que só atingem uma determinada probabilidade. Sartre detestava ainda mais essas ideologias de capela do que o unanimismo dos sábios. Reservava sua simpatia para os taumaturgos, que, excluídos da Cidade, de sua lógica, de suas matemáticas, erram solitários pelos lugares selvagens e, para conhecer as coisas, só acreditam em seus olhos. Por isso só concedia ao artista, ao escritor, ao filósofo, aos que denominava "homens sós" o privilégio de apreender no vivo a realidade. Por muitas razões, às quais tornarei a referir-me, essa teoria me convinha e a adotei com entusiasmo.

Em agosto, instalei-me por um mês no pequeno hotel de Sainte--Radegonde, à margem do Loire, a dez minutos da vila Paulownia. Acontecera, afinal: passava minhas férias longe de Meyrignac! Como eu receara outrora esse exílio! Mas não era um exílio; ao contrário, encontrei-me solidamente ancorada, enfim, no coração de minha verdadeira vida. A região era muito feia, mas isso não tinha importância. Pela manhã, sentava-me com meus livros em uma espécie de ilha coberta de mato a que se chegava facilmente sem molhar os pés, porque o rio estava quase seco. Almoçava um punhado de biscoitos e um pedaço de chocolate; depois subia para encontrar-me com Sartre, a alguns passos do posto meteorológico; de duas em duas horas ele ia fazer uma observação e eu o via mexer-se em cima de uma espécie de Torre Eiffel em miniatura. Jantávamos em Sainte-Radegonde, nos caramanchões. Muitas vezes ele tinha o dia livre; dissipávamos, então, sua herança. Abandonávamos a taberna por restaurantes mais faustosos. No La Lanterne ou no Pont de Cissé, às margens do Loire, comíamos linguiças bebendo Vouvray seco. Ou íamos até Saint-Florentin, à beira do Cher, nas *hostelleries* que os ricos de Tours frequentavam. Duas ou três vezes no início da tarde, Sartre alugou táxis; visitamos os castelos de Ambroise, de Langeais, passeamos ao redor de Vouvray pelos flancos das colinas crivados de habitações trogloditas. Esses dias de opulência tinham dias seguintes magros. Nada tínhamos comido desde a antevéspera — a não ser uma fatia de torta de ameixas no café da estação de Tours —, quando desembarcamos em Austerlitz, certa manhã de setembro, às seis horas. Nem um níquel no bolso e a sola do meu sapato estava despregada; através do labirinto do Jardin des Plantes, eu andava quase mancando. Logo que nosso café predileto se abriu — La Closerie des Lilas —, sentamos no terraço, diante de xícaras de chocolate e pilhas de pãezinhos. Mas era preciso pagar. Sartre deixou-me como penhor, tomou um táxi e voltou uma hora depois: todos os nossos amigos estavam de férias. Não sei mais a quem devemos nossa salvação. Pedíamos muito emprestado. Para pagar, Sartre tirava de sua herança; eu vendi livros e pequenas joias de quando era jovem, para grande escândalo de meus pais.

    Líamos muitíssimo. Cada domingo eu levava para Sartre braçadas de livros tomados de empréstimo de maneira mais ou menos lícita a Adrienne Monnier. Como gostava de *Pardaillan*, *Fantomas*, *Chéri-Bibi*, Sartre reclamava com insistência "romances ruins e divertidos". Ruins eu encontrava aos montes, mas divertidos não eram nunca; desiludido, autorizou-me a introduzir no lote livros que talvez pudessem ser bons. Na França não se publicava nada de muito original. Apesar da aversão que Claudel nos inspirava, admiramos *O sapato de cetim*. Entusiasmamo-nos por *Voo noturno*, de Saint-Exupéry; os progressos da técnica como os da ciência deixavam-nos indiferentes; as ascensões do professor Piccard na estratosfera não nos comoviam; mas o desenvolvimento da aviação, aproximando os continentes, iria modificar as relações dos homens entre si; acompanhávamos atentamente os feitos de Costes, de Bellonte e de Mermoz; estávamos decididos a ver um dia a terra do alto dos céus. Ansiosos por viajar, gostávamos das reportagens. Tentamos imaginar Nova York segundo Paul Morand e a Índia segundo *L'Inde contre les Anglais*, de Andrée Viollis.

É através dessa literatura que se conhece melhor um país estrangeiro; o que nos interessava e mais nos intrigava era a URSS; líamos todos os jovens autores russos traduzidos para o francês. Nizan recomendou-nos particularmente a singular ficção científica de Zamiatine: *Nós*. Em certo sentido essa sátira provava que o individualismo sobrevivia na URSS, porquanto uma obra como essa podia ser escrita e impressa lá; mas era uma prova equívoca, porque a tônica e o desenlace do livro nada deixavam à esperança. Sem dúvida Zamiatine não via outra alternativa para si senão a renúncia ou a morte. Nunca esqueci a cidade de vidro, maravilhosamente transparente e dura, que ele erguera contra um céu invariavelmente azul. *Cavalaria vermelha*, de Babel, descrevia as dores e os absurdos da guerra em pequenos quadros desolados. *Rapaces*, de Ehrenbourg, *O Volga desemboca no mar Cáspio*, de Pilniak, descobriam-nos, na construção socialista, para além dos sovietes e da eletrificação, uma aventura humana difícil. Um país que produzia essa literatura e, no cinema, obras-primas como *O encouraçado Potemkin* e *Tempestade sobre a Ásia* não podia se reduzir apenas a uma "civilização de engenheiros". É verdade que outros romances e outros filmes emprestavam o primeiro papel ao cimento e aos tratores. Nossa curiosidade oscilava entre a admiração e a desconfiança.

A Alemanha só vagamente se refletia em *O caso Mauritzius*, de Wassermann, e em *Berlim Alexanderplatz*, de Döblin. E a América do Norte dava-nos imagens mais fascinantes na tela do que no papel. O último best-seller norte-americano, *Babbitt*, pareceu-nos laboriosamente chato; eu preferia a densidade tumultuosa de Dreiser. Quanto aos autores ingleses, era de outro ângulo que os abordávamos; situavam-se numa sociedade bem-assentada e não nos abriam horizontes; apreciávamos sua arte. Os primeiros romances de D.H. Lawrence foram publicados na França; reconhecemos o talento, mas sua cosmologia fálica espantou-nos; julgamos pedantes e pueris suas demonstrações eróticas. Entretanto, sua personalidade interessava-nos; lemos todas as memórias de Mabel Dodge, de Brett, de Frieda; tomávamos partido em suas querelas e parecia que os conhecíamos.[11]

No terreno da ideologia, da filosofia, não encontrávamos muita coisa para colher. Desprezamos as divagações de Keyser-ling, que traduziam então copiosamente. Não prestamos particular atenção ao *Diário de um sedutor*, de Kierkegaard. Entre as obras não romanescas que tiveram importância para nós nesses dois anos, só vejo *Minha vida*, de Trotski, uma boa tradução de *Empédocles*, de Hölderlin, e *Le Malheur de la conscience*, de Jean Wahl, que nos deu alguns pontos de vista sobre Hegel. Entretanto, acompanhávamos com assiduidade a *Nouvelle Revue Française* (NRF), *Europe, Les Nouvelles Littéraires*. E consumíamos numerosos romances policiais cuja voga começava a expandir-se. A coleção de L'empreinte acabava de ser criada e críticos consagravam artigos sérios a Edgar Wallace, Croft, Oppenheim.

Havia um modo de expressão que Sartre colocava tão alto quanto a literatura: o cinema. Foi vendo passarem imagens numa tela que teve a revelação de necessidade da arte e descobriu, por contraste, a deplorável contingência das coisas dadas. Pelo conjunto de seus gostos artísticos, ele era mais clássico do que moderno, mas essa predileção situava-o entre os modernos. Meus pais, os seus e todo um vasto meio burguês ainda encaravam o cinema como "um divertimento para o povinho"; na École Normale, Sartre e seus colegas tinham consciência de pertencer a uma vanguarda quando discutiam gravemente os filmes que apreciavam. Eu estava menos entusiasmada do que ele, mas assim mesmo acompanhava-o com empenho aos cinemas exclusivos e aos pequenos cinemas de bairro, onde ele descobria programas convidativos; não íamos apenas para nos divertir, e sim com a mesma seriedade dos jovens devotos quando entram numa cinemateca.

---

[11] Traduziram-se nesses dois anos muitos livros ingleses: *O morro dos ventos uivantes*, de Emily Brontë; *The Old Wives Tale*, de Bennet; *Precious Bane*, de May Webb; *Contraponto*, de Huxley; *Um ciclone na Jamaica*, de Richard Hughes.

Contei como Sartre me desviara dos "filmes de arte" para me iniciar nas cavalgadas de *cowboys* e nas histórias policiais. Levou-me um dia ao Studio 28 para ver William Boyd numa clássica história de Hollywood: um tira honesto e de grande coração descobre que seu irmão é criminoso. Drama de consciência. Aconteceu que, logo no início do espetáculo, passaram um filme que nos deixou estonteados, *O cão andaluz*, de Buñuel e Dalí, cujos nomes ignorávamos. Tivemos alguma dificuldade, em seguida, em nos interessarmos pelos tormentos de William Boyd. Houve outros grandes filmes durante esses dois anos: *Tempestade sobre a Ásia, Marcha nupcial, Mädchen in Uniform, Luzes da cidade*. Observamos com curiosidade arisca o início do cinema sonoro e falado: *Melodias da Broadway, Le Spectre Vert*. Em *O cantor de jazz*, Al Jolson cantava "Sonny boy" com uma emoção tão comunicativa que tive a surpresa, ao acenderem as luzes, de ver lágrimas nos olhos de Sartre: ele chorava de bom grado no cinema e eu lamentava o esforço que fazia para não me abandonar às lágrimas. *Le Million* fez-nos rir, encantou-nos, entusiasmou-nos; era um êxito perfeito, mas nós o considerávamos excepcional e não aprovamos Jean Prévost quando escreveu com ousadia: "Acredito nas possibilidades e no futuro artístico do cinema falado." *Aleluia*, entretanto, teria sido bem menos comovente sem os cantos dos atores negros, a beleza dos *spirituals* e, na perseguição mortal com que o filme termina, sem o murmurinhar da lama, sem o atrito das folhas em meio a um trágico silêncio. E que teria restado do *Anjo azul* se houvessem calado a voz de Marlene Dietrich? Concordávamos. Mas, assim mesmo, Sartre gostara demais do cinema mudo para encarar sem descontentamento a possibilidade de o cinema falado poder suplantá-lo um dia; sem dúvida conseguiriam desembaraçá-lo de certas imperfeições técnicas grosseiras, dar-lhe a sonoridade das vozes com a distância e os movimentos, mas a linguagem das imagens, pensava Sartre, era um todo que se bastava; estragá-lo-iam superpondo-lhe outro; a palavra era, a seu ver, incompatível com esse irrealismo — cômico, épico, poético — que o apegava ao cinema.

No teatro, a mediocridade irritava-nos, e não o frequentávamos muito. Baty inaugurou o teatro Montparnasse, em 1930, com a *Ópera dos três vinténs*. Ignorávamos tudo acerca de Brecht, mas a maneira com que apresentava as aventuras de Macky encantou-nos: no palco repentinamente animavam-se imagens de Épinal. A obra pareceu-nos refletir o mais puro anarquismo: aplaudimos calorosamente Marguerite Jamois e Lucien Nat. Sartre logo soube de cor todas as canções de Kurt Weil, e a partir de então repetimos o slogan: "Bife primeiro, moral depois." Frequentávamos os *music-halls.* Josephine Baker voltou a dançar e a cantar no Casino de Paris as canções que a tinham precipitado anos antes na celebridade; ela triunfava de novo. Ouvimos no Bobino o velho Georgius e a nova estrela, Marie Dubas, que desencadeava o riso e o entusiasmo do público; era muito engraçada quando cantava canções de 1900 — lembro-me de uma, entre outras, que se intitulava *Ernest, éloignez-vous* —, e vimos nessas paródias uma sátira à burguesia. Ela tinha também em seu repertório belas canções populares cuja brutalidade se nos afigurava um desafio às classes policiadas: e também a considerávamos uma anarquista. Resolvidos a só gostar das coisas e pessoas que se afinavam conosco, forçávamos o entendimento com tudo de que gostávamos.

Os livros e os espetáculos contavam muito para nós; em compensação, os acontecimentos públicos nos interessavam pouco. As mudanças de ministérios e os debates na Liga das Nações pareciam-nos tão fúteis quanto as desordens periodicamente provocadas pelos *Camelots du roi*.[12] Os grandes escândalos financeiros não nos escandalizavam, porquanto capitalismo e corrupção eram sinônimos a nossos olhos. Oustric tivera menos sorte do que outros, eis tudo. As notícias diversas careciam de atração; tratava-se sobretudo de agressões a motoristas — os jornais assinalavam duas ou três por semana. Só o vampiro de Düsseldorf nos fez sonhar, porque pensávamos que para compreender qualquer coisa dos homens é preciso interrogar os casos extremos. Em conjunto, o mundo ao redor de nós não passava de uma tela de fundo sobre a qual se desenrolavam nossas vidas particulares.

Só contava a meus olhos o tempo que passava com Sartre; mas na prática havia numerosos dias que vivia sem ele. Ocupava, então, grande parte do

---

[12] Os monarquistas extremistas. (N.T.)

tempo com leituras feitas desordenadamente, ao acaso dos conselhos de Sartre e de meus caprichos. Voltei de vez em quando à Nationale; tomava por empréstimos também livros da livraria de Adrienne Monnier; inscrevi-me na biblioteca anglo-americana de Sylvia Beach. No inverno perto da lareira, no verão na sacada, fumando desajeitadamente cigarros ingleses, completava minha cultura. Além dos livros que li com Sartre, absorvi Whitman, Blake, Yeats, Synge, Sean O'Casey, todos os livros de Virginia Woolf, toneladas de Henry James, George Moore, Swinburne, Swinnerton, Rebecca West, Sinclair Lewis, Dreiser, Sherwood Anderson, todas as traduções publicadas pela coleção Feux Croisés e mesmo, em inglês, o interminável romance de Dorothy Richardson que conseguiu em dez ou doze volumes não me contar absolutamente nada. Li Alexandre Dumas, as obras de Népomucène Lemercier, as de Baour-Lormian, os romances de Gobineau, todo Restif de la Bretonne, as cartas de Diderot a Sophie Volland e também Hoffmann, Sudermann, Kellermann, Pio Baroja, Panait Istrati. Sartre interessava-se pela psicologia dos místicos, e eu mergulhei nas obras de Catherine Emmerich, de Santa Ângela de Foligno. Quis conhecer Marx e Engels e lancei-me ao *Capital*, na Nationale. E o fiz muito mal: não via diferença entre o marxismo e as filosofias a que estava acostumada, de modo que me pareceu muito fácil de entender e não apreendi, na realidade, quase nada. Assim mesmo, a teoria da mais-valia foi para mim uma revelação tão ofuscante como o *cogito* cartesiano ou a crítica kantiana do espaço e do tempo. De todo o coração, eu condenava a exploração e experimentava imensa satisfação em demonstrar seu mecanismo. O mundo iluminou-se de outra luz quando vi no trabalho a fonte e a substância dos valores. Nada me fez renegar essa verdade, nem as críticas que suscitou em mim o fim do *Capital*, nem as que encontrei nos livros, nem as doutrinas sutis de economistas mais recentes.

Para ganhar minha vida, dava lições e um curso de latim no Liceu Victor-Duruy. Ensinara psicologia a colegiais de Neuilly, esclarecidas e disciplinadas; minha classe do sexto ano[13] perturbou-me. Para meninas de dez anos, os rudimentos de latim são austeros. Pensei disfarçar a

---

[13] Corresponde aproximadamente ao atual sexto ano do ensino fundamental. (N.E.)

austeridade com sorrisos; minhas alunas sorriam também; subiam no estrado para olhar mais de perto meus colares, puxavam-me a gola. No começo, quando as mandava para seus lugares, ficavam mais ou menos quietas, mas em pouco tempo não paravam mais de tagarelar e de se agitar. Tentei dar à minha voz um tom severo, pôr em meus olhos brilhos borrascosos: elas continuavam a sorrir para mim e a conversar. Resolvi agir e castigar, e tirei ponto da mais desenfreada. Ela precipitou-se contra o muro e começou a berrar: "Meu pai vai me bater." Toda a classe retomou em coro: "O pai dela vai bater nela." Podia livrá-la desse carrasco? Mas, se a poupasse, como punir as companheiras? Só achei uma solução: cobrir o barulho com meus gritos; afinal de contas, as que queriam ouvir-me ouviam, e creio que minha classe aprendeu tanto latim como outra qualquer. Mas fui mais de uma vez chamada pela diretora, indignada, e meu contrato de assistente não foi renovado.

Em princípio, depois desses dois anos de folga que concedera a mim mesma, devia assumir um posto, mas tinha aversão a deixar Paris. Procurei um meio de fixar-me na cidade. O primo influente e rico que outrora ajudara meu pai recomendou-me a uma das codiretoras da *Europe Nouvelle*, Mme Poirier, que lhe devia favores; era casada com um diretor de colégio e residiam no sótão do liceu, num apartamento grande cheio de móveis antigos e de tapetes do Oriente. Para iniciar-se com alguma possibilidade no jornalismo era preciso ter ideias: eu as teria? Não. Aconselharam-me, pois, a ficar no ensino. O marido interessou-se por mim; era um sexagenário esbelto, calvo, de olhos glaucos; de vez em quando convidava-me para tomar chá com ele no Pré Catelan; prometia-me fazer com que travasse conhecimentos úteis e falava-me da vida; encarava de bom grado os aspectos libidinosos, mas olhava-me bem dentro dos olhos, com um ar grave, e sua voz tornava-se científica. Convidaram-me para um coquetel, e essa foi minha primeira saída na alta sociedade. Não brilhei. Usava um vestido de lã vermelha com uma gola de fustão branco, demasiado modesto para a circunstância. Todas as senhoras da *Europe Nouvelle* estavam vestidas por costureiros; Louise Weiss, de cetim preto, falava no meio de admiradores. Tinham encarregado um dos convidados de se ocupar de mim; animou-se um pouco mostrando-me uma senhora muito velha que, disse-me, servira de modelo para Mlle Dax jeune fille, mas depois a conversa arrastou-se miseravelmente. Compreendi que não poderia nunca me entender com essa gente e resolvi ensinar na província.

Entrementes, aproveitava Paris. Abandonara quase todas as obrigações que me aborreciam: tias, primos, amigas de infância. Almoçava muitas vezes na casa de meus pais; como evitávamos as discussões, tínhamos pouco assunto de conversa; eles ignoravam quase tudo de minha vida. Meu pai estava aborrecido porque eu não arranjara ainda um emprego. Quando amigos indagavam de mim, respondia com desgosto que eu fazia farra em Paris. É verdade que me divertia da melhor forma possível. Jantava por vezes na casa de Mme Lemaire com Pagniez e eles me levavam ao cinema. Fomos à Lune Rousse com Rirette Nizan e acabamos bebendo aquavita no Vikings. Retornei ao Jockey e à Jungle com minha irmã e Gégé; aceitava encontros, saía com qualquer pessoa, por assim dizer. Fernando levara-me a reuniões que se realizavam no café da esquina do bulevar Raspail com a avenida Edgar-Quinet: eu ia amiúde lá. Frequentavam-no o pintor Robert Delaunay e sua esposa, Sônia, que fazia desenhos para tecidos; Cossio, que pintava somente barquinhos; Varèse, o músico de vanguarda; e o poeta chileno Vicente Huidobro; por vezes Blaise Cendrars aparecia; logo que abria a boca todo mundo se entusiasmava. Passavam as noites indignando-se contra a estupidez humana, contra a podridão da sociedade, contra a arte e a literatura em voga. Alguém sugeriu que se alugasse a Torre Eiffel para inscrever nela em letras de fogo "Merda!". Outro desejava inundar a terra de petróleo e pôr fogo. Eu não me metia nessas imprecações, mas gostava da fumaça, do ruído dos copos, do rumor das vozes exaltadas, enquanto o silêncio descia sobre Paris. Certa noite, fechado o café, todo o bando dirigiu-se para o Sphinx, e eu o acompanhei. Por causa de Toulouse-Lautrec, de Van Gogh, imaginava os bordéis como lugares de alta poesia; não fiquei decepcionada. O cenário, de um gosto ainda mais berrante que o interior da igreja de Sacré-Coeur, as luzes, as mulheres seminuas em suas túnicas ligeiras e multicores eram bem mais interessantes do que as pinturas idiotas e as barracas de feira caras a Rimbaud.

De Madri e de Budapeste, Fernando e Bandi[14] enviaram-me artistas e escritores. Durante noites e noites eu passeava com eles por Paris, e eles falavam-me de grandes cidades desconhecidas. Eu saía também às vezes com uma jovem vendedora de Burma, amiga de Tapir e por quem eu sentia simpatia: Sartre denominara-a Mme De Listomère, por causa da heroína de Balzac. Íamos dançar nos bailes da rua de Lappe; enchíamo-nos de pó de arroz, pintávamos os lábios e fazíamos muito sucesso. Meu par predileto era um empregado de açougue que, certa noite, depois de uma aguardente com cereja, insistiu em me levar para sua casa. "Tenho um amigo", disse-lhe. "E o que é que tem? Você gosta de carne de vaca, mas isso não a impede de comer uma fatia de presunto de vez em quando." Desiludi-o muito recusando mudar de regime.

Raramente deitava-me antes das duas horas da manhã; por isso meus dias passavam tão depressa: eu dormia. Na segunda-feira, sobretudo, morria de sono, pois voltava de Tours às cinco e meia da manhã; os compartimentos de terceira classe estavam cheios e havia sempre um vizinho, de lado ou de frente, querendo bolinar; eu não fechava o olho. Ia para o Liceu Duruy às oito e meia; aconteceu-me, de uma feita, durante uma lição de grego, perder a consciência durante dois ou três minutos, enquanto meu aluno procurava o sentido de um texto. Gostava de meu cansaço, gostava dos excessos; não me embriagava, entretanto, meu estômago não era muito forte e bastavam dois ou três coquetéis para me enjoar.

Mas não precisava de álcool para me embriagar; ia da surpresa à admiração, do prazer à festa. Tudo me divertia, tudo me enriquecia. Tinha tantas coisas a aprender que tudo me instruía. Certo domingo, Tapir levou-me a Tours em seu pequeno carro; Mme De Listomère acompanhava-nos. Deixamos Sartre tarde da noite, e era meia-noite quando uma pane nos deteve em Blois: eu não sabia que à noite todas as cidades de províncias parecem sinistradas. Foi-nos necessário mais de vinte e cinco minutos para acordar a dona do hotel; ela pôs as duas mulheres numa cama, Tapir no quarto vizinho; queríamos conversar: ele arrastou o colchão até nosso soalho e lá adormeceu. Que barulho

---

[14] O húngaro apaixonado por Stépha que eu conhecera na *Nationale*.

no dia seguinte de manhã! Pensávamos que a proprietária fosse alertar a polícia de costumes. Eu me diverti com esse pequeno incidente como se se tratasse de uma grande aventura.

Aconteceu outra, igualmente insignificante mas que me encantou. Tendo terminado o ano escolar, eu ficava à noite em Tours, no domingo. Mas no dia 15 de agosto, à uma hora da madrugada, o hotel em que habitualmente me hospedava não tinha vaga. Procurei outros, dois, três, em vão. Tomei um táxi, andei por toda a cidade. O motorista acabou propondo que dormisse no táxi em sua garagem; aceitei. Mas ele mudou de ideia: sem dúvida sua esposa permitiria que eu dormisse no quarto da filha que partira para uma colônia de férias. Acompanhei-o, não por desmiolamento e sim por confiança. De fato, uma jovem mulher aguardava-o numa cama grande, toda sorridente, pintada, arranjada como para uma festa. Ofereceram-me um café com leite no dia seguinte e não aceitaram um vintém. Sua gentileza comoveu-me tanto mais porque eu vinha de um meio em que se teriam sentido desonrados em dar alguma coisa por nada. E confirmou-me numa atitude que instintivamente adotara e de que jamais me separei: na dúvida, confiar nas pessoas e nas circunstâncias mais do que me pôr na defensiva.

Um de meus prazeres mais intensos era passear de carro. Pagniez acompanhou-me duas ou três vezes a Tours. Mostrou-me a catedral de Chartres, o castelo de Chaumont. Ele teve baixa em fevereiro de 1931, duas ou três semanas antes de Sartre. Teve vontade de correr a França para visitar uns amigos e primos. Mme Lemaire emprestava-lhe o carro. Convidou-me para ir com ele. Uma viagem de carro, uma viagem de verdade, a primeira de minha vida! Entrei em transe. E como eu estava contente de passar dez dias sozinha com Pagniez! Gostava de sua conversa, de sua presença e de olhar as coisas com ele.

O acaso fez com que, dois dias antes de minha partida, Herbaud viesse a Paris; anunciou-me que ficaria duas semanas sem a mulher: teríamos tempo para nos vermos. Durante muito tempo nossas relações tinham se baseado em um equívoco: ele não fazia questão de saber o que Sartre era para mim, nem eu de dizê-lo; dois meses antes ele encontrara em meu quarto uma carta esclarecedora. Rira, mas se aborrecera, embora não tivesse me escondido o grande interesse que tinha por uma moça de Coutances. Deu-me um ultimato: se em vez de aproveitar sua presença eu partisse com Pagniez, ele não me veria nunca mais. Objetei que não podia faltar ao compromisso com Pagniez. "Pode", dizia-me ele. "Não posso", replicava eu. Pois bem, então romperia comigo. Fomos ao cinema e chorei copiosamente repetindo: "Prometi." A obstinação irritara-o, disse mais tarde a Sartre. Teria preferido uma confissão franca: "Quero viajar, ver coisas." Na realidade, eu era sincera; sempre pensei que, a não ser em casos de força maior, o abandono de projetos comuns é uma ofensa à amizade, e eu desejava vivamente conservar a de Pagniez; essa era a realidade: eu preferia no momento a companhia de Pagniez à de Herbaud. Mais afim com Sartre, Pagniez o era também comigo; as circunstâncias, embora limitando nossa intimidade, acenavam com um enriquecimento indefinido. Herbaud, ao contrário, e ele sabia, não tinha mais papel a desempenhar em minha vida. Pertencia ao passado, e eu o sacrifiquei ao futuro. Disse-lhe adeus, em lágrimas. Isto também o irritou, e compreendo-o, porque meu exuberante desespero transformava em fatalidade uma escolha que na verdade era minha.

Chovia em Morvan, mas bastava à minha alegria repetir: "Partimos, partimos!" Nosso almoço no hotel Poste, em Avallon, estonteou-me. No dia seguinte pela manhã, visitamos a igreja de Brou; comovi-me com as estátuas de mármore e as pequenas virtudes que sustentam os túmulos; e ninguém me obrigou a admirar o "transparente" tão horrivelmente trabalhado como as pedras de Saint-Maclou. Em Lyon, Pagniez foi visitar uns amigos e eu me hospedei na casa da mais velha de minhas primas, Sirmione, que tinha casado com um estudante de medicina. Dois ou três de seus irmãos almoçaram conosco; a órfã idiota servia a mesa, eles a martirizavam ainda. Surpreenderam-me mais do que na minha infância. Pelo fato de viajar com um homem, supunham que nenhum vício tinha segredos para mim e a grosseria de suas piadas me deixou zonza; ofereceram-me de sobremesa uma "noz de Grenoble": era uma casca de noz que guardava um preservativo; riram tanto que me pouparam o esforço de tomar uma atitude. Depois, mostraram-me Lyon muito bem. E meu primo Charles me fez visitar sua pequena fábrica de encaixes de lâmpadas elétricas. Era meu primeiro encontro com o trabalho e fiquei realmente impressionada. A oficina era escura em pleno dia e respirava-se um ar carregado de poeiras metálicas. Mulheres ficavam sentadas diante de placas giratórias, perfuradas com regularidade; numa caixa colocada no chão, apanhavam um cilindro de latão, colocavam-no em um buraco e a placa levava-o; indefinidamente, num ritmo rápido, o braço da operária ia da caixa à placa, durante quantas horas? Durante oito horas, nesse calor e nesse odor, amarradas à horrível monotonia do movimento circular, sem um minuto de descanso. Oito horas, todos os dias. "Bebeste demais no almoço", disse-me meu primo, vendo as lágrimas escorrerem-me pelo rosto.

Através do maciço central descobri pela primeira vez grandes horizontes de neve. Pagniez ia a Tulle, deixou-me em Uzerche. Decididamente eu fazia uma revisão de meu passado. Dormi no hotel Léonard, um desses lugares que eu acreditara antes inabitáveis, a não ser que se pertencesse à borra da terra: camponeses, caixeiros-viajantes. Dei-me muito bem. Pagniez veio buscar-me e eu me recordei dos espantos de Proust quando, em seus primeiros passeios de carro, confundia "o lado dos Guermantes" com "o lado dos Swann". Visitamos numa só tarde lugares que imaginava antípodas uns dos outros: o castelo de Turenne, a igreja de Beaulieu e Rocamadour, de que me haviam falado com admiração durante toda a minha infância, sem nunca as mostrar. Empanturrei-me de paisagens. E tive uma grande revelação: a Provence. O que me diziam do Sul intrigava-me muito quando pequena. Como podia ser belo se não havia árvores? Nos arredores de Uzès, perto da ponte de Gard, não havia árvores, e era lindo. Gostei da aridez e do cheiro das *garrigues*;[15] gostei da nudez da Camargue quando descemos para Saintes-Maries. Aigues-Mortes comoveu-me tanto quanto nas descrições de Barrès, e ficamos muito tempo ao pé das muralhas, atentos à noite e a seu silêncio. Pela primeira vez, dormi embaixo de um mosquiteiro. Pela primeira vez, subindo para Arles, vi cortinas de ciprestes inclinados pelo mistral e conheci a verdadeira cor das oliveiras. Pela primeira vez, o vento soprava sobre Baux, quando cheguei à noite; na planície, fogueiras crepitavam; um fogo crepitava na lareira da Reine Jeanne, onde éramos os únicos fregueses; jantamos numa mesinha,

---

[15] Terreno calcário e árido da região. (N.T.)

perto da chaminé, bebendo um vinho cujo nome ainda lembro: Mas de la Dame. Pela primeira vez passei em Avignon: almoçamos frutas e doces num jardim que se projetava sobre o Ródano, ao sol, sob um céu glorioso. No dia seguinte garoava em Paris; Herbaud enviara-me uma cartinha maldosa em que se despedia definitivamente de mim. Mme Lemaire indagava se eu tivera razão de não ceder a ele; Sartre deblaterava contra os militares que lhe deram baixa mais tarde do que pensara. E como era estranho, depois de dez dias de cumplicidade, encontrar-me novamente em frente a Pagniez, a uma distância que se me afigurava repentinamente imensa! Mesmo a felicidade tem suas asperezas, seus buracos de sombra por vezes; o remorso mostra isso; essa foi a lição de meu regresso.

Com dezenove anos, apesar de minhas ignorâncias e de minha incompetência, eu quisera sinceramente escrever; sentia-me exilada, e meu único recurso contra a solidão era manifestar-me. Agora não sentia mais absolutamente a necessidade de me exprimir. Um livro é de uma maneira ou de outra um apelo: para quem apelar e pelo quê? Eu estava satisfeita. Sem cessar, minhas emoções, minhas alegrias e meus prazeres precipitavam-me para o futuro e sua veemência submergia-me. Diante das coisas e das pessoas, eu carecia dessa distância que permite ter um ponto de vista a respeito, e falar delas. Incapaz de sacrificar o que quer que fosse e, portanto, incapaz de escolher, eu me perdia numa efervescência caótica e deliciosa. Em relação a meu passado, é certo que tinha algum recuo: um grande recuo. Não me inspirava uma nostalgia que me incitasse a reanimá-lo, nem esse ressentimento que impele aos acertos de contas: somente o silêncio se afinava com a minha indiferença.

Entretanto, eu me lembrava de minhas antigas resoluções, e Sartre não me deixava esquecê-las; resolvi começar um romance. Sentava-me numa das cadeiras alaranjadas, respirava o odor do fogareiro a querosene e contemplava a folha de papel virgem com um olhar perplexo: não sabia o que contar. Fazer uma obra é em todo caso *mostrar o mundo*; ora, sua presença bruta esmagava-me e eu não via nada, não tinha o que mostrar. Só podia safar-me da entaladela recopiando as imagens que outros escritores haviam proposto; pastichava, embora sem o confessar a mim mesma. É sempre lamentável. Mas por que agravei o meu caso, escolhendo como modelos *O bosque das ilusões perdidas* e *Poeira*? Gostara desses livros. Eu queria que a literatura se afastasse do humano; eles me satisfizeram levando-me para o maravilhoso. Jacques e Herbaud haviam encorajado meu gosto por esse tipo de sublimação, porque de bom grado a praticavam. A Sartre tais truques repugnavam; entretanto diariamente se divertia comigo com mitos, e a fábula e a lenda desempenhavam um grande papel em seus escritos. Como quer que fosse, em vão ele me teria aconselhado a sinceridade; só havia então, para mim, uma maneira de ser sincera, e teria sido me calar. Procurei, portanto, fabricar uma história que tirasse de Alain Fournier e de Rosamond Lehmann um pouco de sua magia. Havia um velho castelo, um grande parque, uma menina que vivia com um pai triste e silencioso. Um dia ela encontrava no caminho três rapazes desenvoltos que passavam suas férias em uma mansão vizinha. Ela lembrava-se de que tinha dezoito anos, e sentia o desejo de andar livremente pelas estradas e de ver o mundo. Conseguia partir para Paris; aí encontrava uma jovem mulher que se assemelhava a Stépha e outra mais idosa que se parecia com Mme Lemaire; poéticas aventuras deviam acontecer com ela, mas eu não sabia bem quais: parei no capítulo terceiro. Dava-me vagamente conta de que o maravilhoso não me convinha muito. Isso não me impediu, de resto, de obstinar-me durante muito tempo. Ficou-me um quê de "Delly" muito sensível nos primeiros rascunhos de meus romances.

Trabalhava sem convicção; ora tinha a impressão de cumprir uma tarefa, ora de me entregar a uma paródia. De qualquer maneira, não havia pressa. Estava feliz por enquanto, e isso bastava-me. Porém não, não me bastava. Esperava outra coisa de mim. Não mantinha mais um diário íntimo, mas acontecia-me ainda escrever algumas palavras num caderno: "Não quero resignar-me a viver sem que minha vida sirva a alguma coisa", escrevi na primavera de 1930; e pouco mais tarde, em junho: "Perdi meu orgulho e assim tudo perdi." Ocorrera-me viver em contradição com os que me cercavam, mas nunca comigo mesma; aprendi durante esses dezoito meses que podemos não querer o que queremos e que mal-estar essa irresolução engendra. Não deixei de me entregar com arrebatamento a todos os bens deste mundo; e no entanto eles me afastavam, pensava, de minha vocação: estava me traindo e me perdendo. Encarei como trágico esse conflito, pelo menos em alguns momentos. Penso hoje que o caso nada tinha afinal de dramático; mas nessa época eu me achava sempre disposta a exagerar nesse sentido.

O que censurava em mim mesma, então? Em primeiro lugar, a facilidade demasiado grande de minha vida; a princípio ela me embriagou, mas depois acabei sentindo certo desgosto. Uma boa aluna impacientava-se dentro de mim com essa vagabundagem. Minhas leituras desordenadas não passavam de um divertimento, não levavam a coisa alguma. Meu único trabalho era escrever: dedicava-me a isso com displicência e porque Sartre me solicitava imperativamente. Muitos jovens, moças e rapazes, que se obstinaram com ambição e coragem em duros estudos conheceram a seguir esse gênero de decepção; o esforço, a conquista, a superação cotidiana acarretam satisfações soberanas e insubstituíveis; em comparação, as passivas delícias do ócio parecem sensaboronas e as horas mais brilhantemente cheias, injustificadas.

E depois eu não me refizera do golpe que sofrera na confrontação com meus amigos; para recobrar algum orgulho, fora preciso fazer alguma coisa, e bem; ora, eu vivia no ócio. Minha indolência confirmava-me no sentimento de minha mediocridade. Decididamente abdicava. Talvez não seja cômodo para ninguém aprender a coexistir tranquilamente com outras pessoas; eu nunca fora capaz disso. Reinava ou abismava-me. Subjugada por Zaza, eu mergulhara na humildade; a mesma história repetia-se, só que caíra de mais alto e minha confiança em mim fora brutalmente pulverizada. Em ambos os casos, conservei minha serenidade; fascinada pelo outro, esquecia-me de mim mesma a ponto de não sobrar ninguém para dizer: não sou nada. Entretanto, essa voz erguia-se por momentos, num relampejar; então eu constatava que deixara de existir por minha conta e vivia como parasita. Quando briguei com Herbaud, ele acusou-me de ter traído o individualismo que no passado me valera sua estima, e eu tive de lhe dar razão. Mas o que me sensibilizava mais ainda era que Sartre, ele próprio, se inquietava. "Mas outrora, Castor, você pensava uma porção de coisinhas", dizia-me com espanto. "Tome cuidado para não se tornar uma dona de casa", acrescentava ainda. Eu não corria esse risco, mas ele me comparava a essas heroínas de Meredith que, depois de terem lutado por sua independência, se contentavam finalmente em ser a companheira de um homem. Aborrecia-me desiludi-lo. Sim, fora com razão que eu desconfiara outrora da felicidade. Qualquer que fosse sua fisionomia, arrastava-me a todas as renúncias. Quando encontrei Sartre, pensei que tudo fora ganho; perto dele não podia deixar de me realizar; dizia a mim mesma, agora, que esperar a salvação de alguém que não você mesmo é o meio mais certo de se perder.

Mas, em suma, por que esses remorsos, esses terrores? Eu não era por certo uma militante do feminismo, não tinha nenhuma teoria a respeito dos direitos e deveres da mulher; assim como me recusara outrora a ser definida como "uma criança", não pensava agora como "uma mulher": eu era eu. Era em relação a esse eu que me sentia em falta. A ideia de salvação sobrevivera em mim ao desaparecimento de Deus, e a primeira de minhas convicções era que cada um deve assegurar pessoalmente a sua. Minha contradição era de ordem moral e quase religiosa, não social. Aceitar viver como um ser secundário, um ser "relativo", teria sido rebaixar-me como criatura humana; todo o meu passado se insurgia contra essa degradação.[16]

Eu a teria sentido com menos acuidade se não tivesse sofrido outra, mais ardente, que não procedia de minha relação com alguém, e sim de uma discordância íntima. Deixara com entusiasmo de ser um puro espírito. Quando o coração, a cabeça e a carne se entrosam, ter um corpo é uma festa. A princípio só conheci a alegria; estava de acordo com meu otimismo e era cômodo para meu orgulho. Mas em pouco tempo as circunstâncias infligiram-me a revelação de que tivera, aos vinte anos, um inquieto pressentimento: a necessidade. Ignorava-a: não conhecera a fome, nem a sede, nem o sono; repentinamente fui presa da necessidade. Passava longe de Sartre dias e semanas; em Tours, no domingo, éramos demasiado tímidos para entrar durante o dia num quarto de hotel; aliás, eu não queria que o amor assumisse o aspecto de um empreendimento concertado; queria que fosse livre, mas não deliberado. Não admitia que se cedesse

---

[16] Evidentemente, o problema não se pôs diante de mim sob essa forma por eu ser mulher. Mas era na qualidade de indivíduo que eu tentava resolvê-lo. O feminismo e a luta dos sexos não tinham sentido algum para mim.

contra a vontade a desejos, nem que se organizasse com sangue-frio o prazer. A alegria amorosa devia ser tão fatal e tão imprevista quanto o movimento das águas do mar, ou o florescimento de um pessegueiro. Não soubera explicar por quê, mas a ideia de uma distância entre as emoções de meu corpo e minhas decisões amedrontava-me. E foi precisamente esse divórcio que se verificou. Meu corpo tinha seus impulsos, e eu era incapaz de contê-los; sua violência submergia todas as minhas defesas. Descobri que a saudade, quando atinge a carne, não se confunde com a nostalgia, é uma dor. Da raiz dos cabelos à planta dos pés, tecia em minha pele uma túnica envenenada. Eu detestava sofrer; detestava minha cumplicidade com esse sofrimento que nascia de meu sangue e cheguei até a detestar o formigamento de meu sangue nas veias. No metrô, pela manhã, ainda embotada pela noite, olhava as pessoas e perguntava a mim mesma: "Conhecerão essa tortura? Como é que nenhum livro jamais me descreveu sua crueldade?" Pouco a pouco, a túnica desfazia-se; eu tornava a encontrar o frescor do ar em minhas pálpebras. Mas à noite a obsessão despertava, milhares de formigas corriam sobre minha boca; nos espelhos, eu rebentava de saúde e um mal secreto apodrecia meus ossos.

Um mal vergonhoso. Eu me libertara de minha educação puritana o bastante para poder alegrar-me de meu corpo sem constrangimento, mas não o suficiente para consentir com meu incômodo; esfaimado, mendigo, queixoso, repugnava-me. Era obrigada a admitir uma verdade que desde a adolescência eu tentara mascarar: seus apetites esmagavam minha vontade. Nas febres, nos gestos, nos atos que me ligavam a um homem escolhido, eu reconhecia os movimentos de meu coração e minha liberdade, mas os langores solitários solicitavam qualquer um. À noite, no trem Tours-Paris, uma mão anônima podia acordar ao longo de minha perna uma perturbação que me transtornava de despeito. Eu calava essas vergonhas; agora que me habituara a tudo dizer, esse mutismo parecia-me uma espécie de pedra de toque; se não as ousava confessar era por serem inconfessáveis. Meu corpo, pelo silêncio a que me constrangia, em vez de um traço de união, tornava-se um obstáculo, e eu lhe devotava um ardente rancor.

Tinha, entretanto, à minha disposição todo um jogo de morais que me incitavam a assumir alegremente a sexualidade: minha experiência as desmentia. Para distinguir, como Alain e seus discípulos, o corpo do espírito, e dar a cada qual o que lhe cabe, eu era sinceramente materialista demais: a meu ver, o espírito não se isolava do corpo e meu corpo comprometia-me por inteiro. Teria me inclinado de preferência para as sublimações claudelianas, e principalmente para o otimismo naturalista, que pretende reconciliar no homem a razão da animalidade, mas o fato é que em mim a conciliação não se verificava; minha razão não se conformava com a necessidade, com sua tirania. Eu descobria, com minha carne, que a humanidade não repousa na calma luz do bem; conhece os tormentos mudos, inúteis, inclementes dos animais sem defesa. Era preciso que esta terra tivesse uma face infernal para que eu fosse de tempos em tempos atravessada por tão negras fulgurações.

Desse inferno tive um dia, fora de mim mesma, uma visão que me apavorou, porque não me achava de modo algum preparada para ela. Numa tarde de agosto, em Sainte-Radegonde, eu estava lendo à beira daquela ilha de mato ralo a que me referi; ouvi atrás de mim um ruído estranho: um barulho de galhos quebrados, de um animal cujo resfolegar se assemelhava a um estertor. Voltei-me: um homem, um vagabundo deitado na moita, satisfazia-se de olhos fixados em mim. Fugi em pânico. Que desespero, que miséria brutal naquela satisfação solitária! Durante muito tempo a recordação do fato pareceu-me insuportável.

A ideia de que partilhava a sorte comum de todos os homens não me consolava em absoluto: achar-me, na intimidade de meu sangue, condenada a obedecer em lugar de comandar feriu meu orgulho. De todos os motivos de queixa que tinha contra mim mesma, sinto dificuldade em deslindar o mais importante: por certo, reforçavam-se uns aos outros. Teria mais facilmente aceitado a indisciplina de meu corpo se no conjunto de minha vida houvesse me sentido satisfeita comigo; e meu parasitismo intelectual me teria inquietado menos se houvesse sentido minha liberdade enterrar-se em minha carne. Mas minhas ardentes obsessões, a futilidade de minhas ocupações, minha renúncia em favor de outro, tudo conspirava para me insuflar um sentimento de decadência e de culpabilidade. Era por demais profundo para que tenha podido encarar uma libertação mediante artifícios. Não pensava em falsear meus sentimentos, em fingir por atos e palavras ser dona de uma liberdade que não possuía. Não punha tampouco minha esperança em uma brusca conversão. Não se readquire confiança em si, não se reanimam ambições adormecidas, não se conquista uma independência autêntica por um simples golpe de vontade, bem o sabia. Minha moral exigia que permanecesse no centro de minha vida quando, espontaneamente, eu preferia outra existência à minha: para encontrar de novo meu equilíbrio, sem trapacear, fora-me necessário, eu o percebia, um trabalho demorado.

Entretanto, ia ser obrigada, muito em breve, a iniciá-lo, e a perspectiva tranquilizava-me. A felicidade em que me debatia era precária, porquanto Sartre contava partir para o Japão. Eu resolvera também sair do país. Escrevi a Fernando para perguntar-lhe se poderia achar um trabalho para mim em Madri: não. Mas M. Poirier, reitor do liceu, falou-me de um instituto que ia ser criado em Marrocos, e Bandi ofereceu-me um cargo na Universidade de Budapeste. Que exílio! Que ruptura! Seria obrigada então a me dominar e me controlar. Não corria o risco de me entregar definitivamente à minha segurança. Ademais, me sentiria culpada se não aproveitasse perdidamente as possibilidades que mais tarde me escapariam. O futuro trazia-me uma justificativa, mas eu pagava caro. Era ainda bastante jovem para fazer pouca diferença entre dois anos e a eternidade; esse abismo no horizonte amedrontava-me tanto quanto a morte, e eu não ousava tampouco olhá-lo de frente. Ignoro, em suma, qual era a verdadeira razão de meu desatino; teria deplorado a tal ponto haver me enviscado na felicidade se não receasse que me arrancariam dela? Em todo caso, o remorso e o medo, longe de se neutralizarem, atacavam-me juntos. Abandonei-me num ritmo que desde minha infância regulara mais ou menos minha vida. Vivia semanas de euforia; depois, durante algumas horas, uma tormenta me devastava, saqueava tudo. Para melhor merecer meu desespero, eu rolava pelos abismos da morte, do infinito, do nada. Nunca soube, quando o céu serenava, se despertava de um pesadelo ou se recaía no longo sonho azul.

Só raramente mergulhava nessas crises; de costume, não me analisava muito; o resto ocupava-me demais. Assim mesmo meu mal-estar coloriu grande número de minhas experiências. Tive a oportunidade em particular de compreender que sentimentos equívocos podem inspirar os outros quando se duvida de si.

Sartre via ainda, de quando em quando, uma jovem mulher que lhe fora muito cara e a quem chamávamos Camille. Ele emprestava cores muito vivas às pessoas e às coisas de que falava, e o retrato que me fez dela pareceu-me bastante prestigioso. Herbaud a conhecia e dava a entender com uma divertida simpatia que se tratava de uma pessoa surpreendente. Pagniez não gostava muito dela, mas ela conseguira espantá-lo. Tinha apenas quatro ou cinco anos a mais do que eu e parecia-me que em muitos pontos era muito superior a mim. Essa ideia me desagradava totalmente.

Tal qual existia para mim, a distância, tinha o brilho de uma heroína de romance. Era bela: imensa cabeleira loura, olhos azuis, a mais fina pele, um corpo sedutor, tornozelos e punhos perfeitos. O pai tomava conta de uma farmácia em Toulouse. Era filha única, mas desde a infância a mãe adotara uma pequena cigana muito bonita. Zina tornou-se a companheira de Camille, sua cúmplice, e comprazia-se até em se dizer escrava. Camille fez estudos caprichosos no liceu e durante um ou dois anos seguiu sem muita convicção alguns cursos na universidade; mas lia. O pai fez com que gostasse de Michelet, George Sand, Balzac, Dickens, interessou-a pela história de Toulouse, dos cátaros, de Gaston Phœbus. Ela organizou um pequeno panteão cujas principais divindades eram Lúcifer, Barba Azul, Pedro, o Cruel, César Bórgia, Luís XI; mas era sobretudo a si mesma que cultuava. Maravilhava-se com unir a beleza à inteligência e com que ambas as coisas fossem nela tão singulares. Prometeu a si mesma um destino excepcional. Para começar, orientou-se para a galanteria. Muito criança ainda, fora pacientemente desvirginada por um amigo da família. Com dezoito anos, começou a frequentar casas elegantes de *rendez-vous*; punha ternamente na cama a mãe, a quem amava muito, fingia que ia deitar-se e esquivava-se com Zina. Esta teve um início de vida espinhoso: sua virgindade recalcitrante intimidava os amadores, todos senhores distintos; e foi Camille quem resolveu o assunto. Trabalhavam por vezes em equipe, mas Zina, muito menos brilhante do que Camille, operava em geral nos meios mais modestos.

Camille tinha um senso agudo da encenação e do aparato; à espera de um cliente no salão que lhe era reservado, mantinha-se em pé diante da lareira, nua, com seus compridos cabelos desfeitos, e lia Michelet, ou, mais tarde, Nietzsche. Sua cultura, suas sutilezas e sua soberania deslumbravam os notários, os advogados, e eles choravam de admiração no travesseiro. Alguns estabeleceram ligação mais prolongada com ela, encheram-na de presentes, levaram-na em viagens. Vestia-se suntuosamente, inspirando-se muito menos na moda do que nos quadros que apreciava; seu quarto assemelhava-se a um cenário de ópera. Dava festas na adega, que transformava, segundo as circunstâncias, em palácio do Renascimento ou em castelo da Idade Média. Herbaud, envergando um peplo, lá participara de uma orgia romana; Camille presidia o festim, vestida como patrícia da decadência, semideitada num sofá, e Zina sentava-se a seus pés. Inventavam uma porção de jogos; escondiam os cabelos com perucas, cobriam-se de andrajos e iam mendigar em torno da catedral. Entretanto, Camille admirava os grandes arrebatamentos da paixão e pretendia entregar-se a eles. Apaixonou-se por Conrad Veidt e depois por Charles Dullin, ao vê-lo interpretar o papel de Luís XI em *Le Miracle des loups*. Por vezes, ela era seduzida por um rosto realmente de carne e osso, por mãos longas e pálidas; não o deixava transparecer; à noite ia contemplar as janelas do eleito, tocar toda fremente as grades da casa dele; mas que não interviesse! Ela concebia o amor-paixão como um exercício eminentemente solitário.

Tinha vinte e dois anos; Sartre, dezenove, quando se encontraram no enterro de uma prima comum em uma aldeia do Périgord. Sartre estava enfiado num terno preto e com um chapéu de seu avô que lhe caía sobre as sobrancelhas. O tédio apagava-lhe a expressão e emprestava-lhe uma feiura agressiva. Camille sentiu-se como que fulminada: "É Mirabeau", disse a si mesma; ela, com seus crepes pretos que tornavam mais louca a sua beleza, não teve dificuldade em atraí-lo. Só se largaram quatro dias depois, chamados pelas respectivas famílias inquietas. Camille era então sustentada pelo filho de um rico comerciante de caloríferos e encarava a possibilidade de desposá-lo; mas ela não tinha mais vontade de se tornar uma burguesa decente do que de permanecer puta. Sartre convenceu-a de que só ele poderia salvá-la da mediocridade provinciana; exortou-a a confiar na inteligência, a cultivar-se, a escrever. Iria ajudá-la a traçar seu caminho. Ela apressou-se em agarrar a oportunidade. Trocaram cartas que ela assinava como Rastignac e ele, Vautrin; ela enviou-lhe suas primeiras tentativas literárias, as quais ele criticou dosando habilmente a verdade com a indulgência. Ele expôs-lhe suas ideias sobre a vida e aconselhou-lhe certas leituras: Stendhal, Dostoievski, Nietzsche. Entretanto, juntava vintém por vintém um pecúlio que lhe permitiu, ao fim de seis meses, fazer uma viagem a Toulouse; aí retornou por vezes durante dois anos. Por falta de dinheiro, suas estadas eram curtas e desenrolavam-se segundo ritos mais ou menos imutáveis. Por volta da meia-noite, ele se plantava na calçada em frente a uma farmácia e aguardava que certa janela se iluminasse; isso significava que Camille deitara e abraçara a mãe, e Zina descia então para abrir a porta. Deixava o quarto de Camille logo que amanhecia. Ela tinha o hábito de ficar na cama até tarde; depois tratava de seus negócios e ele só a revia à noite. Ele não estava acostumado a dormir de dia e muitas vezes, por economia, não ocupava sequer um quarto no hotel; cochilava nos bancos dos jardins, ou no cinema; na terceira ou quarta noite, morria de cansaço: "Está bem, dorme, eu ficarei lendo Nietzsche", dizia Camille com desdém; e quando ele reabria os olhos ela recitava em voz alta um trecho de *Zaratustra* sobre o domínio do corpo pela vontade. Tinham muitos outros motivos de briga, pois, enquanto esperava ser George Sand, Camille nada mudara em sua maneira de viver. De resto, ela se esforçava por suscitar disputas; o que esperava do amor eram grandes desesperos seguidos de reconciliações exaltadas.

No segundo ano de ligação, ela passou quinze dias em Paris e fez muito sucesso no baile da École Normale. Para recebê-la dignamente, Sartre pedira emprestado de todos os lados, mas seus meios eram assim mesmo muito mesquinhos; a mediocridade do hotel, dos restaurantes, dos *dancings* a que ele a levou desiludiu-a. Paris, aliás, não lhe agradava. Ele se arranjara para conseguir-lhe um emprego numa papelaria, mas ela não tinha a menor vontade de vender cartões-postais. Regressou a Toulouse. Romperam no início do verão por motivos confusos.

Dezoito meses mais tarde, no princípio de 1929, ele recebeu uma carta dela propondo um encontro que ele aceitou. Ela fizera, no ano anterior, uma viagem a Paris com um rico empreiteiro a quem chamava "o amador esclarecido", por causa do amor às belas-artes que ele exibia. Como Dullin, desde *Le Miracle des loups*, era um de seus heróis prediletos, ela foi vê-lo no Atelier em *Les Oiseaux*. Revestida de seus mais ofuscantes adornos, sentou-se na primeira fila e devorou-o com os olhos de maneira ostensiva; repetiu a manobra várias noites seguidas e acabou pedindo um encontro. Dullin não ficou insensível à admiração que ela lhe testemunhou, e pouco a pouco, ele a instalou com Zina no andar térreo da rua Gabrielle; de quando em quando, ela passava assim mesmo uma ou duas semanas em Toulouse com o "amador esclarecido", que pagava sua idade avançada com grandes generosidades; como pretexto ela tinha os pais. Dullin tampouco dava muita importância a isso, porque, em compensação, ainda vivia com sua mulher. Essa situação não contentava Camille, e, por outro lado, Paris aborrecia-a; desejou pôr alguma paixão em sua vida e, recordando o ardor de suas brigas com Sartre, procurou reatar. Ele encontrou-a mudada, amadurecida, libertada de seu provincianismo. Dullin formara-lhe o gosto, ela se esfregara na alta sociedade de Paris e tomara atitudes. Seguia cursos na escola do Atelier e figurava em alguns espetáculos, mas não sentia em si uma vocação de atriz; recusaria sempre encarnar personagens em que não se reconhecesse: Agripina, sim, mas Júnia, nunca. De resto, o trabalho de intérprete é secundário: ela queria criar. Escolhera uma solução ambiciosa: escreveria peças e arranjaria papéis à sua medida. Entrementes, meditava sobre um romance e esboçara novelas que intitularia *Histórias demoníacas*. Considerava-se, com efeito, definitivamente filiada a Lúcifer. Manifestava-lhe sua lealdade com condutas escandalosas. Bebia muito. Uma noite, entrara no palco inteiramente embriagada e arrancara a peruca do ator principal com grandes gritos; outra vez saiu do palco engatinhando e de saia levantada. Dullin infligira-lhe censuras que tinham sido afixadas no quadro-negro. Ela passava noites rondando em Montmartre com Zina, e certa vez levara para a rua Gabrielle dois cafetões que, pela manhã, levaram sua roupa e sua prataria, e abafaram seus protestos a pontapés. Apesar dessas diversões, Camille achava sua vida muito chata; não encontrara ninguém que lhe parecesse à sua altura; os únicos iguais que reconhecia estavam mortos: Nietzsche,

Dürer, a quem, segundo um autorretrato, ela muito se assemelhava, e Emily Brontë, que acabava de descobrir. Marcava encontros noturnos com eles, falava-lhes, e, de certa maneira, eles lhe respondiam. Quando entretinha Sartre acerca de suas relações de além-túmulo, ele respondia mais ou menos friamente. Em compensação, divertiu-o muito revelando intrigas do mundo do teatro, fazendo imitações de Lenormand, de Steve Passeur; expunha-lhe as ideias de Dullin sobre a encenação e elogiava peças espanholas que ele não conhecia. Levou-o ao Atelier para ver *Volpone* e o fez observar que, quando dizia "Ei-lo, o meu tesouro", Dullin voltava-se para ela. Mas, se Sartre se comprazia nesses encontros, no que dizia respeito à paixão, ele não tinha mais nenhuma vontade de reatar. Ela ficou desiludida e suas relações terminaram bruscamente. No tempo em que fazia o serviço militar, já tinha com ela somente uma amizade intermitente.

Essa história que retracei apenas grosseiramente abundava em episódios picantes; desconfiei depois que comportava igualmente muitas lacunas e que Camille torcera mais de uma vez a verdade. Pouco importa: acreditei. As normas da verossimilhança em uso no meu antigo meio não me convinham mais, e eu não me preocupara em achar outras. Tinha muito pouco senso crítico. Meu primeiro movimento era acreditar, e, em geral, mantinha minhas crenças.

Aceitei, pois, Camille tal qual era apresentada por Sartre. Ela tivera importância para ele, e ele cedia um pouco à tendência dos rapazes para embelezar seu passado; ele falava-me dela com um calor que assemelhava o da admiração. Muitas vezes, para arrancar-me de minha preguiça, citava-a como exemplo: ela passava as noites escrevendo, obstinava-se em fazer alguma coisa da vida e o conseguiria. Eu me dizia que ela tinha mais afinidades com ele do que eu, posto que também tudo jogava em sua obra futura; talvez — apesar de nossa intimidade, de nosso entendimento — ele a estimasse mais do que a mim; talvez ela fosse efetivamente mais estimável. Não teria me preocupado tanto a respeito se o ciúme não me atazanasse.

Sentia-me embaraçada para julgá-la. A facilidade com que dispunha do corpo chocava-me; mas cabia censurar sua desenvoltura ou meu puritanismo? Espontaneamente, meu coração e minha carne condenavam-na; minha razão, entretanto, contestava o veredicto: talvez devesse interpretá-lo como um sinal de minha própria inferioridade. Ah, como é desagradável duvidar da própria boa-fé! No momento em que eu acusava Camille, tornava-me suspeita, porque teria tido demasiado prazer em culpá-la. Enleava-me nessas hesitações, não ousando francamente declará-la culpada, nem absolvê-la, nem me vangloriar de minha pudicícia, nem tampouco abandoná-la.

Mas, em sua atitude, havia pelo menos uma falha que me saltava aos olhos. Enfiar-se na cama com um homem que não se ama era uma experiência acerca da qual eu carecia de luzes, mas sabia o que significa sorrir para pessoas que desprezamos; lutara obstinadamente para não ter de me dobrar a esse tipo de prostituição. Camille zombava, com Zina e Sartre, dos que denominava *tiotocini*, mas adulava-os, falava-lhes, seduzia-os. Para consentir nesse aviltamento e, sobretudo, nesse tédio, devia ser bem menos intransigente e muito mais resignada do que o proclamava sua lenda. Sim, nesse ponto eu triunfava, mas timidamente: se ela suportava servidões de que eu soubera libertar-me, em compensação, e era bem mais importante, ela soubera salvaguardar essa autonomia, que eu censurava a mim mesma ter sacrificado. Não deixava, entretanto, de conceder-lhe essa vantagem sem discussão: ela só evitara a dependência recusando-se ao amor, e eu considerava uma enfermidade ser incapaz de amar. Por mais brilhante que fosse Camille, eu não duvidava de que Sartre valesse mais do que ela; de acordo com minha lógica, ela devia tê-lo preferido a seu conforto, a seus prazeres, a si própria. Na força que ela tirava de sua insensibilidade, eu percebia também uma fraqueza. Apesar de todas essas restrições, tinha dificuldade de enfrentar sua imagem. Essa bela mulher cheia de experiência já tinha aberto um caminho no mundo do teatro, das letras e das artes, e começara sua carreira de escritora: suas sortes e seus méritos esmagavam-me. Refugiei-me no futuro, fazia juramentos: eu também escreveria, também faria alguma coisa, bastava um pouquinho de tempo. Parecia-me que o tempo trabalhava por mim. Mas no momento, sem dúvida alguma, ela ganhava.

Quis vê-la. Ela apresentava-se no novo espetáculo do Atelier, *Patchouli*, obra de um jovem desconhecido que se chamava Salacrou; no segundo ato, era aliciadora de fregueses em um bar, no terceiro, figurante num teatro. Quando o pano se ergueu pela segunda vez, arregalei os olhos; sentadas em banquinhos, eram três, uma morena e duas louras, uma delas tinha um belo perfil, duro e altivo; mal escutei a peça, tão ocupada que estava em recapitular a história de Camille, substituindo esses traços decididos aos vagos contornos que até então seu nome evocara para mim. Quando chegou o entreato, a operação estava quase terminada: Camille adquirira uma fisionomia. O pano ergueu-se novamente; as mulheres ali estavam, com vestidos de crinolinas, as três louras, e Camille era designada com precisão no programa como "a primeira figurante": a que falava em primeiro lugar. Caí das nuvens: a atriz de perfil agudo não era Camille; esta fora-me escondida pela peruca escura. Agora, eu a via: seus cabelos admiráveis, seus olhos azuis, sua pele, seus punhos; e ela não coincidia absolutamente com o que eu sabia dela. Sob os cachos pálidos, o rosto era redondo, quase infantil; a voz aguda e demasiado cantante tinha inflexões pueris. Não, eu não podia acomodar-me com essa grande boneca de porcelana e ainda menos porque cultivara uma imagem bem diferente: repetia com raiva para mim mesma que Camille devia ter se conformado a ela; seu rosto não combinava. Como conciliar seu orgulho, sua ambição, suas obstinações, sua soberba demoníaca com os risos, as graças piegas, as afetações que eu estava apreciando? Tinham me ludibriado; eu não sabia quem, mas estava com raiva de todo mundo.

Para tirar a limpo essa história só havia um meio: aproximar-me mais de Camille. Sartre falara-lhe de mim e ela tinha curiosidade a meu respeito. Convidou-me. Bati, certa tarde, na rua Gabrielle; ela abriu a porta para mim; usava um vestido comprido de interior, de seda encarnada, aberto sobre uma túnica branca, e com joias por toda parte: joias antigas, exóticas, pesadas e por demais brilhantes; seus cabelos enrolavam-se em volta da cabeça e caíam-lhe sobre os ombros em espirais medievais. Reconheci sua voz aguda e afetada, mas o rosto era mais ambíguo do que no palco. Seu perfil assemelhava-se efetivamente ao de Dürer; de frente, os grandes olhos azuis, falsamente ingênuos, enfeavam-no, mas ele assumia um extraordinário brilho quando Camille sorria para si mesma, a cabeça jogada para trás e as narinas frementes.

Fez-me entrar numa saleta sumariamente mobiliada mas agradável: havia livros, uma escrivaninha, e, nas paredes, retratos de Nietzsche, Dürer, Emily Brontë; em cadeiras minúsculas sentavam dois bonecos tipo bebês com gabões de colegial: chamavam-se Friedrich e Albrecht, e Camille falava deles como se fossem de carne e osso. Alimentou com desembaraço a conversa. Descreveu-me as representações do nô japonês a que assistira dias antes e contou-me sobre *Celestina*, que desejava adaptar e encenar ela própria. Interessou-me; evocava com grande felicidade de gestos e mímicas as coisas de que falava, e encontrei nela muita sedução; contudo, agastou-me. Afirmou, durante a conversa, que uma mulher nunca tem dificuldade em atrair um homem: um pouco de comédia, de faceirice, de adulação, de finura e pronto. Eu não admitia que o amor se conquistasse mediante espertezas: Pagniez, por exemplo, a própria Camille houvera malogrado em manobrá-lo. Talvez, concordou ela com desdém; era porque carecia de paixão e grandeza. Enquanto falava, brincava com as pulseiras, com os cachos e deitava ternas olhadelas no espelho. Achei esse narcisismo idiota e, no entanto, ele me ofendia. Fora-me impossível sorrir a meu reflexo com essa complacência. Mas então Camille ganhava; esse testemunho maravilhado que tinha de si mesma não arranhava sequer minha ironia; somente uma retumbante afirmação de mim mesma teria restabelecido o equilíbrio.

Caminhei durante muito tempo pelas ruas de Montmartre, virei em torno do Atelier, presa de um dos sentimentos mais desagradáveis que jamais me haviam dominado e a que cabe, confesso, o nome de inveja. Camille não deixara estabelecer-se uma reciprocidade entre nós; ela me anexara a seu universo e relegara para mim um lugar insignificante; eu não tinha mais orgulho suficiente para responder com uma anexação simétrica; ou então fora necessário decretar que ela não passava de uma impostura: o julgamento de Sartre e meu próprio consentimento me proibiam. Outra solução teria sido reconhecer sua superioridade e esquecer-me numa admiração sem reticências; era capaz disso, mas não a respeito de Camille. Senti-me vítima de uma espécie de injustiça tanto mais irritante quanto eu a estava legitimando, posto que não conseguia libertar meu pensamento dela, ao passo que ela já havia me esquecido. Enquanto eu subia e descia as escadarias da Butte, obcecada pela sua existência, concedia-lhe mais realidade do que a mim mesma e revoltava-me contra essa supremacia que lhe conferia: é essa contradição que faz da inveja um mal torturante. Sofri durante várias horas.

    Mais tarde acalmei-me; mas durante muito tempo permaneci na ambivalência em relação a Camille: via-a ao mesmo tempo com seus olhos e os meus. De uma feita, recebeu-me com Sartre, descreveu-nos a dança que devia executar no espetáculo seguinte do Atelier: fazia o papel de uma cigana e inventara de colar um emplastro no olho: justificou essa resolução com considerações sutis sobre os ciganos, a dança, a estética teatral; era inteiramente convincente. No palco, sua indumentária, sua maquiagem, seu emplastro, bem como sua coreografia, pareceram-me grotescos; minha irmã e um de seus amigos acompanhavam-me: morreram de rir. Convidei Camille, uma tarde, com Poupette e Fernando, que estava de passagem por Paris. Ela trazia sobre os cabelos soltos e encaracolados um gorro de veludo preto; seu vestido preto, semeado de pastilhas brancas, abria-se sobre uma blusa de mangas largas; assemelhava-se, mas sem exagero, a um quadro do Renascimento. Falou muito, e brilhando. Depois que saiu, elogiei-lhe a beleza e arte que tinha de criar atmosferas. "Foi principalmente você que criou a atmosfera", disse-me Fernando com uma gentileza emburrada. Fiquei muito surpresa e comecei a pensar que Camille tirava apenas de mim seu inquietante poder. Acabou ficando-me familiar; acomodei-me com seus defeitos, com seus méritos. À medida que eu reconquistei minha própria estima, escapei à fascinação que a princípio ela exercera sobre mim.

Foi uma lenta reconquista que se iniciou na primavera de 1931, quando precisei decidir sobre meu futuro imediato.

    Um domingo de fevereiro, Sartre recebeu uma carta avisando-o de que haviam nomeado outra pessoa para o Japão. Ele ficou muito decepcionado. Por outro lado, a universidade pedia-lhe que substituísse no Havre durante o último trimestre o professor de filosofia, que estava com esgotamento nervoso. Ficaria com o lugar no ano seguinte; era uma sorte, porque, se devia permanecer na França, desejava pelo menos ensinar nas proximidades de Paris. Aceitou. Assim, era poupada da grande separação que eu tanto receara. Livrei-me de um peso enorme no coração. Só que, ao mesmo tempo, o álibi que me preparava o futuro ruía; nada mais me protegia contra meus remorsos. Encontrei uma página de meu caderno rabiscada no Café Dupont do bulevar Rochechouart, certa noite em que devia ter bebido um pouco demais: "Bem. Novamente não pensarei nada. Um ror de pequenos suicídios alegres (cric, crac, faziam os fios de cânhamo ao morrerem no conto de Andersen e as crianças batiam palmas gritando: 'acabou, acabou'). Talvez não valesse a pena viver, afinal. Viver para o conforto e o prazer!... Gostaria de voltar à solidão: faz tanto tempo que não fico só!"

Esses arrependimentos, já o disse, só se desencadeavam por intermitência: na verdade, eu receava a solidão muito mais do que a desejava. Chegou o momento em que tive de pedir um lugar; designaram-me Marseille, e fiquei arrasada. Eu encarara a possibilidade de exílios mais tremendos, sem contudo nunca acreditar inteiramente neles. E, de repente, era verdade; no dia 2 de outubro eu me encontraria a mais de oitocentos quilômetros de Paris. Diante de meu pânico, Sartre propôs uma revisão de nossos planos. Se nos casássemos, nós nos beneficiaríamos de uma mesma designação, e afinal a formalidade não atingiria gravemente nossa maneira de viver. A perspectiva pegou-me de surpresa. Até então nunca tínhamos sequer encarado amarrar-nos por hábitos comuns; a ideia de nos casarmos nunca viera à nossa mente. Em princípio ela ofuscava-nos. Em muitos pontos hesitávamos, mas nosso anarquismo era de tão bom quilate e tão agressivo quanto o dos velhos libertários; incitava-nos, como os incita, a recusar a ingerência da sociedade nos nossos negócios privados. Éramos hostis às instituições, porque nelas a liberdade se aliena, e à burguesia de que provinham. Parecia-nos normal acertar nossa conduta a nossas convicções. Para nós, o celibato impunha-se naturalmente. Somente motivos muito sérios teriam podido levar-nos a nos submeter às convenções que nos repugnavam.

Mas eis precisamente que surgia um desses motivos, posto que a ideia de partir para Marseille me deixava cheia de ansiedade; nessas condições, dizia Sartre, era estúpido sacrificar-se a princípios. Devo dizer que nem em um só momento fui tentada a levar adiante sua sugestão. O casamento multiplica por dois as obrigações familiares e todas as corveias sociais. Modificando nossas relações por causa de outra pessoa, ela teria fatalmente alterado as que existiam entre nós. A preocupação em preservar minha própria independência não pesou muito; teria me parecido artificial buscar, na ausência, uma liberdade que não podia sinceramente encontrar senão em minha cabeça e em meu coração. Mas eu via quanto custava a Sartre dizer adeus às viagens, à sua liberdade, à sua juventude para tornar-se professor na província e, definitivamente, um adulto; alinhar-se entre os homens casados teria sido mais uma renúncia. Eu o sabia incapaz de guardar rancor de mim, mas sabia também a que ponto eu era acessível ao remorso e quanto o detestava. A prudência mais elementar proibia-me de escolher um futuro que um remorso arriscasse envenenar. Não precisei sequer deliberar, não hesitei, não calculei, minha decisão ocorreu sem mim.

Somente um motivo teria pesado bastante para convencer-nos a infligir-nos esses laços que dizem legítimos: o desejo de ter filhos; não o sentíamos. A esse respeito tantas vezes me inquiriram, tantas perguntas me fizeram, que quero explicar-me. Não tinha — não tenho — nenhuma prevenção contra a maternidade; os recém-nascidos nunca tinham me interessado; um pouco maiorezinhas, porém, as crianças encantavam-me muitas vezes. Eu prometera a mim mesma ter filhos no tempo em que pensava em me casar com meu primo Jacques. Se agora me desviava desse projeto, era antes de tudo por ser minha felicidade demasiado compacta para que uma novidade qualquer pudesse me fazer sorrir. Um filho não teria apertado mais os laços que nos uniam; eu não desejava que a existência de Sartre se refletisse e prolongasse na de um outro: ele se bastava e me bastava. E eu me bastava também: não sonhava absolutamente com me reencontrar em uma carne saída de mim. Eu sentia, de resto, tão poucas afinidades com meus pais que de antemão os filhos e filhas que eu pudesse ter se apresentavam como estranhos; contava que de sua parte só haveria indiferença ou hostilidade, a tal ponto tivera aversão pela vida em família. Nenhum fantasma afetivo me incitava, pois, à maternidade. E, por outro lado, ela não me parecia compatível com o caminho pelo qual eu enveredava. Sabia que, para se tornar escritor, necessitava-se de muito tempo e de uma grande liberdade. Não detestava entregar-me ao jogo das dificuldades, mas não se tratava de um jogo: o valor e o sentido mesmo de minha vida é que se achavam em questão. Para arriscar comprometê-los, teria sido necessário que um filho representasse a meus olhos uma realização tão essencial quanto uma obra; não era o caso. Contei como, por volta dos quinze anos, Zaza me escandalizara afirmando que tanto valia ter filhos quanto escrever livros: eu continuava a não ver uma medida comum entre esses dois destinos. Pela literatura, pensava, justificamos o mundo recriando-o na pureza do imaginário, e, ao mesmo tempo, salvamos a própria existência; gerar é aumentar em vão o número de seres sobre a Terra, sem justificativa. Ninguém se espanta com o fato de que uma carmelita, tendo escolhido rezar por todos os homens, renuncie a gerar indivíduos singulares. Minha vocação também não suportava obstáculos alheios a ela e impedia-me de visar a qualquer destino que lhe fosse estranho. Assim, meu empreendimento impunha-me uma atitude que nenhum de meus impulsos contrariava e que nunca fui solicitada a modificar. Não tive a impressão de recusar a maternidade; não era meu quinhão; continuando sem filho, realizava minha condição natural.

Entretanto, procedemos à revisão de nosso pacto e abandonamos a ideia de um contrato provisório entre nós. Nosso entendimento tornara-se mais estreito e exigente do que no início; podia acomodar-se com curtas separações, mas não com grandes aventuras solitárias. Não nos juramos uma fidelidade eterna, mas rechaçamos para o futuro longínquo dos trinta anos nossas dissipações eventuais.

Serenei. Marseille era uma grande cidade, muito bela, diziam. O ano escolar tem somente nove meses, os trens andam depressa; dois dias de licença, uma gripe oportuna e eu estaria em Paris. Aproveitei por isso, sem maior preocupação, esse último trimestre. O Havre não desagradou a Sartre, e acompanhei-o várias vezes. Vi muitas coisas novas: um porto com seus navios, seus diques, suas pontes giratórias, altas penedias e um mar fogoso. Sartre, de resto, passava a maior parte de seu tempo em Paris. Apesar de nossas convicções anticolonialistas, fomos dar uma volta pela Exposição Colonial; era uma magnífica oportunidade para Sartre praticar sua "estética de oposição". Quantos horrores! E como era irrisório o templo de Angkor feito de papelão! Mas gostávamos do barulho e da poeira das multidões.

Sartre acabara de terminar *La Légende de la vérité*, que Nizan se encarregou de recomendar às edições de *Europe*. Um trecho foi publicado na revista *Bifur*, dirigida por Ribemont-Dessaignes; Nizan ocupava-se da revista e apresentava sucintamente os colaboradores; dedicou umas linhas a seu camarada: "Jovem filósofo. Prepara um volume de filosofia destrutiva." Bandi, que se achava então em Paris, falou-me muito agitado do texto. No mesmo número foi publicada a tradução de *Was ist Metaphisik*, de Heidegger: não percebemos seu interesse porque não compreendemos nada. Por sua vez, Nizan acabava de publicar sua primeira obra, *Aden-Arabie*. Gostávamos particularmente do início agressivo do livro: "Tinha vinte anos. Não admitirei que ninguém diga que é a mais bela idade da vida." O livro inteiro agradou-nos, mas pareceu-nos mais brilhante que profundo, porque menosprezamos sua sinceridade. Com a obstinação irrefletida da mocidade, Sartre, em vez de rever à luz desse panfleto a ideia que tinha de Nizan, preferiu imaginar que seu "camaradinha" sacrificara a literatura. Gostara de sua vida de *normalien*: não levou a sério as declarações coléricas de Nizan contra a École; não se deu conta de que o desatino de Nizan devia ter sido profundo para jogá-lo na aventura de Áden. Nizan em *Aden-Arabie* insurgia-se contra o preceito de Alain que marcara nossa geração: dizer não. Queria dizer sim a alguma coisa, e foi assim que, voltando da Arábia, se inscrevera no PC. Dada sua amizade por Nizan, era mais fácil a Sartre atenuar essa divergência do que lhe dar o peso que tinha. Por isso apreciamos o virtuosismo de Nizan sem valorizar suficientemente o que dizia.

Em junho, Stépha e Fernando desembarcaram em Paris; exultavam porque, depois de muita agitação, de lutas e repressões, a República triunfara na Espanha. Stépha achava-se em estado adiantado de gravidez; internou-se certa manhã na maternidade Tarnier, na rua de Assas. Fernando convocou seus amigos e os reuniu no terraço da Closerie des Lilas. De hora em hora dava um pulo até a clínica e voltava de cabeça baixa: "Nada ainda." Tranquilizavam-no, animavam-no, ele se alegrava. À tarde Stépha deu à luz um menino. Pintores, jornalistas e escritores de todas as nacionalidades festejaram o acontecimento até tarde da noite. Ela ficou em Paris com o filho enquanto ele regressava a Madri. Tivera de aceitar uma situação que lhe desagradava; vendia aparelhos de rádio e quase não tinha tempo para pintar; obstinava-se, entretanto; suas telas, influenciadas por Soutine, eram ainda canhestras, mas revelavam um progresso em relação aos primeiros quadros.

O ano escolar terminava e eu me preparava para partir de férias com Sartre. Depois nós nos separaríamos. Mas eu me conformara. Dizia a mim mesma que a solidão, em doses moderadas, tem sem dúvida seus encantos e por certo virtudes. Esperava que me fortalecesse contra a tentação que durante dois anos andara me rondando: abdicar. Deveria conservar durante toda a vida uma recordação inquieta desse período em que receei trair minha juventude. Françoise d'Eaubonne, em sua crítica de *Os mandarins*, observava que todos os escritores têm sua "*tête de mont*"[17] e que a minha — representada por Elisabeth, Denise e sobretudo Paule — era a mulher que sacrifica sua autonomia ao amor. Hoje eu me pergunto até que ponto esse risco existiu. Se um homem tivesse tido bastante egoísmo e mediocridade para pretender dominar-me, eu o teria julgado, censurado e teria me desviado dele. Não podia ter vontade de renunciar a mim senão em favor de alguém que fizesse precisamente o possível para me impedir disso. Mas, na época, parecia-me que corria perigo e que, aceitando partir para Marseille, começara a conjurá-lo.

---

[17] "Caveira" — sua obsessão angustiada, seu espantalho atemorizante. (N.T.)

Capítulo II

Viajar constituíra sempre um de meus mais ardentes desejos. Com que melancólica inveja eu escutara outrora Zaza de volta da Itália! Entre os cinco sentidos, havia um que eu colocava muitíssimo acima dos outros: a visão. Apesar de meu gosto pela conversação, ficava estupefata quando ouvia dizer que os surdos são mais tristes do que os cegos; achava mesmo a sorte dos *gueules cassées*[18] mais aceitável do que a cegueira e, se me fosse dado escolher, teria renunciado sem hesitar a um rosto para conservar os olhos. Ante a ideia de passar seis semanas passeando e olhando, eu exultava. Era contudo sensata: a Itália, a Espanha, a Grécia eu veria seguramente, porém mais tarde; nesse verão, a conselho de Nizan, encarava com Sartre uma visita à Bretanha. Mal consegui acreditar quando Fernando nos sugeriu Madri. Ficaríamos na casa dele e o valor da peseta era tão pequeno que nossos passeios não nos custariam quase nada. Não tínhamos, nem um nem outro, jamais atravessado a fronteira, e quando divisamos em Port Bou os bicornes envernizados dos carabineiros sentimo-nos em pleno exotismo. Não esquecerei nunca nossa primeira noite em Figueras; tínhamos ocupado um quarto e jantado numa pequena casa de pasto; andávamos pela cidade, a noite caía sobre a planície e nós nos dizíamos: "É a Espanha."

Sartre convertera em pesetas o que restava de sua herança; não era grande coisa. Por sugestão de Fernando, tínhamos comprado *kilometricos*[19] de primeira classe, pois de outro jeito só teríamos podido entrar nos trens-ônibus;[20] sobrou-nos apenas com que vivermos mesquinhamente; pouco me importava, o luxo não existia para mim, mesmo em imaginação. Para rodar através da Catalunha eu preferia os ônibus aos *pullmans* de turistas. Sartre deixava-me a tarefa de consultar os horários, de combinar nossos itinerários; eu organizava o tempo e o espaço a meu talante; aproveitei com ardor essa nova espécie de liberdade. Recordava

---
[18] Grandes feridos da guerra, os "caras quebradas", monstruosamente deformados. (N.T.)
[19] Bilhetes mais baratos com direito a dois ou três mil quilômetros.
[20] "Trens-leitos" que param em todas as estações, ao contrário dos "rápidos". (N.T.)

minha infância: que aventura ir de Paris a Uzerche! Esgotávamo-nos arrumando as bagagens, transportando-as, registrando-as, fiscalizando-as; minha mãe exaltava-se contra os empregados da estação, meu pai insultava os viajantes que dividiam conosco o compartimento, e ambos discutiam; havia sempre longas esperas desatinadas, muito barulho e muito aborrecimento. Ah, eu prometera a mim mesma que minha vida seria diferente! Nossas maletas não pesavam muito, podíamos enchê-las e esvaziá-las em um átimo; como era divertido chegar a uma cidade desconhecida, escolher um hotel! Eu varrera definitivamente do espírito todo aborrecimento, toda preocupação.

Assim mesmo, abordei Barcelona com alguma ansiedade. A cidade formigava ao nosso redor, ignorava-nos, e não compreendíamos sua linguagem; o que inventar para fazê-la entrar em nossas vidas? Era um problema cuja dificuldade desde logo me exaltou. Hospedamo-nos perto da catedral numa pensão das mais medíocres, mas nosso quarto agradou-me; à tarde, durante a sesta, o sol dardejava raios vermelhos através das cortinas e era a Espanha que me queimava a pele! Com que zelo a buscávamos! Como a maior parte dos turistas de nossa época, imaginávamos que cada lugar, cada cidade tinha uma alma, uma essência eterna, e que a tarefa do viajante consistia em desvendá-la; entretanto, sentíamo-nos muito mais modernos do que Barrès porque sabíamos que não cabia procurar as chaves de Toledo ou Veneza tão somente nos museus, nos monumentos, no passado, mas, sim, no presente, através de suas sombras e de suas luzes, suas multidões, seus odores, seus alimentos; era o que nos haviam ensinado Valery Larbaud, Gide, Morand, Drieu La Rochelle. Segundo Duhamel, os mistérios de Berlim resumiam-se no cheiro que flutuava nas ruas e não se assemelhava a nenhum outro. Tomar um chocolate espanhol é ter a Espanha inteira na boca, dizia Gide em *Prétexte*; diariamente eu me obstinava a engolir xícaras de caldo preto e fortemente carregadas de canela; a comer tortas de amêndoas e marmelada e também doces que se esfarelavam entre meus dentes com um gosto de poeira. Misturávamo-nos às pessoas que passeavam nas Ramblas; eu respirava compenetradamente o odor úmido das ruas em que nos perdíamos; ruas sem sol a que o verde das persianas e o colorido das roupas suspensas nas sacadas emprestavam uma falsa alegria.

Convencidos pelas nossas leituras de que a verdade de uma cidade se encontra em seus *bas-fonds*, passávamos todas as noites no "Barrio Chino"; mulheres gordas, mas graciosas, cantavam, dançavam, ofereciam-se sobre estrados ao ar livre; nós as olhávamos, mas olhávamos com mais curiosidade ainda o público que as olhava: confundíamo-nos com ele graças a esse espetáculo que víamos juntos. Entretanto, eu fazia questão de cumprir também as tarefas clássicas do turista. Subimos ao Tibidabo, e pela primeira vez vi cintilar a meus pés, semelhante a um bloco de quartzo despedaçado, uma cidade mediterrânea. Pela primeira vez aventurei-me num teleférico que nos conduziu às alturas de Monserrat.

Passeamos por lá com minha irmã, que acabava de passar uns tempos em Madri, na casa de Fernando, e que ficou três dias em Barcelona. Ao regressarmos à noite, havia nas Ramblas uma agitação insólita, mas a que não demos muita importância. No dia seguinte à tarde saímos os três para ver uma igreja num bairro populoso; os bondes não circulavam; algumas avenidas estavam quase desertas. Indagávamos o que poderia estar acontecendo, mas sem muito interesse, porque estávamos ocupados com descobrir nossa igreja que se escondia no mapa da cidade. Desembocamos numa rua cheia de gente e de barulho: encostadas aos muros, as pessoas confabulavam com muitos gestos, aos berros; dois policiais caminhavam pelo meio da rua enquadrando um homem algemado; via-se ao longe um carro da polícia. Não sabíamos, por assim dizer, uma palavra de espanhol e não percebemos nada do que aquela gente dizia: mas as caras eram de poucos amigos. Obstinados em nossa busca, aproximamo-nos contudo de um grupo em efervescência e pronunciamos em tom interrogativo o nome da igreja que nos interessava; sorriram-nos, e, com uma gentileza encantadora, um homem desenhou no ar o nosso itinerário; logo que agradecemos, a discussão recomeçou. Esqueci tudo dessa igreja, mas sei que ao voltarmos do nosso passeio compramos um jornal e o deciframos como pudemos. Os sindicatos haviam desencadeado uma greve geral contra o governo da província. Na rua onde tínhamos perguntado sobre nosso caminho, acabavam de prender militantes sindicalistas: era um deles que tínhamos visto entre dois guardas, e a multidão reunida na rua deliberava para resolver se, sim ou não, iria bater-se a fim de arrancá-lo da polícia. O jornal concluía virtuosamente que a ordem fora restabelecida. Sentimo-nos muito mortificados; estávamos presentes e não tínhamos visto nada. Consolamo-nos pensando em Stendhal e sua batalha de Waterloo.

 Antes de deixar Barcelona, consultei freneticamente o *Guide Bleu*; quisera ver literalmente tudo. Mas Sartre recusou categoricamente fazer uma parada em Lerida para contemplar uma montanha de sal. "As belezas naturais, vá lá, mas as curiosidades naturais, não." Detivemo-nos somente um dia em Saragoça, de onde alcançamos Madri. Fernando esperava-nos na estação; instalou-nos em seu apartamento situado embaixo do Alcalá e conduziu-nos através da cidade. Ela pareceu-me tão dura, tão implacável, que ao fim da tarde verti algumas lágrimas. Penso que, apesar de minha afeição por Fernando, tinha menos saudades de Barcelona do que de minha longa permanência a sós com Sartre. Na realidade, graças a Fernando, escapávamos à incerta condição de turistas, como percebi na mesma noite enquanto comíamos no parque camarões grelhados e tomávamos sorvetes de pêssego. Dentro em breve a alegria de Madri contagiou-me. A República espantava-se ainda de seu triunfo e poderia se dizer que o celebrava todos os dias. Nos cafés profundos e sombrios, homens corretamente vestidos, a despeito do calor, construíam com frases apaixonadas a nova Espanha; ela vencera os padres e os ricos, ia estabelecer-se na liberdade, conquistar a justiça; os amigos de Fernando pensavam que logo os trabalhadores assumiriam o governo e edificariam o socialismo. Por ora, desde os democratas até os comunistas, todos se regozijavam, todos acreditavam ter o futuro nas mãos. Nós ouvíamos os rumores bebendo *manzanilla*, roendo azeitonas pretas e descascando enormes camarões. Num dos terraços tronava Valle Inclán, barbudo, maneta, soberbo: contava a quem o quisesse ouvir, e cada vez de uma maneira diferente, como perdera o braço. À noite jantávamos em restaurantes baratos que nos agradavam porque lá nenhum turista punha os pés; lembro-me de uma adega com odres cheios de um vinho que cheirava a resina; os garçons anunciavam o cardápio em voz alta. Até três horas da manhã a multidão de Madri passeava nas ruas, e nós, sentados num terraço, respirávamos o frescor da noite.

 Em princípio, a República condenava as corridas de touros, mas todos os republicanos apreciavam. Fomos vê-las todos os domingos. O que me agradou, da primeira vez, foi sobretudo a festa que acontecia nos degraus do anfiteatro; eu contemplava de olhos arregalados a multidão encapelada e variegada que se estendia de alto a baixo do imenso funil; eu escutava, no ardor do sol, o ruído dos leques e dos chapéus de papel. Mas, como a maioria dos espectadores noviços, achava que o touro cedia à finta com uma fatalidade mecânica, que o homem tinha grandes vantagens. Não compreendi absolutamente o que justificava os aplausos e as vaias do público. Os toureiros mais reputados dessa estação eram Martial Lalanda e Ortega; os madrilenhos também apreciavam muito um jovem estreante apelidado El Estudiante e que se distinguia por sua ousadia. Vi os três e compreendi que o touro estava longe de ser infalivelmente ludibriado; entre os caprichos do animal e a exigente expectativa do público, o toureiro arriscava a pele; esse perigo era a matéria-prima de seu trabalho: ele suscitava-o, dosava-o com mais ou menos coragem e inteligência; ao mesmo tempo esquivava-se com uma arte mais ou menos segura. Cada tourada era uma criação; pouco a pouco deslindei-lhe o sentido, e por vezes a beleza. Muitas coisas escapavam-me ainda, mas fiquei apaixonada, e Sartre também.

    Fernando guiou-nos através do Prado e aí voltamos muitas vezes. Não tínhamos visto ainda muitos quadros em nossa vida. Frequentemente eu percorrera as galerias do Louvre com Sartre e verificara que, graças a meu primo Jacques, compreendia um pouco melhor a pintura do que ele; um quadro para mim era, antes de mais nada, uma superfície coberta de cores, ao passo que Sartre reagia ao assunto e à expressão dos personagens, a ponto de gostar das obras de Guido Reni. Eu o atacara com vigor, e ele bateu em retirada. Devo dizer que ele apreciava também, com predileção, a *Pietà* de Avignon, e a *Crucifixion* de Grünewald. Eu não o convertera à pintura abstrata, mas ele admitira que o interesse de uma cena e a expressão de um rosto não se podiam destacar do estilo, da técnica, da arte que neles se apresenta. Ele tinha reciprocamente me influenciado, porque, interessada pela "arte pura" em geral e pela "pintura pura" em particular, eu pretendia não me preocupar com o sentido da paisagem ou da figura que me eram mostradas. Tínhamo-nos acertado mais ou menos quando visitamos o Prado, mas éramos ainda muito noviços e tateávamos. El Greco superava tudo o que, segundo Barrès, esperávamos dele: demos-lhe o primeiro lugar em nossas admirações. Fomos sensíveis à crueldade de certos retratos de Goya e à sombria loucura de suas últimas telas; mas, no conjunto, Fernando censurou-nos, não sem razão, por menosprezá-lo. Ele achava também que nos comprazíamos demasiado com Jerônimo Bosch; com efeito, não acabávamos nunca de nos perder em meio a seus supliciados, seus monstros: remexia demais em nossas imaginações para que nos inquietássemos com a exata qualidade de sua pintura. Entretanto, o virtuosismo técnico me maravilhava e eu ficava de bom grado plantada diante das telas de Ticiano. Nesse ponto, Sartre foi de imediato radical; afastava-se delas com desgosto. Disse-lhe que ele exagerava, que era de toda maneira admiravelmente bem-pintado. "E depois?", respondia; e acrescentava: "Ticiano é ópera." Reagindo contra Guido Reni, não admitia mais que um quadro sacrificasse ao gesto ou à expressão. Sua aversão por Ticiano matizou-se com o tempo, porém nunca a negaria.

Partindo de Madri, fizemos várias viagens rápidas. O Escurial, Segóvia, Ávila, Toledo: certos lugares, posteriormente, puderam parecer-me mais belos, porém nunca a beleza teve semelhante frescor.

Sartre tinha tanta curiosidade quanto eu, mas menos gulosa. Em Toledo, depois de uma manhã diligente, de bom grado teria passado a tarde fumando seu cachimbo na praça Zocodover. Eu sentia de imediato um formigamento nas pernas. Não imaginava, como outrora no Limousin, que as coisas precisassem de minha presença, mas me empenhava para tudo conhecer do mundo e o tempo era pouco, não podia desperdiçar um instante. O que facilitava minha tarefa é que a meus olhos havia artistas, estilos, épocas que muito simplesmente não existiam. Continuando Sartre a manifestar um ódio vigilante a todos os pintores em quem lhe parecia reconhecer os erros de Guido Reni, consenti de boa vontade que reduzisse a pó Murillo, Ribera e muitos outros; assim podado, o Universo não desencorajava meu apetite e eu estava resolvida a levantar um inventário completo. Ignorava as meias medidas; nas regiões que não tínhamos refugado, por decreto, para o nada, eu não estabelecia hierarquias; esperava tudo de qualquer coisa; como admitir perder o que quer que fosse? Um quadro de El Greco, no fundo de uma sacristia, podia ser a chave que me abriria definitivamente sua obra e sem a qual — quem sabe? — a pintura inteira corria o risco de permanecer para mim inabordável. Contávamos voltar à Espanha, mas a paciência não era meu forte; não desejava adiar, um ano que fosse, a revelação que me trariam um retábulo, um tímpano. O fato é que as alegrias que eu tirava disso eram a medida de minha avidez. A cada encontro a realidade me surpreendia.

Por vezes ela me arrancava de mim mesma. "Para que viajar? Ninguém sai nunca de si próprio", disse-me alguém. Eu saía: não me tornava uma outra, mas desaparecia. Talvez seja o privilégio das pessoas — muito ativas ou muito ambiciosas — sempre às voltas com projetos essas tréguas em que repentinamente o tempo para, a existência se confunde com a plenitude imóvel das coisas: que repouso! Que recompensa! Em Ávila, pela manhã, abri as janelas de meu quarto; vi, junto ao céu azul, torres soberbamente erguidas; passado, futuro, tudo se dissipou; havia apenas uma gloriosa presença: a minha, a daquelas fortificações, era a mesma e desafiava o tempo. Muitas e muitas vezes, durante essas primeiras viagens, semelhantes felicidades petrificaram-me.

Deixamos Madri nos últimos dias de setembro. Vimos Santillano, os bisões de Altamira, a catedral de Burgos, Pamplona, São Sebastião; eu gostara da dureza dos platôs de Castela, mas fiquei contente em encontrar de novo as colinas bascas num outono com cheiro de relva. Em Hendaye, tomamos juntos o trem de Paris: desci em Bayonne para esperar o Bordeaux-Marseille.

Em toda a minha existência não conheci um só instante que possa classificar como decisivo, mas alguns se carregaram, retrospectivamente, de um sentido tão denso que emergem de meu passado com o brilho dos grandes acontecimentos. Lembro-me de minha chegada a Marseille como se ela houvesse assinalado em minha história um caminho inteiramente novo.

Deixara minha maleta guardada na estação e imobilizei-me no alto da escadaria. "Marseille", disse a mim mesma. Sob o céu azul, telhas ensolaradas, buracos de sombra, plátanos cor de outono; ao longe, colinas e o azul do mar; um rumor subia da cidade com um cheiro de capim queimando, e transeuntes iam e vinham no oco das ruas negras.

Marseille. Eu estava só, de mãos vazias, separada de meu passado e de tudo o que amava, e olhava a grande cidade desconhecida em que ia, sem auxílio de ninguém, esculpir dia a dia minha vida. Até então, eu dependera estreitamente de outras pessoas; tinham-me imposto quadros e objetivos; e depois uma grande felicidade me fora dada. Aqui, eu não existia para ninguém; em algum lugar, sob um desses telhados, teria que dar quatorze horas de aulas por semana: nada mais estava previsto para mim, nem mesmo a cama em que dormiria. Minhas ocupações, meus hábitos, meus prazeres, a mim é que cabia inventá-los. Pus-me a descer a escada; detinha-me em cada degrau, comovida com aquelas casas, aquelas árvores, aquelas águas, aqueles rochedos, aquelas calçadas que pouco a pouco iriam revelar-se a mim e revelar-me a mim mesma.

Na avenida da estação, à direita e à esquerda, havia restaurantes com terraços abrigados por grandes vidraças. Num desses vidros deparei com um anúncio: "Aluga-se quarto." Não era um quarto do meu gosto: uma cama grande, cadeiras, um armário. Mas pensei que a mesa grande seria cômoda para trabalhar, e a senhoria fazia-me um preço de pensão que me convinha. Fui buscar a maleta e deixei-a no Restaurant Amirauté. Duas horas depois, já tinha visitado a diretora do colégio, o emprego de meu tempo já se achava fixado; sem conhecer Marseille, já aí morava. Parti à descoberta da cidade.

Foi amor à primeira vista. Subi em todos os rochedos, deambulei por todas as vielas, respirei o asfalto e os ouriços do Vieux-Port, misturei-me à multidão da Canebière, sentei-me em aleias, em jardins, em pátios tranquilos onde o odor provinciano das folhas mortas abafava o do vento marinho. Gostava dos bondes bamboleantes, a que se grudavam punhados de pingentes, e das palavras que indicavam a direção: La Madrague, Mazargue, Les Chartreux, Le Roucas-Blanc. Na quinta-feira pela manhã, tomei um dos ônibus "Mattéi" cujo ponto final se situava perto de casa. De Cassis a La Ciotat, segui a pé pelas escarpas cor de cobre; sentia-me tão animada que quando subia, à tarde, num dos pequenos carros verdes, só tinha uma ideia na cabeça: recomeçar. A paixão que acabava de tomar conta de mim durou vinte anos ou mais, somente a idade deu conta dela; ela salvou-me nesse ano de tédio, de saudades, de todas as melancolias, e transformou meu exílio em festa.

Nada tinha de original. A um tempo selvagem e de fácil acesso, a natureza, ao redor de Marseille, oferece ao mais modesto dos amadores de marcha segredos deslumbrantes. A excursão era o esporte predileto dos marselheses; seus adeptos formavam clubes, editavam um boletim que descrevia pormenorizadamente itinerários engenhosos, e cuidavam delicadamente das setas de cores vivas que serviam de pontos de referência para os passeios. Muitos colegas meus iam, no domingo, em grupo, escalar o maciço de Marseilleveyre ou as cristas de Sainte-Baume. Minha singularidade estava em que eu não me juntava a nenhum grupo e que, de um passatempo, fiz o mais exigente dos deveres. De 2 de outubro a 14 de julho, nenhuma só vez me interroguei sobre como passar uma quinta-feira ou um domingo: era-me como que prescrito partir de madrugada, no inverno ou no verão, para só regressar à noite. Não me detinha nos preliminares; nunca me preocupei com os apetrechos clássicos: mochila, botinas de sola de pregos, saia e capa com capuz; enfiava um vestido velho, calçava alpargatas e levava comigo num cabaz algumas bananas e brioches: mais de uma vez, cruzando comigo em algum pico, meus colegas sorriram-me com desprezo. Em compensação, graças ao *Guide Bleu*, ao *Bulletin* e à *Carte Michelin*, traçava planos minuciosos. No princípio limitava-me a cinco ou seis horas de marcha; depois combinei passeios de nove e dez horas. Aconteceu-me andar mais de quarenta quilômetros. Explorava sistematicamente a região. Subi todos os picos: o Gardaban, o monte Aurélien, Sainte-Victoire, o Pilon du Roi; desci todas as angras, explorei os vales, as gargantas, os desfiladeiros. Em meio às pedras ofuscantes em que não se divisava o mais insignificante atalho, eu caminhava, espiando as setas — azuis, verdes, vermelhas, amarelas — que me conduziam eu não sabia aonde. Às vezes, perdia-as de vista, procurava-as, fazendo voltas, sondando as moitas de aromas penetrantes, arranhando-me em plantas ainda inéditas para mim: estevas resinosas, zimbros, carvalhos verdes, asfódelos amarelos e brancos. Percorri à beira-mar todos os caminhos aduaneiros; ao pé dos penhascos, ao longo das costas atormentadas, o Mediterrâneo não tinha esse langor adocicado que em outros lugares tanto me enjoou por vezes; na glória das manhãs, o mar rebentava com violência nos promontórios de um branco deslumbrante, e eu tinha a impressão de que, se nele mergulhasse a mão, teria os dedos decepados. O mar também era belo visto de cima das colinas, quando sua falsa doçura e seu rigor mineral quebravam o ondulamento das oliveiras. Houve um dia de primavera em que pela primeira vez, no platô de Valensole, descobri as amendoeiras em flor. Andei pelos caminhos vermelhos e ocres, através da planície de Aix, onde reconhecia as telas de Cézanne. Visitei cidades, burgos, aldeias, abadias, castelos. Como na Espanha, a curiosidade não me dava um minuto de trégua. Esperava uma revelação de cada belvedere, de cada esplanada, e sempre a beleza da paisagem superava minhas recordações, minha expectativa. Tornei a encontrar, tenaz, a missão de arrancar as coisas de sua noite. Sozinha, caminhei dentro da cerração da crista de Sainte-Victoire, da serra do Pilon du Roi, contra a violência do vento que jogou meu gorro na planície; sozinha, perdi-me numa ravina do Lubéron: esses momentos, em sua luz, sua ternura, seu furor, só a mim pertenciam. Como eu gostava, ainda estonteada de sono, de atravessar a cidade em que a noite se atardava e ver nascer a aurora por cima de uma aldeia desconhecida! Dormia, ao meio-dia, em meio ao odor das giestas e dos pinheiros; agarrava-me ao flanco das colinas, embrenhava-me pelas capoeiras áridas, e as coisas vinham a meu encontro, previstas, ou imprevisíveis; nunca me fartei do prazer de ver um ponto ou um traço inscrito num mapa, ou três linhas impressas num guia que se transformavam em pedras, árvores, céu, água.

Cada vez que revejo a Provence, reconheço as razões que tenho para amá-la, mas que não justificam a mania cuja obstinação uma lembrança me faz medir, não sem estupor. Minha irmã veio a Marseille em fins de novembro; iniciei-a em meus novos prazeres como a associara a meus jogos infantis. Vimos num dia de muito sol o aqueduto de Roquefavour, passeamos de alpargatas na neve nos arredores de Toulon; ela carecia de treino e teve bolhas que a fizeram sofrer, mas não se queixava nunca e acompanhava meu passo. Uma quinta-feira, chegando por volta do meio-dia a Sainte-Baume, teve febre; disse-lhe que descansasse no asilo e tomasse uns grogues à espera do ônibus que descia algumas horas depois para Marseille, e terminei sozinha o passeio. À noite ela se enfiou na cama com gripe, e um remorso roçou-me. Hoje mal posso imaginar como a pude abandonar assim com arrepios num lúgubre refeitório.

Em geral eu me preocupava com os outros, e gostava muito de minha irmã. "Você é uma esquizofrênica", dizia-me muitas vezes Sartre: em vez de adaptar meus projetos à realidade, eu prosseguia custasse o que custasse, encarando o real como simples acessório; em Sainte-Baume, com efeito, preferi negar a existência de minha irmã a afastar-me de meu programa: ela sempre me auxiliara tão fielmente em meus planos que eu não quis sequer admitir que daquela vez os perturbasse. Essa "esquizofrenia" apresenta-se a mim como uma forma extremada e aberrante de meu otimismo; como aos vinte anos, recusava aceitar que "a vida tivesse vontades diferentes das minhas".

A vontade que se afirmava em meus passeios fanáticos tinha em mim raízes muito antigas. Outrora, no Limousin, ao longo dos caminhos em declive, eu dizia a mim mesma que um dia percorreria a França, talvez o mundo, sem perder um prado nem um bosque; em verdade não acreditava nisso; e quando, na Espanha, eu pretendera ver *tudo*, dava a esta palavra um sentido muito amplo. Aqui, no terreno em que meu trabalho e meus recursos me confinavam, a aposta não parecia impossível. Queria explorar Provence mais completamente e com mais elegância do que qualquer excursionista galardeado. Nunca praticara esporte; tinha, por isso, mais prazer em utilizar meu corpo até o limite de minhas forças, e da maneira mais engenhosa possível; na estrada, para poupá-lo, parava automóveis e caminhões; na montanha, subindo pelos rochedos, escorregando pelas barreiras, inventava caminhos mais curtos: cada passeio era uma obra de arte. Prometia a mim mesma conservar disso tudo uma recordação gloriosa e, no momento mesmo em que as realizava, felicitava-me pelas minhas façanhas. O orgulho que delas tirava constrangia-me a renová-las: como admitir uma diminuição? Se, por indiferença ou capricho, tivesse renunciado a um passeio, se me tivesse dito uma só vez "Para quê?", teria arruinado todo o sistema que elevava meus prazeres ao nível das obrigações sagradas. Muitas vezes na vida recorri a esse estratagema: dotar minhas atividades de uma necessidade de que acabava sendo a presa ou a vítima iludida — assim foi que, com dezoito anos, me salvei do tédio pela exaltação. Evidentemente, em Marseille não teria conseguido alimentar em mim essa obstinação de colecionador se tivesse sido o fruto de uma imposição abstrata; mas já disse que alegrias ela me outorgava.[21]

Ocorreram-me poucas aventuras; entretanto, duas ou três vezes tive medo. Desde Aubagne até o pico de Gardaban, um cão obstinou-se em acompanhar-me; dividi com ele meus brioches, mas eu adquirira o hábito de ficar sem beber, e ele não; no caminho de volta, pensei que ele iria enlouquecer, e a loucura em um animal pareceu-me apavorante. Chegando à aldeia, ele se precipitou, uivando, para o regato. Uma tarde, subia com esforço por uma garganta escarpada que devia dar num platô; as dificuldades aumentavam, mas eu me sentia incapaz de descer o que eu escalara, e prosseguia; uma muralha deteve-me e tive que regressar, de depressão em depressão. Cheguei a uma fenda que não ousei pular; cobras deslizavam pelas pedras secas, nenhum ruído. Ninguém passava por esse desfiladeiro; se quebrasse uma perna, se torcesse o tornozelo, o que me aconteceria? Chamei: nenhuma resposta. Chamei durante vinte e cinco minutos. Que silêncio! Apelei para toda a minha coragem e alcancei o outro lado sã e salva.

Havia um perigo para o qual minhas colegas haviam chamado amplamente minha atenção. Meus passeios solitários desafiavam todas as regras, e elas repetiam secamente: "Você ainda vai ser violentada!" Eu zombava dessas obsessões de solteironas. Não desejava tornar insípida a minha vida com prudências; de resto, certas coisas — um acidente, uma doença grave, um estupro — não podiam, muito simplesmente, acontecer-me. Tive algumas histórias com motoristas de caminhão, com um caixeiro-viajante que queria convencer-me a me divertir com ele na valeta e me largou no meio da estrada: nem por isso deixei de pedir caronas. Uma tarde ensolarada, eu caminhava na direção do Tarascon por uma estrada branca de poeira quando um carro passou por mim e parou; os ocupantes, dois rapazes, convidaram-me para subir: conduziriam-me até a cidade. Alcançamos a estrada principal e, em vez de pegar à direita,

---

[21] Esta descrição não se aplica unicamente a meu caso e sim a todas as manias, em geral. O maníaco vive em um universo totalitário, construído sobre regras, pactos, valores que ele considera absolutos; eis por que não pode admitir a menor derrogação — ela lhe descobriria a possibilidade de se evadir de seu sistema, logo lhe contestaria a necessidade e todo o edifício ruiria. A mania só se justifica por uma perpétua afirmação de si mesmo.

seguiram pela esquerda. "Fazemos uma pequena volta", explicaram-me. Eu não queria parecer ridícula, hesitei, mas quando compreendi que se dirigiam para a *montagnette* — o único lugar deserto da região —, não duvidei mais. Eles deixaram a estrada e tiveram que reduzir a velocidade para atravessar uma passagem de nível. Abri a porta e ameacei pular do veículo em movimento: eles pararam e deixaram-me descer, bastante encabulados. Longe de ser uma lição, essa história fortaleceu minha presunção: com um pouco de vigilância e de decisão, a gente se safava sempre de tudo. Não lamento ter alimentado durante muito tempo essa ilusão, porque dela extraí uma audácia que me facilitou a existência.

Diverti-me muito dando minhas aulas; não exigiam nenhuma preparação porque meus conhecimentos eram ainda recentes e eu falava com facilidade. Com alunas grandes, não havia problemas de disciplina. Quanto aos temas que eu abordava, nenhum ensino as tinha ainda marcado, cabia-me dizer-lhes tudo: essa ideia excitava-me. Parecia-me importante desembaraçá-las de certo número de preconceitos, pô--las de sobreaviso contra essa mixórdia que chamam senso comum, infundir-lhes o gosto da verdade. Comprazi-me em vê-las emergir da confusão em que a princípio eu as jogara; pouco a pouco minhas lições organizavam-se em suas cabeças e eu me regozijava tanto com os progressos delas quanto se tivessem sido meus. Eu não parecia muito mais velha do que elas: nos primeiros tempos as inspetoras tomaram--me por uma aluna. Penso também que eram sensíveis à simpatia que lhes demonstrava: pareciam ter igualmente simpatia por mim. Duas ou três vezes convidei à minha casa as três melhores. Esse zelo de neófita provocava a zombaria de minhas colegas, mas eu preferia conversar com aquelas grandes meninas hesitantes a conversar com mulheres maduras, estratificadas em sua experiência.

As coisas se estragaram quando, no meio do ano, ataquei o capítulo da moral. Acerca do trabalho, do capital, da justiça, da colonização, falei calorosamente o que pensava. Minhas auditoras insurgiram-se em sua maioria; na aula e em suas dissertações, jogavam-me às fuças argumentos forjados cuidadosamente pelos pais e que eu pulverizava. Uma das mais inteligentes abandonou o lugar que ocupava na primeira fila e instalou-se na última, de braços cruzados, recusando tomar notas e fulminando-me com o olhar. Na verdade eu multiplicava as provocações. Dediquei as horas de literatura a Proust, a Gide, que, naquele tempo e num colégio de moças da província, era uma grande ousadia. Fiz pior. Por simples estouvamento, pus nas mãos dessas adolescentes o texto integral do *De natura rerum* e, a propósito da dor, um fascículo do tratado de Dumas que falava também do prazer. Pais queixaram-se e a diretora convocou-me; explicamo-nos e o assunto ficou encerrado.

Em conjunto, o pessoal do colégio olhava-me com desconfiança. Era composto principalmente de solteironas apaixonadas por sol e caminhadas, que esperavam terminar seus dias em Marseille; parisiense e ávida por voltar para Paris, *a priori* encaravam-me com suspeição. Meus passeios solitários agravavam meu caso. Confesso, ademais, que eu não era muito cortês. De minha adolescência conservei para sempre uma repugnância pelos sorrisos convencionais, pelas inflexões estudadas. Entrava na sala dos professores sem distribuir bons-dias, arranjava minhas coisas num armário e sentava-me a um canto. Adquirira alguma discrição na maneira de vestir; chegava ao colégio classicamente vestida com uma saia e um suéter. Mas quando, na primavera, comecei a jogar tênis, chegava por vezes sem me trocar em vestido de tussor branco; surpreendi olhares reprovadores. Tive, assim mesmo, relações cordiais com duas ou três colegas cujas maneiras diretas me puseram à vontade. Aproximei-me de uma delas.

Mme Tourmelin tinha trinta e cinco anos; ensinava inglês e assemelhava-se a uma inglesa; cabelos castanhos, uma pele de um robusto frescor que a acne já ameaçava, lábios finos, óculos de tartaruga; um vestido de burel marrom modelava-lhe com austeridade o corpo rotundo. O marido era oficial e tratava dos pulmões em Briançon; ela ia vê-lo durante as férias e ele vinha por vezes a Marseille. Ocupava um belo apartamento no Prado. Certa tarde ela convidou-me a tomar um sorvete no Poussin Bleu e falou-me com efusão de Katherine Mansfield. Durante a estada de minha irmã, fomos passear as três nas angras e ela transbordou de amabilidade. Tinha arrumado como um estúdio seu quarto de criada e propôs-me alugá-lo; era pequeno, mas de acordo com meu ideal: um sofá, prateleiras para os livros, uma mesa de trabalho. Da sacada eu dominava os plátanos do Prado e telhados. O odor de uma fábrica de sabonetes, adocicado, insistente, despertou-me muitas vezes pela manhã, mas o sol inundava minhas paredes e eu me dava muito bem.

Saí algumas noites com Mme Tourmelin. Vimos dançar a Teresina, os Sakharoff; ela apresentou-me seus amigos. Almoçamos muitas vezes juntas, na praça da Prefeitura, em um pequeno restaurante cor-de-rosa, e ela extasiava-se ante o rosto da jovem proprietária, com seus cachos pretos. Gostava das coisas bonitas, da natureza, da fantasia, da poesia, da espontaneidade, o que não a impedia de exibir uma pudicícia extrema; Gide horrorizava-a; reprovava o vício, a libertinagem, a anarquia. Eu apreciava pouco seus entusiasmos volúveis e não tinha vontade de discutir seus preconceitos; a conversa esgotava-se. Aceitei a contragosto que ela me acompanhasse durante um fim de semana a Arles. Visitamos a abadia de Montmajour, e à noite, em nosso grande quarto ladrilhado, espantei-me com o despudor com que exibiu sua carne gorda e fresca. Contudo sua gentileza sensibilizava-me; fora para me agradar, disse-me, que mandara tingir os cabelos já semeados de fios brancos; comprou também um suéter de angorá cor-de-rosa que descobria generosamente os braços. Uma tarde, enquanto tomávamos o chá em seu salão, ela se entregou a confidências; disse-me com brusca violência o desgosto que lhe inspirava o amor físico, o horror a essa umidade viscosa sobre o ventre quando o marido se retirava. Permaneceu um momento sonhadora. O que achava romanesco eram essas "chamas" que conhecera quando estudante e que aprovava "até o beijo na boca, inclusive", acrescentou com um sorriso. Por discrição e indiferença, não dei resposta a suas palavras. Decididamente ela me aborrecia, e, quando o marido regressou a Marseille, senti-me aliviada à ideia de não a ver durante uma quinzena.

Mas ela não o entendia assim. Anunciou-me que iria passear comigo na quinta-feira seguinte e não houve meio de dissuadi-la. De mochila às costas, botinas ferradas, classicamente equipada, quis me impor o ritmo clássico dos alpinistas: regular e muito lento; mas não estávamos nos Alpes, e eu caminhei como de costume. Ela resfolegava atrás de mim, e eu me regozijava maldosamente. O que dava valor a minhas excursões era minha solidão com a natureza deserta e minha caprichosa liberdade: Mme Tourmelin estragava-me a paisagem e o meu prazer; a raiva impelindo-me, pus-me a andar cada vez mais depressa; de vez em quando parava, à sombra, mas logo que ela surgia eu partia. Chegamos aos desfiladeiros; era preciso seguir durante alguns metros uma escarpa bastante ab-rupta, em que não havia nenhum atalho, mas que apresentava pontos de apoio bastante fáceis. Ela olhou a água agitada da torrente e declarou que não passaria por ali; eu passei. Ela resolveu dar meia-volta e ir pelo bosque; iríamos nos encontrar numa aldeia de onde, ao fim da tarde, saía um ônibus para Marseille. Continuei meu passeio alegremente; cheguei cedo ao encontro marcado e sentei-me com jornais num café da grande praça. O último ônibus saía às cinco e meia; eu já estava instalada quando, às cinco e trinta e dois, deparei com Mme Tourmelin, ofegante, dirigindo sinais desesperados ao motorista. Sentou-se a meu lado e não abriu a boca até Marseille; ao chegar, disse-me que se perdera. Foi para a cama e ficou seis dias deitada. O médico a proibiu, para sempre, de acompanhar-me em meus passeios.

Não guardou rancor de mim. Depois que seu marido foi embora, recomeçamos a nos ver. Ele devia voltar para se instalar definitivamente com ela no Pentecostes. Dois dias antes, ela me convidou para jantar no célebre restaurante Pascal. Bebemos muito vinho de cassis, comendo peixe grelhado, e na volta estávamos muito alegres; falávamos inglês e ela se indignava com meu horrível sotaque. Deixara uma pasta na casa dela e entrei no seu apartamento. De imediato ela me apertou nos braços. "Ah, tiremos as máscaras!", disse-me, beijando-me com violência. Com voz arquejante, declarou que me amara desde o primeiro olhar, que era tempo de acabar com toda essa hipocrisia e suplicou-me que dormisse com ela aquela noite. Estonteada com suas fogosas confissões, eu só sabia balbuciar: "Pense na cara que faremos amanhã de manhã." "Será preciso que me arraste a seus pés?", perguntou alucinada. "Não, não", disse-lhe. Fugi, obcecada por uma ideia: Como nos comportaríamos no dia seguinte? Pois Mme Tourmelin conseguiu no dia seguinte arranjar um sorriso: "Você não acreditou no que lhe contei ontem? Compreendeu que eu estava brincando?" "Sem dúvida", respondi. Mas sua expressão era lúgubre. Enquanto caminhávamos para o colégio pelo Prado, ela murmurou: "Tenho a impressão de estar seguindo o meu próprio enterro." O marido chegava no dia seguinte. Eu parti para Paris; depois que retornei, quase nunca mais ficamos sozinhas, e dentro em pouco o ano escolar terminou.

Raramente senti tamanho estupor como nesse vestíbulo em que Mme Tourmelin repentinamente "tirou a máscara". Muitos indícios, entretanto, deveriam ter me alertado. Sob a assinatura de uma carta que me mandara, ela traçara um dia uma porção de x acrescentando: "Espero dizer-lhe um dia o sentido destes x"; representavam evidentemente beijos, de acordo com um código de que se valera na mocidade; pintara seus cabelos, estivera com seu suéter rosa, sua faceirice. Mas eu disse que era crédula; as declarações virtuosas de Mme Tourmelin tinham me persuadido de sua virtude. Por causa do puritanismo de que minha educação me impregnara, a visão que eu tinha das pessoas não levava em conta a sexualidade; ela era, de resto — voltarei ao assunto —, muito mais moral do que psicológica; eu censurava as pessoas, eu as aprovava, decidia o que deveriam ter feito, em vez de interpretar o que faziam.

Graças a Mme Tourmelin, travei relações com um médico marselhês, relações em si mesmas insignificantes, mas que, indiretamente, fizeram minha imaginação trabalhar. O dr. A. tratou de minha irmã quando ela teve gripe e, posteriormente, jogava tênis comigo uma ou duas manhãs por semana no Parque Borély. Sua mulher convidou-me algumas vezes. Ele tinha uma irmã casada com um parteiro muito feio que morava no mesmo prédio que ele, nas Allées. Era tuberculosa e não saía da cama; usava vestidos caseiros de cores suaves e seus cabelos pretos, puxados para trás, descobriam uma imensa testa branca, dominando um rosto ossudo com pequeninos olhos penetrantes; admirava Joe Bousquet e Denis Saurat; publicara um livro de versos; lembro-me ainda de um: "Meu coração é um pedaço de pão duro." Dizia coisas de alta espiritualidade.

Outra irmã do dr. A. fora mulher do dr. Bougrat, herói de um caso policial que deu o que falar: tinham encontrado um homem assassinado em seu armário e a mulher depusera de tal modo contra ele que o haviam condenado à prisão perpétua. Ele sempre negara. Fugira e, na Venezuela, atendia a uma clientela miserável com uma dedicação exemplar. O dr. A. tivera-o como colega de estudos e falava dele como de um homem excepcional pela inteligência e pelo caráter. Senti-me lisonjeada em conhecer a família de um condenado célebre. Vermelha, rabugenta, barulhenta, a ex-senhora Bougrat arranjara novo marido e proclamava a ilegitimidade do filho. Deleitei-me com imaginar que ela mentira para arruinar o primeiro marido; vi em Bougrat um simpático aventureiro, vítima de uma odiosa conspiração burguesa, e tive o vago projeto de utilizar a história em um livro.

Meus pais vieram passar uma semana comigo; meu pai ofereceu-nos uma *bouillabaisse* no Isnard — o melhor restaurante da cidade — e eu fui com minha mãe a Sainte-Baume. Meu primo Charles Sirmione passou por Marseille com a mulher, e visitamos um transatlântico. Tapir e sua amiga ficaram dois dias; levaram-me de carro até a fonte de Vaucluse. Foram magros divertimentos. Eu achava-me instalada na solidão. Ocupava da melhor maneira possível meus grandes lazeres. Ia por vezes ao concerto; fui ouvir Wanda Landowska; no Opéra assisti a *Orphée aux enfers* e até *La Favorite*. Em uma cinemateca vi com júbilo admirativo *L'Âge d'or*, que acabava de escandalizar Paris. Tinha alguma dificuldade em conseguir livros. Certa biblioteca emprestava-os aos professores, mas não possuía grande coisa; aí obtive o *Journal* de Jules Renard, o de Stendhal, sua correspondência e as obras que lhe consagrara Arbelet. Encontrei principalmente livros sobre a história da arte, que me instruíram.

Nunca me aborrecia: Marseille não se esgotava. Caminhava pelo molhe em que as águas e o vento batiam, olhava os pescadores, em pé entre blocos de pedra de encontro aos quais as ondas rebentavam e que procuravam no fundo das águas turvas não sei que alimento; perdia-me na tristeza das docas; rondava em torno da porta de Aix e pelos bairros em que homens trigueiros vendiam e revendiam sapatos velhos e andrajos. Dados os meus mitos, a rua Bouterie encantava-me; olhava as mulheres pintadas e, pela porta entreaberta, os grandes cartazes coloridos em cima das camas de ferro: era ainda mais poético do que os mosaicos do Sphinx. Nas velhas escadarias, nos mercados de peixes, em meio aos clamores do Vieux-Port, uma vida sempre nova enchia-me os olhos e os ouvidos.

Estava contente comigo; levava a cabo a tarefa que me propusera no alto da escadaria monumental: dia a dia construía, sem auxílio, a minha felicidade. Havia fins de tarde um pouco melancólicos, quando, saindo do colégio, comprava para meu jantar guloseimas ou empadas e voltava, ao crepúsculo, para meu quarto onde nada me esperava: mas descobria uma doçura nessa nostalgia que eu nunca conhecera no agito de Paris. Reconquistara a paz do corpo; essa franca separação submetia-a a uma prova menos dura do que um incessante vaivém entre a presença e a ausência. E depois, disse-o, tudo se liga e sustenta: quando esse corpo tinha impaciências, eu as suportava sem despeito porque deixara de desprezar-me. E, além do mais, gostava de mim mesma. Nesse ano, derroguei, um pouco, a moral que adotara com Sartre e que reprovava todo narcisismo: mobiliava minha vida olhando-me viver. Gostava de Katherine Mansfield: suas novelas, seu *Diário*, suas *Cartas*. Buscara sua recordação entre os olivais de Bandol e achava romanesca essa personagem de "mulher solitária" que tanto lhe pesara. Dizia a mim mesma que eu também a encarnava, quando almoçava na Canebière, no primeiro andar da *brasserie* O'Central, quando jantava no fundo da taverna Charley, sombria, fresca, decorada com fotografias de pugilistas; eu me sentia "uma mulher solitária" quando tomava meu café na praça da Prefeitura sob os plátanos, ou encostada a uma janela do Cintra no Vieux-Port. Tinha uma predileção por esse lugar; à esquerda, na penumbra, onde luzia o amarelo dos tonéis de aros de cobre, ouvia murmúrios mansos; à direita, bondes guinchavam; vozes tumultuosas ofereciam, gritando, mariscos, ostras, ouriços; outras anunciavam as partidas para o castelo d'If, a Estaque, as angras. Eu olhava o céu, os passantes, a ponte de trasbordo; depois, baixava os olhos para as provas que corrigia, para o livro que lia. Sentia-me bem.

Dispunha de tempo demais para ficar sem trabalhar. Comecei um novo romance. Criticava-me mais severamente do que no ano anterior; as frases que escrevia penosamente no papel não me satisfaziam. Resolvi fazer exercícios. Instalei-me perto da Prefeitura num café-*brasserie* onde serviam tripas à marselhesa; as paredes decoradas de grinaldas e astrágalos banhavam-se numa luz amarela; esforcei-me por tudo descrever. Compreendi logo que era absurdo. Voltei a meu livro com suficiente perseverança para terminá-lo.

Era menos gratuito do que o precedente. Depois que, com ou sem razão, eu me acreditara em perigo, encarava a vida com alguma objetividade: julgara-a, no meu medo e no meu remorso. Censurava-me, em relação a Sartre, como em relação a Zaza, outrora, por não me haver atido à realidade de nossas relações e por ter arriscado a com eles alienar minha liberdade. Parecia-me que me eximiria desse erro, e até o redimiria, se o conseguisse transpor para um romance: começava a ter alguma coisa a dizer. Ataquei assim um tema a que voltei em todas as tentativas que esbocei:[22] a miragem do Outro. Não queria que se confundisse essa fascinação com uma história de amor vulgar e escolhi duas mulheres como protagonistas: pensava assim — não sem ingenuidade — preservar suas relações de qualquer equívoco sexual. Reparti entre ambas as tendências que se contrariavam em mim: meu ardor de viver e meu desejo de realizar uma obra. Embora cedendo de preferência à primeira tendência, dava mais valor à segunda e dotei de todas as seduções Mme de Préliane, em quem encarnei. Tinha a mesma idade que Mme Lemaire, sua elegância comedida, sua prática do mundo, sua discrição, sua reserva, seus silêncios, seu ceticismo amável e um tanto quanto desabusado; vivia cercada de numerosos amigos, mas como uma mulher só, sem depender de ninguém. Atribuí-lhe o senso artístico de Camille, seu gosto pelo trabalho criador. Qual? Hesitei. É sempre muito difícil, e era-me impossível apresentar um grande escritor, um grande pintor; por outro lado, Mme de Préliane me teria parecido irrisória se se verificasse uma distância grande demais entre suas ambições e seus êxitos; preferia que triunfasse em terreno menor: dirigia um teatrinho de títeres; modelava seus bonecos, vestia-os, inventava ela própria as comédias que representavam. Disse quanto eu apreciava esse gênero de espetáculo; sua pureza inumana harmonizava-se com a figura de Mme de Préliane. Compus esta com grande cuidado, mas preocupando-me tão somente em justificar a atração que exerce. O que era de verdade e sua relação consigo mesma e com as coisas não me interessaram. Uma vez mais eu fantasiava.

Havia mais verdade em Geneviève, a quem eu emprestara, ampliando-os, alguns traços meus. Vinte anos, nem feia nem tola, mas de uma inteligência um tanto rude e sem graça, era mais sensível às emoções

---

[22] No primeiro de meus romances publicados, *A convidada*, o tema ocupa ainda um lugar importante.

fortes do que às impressões sutis. Vivia o instante, com brutalidade, e, por carência de distância, não sabia nem pensar, nem sentir, nem querer, sem se referir a outra pessoa. Dedicava a Mme de Préliane um culto apaixonado. Sua história não era a de um desencanto, e sim de um aprendizado: descobria atrás do ídolo que forjara para si um ser de carne e osso. Apesar de seus ares de indiferença, Mme de Préliane amava um homem de quem o destino a separava, sofria, era mulher e vulnerável; nem por isso permanecia menos digna de estima, de amizade, e Geneviève não estava desiludida, só que compreendia que ninguém a podia livrar de suportar ela própria o peso de sua existência, e consentia em sua liberdade.

Mme de Préliane sentia uma simpatia agastada pela jovem que se dobrava humildemente a seus desdéns, mas isso não bastava para construir um enredo. Eu pensava, ademais, que para evocar a espessura do mundo é preciso entrelaçar várias histórias juntas. Meu passado propunha-me uma que me parecia tragicamente romanesca: a morte de Zaza. Resolvi contá-la.

Casei Zaza, a quem chamei Anne, com um burguês bem-pensante. No primeiro capítulo ela recebia em sua casa de campo, no Limousin, sua amiga Geneviève; eu tentara ressuscitar o clima de Laubardin, a casa, a avó, as geleias. Mais tarde, em Paris, Anne e Mme de Préliane encontravam-se e uma grande amizade nascia entre elas. Embora amando o marido, Anne definhava no meio em que a confinavam; começava a desabrochar no dia em que entrava para o círculo de Mme de Préliane, que a animava a desenvolver seus dons de musicista. O marido proibia esse convívio. Dilacerada entre seu amor, seu sentido do dever, suas convicções religiosas e, por outro lado, sua necessidade de evasão, Anne morria. Geneviève e Mme de Préliane assistiram em Uzerche ao enterro; no trem de regresso, Geneviève, acabrunhada de dor, adormecia; Mme de Préliane olhava com uma espécie de inveja o rosto atormentado; à noite, em Paris, falava-lhe com mais abandono do que nunca o fizera; era, a um tempo, essa conversa e sua dor que traziam de volta Geneviève à solidão e à verdade. O episódio do trem dava vantagem a Geneviève: eu tinha simpatia por ela, embora não a tenha favorecido muito. Eu esperava ser, com quarenta anos, semelhante a Mme de Préliane: senhora de mim, um pouco calejada, incapaz de muitas lágrimas; mas não aceitei sem tristeza a ideia de sacrificar meus arrebatamentos e minhas vertigens a esse desapego.

O principal defeito de meu romance era que a história de Anne não se sustentava. Para compreender a de Zaza, é preciso partir de sua infância, da constelação familiar a que pertencia, de uma devoção à mãe de que um amor conjugal não podia de modo algum fornecer uma equivalência. Uma mãe querida e venerada desde o berço pode conservar uma terrível ascendência, ainda que se deplorem a estreiteza de suas ideias e seus abusos de autoridade; julgado, censurado, um marido deixa de inspirar respeito, e o de Anne não exercia evidentemente sobre ela uma influência física dominante, porquanto era um conflito moral que eu pintava. Como a lealdade de Anne para com o burguês convencional, que eu colocara a seu lado, e sua amizade, apesar de tudo ligeira, por Mme de Préliane, a teriam dilacerado até a morte? Não era crível.

Meu erro foi destacar esse drama das circunstâncias que lhe davam sua verdade. Só me ativ, por um lado, ao sentido teórico — o conflito entre a esclerose burguesa e uma vontade de vida —, e por outro, ao fato curto e cru: a morte de Zaza. Era um duplo erro; pois se a arte do romance exige uma transposição, é a fim de ultrapassar a anedota e mostrar em plena luz uma significação, não abstrata e sim presa indissoluvelmente à existência.[23]

Meu romance pecava em muitos outros pontos. O meio artístico que cercava Mme de Préliane era tão artificial quanto ela própria e os títeres com que a embaracei arrastavam atrás de si uma porção de ouropéis. Além disso, eu era demasiado inexperiente para manejar mais de três personagens a um tempo: tentei descrever uma reunião animada e o resultado foi desalentador. Interessava-me pelas relações das pessoas entre si; não queria cair no gênero "diário íntimo", limitando-me a falar de mim: infelizmente não era capaz de sair disso, e mergulhei logo na convenção.

O que havia de válido nessas primeiras tentativas era a maneira com que eu focava as personagens. Geneviève era vista por Anne, o que dava

---

[23] A esse respeito faço minhas as ideias desenvolvidas por Sartre e por Blanchot: meu malogro ilustra-as pelo absurdo de uma maneira flagrante.

um pouco de mistério à sua simplicidade; Mme de Préliane e Anne eram vistas por Geneviève, e esta sentia que não as compreendia bem; para além das insuficiências, o leitor era, pois, convidado a adivinhar uma verdade que não lhe era brutalmente impingida. A desgraça estava em que, apesar dessa apresentação cuidadosa, minhas heroínas tivessem tão pouca consistência.

Nesse ano, pelo menos, não encarei meu trabalho como um castigo. Sentava-me perto de uma janela no Cintra, olhava, respirava o Vieux-Port, perguntava a mim mesma como se pensa, se sofre, com quarenta anos: invejava, temia essa mulher em quem pouco a pouco iria me abismar e tinha pressa de fixar seus traços no papel. Não esquecerei nunca a tarde de outono em que andei passeando em volta da lagoa de Berre, contando a mim mesma o fim de meu livro. Na penumbra de um salão, Geneviève, a fronte apoiada a uma vidraça, olhava acenderem-se os primeiros lampiões, enquanto um grande tumulto serenava em seu coração e ela entrava na posse de si mesma; títeres jaziam sobre o sofá. Evocando esse mundo ilusório, parecia-me erguer-me acima de mim mesma e penetrar em carne e osso no universo dos quadros, das estátuas, dos heróis de romance. Levava comigo nessa glória os caniços com cheiro de maresia e o murmúrio do vento; a lagoa era real, eu também, mas já a necessidade e a beleza da obra que nasceriam desse instante transfiguravam esse universo e eu tocava o irreal. Nunca projetos de ensaios ou de reportagens me deram esse tipo de exaltação; mas esta ressuscitou sempre que me entreguei ao imaginário.

Fui a Paris no dia de Todos os Santos, e voltei todas as vezes que tinha dois dias de licença. Lá passei as férias de Natal; ademais, por vezes usei como pretexto uma crise de fígado ou uma gripe, permitindo-me licenças ilícitas. Deixara o apartamento de minha avó e ia para um pequeno hotel da rua Gay-Lussac. Sartre e eu escrevíamo-nos amiúde, mas ainda assim transbordávamos de coisas para dizer um para o outro. Antes de tudo falávamos de nossos trabalhos. Em outubro, *La Légende de la vérité* fora recusada por Robertfrance, que dirigia as edições de *Europe*; Sartre enfiou-a na gaveta. Após refletir, não a encarava com muita confiança; nela exprimira ideias vivas, mas que um estilo falsamente clássico e pedante gelava. Confiava mais no "*factum* sobre a contingência" em que se esboçava *A náusea*.

Em uma de suas cartas, em outubro, ele me contara seu primeiro encontro com a árvore que seria tão importante na novela:

"Fui ver uma árvore. Para isso, basta empurrar o portão de uma bela praça na avenida Foch e escolher a vítima e uma cadeira. E depois contemplar. Não longe de mim, a jovem mulher de um oficial de transatlântico expunha à vossa velha avó os inconvenientes do ofício de marinheiro; vossa velha avó meneava a cabeça para dizer: 'Veja só o que somos.' E eu olhava a árvore. Era muito bela, e não receio dar aqui estas duas informações preciosas para minha biografia: foi em Burgos que compreendi o que era uma catedral, e no Havre, o que era uma árvore. Infelizmente não sei muito bem que espécie de árvore era. Vós me direis: bem, são como esses pequenos brinquedos que giram ao vento quando lhe imprimimos um rápido movimento de translação; tinha por toda parte pequenas hastes verdes que assim faziam, com seis ou sete folhas plantadas em cima, precisamente assim (anexo envio-lhe um croqui; aguardo sua resposta).[24] Ao fim de vinte minutos, tendo esgotado o arsenal de comparações destinadas a fazerem dessa árvore, como diria Mme Woolf, uma coisa diferente do que é, fui-me embora com a consciência em paz..."

A cada um de nossos encontros, ele me mostrava o que escrevera desde minha última viagem. Em sua primeira versão, o novo *factum* assemelhava-se ainda à *La Légende de la vérité*: era uma longa e abstrata meditação sobre a contingência. Insisti para que Sartre desse à descoberta de Roquantin uma dimensão romanesca, para que introduzisse em sua narrativa um pouco do *suspense* que nos agradava nos romances policiais. Ele concordou. Eu conhecia exatamente suas intenções e, mais do que ele, podia pôr-me na pele de um leitor para julgar se havia acertado, por isso ele seguia sempre meus conselhos. Eu o criticava com uma severidade minuciosa; censurava-lhe, entre outras coisas, um abuso de adjetivos e comparações. Entretanto estava convencida de que, dessa vez, trilhava o caminho certo; escrevia o livro que há muito tentava escrever em meio às hesitações, e conseguiria escrevê-lo.

Quando minhas estadas em Paris eram curtas, só via Sartre e minha irmã; se tinha tempo, encontrava com prazer meus amigos. Nizan

---

[24] Era uma castanheira.

ensinava em Bourg; suscitou nos jornais locais violentos ataques ao organizar uma comissão de desempregados que exortou a se inscreverem na CGTU. O Conselho Municipal, exasperado por ter sido tratado por ele de "bando de analfabetos sociais", denunciou-o ao inspetor da Academia, que o intimou a escolher entre seu cargo de professor e seu papel de agitador político. Nem por isso ele deixou de fazer reuniões e apresentou-se às eleições; Rirette acompanhou-o em toda a campanha, com compridas luvas vermelhas; conseguiu apenas oitenta votos! Pagniez era professor em Reims; trazia para Mme Lemaire caixas de champanhe, e com eles esvaziamos mais de uma garrafa; como Sartre, passava quase todo o seu tempo em Paris. Camille caminhava a passos firmes para a glória: cheguei mesmo a acreditar que a alcançava.

Dullin, nessa época, montava uma série de espetáculos destinados a revelar jovens autores e inscrevera em seu programa uma obra de Camille: *L'Ombre*. A história situava-se na Idade Média, em Toulouse. Uma mulher extremamente bela, excepcional de todos os pontos de vista, era casada com um farmacêutico que, naturalmente, ela não amava; nunca amara. Um dia encontrava um grande senhor prestigioso, Gaston Phoebus, e ambos percebiam com o mesmo estupor que tinham a mesma fisionomia, que em tudo pensavam e sentiam de maneira semelhante. A jovem mulher apaixonava-se perdidamente por esse "duplo". Mas as circunstâncias freavam esse amor extraordinário; para não diminuí-lo, nem decair, a heroína envenenava o amante e morria com ele. Camille desempenhava o papel da bela farmacêutica. Levou-me a um ensaio; Dullin limitou-se a regular os pormenores da encenação, mas Camille não me pareceu menos prestigiosa, evoluindo no palco; o tema narcisista da peça irritava-me, mas finalmente Dullin a julgava bastante boa para apresentá-la em público, e a própria Camille encarnava o personagem principal: triunfava! No dia do ensaio geral eu estava em Marseille, Sartre, no Havre. Mme Lemaire e Pagniez assistiram. O cenário e os costumes eram belíssimos. Os dois amantes usavam roupas feitas com o mesmo veludo azul vivo e gorros idênticos sobre os cabelos louros. Camille resplendia e desempenhava seu papel com uma convicção que forçava a simpatia. Entretanto, quando rolou no chão berrando "Quis morder com vontade a carne linfática da vida!", o público caiu na gargalhada; no fim, o pano desceu em meio às vaias. Mme Dullin corria pelos bastidores exclamando: "O Atelier está desmoralizado!" Somente Antonin Artaud apertou as mãos de Camille falando em obra-prima. Dois dias depois Sartre deu um pulo à rua Gabrielle; a campainha da porta de entrada fora desligada; ninguém respondeu. Voltou três dias mais tarde e dessa feita Camille abriu; o soalho do quarto estava juncado de recortes de jornal: "Darei uma lição a esses imbecis", rosnava Camille com uma voz agressiva. Durante dois dias e duas noites ela se arrastara aos pés de Lúcifer, dando socos nos móveis, adjurando-o a que lhe desse um revide.

Eu não tinha, longe disso, o culto do êxito e, pela narrativa de Sartre, admirei o furor apaixonado de Camille. Entretanto, seu malogro não me pareceu de bom augúrio; censurei-lhe a falta de senso crítico. Quando pensava nela, ficava dividida entre o espanto e a impaciência.

Estava tão ansiosa para viajar que, durante as férias de Páscoa, arrastei Sartre para a Bretanha. Chuviscava; o monte Saint-Michel, abandonado pelos turistas, erguia-se solitariamente entre o cinzento do céu e o cinzento do mar. Em *La fée des grèves*, de Paul Féval, eu lera, com emoção, a narrativa de uma corrida desesperada entre a maré montante e um cavalo a galope; a linda palavra *grèves*[25] ficara-me no coração: a pálida extensão fluida que se estendeu sob meus olhos pareceu-me tão misteriosa quanto seu nome. Gostei de Saint-Malo, de suas acanhadas ruas provincianas em que o rumor do mar despertara outrora corsários. Aquelas ondas cor de café com leite rebentando no Grand Bé eram um belo espetáculo, mas o túmulo de Chateaubriand nos pareceu tão ridiculamente pomposo em sua falsa simplicidade que, para acentuar seu desprezo, Sartre mijou em cima. Morlaix agradou-nos, e sobretudo Locronan, com sua bela praça de granito, seu velho hotel cheio de objetos históricos ou simplesmente usados onde comemos panquecas e bebemos sidra. Entretanto, em conjunto, a realidade, mais uma vez, ficou aquém de minhas esperanças; gostei mais tarde da Bretanha, mas naquele ano os transportes eram incômodos, e chuviscava. Para ver a lande, infligi a

---

[25] Praia de mar, margem arenosa. (N.T.)

Sartre quarenta quilômetros de caminhada nas cercanias do montículo de Saint-Michel-d'Arré, o qual escalamos; achei a lande mesquinha.[26] Chovia em Brest, onde exploramos os bairros duvidosos, apesar das advertências empertigadas do dono do hotel; chovia em Camaret, também. Fizemos com muito ardor e um pouco de vertigem a volta da Pointe du Raz e passamos um dia ensolarado em Douarnenez, no odor das sardinhas. Revejo os grupos de pescadores com calças de um rosa desbotado, sentados no muro acima do cais; barcos leves, alegremente coloridos, aparelhavam para os mares longínquos onde se encontra a lagosta rosada. Para terminar, o mau tempo expulsou-nos de Quimper, e voltamos para Paris dois dias antes da data fixada; era absolutamente extraordinário que eu derrogasse tão gravemente a meus planos; a chuva me vencera. Foi durante essa viagem que um nome estranho nos caiu pela primeira vez sob os olhos. Acabávamos de ver, sem proveito, os campanários abertos de Saint-Pol-de-Léon e estávamos sentados no campo circundante. Sartre folheava um número da *NRF*. Leu para mim, rindo, uma frase que aludia aos três maiores romancistas do século: Proust, Joyce, Kafka. Kafka? Este nome barroco me fez sorrir também: se esse Kafka fosse realmente um grande romancista, não o teríamos ignorado...

Continuávamos, de fato, a dar uma olhada em tudo que aparecia: em literatura, fora um ano magro. O cinema, em compensação, dava-nos satisfações. Estávamos resignados agora ao triunfo do "falado"; somente a dublagem nos indignava; aprovamos Michel Duran quando pediu, em vão, aliás, ao público que boicotasse as fitas com dublagem. Mas isso, praticamente, pouco nos importava, porque os grandes cinemas apresentavam as versões originais. Nada nos impediu de apreciar esse gênero novo que acabava de surgir na América: o burlesco. Os últimos Buster Keaton, os últimos Harold Lloyd, os primeiros Eddie Cantor continuavam, apesar do encanto, a velha tradição cômica; mas filmes como *Se eu tivesse um milhão* e *Million dollar legs*, que nos revelou W.C. Fields, desafiavam a razão muito mais radicalmente que as comédias de Max Sennet, e com muito mais agressividade. O *nonsense* triunfava

---

[26] Vinte anos depois, rodamos de automóvel por essa lande, perseguidos por uma tempestade, sob um céu dramático, e ela espantou-nos por sua amplitude e beleza selvagem.

com os Irmãos Marx: nenhum palhaço havia desmantelado de maneira tão estonteante a verossimilhança e a lógica; na *NRF*, Antonin Artaud os pôs nas nuvens: sua maluquice atingia, dizia ele, a profundidade dos delírios oníricos. Eu gostara das obras em que os surrealistas assassinavam a pintura e a literatura; deleitava-me com ver o assassínio do cinema pelos Irmãos Marx. Pulverizavam furiosamente não somente a rotina social, o pensamento organizado, a linguagem, mas ainda o próprio sentido dos objetos, e assim os renovavam: quando mastigavam com apetite os pratos de porcelana, mostravam que o prato não se reduz a um utensílio. Esse gênero de contestação encantava Sartre, que, nas ruas do Havre, observava, com olhos de Antoine Roquentin, as inquietantes metamorfoses de um suspensório, de um banco de bonde. Destruição e poesia: belo programa! Despojado de seu arnês demasiado humano, o mundo descobria sua estupefaciente desordem.

Havia menos virulência e menos prolongamentos nas deformações e fantasias dos desenhos animados cuja voga aumentava; depois de Mickey Mouse, aparecera na tela a deliciosa Betty Boop, cujos encantos se afiguram tão perturbadores aos juízes de Nova York que eles a condenaram à morte; Fleischer consolou-nos contando-nos as proezas de Popeye, o marinheiro.[27]

Nesse ano ainda nos preocupamos pouco com o que ocorria no mundo. As notícias mais importantes foram o rapto do pequeno Lindbergh, o suicídio de Kreuger, a prisão de Mme Hanau, a catástrofe do *Georges Philippart*: não nos interessamos por isso tudo. Somente nos agitou o processo de Gorguloff, por razões a que voltarei. Tínhamos uma simpatia dia a dia mais acentuada pela posição dos comunistas. Nas eleições de maio, eles perderam trezentos mil votos; Sartre não votara: nada nos podia afastar de nosso apoliticismo. A vitória coube à coligação das esquerdas, isto é, ao pacifismo: mesmo os radical-socialistas trabalhavam pelo desarmamento e pela reaproximação com a Alemanha. A direita denunciava com ênfase a amplitude adquirida pelo movimento hitlerista: parecia-nos evidente que exagerava a importância da coisa,

---

[27] Nesse ano projetaram também em Paris o *Dr. Jekill*, de Rouben Mamoulian, *M.*, de Fritz Lang, *A nós a liberdade, L'Opéra de quat'sous*.

porquanto Hindenburg foi eleito contra Hitler presidente do Reich e Von Papen escolhido como chanceler. O futuro permanecia sereno.

Em junho, Sartre, libertado pela aproximação dos exames finais do secundário, veio ver-me em Marseille, onde ficou uma dezena de dias. Era minha vez de fazê-lo aproveitar minha experiência, de fazê-lo amar os lugares que eu amava — os restaurantes do Vieux-Port, os cafés da Canebière, o castelo d'If, Aix, Cassis, Martigues —, e eu sentia tanta alegria quanto sentira ao descobri-los. Soube que estava nomeada para Rouen, preparávamo-nos para retornar à Espanha, e mandaram-me a Nice para avaliar os exames finais do secundário. Estava eufórica.

Em Nice, encontrei, na praça Masséna, um amplo quarto com sacada por apenas dez francos por dia: dava muita importância a essas boas fortunas porque minhas viagens a Paris, minhas excursões, punham-me todos os meses à beira do déficit. A proprietária era uma quinquagenária pintada, coberta de cetins e joias, que passava as noites no cassino; pretendia tirar uma renda disso, graças a um sistema de jogo; parece-me também que se dedicava à cartomancia. Antes de deitar-se, despertava-me, diariamente, às seis horas. Eu corria para a estação dos ônibus, ia para a costa ou para a montanha, caminhava; as paisagens eram menos íntimas, porém mais deslumbrantes do que as das cercanias de Marseille; vi Mônaco, Menton, a Turbie; tive em San Remo um antegosto da Itália. Voltava à tarde, lá pelas sete horas, instalava-me num café. Enquanto jantava um sanduíche, corrigia um monte de provas e depois ia jogar-me na cama.

Durante os exames orais, não saí de Nice, mas diverti-me muito. As candidatas — e eu as imitei — chegavam à sala de exame com grandes chapéus de palha, mas de braços nus e pés nus enfiados em sandálias; os rapazes exibiam também braços bronzeados, musculosos, poderia se dizer que se apresentavam para a disputa de uma prova esportiva; ninguém parecia considerar que se tratava de uma coisa séria. Evidentemente, eu intimidava pouco; um jornalista local, vendo-me sentada diante de um sujeito alto e já de certa idade, inverteu os papéis: em sua crônica tomou o examinando pelo examinador. À noite eu deambulava pelos cafés, pelos pequenos *dancings* de beira-mar; deixava com indiferença desconhecidos sentarem à minha mesa e falarem; ninguém, nada podia importunar-me, a tal ponto eu me achava tomada pela doçura, pelas luzes e pelos murmúrios da noite.

Na véspera da distribuição de prêmios, atravessei Marseille, assinei o livro de presença; dispensaram-me de assistir à cerimônia. Mme Tourmelin suplicou-me que ficasse mais um ou dois dias, porém não lhe dei ouvidos. Sartre passava uma semana com a família, eu devia encontrar com ele em Narbonne; mandei a maleta e saí pela estrada com um cesto na mão e de sandálias. Já fizera sozinha longas excursões, mas nunca uma viagem: que prazer não saber, de manhã, onde dormiria à noite! Minha curiosidade não se acalmava, ao contrário; agora que conhecia o pórtico da igreja de Arles, era preciso que o comparasse com o de Saint-Gilles; era sensível a pormenores de arquitetura que antes me haviam escapado; quanto mais o mundo se enriquecia, mais multiplicavam as tarefas que me solicitavam. Detive-me à margem da lagoa de Thau, em Maguelonne, passei em Sète e no "cemitério marinho";[28] vi Saint-Guilhem-le-Désert, Montpellier, Minerve, abismos, gargantas, platôs calcários, desfiladeiros; desci à gruta das "Demoiselles". Tomava trens e ônibus e caminhava. Através das terras violeta do Hérault, pelos atalhos e estradas, recapitulava alegremente o ano. Não lera muito, meu romance não valia nada, mas exercera minha profissão sem me aborrecer, enriquecera-me com uma nova paixão; saía vitoriosa da prova a que fora submetida: a ausência e a solidão não tinham corroído minha felicidade. Parecia-me que podia ter confiança em mim.

Mme Lemaire e Pagniez tinham nos proposto visitar com eles o sul da Espanha de carro. À espera, fizemos um passeio às Baleares e depois ao Marrocos espanhol; em Tetuã, descobri, arrebatada, o formigamento dos *suks* marroquinos, suas sombras, suas luzes, suas cores violentas, seu cheiro de couro e especiarias, o martelamento do cobre. Considerávamos o artesanato uma das formas exemplares da atividade humana, por isso nos entregamos sem reticência a esse pitoresco. Fiquei desconcertada com a longa imobilidade dos mercadores ao lado de seus mostruários. "Em

---

[28] Entre aspas por alusão ao poema de Valéry. (N.T.)

que pensam?", perguntei. "Em nada", respondeu-me Sartre, "quando não se tem em que pensar, não se pensa em nada". Tinham instalado o vazio em si, quando muito sonhavam: essa paciência vegetal perturbava--me um pouco. Mas gostava de olhar as mãos diligentes entrelaçarem os fios de um tapete ou coserem sandálias. Em Xauen, vi pela primeira vez loureiros-rosa desabrocharem junto a um riacho; lavadeiras de turbantes e vestidos sarapintados, de rosto descoberto, batiam a roupa com uma palheta.

Subimos até Sevilha. Quando Mme Lemaire e Pagniez chegaram, no meio da noite, ao pátio do hotel Simon, onde os aguardávamos, caímos nos braços uns dos outros. Ela usava um vestido de tussor verde, com um chapeuzinho combinando, e nunca me parecera tão jovem; Pagniez arvorava seu melhor sorriso; sentíamos que ele era capaz de fabricar felicidade com tudo o que tocava.

Além de seus encantos catalogados, que teriam bastado para nos seduzir, Sevilha ofereceu-nos no dia seguinte pela manhã o divertimento de um golpe de Estado. Houve grandes rumores sob a nossa janela; vimos passarem militares, automóveis. Mme Lemaire falava espanhol, e a criada de quarto a pôs a par dos acontecimentos: o homem sentado entre dois soldados num grande carro preto era o prefeito de Sevilha: o general Sanjurjo mandara prendê-lo; pela madrugada, suas tropas tinham ocupado todos os pontos estratégicos. Na portaria do hotel falava-se num vasto complô destinado a derrubar a República. Um aviso colado perto da entrada convidava a população a manter-se calma: os fautores da perturbação tinham sido dominados, assegurava Sanjurjo. Havia muitos soldados nas ruas; os fuzis estavam dispostos em feixes nas calçadas, mas tudo se mostrava tranquilo; os monumentos, os museus e os cafés acolhiam sossegadamente os turistas. No dia seguinte pela manhã, disseram-nos que Sanjurjo fugira durante a noite: contara com o apoio de Madri, que não o acompanhara. Uma grande multidão percorria as ruas cantando, gritando, vociferando. Nós a seguimos; na Calle delle Sierpes, ao abrigo dos toldos, alguns clubes aristocráticos queimavam. Como os bombeiros se aproximavam, sem muita pressa, algumas pessoas gritaram: "Não apaguem!" "Não se incomodem", disseram os bombeiros, "não temos pressa". Aguardaram que o mobiliário inteiro se tivesse consumido, para fazer funcionar os jatos de água. Bruscamente, sem que compreendêssemos por quê, verificou-se o pânico; todo mundo pôs-se a fugir, aos trancos. "É estúpido", observou Mme Lemaire; deteve-se, voltou-se e empreendeu exortar aquela gente a ter sangue-frio; Pagniez puxou-a pelo braço, e corremos com os outros. À tarde subimos à Giralda; do terraço assistimos a um desfile triunfal: o prefeito fora tirado da prisão pelos seus amigos, que o mostravam pela cidade; em algum lugar, embaixo de nós, um pneu estourou. A multidão imaginou que fosse um tiro e de novo desandou a correr em todas as direções. Toda essa agitação encantou-nos. No dia seguinte cessara. Mas alguma coisa continuava no ar. Entrei com Mme Lemaire numa agência de correio; olharam-me de maneira estranha; um homem cuspiu no chão resmungando: "Nada disso aqui!" Fiquei estupefata. Passamos, em seguida, na agência Cook em busca de certas informações, e aí também ouvi alguns murmúrios. Um empregado designou delicadamente meu lenço: um quadrado de fundo vermelho semeado de âncoras amarelas que se assemelhavam a flores-de-lis: "É de propósito que usa essas cores?", perguntou-me. Diante de meu espanto, ousou explicar: eram as cores monarquistas. Apressei-me a esconder o adorno sedicioso. Durante a tarde passeamos sem percalços pelos áridos arrabaldes de Triana. À noite, fui com Sartre à Alameda, a uma boate popular onde gordas espanholas dançavam sobre tonéis; as crianças vendiam nas ruas flores de nardo, que as mulheres enfiavam nos cabelos: a noite era um perfume.

 Não imaginava, em minha candura, que uma viagem a quatro, de amigos que se entendem muito bem, pudesse ser um empreendimento delicado. Estávamos de acordo em relação a muitas coisas. Detestávamos os pesados burgueses espanhóis e os curas untuosos; nessa sociedade, simples como uma imagem de Épinal, nossa simpatia ia para os magros contra os gordos. Entretanto, havia entre Sartre e Pagniez grandes diferenças: Pagniez era eclético; Sartre, categórico. Em Cádiz, recusou perder seu tempo com ver Murillos que decoravam várias igrejas. Por cortesia, Mme Lemaire concordou. Pagniez fez-nos dar uma volta pelas fortificações a uma velocidade furiosa. Não descerrava os dentes. Bruscamente parou em frente ao museu declarando que Murillo o interessava. Mme Lemaire acompanhou-o, enquanto eu fiquei com Sartre contemplando o mar. Pagniez continuou emburrado até a noite.

Em Granada, ficamos quatro dias no hotel de Alhambra; cada qual empregou seu tempo como bem quis, o que evitou conflitos. Mas as divergências acentuaram-se. Mme Lemaire e Pagniez só desceram à cidade para visitar a catedral. Sartre e eu interessávamo-nos pelo presente tanto quanto pelo passado. Vagamos durante horas pelo palácio do Alhambra, mas passamos também um dia inteiro de calor e poeira nas ruas, nas praças em que vivem os espanhóis de hoje. Ronda pareceu a Sartre uma aldeia morta e sem verdadeira beleza; as casas de uma elegância medíocre, os pátios, os móveis, os bibelôs agastavam-no. "Casas de aristocratas, sem nenhum interesse", declarou. "Evidentemente não são casas de proletários!", disse de mau humor Pagniez.

As opiniões preconcebidas de Sartre começavam a irritá-lo; ele as tolerava alegremente enquanto vira nelas apenas excentricidades verbais; mas, influenciando os sentimentos de Sartre, seu pensamento, suas atitudes, elas cavavam um fosso entre os dois camaradas. Pagniez não encontrava dificuldade em as ridicularizar, porque praticamente Sartre as desmentia; viajava como um pequeno-burguês de algumas posses e não se queixava: que verdade podia ter esse olhar que tomava de empréstimo a uma classe que não era a dele? Pagniez era coerente, aderia integralmente ao liberalismo burguês; Sartre não tinha encontrado o meio de encarnar a simpatia que o inclinava para o proletariado — sua posição era mais fraca. Assim mesmo, Pagniez não gostava de que suas certezas burguesas e protestantes fossem contestadas pelo esquerdismo de Sartre. De um lado, apresentava a Sartre a imagem do humanista culto que Sartre não queria ser e de que não conseguia distinguir-se. Cada qual descobria no outro uma figura que inquietava. Essa dissensão, ainda benigna mas cuja importância pressentiam, foi sem dúvida a razão profunda de suas disputas.

O que os envenenava na convivência diária era que Pagniez não apreciava muito nossa companhia; nunca Pagniez fizera tão longa viagem com Mme Lemaire, e certamente teria preferido ficar sozinho com ela. Ele é quem guiava: com o calor e o estado das estradas, à noite estava cansado; devia ainda ocupar-se do carro, ir à garagem; censurou-nos mais tarde por não termos cooperado nessas corveias, e penso, efetivamente, que fizemos de nossa incapacidade um álibi cômodo. Mergulhou deliberadamente em seus amuos. Sartre, por seu lado, entregava-se a suas cóleras: "Você tem tudo de um engenheiro", dizia-lhe quando a fisionomia dele se fazia severa. Sob a violência dos insultos ele sorria por vezes, mas nem sempre. Em Córdoba, com 42°C de calor, os dois camaradas estiveram a dois dedos do rompimento.

Tivemos, entretanto, momentos muito felizes. Gostávamos igualmente das aldeias brancas da Andaluzia, dos sobreiros semidesnudos, das encostas ab-ruptas, da descida de crepúsculo nas serras. Apesar do esplendor do panorama que nos descobria, além-mar, a costa africana, sentimos juntos a desolação de Tarifa: lá almoçamos um peixe nadando em horrível azeite e um menino de mais ou menos doze anos observou-nos: "Vocês têm sorte", disse num tom que nos cortou o coração, "vocês viajam; eu nunca sairei daqui". Pensávamos, com efeito, que ele envelheceria naquele pedaço perdido de terra, sem que jamais lhe acontecesse nada. Coisas lhe terão por certo ocorrido desde então: mas que coisas?

Na volta paramos em Toulouse, enquanto nossos amigos se dirigiam a Paris. Durante dois dias, Camille mostrou-nos a cidade, que Sartre conhecia pouco e onde eu nunca estivera. Ela sabia uma porção de histórias acerca de cada pedra, de cada tijolo, e as contava muito bem. Era capaz, ocasionalmente, de esquecer seus mitos e sua personagem para se interessar pelo mundo como é; esse realismo caía-lhe bem; em um restaurante a que nos levou para jantar, ao ar livre, à beira do Garona, divertiu-nos muito falando da burguesia de Toulouse, das casas de *rendez-vous*, de sua clientela, do "amador esclarecido" e de sua família. Era de perguntar, ao ouvi-la, como pudera perder tempo escrevendo *L'Ombre*. Sem dúvida teria mais sorte com o romance que estava começando e que intitulara *Le Lierre*. Inspirava-se nas experiências de mocidade; nele se colocava juntamente com Zina. Escrevia-o todas as noites, de meia-noite às seis da manhã, disse-nos. "Sim, assim é que se deveria trabalhar: seis horas por dia, todos os dias", disse Sartre, que lamentava, nesse ano, ter adiantado pouco seu *factum*. Camille não me inspirava mais nem ciúme nem inveja: só me inspirava emulação. Prometi a mim mesma imitar-lhe o zelo.

Capítulo III

Poucos dias antes de retornar a nossos postos, Sartre e eu tivemos uma conversa muito significativa com um amigo de quem ainda não falei. Chamava-se Marco; Sartre conhecera-o na Cidade Universitária, onde estava preparando sua licenciatura em letras; nascera em Bône e era de uma beleza bastante extraordinária: moreno, a tez cor de âmbar, olhos ardentes, seu rosto evocava ao mesmo tempo as estátuas gregas e os quadros de El Greco. O que nele havia de mais excepcional era a voz que cultivava com uma assiduidade fanática: tomava lições com os melhores professores e não duvidava de que igualaria Chaliapin. Do alto de sua futura glória, desprezava a mediocridade de sua condição e todos os que a ela se resignavam: Sartre, Pagniez, eu mesma. A seus olhos, éramos tipicamente *frankaouis*, e bastava-lhe por vezes olhar-nos para rir às gargalhadas. Simulava entretanto tratar seus amigos com a maior delicadeza; multiplicava as atenções, as amabilidades, as lisonjas. Não nos deixávamos levar por essa artimanha, mas achávamos que ele a dirigia com muita graça. Seu gosto pela intriga, suas indiscrições e suas maledicências nos divertiam. Ele exibia uma intransigente pureza de costumes. Ligara-se a uma moça de Sèvres, mas logo havia instituído entre ambos relações fraternais. A seu ver, o comércio sexual obscurecia a inteligência e a sensibilidade; dizia-se capaz de abandonar de cara um de seus camaradas se tivesse recentemente derrogado a castidade. Na Cidade Universitária, arrastara atrás dele uma coorte de admiradores. Um deles entrara certa noite em seu quarto pela janela, e Marco quebrara-lhe uma lâmpada na cabeça; essa história, que o agitara muito, parecera um tanto suspeita a Sartre e a Pagniez. Não escondia sua desdenhosa indiferença em relação às mulheres. Quando falava com entusiasmo de um "encontro" com um "ser maravilhoso", tratava-se sempre de um belo rapaz; mas ele afirmava só se divertir com esses eleitos grandes paixões platônicas, e todo mundo fingia cortesmente acreditar.

Naquela tarde, estávamos sentados no terraço da Closerie des Lilas. O olhar de Marco varreu os consumidores, os passantes, e pousou em nós com raiva: "Todos esses pequeno-burgueses miseráveis! Como vocês podem contentar-se com essa existência?" Fazia um tempo lindo, o outono cheirava bem, estávamos de fato muito contentes. "Um dia", disse ele, "terei um carro enorme, inteiramente branco; passarei de propósito rente à calçada para respingar lama em todo mundo". Sartre resolveu provar-lhe a inanidade desse tipo de prazer, e Marco soltou uma de suas gargalhadas: "Desculpem... mas quando penso na violência de meus desejos e ouço os seus raciocínios... não posso deixar de rir!" Ele também nos fazia rir. Sartre repetia que não queria ter a vida de Tennyson; esperávamos que nos acontecessem coisas, mas não o gênero de coisas que se compram com dinheiro e barulho. O desdém que nos inspiravam os grandes deste mundo e suas pompas não enfraquecera. Ambicionávamos ser um pouco mais ricos do que éramos e conseguir o mais cedo possível nossa nomeação para Paris. Mas nossas verdadeiras ambições eram de outra ordem: não apostávamos na fortuna, e sim em nós mesmos, para realizá-las.

Partimos, portanto, sem mau humor para a província. Sartre gostava bastante do Havre. Eu não podia sonhar com um lugar melhor do que Rouen, a uma hora do Havre e uma hora e meia de Paris. Meu primeiro cuidado foi arranjar uma assinatura na estrada de ferro. Durante os quatro anos que aí ensinei, o centro da cidade foi sempre a estação para mim. O colégio era muito perto. Quando fui ver a diretora, ela me recebeu com solicitude e deu-me o endereço de uma velha senhora em casa de quem aconselhou-me a tomar pensão. Toquei à porta de uma bela casa particular, e uma velha mostrou-me um quarto delicadamente mobiliado, cujas janelas se abriam para o silêncio de um grande jardim. Fugi e instalei-me no hotel La Rochefoucauld, de onde ouvia o assobio tranquilizador dos trens. Comprava meus jornais no saguão da estação; ao lado, bem próximo, havia um café, La Métropole, onde tomava meu café da manhã. Tinha a impressão de que vivia em Paris e que morava num arrabalde longínquo.

Assim mesmo eu ficava confinada em Rouen durante muitos dias, e, amiúde, Sartre e eu lá passávamos a quinta-feira. Empenhei-me, portanto, em inventariar as riquezas do lugar. Nizan falara-me calorosamente de uma de suas colegas que encontrara uma ou duas vezes: morena, jovem e comunista, dissera-me. Chamava-se Colette Audry. Falei com ela. Tinha um rosto agradável, olhos vivos sob os cabelos cortados muito curtos; vestia com uma desenvoltura de rapaz um casaco de camurça e usava um chapéu de feltro. Morava perto da estação, ela também, num quarto que mobiliara com gosto: uma esteira no chão, tecido de juta nas paredes, uma secretária cheia de papéis, um sofá e livros, entre os quais as obras de Marx e Rosa Luxemburgo. Nossas primeiras conversas foram um pouco hesitantes, mas nós nos entendemos. Eu a fiz encontrar-se com Sartre, e eles se entenderam. Ela não era comunista: pertencia a uma facção de oposicionistas trotskistas; conhecia Aimé Patri, Simone Weil, Souvarine; apresentou-me Michel Collinet, que ensinava matemática no liceu de rapazes e que a introduzira no grupo. Ele era categórico, eu também; fez elogios a Watson e ao behaviorismo, e eu me opus com agressividade. Ele via de quando em quando Jacques Prévert e de uma feita encontrara Gide; mas cultivava a elipse e não contou nada a não ser que Gide era muito hábil no ioiô: o jogo do ioiô estava na moda e fazia furor. As pessoas andavam pelas ruas com o ioiô nas mãos. Sartre exercitava-se da manhã à noite com uma obstinação sombria.

Minhas outras colegas eram ainda mais rebarbativas do que em Marseille, e não me aproximei delas; quanto aos prazeres dos passeios, tinha abdicado deles. Civilizada, chuvosa e insípida, a Normandia não me inspirava. Mas a cidade tinha seus encantos: velhos bairros, velhos mercados, cais melancólicos. Adquiri logo certos hábitos. Um hábito é quase uma companhia, na medida em que uma companhia não passa muitas vezes de um hábito. Eu trabalhava, corrigia provas, almoçava na *brasserie* Paul, na rua Grand-Pont. Era um corredor comprido com paredes recobertas de espelhos rachados; os bancos de imitação de marroquim perdiam os pelos; no fundo, a sala alargava-se, homens jogavam bilhar ou *bridge*. Os garçons vestiam-se à moda antiga, de preto com aventais brancos, e eram todos muito velhos; havia poucos fregueses porque se comia mal. O silêncio, a displicência do serviço e a velha luz amarelada agradavam-me. Contra a desolação da província, é bom arranjar isso que chamávamos por um nome tirado do vocabulário tauromáquico: uma *querencia*, um recanto em que a gente se sente ao abrigo de tudo. A velha *brasserie* desgastada desempenhava esse papel.

Eu a preferia a meu quarto, um perfeito quarto de caixeiro-viajante, limpo e nu, a que me acomodava, contudo. Ali me instalava ao sair do colégio, por volta das quatro ou cinco horas, e escrevia. Para o jantar, preparava num fogareiro a querosene um prato de arroz com leite ou uma tigela de chocolate; lia um pouco e dormia. Evidentemente Marco teria achado essa existência mesquinha, mas eu dizia a mim mesma que não teria razão. Certa manhã, olhava de minha janela a igreja que tinha à minha frente, contemplava os fiéis saindo da missa, os mendigos da paróquia, quando tive uma iluminação: "Não há situação privilegiada!" Todas as situações se valem, porquanto todas têm a mesma parcela de verdade. Era uma ideia especiosa; felizmente nunca cometi o erro de empregá-la na justificação da sorte dos deserdados. Quando a formulei, pensava unicamente em mim: parecia-me com evidência que não me achava privada de nenhuma possibilidade. Nesse ponto creio que tinha razão. Não ser ninguém, deslizar invisível através do mundo, vagar fora e dentro de si mesma sem imposições de deveres, gozar de tanto lazer, de tanta solidão a ponto de prestar toda a atenção a tudo, interessar-se pelos mais insignificantes matizes do céu e do próprio coração, roçar o tédio e evitá-lo: não imagino condição mais favorável quando se possui a intrepidez da mocidade.

Evidentemente, o que me ajudava a suportar esse retiro era o fato de Sartre vir amiúde visitar-me; ou então eu ia ao Havre, e passávamos muito tempo em Paris. Graças a Camille, lá conhecemos Dullin, que nos encantou; sabia contar, e era um prazer ouvi-lo evocar o início de sua carreira em Lyon, em Paris, os dias gloriosos do Lapin Agile, no tempo em que ali ele recitava Villon, e as terríveis rixas que ocorriam. Certa manhã, varrendo os cacos de copos e garrafas, a criada da limpeza vira rolar pelo chão um olho humano. Entretanto, quando lhe fazíamos perguntas acerca de sua concepção do teatro, Dullin as eludia; seu rosto tornava-se esquivo, erguia os olhos para o teto, embaraçado. Compreendi o porquê disso quando o vi trabalhando. Tinha por certo alguns princípios: condenava o realismo; recusava-se a atiçar o público com jogos de luz adocicados, com os artifícios fáceis que censurava em Baty. Mas, quando abordava uma peça, não partia de nenhuma teoria apriorística; procurava adaptar sua encenação à arte específica de cada autor; não tratava Shakespeare como Pirandello. Cumpria, portanto, não interrogá-lo por interrogar, e sim vê-lo trabalhar. Ele permitiu-nos assistir a vários ensaios de *Ricardo III* e espantou-nos. Quando dizia um texto, dava a impressão de recriá-lo inteiramente. A dificuldade estava em insuflar o tom aos atores, o ritmo, a acentuação que inventara; não explicava; sugeria, enfeitiçava. Pouco a pouco o artista, cujos recursos e defeitos utilizava com habilidade, tornava-se seu personagem. Essa metamorfose nem sempre se realizava sem dificuldade. Como Dullin regulava também as entradas, os jogos de cena, a iluminação, e estudava seu próprio papel, acontecia-lhe não saber mais onde dar com a cabeça. Então desandava. Em meio a uma réplica de Shakespeare, sem mudar de tom, encadeava uma imprecação desesperada ou furiosa: "Mas isso é o fim. Não sou auxiliado. É inútil continuar." Lançava pesados palavrões e gemia comovedoramente; renunciava a continuar o ensaio, a montar *Ricardo III*, ao teatro em geral. A assistência imobilizava-se numa consternação respeitosa, embora ninguém levasse a sério esses célebres acessos de raiva em que ele próprio não acreditava. Bruscamente voltava a ser Ricardo III. Era muito sedutor, e sua fisionomia — narinas móveis, boca sinuosa, olhos maliciosos — imitava maravilhosamente a crueldade. Sokoloff, dados seu físico e seu sotaque, compunha um Buckingham perfeitamente insólito, mas emprestava-lhe tanta vida e tanta força que convencia e comovia. Durante esses ensaios, conheci a belíssima Marie-Hélène Dasté, que herdara de seu pai, Jacques Copeau, uma grande fronte lisa e imensos olhos claros; desempenhava o papel de Lady Ann, que não lhe assentava em absoluto. Dullin inventara um dispositivo engenhoso: uma rede de malhas grossas cortava o palco em dois; de acordo com a iluminação era possível situar a cena bem perto do público ou, ao contrário, dar a impressão de distância representando atrás da rede.

Achei interessante e lisonjeiro ser iniciada nos segredos da montagem de um espetáculo; Colette Audry deu-me um grande prazer quando nos fez assistir à rodagem de uma fita em que sua irmã Jacqueline trabalhava como *script-girl*; tratava-se de *Étienne*, segundo uma peça de Jacques Deval. O estúdio estava cheio de gente e superaquecido. Jacqueline pareceu-me muito bonita e muito elegante; entretanto, havia mulheres ainda mais bem-vestidas do que ela, entre outras uma atriz um pouco sem graça mas cujo *tailleur* de veludo gris me deslumbrou. Figurantes aborreciam-se nos cantos. Jacques Baumer rodava o início de uma cena; convocado pelo seu diretor, devia dizer: "Às suas ordens, senhor diretor", estalando a língua de certa maneira. O operador não estava satisfeito com as luzes nem com os enquadramentos: Baumer repetiu treze vezes sua réplica sem nunca modificar o tom nem a mímica. Durante muito tempo conservamos uma recordação aterrorizante da cena.

Sentíamo-nos na verdade um pouco melancólicos quando íamos às oito horas à estação Saint-Lazare, no trem que nos levava de volta a Rouen e ao Havre. Viajávamos de segunda classe porque os rápidos não tinham terceira. Fazia sempre calor demais nos compartimentos azuis, ornados de fotografias em que se apresentavam as atrações da Normandia e da Bretanha: a abadia de Jumièges, a igreja de Caudebec, o charco de Criquebœuf, que só consegui ver vinte anos depois. Mergulhávamos nos romances de Van Dine, nas narrativas sangrentas de Whitfeld, de Dashiell Hammet, que os críticos saudavam como precursor de um "novo romance". Quando eu saía da estação, a cidade já dormia; comia um pãozinho no Métropole, que se preparava para fechar, e subia para meu quarto.

Em Paris, no Havre, em Rouen, o principal assunto de nossas conversas eram as pessoas que conhecíamos; preocupavam-nos tanto que, procurando não contar a vida deles, tiro muito sabor da imagem que traço da nossa: razões evidentes determinam, porém, esse silêncio. Mas o fato é que o formigamento, sempre um pouco imprevisível, amiúde surpreendente, dessas existências estranhas povoava nossos dias e os salvaguardava da monotonia. Incessantemente as questões se colocavam. Gégé acabara de casar-se com seu antigo professor de desenho; não se entendia muito bem com sua nova família conformista e religiosa: entre ela e o marido havia brigas diárias. Ela tinha muito rancor contra ele, mas ele a atraía: como se arranjava com essa ambivalência? Continuava muito ligada à minha irmã, mas cada qual amadurecia a seu modo: essa amizade também tinha suas complexidades. Jacqueline Lemaire ia ficar noiva: por que aquele rapaz, em vez de outro pretendente? Qual a verdadeira razão do desentendimento entre Tapir e Mme de Listomère? Quando encontrávamos novas pessoas, nós as virávamos pelo avesso e retocávamos, completávamos incansavelmente o retrato que procurávamos fixar. Todos os nossos colegas passaram por esse exame. Interessávamo-nos particularmente por Colette Audry; interrogávamo-nos acerca de suas relações com a política, com o amor, com a irmã, consigo mesma. Sartre falava-me também de um de seus alunos, muito inteligente e cujo cinismo aplicado o divertia; destinara-se a princípio à Escola Colonial, mas Sartre orientara-o para a filosofia. Chamava-se Lionel de Roulet. De pais divorciados, vivia no Havre com uma mãe que se preocupava com astrologia e alquimia: explicava o caráter do filho e predizia-lhe o destino de acordo com suas afinidades com tal ou qual metaloide. O rapaz contara a Sartre, pormenorizadamente, sua infância difícil. Sartre chamava-o "meu discípulo" e tinha muita simpatia por ele.

Eu atribuía a mesma importância que Sartre às pessoas separadamente; não me mostrava menos empenhada do que ele em esmiuçá-las, em recompô-las, em retocar-lhes a imagem. Entretanto não sabia vê-las direito: minha história com Mme Tourmelin mostra minha cegueira. Preferia julgá-las a compreendê-las. Esse moralismo vinha de longe. Na infância, as superioridades de que minha família se gabava tinham encorajado minhas arrogâncias; mais tarde, a solidão acuara-me ao orgulho agressivo. As circunstâncias favoreciam ainda minha tendência para a severidade. Como todos os grupos de jovens, o clã dos camaradinhas decidia categórica e desdenhosamente do bem e do mal; logo que entrei para o grupo, principiei também a condenar todos os que infringiam suas leis; mostrei-me mais sectária do que Sartre e Pagniez, que, mesmo liquidando as pessoas com ferocidade, procuravam explicá-las para si mesmos. Riam-se amigavelmente de minha falta de psicologia. Por que não tentei corrigir-me? De minha mocidade trazia igualmente o gosto do silêncio e do mistério; o surrealismo influíra em mim porque descobrira nele uma espécie de sobrenatural: diante dos outros, deixava-me encantar, divertir, intrigar pelos reflexos brilhantes das aparências sem me preocupar com o que cobriam. Mas teria podido desembaraçar-me desse esteticismo; se me obstinei nele, foi por razões profundas: a existência dos outros continuava sendo para mim um perigo que não ousava enfrentar com franqueza. Lutava duramente, aos dezoito anos, contra a feiticiaria que pretendia transformar-me em monstro: ficava na defensiva. Em relação a Sartre, eu me acomodara declarando: "Somos um só." Eu nos instalara juntos no centro do mundo; ao redor de nós gravitavam personagens odiosos, ridículos ou agradáveis, que não tinham olhos para me ver: eu era o único olhar. Por isso mesmo zombava com petulância da opinião; muitas vezes minha carência de respeito humano incomodou Sartre, que nesse tempo tinha boa dose desse respeito. Brigamos de uma feita porque eu queria tomar qualquer coisa no Frascati, o grande palácio do Havre que dava para o mar e de onde a vista devia ser soberba, mas estava com um enorme buraco na meia, e ele se opôs energicamente. Outra vez estávamos em Paris sem um níquel no bolso e ninguém a quem pedir emprestado ao nosso alcance; sugeri que se dirigisse ao gerente do hotel de Blois, onde nos hospedávamos todas as semanas; ele protestou: achava o homem nojento. Discutimos mais de uma hora caminhando pelo bulevar Montparnasse. Eu lhe dizia: "Se lhe repugna, que importa o que possa pensar?" Sartre respondia que os pensamentos dos outros a seu respeito atacavam-no.

É impossível viver um erro de maneira radical. A menor conversa implicava uma reciprocidade entre mim e meu interlocutor. Por causa do crédito que Sartre lhes concedia, graças também à sua autoridade pessoal, as críticas ou a ironia de Mme Lemaire e Pagniez impressionavam-me. Acontecia ainda que a segurança de Camille me perturbasse. Colette Audry falava-me por vezes de Simone Weil, e, embora fosse sem grande simpatia, a existência dessa estranha se impunha. Ela era professora em Puy; contavam que residia num albergue de carreiros e que no primeiro dia do mês depositava sobre uma mesa o dinheiro de seu ordenado: todos podiam servir-se. Trabalhara na via férrea com operários a fim de poder pôr-se à testa de uma delegação de desempregados e apresentar suas reivindicações; provocara assim a hostilidade do prefeito e dos pais de alunos, e quase fora expulsa da universidade. Sua inteligência, seu ascetismo, seu extremismo e sua coragem inspiravam-me admiração, e eu sabia que ela não a teria por mim, se porventura me conhecesse. Não podia anexá-la a meu universo e sentia-me vagamente ameaçada. Vivíamos a uma distância tão grande uma da outra que não cheguei a me atormentar muito. Não me afastava nunca de minha prudência; evitava admitir que um outro pudesse ser como eu, um sujeito, uma consciência; recusava-me a colocar-me na pele dele: eis por que praticava amiúde a ironia. Em mais de uma ocasião, esse *parti pris* de estouvamento arrastou-me a durezas, aversões e erros.

Isso não me impedia de epilogar interminavelmente com Sartre a respeito de uns e de outros; ao contrário, passavam com docilidade pelo nosso exame, e minha soberania afirmava-se. Observava mal; porém, nas discussões em que nos esforçávamos por compreender as pessoas, desempenhava meu papel. Tínhamos grande necessidade de unir nossos esforços porque não possuíamos nenhum método de explicação. Desprezávamos a psicologia clássica francesa, não acreditávamos no behaviorismo e só dávamos à psicanálise um crédito limitado. A esse respeito tivemos mais de uma discussão com Colette Audry. Os comunistas condenavam a psicanálise; Politzer, em *Commune*, definia-a como um energetismo, logo como um idealismo inconciliável com o marxismo. Ao contrário, os trotskistas e outros oposicionistas aceitavam-na com entusiasmo. Colette e seus amigos interpretavam seus sentimentos, suas condutas e seus atos falhos de acordo com esquemas freudianos ou adlerianos.

A obra de Adler, *O temperamento nervoso*, satisfazia-nos mais do que os livros de Freud, porque dava menos alcance à sexualidade. Mas não admitíamos tampouco que a noção de "complexo de inferioridade" pudesse ser utilizada a propósito de qualquer pessoa. Censurávamos nos psicanalistas o fato de decomporem o homem em vez de o compreenderem. A aplicação quase automática de suas "chaves" servia-lhes para racionalizar falaciosamente experiências que teria sido necessário apreender em sua singularidade. Na verdade, essas censuras somente em parte tinham alguma base. Não fazíamos diferença entre os pesquisadores sérios — o próprio Freud, alguns de seus discípulos e de seus adversários — e os amadores que aplicavam suas teorias com um sectarismo rudimentar. Estes mereciam nossa irritação. O que mais nos escandalizava era certos camaradas de Colette consultarem psicanalistas acerca de sua orientação na vida. Um deles hesitava entre duas mulheres; foi perguntar ao dr. D. — conhecido por ter tratado de muitos surrealistas — qual delas devia escolher: "É preciso deixar que os sentimentos se destaquem de si como folhas mortas", respondeu o doutor. Quando Colette nos contou essa história, nós nos indignamos: não aceitávamos que a vida fosse uma doença e que quando uma opção se impunha, em lugar de decidir por si, a pessoa fosse pedir uma receita ao médico.

Mas, nesse domínio como em muitos outros, se sabíamos de que erros devíamos defender-nos, ignorávamos por qual verdade devíamos substituí-los. Na noção de "compreensão" tomada de Jaspers, só encontrávamos uma diretriz bastante vaga; para apreender sinteticamente os indivíduos em suas singularidades, eram necessários esquemas que não possuíamos. Nosso esforço durante esses anos tendeu para induzi-los e inventá-los; foi um trabalho cotidiano, e creio que nos enriqueceu mais do que qualquer leitura ou qualquer contribuição exterior. Sartre forjou a noção de má-fé, que explicava, a seu ver, todos os fenômenos que outros atribuem ao inconsciente. Aplicávamo-nos a desencová-la sob todos os aspectos: trapaças de linguagem, mentiras da memória, fugas, compensações, sublimações. Regozijávamo-nos cada vez que descobríamos uma nova forma. Uma de minhas colegas afirmava com entusiasmo, na sala dos professores, opiniões categóricas e arrebatadas; mas, quando tentei falar com ela, afundei em areias movediças; o contraste desnorteou-me; um dia iluminei-me: "Compreendi", disse a Sartre, "Ginette Lumière é apenas uma aparência!". A partir de então aplicamos essa palavra a todas as pessoas que arremedam convicções e sentimentos cuja caução não têm em si: tínhamos descoberto, com um nome diferente, a ideia de *papel*. Sartre interessava-se particularmente por essa parte de vazio que corrói as condutas humanas e mesmo a aparente plenitude disso a que chamamos sensações. Teve uma violenta crise de cólicas nefríticas e perturbou bastante o médico afirmando que não sofria realmente; o sofrimento mesmo apresentara-se como que poroso e quase imperceptível, embora o mantivesse pregado na cama. Outra questão que nos preocupava era a relação da consciência com o organismo; em nós mesmos e em outras pessoas procurávamos deslindar o que depende de uma fatalidade física e o que decorre de um livre consentimento. Eu criticava Sartre por considerar seu corpo como um feixe de músculos estriados a amputar-lhe o sistema simpático; se nos entregávamos às lágrimas, às crises de nervos, ao enjoo no mar, era, dizia, por complacência. Eu pretendia que o estômago, as glândulas lacrimais e a cabeça obedecessem por vezes a forças irreprimíveis.

    Fabricando, no decurso dessa exploração, nossos próprios instrumentos e nossas perspectivas, deplorávamos a estreiteza do campo em que estávamos confinados. Tínhamos um número restrito de amigos, pouquíssimas relações. Foi para paliar essa indigência que nos tomamos de vivo interesse pelas notícias policiais. Comprava muitas vezes *Détective*, que costumava então atacar a polícia e os bem-pensantes. Os casos extremos prendiam nossa atenção na mesma medida em que as neuroses e psicoses: neles encontravam-se, exageradas, depuradas, dotadas de forte relevo, as atitudes e as paixões das pessoas ditas normais. Tocavam-nos também por outro aspecto. Toda perturbação satisfazia nosso anarquismo; seduzia-nos a monstruosidade. Uma de nossas contradições estava em que negávamos o inconsciente; entretanto Gide, os surrealistas e, apesar de nossa resistência, o próprio Freud tinham nos convencido de que existe em todo ser "um *infraturável* caroço de noite" (André Breton): algo que não consegue furar nem as rotinas sociais nem os lugares-comuns da linguagem, mas que por vezes estoura escandalosamente. Nessas explosões, sempre uma verdade se revela, e achávamos perturbadoras as que liberam uma liberdade. Dávamos um valor particular a todas as turbulências que punham a nu as taras e hipocrisias burguesas, derrubando as fachadas atrás das quais se fantasiam os lares e os corações. Tanto quanto os crimes, os processos retinham nossa atenção; o mais comum põe em questão a relação entre o indivíduo e a coletividade. E os veredictos, em sua maioria, alimentavam nossa indignação, porque a sociedade neles deixava manifestarem-se impudentemente seus preconceitos de classe e seu obscurantismo.

    Evidentemente, só nos interessavam as questões em que deparávamos com um alcance psicológico ou social. O processo Falcou suscitou em Rouen uma manifestação de quinze mil pessoas em frente ao Palácio da Justiça. Falcou era acusado de ter queimado viva a amante, mas gozava de grande popularidade na cidade: absolvido, carregaram-no em triunfo. Permaneci indiferente a esse tumulto. Em compensação, interroguei longamente Sartre acerca de uma história que não teve grande repercussão. Um jovem engenheiro químico e sua mulher, casados há três anos e muito felizes, trouxeram para casa certa noite um casal desconhecido que tinham encontrado num cabaré; a que orgias se entregaram? Pela manhã o jovem casal suicidou-se. Avalio por essa recordação a que ponto nosso pensamento carecia ainda de audácia. Espantamo-nos com o fato de que uma loucura passageira pudesse prevalecer contra três anos de amor e felicidade; tínhamos razão: aprendemos depois com psicanalistas que nunca um traumatismo desencadeia perturbações sérias sem que um conjunto de circunstâncias tenha predisposto o indivíduo a isso. Mas não deveríamos ter ficado na perplexidade; era preciso recusar os clichês dos jornais e partir do duplo suicídio dos esposos para tentar imaginar suas verdadeiras relações: a orgia que precedera o suicídio não fora por certo um simples acidente. Não tivemos a ideia de contestar as aparências.

Entretanto, desde que a ordem social fosse posta em discussão, estávamos sempre dispostos a cheirar as mistificações. Em suas grandes linhas, a tragédia das irmãs Papin foi-nos de imediato inteligível. Em Rouen, como em Mans, e talvez mesmo entre as mães de minhas alunas, havia certamente algumas dessas mulheres que descontam um prato quebrado do ordenado da criada, que enfiam luvas brancas para descobrir sobre os móveis um grão de pó esquecido: a nossos olhos elas mereciam cem vezes a morte. Com seus cabelos ondulados e suas golinhas brancas, como Christine e Léa pareciam bem-comportadas na fotografia antiga que certos jornais publicaram! Como teriam se transformado as fúrias esgazeadas que os clichês de depois do drama ofereciam à vingança pública? Era preciso culpar sua infância de órfãs, sua servidão, todo esse horrível sistema de fabricar loucos, assassinos, monstros que as pessoas de bem organizaram. O horror dessa máquina moedora só podia ser denunciado de um modo equitativo por um horror exemplar: as duas irmãs tinham-se feito os instrumentos e os mártires de uma justiça sombria. Os jornais informaram-nos de que se amavam de amor e ficamos a pensar em suas noites de carícias e ódio no deserto de sua água-furtada. Entretanto, quando lemos os resumos do processo, ficamos desnorteados; inegavelmente a mais velha era vítima de uma paranoia aguda e a mais moça desposava-lhe o delírio. Tínhamos errado, portanto, ao ver em seus excessos o desencadeamento de uma liberdade; tinham golpeado mais ou menos às cegas, através de terrores confusos; repugnava-nos acreditar nisso e continuamos a admirá-las surdamente. Isso não nos impediu de nos indignarmos quando os psiquiatras de serviço as declararam sãs de espírito. Em setembro de 1933, vimos, em *Détective*, as caras dos gordos fazendeiros, dos comerciantes patenteados, seguros de sua moral e de sua saúde, que tiveram de decidir a respeito do destino das "ovelhas hidrófobas"; condenaram a mais velha à morte; dois dias depois do veredicto, foi preciso enfiá-la numa camisa de força, e ela foi internada para sempre em um hospício. Conformamo-nos com a evidência. Se a doença de Christine lhe atenuava um pouco o crime, a indignidade dos jurados com isso se multiplicava. Uma sentença análoga jogara na guilhotina Gorguloff, que também era sabidamente louco furioso; por certo o teriam poupado se houvesse abatido um sujeito qualquer. Comprazíamo-nos em observar que nossa sociedade não era muito mais esclarecida do que as que chamamos primitivas; se tivesse posto entre o crime e o criminoso uma relação de causalidade, teria concluído pela irresponsabilidade de Gorguloff e das irmãs Papin; na realidade estabelecia uma ligação de "participação" entre o assassinato e seu objeto; para um presidente da República abatido, para duas burguesas esquartejadas, era necessário, *a priori*, e de qualquer maneira, uma expiação sangrenta; o assassino não era julgado: servia de bode expiatório. Sartre recenseava com cuidado todos os pensamentos pré-lógicos que florescem em nosso mundo civilizado. Se repudiava o racionalismo dos engenheiros era em nome de uma forma mais justa de inteligibilidade; mas, superpondo à lógica e às matemáticas as sobrevivências de uma mentalidade mágica, a sociedade não fazia senão manifestar seu desprezo pela verdade.

Ao lado do massacre de Mans, os demais crimes pareciam, em geral, insignificantes. Comentamos, como todo mundo, os crimes de Hyacinthe Danse, "o sábio de Boulay", que levara a efeito em sua "tebaida", transformada em "museu de horrores", estranhas orgias antes de abandonar os cadáveres da amante e da mãe dela para ir, depois, abater um de seus professores. O assassinato de Oscar Dufrène por um marinheiro desconhecido era um ato crapuloso clássico. Nosso interesse despertou quando uma jovem de dezoito anos, Violette Nozière, foi reconhecida como envenenadora do pai. O processo das irmãs Papin estava em andamento e ocorreu a um cronista judiciário ligar os dois casos; ele reclamava uma severidade impiedosa para "toda essa juventude transviada". Desde o início do interrogatório, a "parricida" se nos afigurou antes uma vítima do que uma culpada. A atitude da mãe gritando-lhe "Suicida-te, Violette" e apresentando-se como acusadora desnorteou um pouco a opinião. Entretanto, todas as testemunhas ouvidas e a imprensa inteira esforçaram-se por abafar a verdade; às acusações levantadas pela filha e corroboradas por numerosos indícios, opunham o caráter sagrado do Pai.

Lendo os jornais, conversando com os amigos, de imediato nos púnhamos de atalaia quando nos assinalavam tentativas visando a melhor conhecer os homens e defender suas liberdades. O dr. Hirschfeld acabara de fundar, em Berlim, um "Instituto de Sexologia"; queria que se levasse o respeito aos direitos do indivíduo até a autorização de certas perversões; conseguira que a lei alemã não tratasse mais as anomalias como delitos. Em setembro, pouco antes do reinício das aulas, um "congresso internacional pela reforma sexual" reunira-se em Brno; tinham estudado aí os problemas da concepção dirigida, da esterilização voluntária, da eugenia em geral. Nós aprovávamos esse esforço por subtrair o homem ao conformismo social e libertá-lo da natureza, dando-lhe o domínio do corpo; a procriação, em particular, não devia ser suportada e sim lucidamente consentida. Em outra ordem de ideias, apoiamos integralmente o preceptor de Saint-Paul-de-Vence, Freinet, que inventara métodos novos de educação; em vez de impor a seus alunos uma obediência cega, apelava para sua amizade e sua iniciativa; obtinha de colegiais de sete anos textos tão originais quanto os desenhos das crianças dessa idade, quando lhe respeitam a inspiração. Publicava-os numa pequena revista, *La Gerbe*. O clero ergueu contra ele uma parte da população, que atacou a escola a pedradas, mas ele resistiu. Seu êxito ia de par com nossa mais apaixonada convicção: a liberdade é uma fonte inesgotável de invenções, e cada vez que se favorece o impulso, enriquece-se o mundo.

Não nos parecia que os progressos da técnica contribuíssem para essa emancipação; economistas norte-americanos prediziam que muito em breve os técnicos governariam o mundo: a palavra "tecnocracia" acabava de ser inventada. Transmitiam-se os primeiros "belinogramas".[29] A "visão a distância" estava a ponto de se realizar. O professor Piccard e seus êmulos multiplicavam as excursões à estratosfera. Mermoz, Codos, Rossi e Amélia Ehrhart batiam recordes e mais recordes; havia em suas façanhas uma parte de aventura que nos comovia. Mas todas as novidades mecânicas com que a imprensa se maravilhava deixavam-nos indiferentes. A nosso ver só havia uma maneira de suprimir a alienação: era derrubar a classe dirigente. Eu suportava, pior ainda do que aos vinte anos, suas mentiras, sua estupidez, sua carolice, suas falsas virtudes. Uma noite, em Rouen, fui a um concerto; quando vi em volta de mim a assistência bem-posta que se aprontava para saborear sua ração de beleza, um desespero apossou-se de mim. Como eram numerosos e fortes! Conseguiríamos acabar com eles algum dia? Quanto tempo ainda lhes permitiriam acreditar que encarnavam os mais altos valores humanos e os deixariam moldar seus filhos à sua imagem? Algumas de minhas alunas eram-me simpáticas, e à saída do colégio meu coração confrangia-se quando eu pensava que iam retornar a um interior tão fechado, tão melancólico quanto aquele em que eu sufocara na idade delas.

Felizmente a liquidação do capitalismo parecia se precipitar. A crise de 1929 continuara a agravar-se, e seus aspectos espetaculosos tocavam as imaginações mais rebeldes. Na Alemanha, na Inglaterra e nos Estados Unidos havia milhões de desempregados;[30] bandos de esfaimados tinham marchado contra Washington; entretanto jogavam ao mar cargas de café e de trigo; no sul dos Estados Unidos enterrava-se algodão; os holandeses abatiam suas vacas e davam-nas aos porcos enquanto os dinamarqueses exterminavam cem mil leitões. Bancarrotas, escândalos, suicídios de homens de negócio e grandes financistas enchiam as colunas dos jornais. O mundo ia agitar-se. Sartre perguntava-se amiúde se não deveríamos ter

---

[29] Fotografia pelo telégrafo. (N.T.)
[30] No conjunto dos países abrangidos pelas estatísticas do BIT contavam-se cerca de quarenta milhões.

nos solidarizado com os que trabalhavam por essa revolução. Lembro-me, em particular, de uma conversa, no terraço do grande café de Rouen que dava para o cais, o Café Victor. Mesmo nos terrenos em que estávamos ideologicamente informados, o encontro de um fato concreto sempre nos impressionava, e o comentávamos longamente. Foi o que ocorreu naquela tarde. Um carregador, decentemente vestido mas de macacão azul, instalou-se em uma mesa vizinha da nossa: o gerente expulsou-o. O incidente não nos ensinou nada de novo, mas ilustrava com uma ingenuidade de imagem de Épinal a segregação das classes e serviu de ponto de partida para uma discussão que nos levou longe. Chegamos a nos perguntar: Podemos nos contentar em simpatizar com a luta da classe operária? Não deveríamos participar dela? Mais de uma vez durante aqueles anos Sartre viu-se vagamente tentado a aderir ao PC. Suas ideias, seus projetos e seu temperamento opunham-se a isso; mas se não tinha menos do que eu o gosto da independência, possuía muito mais o sentido das responsabilidades. Naquele dia, concluímos — nossas conclusões eram sempre provisórias — que, quando se pertencia ao proletariado, devia-se ser comunista, mas que sua luta, embora nos dissesse respeito, não era contudo nossa luta; tudo o que podiam exigir de nós era tomarmos sempre o partido do proletariado. Devíamos prosseguir em nossos próprios empreendimentos, que não se conciliavam com a inscrição no partido.

O que nunca nos passou pela cabeça foi militar entre os oposicionistas. Tínhamos a maior estima por Trotski, e a ideia de "revolução permanente" lisonjeava muito mais nossas tendências anarquistas do que a da construção do socialismo em um só país. Mas no partido trotskista, nos grupos dissidentes, encontrávamos o mesmo dogmatismo ideológico que no PC, e não acreditávamos em sua eficiência. Quando Colette Audry nos contou que sua fração — que ao todo contava cinco membros — se interrogava acerca de uma nova revolução na URSS, não lhe escondemos nosso ceticismo. Interessamo-nos moderadamente pelo caso Serge, que apaixonava os antistalinistas. Entretanto, não pensávamos estar fora da jogada; queríamos exercer uma ação pessoal, com as nossas conversas, nosso ensino, nossos livros; seria uma ação mais crítica do que construtiva, mas, na França, no momento em que vivíamos, pensávamos que a crítica era de extrema utilidade.

Continuamos, pois, a dedicar-nos exclusivamente a nossos escritos e a nossas pesquisas. Sartre percebia que, para organizar com coerência as ideias que o dividiam, precisava de auxílio. As primeiras traduções de Kierkegaard foram publicadas nessa época; nada nos incitava a lê-las, e nós as ignoramos. Em compensação, ele foi vivamente atraído pelo que ouviu dizer da fenomenologia alemã. Raymond Aron passava o ano no Instituto Francês de Berlim e, enquanto preparava uma tese sobre história, estudava Husserl. Quando veio a Paris, falou com Sartre. Passamos uma noite juntos no Bec de Gaz, na rua Montparnasse; pedimos a especialidade da casa: coquetéis de abricó. Aron apontou seu copo: "Estás vendo, meu camaradinha, se tu és fenomenologista, podes falar deste coquetel, e é filosofia." Sartre empalideceu de emoção, ou quase; era exatamente o que ambicionava havia anos: falar das coisas tais como as tocava, e que fosse filosofia. Aron convenceu-o de que a fenomenologia atendia exatamente a suas preocupações: ultrapassar a oposição do idealismo e do realismo, afirmar ao mesmo tempo a soberania da consciência e a presença do mundo, tal como se dá a nós. Sartre comprou, no bulevar Saint-Michel, a obra de Lévinas sobre Husserl, e estava tão apressado em se informar que, andando, folheava o livro ainda não lido. Sentiu um golpe no coração ao encontrar nele alusões à contingência. Cortara-lhe alguém a iniciativa? Continuando a ler, tranquilizou-se. A contingência não parecia desempenhar um papel importante no sistema de Husserl, de que Lévinas dava apenas, de resto, uma descrição formal e muito vaga. Sartre resolveu estudá-lo seriamente e, por instigação de Aron, fez as gestões necessárias para no ano seguinte substituir seu camarada no Instituto Francês de Berlim.

A atenção que prestávamos ao mundo era assaz rigorosamente dirigida pelos tropismos de que falei; éramos capazes, entretanto, de certo ecletismo, líamos tudo o que aparecia;[31] o livro francês que nos pareceu mais importante nesse ano foi *Le Voyage au bout de la nuit*, de Céline. Sabíamos de cor uma porção de trechos. Seu anarquismo parecia-nos

---

[31] Editaram-se nesse ano: *L'Immaculée conception*, de Breton; *Un Certain plume*, de Michaux; *Fontamara*, de Silone; *Os indiferentes*, de Moravia; *La ville*, de Von Salomon; *La Jument verte*, de Marcel Aymé.

perto do nosso.[32] Ele atacava a guerra, o colonialismo, a mediocridade, os lugares-comuns, a sociedade, num estilo e num tom que nos encantavam; Céline forjara um instrumento novo: uma escrita tão viva quanto a palavra. Que alívio, depois das frases marmóreas de Gide, Alain, Valéry! Sartre ficou contagiado. Abandonou definitivamente a linguagem afetada que ainda empregara em *La Légende de la vérité*. É normal que tenhamos tido uma predileção acentuada pelos diários íntimos, pelas correspondências e pelas biografias que nos permitiam forçar intimidades. Lemos o *Diderot*, de Billy; o *Retrato de Zelida*, de Scott, que nos familiarizou com Mme de Carrières; *Vitorianos eminentes*, em que Lytton Strachey reduzia à sua verdade certas figuras dos salafrários. Na *NRF* aparecia *A condição humana*, de que pensávamos bem e mal: estimávamos sua ambição mais do que a execução. Em conjunto, achávamos que a técnica dos romancistas franceses era assaz rudimentar, comparada com a dos norte-americanos. *Paralelo 42*, de John Dos Passos, acabara de ser publicado em francês; foi uma bela contribuição para nós. Todos são condicionados pela sua classe, ninguém é inteiramente determinado por ela; oscilávamos entre essas duas verdades; Dos Passos oferecia-nos, no plano estético, uma conciliação que achamos admirável. Ele inventara em relação a seus heróis uma distância que lhe permitia apresentá-los ao mesmo tempo em sua minuciosa individualidade e como um puro produto social; não dispensava a todos a mesma dose de liberdade; na necessidade, no cansaço, no trabalho, na revolta, alguns dentre os explorados tinham momentos de plenitude e de sinceridade, viviam; mas na classe superior a alienação era radical — uma morte coletiva gelara todos os gestos, todas as palavras e até os mais íntimos balbucios. Sartre devia, cinco anos mais tarde, na *NRF*, analisar os processos sutis dessa arte. Mas nós fomos desde logo seduzidos pelos efeitos voluntariamente consternadores que Dos Passos tirava disso. Era cruel perceber os homens a um tempo através dessa comédia de liberdade que representam no interior de si mesmos, e como os reflexos congelados de sua situação. Aplicamo-nos muitas vezes, Sartre e eu, a encarar a outras pessoas e

---

[32] *Morte a crédito* abriu-nos os olhos. Há certo desprezo odiento da gente miúda que é uma atitude pré-fascista.

sobretudo a nós mesmos desse duplo ponto de vista. Pois se caminhávamos na vida com uma viva segurança, tratávamo-nos sem complacência. Dos Passos fornecia-nos um novo instrumento crítico que utilizamos amplamente. Contávamos, por exemplo, à maneira dele, nossa conversa no Café Victor: "O gerente sorria com um ar muito contente, e eles ficaram com muita raiva. Sartre puxou o cachimbo e disse que talvez não bastasse simpatizar com a revolução. Castor objetou que ele tinha de realizar sua obra. Pediram dois chopes e disseram que é bastante difícil saber o que se deve aos outros e o que se deve a si mesmo. Finalmente declararam que se fossem carregadores estariam por certo inscritos no PC, mas que, na sua situação, tudo o que podiam pedir a eles era sempre tomar o partido do proletariado." Dois intelectuais pequeno-burgueses, invocando sua obra futura para evitar a participação política: essa era a nossa realidade e fazíamos questão de não a esquecer.

50.000 dólares e *O sol também se levanta* fizeram-nos conhecer Hemingway; além disso, li, em inglês, certo número de suas novelas. Encontrava-se muito perto de nós por seu individualismo e sua concepção do homem; nenhuma distância, em seus heróis, entre a cabeça, o coração e o corpo. Passeando na Montagne Sainte-Geneviève ou nas ruas de Pamplona, conversando, bebendo, comendo, dormindo com mulheres, nunca poupavam nada de si mesmos. Detestávamos a noção de erotismo — de que Malraux se utilizava abundantemente em *A condição humana* —, porque ela implica uma especialização que exalta exageradamente o sexo e o avilta ao mesmo tempo. Os amantes de Hemingway amavam-se em todos os instantes de corpo e alma; a sexualidade penetrava seus atos, suas emoções, suas palavras e, quando se transformava em desejo, em prazer, unia-os em sua totalidade. Outra coisa nos agradava: se o homem está sempre presente em tudo, não existem "circunstâncias vis". Nós dávamos muito valor às modestas doçuras da vida cotidiana: um passeio, uma conversa, um almoço; Hemingway emprestava-lhes um encanto romanesco; dizia-nos meticulosamente que vinhos, que pratos seus personagens apreciavam e quantos copos bebiam; contava-nos as pequenas observações deles; sob sua pena, os pormenores mais insignificantes assumiam repentinamente um sentido; por trás das belas histórias de amor e de morte que nos narrava, reconhecíamos nosso universo familiar. Para o que éramos então, esse acordo bastava-nos; as implicações sociais escapavam-nos, porquanto, desviados pela ideia que fazíamos de nossa liberdade; não compreendíamos que o individualismo é uma tomada de posição em relação à totalidade do mundo.

A técnica de Hemingway, em sua aparente e hábil simplicidade, dobrava-se a nossas exigências filosóficas. O velho realismo que descreve os objetos em si assentava em postulados errôneos. Proust e Joyce optavam, cada qual a seu modo, por um subjetivismo que não julgávamos mais justificável. Em Hemingway, o mundo existia em sua opaca exterioridade, mas sempre através da perspectiva de um sujeito singular; o autor só nos dava o que podia apreender a consciência com a qual ele coincidia; conseguia dar aos objetos uma enorme presença, justamente porque não os separava da ação em que seus heróis estavam empenhados; era, particularmente, utilizando as resistências das coisas que conseguia fazer sentir a fuga do tempo. Muitas regras que nos impusemos em nossos romances foram-nos inspiradas por Hemingway.

Todos os romances americanos tinham ainda outro mérito: mostravam-nos a América. Esse país só víamos por assim dizer através de prismas deformantes, nada compreendíamos dele; mas, com o jazz e as fitas de Hollywood, entrara em nossas vidas. Como a maior parte dos jovens de nossa época, sentíamo-nos apaixonadamente comovidos com os *negro spirituals*, os "cantos de trabalho", os *blues*. Gostávamos, de forma desordenada, de *Old man river, St. James infirmary, Some of these days, The man I love, Miss Hannah, St. Louis blues, Japansy, Blue sky*; a queixa dos homens, suas alegrias desvairadas e suas esperanças partidas tinham encontrado para se comunicar uma voz que desafiava a polidez das artes regulares, uma voz brutalmente jorrada do coração de sua noite e sacudida pela sua revolta; porque tinham nascido de vastas emoções coletivas — as de cada um, de todos —, esses cantos tocavam cada um no ponto mais íntimo e que é comum a todos; eles habitavam em nós, alimentavam-nos ao mesmo título que certas palavras e certas cadências de nossa própria língua, e por eles a América existia dentro de nós.

O cinema fazia-a existir fora: nas telas e do outro lado do oceano. A princípio ela fora o país dos cowboys e de suas cavalgadas através da imensidão dos desertos; tinham quase desaparecido, expulsos pelo evento do cinema falado. Então Nova York, Chicago e Los Angeles tinham se povoado de gângsteres e de policiais.[33] Lêramos numerosas reportagens sobre Al Capone, Dillinger, e romances sangrentos que se inspiravam em suas façanhas. Não nutríamos nenhuma simpatia pelos *racketers*; entretanto, experimentávamos o mais vivo prazer em vê-los se entrematarem e enfrentarem as forças da ordem. A imprensa revelara recentemente, com pormenores, a corrupção da polícia norte-americana, seu conluio com os *bootleggers*, os excessos a que se entregava: o *grilling*, o terceiro grau. Aborrecemo-nos com os filmes policiais quando uma vaga de moralidade obrigou os cenaristas a empregarem como herói o guarda em vez do ladrão. Mas Hollywood oferecia-nos muitas outras atrações: antes de tudo fisionomias admiráveis. Ainda que medíocres ou ruins, raramente deixávamos de assistir aos filmes que tinham Greta Garbo, Marlene Dietrich, Joan Crawford, Sylvia Sydney, Kay Francis. Nesse ano vimos surgir em *Uma loira para três* e *Santa não sou* a suculenta Mae West.

A América para nós era assim, e, principalmente, uma sarabanda de imagens sobre um fundo de vozes roucas e ritmos sincopados: os transes e as danças dos negros de *Hallelujah*, arranha-céus raspando as nuvens, prisões revoltadas, altos-fornos, greves, longas pernas sedosas, locomotivas, aviões, cavalos selvagens, rodeios. Quando saíamos desse belchior, pensávamos na América como um país onde triunfava a mais odiosa opressão capitalista; detestávamos nela a exploração, o desemprego, o racismo, os linchamentos. Contudo, para além do bem e do mal, a vida tinha lá algo gigantesco e desenfreado que nos fascinava.

Voltávamos para a URSS um olhar mais ponderado. Alguns romances descobriram-nos um momento da revolução que ignorávamos: a relação entre a cidade e o campo, entre os comissários encarregados das requisições ou das coletivizações e o camponês obstinado em seus direitos de proprietário. Mesmo nas obras de uma arte assaz grosseira — *A comunidade dos indigentes*, de Panferov, *Os texugos*, de Leonide Leonov (que não receava, no prefácio, se situar na linha de Dostoievski) — a amplitude, a novidade, a complexidade da aventura apaixonavam-nos.

---

[33] Projetaram nesse ano em Paris *Scarface*, *Sou um evadido* e *Big house*.

Era ela admiravelmente bem-contada em *Terras arroteadas*, de Cholokhov. Conhecíamos dele *No Don aprazível*; essa longa epopeia cossaca desanimara-nos, não tínhamos chegado ao fim. Mas *Terras arroteadas* pareceu-nos uma obra-prima. Como seus grandes predecessores, Cholokhov sabia animar uma floração de personagens que todos viviam; entrava na pele deles, em suas razões, mesmo quando pintava um *kulak* contrarrevolucionário. Conseguia tornar humano e atraente seu "herói positivo", o comissário, mas ele fazia-nos interessar também pelas velhas obscurantistas que lutavam para guardar seu trigo. Fazia-nos tocar com o dedo as injustiças e as tragédias através das quais se molda a história. Lamentávamos não deparar com essa complexidade no cinema russo; tornara-se resolutamente didático, e evitávamos cuidadosamente as fitas que glorificavam os colcoses. Em *O caminho da vida*, que narrava a reeducação de um bando de crianças abandonadas, os jovens atores — sobretudo o que encarnava Mustafá, o chefe da gangue — representavam tão bem que salvavam da sensaboria esse "poema pedagógico".[34] Mas foi uma exceção.

Assim é que, paradoxalmente, éramos atraídos pela América, cujo regime condenávamos, e a URSS, onde se desenrolava uma experiência que admirávamos, nos deixava indiferentes. Decididamente não éramos nunca *por* nada. Isso parecia-nos normal, porquanto a nossos olhos o mundo e o homem, já o disse, estavam ainda por ser inventados. Já observei que não havia desencanto em nosso negativismo, ao contrário: reprovávamos o presente em nome de um futuro que se realizaria certamente e que nossas críticas mesmo contribuíam para construir. Os intelectuais em sua maioria tinham a mesma atitude que nós. Longe de nos separar de nossa época, nosso anarquismo dela emanava e com ela nos punha de acordo; em nossa oposição às elites, tínhamos uma quantidade de aliados, e nossos entusiasmos refletiam os da maioria de nossos contemporâneos: era comum gostar de jazz e de cinema. A maioria dos filmes que nos agradavam tinha também as aprovações do público: por exemplo, *Os amores de Henrique VIII*, que revelou Charles Laughton;

---

[34] Título do romance de que fora tirado o filme, o livro nada tinha de insosso, mas o roteiro não lhe respeitava a aspereza.

Kuhle Wampe, de Brecht, que teve um êxito medíocre, não nos arrebatou tampouco; desempenhava nele um papel de desempregada a adorável Herta Thill e o filme era tão "engajado", de uma maneira tão virulenta, que Von Papen proibiu-o; tínhamos esperado muito desse filme; era pesadamente concebido e executado sem muita arte. Num ponto distinguíamo-nos do público médio: éramos alérgicos aos filmes franceses; por causa do espantoso Inkichinoff, vimos sem desgosto *La Tête d'un homme*, e *L'Affaire est dans le sac*, dos irmãos Prévert, deliciou-nos; mas, precisamente, os Prévert escapavam ao realismo, ora grosseiro ora vulgar, que caracterizava o cinema francês e que nenhum exotismo redimia. No *music-hall* gostávamos, como todo mundo, de Damia, Marie Dubas e da minúscula Mireille quando cantava *Couchés dans le foin*. Duas novas estrelas surgiam no céu parisiense: Gilles e Julien. Anarquistas, antimilitaristas, exprimiam as revoltas sinceras, as simples esperanças com que se satisfaziam então os corações progressistas. A crítica de esquerda punha-os nas nuvens. Na primeira vez que os ouvimos em um cabaré de Montmartre, estavam de casaca, pouco à vontade e afetados. No palco de Bobino, vestidos de maiôs pretos, eles fizeram aclamar *Le Jeu de massacre*, *Dollar* e vinte outras canções. Nós não fomos os menos encarniçados nos aplausos. Em geral a dança nos aborrecia, mas quando, em junho, os balés Jooss — que vinham de Viena — apresentaram uma dança de vanguarda e pacifista, *La table verte*, tomamos parte na assistência que todas as noites lhes fazia uma acolhida triunfal.

Passamos as férias de Páscoa em Londres. Uma cidade maior ainda que Paris e nova; saímos pelas ruas, caminhávamos horas e horas. Piccadilly e City, Hampstead, Putney, Greenwich: estávamos de acordo em tudo ver. Subíamos à imperial de um ônibus vermelho, fazíamo-nos transportar para um arrabalde longínquo, voltávamos a pé. Almoçávamos em um Lyons ou em uma das velhas tabernas do Strand, ou em um restaurante do Soho, e partíamos de novo. Por vezes chovia e não sabíamos onde nos abrigar; a ausência de cafés desnorteava-nos; certa tarde não encontramos refúgio senão no metrô. Divertíamo-nos com os ritos da vida inglesa; de manhã, para o *breakfast* na sala de jantar do hotel, as mulheres arvoravam espantosas toaletes que se assemelhavam a um tempo a camisolas e a vestidos de noite; à tarde os homens usavam realmente chapéus-coco e guarda-chuvas; oradores peroravam à tardinha nos cantos do Hyde Park; os táxis miseráveis, os cartazes desbotados, os salões de chá, os mostruários sem graça, tudo nos era estranho. Ficamos horas na National Gallery; na Tate Gallery, detivemo-nos diante da cadeira amarela e dos girassóis de Van Gogh. À tarde íamos ao cinema. Assistimos a *Cynara* com a bela Kay Francis: "Fui-te fiel à minha maneira, Cynara": essa frase, em exergo do filme, devia tornar-se para nós durante anos uma espécie de senha. Jubilei no pequeno teatro de "Maskelines", onde ilusionistas e mágicos executavam apresentações extraordinárias com requintes de encenação que nunca vi em lugar nenhum.

Admitia que, a despeito de nosso entendimento, houvesse entre mim e Sartre pequenas divergências. Eu procurava no coração de Londres vestígios de Shakespeare, de Dickens, perambulava com delícia pelo velho Chiswick; arrastei Sartre para todos os parques da cidade, para os jardins de Kew e até para Hampton Court. Ele demorava-se nos bairros populosos, tentando adivinhar como viviam, o que sentiam os milhares de desempregados que residiam naquelas ruas sem alegria. Dizia-me que quando voltássemos à Inglaterra, visitaríamos Manchester, Birmingham, as grandes cidades industriais. Ele tinha também suas obstinações. Fez-me caminhar um dia inteiro por Whitechapel debaixo de chuva para encontrar um pequeno cinema em que passava *A única solução*, com Kay Francis e William Powel; fui recompensada: que belo filme! Mas eu era a mais obstinada em fazer projetos e realizá-los. De costume Sartre aceitava-os de tão boa vontade que eu podia crer que lhe eram tão caros quanto a mim. Eu me persuadira comodamente que havia entre nós, em todos os pontos, uma harmonia preestabelecida. "Somos um somente", afirmava. Essa certeza evitava-me contestar meus desejos. Fiquei consternada quando, por duas vezes, nos chocamos.

Em Canterbury tínhamos ambos achado a catedral muito bela e passado um dia sem nuvens. Nos jardins, nas ruas de Oxford, Sartre não se aborreceu, mas as tradições e o esnobismo dos estudantes ingleses irritavam-no, e ele se recusou a pôr os pés dentro dos colégios; entrei sozinha em dois ou três e censurei-o pelo que eu chamava um capricho. Pelo menos não perturbara meus planos. Comovi-me muito mais na tarde em que tínhamos convindo em visitar o British Museum e em que ele me disse tranquilamente que não tinha a menor vontade de fazê-lo; nada me impedia, acrescentou, de ir só. Foi o que fiz. Mas passeei sem entusiasmo por entre os baixos-relevos, as estátuas, as múmias; parecera-me tão importante ver essas coisas, não o seria? Recusava-me a pensar que em minhas vontades houvesse capricho; elas assentavam em valores, refletiam imperativos que eu considerava absolutos. Menos presa do que Sartre à literatura, tinha mais necessidade de introduzir necessidade em minha vida; mas então era preciso que ele aderisse a minhas decisões como a evidências ofuscantes, sem o que minha curiosidade e minha avidez tornavam-se traços de caráter, talvez mesmo defeitos; eu não obedecia mais a um mandato.

Concebia ainda menos que qualquer dissensão intelectual pudesse ocorrer entre nós; acreditava na verdade, que é una. Confrontando incansavelmente nossas ideias, nossas impressões, não ficávamos satisfeitos senão depois de chegarmos a um acordo. Em geral, Sartre propunha uma teoria; eu criticava, matizava; às vezes eu a rejeitava e conseguia que ele a revisse. Aceitava, divertida, suas comparações entre a cozinha inglesa e o empirismo de Locke, fundados ambos, explicava-me, no princípio analítico da justaposição. Nos cais do Tâmisa, diante dos quadros da National Gallery, aprovei mais ou menos tudo o que me dizia. Mas uma noite num pequeno restaurante, perto da estação de Euston, nós brigamos; comíamos, num primeiro andar, insossos alimentos analíticos e olhávamos o horizonte incendiar-se: um incêndio do lado das docas. Sartre, apaixonado como sempre por síntese, tentou definir Londres em seu conjunto; achei seu esquema insuficiente, tendencioso e, para dizer tudo, inútil: o próprio princípio de sua tentativa agastava-me. Voltamos, com maior obstinação, à discussão que nos opusera, dois anos antes, nas colinas de Saint-Cloud e que mais de uma vez se repetira. Eu sustentava que a realidade transborda tudo o que dela se possa dizer; era preciso enfrentá-la em sua ambiguidade, em sua opacidade, em vez de reduzi-la a significações que se deixavam exprimir por palavras. Sartre respondia que se se quisesse, como o desejávamos, apropriar-se das coisas, não bastava olhar e comover-se; era preciso apreender-lhes o sentido e fixá-lo em frases. O que falseava nossa discussão era que, em doze dias, Sartre não compreendera Londres, e seu resumo deixava escapar uma porção de aspectos; dentro dessa medida eu tinha razão em recusá-lo. Eu reagia de modo inteiramente diverso quando lia os trechos de seu manuscrito em que descrevia o Havre: tinha então a impressão de que me revelava a verdade. De qualquer maneira, essa divergência entre nós devia estender-se durante muito tempo; eu apreciava a vida antes de tudo, em sua presença imediata, e Sartre, a literatura. Entretanto, como eu queria escrever e ele se comprazia em viver, raramente entrávamos em conflito.

Sartre lia os jornais: pouco, mas assiduamente. Eu me preocupava menos com isso. Assim mesmo, percorria todas as manhãs *L'Œuvre* e *Le Journal*, e todas as semanas *Le Canard Enchaîné* e *Marianne*, que a Gallimard acabava de lançar. Os acontecimentos que se desenrolavam de um a outro recanto do mundo — a guerra sino-japonesa, a campanha de Gandhi na Índia — afetavam-nos moderadamente. Ninguém sentia então a que ponto todas as partes do mundo se entrosavam. Nossa atenção concentrava-se nos fatos que ocorriam perto de nós, na Alemanha: como toda a esquerda francesa, nós os encarávamos com grande serenidade.

A eleição de Hindenburg para a presidência do Reich parecera justificar os prognósticos dos comunistas alemães: o nazismo perdia seu impulso inicial. Foi preciso perder as esperanças; o movimento recobrou, na expressão dos jornais, "sua ascensão fulminante". Vimos em janeiro de 1933 Hitler tornar-se chanceler, e a 27 de fevereiro o incêndio do Reichstag deu início à liquidação do Partido Comunista. Novas eleições, em março, confirmaram o triunfo de Hitler; a partir de 2 de maio, a bandeira da cruz gamada foi desfraldada na embaixada da Alemanha em Paris. Numerosos escritores, sábios alemães, sobretudo israelitas, exilaram-se: entre outros, Einstein. O Instituto de Sexologia foi fechado. A sorte reservada aos intelectuais pelo regime hitlerista comoveu profundamente a opinião pública francesa. Em maio, na praça do Opéra, em Berlim, um gigantesco auto de fé destruía vinte mil livros. Desencadeavam-se as perseguições antissemitas. Se ainda não se falava em exterminação dos judeus, já uma série de medidas assegurava-lhes a proletarização; boicotes sistemáticos impediram-nos de ganharem a vida.

Sinto-me hoje estupefata ao lembrar que tenhamos podido registrar esses acontecimentos com relativa serenidade; sem dúvida, nós nos indignávamos; o nazismo inspirava à esquerda francesa mais horror ainda do que o fascismo mussolinista, mas ela recusava-se a encarar as ameaças que esse nazismo fazia pesar sobre o mundo. Os comunistas eram então os mais obstinados em se iludir. Com um otimismo sistemático, o PC alemão menosprezava a importância das dissensões que enfraqueciam o proletariado alemão e que sua política contribuía para agravar; Thaelmann afirmava que nunca os quatorze milhões de proletários alemães deixariam o fascismo instalar-se definitivamente em seu país; nunca consentiriam em acompanhar Hitler numa guerra. Os comunistas franceses e os simpatizantes aderiam com entusiasmo a essas teses; no *Monde*, Barbusse escrevia, em março de 1933, que Hitler era incapaz de restabelecer a economia alemã: ia desmoronar, e o proletariado alemão receberia a herança. Em tais condições, a paz não estava evidentemente ameaçada; o único perigo era o pânico que a direita se esforçaria por semear na França a fim de jogar-nos na guerra. Em 1932, Romain Rolland propusera no *Europe* e no *Monde* um manifesto, que Gide, entre outros, assinara e no qual ele reclamava dos intelectuais a promessa de "resistir à guerra". Em 1933, criou-se a Associação dos Escritores Revolucionários, que fundou a revista *Commune*, dirigida por Barbusse, Gide, Romain Rolland, Vaillant-Couturier, com Aragon e Nizan como secretários de redação; o primeiro objetivo era lutar contra o fascismo na França. No plano internacional, o movimento antifascista francês realizou desde logo sua união com o grande movimento pacifista de Amsterdã. Naturalmente os intelectuais de esquerda não se inclinavam diante de Hitler; denunciaram — Malraux e outros — os escândalos do processo de Leipzig. Um grande encontro, em que falou Moro Giafferi, realizou-se em setembro na sala Wagram pela defesa de Dimitrov. Isso não impedia Barbusse de multiplicar os apelos contra a guerra. Toda a esquerda o apoiava. Os editorialistas do *Marianne* — semanário de matiz radical-socialista que Emmanuel Berl dirigia — pregavam o pacifismo e anunciavam incansavelmente a queda de Hitler. Alain repetia, em seus *Propos*, que acreditar na guerra já era consenti-la; devíamos evitar até simplesmente pensar nela. Todos estavam convencidos de que não se podia encarar a eventualidade de uma guerra sem fazer o jogo da direita. Era por outra razão ainda que enveredavam pelo caminho paradoxal em que alguns iriam manter-se obstinadamente até setembro de 1938 e mesmo depois da derrota: não podiam digerir a recordação da guerra de 1914-18. É perigoso e muitas vezes nefasto sacrificar a realidade nova do presente às lições do passado, mas para eles o passado pesara tanto que cumpre compreender por que caíram na armadilha. Em 1914, intelectuais, socialistas, toda a elite pensante — Jaurès foi assassinado na hora exata — topara a demagogia do chauvinismo. As testemunhas dessa derrocada haviam jurado nunca mais ressuscitar o mito da "barbárie alemã" e recusavam-se a declarar que a nova guerra, se rebentasse, seria justa. Desde 1920, numerosos escritores, filósofos e professores tinham trabalhado pela reaproximação franco-alemã: contra a estupidez nacionalista, continuavam a afirmar a validez de seu esforço. Em suma, dos radicais aos comunistas, todos os homens de esquerda gritavam juntos "Abaixo o fascismo!" e "Desarmamento!".

Nossos antecessores proibiam-nos, portanto, que encarássemos sequer a possibilidade de uma guerra. Sartre tinha imaginação demais e era por demais propenso ao horror para respeitar inteiramente a palavra de ordem. Era tomado de visões, algumas das quais marcaram *A náusea*: cidades amotinadas, todas as cortinas de ferro baixadas, sangue nas encruzilhadas e na maionese das mercearias. Eu prosseguia com ardor em meu sonho de esquizofrênica. O mundo existia, à maneira de um objeto de inumeráveis reentrâncias e cuja descoberta seria sempre uma aventura, mas não como um campo de forças capazes de me contrariar. Explico-me assim o modo caprichoso por que tomava conhecimento dele. Os problemas econômicos e sociais interessavam-me, mas sob seu aspecto teórico; não me preocupava com os acontecimentos que datavam de um ano, de alguns meses, se houvessem petrificado em coisas. Lia Marx, Rosa Luxemburgo, *A Revolução Russa*, de Trotski, a obra de Farbman sobre o plano quinquenal — *Piatiletka* —, estudos sobre a economia da NEP, a vida do operário norte-americano, a crise inglesa. Mas os artigos políticos aborreciam-me, afogava-me neles; para iluminar os fatos em que eu só via confusão, fora preciso antecipar o futuro: eu não o desejava. O futuro remoto, eu acreditava nele; era determinado por uma dialética que finalmente daria razão a minhas revoltas, a minhas esperas. O que não aceitava era que dia a dia, em seus pormenores e seus desvios, a história estivesse se fazendo e que um dia seguinte imprevisto apontasse no horizonte sem minha aquiescência. Então eu teria me sentido em perigo. O cuidado que tinha de minha felicidade impunha-me para o tempo, embora pudesse encontrar algumas semanas, alguns meses mais tarde, um tempo outro, mas igualmente imóvel, sereno, sem ameaça.

Sartre censurava a minha despreocupação; eu me agastava quando ele mergulhava demasiado demoradamente num jornal. Para justificar-me, eu invocava a teoria do "homem só". Sartre objetou-me que "o homem só" não se desinteressa do curso das coisas; pensa sem o auxílio de outras pessoas, e isso não significa que escolha a ignorância. O contra-ataque abalou-me, mas assim mesmo obstinei-me. Eu queria que desdenhassem as contingências fúteis da vida como tinham feito, pensava eu, Rimbaud, Lautréamont, Van Gogh. A atitude que reivindicava não me assentava bem: nada tinha de uma lírica, nem de uma visionária, nem de uma solitária. Tratava-se na realidade de uma fuga; punha antolhos para preservar minha segurança. Obstinei-me, contudo, muito tempo nessa "recusa do humano" em que se inspirava também minha estética. Gostava das paisagens de que os homens pareciam ausentes, e das fantasias que me escondiam a presença deles: o pitoresco, a cor local. Em Rouen, o lugar que preferia era a rua Eau-de-Robec: as casas disformes, oscilantes, banhando-se nas águas viscosas, pareciam-me destinadas a uma espécie estranha. Era atraída pelas pessoas que, de uma maneira ou de outra, renegavam sua humanidade: os loucos, as putas, os vagabundos.

A posição de Sartre em relação a seus congêneres não era tampouco muito clara. Zombava de todos os humanismos; impossível, pensava ele, amar — ou detestar — esta entidade: "o Homem." Entretanto, ambos, em Paris, nos grandes bulevares e nas feiras, nas arenas de Madri ou de Valência, por toda parte, comprazíamo-nos em misturar-nos à multidão: Por quê? Por que gostávamos tanto em Londres das fachadas imundas do Strand, das docas, dos entrepostos, dos barcos, das chaminés de fábricas? Não se tratava de obras de arte nem de objetos barrocos ou poéticos; essas ruas, essas casas sem beleza não ultrapassavam a condição humana nem se evadiam dela; materializavam-na. Se nos apegávamos tão apaixonadamente a essa encarnação é porque não éramos indiferentes aos homens. Interrogávamo-nos sem encontrar resposta. Na realidade, como Antoine Roquantin em *A náusea*, Sartre tinha horror a certas categorias sociais, mas nunca se prendeu à espécie humana em geral; sua severidade visava tão somente aos que a lisonjeavam. Há poucos anos, uma senhora que cuidava de uma dúzia de gatos perguntou a Jean Genet com uma reprovação: "Você não gosta de animais?" "Não gosto de gente que gosta de animais", disse ele. Era exatamente a atitude de Sartre em relação à humanidade.

Tendo Nizan um dia cortesmente indagado de minha ocupação, respondi-lhe que começara um romance. "Um romance de imaginação?", indagou ele num tom um pouco zombeteiro que me melindrou muito. O novo livro em que eu trabalhava havia dois anos tinha com efeito algumas pretensões: eu ia colocar a sociedade em seu lugar. Um refugiado alemão, que Colette Audry me apresentara e que vinha duas ou três vezes por semana ensinar-me sua língua, olhava com inquietação as folhas que se acumulavam sobre minha mesa. "De costume", dizia-me, "começa-se com contos; depois que se tem alguma tarimba ataca-se o romance". Eu sorria; não se tratava de contar pequenas histórias; eu queria que meu livro fosse uma suma.

O arbitrário de meu projeto é que lhe explica a ambição. Eu me despira em Marseille de meus receios, de meus remorsos: desinteressava-me de mim. Os outros eu olhava de fora e não me sentia ligada a eles; não via tampouco a necessidade de falar deles. Em conjunto, as coisas eram pesadas demais ou demasiado insignificantes para que eu fosse tentada a traduzi-las em frases. As palavras quebravam-se de encontro à plenitude de minha felicidade, e os pequenos episódios de minha vida cotidiana não mereciam senão o esquecimento. Como na minha primeira juventude, eu me propunha fazer entrar em meu livro o mundo inteiro, por não ter nada de preciso a dizer.

Entretanto, meu ódio à ordem burguesa era sincero. Foi ele que me desviou do maravilhoso. Tomei por modelo Stendhal, que no ano anterior eu praticara bastante. Propus-me imitar suas ousadias romanescas para contar a aventura que, em suas grandes linhas, era a minha: uma revolta individualista contra essa sociedade estagnante. Esboçaria o quadro do pós-guerra, denunciaria os erros dos bem-pensantes, opor-lhes-ia meus heróis em quem encarnaria minha moral: um irmão e uma irmã, unidos por uma estreita cumplicidade. Esse casal não correspondia em mim a nenhuma experiência nem a nenhum fantasma; utilizei-o para contar anos de aprendizagem de um duplo ponto de vista: masculino e feminino.

Lancei-me em uma longa história cujos personagens principais eram os modernos êmulos de Julien Sorel e de Lamiel. Chamei-os Pierre e Madeleine Labrousse. Viviam uma infância mesquinha em um apartamento decalcado sobre o de meus avós maternos; sua adolescência desenrolava-se nas redondezas de Uzerche. Tinham relações de amizade, de inveja, de ódio, de desprezo com as crianças de duas grandes famílias dos arredores, os Beaumont e os Estignac, ligadas por relações de adultério. Atribuí a Marguerite de Beaumont as graças comedidas que me haviam comovido em Marguerite de Théricourt. Escrevi o primeiro capítulo, colhendo recordações de infância; Sartre aprovou-o, e Pagniez, que eu consultava de bom grado, fez-me pela primeira vez elogios: encontrava em minha narrativa o encanto de certos romances ingleses.

Mas logo o tom mudava: eu me aplicava ao cinismo e à sátira. Meditara sobre o caso Bougrat: inspirei-me nele. Condenado pelo pai à mediocridade, Pierre, para ter dinheiro, estudar e viver, seduzia e desposava Marguerite de Beaumont; contava friamente explorar a grande família de que ia participar e que eu pintava com toda a ferocidade de que era capaz; mas eu pensava — e penso ainda — que, quando a gente pretende ludibriar os salafrários, na verdade a gente se compromete com eles; ele o percebia, rompia e sustentava-se com expedientes, embora vivendo um comovente amor platônico com uma mulher que tinha alguma coisa de Mme Lemaire e de Mme de Rênal. Um rosário de confusões sombrias levava-o à guilhotina: sua amiga envenenava-se. Sua irmã opusera-se ao casamento; ela levava com intransigência e graça uma vida de aventureira. Não fui muito além nesse primeiro esboço; seu caráter melodramático desagradava-me. E depois eu era otimista; detive-me num desenlace mais feliz.

Na versão definitiva, conservei o capítulo sobre a infância. Em seguida Pierre tinha uma violenta discussão com o pai, que pretendia casar Madeleine com um Estignac de miolo mole. Ele partira para Paris e primeiramente fazia-se sustentar por uma tia de certa idade e rica; abandonava-a e cantava num cabaré do gênero do Lapin Agile, como Dullin descrevera para mim. Do mesmo modo que Dullin, queria tornar-se ator, encenador, renovar o teatro; não era mais, portanto, um simples arrivista, alimentava a mais alta das ambições: criar, e eu podia atribuir-lhe as perplexidades que eram então minhas.

Situei em 1920 seu rompimento com a família. Para reconstituir a atmosfera da época, li na biblioteca de Rouen números da *Illustration* e uma coleção do *Humanité*; a confrontação deixou-me estupidificada; entre as duas histórias que me contavam e que aconteciam no mesmo momento, no mesmo país, não havia nenhum ponto em comum. Não me detive nisso; retive apenas dois ou três fatos. O capítulo em que Pierre desembarcava em Paris abria-se com um grande trecho arrojado. Ele passeava pelas galerias do Louvre, contemplava com emoção o *São Luís* de El Greco; depois assistia por acaso, na praça do Hôtel-de-Ville, à cerimônia durante a qual Poincaré condecorava Paris com a Cruz de Guerra. Impressionado com essa história, punha-se várias questões: Como explicar que se pudesse fazer um belo quadro com a cara de um salafrário? Onde se encontra a verdade da arte e onde ela se torna uma traição? Um pouco mais tarde, ele se ligava a jovens comunistas e, embora partilhasse a maioria das ideias deles, rechaçava a visão determinista do mundo; contra o humanismo deles mantinha seu apego à poesia inumana das coisas, e, sobretudo, colocava acima dos interesses coletivos os valores individuais. Esses debates não eram demasiado gratuitos porque eu o lançara numa aventura sentimental que o fazia experimentar dia a dia a importância de seu próprio coração e de um rosto amado.

Esse rosto era o de Zaza, que de novo eu denominava Anne e cuja imagem tentei mais uma vez ressuscitar. Ela desposara o mais bem--dotado dos filhos Estignac e durante as férias que passara nos arredores de Uzerche tornara-se amiga de Madeleine e conhecera Pierre, que a encontrava novamente em Paris. As histórias de amor pareciam-me vulgares; de resto, a piedade de Anne, sua lealdade e o respeito de Pierre por ela impediam-lhe uma ligação vulgar; imaginei entre ambos um sentimento platônico, mas de grande profundidade. Intelectual e moralmente, Anne abria-se para a vida. Mas seu marido proibia-lhe essas relações. Como no romance precedente, esfacelada entre o dever e a felicidade, ela morria. Assim, a sátira desembocava numa tragédia: o espiritualismo burguês não aparecia tão somente como irrisório, mas ainda como assassino.

Entrementes, Madeleine juntara-se a seu irmão em Paris; ela praticava um amoralismo sorridente; ágil em embrulhar os homens, organizava suadouros com o irmão. Fazia tudo isso com habilidade, mas tinha seus problemas; sofria de um mal de que eu me sentia imperfeitamente curada: outra pessoa fascinava-a. "Como eu desejaria ser Marguerite!", dizia a si mesma em criança quando cruzava com a pequena castelã de cachos impecáveis. Ela amara o irmão em sua verdade, mas apaixonara-se por um camarada de Pierre, um jovem comunista chamado Laborde, cuja força e certezas a deslumbravam: daí por diante o mundo gravitava em torno desse homem que se bastava perfeitamente a si mesmo, e ela não passava de um satélite dele. Mas eis que ele também a amava, precisava dela, e lhe dizia isso; a miragem dissipava-se; Laborde não era mais uma plenitude sem falha, mas apenas um homem, seu semelhante. Ela afastava-se dele e reencontrava-se orgulhosamente no centro de sua própria vida.

Esse romance tinha um mérito: apesar da abundância dos episódios e dos temas, eu o construíra solidamente; não abandonava nenhum personagem no meio do caminho; os acontecimentos exteriores e as experiências íntimas combinavam-se naturalmente. Eu progredira na arte de contar uma história, de levar a cabo uma cena, de fazer com que as pessoas falassem. Nem por isso meu malogro foi menos radical. Novamente, transpondo a história de Zaza, eu a traíra; recaí no erro de substituir uma mãe por um marido; e se o ciúme do marido se compreendia melhor do que no romance precedente, eu não tornara contudo mais plausível o desespero de Anne. Desde que continuava a viver com o marido, a "salvação" que lhe trazia Pierre não era uma salvação; seu rompimento privava-a apenas de uma amizade a que eu não soubera dar uma intensidade verdadeira o suficiente para justificar a morte de Anne.

A evolução de Madeleine sustentava-se ainda menos. Dado seu caráter, era inverossímil que ela se afastasse de um homem pelo qual conservava de resto toda a sua estima, simplesmente porque ele a amava.

Finalmente, eu não conhecia os meios em que situei Pierre; os personagens secundários não tinham nenhum relevo, nenhuma verdade. Depois de um início passável, o romance arrastava-se, não acabava mais. Terminei os últimos capítulos às pressas; compreendera que a partida estava perdida.

Os trechos mais convincentes eram, apesar de tudo, os que descreviam as dificuldades de Madeleine. Eu me restabelecera na serenidade, mas permanecia marcada pela passagem brutal que efetuara do orgulho à humildade. E não resolvera o meu problema mais sério: conciliar a preocupação que tinha de minha autonomia com os sentimentos que me impeliam impetuosamente para um outro.

Naquele ano, Mussolini organizara em Roma uma "exposição fascista", e, para atrair os turistas estrangeiros, as estradas de ferro italianas concediam uma redução de tarifa de 70%. Aproveitamos sem escrúpulo. Se na Espanha havia muita coisa feia, na Itália não havia um só pedaço de muro que não tivesse sua beleza; senti-me conquistada de imediato. Sartre, não; sob as arcadas de Pisa, disse num tom emburrado que achava o país seco demais e não gostava nada daquilo; é porque não suportava ter de cruzar nas ruas com os pequenos fascistas de camisas pretas.

Visitamos as mais belas cidades da Itália central e passamos duas semanas em Florença. Tínhamos resolvido deixar Roma para outra viagem e só paramos quatro dias na cidade. Hospedamo-nos na praça do Panteon, em um hotel que, segundo o guia, era o mais barato de Roma: o Albergo del Sole, onde residira Cervantes. Apaixonamo-nos de imediato pelas praças, pelas fontes e pelas estátuas feiticeiras. Agradava-me que o fórum fosse um grande jardim com seus loureiros-rosa crescendo ao longo da Via Sagrada e as rosas vermelhas em torno do tanque das Vestais. Eis que passeava pelo Palatino! Mas a presença de Mussolini esmagava a cidade; havia inscrições em todos os muros e os camisas-pretas mandavam. À noite não se via mais ninguém nas ruas: essa cidade onde os séculos petrificados triunfavam soberbamente do nada recaía na ausência; uma noite, resolvemos velá-la até de madrugada, únicas testemunhas. Por volta da meia-noite, conversávamos na praça Navona deserta, sentados à beira de uma fonte; nenhum raio de luz por trás das persianas cerradas. Dois camisas-pretas aproximaram-se: o que fazíamos fora de casa àquela hora? Nossa qualidade de turistas valeu-nos a indulgência deles, mas pediram-nos com firmeza que fôssemos dormir. Não obedecemos; era uma emoção caminhar pelas ruas romanas calçadas de pequenas pedras sem ouvir outra coisa senão o ruído de nossos passos: como se houvéssemos milagrosamente aterrado numa dessas cidades maias que a floresta defende contra todos os olhares. Lá pelas três horas, no Coliseu, uma lâmpada voltou-se para nós. O que estávamos fazendo? Dessa feita parecia que mesmo para turistas nossa conduta era verdadeiramente indecente. Saudosos das longas noites de Madri, acabamos regressando ao hotel. Para validar nossas passagens foi preciso irmos à exposição fascista. Deitamos um olhar nos mostruários em que se expunham os revólveres e os porretes dos "mártires fascistas".

 Vimos em Orvieto o afresco de Signorelli e detivemo-nos durante algumas horas diante dos tijolos vermelhos de Bolonha. Depois houve Veneza. Saindo da estação, olhei com estupor os viajantes que davam aos gondoleiros o endereço do hotel; iam instalar-se, abrir as malas, arranjar-se. Eu esperava que essa ponderação nunca fizesse parte de seu quinhão. Largamos a bagagem no depósito e andamos durante horas; vimos Veneza com esse olhar que nunca mais se torna a ter: o primeiro. Pela primeira vez contemplamos a *Crucificação* de Tintoretto. Foi também em Veneza, perto da ponte do Rialto, que vimos pela primeira vez agentes da SS de camisas pardas; eram diferentes dos pequenos fascistas morenos: muito grandes, de olhos vazios, marchavam a passos duros. Era apavorante imaginar trezentos mil camisas-pardas desfilando em Nuremberg. Sartre sentiu uma dor no coração ao pensar que dentro de um mês cruzaria com eles diariamente nas ruas de Berlim.

 Em Milão não tínhamos mais um centavo. Deambulamos melancolicamente pela galeria; os restaurantes e os armazéns pareciam-nos de um luxo incrível pelo simples fato de não estarem a nosso alcance. Foi necessário renunciarmos aos três dias que devíamos passar nos lagos.

Verti lágrimas de ódio, a tal ponto o menor sacrifício me enraivecia. Regressamos a Paris.

Sartre partiu para Berlim. Eu me desinteressei por completo pelos assuntos públicos. Entretanto, nuvens amontoavam-se no céu, rebentavam, um raio caía. Hitler rompia com a LDN e o plebiscito triunfal que se seguiu a seu ruidoso discurso de 11 de novembro demonstrava que a Alemanha acolhia com entusiasmo sua política de violência. Ninguém acreditou quando ele proclamou que a Alemanha queria a paz "com honra e igualdade de direitos". Entretanto, a esquerda francesa continuou a afirmar que cabia à França impedir a guerra. "Contrariar as ondas de pavor, eis o preço da paz", escrevia Alain no início de 1934. O veredicto de Leipzig — todos os acusados absolvidos, salvo Van der Lubbe, condenado à morte — convenceu a esquerda de que os nazistas não estavam seguros de seu poder. O que ela temia antes de tudo era a eclosão de um fascismo francês. As organizações de direita valiam-se, como pretexto, da situação internacional e do marasmo econômico para propagar um nacionalismo antidemocrático e belicoso. O escândalo Stavisky, que começou sem muito ruído em fins de dezembro, ampliou-se rapidamente: a direita explorou-o a fundo contra a coligação das esquerdas, contra a Terceira República, o Parlamento, a democracia em geral. A Liga da *Action Française*, as Juventudes Patrióticas, a Solidariedade francesa, a UNC e os Cruz de Fogo desencadearam conflitos no bulevar Raspail, no bulevar Saint-Germain, perto da Câmara dos Deputados, durante todo o mês de janeiro. Chiappe deixava-os à vontade. Depois da manifestação que reuniu cerca de quarenta mil pessoas na praça do Opéra, no dia 26 de janeiro, o ministério renunciou. Daladier formou novo governo, de que excluiu Chiappe. Foi então, a 6 de fevereiro, dia em que os ministros se apresentavam à Câmara, que a arruaça estourou. Eu só acompanhei de bem longe toda essa história; estava convencida de que não me dizia respeito. Depois da tempestade viria a bonança; parecia-me inútil inquietar-me com essas tormentas contra as quais, afinal de contas, eu nada podia fazer. Em toda a Europa o fascismo fortalecia-se e a guerra amadurecia; eu continuava instalada na paz eterna.

Foi-me necessária muita obstinação para me manter nessa indiferença: não me faltava tempo e, mesmo assim, eu nem sempre sabia como empregá-lo. Afundava em meu tédio provinciano. Não havia grande coisa a esperar de minhas novas colegas. Mlle Lucas, professora de inglês, assemelhava-se a um cogumelo gordo: seu vestido de veludo preto descia-lhe até os tornozelos e abria-se sobre um peitilho de angorá cor-de-rosa: "Não me decido a abandonar meus vestidos de menina", dizia; detestava suas alunas, que também a detestavam. Mlle Aubin estava saindo de Sèvres e bancava a melindrosa; circulava pela sala das professoras suspirando: "A doçura, gostaria de ter doçura!" Simone Labourdin era certamente menos tola; fora com ela que Marco tivera uma ligação, e ela conhecia Mme Lemaire e Pagniez; era morena, olhos muito bonitos de um azul cinzento, perfil seco e puro, e os dentes feios; e não nos simpatizávamos muito, mas em Sèvres ela fora camarada de Colette Audry e muitas vezes almoçávamos juntas, as três, num restaurante popular perto da estação. Nossas opiniões aproximavam-nos. Somente Colette Audry se ocupava ativamente de política: passava por "vermelha"; mas eu e Simone tínhamos mais ou menos os mesmos pontos de vista que ela acerca dos acontecimentos. Em virtude de nossa mocidade, nossas ideias e nossa atitude, representávamos uma espécie de vanguarda no colégio. Preocupávamo-nos com nossos vestidos. Colette usava habitualmente blusas Lacoste e gravatas cujos matizes combinava com ousadia e felicidade; possuía um casaco muito bonito, que nos parecia magnífico, de pele preta e abas brancas. Simone tinha uma amiga que se vestia nos grandes costureiros e que, de quando em quando, aparecia em um conjunto de uma simplicidade assinada. Quanto a mim, minha única elegância estava nos suéteres que minha mãe tricotava segundo modelos cuidadosamente selecionados e que minhas alunas muitas vezes copiavam. Nossa maneira de pintar-nos e nossos penteados desmentiam a definição que o pai de uma aluna propusera um dia admiravelmente a Colette Audry: freiras leigas.

Mas o que nós éramos? Sem marido, sem filho, sem lar, sem nenhuma superfície social e vinte e seis anos: nessa idade, tem-se vontade de pesar um pouco no mundo. Colette lançara-se na política e era nesse terreno que lutava para se sentir existir. Até então meu prazer em viver, meus projetos literários, a garantia que Sartre me dava tinham me poupado esse gênero de preocupação. Mas eis que sua ausência, a fraqueza do romance a que me atrelara, o tédio melancólico de Rouen, tudo contribuía nesse ano para me desorientar. Explico assim as agitações mesquinhas a que me deixei arrastar.

Em Paris jantava muitas vezes com Marco, que acabara de ser nomeado professor em Amiens; levava-me a albergues em voga, onde comíamos pratos com molhos sobre toalhas xadrez. Mostrava-se amável e sedutor; contava-me uma porção de histórias, mais falsas do que verdadeiras, mas que me divertiam; comunicava-me os segredos de seu coração com um abandono que não me iludia; eu respondia com confidências estudadas em que ele não acreditava tampouco, mas sua beleza dava valor a essas cumplicidades fingidas. Nessa época eu descambava para a malevolência; escutava-o complacentemente, deixando que dissesse o diabo de Simone Labourdin. Ele a tornara muito infeliz e gabava-se disso. Por que se deixara envolver, ainda que por pouco tempo, pela paixão que inspirara? Nunca o soube. Na verdade ele só gostava de homens. Não demorou muito, juntou-se com um belo rapaz louro, exaltando-lhe os cabelos com cheiro de cítiso em péssimos poemas. Aceitaram que Simone partilhasse o apartamento, mas Marco contava, zombando, que a faziam dormir numa espécie de armário. Ela tentou seduzir o belo louro, mas a combinação fracassou. Ademais, Marco foi para Amiens e ela, para Rouen; ela ainda via-o, tentando ao mesmo tempo e com idêntico insucesso reconquistá-lo e afastar-se dele. Vivia sob o olhar dele e defendia-se incansavelmente contra seu desprezo. Ele roubara um caderno de seu diário íntimo e mostrou-me alguns trechos: "Quero dominar, dominar!", escrevia. "Eu me farei inteira unhas e bico e terei as coisas e as pessoas nas minhas garras." Era mais lamentável do que ridículo. Marco humilhara-a por demais, ela tentava retomar pé valendo-se de palavras inábeis; não pensei, entretanto, em ter pena e repeti, rindo, a Colette essas pobres encantações. Ela me agastava dia a dia mais com essa preocupação de construir uma vida tão rica e tão "variada" que do alto de sua futura glória Marco não a pudesse desdenhar; falseava a realidade, exagerava suas experiências; Marco também, na verdade, mas ele o fazia com graça e, ao que parecia, gratuitamente, ao passo que ela se aplicava com uma seriedade desesperante.

Eu talvez a houvera julgado menos severamente se ela não tivesse manifestado uma hostilidade visível a mim. Certamente Marco não lhe escondera que eu zombara dela com ele: isso não incitava à amizade.

A ausência de Sartre fez-me ainda mais íntima de Pagniez: nesse ano jantamos muitas vezes a sós; eu lhe contava tudo o que me acontecia; se tinha um conselho a pedir, dirigia-me a ele; tinha grande confiança em seu julgamento e ele ocupava um lugar importante em minha vida. Aborreceu-me que Simone lhe repetisse, colorindo-as de maldade, reflexões na verdade muito amigas que eu fizera a respeito dele. Vinguei-me mediante algumas maledicências. De vez em quando, por desfastio, tomava alguma coisa com Mlle Ponthieu, uma jovem vigilante cujo rosto, aliás ingrato, era prejudicado por uma mancha violácea, mas que tinha um corpo elegante e vestia-se bem; era ajudada por um pequeno industrial parisiense e flertava com os jovens professores do colégio de rapazes. Falávamos de vestidos e tagarelávamos. Em certos fins de tarde, cansados, provei as doçuras corrompidas da maledicência. Lá fora, a cerração e a noite provincianas; mas nada mais existia senão o calor e a luz do café em que estava sentada, o ardor do chá na minha garganta e eu falava e podia com minhas palavras massacrar o Universo inteiro. Simone era minha vítima predileta.

Um domingo fui ver Marco em Amiens; ele mostrou-me a catedral e a cidade: foi mais atencioso e lisonjeador do que nunca. Fez-me perguntas insidiosas sobre Mme Lemaire e Pagniez e minhas relações com Sartre. Mas eu evitei as armadilhas com mentiras e ingenuidades propositadas. A conversa foi uma série de escaramuças que ele interrompia com grandes gargalhadas. Passei um dia muito alegre. À tarde, Marco anunciou-me com solenidade que ia me revelar um grande segredo. Tirou da carteira a fotografia de uma bela criança loura: "Meu filho", disse. Três anos antes passara as férias numa praia da Argélia; ao largo fundeava um iate faiscante; ele nadara até o barco, subira a bordo, encontrara uma jovem inglesa maravilhosamente bela, loura, nobre, riquíssima. Voltara todas as noites; a criança nascera clandestinamente. Não sei mais o que lhe acontecera nem como terminara esse idílio de alto bordo, porque me interessei pouco por essa fabulação. Mais tarde, Marco dera a Sartre outra versão do romance e outra ainda a Pagniez.

Na realidade, a criança loura era seu sobrinho. Marco regozijou-se sem dúvida por ter me enganado, pois ninguém acredita mais ingenuamente do que um mitômano na credulidade dos outros. À noite, entretanto, marquei um ponto: ele me reservara um quarto na casa de sua locatária; sugeriu-me que dormíssemos na mesma cama como "irmão e irmã". Respondi que via de regra, depois de certa idade, irmão e irmã dormem cada qual em seu lado. Ele riu, mas um riso amarelo. De qualquer maneira, teria declinado o oferecimento incongruente; ademais, contara-me que um de seus divertimentos, quando Simone Labourdin vinha a Amiens, era passar a noite na cama dela de maneira inteiramente casta; fingindo dormir, roçava-a, esboçava um abraço, divertia-se como um louco, queria possuí-la, ouvindo-a arquejar de desejo. Marco deixava-me absolutamente fria, e eu não receava suas artimanhas, mas tinha medo de sua vaidade. Que triunfo para ele se eu tivesse suspirado em sonho! Fiquei satisfeita com seu despeito. De volta de Rouen, contei alegremente o fim de semana a Mlle Ponthieu. Acrescentei que Marco não podia mais suportar Simone Labourdin e que tinha por mim viva simpatia. Soube por Pagniez que Simone riu muito ao ouvir dizer que eu me vangloriara de a suplantar no coração de Marco: era o que contara Mlle Ponthieu. Fiquei bastante desapontada; a mim também podiam facilmente massacrar com palavras. É um jogo, percebi-o, em que ninguém ganha. Não me recuso a jogar, quando me sinto disposta a isso, mas sem mais esperar revides ou triunfos.

 Aconteceu-me uma desventura mais grave. Eu devia passar com Marco a noite do dia 7 de fevereiro. Mme Lemaire e Pagniez convidaram-me para jantar nesse dia. Eu não gostava de falar para eles de minhas relações com Marco, cuja intimidade exageravam e não apreciavam muito. Temia o olhar que teriam trocado se eu houvesse dito a verdade a eles. Respondi, portanto, que tinha combinado de sair com minha irmã. Estava em Rouen no dia 6 de fevereiro e soube dos acontecimentos no dia seguinte pelos jornais. Depois do jantar, fui dar uma volta com Marco pela praça da Concorde; viam-se ainda carros tombados e semicalcinados; numerosos curiosos rondavam por ali. Subitamente demos de cara com Pagniez e Simone Labourdin. Pagniez e Marco trocaram alegremente alguns lugares-comuns; eu estava com um nó na garganta.

Caíra na mesma entaladela em que caíra aos dezesseis anos quando copiara a tradução de um texto em latim; um ato sem consequência, inopinadamente divulgado, adquiria um sentido enorme. Mme Lemaire e Pagniez iriam criticar severamente uma pequena trapaça que os autorizava a julgar inteiramente suspeitas minhas relações com Marco. Como explicar-lhes que me defendera contra os possíveis sorrisos? Não. Dessa vez ainda a única solução pareceu-me ser a de perseverar na mentira. Na semana seguinte, jantei com Pagniez em um restaurante perto da Halle aux Vins; afirmei-lhe que realmente contara sair com minha irmã; só modificara meus planos no último minuto. Protestei-lhe a minha inocência com tanto ardor que ele quase acreditou; mas nem por isso Mme Lemaire deixou de ficar persuadida de minha falsidade e me fez senti-lo. Desolava-me por ter perdido sua confiança. Sartre tirou-me da enrascada quando veio a Paris para as férias de Páscoa; contou a verdade a seus amigos e explicou-lhes minha conduta com uma simpatia que soube tornar contagiosa; talvez eles tivessem chegado a duvidar de minha franqueza em relação a ele; em todo caso, seu bom humor convenceu-os de que haviam dado demasiada importância ao caso. Riram-se comigo. Entretanto, eu conservei dessa história uma recordação muito viva; não há pior maldição, pensei, do que ser tratado como culpado por juízes respeitados; uma condenação sem apelo devia definitivamente perverter as relações que mantemos com nós mesmos, com os outros, com o mundo, e marcar-nos para a vida inteira. Mais uma vez achei que tinha sorte, eu que não podia suportar sozinha o peso de um segredo.

Na tarde de 9 de janeiro, o PC organizou uma manifestação antifascista que foi brutalmente reprimida pela polícia, e houve morte de seis operários. No dia 12 de fevereiro, à tarde, pela primeira vez operários comunistas e socialistas desfilaram lado a lado pela avenida de Vincennes. A CGT desencadeou uma greve geral a que aderiu a CGTU, "contra as ameaças do fascismo e pela defesa das liberdades políticas". A palavra de ordem foi atendida por quatro milhões e meio de trabalhadores. No colégio de Rouen, somente Colette Audry, Simone Labourdin e uma militante sindicalista concordaram. Não encarei sequer a possibilidade de me juntar a elas, a tal ponto era estranha a toda atividade política. Havia outra razão para essa abstenção. Repugnava-me qualquer gesto que me fizesse assumir minha condição: recusava, como outrora, coincidir com a professora que eu era. Não podia mais fingir que brincava de dar cursos; sentia minha profissão como um constrangimento: obrigava-me a morar em Rouen, a ir ao colégio em horas certas etc. Contudo restava um papel que me impunham, a que me acomodava, mas atrás do qual — pensava — se escondia minha verdade. Não me interessava pelas reivindicações dos sindicatos de funcionários. Estava disposta a agir, em classe, como indivíduo que exprime suas ideias a outros indivíduos, mas não a exibir minha qualidade de membro do ensino, mediante uma ação qualquer.

Entretanto, por causa do conteúdo de meu curso, era muito malvista pela burguesia de Rouen: contavam que eu era sustentada por um rico senador. Seria porque Pagniez vinha amiúde buscar-me na estação de Saint-Lazare e ele tinha boa aparência? Era, entretanto, um pouco jovem para um senador, e eu não tinha o nível de vida nem o aspecto de uma comedora de diamantes. Mas as pessoas não olham tais pormenores: comentavam. Em classe, eu evitava as imprudências; não emprestava às alunas livros escandalosos e, no que dizia respeito à moral prática, indicava-lhes o manual de Cuvillier. Contudo, tendo que falar da família, disse que a mulher não era exclusivamente destinada a fazer filhos. Meses antes, em dezembro, o marechal Pétain proclamara, em um discurso, a necessidade de unir a escola ao Exército, e uma circular dirigida aos professores incitava-os a colaborar na propaganda da natalidade: fiz uma alusão irônica a isso. Correu logo o boato de que me vangloriara de ter amantes ricos e que aconselhara minhas alunas a me imitarem; em seguida, teria exigido de todas uma aprovação; somente algumas moças de "elevada moralidade" teriam ousado protestar. Desde que, em consequência dos acontecimentos de fevereiro, Doumergue fora conduzido ao poder, assistíamos a uma violenta recrudescência da "ordem moral". Foi sem dúvida o que encorajou a "comissão departamental da natalidade e da proteção à infância" a enviar ao prefeito um relatório denunciando o ensino que um "indigno professor" dirigia contra a família. Escrevi, com a ajuda de Pagniez, uma resposta virtuosamente irritada, que enviei a meus superiores hierárquicos; acusei os pais de alunas que me atacavam de sustentarem as doutrinas hitleristas, exigindo que a mulher fosse relegada ao lar. O inspetor da Academia era um velhinho mal-ajambrado que não apreciava particularmente a alta burguesia local e tomou meu partido, rindo. Entretanto, no colégio Corneille, M. Troude, meu colega do sexo masculino, não deixava passar uma aula sem me fazer comparecer imaginariamente diante de sua classe para me atiçar.

As lendas que corriam acerca de Colette, de Simone e de mim reforçavam o interesse que nos dedicavam as poucas alunas que não se confinavam na carolice. Colette Audry, sobretudo, suscitava muitos entusiasmos. Não dávamos muita importância a isso, mas éramos assim mesmo demasiado jovens para que ter algum prestígio perante alguém não nos divertisse. Já disse que Marco, como a maioria dos pederastas, encontrava amiúde seres "maravilhosos"; Simone Labourdin buscava avidamente descobrir a colegial de elite, a adolescente de gênio que pudesse se opor a tais achados. Colette preocupava-se sobretudo com exercer uma influência política sobre as alunas mais velhas, e muitas se inscreviam nas Juventudes Comunistas. Eu forjava romances sobre as alunas de terceiro ano a quem ensinava latim. Três ou quatro delas já tinham, com quatorze anos, encantos e preocupações de jovens mulheres; a mais bonita — que foi posteriormente atriz com Baty — viu-se grávida e teve de casar com quinze anos. As alunas de filosofia já estavam na pele de futuras adultas e eu alimentava pouca simpatia pelas mulheres que elas iam se tornar.[35] No primeiro ano, entretanto, Colette assinalara-me uma interna a que chamavam "a russinha" porque era filha de um russo branco casado com uma francesa e a quem todos os professores atribuíam "uma personalidade". Seu rosto pálido, invadido pelos cabelos louros, pareceu-me quase apático, e ela me entregava provas tão sucintas que eu mal podia julgá-las. Entretanto, quando devolvi as composições do segundo trimestre, anunciei: "Com grande espanto meu, foi Olga D. quem obteve a melhor nota." Antes dos exames finais, houve um

---

[35] Com efeito, tive surpresas. Não imaginava que a bem-comportada e estudiosa Jacqueline Netter escaparia por pouco da guilhotina; ela se transformou na corajosa Jacqueline Guerroudji, e o tribunal de Argel condenou-a à morte juntamente com o marido.

"exame branco". Fazia muito calor, e só de olhar minhas alunas penarem sobre suas dissertações, eu me sentia exausta. Uma depois da outra, todas me entregaram seus trabalhos; somente a russinha permanecia pregada a seu banco. Pedi a prova e ela desfez-se em lágrimas. Perguntei-lhe o que é que não ia bem: nada ia bem. Propus-lhe sair um domingo à tarde. Passeei com ela pelos cais, ofereci-lhe alguma coisa na *brasserie* Victor, ela falou-me de Baudelaire e de Deus: nunca acreditara, mas, no internato, passava por mística porque detestava as "moças que dão no radical-socialismo". Passou brilhantemente nos exames finais do curso, apesar de M. Troude, que, detestando-me através de minhas alunas, lhes estendia mil armadilhas.

No reinício das aulas, seus pais, que residiam em Beuzeville, mandaram-na preparar seu PCN em Rouen; com doze anos, ela quisera ser dançarina, com dezessete, arquiteta: a medicina aborrecia-a. Seu pai, de família nobre, fugira da revolução, e sua mãe lia a *Action Française*; nem por isso ela ficou menos enojada com os estudantes de Rouen, quase todos de extrema direita: não se preocupava com política, mas não suportava a chatice deles. Ligou-se com um bando de judeus romenos e poloneses, expulsos de seus países pelo antissemitismo e que estudavam em Rouen por ser a vida mais barata lá do que em Paris; os romenos tinham algum dinheiro e relativamente poucos problemas; ela tornou-se amiga íntima dos poloneses, que andavam todos na miséria e eram sionistas, uns e outros apaixonadamente comunistas. Um deles tocava violino, todos adoravam música e acontecia-lhes muitas vezes, ao contrário do que ocorria com os filhos de famílias francesas, não fazerem uma refeição para comprar um lugar no concerto ou ir dançar no Royal. Ela hospedou-se durante alguns meses numa pensão para moças, depois partilhou um quarto mobiliado com uma camarada polonesa. Encontrava-se por vezes com antigas colegiais, entre as quais Lucie Vernon, inscrita nas Juventudes Comunistas e que a levava a reuniões. Contou-me sobre uma. Naquela noite houve uma conferência sobre o aborto, então legalmente praticado na URSS. Já que o tema dizia respeito sobretudo às mulheres, o auditório era composto em sua maioria por adolescentes. Um antigo estudante de pelo menos trinta anos, chefe dos *Camelots du roi*, de gravata *lavallière* e bengala na mão, interveio grosseiramente nos debates. Era fácil desnortear as moças da assistência, que eram pequenas revoltadas muito sérias que refletiam sobre os problemas de sua condição sem ideia preconcebida de ordem licenciosa: esse transbordamento de *"chiennerie française"*[36] deixou-as estarrecidas e enrubescidas. O serviço de ordem convocara alguns estivadores, e um deles avançou contra os *Camelots*. "Eu não tenho sua educação, senhor, mas não falaria assim a moças", disse. E o velho estudante saiu com sua escolta.

Olga mantinha-me a par de sua vida; falava-me de seus camaradas e perguntou-me de uma feita que queria dizer ao certo judeu. Respondi com autoridade: "Não existe judeu; há apenas homens." Ela contou-me mais tarde o êxito que tivera ao entrar no quarto do violinista declarando: "Vocês não existem, meus amigos, foi minha professora de filosofia que disse." Em numerosos pontos eu era — Sartre também, embora em grau menor — deploravelmente abstrata. Conhecia a realidade das classes sociais, mas, por reação contra as ideologias de meu pai, protestava quando me falavam de francês, de alemão, de judeu: só existiam pessoas, singulares. Tinha razão de recusar o essencialismo. Já sabia a que abusos arrastavam noções como as de alma eslava, caráter judaico, mentalidade primitiva, eterno feminino. Mas o universalismo a que me ligava impelia-me para longe da realidade. O que me faltava era a ideia de "situação" que, só ela, permite definir concretamente conjuntos humanos sem os escravizar a uma fatalidade intemporal. Mas ninguém então, em se saindo do quadro da luta de classes, me fornecia isso.

Eu gostava bastante das histórias de Olga, suas maneiras de sentir e pensar; assim mesmo, a meus olhos, ela não passava de uma criança, e não a via muitas vezes. Convidava-a uma vez por semana para almoçar na *brasserie* Paul; esses encontros — soube-o depois — irritavam-na; considerava que não se pode comer e conversar ao mesmo tempo; tomara a decisão de não comer e falar o mínimo possível. Saí com ela três ou quatro vezes à noite. Fomos assistir a *Boris Godunov* apresentado pela Ópera Russa; levei-a ao recital dado por Gilles e Julien, de quem não me cansava. Ela acompanhou-me a um *meeting* organizado, não sei

---

[36] "A canalhice francesa." — A expressão é de Julien Gracq.

mais a título de quê, pela fração de Colette Audry; oradores de diferentes partidos deviam falar. A grande atração era Jacques Doriot, que acabava de ser chamado a Moscou para dar conta de seus desvios políticos: se recusara a ir. No estrado, em meio às personalidades, encontravam-se Colette Audry e Michel Collinet. Os comunistas de Rouen tinham vindo em massa. Logo que Doriot abriu a boca, rebentaram os clamores de todos os cantos da sala: "A Moscou, a Moscou!" Cadeiras voaram por cima das cabeças. Colette e seus amigos, de pé em frente do estrado, faziam uma muralha de seus corpos para defender Doriot; ela foi derrubada por um estivador. Doriot se retirou da sala e a calma se restabeleceu; a assistência ouviu em um silêncio respeitoso e até aplaudiu com a ponta dos dedos um pálido e enfezado socialista. Meu coração liberal fervia de indignação.

Essa noite cortava a monotonia dos dias de Rouen. Outra diversão foi a viagem relâmpago de Jacqueline Audry; deu-me uma lição de maquiagem e ensinou-me a fazer as sobrancelhas. À noite, Colette, ela e eu fomos de ônibus comer um pato ao molho pardo em Duclair. Eu não via muito Colette, que tinha suas ocupações e preocupações. Trabalhava sem prazer em meu romance, continuava a tomar lições de alemão, lia com a ajuda de um dicionário *Frau Sorge*, *Karl und Anna* e o teatro de Schnitzler. Sobrava-me muito tempo. Se o ano inteiro não afundou no tédio foi por ter ocorrido uma tragédia: a história de Louise Perron.

Louise Perron ensinava em um colégio de Rouen. Era uma grande morena de trinta anos, com olhos brilhantes e um corpo elegante que ela vestia mal. Residia na água-furtada de uma casa velha, perto de meu hotel. Quando cheguei a Rouen, já estava ligada havia um ano com Colette Audry; mas tendo Colette, desastradamente, rido em um dia em que Louise lhe abria o coração, fui escolhida para assumir o papel de confidente. Louise encontrara nas últimas entrevistas de Pointgny um escritor conhecido a que chamarei J.B. Uma noite ela lançara, num tom provocante: "Sou trotskista", e ele a olhara, dizia ela, com curiosidade. Ela prodigalizara-lhe incitações vigorosas e fingia até que, nos jardins da abadia, lhe mordera o ombro. Em todo caso, conseguira enfiá-lo na sua cama, confessando-lhe, então, que era o primeiro amante. "Ora bolas, elas são todas virgens aqui!", disse J.B. acabrunhado, mas sem ousar tirar o corpo. Ele era casado: Louise persuadiu-se de que por amor a ela ele iria abandonar a mulher. Mas, de regresso a Paris, J.B. pôs os pingos nos is: a aventura não podia prolongar-se; oferecia a Louise sua amizade. Como ela se recusou a contentar-se com isso, ele lhe escreveu dizendo que era melhor acabar logo. Louise não quis acreditar na sinceridade dele. Ou ele se divertia com um jogo cruel, ou mentia por piedade para com a mulher. Em todo caso, ele a amava. Recusava-se a marcar encontros com ela, mas Louise não se deixava envolver nessa malícia: no domingo, em Paris, alugava um quarto num hotel luxuoso que se localizava em frente ao apartamento de J.B. e vigiava a porta do prédio dele; logo que ele aparecia, ela precipitava-se ao seu encontro e geralmente conseguia ir tomar qualquer coisa com ele. Em Rouen, ela lia e relia os livros que ele admirava, decorava o quarto com reproduções dos quadros de que ele gostava. Tentava adivinhar o que, em cada circunstância, ele houvera dito, pensado, sentido. Certa manhã, eu tomava um café no Métropole, na praça da Estação, com Colette Audry, quando ela surgiu: "J.B. acaba de ter uma filha. Lux!", disse e saiu correndo. "Lux, que nome engraçado", comentou Colette. Na realidade Louise quisera dizer que a luz se fizera em seu espírito; era porque a mulher esperava um filho e ele não pedira o divórcio. Ela mandou para Mme J.B. um ramalhete de rosas vermelhas e um cartão de felicitações que representava o porto de Rouen. Durante as férias de Páscoa, ela partiu para o Sul; de regresso, as coisas não se arranjaram. J.B. não respondia a seus telegramas e a suas cartas expressas. Tentei torná-la à razão. "Ele resolveu romper", dizia-lhe. Ela dava de ombros: "Quando se quer romper, previne-se: teria escrito." Um dia ela teve uma nova iluminação: "Tem ciúme." Explicou-me por quê. Ela lhe enviara da Provence um cartão-postal redigido mais ou menos nestes termos: "Deste país que, dizem, se parece comigo, mando-lhe uma lembrança." "O *dizem* significa que tenho um amante", afirmou-me. "Não é verdade, mas foi o que ele pensou." E depois ela fora uma noite ao teatro com um amigo de J.B. — encontrado igualmente em Pontigny —, e durante todo o espetáculo ele fizera uma cara estranha; fingira que seus sapatos novos o incomodavam, mas não teria suspeitado de que Louise procurava seduzi-lo? Não a teria criticado perante J.B.? Ela escreveu uma longa carta para dissipar tais mal-entendidos. J.B. silenciou. Ela percebeu, então, que cometera outro erro. Enviara a Mme J.B. rosas vermelhas, cor de sangue e de morte, e havia um barco representando o porto de Rouen no cartão. Eles haviam compreendido que ela dizia à sua rival: "Gostaria de me livrar de você." Escreveu nova carta em que esclarecia a situação. Uma tarde de junho, eu fora buscar Sartre na estação, e atravessávamos a praça quando percebi que Louise vinha a meu encontro; lágrimas escorriam-lhe pelo rosto, ela tomou-me pelo braço e puxou-me de lado: "Leia." Recebera um bilhete de J.B. nítido e definitivo, que acabava com esta frase: "Deixemos ao acaso o cuidado de nossos encontros." "Então", disse-lhe, "é uma carta de rompimento". Ela deu de ombros com um ar irritado: "Ora, ora, quando se quer romper, não se escreve." E lançou-se numa exegese extraordinariamente engenhosa; cada vírgula demonstrava a má-fé de J.B. "O acaso", disse-me. "Não sabe o que isso significa? Ele quer que eu vá novamente para o hotel vigiá-lo e que eu finja encontrar-me na rua com ele por acaso. Mas por que todos esses ardis? Por quê?" Deu um jeito de ver J.B. antes das férias; ele lhe falou sem dúvida cortesmente; ela partiu para a montanha, decidida a escrever um grande artigo sobre a obra dele e que lhe provaria que era digna de seu amor. Bem que eu percebia que ela era infeliz; contudo, considerei esse caso como uma palhaçada e ria dele. Só me comovi na manhã de junho em que a vi chorar.

 Dias depois do reinício das aulas, encontrei Louise perto do colégio; segurou-me pelos punhos e levou-me à casa dela para tomar chá. Durante as férias, em um pequeno hotel dos Alpes, escrevera um artigo sobre J.B. e fora levá-lo para ele, em fins de setembro, no jornal em que ele trabalhava. J.B. a recebera amistosamente, mas ela achava estranhas algumas de suas maneiras de se conduzir. Ele virara-lhe as costas e ficara um bom momento com a fronte apoiada à janela; tentava dissimular a emoção, sem dúvida; mas em seguida, sentado à escrivaninha, ele pousara o queixo na mão, exibindo a marca de três dentes. "Evidentemente", disse-me Louise, "isso significa que não dorme mais com a mulher. Mas por que ele diz isso a mim?" Nesse momento uma mola desandou dentro de mim e o caso deixou definitivamente de me parecer engraçado; não se tratava mais de chamar Louise à razão nem de rir dela. Muitas vezes, no decurso das semanas seguintes, ela surgiu de uma porta e crispou sua mão em meu braço. J.B. estava pondo-a à prova ou procurava vingar-se dela? Neste caso, a melhor solução não seria matá-lo? Era talvez, ela tinha essa impressão, o que ele desejava. Tentei distraí-la, como no ano anterior, contando-lhe histórias de Marco, de Simone Labourdin, de Camille e Dullin, mas ela não escutava; infatigavelmente inquiria através de suas recordações. Uma noite, a gerente do hotel La Rochefoucauld entregou-me um ramalhete de rosas-chá: "O mal-entendido dissipou-se, estou feliz, trago-lhe rosas." Pus as flores num vaso com um nó na garganta. Louise explicou-se no dia seguinte; antes de adormecer, à noite, sempre houvera em sua cabeça um longo desfile de imagens; uma delas repentinamente a cegara: no papel de cartas de seu hotel alpino achava-se impressa uma pequena vinheta que representava um tanque; ora, na linguagem psicanalítica, tanque tem um sentido bem-definido: J.B. entendera que Louise anunciava-lhe, desafiante: "Tenho um amante." Ele fora ferido em seu amor-próprio e eis por que a torturava. Ela havia logo lhe enviado uma carta expressa que tudo esclarecia e, voltando do correio, ela comprara as rosas. Horas depois de nossa conversa, ela estava de novo em meu quarto, prostrada em minha cama, com um telegrama ao lado: "Nenhum mal-entendido. Segue carta." Não tentava mais trapacear; admitia que tudo acabara. Disse-lhe as coisas insignificantes que se dizem nesses casos.

Talvez o choque lhe tivesse sido salutar; durante o mês de novembro, não trapaceou mais com a verdade. Colette e eu a víamos mais do que antes e eu apresentei-a a Olga. Atendendo à minha sugestão, ela começou a redigir recordações de infância em um estilo bastante brutal e que não me desagradava. Tinha por vezes acessos de bom humor e parecia resolvida a esquecer J.B. Em Pontigny, um socialista quinquagenário fizera-lhe a corte, ele também: ela escreveu-lhe, encontraram-se e ele levou-a a passar a noite em um hotel do lado da estação do Norte.

Dois dias depois, eu devia tomar chá na casa dela com Olga, mas disse a esta que fosse sozinha. Queria trabalhar e chegaria no fim da tarde. Logo que cheguei, Olga deu o fora. Ela contara uma porção de coisas encantadoras sobre sua infância, disse-me Louise, olhando-me com uma fixidez quase insustentável. Calou-se e continuou a encarar-me. Tentei dizer alguma coisa, mas não achei nada. O ódio que lia em seus olhos assustava-me menos do que a selvagem franqueza com que falava comigo. Tínhamos deixado o mundo das conveniências tranquilizadoras, não sabia mais em que terreno me aventurava. Repentinamente, Louise virou a cabeça e pôs-se a falar; durante duas horas, quase sem retomar fôlego, contou-me *Consuelo*, de George Sand.

Parti para Paris, onde passei, fraudulosamente, três dias com Sartre, que se outorgava longas férias de Natal. Ele acompanhou-me até Rouen na quinta-feira à noite. Na sexta pela manhã, quando bebíamos no Café La Métropole, Colette Audry abordou-nos com um ar agitado. Tinha um encontro à tarde com Louise e não ousava ir. Louise recebera-a para jantar na terça-feira; no quarto havia uma mesa posta para doze pessoas: "Onde estão os outros?", perguntara ela. "Pensei que vocês fossem muito mais numerosos." Pegara um telegrama que estava sobre a lareira e dissera num tom displicente: "Alexandre não vem." Alexandre, antigo diretor de *Libres Propos*, lecionara em Rouen dois anos antes e tinha agora uma casa em Londres. "Londres é muito longe", disse Colette. Louise deu de ombros, e sua fisionomia tornou-se sombria: "Não tem o que comer", disse. E acrescentou num tom brusco: "Vou cozinhar uma massa." Jantaram juntas um prato de macarrão.

Dois dias depois, na quinta-feira, Louise tocara à porta do pavilhão em que Colette morava; jogara-se aos pés de Colette e, entremeando súplicas e ameaças, jurara que não era culpada de nada. Dessa vez, Colette ficara impressionada. Acabara de telefonar para a escola em que Louise ensinava; esta não fora dar aula pela manhã; nos últimos tempos parecera muito cansada. Agora Colette devia ir ao colégio; resolvemos que eu subiria ao apartamento de Louise com Sartre.

No caminho encontrei Olga, que me procurava. Na quarta-feira à tarde, fora devolver a Louise um livro que lhe pedira emprestado na antevéspera. Normalmente, quando se tocava à porta do prédio, Louise abria do seu apartamento pressionando um botão; nesse dia ela descera; pegara o livro: "E o chicote? Não me trouxe o chicote?" E subindo a escada resmungava: "Que comédia! Mas que comédia!" Olga acrescentou que na segunda-feira, desfiando sem parar suas recordações de infância, para conjurar um silêncio opressor, contara uma discussão com a avó. Tinha quatro anos, sufocava de impotência e ameaçara a velha mulher: "Quando papai voltar vai bater em você com o chicote." "Eis a explicação", dissera-lhe com uma voz tranquilizadora sua camarada comunista Lucie Vernon, a quem ela narrara o incidente. Lucie, que tinha o hábito de racionalizar o mundo, julgara a conduta de Louise inteiramente normal. Mas Olga continuava angustiada.

Sartre e eu ficamos a imaginar a noite que o socialista quinquagenário passara no sábado precedente com Louise. Sartre devia esboçar, com esse tema, uma novela que depois abandonou, mas que deu origem a *O quarto*.

Louise ocupava sozinha o quarto e último andar de seu prédio; apertei o botão correspondente a seu apartamento, sem resultado; apertei outro e a porta abriu-se. Subimos pela escada; em cima percebemos na porta de Louise uma mancha branca: uma folha de papel fixada por tachas e em que se achava escrito em caracteres tipográficos: "O palhaço imortal." Apesar das narrativas de Olga e de Colette, senti um choque. Bati; ninguém respondeu. Olhei pelo buraco da fechadura. Louise estava sentada diante do fogareiro, envolvida num xale, com o rosto cor de cera, imóvel como um cadáver. O que fazer? Descemos novamente para discutir na rua e subimos. Bati na porta de novo e através dela exortei Louise a abrir: ela abriu. Estendi-lhe a mão e ela pôs vivamente a dela atrás das costas. O quarto estava cheio de fumaça, papéis queimavam no fogareiro e havia montes deles no assoalho. Louise ajoelhou-se e jogou uma braçada deles no fogo. "O que está fazendo?", perguntei-lhe. "Não, não falarei mais. Já falei demais." Toquei-lhe o ombro: "Venha conosco. Venha comer alguma coisa." Ela tremeu e olhou-me com furor: "Estão percebendo o que dizem?" Lancei algumas palavras ao acaso: "Você bem sabe que sou sua amiga." "Linda amiga", disse ela. "Deixem-me. Vão embora." Deixamo-la e em desespero de causa mandei um telegrama a seus pais, que moravam numa aldeia do Auvergne.

Eu tinha cursos à tarde. Por volta das duas horas Sartre subiu ao apartamento de Louise juntamente com Colette Audry. A inquilina do terceiro andar deteve-os na escada: havia três dias, da manhã à noite, Louise fazia estalar o soalho em cima de sua cabeça; a criada da limpeza dizia que, havia algumas semanas, ela não parava de falar sozinha. Quando entraram no quarto, Louise caiu nos braços de Colette soluçando: "Estou doente." Deixou que Sartre descesse para lhe comprar frutas. Ele reencontrou Colette na calçada: Louise mudara de ideia e a expulsara. Dessa vez, quando ele empurrou a porta que ela não tornara a fechar, Louise continuava num canto do sofá, de olhos apagados e fisionomia abatida. Ele largou as frutas perto dela e foi-se embora. Uma voz gritou-lhe às costas: "Não quero nada disso!" Ouviu-se um ruído de passos apressados e bananas, peras e laranjas rolaram pela escada. A senhora de baixo entreabriu a porta: "Posso pegá-las? Seria realmente uma pena que se perdessem."

Nunca o céu molhado de Rouen e suas ruas bem-pensantes tinham me parecido tão lúgubres como naquele fim de tarde. Eu aguardava ansiosamente um telegrama da família Perron e passei pela portaria do hotel: uma senhora morena estivera lá e deixara um bilhete: "Não a odeio. Preciso falar com você. Espero-a." Que obsessão aquela porta a abrir e fechar, a escada escura a subir e descer, e todo aquele vaivém na cabeça lá em cima! Encerrar-me sozinha, à noite, no quarto de Louise, sob o fogo de seu olhar e respirar o odor azedo do desespero que empestava as paredes eram ideias que me apavoravam. Novamente Sartre me acompanhou. Louise nos estendeu a mão e sorriu: "Bem", disse sem esforço, "eu pedi que viessem para um conselho, posto que são meus amigos: devo continuar a viver ou me matar?" "Viver, naturalmente", observei sem hesitar. "Que seja; mas como? Como ganhar minha vida?" Lembrei-lhe que ela era professora; ela ergueu os ombros agastada: "Ora! Já pedi minha demissão! Não vou continuar a fazer macaquice durante o resto de minha existência." Um macaco, um palhaço, desempenhar o papel como o velho Karamazov, mas estava acabado, queria regenerar-se, trabalhar com as mãos, varrer as ruas, talvez, ou cuidar de apartamentos. Enfiou o casaco: "Vou descer para comprar o jornal e dar uma espiada nos classificados." "Está bem", disse eu. O que dizer? Ela encarou-nos com um ar esgazeado: "Ah, estou representando de novo!" Jogou o casaco no sofá. "Mas isto também é uma comédia", disse colando as mãos ao rosto. "Haverá meio de sair disto?" Acabou acalmando-se e lançou-me de novo um sorriso: "Pois bem, só me resta agradecer a vocês tudo o que me fizeram." Apressei-me em protestar: não tinha feito coisa alguma. "Ah, não mintam", disse ela, zangada. Eu me aplicara assiduamente a persuadi-la de sua abjeção; todas essas histórias que lhe contava sobre Simone Labourdin, Marco e Camille era para saber se tinha a alma bastante vil para acreditar; e ela acreditava. Na presença das pessoas, parecia uma pobre coitada engolida pela lama; só reencontrava um pouco de capacidade de julgar na solidão; essa passividade diante de outras pessoas era justamente um dos aspectos de sua abjeção. E por certo eu não me esforçara por enterrá-la mais ainda, senão para provocar uma reação que lhe permitisse sair desse estado. Tinha completado minha obra, aconselhando-a a redigir suas recordações de infância: era uma maneira de psicanalisá-la. Renunciei a defender-me contra sua inquietante gratidão.

Essa cena tivera o rigor de um bom diálogo de teatro. Impressionou-nos vivamente. Preocupou-nos a incapacidade de Louise de se libertar de sua "comédia": isso confirmava inteiramente nossas ideias a esse respeito; a nossos olhos, o erro de Louise fora ter querido construir uma imagem de si mesma que lhe servia de arma contra um amor infeliz; o mérito estava em que agora ela penetrara em si mesma até o fundo; seu drama, em que conseguiria tanto menos esquecer-se quanto mais se obstinasse.

O pai de Louise chegou no dia seguinte pela manhã; fabricava tonéis no Aveyron e examinou-nos com desconfiança: "O que foi que fizeram à menina?" Suspeitava, visivelmente, que um sedutor a infelicitara. O irmão de Louise, mais moço dez anos, aluno da École Normale, apareceu durante a noite; mantinha-se também na defensiva. Instalou-se na casa da irmã durante as férias de Natal. Antes de deixar Rouen, Colette foi pedir à diretora de Louise que rasgasse a carta de demissão; foi recebida pela vigilante-geral. A diretora batera à porta de Louise, a fim de se explicar com ela; Louise expulsara-a gritando: "Eu procuro o ato puro." Ela sentira tamanho medo que, desde então, estava de cama.

Revi Louise nos primeiros dias de janeiro, no Café La Métropole; estava magra e amarela, tinha as mãos úmidas e todo o seu corpo tremia. "Estive doente, muito doente." Experimentara durante as duas últimas semanas uma espécie de desdobramento, e disse-me a que ponto era horrível ver-se a si mesma a todo instante, sem cessar. Chorava. Não havia nenhuma hostilidade mais nela; suplicava-me que a defendesse contra a calúnia. "Minha mão é inocente, eu juro", disse-me estendendo a mão sobre a mesa. Ela escrevera em seu artigo que as personagens de J.B. se assemelhavam aos dedos de uma mão, não havia subentendido na frase. Nunca hostilizara o filho de J.B. Estava decidida a tratar-se. O médico aconselhara-a a partir para a montanha; o irmão ia levá-la e ficaria duas ou três semanas com ela.

A julgar pela sua primeira carta, poder-se-ia dizer que a neve e um bom regime a tivessem transformado; fazia esqui; descrevia o hotel e a paisagem; estava tricotando um belo suéter branco para mim: "Agradecerei aos outros de outra feita." Somente essa frase, no pé da página, me inquietou. Com razão. Pois as cartas seguintes não eram tranquilizadoras. Louise torcera o tornozelo e, estendida numa espreguiçadeira, remoía novamente o passado. Muitas vezes, ao despertar, mostravam-lhe nas paredes estrelas e cruzes: Quem? Por quê? Desejaríamos salvá-la ou perdê-la? Parecia inclinar-se para a segunda hipótese.

Eu não me sentia muito alegre quando fui buscá-la na estação, às nove horas da noite; não tinha a coragem de me isolar com ela em seu quarto; tinha algum medo e, sobretudo, medo de ter medo. Em meio aos viajantes, avistei-a carregando suas duas maletas, robusta, o rosto bronzeado e duro; não sorriu para mim. Insisti para que tomássemos alguma coisa no café da estação; isso não lhe agradava, mas eu finquei o pé e regozijei-me por tê-lo feito, porque era reconfortante sentir gente e ouvir barulho em torno de nós, enquanto ela procedia a seu interrogatório; exigia uma resposta precisa: a coligação agira para seu bem ou por espírito de vingança? Falava com uma voz clara, e sua boa saúde permitira-lhe pôr em ordem o seu delírio: era uma construção soberba, mais difícil de refutar que Leibniz ou Spinoza. Neguei a existência de uma coligação: "Ora", disse ela, "não são as nuvens que se encontram". Sabia agora que Colette era a amante de J.B.; no verão precedente ela visitara a Noruega, com amigos, ao que dissera; por seu lado, J.B. falara em tom irônico de um projeto de passeio à Noruega: coincidência? Não. Todo mundo estava a par da ligação, salvo Louise. Mantinham-na, de resto, sistematicamente à parte. No restaurante, como eu tomava sidra, juntamente com Colette e Simone Labourdin, Louise pedira vinho e eu caçoara: "Então fica sozinha!" Tentei um contra-ataque: "Você sabe muito bem que você é uma interpretante", disse. Ela me contara que passava horas estendida num sofá a procurar o sentido real dos gestos, das palavras que anotara durante o dia. "Sim, eu sei", respondeu tranquilamente, "mas um fato é um fato". E citou-me fatos à profusão: uma piscadela insolente, um dia que cruzara com ela; uma troca de sorrisos com Colette; uma entonação estranha de Olga, pedaços de frases que eu pronunciara. Impossível lutar contra tantas evidências. Saindo da estação, limitei-me a repetir que não havia coligação. "Bem, já que você se recusa a me ajudar, é inútil nos revermos por enquanto. Tomarei minhas decisões sozinha", disse, mergulhando nas trevas da cidade.

Dormi mal essa noite e nas noites seguintes. Louise entrava em meu quarto, espumando; alguém me ajudava a trancá-la num estojo de violino; eu tentava tornar a dormir, mas o estojo permanecia sobre a lareira; dentro havia uma coisa viva, retorcida de ódio e de horror. Abria os olhos. O que Louise faria se me batesse à porta no meio da noite? Não podia me recusar a abri-la, e no entanto, desde nossa última conversa, eu a acreditava capaz de tudo. Até os meus dias eram envenenados pelo receio de um encontro; a ideia de que ela respirava, ruminava, a uns cem metros de mim bastava para despertar em mim essa angústia que experimentara aos quinze anos vendo Carlos VI perambular pelo palco do Odéon.

Duas semanas, mais ou menos, passaram-se. Colette e eu recebemos duas cartas idênticas: "Querem dar-me o prazer de participar, no domingo, 11 de fevereiro, ao meio-dia e meia, do grande almoço que organizo em Paris em honra de nossos amigos?" Esse almoço, sem indicação de local, lembrava o banquete-fantasma de que Colette participara. Foram mandados convites aos pais de Louise, a Alexandre, a J.B., ao socialista e mais alguns outros. Mas, antes da data fixada, Louise fez uma visita a Mme J.B. e jurou-lhe, soluçando, que não lhe queria mal. Mme J.B. soube convencê-la a se internar no mesmo dia numa clínica.

Saiu dali no meio do verão, que ela terminou na casa dos pais. Fez uma viagem a Paris em outubro e marcou encontro comigo no Dôme. Esperei-a no fundo do café, com um nó na garganta. Abordou-me bastante amigavelmente, mas deitou um olhar de suspeição ao livro que eu colocara à minha frente: a tradução por Louis Guilloux de um romance inglês. "Por que Louis Guilloux?", indagou. Queixou-se da clínica onde os médicos a haviam submetido a experiências de hipnotismo e transmissão de pensamento que a teriam mergulhado em crises horríveis. Tornara a encontrar a calma, mas permanecia convencida de que a coligação não desarmara. A última carta de Colette fora posta no correio da rua Singer, o que significava "Você é um macaco";[37] lia-se no papel, em filigrana, *The strongest*: "Fui mais forte." Eu mesma tinha algo equívoco em minha atitude. Louise admitia que tinha a mania da interpretação. Relendo *Cinna*, passara-lhe pela cabeça que essa história de conspiração era uma alusão a seu caso, mas raciocinara: a tragédia já tinha três séculos. Porém quando ouvia no rádio ou lia em um semanário palavras provocantes, o que é que a impedia de acreditar que se tratava realmente dela? A coligação tinha meios para financiar emissões e artigos. Lançou-se numa espantosa descrição de seu mundo. Símbolos psicanalíticos, chaves dos sonhos, linguagem dos números e das flores, trocadilhos, anagramas: tudo lhe era pretexto para atribuir ao mais insignificante objeto e ao mais fútil incidente milhares de intenções que a visavam. Nenhum minuto morto nesse universo, nenhuma polegada de terreno neutro, nenhum pormenor deixado ao acaso; ele era regido por uma necessidade de ferro, e por inteiro significativo; parecia-me ser transportada para longe da Terra e sua moleza, para o paraíso ou o inferno. O inferno, sem dúvida. O rosto de Louise tornava-se sombrio. "Só vejo duas soluções", dizia, pesando as palavras. "Ou me inscrevo no Partido Comunista, ou mato. O diabo é que terei de começar pelas pessoas a quem tenho mais apego." Eu não tirava os olhos de suas mãos, que, de vez em quando, se crispavam sobre a bolsa: soube depois que transportava consigo uma navalha e que teria sido capaz de servir-se dela. Dizia-me, para me tranquilizar, que a primeira vítima seria J.B. e que ela teria dificuldade em atingir a segunda, mas isso só me acalmava em parte. Ao mesmo tempo sentia-me fascinada pelas sombrias fantasmagorias em meio às quais Louise se movia. Juntei-me a Sartre

---

[37] *Singer* significa em francês imitar, macaquear, daí a associação de ideias. (N.T.)

e a Colette Audry na Closerie des Lilas e não consegui mais entrosar-me com eles. Foi a única ocasião de minha vida em que a conversa de Sartre me pareceu aborrecida. "É verdade que você não é louco", disse-lhe de mau humor no trem que nos trazia de volta a Rouen. Eu atribuía uma dignidade metafísica à loucura: via nela uma recusa e uma superação da condição humana.

Louise voltou ao seio de sua família no Aveyron. Escrevi-lhe, propondo uma troca de correspondência e assegurando-lhe minha amizade. Ela mandou-me uma carta de agradecimento, não me odiava mais. "Infelizmente", escrevia, "não estou em estado de graça para construir o que quer que seja neste momento. Há em mim uma coisa dura como uma barra que detém todo entusiasmo, todo desejo, toda vontade. Sinto, enfim, que tudo o que desejasse construir com você conservaria em seu alicerce uma bomba que, contra a minha e a sua vontade, faria provavelmente tudo rebentar, num momento que não teríamos previsto, nem uma nem outra... Digamos que tenho, por vezes, o caráter mais horroroso, o coração mais seco e uma alma negra como a fuligem. O pensamento de que não sou a única no meu caso não me consola absolutamente; ajuda-me a sair desse masoquismo de indignidade em que chafurdo há mais de um ano — admitindo-se que toda a minha vida não tenha sido prisioneira disso — e a ver um pouco diferentemente as coisas".

Não a revi, portanto, nunca mais. Ela perseverou bastante tempo em seu delírio e acabou cansando. Voltou a ser professora. Soube que tomara parte ativa na Resistência e que se inscrevera no Partido Comunista.

Eu estava decidida a ir a Berlim em fins de fevereiro. Tive a ideia de explorar a história de Louise Perron para extorquir de um médico um certificado que me permitisse tirar uma licença. Colette me recomendou um psiquiatra, o dr. D., o que aconselhara um de seus camaradas a "deixar que os sentimentos se destacassem de si como folhas mortas". Esperei durante meia hora mais ou menos numa sobreloja sombria do Quartier Latin; estava um pouco apreensiva: aquele médico não me mandaria passear? Finalmente ele abriu a porta; era um homem velho, de bigode branco e um ar muito digno, mas na frente da calça havia uma mancha fresca que não se prestava a equívoco. Isso me pôs de bom humor, minha timidez fundiu e falei com volubilidade. Fingi consultá-lo acerca do caso de Louise, que naquele momento ainda não se internara na clínica; acrescentei que o drama me esgotara nervosamente, e ele prescreveu-me de boa vontade de dez a quinze dias de repouso. Quando me instalei no trem rápido de Berlim, pareceu que eu entrava na pele de uma grande viajante internacional, de uma madona dos *sleepings*, por assim dizer.

Os pensionistas do Instituto de Berlim não viam o nazismo com olhos diferentes do conjunto da esquerda francesa. Só frequentavam estudantes e intelectuais antifascistas, convencidos da iminente derrota do hitlerismo. Eles explicavam o congresso de Nuremberg e o plebiscito de novembro como uma crise passageira de histeria coletiva. O antissemitismo afigurava-lhes uma tomada de posição preconcebida, demasiado gratuita, demasiado estúpida para inquietar seriamente. Havia no instituto um belo judeu, grande e forte, e um pequeno corso de cabelos crespos: infalivelmente os racistas alemães tomavam o segundo por um israelita e o primeiro por um ariano. Sartre e seus camaradas divertiam-se com essa perseverante confusão. Contudo, enquanto não fosse destruído, o fanatismo nazista representava um perigo, eles bem o sabiam. Um antigo camarada de Sartre ligara-se no ano precedente com uma israelita rica e bastante conhecida; ele não lhe escrevia diretamente com receio de que uma correspondência com um francês a comprometesse: mandava as cartas a Sartre, que entregava-as a ela. Sartre gostava muito de Berlim, mas quando cruzava com camisas-pardas sentia o mesmo nó na garganta que da primeira vez em Veneza.

Durante minha estada em Berlim, os socialistas austríacos tentaram explorar o descontentamento operário para opor-se à ascensão do nazismo; desencadearam uma insurreição que Dollfuss esmagou com sangue. O malogro atormentou-nos um pouco. Recusávamos tocar na roda da História, mas queríamos acreditar que rodasse no bom sentido. Do contrário, teríamos tido muita coisa a repor em discussão.

Para um visitante superficial, Berlim não parecia acabrunhada por uma ditadura. As ruas eram movimentadas e alegres; sua feiura espantou-me; eu gostara das de Londres e não imaginava que casas pudessem ser feias; só um bairro escapava a essa desgraça: uma espécie de cidade-jardim recentemente construída na periferia e a que chamavam "a cabana do Pai Tomás". O nazismo edificara também nos arrabaldes cidades proletárias bastante confortáveis, mas onde habitavam, na realidade, pequeno-burgueses. Do Kurfürstendamm à Alexanderplatz, passeávamos muito. Fazia muito frio — 15°C; andávamos depressa e multiplicávamos as paradas. Os *konditorei* desagradavam-me, assemelhavam-se a salões de chá; mas achava confortáveis as *brasseries* de mesas maciças, de odores espessos. Aí almoçávamos muitas vezes. Eu gostava da gorda cozinha alemã, do repolho vermelho e do porco defumado, dos *bauernfruhstück*. Gostava menos da caça com geleia, dos pratos inundados de creme que serviam nos restaurantes mais requintados. Lembro-me de um que se chamava "O Sonho"; era forrado de veludo suave sobre o qual se distribuíam jogos de luz à Loïe Fuller; tinha colunatas, repuxos e, creio, pássaros também. Sartre levou-me também ao Romanisches Café, que fora o lugar de encontro dos intelectuais; desde um ou dois anos atrás tinham deixado de aparecer; vi somente um grande saguão cheio de pequenas mesas de mármore e de cadeiras de encostos duros.

Alguns lugares de prazer tinham sido fechados, entre outros o Silhouetten, onde se exibiam antes pessoas fantasiadas. Nem por isso a ordem moral reinava. Saímos, na primeira ou segunda noite, com Cantin, um camarada de Sartre, especialista em antros. Na esquina da rua, ele dirigiu-se a uma senhora grande, muito elegante e bonita sob o véu fino; usava meias de seda, sapatos altos e falava com uma voz um tanto grave; não acreditei quando soube que era um homem. Cantin levou-nos a uma das boates crapulosas das proximidades da Alexanderplatz. Diverti-me com um cartaz pendurado à parede: *Das Animieren der Damen ist verboten*. Nos dias seguintes Sartre mostrou-me lugares mais burgueses. Tomei *bowl* em um cabaré cujas mesas cercavam uma pista de terra movediça; uma acrobata fazia evoluções a cavalo. Tomei cerveja em *brasseries* imensas; uma delas compreendia uma enfiada de halls, e três orquestras tocavam ao mesmo tempo. Às onze horas da manhã, todas as mesas estavam ocupadas e as pessoas davam o braço cantando e balançando. "É a *stimmung*", explicou-me Sartre. No fundo da sala principal, um cenário representava as margens do Reno;

repentinamente, numa imensa bagunça de instrumentos de cobre, uma tempestade desencadeou-se: a tela pintada passava do violeta ao vermelho purpurino, raios cortavam-na em zigue-zague, ouvia-se o trovão e um barulho de cataratas. O público aplaudiu com fúria.

Fizéramos uma curta viagem; em Hannover vimos, debaixo de chuva torrencial, a casa de Leibniz; era de boa aparência, ampla e muito bonita, com suas janelas em fundo de garrafa. Gostei das velhas casas de Hildesheim, com seus telhados de um vermelho morto, abrigando águas-furtadas três vezes mais altas do que as fachadas; silenciosas, desertas, as ruas pareciam fugir do tempo, e eu tinha a impressão de passear em um filme fantástico: logo adiante iria deparar com um homem de sobrecasaca preta e cartola, e que seria o dr. Caligari.

Jantei duas ou três vezes no Instituto Francês. Em sua maioria, os pensionistas distraíam-se de seus estudos traficando com moedas estrangeiras. Havia uma grande diferença entre a cotação do "marco congelado" concedido aos turistas e a dos marcos comuns, cuja exportação era proibida. Cantin e muitos outros atravessavam todos os meses a fronteira, dissimulando no forro de seus sobretudos notas que os bancos franceses trocavam mais caro e cuja equivalência eles, em sua qualidade de estrangeiros, obtinham a preços módicos. Sartre não se interessava por essas combinações. Trabalhava muito; continuava a história de Roquantin; lia Husserl; escrevia o *Essai sur la transcendance de l'Ego*, que foi publicado em 1936 em *Recherches philosophiques*. Aí descrevia, dentro de uma perspectiva husserliana, mas em oposição a algumas das mais recentes teorias de Husserl, a relação do Eu com a consciência; entre a *consciência* e o *psíquico*, ele estabelecia uma distinção que manteria sempre; enquanto a consciência é uma imediata e evidente presença ante si, o psíquico é um conjunto de objetos que só se apreendem mediante uma operação reflexiva e que, como os objetos da percepção, só se dão de perfil; o ódio, por exemplo, é um transcendente que se apreende através de *erlebnissen* e cuja existência é tão somente provável. Meu Ego é, ele próprio, um ser do mundo, tal qual o Ego de outra pessoa. Sartre fundava assim uma de suas crenças mais antigas e mais obstinadas: há uma autonomia da consciência irrefletida; a relação com o Eu que, segundo La Rochefoucauld e a tradição psicológica francesa, perverteria nossos movimentos mais espontâneos só aparece em circunstâncias particulares. O que lhe importava mais ainda é que essa teoria, e ela unicamente, pensava, permitia escapar ao solipsismo, o psíquico, o Ego, existindo para outras pessoas e para mim da mesma maneira objetiva. Abolindo o solipsismo, evitavam-se as armadilhas do idealismo, e Sartre em sua conclusão insistia no alcance prático (moral e político) de sua tese. Cito suas últimas linhas, porque é difícil conseguir o *Essai* e elas manifestam a continuidade das preocupações de Sartre:

"Pareceu-me sempre que uma hipótese de trabalho tão fecunda como o materialismo histórico não exigia absolutamente como fundamento o absurdo do materialismo metafísico. Não é necessário, com efeito, que o *objeto* preceda o *sujeito* para que os pseudovalores espirituais se dissipem e para que o Mundo reencontre suas bases na realidade. Basta que o Eu seja contemporâneo do Mundo e que a dualidade sujeito-objeto, que é puramente lógica, desapareça definitivamente das preocupações filosóficas..." Tais condições são suficientes, acrescentava ele, "para que o Eu apareça como *em perigo* diante do Mundo, para que o Eu (indiretamente e por intermédio dos estados) tire do Mundo seu conteúdo. Não é preciso mais para fundar filosoficamente uma moral e uma política absolutamente positivas".[38]

Sartre gostava do instituto, onde voltava a encontrar a liberdade e, em certa medida, a camaradagem que lhe haviam tornado tão cara a École Normale. Ademais, lá conquistou algumas dessas amizades femininas a que atribuía tão grande valor. Um dos pensionistas, apaixonado por filologia mas inteiramente indiferente às coisas do amor, tinha uma mulher que todos no instituto achavam encantadora. Marie Girard arrastara-se durante muito tempo pelo Quartier Latin; morava em pequenos hotéis lamentáveis e às vezes se enclausurava durante semanas em seu quarto, fumando e sonhando; não compreendia absolutamente o que viera fazer na Terra; vivia ao sabor do momento, perdida em brumas que algumas evidências obstinadas transpassavam; não acreditava nas penas do coração, penas de luxo, penas de ricos; a seus olhos, as únicas desgraças verdadeiras eram a miséria, a fome, a dor física; quanto à felicidade, a

---

[38] Publicadas em 1936, essas linhas foram escritas em 1934.

palavra não tinha sentido para ela. Era bonita, sorria docemente com muita graça; seus estupores pensativos inspiraram uma viva simpatia a Sartre; teve-a ela igualmente por ele; convieram em que suas relações não podiam ter futuro, mas que o presente bastava, e viram-se muitas vezes. Encontrei-a; ela me agradou e não senti nenhum ciúme. Era, no entanto, a primeira vez, desde que nos conhecíamos, que uma mulher contava para Sartre, e o ciúme não era um sentimento que eu menosprezasse nem de que fosse incapaz. Mas a história não me pegava de surpresa, não perturbava a ideia que tinha de nossa vida, porque, desde que se ausentara, Sartre me prevenira que teria aventuras. Eu aceitara o princípio e aceitava o fato, sem dificuldade; sabia a que ponto Sartre era obstinado no projeto que governava toda a sua existência: conhecer o mundo e exprimi-lo; eu tinha a certeza de estar estreitamente associada a isso, a ponto de que nenhum episódio de sua vida podia me frustrar.

Pouco depois de minha chegada a Berlim, recebi uma carta de Colette Audry avisando-me de que, no colégio, minha ausência estava sendo malvista. Sartre aconselhou-me a abreviar minha estada; recusei, afirmando que meu atestado médico me cobria. Ele insistiu: se soubessem de minha fuga para a Alemanha, arriscava-me a aborrecimentos sérios. Era verdade, mas eu tremia de raiva à ideia de ter de me sacrificar à prudência. Fiquei. Não me arrependi, pois quando regressei a Rouen, não me aconteceu nada. Contei alegremente minha viagem a todos os amigos. "E aventuras?", perguntou-me Marco. "Não teve nenhuma aventura?" Quando lhe disse que não, olhou-me com comiseração.

Sartre e eu mantínhamo-nos a par de todas as novidades. Dois nomes marcaram esse ano para nós. Um foi o de Faulkner, de quem publicaram quase simultaneamente em francês *Enquanto agonizo* e *Santuário*. Antes dele, Joyce, Virginia Woolf, Hemingway e alguns outros tinham recusado a falsa objetividade do romance realista para apresentar o mundo através de subjetividades; entretanto, a novidade e a eficiência de sua técnica espantaram-nos; não só ele orquestrava simultaneamente uma pluralidade de pontos de vista, como ainda, em cada consciência, organizava o saber, as ignorâncias, a má-fé, os fantasmas, as palavras, o silêncio, de maneira a mergulhar os acontecimentos em um claro-escuro de que emergiam com um máximo de mistério e relevo. Suas narrativas tocavam-nos ao mesmo tempo pela sua arte e pelos seus temas. De certa maneira, *Enquanto agonizo*, essa epopeia brutalmente picaresca, aparentava-se às invenções surrealistas. "Minha mãe é um peixe", diz a criança; e quando o caixão mal-amarrado à velha charrete balança, cai no rio e desce com a correnteza, parece que o cadáver materno efetivamente se tornou um peixe. No cimento com que o camponês envolve o joelho doente, reconhecemos essa matéria falaz da predileção dos Irmãos Marx como de Dalí; a porcelana que se come, o açúcar de mármore. Mas tais equívocos tinham em Faulkner uma profundidade materialista; se os objetos e os costumes se mostravam ao leitor sob seus aspectos absurdos era porque a miséria, a necessidade, mudando a relação do homem com as coisas, mudam a face delas. Foi o que nos seduziu nesse romance que, com surpresa nossa, Valery Larbaud definia em seu prefácio como um romance "de costumes rurais". *Santuário* interessou-nos mais ainda. Não tínhamos compreendido Freud, ele nos repugnava; mas, quando nos apresentavam suas descobertas numa forma para nós mais acessível, entusiasmávamo-nos. Tínhamos recusado os instrumentos que os psicanalistas nos propunham para quebrar esse "*infraturável* caroço de noite" que se encontra no coração de todo homem: a arte de Faulkner lascava-o e entreabria abismos que nos fascinavam. Faulkner não se limitava a dizer que, por trás do rosto da inocência, há imundícies formigando; mostrava-o; arrancava a máscara da moça pura norte-americana e fazia-nos tocar, por trás das cerimônias adocicadas que disfarçam o mundo, a trágica violência da necessidade, do desejo e das perversidades que sua insatisfação acarreta; o sexo, em Faulkner, põe literalmente o mundo a fogo e sangue; os dramas dos indivíduos exteriorizam-se em estupros, assassinatos, incêndios; esse fogo que, no fim de *Santuário*, transforma o homem em tocha viva é tão somente em aparência alimentado por um galão de gasolina: nasce dos braseiros íntimos e vergonhosos que devoram em segredo os ventres dos machos e das fêmeas.

O segundo nome foi o de Kafka, que teve para nós importância muito maior ainda. Tínhamos lido, na *NRF*, *A metamorfose* e compreendêramos que o ensaísta que colocava Kafka ao lado de Joyce e de

Proust não era absolutamente ridículo. *O processo* foi publicado sem provocar muito comentário: a crítica preferia francamente Hans Fallada a Kafka; para nós, era um dos livros mais raros e belos que tínhamos lido de há muito. Compreendemos imediatamente que não se devia reduzi-lo a uma alegoria, nem procurar descobrir através de que símbolo interpretá-lo, mas que ele exprimia uma visão totalitária do mundo. Pervertendo as relações entre os meios e os fins, Kafka contestava não somente o sentido dos utensílios, das funções, dos papéis, das condutas humanas, como ainda a relação global do homem com o mundo; propunha uma imagem fantástica e insuportável dessa relação mostrando-o *pelo avesso*.[39] A aventura de K. era muito diferente — muito mais extrema e mais desesperada — que a de Antoine Roquantin, mas em ambos os casos o herói colocava-se a uma tal distância de seu mundo familiar que, para ele, a ordem humana desmoronava e ele soçobrava solitariamente em estranhas trevas. Nossa admiração por Kafka foi de imediato radical; sem sabermos ao certo por quê, sentíramos que sua obra nos dizia respeito pessoalmente. Faulkner e todos os outros contavam-nos histórias remotas; Kafka falava de nós; descobria nossos problemas em face de um mundo sem Deus e no qual, entretanto, nossa salvação se jogava. Nenhum pai encarnara a Lei para nós; nem por isso deixava de estar inscrita em nós, inflexível; não se deixava decifrar à luz da razão universal; era tão singular, tão secreta, que nós mesmos não conseguíamos soletrá-la, embora sabendo que, se não a seguíssemos, estaríamos perdidos. Tateávamos, tão desnorteados, tão sós quanto Joseph K. e o agrimensor em meio a brumas onde nenhum laço visível une os caminhos e os objetivos. Uma voz dizia: é preciso escrever; obedecíamos, cobríamos páginas inteiras, para chegar a quê? Quem nos leria? E o que leriam eles? O caminho rigoroso, pelo qual uma fatalidade nos impelia, afundava na noite indefinida. Por vezes, numa iluminação, percebíamos a meta: esse romance, esse ensaio devia ser realizado; brilhava, já terminado, ao longe. Mas era impossível então encontrar as frases que, de página em página, nos levariam até o fim visado; chegávamos a algum lugar ou a lugar nenhum. Já adivinhávamos o que não cessaríamos de

---

[39] Sartre desenvolveu essa ideia em 1943 em seu estudo sobre Blanchot.

aprender: não havia termo para esse empreendimento cego, nem sanção. A morte surgiria brutalmente, como a de Joseph K., sem que nenhum veredicto fosse pronunciado: tudo ficaria suspenso.

Falamos muito de Kafka e de Faulkner quando Sartre veio a Paris para as férias de Páscoa. Ele expôs-me em suas grandes linhas o sistema de Husserl e a ideia de *intencionalidade*; essa noção trazia-lhe exatamente o que havia esperado dela: a possibilidade de superar as contradições que o dividiam então e que indiquei; sempre tivera horror à "vida interior": ela achava-se radicalmente suprimida a partir do momento em que a consciência se fazia existir através de uma superação perpétua de si mesma para um objeto; tudo se situava fora: as coisas, as verdades, os sentimentos, as significações e o próprio Eu; nenhum fator subjetivo alterava, portanto, a verdade do mundo tal qual se dava a nós. A consciência conservava a soberania, e o Universo, a presença real que Sartre sempre pretendera garantir-lhes. A partir daí, cumpria revisar toda a psicologia e ele já começara, com o ensaio sobre o Ego, a atacar essa tarefa.

Partiu, e arrastei-me como pude durante o último trimestre. Via muito minha irmã. Ela ainda vivia com nossos pais, mas alugara, na rua Castagnary, um lugarzinho gelado no inverno e tórrido no verão, onde pintava. Ganhava algum dinheiro trabalhando como secretária, à tarde, na galeria Bonjean. De quando em quando, ia ao Bal des Anglais ou a uma festa de ateliê com Francis Grüber e seu bando, mas eram raras diversões. Sua vida era materialmente difícil, e muito austera; ela suportava-a com um bom humor que eu admirava. Levava-a amiúde ao espetáculo comigo. Vimos juntas, no Atelier, *Dommage qu'elle soit putain*,[40] de John Ford, de que eu gostava muito; os atores usavam belas vestimentas desenhadas e pintadas por Valentine Hugo, criadas para Romeu e Julieta. Comovi-me com ela com *Little women*; Joe Marsh, encarnada por uma estreante, Katherine Hepburn, tinha a mesma sedução pungente que nos meus sonhos de adolescente: pareceu-me que rejuvenescia dez anos. Acompanhávamos também, assiduamente, as exposições de pintura; foi com minha irmã que visitei, em fins de junho,

---

[40] A peça fora anunciada com o título de *Dommage qu'elle soit une prostituée*; lamentávamos essa timidez verbal que traía o texto original e o sentido do drama. Sartre pensou em Ford quando empregou a palavra "puta" no título de uma de suas peças.

na galeria Bonjean, a primeira grande exposição de Dalí. Lembro-me de ter visto também, com Sartre, muitas obras dele, mas não sei mais quando. Fernando falara-nos com reticências dos requintes minuciosos que Dalí colocava sob o patrocínio de Meissonier; esses falsos cromos seduziram-nos. Os jogos surrealistas sobre o equívoco da matéria e dos objetos sempre haviam nos intrigado, e apreciamos os "relógios moles" de Dalí; mas apreciei principalmente a transparência gelada de suas paisagens em que, mais ainda do que nas ruas de Chirico, eu descobria a vertiginosa e angustiante poesia do espaço nu fugindo até o infinito; as formas e as cores pareciam puras modulações do vácuo. Era quando pintava os pormenores de uma costa ab-rupta da Espanha, tal qual eu a vira com meus olhos, que ele me transportava para mais longe da realidade, revelando-me os inacessíveis segredos de toda a nossa experiência: a ausência. Outros pintores preocupavam-se então com "retornar ao humano"; eu não aprovava essa tentativa e os resultados não me convenceram.

Na ausência de Sartre, dei aulas de filosofia a Lionel de Roulet, que vivia então em Paris. Com alguns camaradas, ele fundara o "Partido dos Merovíngios", que reclamava, com cartazes e volantes, a volta dos descendentes de Chilperico. Critiquei-o porque achava que sacrificava tempo demais a essas fantasias, mas ele tinha uma queda pela filosofia e eu, muita simpatia por ele. Ele conheceu minha irmã e tornaram-se grandes amigos.

Ia muitas vezes visitar Camille e Dullin nos arredores de Paris. Da primeira vez que fui à rua Gabrielle, depois da partida de Sartre, Camille fez tudo para me receber admiravelmente bem. Estava com um vestido muito bonito, de veludo preto, com um ramalhete de pequenas flores pretas de botões amarelos à cintura. "Quero seduzi-la", disse-me alegremente; esperava que seus sentimentos em relação a mim pudessem tornar-se imperiosos e até ciumentos; não topei a brincadeira que só parecia diverti-la em termos e que na vez seguinte ela deixou de lado. Sentia que me considerava com uma condescendência amigável, mas seu narcisismo e suas faceirices tinham-na ligeiramente depreciado a meus olhos e ela perdera toda influência sobre mim. Comprazia-me com ela sem que nenhuma intenção preconcebida me importunasse.

Dullin comprara uma casa em Ferrolles, perto de Crécy-en-Brie. De trem a viagem era um pouco complicada; como Mlle Ponthieu me contou que todos os domingos seu amigo passeava com ela de carro, pedi-lhe que me levassem a Ferrolles: pensava, com razão, que a ideia de se achegarem a um homem célebre os seduziria. Um sábado à tarde alcançamos Crécy e daí subimos a um lugarejo empoleirado numa colina. Camille acolheu-nos e ofereceu-nos um vinho do Porto. Meus companheiros olhavam com um ar estupefato sua fantasia de camponesa: um vestido comprido de burel e xales de cores caprichosas; ela levou ao cúmulo o espanto deles, apresentando-lhes, com uma seriedade de mãe, seus bonecos, Friedrich e Albrecht. Por sua vez, Dullin, silencioso e chupando o cachimbo, examinava pensativamente o casal de franceses de classe média. Eles se foram e eu explorei a casa: uma velha granja que Dullin e Camille tinham eles próprios transformado; haviam deixado permanecer o aspecto rústico: paredes rebocadas de cal cor-de-rosa, tetos com vigas aparentes, uma lareira com grossas achas de lenha queimando; tinham-na mobiliado, decorado, juntando, com um gosto tão ousado quanto seguro, belíssimos objetos antigos e acessórios de teatro. Fiquei vinte e quatro horas e voltei várias vezes. Dullin esperava-me na estação de Crécy-en-Brie, numa velha caleça puxada por cavalo que ele tratava com amor. Ao mesmo tempo que guiava, comia chocolates, porque Camille, por motivos obscuros, proibira-lhe bruscamente de fumar. Os jantares de Camille eram tão estudados quanto seus vestidos: mandava vir de Toulouse patês de tordo e de *foie gras*, preparava pratos complicados e deliciosos. No verão, passávamos o dia no jardim minúsculo e luxuriante. Dullin contava histórias e cantarolava a meia--voz velhas canções. Queria muito bem a Camille, era evidente, mas não se podia prejulgar suas verdadeiras relações porque na presença de terceiros Camille fazia um espetáculo de sua vida e ele a acompanhava. Representavam comédias, aliás muito divertidas, de carinho, de amuo, de rancor, de ternura.

Eu não gostava muito da Normandia; entretanto, passeei um pouco com Olga nas florestas mirradas dos arredores de Rouen; e quis aproveitar as férias de Pentecostes para estender-me na relva quente. Certo domingo fui ver em Lyons-la-Forêt um hotel que haviam me indicado;

era caro demais para mim; dei uma volta pelas cercanias; perto do castelo de Rosay deparei, no meio de um prado, com uma construção cujas vidraças brilhavam ao sol; a palavra "café" inscrevia-se em letras gigantescas nas janelas; entrei para tomar alguma coisa e perguntei ao patrão se alugava quartos; ele me propôs, a cinquenta metros dali, uma casinha de telhado de palha todo cheio de lírios. Ali passei cinco dias na semana seguinte. O assoalho de meu quarto era de ladrilhos vermelhos; dormia numa cama camponesa, sob o aconchego de um edredom azul, e ouvia, às cinco horas da manhã, o canto dos galos. De olhos fechados, eu me deixava embalar entre o sono e a vigília, entre antigas alvoradas e a luz que subia por detrás das persianas. Abria a porta, via a relva verde e as árvores floridas. Ia tomar um café, instalava uma mesa à sombra de uma macieira, voltava a ser a menina que fazia suas lições sob a begônia de Meyrignac. Oferecia-lhe aquilo com que ela sonhara tantas vezes: uma casinha bem sua.

No fim de junho, mandaram-me avaliar os exames finais do secundário em Caen. Muitos candidatos saíam do Prytanée Militaire de La Flèche,[41] suavam em seus uniformes de sarja azul e pareciam acuados; o papel que eu desempenhava nessa cerimônia selvagem não me agradava absolutamente; eludi-o dando média a todos. Entre as arguições, não me divertia nada. Não podia ficar indefinidamente plantada em frente à abadia das mulheres, diante da abadia dos homens. Sentava-me, com um livro, na *brasserie* Chandivert, que me deprimia com sua alegria provinciana. Uma tarde, fui passear de barco com algumas colegas no Orne: foi melancólico. Aron, que substituíra Sartre no Havre, fazia parte da banca examinadora e jantamos juntos bastante agradavelmente. Encontrei também Politzer, então professor em Évreux; gabava-se de que não era possível pronunciar a palavra "idealismo" diante de seus alunos sem que eles morressem de rir; convidou-me um dia para almoçar num pequeno restaurante situado abaixo do nível da calçada, numa das mais antigas praças da cidade. Falei-lhe com indignação do encontro em que os comunistas tinham obrigado Doriot a calar-se, e ele riu sem cerimônia de meu liberalismo pequeno-burguês. Em seguida

---

[41] Colégio secundário para militares. (N.T.)

explicou-me seu caráter de acordo com os dados da grafologia, que considerava uma ciência exata: revelavam em sua caligrafia traços de uma infraestrutura emotiva e tumultuada, mas também a presença de sólidas superestruturas, graças às quais ele se controlava. Sua linguagem, agressivamente marxista, agastava-me; mas, com efeito, havia um contraste impressionante entre esse dogmatismo e o encanto cambiante de seu rosto; muito mais do que sua conversa, eu apreciava os gestos, a voz, as sardas do rosto, a bela cabeleira chamejante que Sartre lhe roubara para atribuí-la a Antoine Roquantin.

Os exames orais terminaram poucos dias antes de 14 de julho, e, fiel à minha resolução de tudo ver neste mundo, fiz um passeio a Trouville e a Deauville que me encheu de um alegre horror. Detive-me em Bayeux, diante da tapeçaria da rainha Matilde. Passei pelos penhascos que dominam Granville. Regressei a Rouen. Entre Colette Audry e Simone Labourdin, assisti à distribuição dos prêmios. Dois dias depois, tomava o trem para Hamburgo, onde tinha encontro marcado com Sartre.

Apesar da noite de 30 de junho, apesar da renúncia de Hindenburg, os antinazistas alemães continuavam a predizer a queda próxima de Hitler. Sartre desejava acreditar, mas estava assim mesmo contente em deixar a Alemanha. Íamos aproveitar nossas férias para percorrê-la, e depois ele lhe diria adeus; reassumiria seu posto no Havre.

Hamburgo era alemã e nazista, mas antes de tudo um grande porto: navios que partiam e chegavam, que aguardavam sonolentos, botequins de marinheiros e todas as devassidões. Por razões de moralidade, haviam derrubado um bom pedaço do bairro "reservado"; mas sobravam assim muitas ruas encerradas entre passagens em zigue-zague, onde mulheres pintadas e de cabelos encrespados se expunham por trás de janelas de vidraças bem-lavadas; seus rostos não se mexiam, diria-se que se tratava de manequins de barbeiro. Passeávamos pelo cais, em torno das bacias; almoçávamos à margem do Alster; à noite explorávamos os antros; todo esse movimento agradava-nos. Subimos o Elba de barco até o rochedo de Heligoland, onde não cresce uma só árvore. Um alemão abordou-nos: quarenta anos mais ou menos, um boné preto na cabeça, uma fisionomia morna; depois de algumas banalidades, disse-nos que participara da guerra de 1914-18 como sargento; o tom da voz fez-se mais violento pouco a pouco: "Se houver uma nova guerra, não seremos os vencidos: recobraremos a honra." Sartre respondeu que não devia haver guerra, que precisávamos todos aspirar à paz. "A honra antes de tudo", disse o sargento. "Primeiramente queremos recobrar a honra." Sua voz fanática inquietou-me. Um antigo combatente é forçosamente militarista, pensava eu para me tranquilizar; contudo, quantos seriam os que viviam assim de olhos fixados no momento do grande revide? Nunca eu vira o ódio brilhar de maneira tão triunfante num rosto. Durante toda a viagem, tentei esquecê-lo sem o conseguir.

Nas ruas calmas de Lübeck com suas belas igrejas vermelhas, em Stralsond, que o vento marinho fustigava alegremente, vimos desfilarem com seus passos implacáveis coortes de camisas-pardas. Entretanto, sob os tetos abobadados dos "Ratkeller", as pessoas tinham um aspecto pacífico; sentadas umas ao lado das outras, bebiam cerveja e cantavam. Será possível apreciar tanto o calor humano e sonhar com massacres? Isso não parecia conciliável.

Encontrávamos, aliás, poucos atrativos no espesso humanismo alemão. Atravessamos Berlim, vimos Potsdam; tomamos chá na ilha dos Cisnes: em meio à multidão que, ao nosso lado, se empanturrava de creme batido, nenhum rosto despertou nossa simpatia, nem mesmo nossa curiosidade; lembrávamo-nos, melancolicamente, dos cafés espanhóis e dos terraços italianos, onde nossos olhares erravam de mesa em mesa com tamanha avidez.

Dresden pareceu-me ainda mais feia do que Berlim. Esqueci tudo dessa cidade, salvo uma grande escadaria e uma vista sobre a "Suíça saxônica" de um pitoresco comedido. Quando me maquiava no toalete de um café, a proprietária interpelou-me, colérica: "Nada de batom, isso não se faz. Na Alemanha, ninguém usa batom."

Respirava-se melhor do outro lado da fronteira. Nos bulevares de Praga, flanqueados de cafés à francesa, recobramos um pouco de alegria, um desembaraço esquecido. As ruas, as praças antigas e o cemitério judaico encantaram-nos. À noite, ficamos durante muito tempo apoiados ao parapeito da velha ponte, em meio aos santos de pedra há séculos petrificados por cima das águas negras. Entramos em um *dancing* quase deserto; logo que o gerente do hotel compreendeu que éramos franceses, a orquestra tocou a "Marselhesa"; os raros fregueses puseram-se a sorrir e aplaudiram, para além de nós, a França, Barthou, a *Petite Entente*. Foi um momento doloroso.

Contávamos ir a Viena. Mas, ao sair do hotel, certa manhã, vimos aglomerações nas ruas; as pessoas disputavam os jornais de enormes manchetes em que distinguíamos o nome de Dollfuss e um nome começado por M cujo sentido adivinhamos. Um transeunte que falava alemão informou Sartre: Dollfuss acabava de ser assassinado. Parece-me hoje que era uma razão a mais para corrermos a Viena. Mas estávamos tão imbuídos do otimismo da época que, para nós, a verdade do mundo era a paz; Viena de luto, privada de suas graças ligeiras, não seria mais Viena. Hesitei por simples esquizofrenia em modificar nossos planos, mas Sartre recusou-se categoricamente a ir aborrecer-se numa cidade desfigurada por um drama absurdo. Não queríamos pensar que o atentado contra Dollfuss revelava, ao contrário, a fisionomia autêntica da Áustria, da Europa. Ou, talvez, Sartre o suspeitasse e não tivesse nenhuma vontade de enfrentar a sinistra realidade que durante nove meses, em Berlim, ele não conseguira eludir: o nazismo propagava-se através da Europa central; parecia muito menos um fogo de palha do que o afirmavam os comunistas.

Em todo caso, voltamos as costas à tragédia, partimos para Munique. Vimos as coleções da pinacoteca e *brasseries* ainda mais monstruosas do que o Vaterland berlinense. Para mim, a Baviera foi um pouco estragada pelos habitantes; eu suportava mal os enormes bávaros, que mostravam suas coxas peludas comendo salsichas. Tínhamos contado muito com o pitoresco de Nuremberg, mas milhares de bandeiras com a cruz gamada flutuavam ainda nas janelas, e as imagens que tínhamos visto nas "atualidades" impunham-se com uma arrogância insustentável: a parada gigantesca, as mãos estendidas, os olhares fixos, todo um povo em transe. Deixamos a cidade com alívio. Em compensação, os séculos tinham passado sobre Rotemburgo sem a modificar; passeava-se através de uma Idade Média cuidadosamente limpa mas deliciosa. Não conhecia nenhum lago que se pudesse comparar com a perfeição do Koenigssee. Um funicular levou-nos até em cima da Zugspitz, a mais de três mil metros. Enquanto passeávamos, refletíamos sobre um problema espinhoso. Não sabíamos como havíamos feito quando entráramos na Tchecoslováquia, mas devíamos atravessar novamente a fronteira para ir a Innsbruck, e era proibido passar com marcos; tínhamos trocado os que possuíamos por um só bilhete e queríamos escondê-lo, mas onde? Finalmente, Sartre escondeu-o no fundo de uma caixa de fósforos. No dia seguinte, o guarda da alfândega folheou nossos livros, escarafunchou nossas maletas, mas não deu importância à caixa de fósforos que Sartre tirara do bolso e depositara no meio de um punhado de outros objetos.

Mesmo na Áustria, o ar pareceu-nos mais leve do que na Alemanha. Innsbruck agradou-nos, e mais ainda Salzbourg, com suas casas do século XVIII, com quantidade de vidros sem guarda-ventos e seus emblemas delicados balançando-se nas fachadas: ursos, cisnes, águias, gamos recortados em um belo cobre patinado. Num pequeno teatro, títeres deliciosos representavam *O rapto no serralho*, de Mozart. Depois de uma volta de ônibus pelo Salzkammergut, voltamos a Munique.

Dullin, Camille e a voz do povo tinham nos adjurado imperiosamente a assistir à célebre *Paixão*, de Oberammergau; as representações ocorriam a cada dez anos, a última datava de 1930; mas tínhamos a sorte de 1934 ser um ano jubilar: foi em 1633 que a peste invadiu a aldeia, em 1634 que, pela primeira vez, em consequência de uma promessa, os habitantes tinham solenemente evocado a morte de Jesus. As festas adquiriam, portanto, nesse verão um brilho particular, e nunca houvera tamanha afluência de turistas. O espetáculo desenrolava-se diariamente havia dois meses, e, no entanto, a agência a que tínhamos nos dirigido só com grande dificuldade nos arranjou um quarto. Descemos do ônibus, à tarde, debaixo de uma forte chuva e deambulamos longo tempo antes de encontrar nossa hospedaria; à entrada da aldeia, uma casa em que viviam um alfaiate e sua família; jantamos com eles e com um casal de Munique que hospedavam; achei indigesta essa refeição realmente alemã em que as batatas substituíam o pão. Os muniquenses espiavam Sartre com um ar desconfiado: "Você fala muito bem alemão", disseram, e acrescentaram com uma espécie de censura: "Não tem sombra de sotaque." Sartre sentiu-se lisonjeado, mas embaraçado: visivelmente tomavam-no por um espião. A chuva diminuíra um pouco, e nós perambulamos pelas ruas de casas alegremente pintadas: as fachadas estavam decoradas com flores, animais, volutas, grinaldas, falsas janelas. Apesar da hora tardia, ouvia-se um ruído de serras e plainas; quase todos os aldeões eram escultores em madeira; percebia-se por trás das janelas de suas oficinas uma profusão de imagens horríveis. Andava-se aos empurrões nas tabernas, os turistas acotovelavam-se com homens barbudos e cabeludos: os atores que há anos se preparavam para encarnar as personagens do *Mistério*. Cristo era o mesmo que em 1930, filho do Cristo de 1920 e de 1910, cujo pai fora Cristo também: há muito o papel não tinha saído da família. As luzes apagaram-se cedo: o pano erguia-se às oito horas da manhã no dia seguinte. Voltamos. Todos os quartos estavam alugados e tinham nos relegado a um alpendre cheio de tábuas e de pedaços de madeira por onde passeavam lacraias; um manequim de costureira montava guarda a um canto; deitamos sobre capachos no chão. A água da chuva escorria através do teto.

Não tínhamos muito interesse pelas manifestações folclóricas, mas a *Paixão* de Oberammergau era um grande teatro. Penetrava-se através de umas espécies de túneis em um saguão gigantesco que continha vinte mil espectadores. Das oito horas ao meio-dia, das duas horas às seis, em nenhum só instante nossa atenção afrouxou. A largura e a profundidade do palco permitiam imensos movimentos de massas, e cada figurante desempenhava seu papel com tal convicção que a gente se sentia no meio da multidão que aclamava Cristo, que o conspurcava através das ruas de Jerusalém. "Quadros vivos", mudos, estáticos, alternavam com cenas movimentadas. Acompanhando uma linda música do século XVII, um coro de mulheres comentava o drama: seus compridos cabelos ondulados, espalhados sobre os ombros, faziam pensar em velhos cartazes publicitários de xampu. Quanto ao estilo dos atores, ele teria encantado Dullin pelo despojamento e pela eficiência; alcançavam uma verdade que nada tinha a ver com o realismo. Judas, por exemplo, contava um por um seus trinta dinheiros, mas seu gesto obedecia a um ritmo ao mesmo tempo tão imprevisto e tão necessário que, longe de cansar o público, o mantinha suspenso. Os aldeões de Oberammergau aplicavam, como que pioneiramente, os princípios de Brecht: um amálgama singular de exatidão e de "efeito de distância" fazia a beleza dessa *Paixão*.

Contudo, já estávamos fartos da Alemanha. O plebiscito de 19 de agosto assegurava a Hitler poderes ditatoriais que nada mais, de modo algum, restringia; a Áustria estava se nazificando. Encontramo-nos de novo na França com imenso prazer. Logo nos desiludimos, de resto; o paternalismo de Doumergue era quase tão tirânico quanto uma ditadura; a leitura dos jornais enojou-nos: quanta hipocrisia! Por trás dessa tela de piedoso moralismo, os ultras abriam caminho. Como de costume, afastei a política para saborear sem preocupações Strasbourg, a catedral, o Petit Paris; à noite, vimos um dos primeiros filmes em cores, *Museu de cera*, que provocava protestos do público parisiense; os gritos horrorosos que dava a pobre Fay Wray, votada, desde *King Kong*, para os filmes de terror, divertiram-nos muito. Gostei das aldeias da Alsácia, dos castelos, dos pinheiros, dos lagos, dos vinhedos em ligeiro declive; bebemos vinho Riquewihr e Traminer, ao sol, em frente às portas dos albergues. Comíamos *foie gras*, chucrutes, tortas com *quetsches*. Visitamos Colmar. Sartre falara-me muitas vezes dos quadros de Grünewald; não fora vítima de uma ilusão da mocidade; todas as vezes que os revi tive a mesma emoção, diante do Cristo eriçado de espinhos, diante da Virgem lívida e extasiada que a dor petrificava viva.

Sartre gostava tanto da região que ele próprio propôs seguirmos a pé pela crista das montanhas. Dos Trois Épis fomos em três dias ao Honeck, ao Makstein, ao Balão da Alsácia. Nossa bagagem cabia nos bolsos. Um colega de Sartre que encontramos perto da passagem da Schulucht perguntou-nos onde morávamos: "Em nenhum lugar", disse Sartre, "andamos". O colega pareceu desnorteado. Pelo caminho, Sartre inventava canções que cantava muito alegremente, mas cujas palavras eram inspiradas pela situação incerta do mundo. Lembro-me de uma:

Ah, ah, ah, quem teria acreditado
Seremos todos, todos morridos (sic)
matados sem piedade, como cachorros nas ruas.
É o progresso![42]

---

[42] *Ah, ah, ah, ah, Qui l'eût cru*
 On será tous, tous mourus,
 Tu és sans pitié comme des chiens dans les rues
 C'est le progrès! (N.T.)

Acho que foi então que compôs *La Rue des Blancs-Manteaux*, que mais tarde Inês cantarolava em uma cena de *Huis-Clos (Entre quatro paredes)*.

Sartre deixou-me em Mulhouse, para passar quinze dias com a família. Pagniez, que acampava na Córsega com a irmã e duas primas, convidara-me para juntar-me a eles. Embarquei em Marseille ao cair da noite. Reservei um camarote no tombadilho e fiz a travessia semiestendida em uma cadeira de lona. Achei inebriante dormir ao ar livre: entreabria os olhos e o céu estava ali. Pela madrugada, um ramalhete de odores terrestres, ardentes e leves rebentou de encontro ao navio: o odor do *maquis*.[43]

Descobri as alegrias do *camping*. Sentia-me sempre comovida à noite, quando percebia as tendas erguidas sobre a relva de um prado ou o musgo de uma castanheira, tão leves, tão precárias e, no entanto, tão acolhedoras e seguras. A tela mal me separava da terra e do céu, e, entretanto, duas ou três vezes protegeu-me contra a violência de uma tempestade. Dormir em uma casa ambulante: aí também realizava um sonho infantil, inspirado pelos carros dos ciganos, pela *Maison à vapeur*, de Jules Verne. A tenda era algo mais encantador ainda: pela manhã desaparecia e ressurgia à noite, em algum lugar. Embora os últimos bandidos tivessem sido detidos, a ilha era ainda pouco frequentada; não encontramos ninguém acampando, nenhum turista. Entretanto, a diversidade das paisagens era estonteante. Bastava um dia de marcha para descer dos castanheirais do Limousin ao Mediterrâneo. Parti com a cabeça cheia de recordações vermelhas, douradas e azuis.

---

[43] Capoeira da Córsega. (N.T.)

Capítulo IV

Entre outubro de 1934 e março de 1935, a situação política, pelo menos para o leigo, tornou-se cada vez mais confusa. A crise econômica agravava-se: Salmson despedia operários, Citroën falia; o número de desempregados já chegava a dois milhões. Uma onda de xenofobia invadia a França: era inadmissível que se empregasse mão de obra italiana ou polonesa quando os operários de nosso país careciam de trabalho. Os estudantes da extrema-direita manifestavam-se furiosamente contra os estudantes estrangeiros, acusando-os de lhes tirarem o pão da boca. O caso do inspetor Bonny trouxe novamente à baila o escândalo Stavisky: durante o processo de difamação que intentou contra o semanário *Gringoire*, Bonny foi incriminado — principalmente pelo depoimento de Mlle Cotillon — por chantagem e corrupção. Por outro lado, em janeiro, o Sarre votou, por uma maioria de 90%, pela sua união com a Alemanha. A propaganda antidemocracia tornou-se cada vez mais virulenta. O movimento Cruz de Fogo ganhava terreno a cada dia; o semanário *Candide* ficou sendo seu órgão oficial, e o coronel De la Roque publicou com estardalhaço seu programa sob o título: *La Révolution*. Carbuccia defendia outra forma de fascismo em *Gringoire*, que, em fins de 1934, vendia seiscentos e cinquenta mil exemplares. Era o jornal predileto de meu pai. Toda a direita nacionalista aspirava ao advento de um Hitler francês e incitava a guerra contra o *führer* alemão, exigindo um serviço militar de dois anos. Entretanto, tendo Laval sido nomeado ministro do Exterior, viu-se surgir e firmar-se um neopacifismo de direita. Mussolini se preparava para invadir a Etiópia. Laval assinou com ele um tratado que lhe dava carta branca. Negociou com Hitler. Certo número de intelectuais o seguiu. Drieu proclamava sua simpatia pelo nazismo. Ramon Fernandez abandonou as organizações revolucionárias a que pertencia, declarando: "Gosto dos trens que partem." O semanário radical-socialista *Marianne* apoiava Laval. Emmanuel Berl, embora judeu, escrevia: "Quando... se resolveu olhar a Alemanha com toda a *justiça* e a *amizade* possíveis, não haveria como colocar novamente a questão por que Hitler decreta contra os judeus tal ou qual dispositivo legal."

A esquerda, por sua vez, tinha seus absurdos. Em junho de 1934, Alain, Langevin, Rivet e Pierre Gérôme haviam criado o Comitê Antifascista, que se propunha a barrar o caminho à reação. Eles denunciavam o antissemitismo alemão, protestavam contra o sistema de confiscação de bens e deportações em prática na Itália. Em relação à questão crucial — paz ou guerra —, não queriam seguir nem a política do coronel De la Roque nem a de Pierre Laval. Todos os antifascistas admitiam que a época do "pacifismo integral" passara. Victor Margueritte, em 1932, havia defendido energicamente a objeção de consciência contra a opinião dos comunistas, e agora reconhecia que isso era insuficiente. Apoiou o apelo de Langevin em prol da ação das massas, as únicas capazes, pensava ele também, de ameaçar o fascismo. Entretanto, afirmavam unanimemente que a guerra podia e devia ser evitada; em um de seus manifestos, Alain, Rivet e Langevin escreviam a respeito: "Evitemos espalhar as mentiras divulgadas pela imprensa reacionária." Guéhenno repetia obstinadamente: "É preciso querer a paz." Quanto aos comunistas, durante esses dois trimestres, sua atitude fora das mais ambíguas. Votaram contra a Lei dos Dois Anos e, no entanto, diante do rearmamento da Alemanha, não negavam o desejo de aumentar as forças militares francesas. Aproveitei essas indecisões para salvaguardar minha serenidade: uma vez que ninguém compreendia exatamente o que ocorria, por que não admitir que nada de sério acontecia? Continuei sossegadamente a viver a minha vida.

Sabia que meu último romance não valia nada e não tinha coragem de me empenhar num novo fracasso. Era melhor ler, instruir-me, esperar por uma inspiração favorável. A história era um de meus pontos fracos; resolvi estudar a Revolução Francesa. Consultei, na biblioteca de Rouen, a coleção de documentos recolhidos por Buchez e Roux, li Aulard, Mathiez, mergulhei na *Histoire de la Révolution*, de Jaurès. Achei essa exploração apaixonante: subitamente, os acontecimentos opacos que obstruíam o passado tornavam-se inteligíveis, seu encadeamento adquiria um sentido. Dedicava-me a esse trabalho com tanto rigor quanto se estivesse me preparando para um exame. Por outro lado, iniciei-me em Husserl. Sartre expusera-me tudo o que sabia a respeito. Deu-me o texto alemão das *Lições sobre a consciência interna do tempo*, que decifrei sem muita dificuldade. Em cada um de nossos encontros, discutíamos trechos. A novidade e a riqueza da fenomenologia entusiasmavam-me; parecia nunca ter me aproximado tanto da verdade.

Esses estudos me ocupavam bastante. Em Rouen, só via Colette Audry e Olga, que refazia seu PCN. No ano anterior, ela trabalhara seriamente durante um trimestre, seus professores apreciavam-na muito; mas depois ligara-se a seus amigos poloneses, largara sua pensão; sua liberdade havia a embriagado. Passara dias e noites passeando, dançando, ouvindo música, conversando, lendo; deixara de se preparar para o exame. O fracasso a irritara demasiado para que procurasse recuperar o tempo perdido durante as férias. Agora, seus camaradas tinham se dispersado: uns se encontravam em Paris, outros na Itália; só convivia com franceses de quem não gostava. Mas ela perdera todo o entusiasmo por estudos, que a aborreciam; a certeza de um novo fracasso e o descontentamento de seus pais desolavam-na; só readquiria alguma confiança em si e alguma alegria de viver ao meu lado; isso me comovia, e eu saía muitas vezes com ela. Louise Perron tratava-se no Auvergne; Simone Labourdin fora nomeada em Paris; deixei de visitar Mlle Ponthieu. Não tinha necessidade de encher meu tempo, pois naquele momento passava com Sartre quase todas as minhas horas de lazer.

Ele trabalhava absurdamente. Terminara em Berlim a segunda versão de seu livro; eu gostava, mas estava de acordo com Mme Lemaire e Pagniez em achar que Sartre abusara dos adjetivos e das comparações: ele tinha a intenção de rever escrupulosamente cada página. Mas tinham lhe pedido, para uma coleção publicada por Alcan, uma obra sobre a imaginação. Fora o tema dos exames de sua *agrégation*, em que fizera um resumo que lhe valera a menção "muito bom". O assunto o interessava. Abandonou Antoine Roquantin e voltou à psicologia. Mas, de toda forma, desejava acabar com aquilo e concedia a si mesmo pouco repouso.

Encontrávamo-nos habitualmente no Havre, que nos parecia mais alegre do que Rouen. Eu gostava das velhas bacias do posto, dos cais flanqueados de botequins de marinheiros e de hotéis duvidosos, de casas estreitas, cobertas por telhados de ardósias que desciam até as janelas; uma das fachadas era toda coberta de escamas. A rua mais bonita do bairro era a Galions, cujos emblemas multicores iluminavam-se à noite: *Le Chat noir, La Lanterne rouge, Le Moulin rose, L'Étoile violette*; todos os habitantes a conheciam: entre os bordéis fiscalizados por gordas cafetinas, abria-se o renomado restaurante *La Grosse Tonne*; íamos lá de vez em quando comer linguado normando e suflê ao calvados. Frequentemente fazíamos nossas refeições na grande *brasserie* Pailette, tranquila e banal. Passávamos horas no Café Guillaume Tell, onde Sartre muitas vezes se instalava para escrever; era espaçoso, confortável, com seus banquinhos de pelúcia vermelha e suas grandes janelas envidraçadas. A multidão que acotovelávamos nas ruas e nos lugares públicos era mais diversificada e animada do que a população de Rouen; a própria burguesia parecia menos rabugenta: é que Havre era um grande porto; lá se misturavam pessoas vindas de toda parte; travavam-se grandes negócios por meio de métodos modernos; vivia-se no presente em vez de se inscrustar nas sombras do passado. Quando fazia tempo bom, sentávamos no alpendre de um pequeno café perto da praia que se chamava Les Mouettes. Saboreávamos ameixas na aguardente, contemplando ao longe as águas verdes e violentas. Passeávamos pelas largas avenidas do centro, subíamos a Sainte-Adresse, caminhávamos, no alto da Cote, pelas alamedas flanqueadas de casas ricas. Em Rouen, meu olhar chocava-se por toda parte contra muros; lá, ia até o horizonte e eu recebia no rosto um vento vigoroso que vinha do outro lado do mundo. Duas ou três vezes tomamos um barco para Honfleur; esse pequeno porto encantava-nos, coberto de ardósias e onde o passado parecia ter conservado seu antigo frescor.

Para se desprender, Sartre vinha às vezes a Rouen. Em outubro, houve uma feira nos bulevares que cercavam a cidade e nós disputamos partidas de bilhar japonês; em um pequeno teatro de marionetes, assistimos a um espetáculo gracioso como um filme de Méliès: uma gorda comadre se transformava em balão e subia até os arcos. Certa tarde, aconselhados por Colette Audry, resolvemos ir visitar o museu. Vangloriava-se de um belo Gérard David, clássico, que não nos disse nada. O que nos divertiu foi a coleção de retratos de Jacques-Émile

Blanche; traziam fisionomias de nossos contemporâneos: Drieu, Montherland, Gide, Giraudoux. Detive-me diante de um quadro de que vira, ainda criança, uma reprodução na capa do *Petit Français Illustré* e que me causara grande impacto: *Les Énervés de Jumlèges*. Eu ficara perturbada com o paradoxo da palavra *énervé*,[44] apresentada, de resto, num sentido impróprio, pois haviam arrancado os *tendões* dos dois moribundos. Jaziam lado a lado num barco achatado; sua inércia imitava a beatitude, quando, torturados pela sede e pela fome, deslizavam ao sabor da correnteza para um fim horrível. Pouco me importava que a pintura fosse detestável; fiquei durante muito tempo sensível ao calmo horror que evocava.

Procuramos novos lugares onde fosse agradável sentar e conversar. Em frente ao *dancing* Le Royal havia um barzinho, L'Océanic, frequentado por jovens burgueses que bancavam os boêmios e que se tratavam por "bandidos"; à tarde, as dançarinas do Royal vinham tomar alguma coisa e tagarelar. Tornamo-nos fregueses. Trocamos a *brasserie* Paul por um café-restaurante que se chamava Chez Alexandre e que Sartre descreveu mais ou menos em *A náusea* com o nome de Chez Camille; meia dúzia de mesas de mármore eram banhadas, tanto no verão como no inverno, por uma luz de aquário; o dono, um careca melancólico, é quem servia; o cardápio comportava quase que exclusivamente ovos e *cassoulet*[45] de conserva. Como éramos romanescos, suspeitávamos que Alexandre traficasse drogas. Não havia, por assim dizer, outros fregueses senão nós e três jovens manteúdas, bem bonitas, que viviam, ao que parecia, unicamente para se vestir. A esperança, o desespero, a cólera, a alegria, a altivez, o despeito, a inveja, todos esses sentimentos eram abordados em sua conversa, mas sempre a propósito de um vestido oferecido, recusado, acertado ou errado. No meio da sala, havia um bilhar russo, e fazíamos algumas partidas antes e depois das refeições. Como tínhamos lazeres! Sartre me ensinava noções de xadrez. As palavras cruzadas estavam em grande voga; todas as semanas debruçávamo-nos sobre as de *Marianne*, cujas charadas resolvíamos

---

[44] *Énervé*, nervoso, e *enerve*, que sofreu o suplício da enervação, isto é, do corte ou queimadura dos tendões. (N.T.)
[45] Espécie de feijoada de feijão-branco. (N.T.)

também. Divertíamo-nos com os primeiros desenhos de Dubout, com os primeiros acadêmicos de Jean Effel e a história do "reizinho", que Soglow contava em imagens.

De quando em quando amigos vinham nos ver; Marco esperava ser nomeado para Rouen no ano seguinte, por isso inspecionou a cidade com desconfiança. "É igualzinho a Bône", concluiu, para nosso grande espanto. Tinha um novo professor de canto, bem melhor do que o precedente; dentro em pouco ele se submeteria a uma audição perante o diretor do Opéra: ia começar sem mais tardar sua carreira triunfal.

Fernando e Stépha viviam novamente em Paris num belo ateliê perto de Montparnasse. Ela fora ver a mãe em Lvov e detivera-se algum tempo na Europa central. Passou um dia em Rouen, e a levamos à *brasserie* do Opéra, onde, às vezes, nós nos permitíamos uma boa refeição. Stépha arregalou os olhos: "Essas enormes bistecas, morangos com creme; pequeno-burgueses é que comem assim!" Em Lvov, em Viena, fora preciso pagar uma fortuna por almoço semelhante. Eu não imaginava que pudesse haver, de um país para outro, tamanhas diferenças alimentares; pareceu-me estranho ouvir Stépha repetir, com rancor: "Como se alimentam bem esses franceses!"

Mme Lemaire e Pagniez fizeram-nos várias visitas. Repartíamos um pato ao molho pardo no hotel de la Couronne e eles passeavam conosco de carro. Mostraram-nos Caudebec, Saint-Wandrille, a abadia de Jumièges. Voltando à noite por uma estrada acima do Sena, paramos num mirante de onde se viam, do outro lado do rio, as fábricas iluminadas de Grand-Couronne; parecia um grande fogo de artifício imóvel num grande céu negro. "É belo", disse Pagniez. Sartre torceu o nariz. "São fábricas em que certos sujeitos fazem trabalho noturno." Pagniez sustentou, impaciente, que ainda assim era belo; segundo Sartre, ele se apegava de má-fé a uma miragem; trabalho, fadiga, exploração: onde estava a beleza? Fiquei muito impressionada com essa discussão, que me deixou perplexa.[46]

Nosso hóspede mais inesperado foi Nizan, que veio falar num encontro. Estava vestido com uma desenvoltura planejada, e trazia,

---

[46] Inspirou o que se desenrola em *Os mandarins* entre Henri e Nadine, diante das luzes de Lisboa.

pendurado ao braço, um guarda-chuva novinho. "Comprei com as sobras do dinheiro para a viagem", disse-nos; gostava de dar presentes a si mesmo. Publicara, em 1933, seu primeiro romance, *Antoine Bloyé*,[47] que a crítica acolhera positivamente; incluíam-no entre os jovens escritores promissores. Acabava de passar um ano na URSS; tinha assistido com Jean-Richard Bloch, Malraux e Aragon ao congresso dos escritores revolucionários. "Foi uma estada extremamente corruptora", disse-nos roendo as unhas, com um ar complacente. Falou-nos dos grandes banquetes em que não faltava vodca, dos vinhos capitosos da Geórgia, do conforto dos vagões-leitos, do esplendor dos quartos de hotel; sua voz negligente sugeria que esse luxo refletia a enorme prosperidade do país. Descreveu-nos uma cidade do Sul, na fronteira com a Turquia, transbordante de cor local, com suas mulheres de véus, seus mercados, seus bazares orientais. Sua astúcia nos encantava. O tom familiar, quase confidencial, de sua conversa excluía qualquer ideia preconcebida de propaganda; e, por certo, não mentia. Dentre as verdades que possuía, escolhia as que melhor podiam seduzir o anarco-metafísico que era seu camarada Sartre. Falou-nos de um escritor chamado Olecha, ainda desconhecido na França; de um romance publicado em 1927 e tirado de uma peça, *Le complot des sentiments*, que tivera em Moscou enorme repercussão. Era uma obra ambígua, denunciava as desgraças da burocracia, a desumanização da sociedade soviética, mas — prudência ou convicção? — tomava através de estranhos desvios a defesa do regime. "Sartre é Olecha", disse Nizan, o que atiçou nossa curiosidade.[48] Interessou-nos sobretudo quando abordou um tema que, entre os demais, o preocupava: a morte. Embora ele não fizesse nenhuma alusão a isso, sabíamos em que angústia podia ser tomado à ideia de desaparecer um dia, para sempre; acontecia-lhe perambular dias e dias, bebendo, de balcão em balcão, grandes copos de vinho tinto para fugir desse terror. Perguntara-se se a fé socialista o ajudaria a conjurá-lo. Esperava-o e longamente interrogara a esse respeito os jovens soviéticos: todos tinham respondido que, em

---

[47] Tínhamos lido ainda menos do que *Aden-Arabie*. Encaráramos o livro como um romance populista. Sartre explicou em seu prefácio às obras reeditadas de Nizan o quanto esse ponto de vista nos parece falso hoje.
[48] O romance de Olecha só apareceu em 1936, sob o título de *L'Envie* na coleção dos "Feux Croisés". Era, com efeito, uma obra sedutora e desnorteante.

face da morte, a camaradagem e a solidariedade não eram de nenhum auxílio, e que tinham medo. Oficialmente, por exemplo, quando relatava sua viagem durante um encontro, Nizan interpretava o fato de maneira otimista; à medida que os problemas técnicos se resolviam, explicava, o amor e a morte readquiriam na URSS toda a sua importância: um novo humanismo estava surgindo. Mas, conversando conosco, exprimia-se de maneira muito diversa. Impressionara-o descobrir que lá, como aqui, todos morriam sós e bem o sabiam.

As férias de Natal foram marcadas por uma importante inovação; tomei a iniciativa dela ou acreditei, pelo menos, ter tomado: percebi mais tarde que minhas invenções não faziam senão refletir um movimento coletivo. Há algum tempo os esportes de inverno, reservados a alguns privilegiados, tinham se tornado acessíveis às pessoas de posses modestas, que começavam a adotá-los. No ano anterior, Lionel de Roulet, que passara a infância nos Alpes e que conhecia todos os segredos do *telemark* e do *christiania*, arrastara minha irmã, Gégé e outros amigos a Val-d'Isère. Era uma cidadezinha mal-equipada, contudo tinham se divertido muito. Eu não podia deixar passar um prazer que estava a meu alcance e convenci Sartre. Pegamos emprestado, entre os amigos, equipamentos básicos e instalamo-nos em uma pequena pensão, em Montroc, no alto do vale de Chamonix. Alugamos velhos esquis que não tinham sequer freios. Todas as manhãs e todas as tardes íamos para o mesmo prado, um declive suave; subíamos e deslizávamos até embaixo, e recomeçávamos. Alguns estreantes exercitavam-se como nós, tateando. Um camponesinho de dez anos mostrou-nos como fazer para virar. O brinquedo divertia-nos, apesar de sua monotonia; gostávamos de aprender o que quer que fosse. E eu nunca ainda tocara nesse universo sem odor, sem cor, de uma brancura maciça em que o sol semeava cristais coloridos. Ao crepúsculo, voltávamos para o hotel com os esquis nos ombros e as mãos adormecidas. Tomávamos chá, líamos um livro de geografia humana que nos ensinava a diferença entre as casas de taipa e as casas de tijolos. Tínhamos também levado conosco uma obra volumosa de fisiologia; interessávamo-nos principalmente pelo sistema nervoso, pelas recentes pesquisas da cronaxia. Que alegria lançar-se pela manhã na frieza do vasto mundo; que alegria encontrar à tarde, entre quatro paredes, o calor de uma intimidade! Foram dez dias lisos e cintilantes como um campo de neve sob um céu azul.

Certo dia de novembro, sentados a um alpendre do Café des Mouettes, no Havre, tínhamos lamentado longamente a monotonia de nosso futuro. Nossas vidas estavam empenhadas uma na outra; nossa amizade, fixada para sempre; nossas carreiras, traçadas; e o mundo continuava seu curso. Não tínhamos nem trinta anos e mais nada de novo nos aconteceria, nunca! De costume, eu não levava muito a sério essas lamentações. Às vezes, entretanto, caía do meu olimpo. Acontecia-me, se uma noite bebesse um copo a mais, verter torrentes de lágrimas; minha velha nostalgia do absoluto despertava; novamente eu descobria a vaidade das metas humanas e a iminência da morte; censurava Sartre por se deixar prender a essa odiosa mistificação: a vida. No dia seguinte, eu ainda estava sob o choque dessa iluminação. Uma tarde, passeando pelo lado desse bloco de calcário recoberto da insossa relva que domina o Sena, em Rouen, tivemos uma longa discussão. Sartre negava que a verdade se encontrasse no vinho e nas lágrimas; a seu ver, o álcool deprimia-me, e eu atribuía falaciosamente razões metafísicas a meu estado. Eu afirmava que, destruindo os controles e as defesas que normalmente nos protegem contra insustentáveis evidências, a embriaguez me obrigava a olhá-las de frente. Penso hoje que, na condição privilegiada que é a minha, a vida envolve duas verdades entre as quais não há como escolher e que se devem enfrentar juntas: a alegria de existir e o horror de acabar. Mas, naquela época, eu pulava de uma à outra. A segunda só prevalecia em raros momentos, mas eu suspeitava que ela fosse a mais válida.

Tinha outra preocupação: envelhecia. Nem minha saúde nem meu rosto se ressentiam, mas, de vez em quando, eu me queixava de que tudo perdia o viço em torno de mim; não sinto mais nada, gemia. Era ainda capaz de "transes" e, no entanto, tinha uma impressão de perda irreparável. O brilho das descobertas que fizera ao sair da Sorbonne pouco a pouco se ofuscara. Minha curiosidade encontrava ainda alimentos; não encontrava mais deslumbrantes novidades. Ao meu redor, entretanto, a realidade pululava, mas cometi o erro de não procurar penetrá-la; encarava-a dentro de esquemas e mitos que tinham mais ou menos se deteriorado: o pitoresco, por exemplo. Parecia-me que as coisas se repetiam porque eu mesma me repetia. Contudo, essa melancolia não perturbava seriamente minha vida.

Sartre redigira a parte crítica do livro sobre *L'Image* que lhe solicitara o professor Delacroix, para Alcan; iniciara uma segunda parte muito mais original em que reestudava desde a raiz o problema da imagem, utilizando as noções fenomenológicas de intencionalidade e de *hylé*.[49] Foi então que acertou as primeiras ideias-chave de sua filosofia: a absoluta vacuidade da consciência, seu poder de "nadização". Essa pesquisa, em que inventava ao mesmo tempo método e conteúdo, tirando todos os seus materiais de sua própria experiência, exigia uma concentração considerável: não sendo detido por nenhuma preocupação de forma, escrevia com extrema rapidez, dedicando-se a seguir, com a pena, o movimento de seu pensamento; ao contrário de seu trabalho literário, essa invenção contínua e precipitada cansava-o.

Ele se interessava evidentemente pelo sonho, pelas imagens hipnagógicas, pelas anomalias da percepção. Em fevereiro, um de seus antigos camaradas, o doutor Lagache,[50] propôs-lhe ir a Sainte-Anne tomar injeções de mescalina; a droga provocava alucinações e Sartre poderia observar o fenômeno em si próprio. Lagache advertiu-o de que a aventura seria pouco agradável; não comportava, contudo, nenhum perigo. Sartre arriscava-se, quando muito, a ter durante algumas horas "condutas estranhas".

Eu passei o dia no bulevar Raspail com Mme Lemaire e Pagniez. No fim da tarde, como tínhamos combinado, telefonei para Sainte-Anne; Sartre me respondeu, numa voz engrolada, que meu telefonema o tirara de uma luta contra polvos que, certamente, não teria vencido. Chegou meia hora depois. Tinham-no estendido numa cama em um quarto fracamente iluminado; não tivera alucinações, mas os objetos que percebia deformavam-se de uma maneira horrível: vira guarda-chuvas com formas de corvos, sapatos-esqueletos, rostos monstruosos; por detrás dele e a seu lado formigavam caranguejos, polvos, coisas escarninhas. Um dos internos espantara-se com isso; com ele, contou depois da experiência,

---

[49] Hilozoísmo: sistema que atribui à matéria uma existência necessária e dotada de vida. (N.T.)
[50] Tinha sido recebido na *agrégation* no ano em que Sartre malograra; estudara medicina e dedicava-se à psiquiatria.

a mescalina produzira efeitos muito diferentes; tinha andado aos saltos por prados em flor, em meio a huris maravilhosas. Sartre dizia, meio queixoso, que, se tivesse sido prevenido, talvez houvesse se voltado para essas visões paradisíacas. Mas as predições de Lagache tinham influído. Falava sem alegria, observando os fios telefônicos que cortavam o tapete. No trem, ficou em silêncio. Eu estava com sapatos de lagarto cujos laços terminavam numa espécie de bolota: ele esperava vê-los transformarem-se de um minuto a outro em gigantescos besouros. Houve também um orangotango, suspenso provavelmente pelos pés ao teto do vagão e que colava à janela uma cara ridícula. No dia seguinte, Sartre melhorou e tornou a falar-me de Sainte-Anne com despreocupação.

Em um dos domingos seguintes, Colette Audry me acompanhou até o Havre. Com as pessoas que lhe agradavam, Sartre esforçava-se sempre para ser amável; espantei-me com seu mau humor. Passeamos na praia e catamos estrelas-do-mar, quase sem falar. Sartre não parecia saber o que Colette e eu mesma estávamos fazendo ali. Saí um pouco zangada.

Quando voltei a vê-lo, ele se explicou. Acontecia-lhe, desde alguns dias, ser tomado de angústia; os estados em que caía lembravam-lhe os que provocara a mescalina, e assustava-se com isso. Suas percepções deformavam-se. As casas tinham fisionomias zombeteiras, com olhos e maxilares por toda parte; não podia evitar procurar e achar em cada mostrador de relógio uma cabeça de coruja. Obviamente sabia que eram casas e relógios; não era de dizer que acreditava nos olhos e nos rictus, mas um dia acreditaria. Um dia se convenceria realmente de que uma lagosta corria atrás dele. Já uma mancha preta dançava obstinadamente no espaço, à altura de seu olhar. Uma tarde, passeávamos em Rouen, pela margem esquerda do Sena, entre trilhos, barracões, vagonetes e pedaços de prados leprosos. Disse-me bruscamente: "Sei o que está acontecendo: é o início de uma psicose alucinatória crônica." Tal qual a definiam na época, era uma doença que em dez anos levava fatalmente à demência. Protestei com ardor e, por uma vez, não em virtude de um otimismo preconcebido mas por bom senso. O caso de Sartre não se assemelhava em nada ao início da psicose alucinatória. Nem a mancha preta, nem a obsessão das casas-maxilares indicavam o nascimento de uma psicose incurável. Eu sabia, ademais, com que facilidade a imaginação de Sartre se voltava para a catástrofe. "Sua única loucura está em se acreditar louco", disse-lhe. "Você verá", respondeu-me sombriamente.

Não vi nada, a não ser um abatimento de que só se libertava com esforço. Conseguia-o por vezes. Nas férias de Páscoa, fomos para os lagos italianos; ele parecia muito alegre enquanto remávamos no lago de Como, ou caminhávamos pelas ruelas de Bellagio, onde assistimos, certa noite, a uma procissão com tochas. Mas, de volta a Paris, não conseguiu mais fingir saúde. Fernando expôs alguns quadros na galeria Bonjean; durante o *vernissage*, Sartre permaneceu sentado em um canto, silencioso, sombrio. Ele, que via tudo antes, não olhava mais nada. Ficávamos, por vezes, lado a lado num café ou andávamos pelas ruas sem trocar uma palavra. Achando que estava esgotado, Mme Lemaire mandou-o a um médico amigo dela, mas este se recusou a dar-lhe uma licença; a seu ver, Sartre precisava de menos lazeres ainda e de menos solidão, e limitou-se a prescrever-lhe meia cápsula de Beladenal pela manhã e à noite. Sartre continuou, portanto, a dar seus cursos e a escrever. O fato é que se entregava menos facilmente a seus temores quando havia alguém a seu lado. Pôs-se a sair frequentemente com dois alunos seus por quem tinha muita amizade: Albert Palie e Jacques Bost, irmão caçula de Pierre Bost; a presença deles o defendia dos crustáceos. Em Rouen, enquanto eu dava meu curso, Olga fazia-lhe companhia; ela levava muito a sério seu papel de enfermeira. Sartre contava-lhe uma porção de histórias que a divertiam e que o distraíam de si mesmo.

Os médicos afirmaram que a mescalina não podia absolutamente ter provocado a crise; a experiência de Sainte-Anne fornecera tão somente a Sartre certos esquemas alucinatórios; foram sem dúvida o cansaço e a tensão engendrados por suas pesquisas filosóficas que reanimaram seus terrores. Pensamos mais tarde que exprimiam um mal-estar profundo: Sartre não se resignava a entrar na "idade de razão", na "idade de homem".

No tempo em que ele morava na École, cantavam um bonito lamento sobre a triste sorte reservada aos "normalistas"; já disse com que repugnância ele encarava então a École. Acomodara-se aos dois anos de professorado, a tal ponto se sentia feliz por ter terminado seu serviço militar; a novidade dessa existência ajudava-o a suportá-la. Em Berlim, ele encontrara de novo a liberdade, a alegria de sua vida de estudante. Tivera só mais dificuldade em retornar à serenidade e à rotina de sua condição de adulto. A conversa que tínhamos tido no Café des Mouettes, acerca da aridez de nosso futuro, não fora para ele uma conversa superficial. Ele gostava de seus alunos e de ensinar, mas detestava ter contato com o diretor, o censor, os colegas, os pais de alunos; o horror que lhe inspiravam os "salafrários" não era um tema literário apenas; esse mundo burguês de que se sentia prisioneiro oprimia-o. Não era casado, conservava certas liberdades, contudo sua vida estava ligada à minha. Em suma, com trinta anos, enveredava por um caminho de antemão traçado; suas únicas aventuras seriam os livros que escrevesse. O primeiro fora recusado; o segundo exigia ainda muito trabalho. Quanto a seu livro sobre *L'Image*, Alcan só aceitara a primeira parte,[51] e ele previa que a segunda, que lhe interessava muito mais, tão cedo não seria publicada. Tínhamos ambos absoluta confiança em nosso futuro; mas o futuro nem sempre basta para iluminar o presente. Sartre pusera tamanho ardor em ser jovem que, na hora em que sua mocidade o abandonava, fortes alegrias seriam necessárias para consolá-lo.

Já disse que, apesar das aparências, minha situação era muito diferente da dele. Ser licenciado e ter uma profissão eram coisas que, para ele, se apresentavam como naturais. Eu, de cima da escadaria de Marseille, tivera um deslumbramento de prazer: não me parecia que me submetia a um destino, e sim que o escolhia. A carreira em que Sartre via enterrar-se sua liberdade não deixara de representar para mim uma libertação. E depois, como escreveu Rilke a propósito de Rodin, Sartre era "seu próprio céu", logo, sempre em jogo entre as coisas incertas; mas ele não estava em jogo para mim; para mim, sua existência justificava o mundo que nada justificava a seus olhos.

Minha própria experiência não me permitia, pois, compreender as razões de sua depressão; por outro lado, vimos que a psicologia não era meu forte e, particularmente em relação a Sartre, eu não pretendia fazer uso dela; para mim, ele era pura consciência e liberdade radical; me recusava a considerá-lo um joguete de circunstâncias obscuras, um objeto

---

[51] Publicado sob o título de *A imaginação*.

passivo; preferia pensar que produzia seus terrores, seus erros, por uma espécie de má vontade; sua crise me assustou muito menos do que me irritou; discuti, raciocinei, censurei-lhe sua complacência em se acreditar condenado. Via nisso uma espécie de traição: ele não tinha o direito de se lançar em estados de espírito que ameaçavam nossas construções comuns. Havia bastante covardia nessa maneira de fugir da verdade, mas a lucidez não me fora de grande proveito; eu não podia resolver os problemas reais de Sartre por ele. Para curá-lo dessas perturbações passageiras, eu carecia da experiência e das técnicas necessárias. Não o teria, por certo, ajudado se tivesse partilhado seus temores. Minha cólera foi sem dúvida uma reação sadia.

Com altos e baixos, a crise de Sartre prolongou-se até as férias; ela deixou sombrias as recordações que guardo desse semestre. Esforcei-me, entretanto, como nos outros anos, por instruir-me e distrair-me. Uma importante exposição intitulada *Os pintores da realidade* revelou-nos Georges de La Tour; as obras-primas do museu de Grenoble foram transportadas para Paris, e aprendi a conhecer Zurbaran que, na Espanha, tinha ignorado. Ouvi *Don Juan*, de Mozart, que o Opéra recolocara no programa do ano anterior. Assisti, no Atelier, a *Rosalinde*, montada por Copeau, e a uma peça de Calderón, *O médico de sua honra*, em que Dullin realizou um de seus melhores papéis. Ia a todos os filmes de Joan Crawford, Joan Harlowe, Bette Davis, James Cagney, Ginger Rogers, Fred Astaire. Assisti a *L'Introuvable, Sócios no amor, Crime sem paixão, O homem que nunca pecou*.

    Minha maneira de ler os jornais continuou frívola. Eludia, já o disse, os problemas postos pela política de Hitler. Considerava o resto do mundo com indiferença. Venizelos tentou, na Grécia, um golpe de Estado que fracassou; o governador Huey Long exercia na Luisiana uma estranha ditadura; não me preocupava com essas aventuras. Somente as coisas da Espanha me comoveram: insurreições operárias ocorreram na Catalunha e nas Astúrias, e a direita, que detinha então o poder, esmagou-as.

    Entre os acontecimentos de menor importância que tiveram alguma repercussão, houve o atentado de que foram vítimas Alexandre, da

Iugoslávia, e Barthou; o casamento da princesa Mariana; o processo de Martuska, o descarrilador de trens que julgavam em Budapeste e que rejeitava a responsabilidade de seus crimes num hipnotizador; as mortes misteriosas das ilhas Galápagos. Nada disso mexeu comigo. Em compensação, li de ponta a ponta, com Sartre, o relatório do inspetor Guillaume sobre a morte do conselheiro Prince; o caso intrigara-nos tanto quanto um romance de Croft. A propósito da bela Arlette Stavisky, interroguei-me sobre o problema com que me deparei mais tarde sob formas mais pungentes: haverá limites — e quais — à lealdade que se devem mutuamente um homem e uma mulher que se amam? Uma questão que dava o que falar era o voto feminino. No momento das eleições municipais, Maria Verône e Louise Weiss agitaram-se furiosamente; elas tinham razão, mas como eu era apolítica e não teria usado meus direitos, era-me absolutamente indiferente que os reconhecessem ou não.

Num ponto, meu interesse e minha indignação não perdiam força: o aspecto escandaloso que assume a repressão em nossa sociedade. Em 1934, em Belle-Île, jovens delinquentes evadiram-se: turistas juntaram-se de bom grado à polícia para cercá-los; fechavam as estradas com automóveis e seus faróis procuravam as valetas. Todas as crianças foram recapturadas e tão intensamente surradas que seus berros comoveram certos habitantes da ilha. Uma campanha de imprensa divulgou o escândalo das prisões de menores: a arbitrariedade das detenções, os maus-tratos, as sevícias. Apesar do escândalo das revelações, limitaram-se a algumas sanções contra os administradores mais culpados; o regime não foi modificado. No processo de Violette Nozières, o tribunal afastou sistematicamente as provas e os testemunhos que ameaçassem "sujar a memória do pai"; a filha não se beneficiou assim de nenhuma circunstância atenuante; ao passo que os carrascos de crianças se safavam, como de costume — mesmo quando a vítima sucumbia — após três ou quatro anos de prisão, a parricida foi condenada à guilhotina.[52] Ficamos igualmente horrorizados com a exaltação das multidões norte-americanas reclamando a morte, em frente à prisão de

---

[52] Se não foi executada, foi porque havia muito nenhuma mulher o era mais na França.

Hauptmann, do suposto raptor do pequeno Lindbergh; ele foi executado após quatrocentos e sessenta dias de adiamento, sem que sua culpa ficasse definitivamente provada.

Por uma espécie de revide dos fatos, cuja ironia saboreamos, um dos mais zelosos defensores da sociedade, o procurador Henriot, conhecido por sua severidade e a quem chamavam "o procurador máximo", viu o filho sentar-se no banco dos assassinos. Degenerado, epilético, comprazendo-se em martirizar os animais, Michel Henriot fora casado pelos pais com a filha de uns agricultores, doente e simples de espírito, mas dona de um bom dote. Durante um ano, em sua casa isolada de Loch Guidel, à beira do oceano, ele a encheu de pancadas; ele tinha criação de raposas prateadas e nunca se separava de seu fuzil, nem mesmo durante o sono. "Ele me matará", escrevia a jovem à irmã; contava-lhe seu martírio em cartas que não comoviam ninguém. Uma noite ele abateu-a com seis tiros de carabina. Não era esse crime cretino que nos parecia monstruoso, era a conivência das duas famílias que, por interesse e para se verem livres deles, tinham posto uma idiota à mercê de um bruto. Primo do fascista Philippe Henriot, Michel foi condenado a vinte anos de prisão.

Outro processo chamou nossa atenção por causa da personalidade da acusada: Malou Guérin, que induzira o amante, Nathan, a anestesiar com clorofórmio, matar e roubar uma velha opulenta. Para atenuar sua responsabilidade, o advogado Henri Torres invocou um grave acidente ocorrido dois ou três anos antes e a grave comoção que dele resultara. Sob o elegante chapéu que lhe escondia metade do rosto, Malou parecia bonita, e sua desenvoltura irritou o júri. Diziam que era ligada ao amante por vícios imundos: masoquismo, algolagnia, coprofagia; a julgar pelos olhares que trocaram, pareciam amar-se, e ela recusou-se obstinadamente a abandoná-lo. Os jurados de Bruxelas condenaram o homem a vinte anos de trabalhos forçados e a mulher — embora não tivesse assistido ao assassinato — a quinze anos. Bruscamente, Henri Torres lhe arrancou então o chapéu, revelando um olhar apagado, a protuberância na testa e o crânio disforme. Sem dúvida teria ela tido mais sorte se houvesse exibido antes essas anomalias, consequências de seu acidente.

Comentando com Sartre crimes, processos, sentenças, interrogava-me sobre a pena de morte; parecia-me abstrato reprovar-lhe o princípio; o que eu achava odioso era a maneira de ser aplicada. Tivemos longas discussões; eu me arrebatava. Mas, enfim, revoltas, repugnâncias, esperança de um futuro melhor, toda essa atitude começava a ser ultrapassada. Certamente, eu não teria tido a impressão de envelhecer e de não alcançar se, em vez de confiar nas rotinas da vida, eu tivesse me lançado no mundo: porque o mundo se movia; longe de marcar passo, a História se precipitava. Em março de 1935, Hitler restabeleceu o serviço militar obrigatório e a França inteira, esquerda e direita, ficou em pânico. O pacto que assinou com a URSS inaugurou uma nova era: Stalin aprovava oficialmente nossa política de defesa nacional; a barreira que separava a pequena-burguesia dos operários socialistas e comunistas ruiu subitamente. Os jornais de todos os posicionamentos, ou quase, puseram-se a publicar benevolentes reportagens sobre Moscou e seu poderoso Exército Vermelho. Nas eleições cantonais, os comunistas obtiveram êxitos que contribuíram para aproximar deles os dois outros partidos de esquerda. Sua reunião, em fins de junho, na Mutualité, anunciava a Frente Popular. Graças ao vigor do contra-ataque, a paz parecia definitivamente assegurada. Hitler era um megalomaníaco, lançava-se numa corrida de armamentos que ia arruinar a Alemanha; apertada entre a URSS e a França, ela não tinha nenhuma possibilidade de ganhar uma guerra; ele o sabia e assim não cometeria o desatino de lançar numa aventura sem esperança um país esgotado. Em todo caso, o povo alemão se recusaria a segui-lo.

A esquerda decidiu celebrar sua vitória com uma grande manifestação. Uma comissão organizou, com uma agitação sem precedentes, as festas de 14 de Julho. Fui com Sartre à Bastilha: quinhentas mil pessoas desfilavam, agitando bandeiras tricolores, cantando e gritando. Gritavam principalmente: "La Roque para a morte" e "Viva a Frente Popular". Estávamos de acordo, até certo ponto, com esse entusiasmo, mas não tínhamos a pretensão de desfilar, de cantar, de gritar com os outros. Era essa nossa atitude à época: os acontecimentos poderiam suscitar em nós fortes sentimentos de cólera, de receio, de alegria, mas nós não participávamos deles; continuávamos espectadores.

★ ★ ★

"Vocês viram a Espanha, a Itália, a Europa central e não conhecem a França", censurava-nos Pagniez. Ignorávamo-la efetivamente em grande parte. Como nesse ano estávamos demasiado "duros" para ir passear no estrangeiro, resolvemos explorar. Sartre partiu primeiramente para um cruzeiro na Noruega com seus pais. Eu tomei um trem, certa manhã, com uma mochila que continha roupas, uma coberta, um despertador, um *Guide Bleu* e um jogo de mapas Michelin. Saí de La Chaise-Dieu e, durante três semanas, caminhei. Evitava as estradas, cortando pelos prados e bosques, atraída pelos picos, devorando com os olhos os panoramas, os lagos, as cascatas, os segredos das clareiras e dos vales. Não pensava em nada: caminhava e olhava. Carregava todos os meus bens às costas, ignorava onde dormiria à noite e a primeira estrela não interrompia minha aventura. Gostava do fechar das corolas e do cochilar do mundo ao cair o crepúsculo. Por vezes, caminhando pela crista de uma colina esquecida pelos homens e que a própria luz abandonava, parecia-me roçar essa inapreensível ausência que fantasiam unanimemente todos os cenários; sentia-me presa em um pânico como o que conhecera aos quatorze anos no parque-planejado onde não se encontrava mais Deus, e, como então, corria atrás de vozes humanas. Tomava uma sopa, bebia um vinho tinto num albergue. Frequentemente, repugnava-me separar-me do céu, da relva, das árvores: queria pelo menos reter seu odor; em vez de ficar em um quarto em uma aldeia, andava mais sete ou oito quilômetros a pé e pedia hospitalidade em algum casebre: dormia num celeiro, e o cheiro do feno recendia em meus sonhos.

A noite que me deixou a mais viva recordação foi a que passei no Mézene. Planejava dormir na lúgubre cabana das Étables, ao sopé da montanha; era ainda dia quando ali parei e disseram que havia um lugar de repouso, no pico, a menos de duas horas de caminhada. Comprei pão, uma vela, mandei encher de vinho tinto meu cantil envolvido de feltro e subi, através de pastagens floridas; veio o crepúsculo e depois a escuridão. Não se via nada quando empurrei a porta da cabana de pedras cinzentas, mobiliada com uma mesa, um banco e duas tábuas inclinadas. Coloquei a vela na mesa, mastiguei um pouco de pão e bebi todo o vinho, para me dar coragem, porque a solidão nas alturas era angustiante; o vento soprava fortemente por entre as pedras dos muros. Com a mochila como travesseiro, uma tábua como colchão, encolhida embaixo da coberta que não me defendia contra o frio, dormi muito mal; mas gostava, em minha insônia, de sentir em torno de mim o imenso deserto da noite; estava tão abandonada como se viajasse numa aeronave. Acordei às seis horas, com um sol deslumbrante, banhada num odor de relva e de infância; uma nuvem opaca, aos meus pés, isolava-me da Terra: emergia sozinha no azul. O vento continuava a soprar, penetrava pela coberta com que procurava envolver-me. Esperei; o algodão cinzento de baixo rasgou-se e deparei-me, no fundo das falhas, com pedaços de campo ensolarado. Desci correndo pela encosta oposta à que subira. Que sol! Queimou meus pés que imprudentemente enfiara nus nas alpercatas; começava a sentir-me martirizada ao chegar a Saint-Agrève, onde precisei deter-me vinte e quatro horas. Deitada, era uma tal tortura pôr-me de pé que me arrastava de quatro pelo quarto; quando recomecei a andar, qualquer parada era um suplício. Adquiri provisões numa mercearia e, enquanto o caixeiro me servia, eu não parava de ir e vir, como uma fera na jaula. A dor acabou por se acalmar e tornei a partir com os pés protegidos por meias.

 Houve outra noite, na baixa Ardèche, em que o ar era tão suave que me recusei a ficar fechada entre quatro paredes. Deitei-me sobre o musgo de um castanheiral, com a mochila sob a cabeça, meu despertador à cabeceira, e dormi sem acordar até a madrugada. Que alegria, ao abrir os olhos, receber o azul do céu! Por vezes, ao despertar, pressentia um temporal: reconhecia no verde das árvores o cheiro úmido em que a chuva já se anuncia enquanto nenhuma ameaça ainda se vislumbra no céu. Apressava o passo, já tomada por certa agitação que ia desfazer-se numa paisagem tranquila. Cheiros, luzes e sombras, brisas e tempestades propagavam-se em ondas calmas ou agitadas nas minhas veias, nos meus músculos, no meu peito, a tal ponto que me parecia que o murmúrio de meu sangue, o formigamento das células, todo esse mistério em mim, a vida, eu podia atingir no zunir das cigarras, nas ventanias que descabelavam as árvores, no ruído chiado do musgo a meus pés.

 Empanturrada de clorofila e de azul, sentia prazer em me deter, nas cidades ou nas aldeias, diante das pedras que o homem ordenara. A solidão não me pesava nunca. Espantava-me incansavelmente com as coisas e com a minha presença. Entretanto, o rigor de meus planos transformava essa contingência em necessidade. Era esse sem dúvida o sentido — não formulado — de minha beatitude: minha liberdade triunfante escapava ao capricho, como também aos entraves, pois as resistências do mundo, longe de me frear, serviam de suporte e de matéria a meus projetos. Com minha vagabundagem displicente mas obstinada, eu conferia uma verdade a meu grande delírio otimista; saboreava a felicidade dos deuses; era eu mesma a criadora dos presentes com que me satisfaziam.

Uma noite, Sartre surgiu na plataforma da estação de Sainte-Cécile-d'Andorge. Era bom andarilho, quando queria. Gostou da região, de seus platôs calvos, de suas montanhas coloridas; se submeteu de bom grado às caminhadas e até aos piqueniques — almoçávamos sempre ovos duros e salsichas ao ar livre. Seguimos pelas gargantas do Tarn, subimos a Aigoual, passeamos nas Causses. Perdemo-nos em meio aos falsos torreões de Montpellier-le-Vieux e, para alcançar novamente a estrada, fizemos, de rochedo em rochedo, uma perigosa descida. O platô de Larzac fermentava de grilos que devoravam uns aos outros e estalavam sob os nossos passos; medido pelo ritmo de nossa marcha, era um Saara; durante um dia inteiro, colaram aos nossos pés; a tarde caía quando chegamos a Couvertoirade. Era comovente a brusca aparição das muralhas adormecidas havia séculos no meio dos prados magros; belas casas antigas sepultavam-se em parte sob as urtigas e as alfavacas; caminhamos até a noite pelas ruas-fantasmas.

Instalamo-nos no Rozier em um hotel afastado da aldeia; nossos quartos e a varanda em que jantávamos debruçavam-se sobre as águas verdes do Tarn. Tínhamos marcado um encontro com Pagniez, que passeava a pé pela região com a mais jovem de suas primas, Thérèse, por quem eu sentira na Córsega muita simpatia; era uma bela moça loura, jovial, bem-constituída, que adorava a vida, o ar livre e Pagniez. Tinha cerca de vinte anos e era professora de escola primária em Seine-et--Marne. Desde Córsega, Pagniez apegara-se muito a ela; não morria de vontade de formar uma família, mas viam-se muito e pensavam em casar-se um dia. Juntos, subimos a "recantos sublimes", acompanhando as cornijas do platô calcário de Méjean e do platô Noir, comemos lagostins e trutas, chafurdamos no Tarn. Um dia, na ausência de Thérèse, Pagniez perguntou-nos o que pensávamos dela: "O melhor possível", disse Sartre, acrescentando que ela era ainda um pouco infantil e contava com prolixidade e demasiada complacência suas histórias de família. Essa restrição irritou Pagniez, e ele queria bem demais a Thérèse para não voltar contra ela também sua agressiva modéstia: "Minha pobre Thérèse, eles não te acham inteligente", disse-lhe com uma alegria algo afetada; isso entristeceu-a um pouco e embaraçou-nos bastante. Mas nos despedimos como bons amigos.

Sartre preferia as pedras às árvores; meus planos levavam em conta seus gostos. Ora caminhando, ora tomando ônibus, visitamos cidades e aldeias, abadias e castelos. Uma noite, um pequeno ônibus chacoalhante e lotado conduziu-nos a Castelnau-de-Montmiral; chovia. Ao descer na praça cercada de arcadas, Sartre disse-me que estava farto de ser louco. Durante toda a viagem, as lagostas tinham tentado segui-lo; desta feita, largava-as definitivamente. Manteve a palavra: seu bom humor foi, desde então, imperturbável.

No ano anterior, eu não escrevera nada. Queria absolutamente atrelar-me a um trabalho sério: mas que trabalho? Por que não me vi tentada a fazer filosofia? Sartre afirmava que eu compreendia as doutrinas filosóficas, a de Husserl entre outras, mais depressa e com mais exatidão do que ele. Ele, com efeito, tendia a interpretá-las a partir de seus próprios modos de ver; conseguia raramente esquecer-se e adotar sem reticência um ponto de vista estranho. Eu não tinha resistência a quebrar, meu pensamento moldava-se de imediato ao que eu tentava apreender; não o acolhia passivamente. À medida que a ele aderia, percebia suas lacunas e incoerências, como também pressentia seus possíveis desenvolvimentos; quando uma teoria me convencia, não permanecia exterior, mudava minha relação com o mundo, coloria minha experiência. Em suma, eu tinha sólidas faculdades de assimilação, um senso crítico desenvolvido, e a filosofia era, para mim, uma realidade viva. Dava-me satisfações que não me cansaram nunca.

Entretanto, eu não me considerava uma filósofa; sabia muito bem que minha facilidade em penetrar um texto vinha principalmente de minha falta de imaginação. Nesse terreno, os espíritos verdadeiramente criadores são tão raros que é inútil indagar a mim mesma por que não tentei conquistar um lugar entre eles; seria preferível explicar como certos indivíduos são capazes de elaborar bem esse delírio concertado que é um sistema e de onde vem sua obstinação que dá a suas concepções o valor de conceitos universais. Já disse que a condição feminina não predispõe a esse gênero de obstinação.

Teria podido pelo menos empreender algum estudo documentado, crítico, talvez mesmo engenhoso, acerca de um problema limitado: um autor pouco ou malconhecido, um ponto de lógica. Isso não me tentava em absoluto. Conversando com Sartre, observando sua paciência, sua audácia, parecia-me inebriante dedicar-se à filosofia, mas tão somente se tomado por alguma ideia. Expor, desenvolver, julgar, coligir, criticar as ideias dos outros, não, não via interesse nisso. Lendo uma obra de Fink, perguntei-me: "Mas como é possível resignar-se a ser discípulo de alguém?" Aconteceu-me mais tarde consentir, por intermitências, em desempenhar tal papel. Mas eu tinha, a princípio, demasiada ambição intelectual para contentar-me com isso. Queria comunicar o que havia de original em minha experiência. Para consegui-lo, era para a literatura que devia me orientar, bem o sabia.

Eu escrevera dois longos romances cujos primeiros capítulos até se sustentavam, mas que degeneravam em seguida numa confusão disforme. Resolvi, então, compor histórias bastante curtas e conduzi-las do princípio ao fim com rigor. Proibi a mim mesma entregar-me a fantasias de tom maravilhoso ou romanesco barato; renunciei a arquitetar entrechos em que não acreditava, a pintar meios que não conhecia; procuraria tornar sensível uma verdade que experimentara pessoalmente; ela faria a unidade do livro cujo tema indiquei por um título ironicamente tomado de empréstimo a Maritain: *Primauté du spirituel*.

Fora marcada suficientemente pelos livros e pelos filmes de guerra, sobre os quais, durante minha adolescência, chorara abundantemente. Todos os *Sursum corda*, os *Debout les morts!*, todas as frases e todos os gestos sublimes despertavam em mim imagens horríveis: campos de batalha e ossuários, feridos com fisionomias "de bofes", segundo a expressão de Ellen Zena Smith em seu romance, *Pas si calme*, e que me transtornara.

Perto de mim, vira Zaza lançada à loucura e à morte pelo moralismo de seu meio. O que havia de mais sincero em meu romance anterior era meu horror à sociedade burguesa. Nesse ponto, como em muitos outros, achava-me de acordo com o meu tempo. Ideologicamente, a esquerda era mais crítica do que construtiva; o revolucionário falava a mesma linguagem que o revoltado, não desdenhava atacar a moral, a estética, a filosofia da classe dirigente. Tudo me animava, portanto, a levar adiante meu projeto. Queria apontar, através de histórias pessoais, algo que as superava: a profusão de crimes, minúsculos ou enormes, cobrindo as mistificações espiritualistas.

Entre as personagens de minhas diversas novelas, estabeleci laços mais ou menos frouxos, mas cada uma dessas histórias formava um todo. Dediquei a primeira a minha antiga amiga Lisa. Descrevia o definhamento de uma jovem timidamente viva, que o misticismo e as intrigas do Instituto Sainte-Marie oprimiam; ela debatia-se em vão para não ser uma alma entre almas, enquanto seu corpo trabalhava surdamente. Atribuí à minha segunda heroína, Renée, a fisionomia, a palidez, a larga fronte da irmã do dr. A. que eu conhecera em Marseille. Sentia que em minha infância houvera uma relação íntima entre o masoquismo de certos jogos meus e minha devoção. Soubera também que a mais devota de minhas tias fazia-se fustigar vigorosamente à noite pelo marido. Diverti-me ao imaginar, em um adulto, a degradação da religiosidade em canalhice. Ao mesmo tempo, tracei um quadro satírico das *Équipes sociales*; tentava fazer que se sentissem os equívocos da dedicação. Empreguei nessas duas narrativas um tom falsamente objetivo, de uma ironia velada que imitava a de John Dos Passos.

Na história seguinte, voltei-me para Simone Labourdin, a quem chamei Chantal. Ao sair de Sèvres, ela ia ensinar literatura em Rouen. Com uma má-fé crispada, ela procurava dar de si mesma e de sua vida uma imagem que pudesse deslumbrar os amigos. Através de seu diário íntimo e de monólogos interiores, podia-se vê-la transfigurar cada uma de suas experiências, ir à caça do maravilhoso, fabricar uma personagem de mulher liberta, de uma sensibilidade resplandecente. Na realidade, tinha grande preocupação com sua reputação. Com sua obstinação em desempenhar um papel, fazia a desgraça de duas jovens alunas que a admiravam e diante das quais ela acabava por se desmascarar. Essa novela assinalava um progresso; o monólogo interior de Chantal pintava-a ao mesmo tempo tal qual desejava ser e tal qual era; eu conseguira exprimir essa distância de si para si, que é a má-fé. As entrevistas de Chantal com suas alunas também foram realizadas com habilidade: para além da visão benevolente das adolescentes, pressentiam-se as falhas da jovem mulher. Empreguei mais tarde processos análogos em *A convidada* para apontar as trapaças de Elisabeth.

Se os defeitos que imputava a Chantal me aborreciam tanto, era menos por tê-los observado em Simone Labourdin do que por neles ter caído eu mesma: durante dois ou três anos eu cedera mais de uma vez à tentação de falsear minha vida a fim de embelezá-la. Limpara-me pouco a pouco desse defeito na solidão de Marseille, mas censurava-o ainda a mim mesma. O romance que Françoise escreve em *A convidada* gira em torno desse tema. Ele me preocupava, e experimentei um prazer real em tratá-lo. Entretanto, a história de Chantal apresenta-se hoje a mim como um simples exercício: minha heroína poderia ter desempenhado um papel secundário num romance; não tinha estofo bastante para que se preocupassem com seus triunfos, seus fracassos.

Tentei novamente ressuscitar Zaza e dessa vez procurei ater-me mais rigorosamente à verdade; Anne Vignon era uma moça de vinte anos, vítima dos mesmos tormentos e das mesmas dúvidas que Zaza. Não consegui, entretanto, tornar sua história convincente. Obtivera algum êxito no longo monólogo inicial de Mme Vignon; nele ela se pintava em sua verdade e em suas mentiras. Mas, na segunda parte, cometi um erro; queria que ao redor de Anne todo mundo tivesse culpa; dei-lhe por amiga Chantal, que a impelia à revolta sem uma verdadeira convicção e sem fazer o esforço necessário para arrancá-la de sua solidão; limitava-se a representar um papel. O ponto de vista que ela tinha do drama ressentia-se de sua mediocridade. E, sem o perceber, eu diminuía Anne, imaginando que ela daria sua confiança a alguém que a merecia tão pouco. O desenlace era visto através de Pascal, que Anne amava como Zaza amara Pradelles, sem maior felicidade. A personalidade do rapaz não era muito malconstruída, mas carecia de consistência. Eu traçara um retrato de Anne mais plausível e mais atraente do que nas versões anteriores; não se acreditava, contudo, na intensidade de sua desgraça, nem em sua morte. Talvez o único meio de persuadir o leitor tivesse sido o de contá-las em sua verdade. Depois de ter escrito *Os mandarins*, tentei mais uma vez transpor para uma longa narrativa o fim trágico de Zaza; eu adquirira mais prática, e, no entanto, não consegui chegar a realizá-lo.

O livro terminava com uma sátira de minha mocidade. Atribuí a Marguerite minha infância no curso Désir e a crise religiosa de minha adolescência. Depois, ela caía na armadilha do maravilhoso, mas seus olhos abriam-se, ela desvencilhava-se dos mistérios, das miragens, dos mitos, e resolvia olhar o mundo de frente.

Essa narrativa era de longe a melhor; escrevera-a na primeira pessoa, simpatizando com a heroína, e num estilo vivo. Tinha, sobretudo, realizado bem o capítulo autobiográfico; a aventura que a convertia à realidade era pouco convincente.

Além dos defeitos de cada episódio, a construção do livro era frágil; não se tratava nem de uma coletânea de novelas nem de um romance. As intenções didáticas e satíricas eram por demais acentuadas. Dessa vez ainda, eu evitara me comprometer; figurava-me tão somente no passado a uma grande distância de mim mesma. Não emprestara o calor de minha vida a essas histórias em que heroínas anêmicas evoluíam num mundo mesquinho. Assim mesmo, à medida que as ia escrevendo, Sartre aprovou numerosos trechos. Durante os dois anos que empreguei em sua composição, esperei que um editor as aceitasse.

Acontecimentos importantes tinham ocorrido durante o verão. Os decretos-leis do governo Laval haviam suscitado uma oposição violenta; tinham-se verificado motins na maioria dos grandes portos: Brest, Cherbourg, Lorient. No Havre e em Toulon, operários haviam sido mortos pelas forças da ordem; finalmente, os operários tinham sido forçados a se submeter. Mas a derrota não abatera suas esperanças. O enterro de Barbusse servira de pretexto a uma manifestação quase tão ruidosa quanto a de 14 de Julho. Desejosos de ajudar a Frente Popular a precisar e divulgar suas posições ideológicas, escritores — Chamson, André Viollis, Guéhenno — fundaram um novo semanário, *Vendredi*.

A direita unia-se mais energicamente do que nunca contra os "porcalhões"; o recrutamento dos Cruz de Fogo ampliava-se. Eles buscavam, além-fronteiras, o apoio do fascismo italiano. Como Mussolini, recusando qualquer acordo, se preparava para atacar o Negus, a LDN votara sanções contra ele, e Londres resolveu aplicá-las, quando os exércitos italianos atravessaram a fronteira da Etiópia. Sessenta e quatro intelectuais franceses publicaram no *Temps* de 4 de outubro um manifesto "em defesa do Ocidente", dirigido contra as sanções; nesse mesmo dia, o Duce mandava bombardear a população civil de Aduá. Os intelectuais antifascistas protestaram; entre eles havia católicos; o *Esprit*, dirigido por Emmanuel Mounier, aproximava-se de *Commune*. Achávamos ridículo o boicote de certos escritores de esquerda que se recusavam a tomar Cinzano, por exemplo, mas as manobras de Laval enojavam-nos. Preconizando cautelosamente "sensações lentas", tornava a França cúmplice das atrocidades cometidas na Abissínia pelos aviadores italianos que massacravam sem piedade mulheres e crianças. Felizmente confiávamos em uma rápida reviravolta na política francesa. Congressos, encontros, desfiles: a União Popular fortalecia-se a cada dia. Nas arruaças em que se enfrentavam os militantes de direita e os de esquerda, estes é que ganhavam. A próxima vitória eleitoral da Frente Popular não estava em questão. O "muro do dinheiro" seria derrubado; os "feudalismos", desmantelados; as duzentas famílias, despojadas de seu poder. Os operários fariam triunfar suas reivindicações, obteriam a nacionalização de grande número de empresas. Depois, o futuro viria sem problemas. Foi dentro dessas perspectivas otimistas que se iniciou o novo ano escolar. O primeiro trimestre viu desenrolar-se o processo dos Oustachi e começar o processo Stavisky. Foram encontrados os restos da pequena Nicole Marescot, cujo assassino presumido definhava na prisão havia um ano; durante todo esse tempo, uma multidão de radioestesistas passeou em vão seus bastões de aveleira pela região de Chaumont: o Abade Lambert introduzira a moda e muitas pessoas a levavam a sério. Buster Keaton, que não ria nunca e que tanto nos fizera rir, ficara louco. Os Joliot-Curie receberam o prêmio Nobel pelos seus trabalhos sobre a radioatividade artificial. Falava-se muito nos jornais das novas normas de trabalho introduzidas nas fábricas da URSS por um certo Stakhanov.

Tendo Sartre decretado que estava curado, nada mais perturbava nossa vida privada. Deixei o hotel La Rochefoucauld pelo hotel do Petit Mouton, que Olga me indicara: seus amigos poloneses tinham se hospedado lá outrora e ela o achava encantador. Agradou-me também. Era em uma viela que dava para a rua da République, uma casa velha de estilo normando, de três andares, com vigas aparentes e uma quantidade de pequenos vitrais; dividia-se em duas alas, separadas pelo local onde residia a senhoria, e cada qual com sua porta e sua escada. À direita, localizavam-se os quartos de hóspedes de passagem; à esquerda, os dos pensionistas, em sua maioria jovens casais, de modo que, à noite, os corredores se enchiam de suspiros. Eu morava ao lado de um suboficial que todas as noites batia na esposa antes de fazer amor. Minhas poltronas e minha mesa eram capengas, mas eu gostava da alegria um tanto sórdida da coberta da cama, do papel da parede, das cortinas. Jantava muitas vezes no meu quarto uma fatia de presunto e, nas primeiras noites, ouvi, através do sono, ruídos insólitos de bichos miúdos passeando, de um roçar de coisas: camundongos arrastavam pelo assoalho os papéis gordurosos que eu jogara na cesta; aconteceu-me sentir patas no rosto. A senhoria, uma cafetina gorda de cabelos eriçados pelo frisador, usava meias de algodão cor-de-rosa. Marco, tendo sido nomeado para Rouen, instalou-se no Petit Mouton, na ala duvidosa. Desnorteava a senhoria com enormes galanteios pelo prazer de vê-la fazer meiguices, e jogava bola com seu grande cão policial em frente à porta do hotel.

Durante as férias, eu recebera cartas desesperadas de Olga. Ela não se reapresentara sequer em junho ao seu PCN e, em vez de regressar imediatamente a Beuzeville, passara noites em claro passeando em Rouen e dançando no Royal. Chegara à casa dos pais com oito dias de atraso, abatida, de olhos fundos e carregando no ombro um gato epilético que catara na sarjeta. Seus pais queriam interná-la em Caen; não teria ficado mais horrorizada se houvessem decidido colocá-la numa casa de correção. Seu desespero comoveu-me, e lamentei que ela não pudesse voltar para Rouen, pois desenvolvi grande afeição por ela.

Nossa amizade tinha em mim, como nela, razões sólidas, pois, ao fim de vinte e cinco anos, ela ainda ocupa em minha vida um lugar privilegiado; mas, no início, foi Olga quem a quis e a criou; não podia ser de outro modo. Uma afeição só tem força à medida que se afirma contra alguma coisa. Olga, aos dezoito anos, era mais ou menos contra tudo; eu me sentia na vida como um peixe na água: nada me oprimia quando tudo a esmagava. Os sentimentos que ela me dedicou alcançaram muito rapidamente uma intensidade cujo contragolpe experimentei mais lentamente.

Em sua juventude, o pai de Olga obtivera em Munique um diploma de engenheiro; depois da Revolução, dele se utilizara em Strasbourg, na Grécia e, afinal, em Beuzeville. As charnecas gregas eram mórbidas; em Beuzeville não havia colégio. Olga e a irmã tinham sido, durante anos, internas dos colégios de Angoulême e de Rouen. Passavam longas férias com os pais, junto dos quais se desenrolara sua primeira infância. Olga amara ambos enormemente. Mme D. era inteligente, aberta e muito pouco conformista. Quando moça, tivera a coragem de abandonar o lar desagradável para ir ensinar francês na Rússia; de regresso à França, casada com um russo exilado, sentira-se em seu próprio país tão exilada quanto ele: não convivia muito com alsacianos e com normandos, e nem com eles se entendera; para educar as filhas, consultara sua própria opinião; desde pequenas, fizera-as ler livros e contara-lhes histórias que os outros achavam para muito acima da idade das meninas; iniciara-as na mitologia, na Bíblia, nos Evangelhos, nas lendas de Buda, de maneira a encantá-las, mas tirando-lhes, para sempre, o desejo de acreditar naquilo tudo. Olga devera a essa formação a precocidade que seduzira seus professores de letras e irritara quase todos os outros.

Entre essa mãe algo insólita e um pai exótico, que constantemente lhe falava do país fabuloso em que ela deveria ter vivido, Olga sentia-se diferente das outras crianças e sempre encarara essa diferença como uma superioridade; tinha mesmo a impressão de ter sido enfiada em uma pele que não era digna dela: do fundo de uma Rússia que não existia mais, uma mocinha educada no Instituto das Jovens Nobres considerava com altivez a colegial Olga D., confundida na massa das colegiais de Rouen; ela desprezava esse rebanho, não pertencia a ele; e, no entanto, encontrava-se no meio dele e não em outro lugar. Suportava isso mal. O paradoxo de sua educação estava em que, depois de lhe ter insuflado a hostilidade às convenções, às superstições, à estupidez e às virtudes tradicionais francesas, seus pais tinham precisado abandoná-la às disciplinas, às rotinas, aos preconceitos, a todas as tolices que governam os internatos de moças. Disso resultaram choques sérios, mas que não tinham afetado demasiado Olga, porque os pais sempre haviam tomado o partido dela. De tempos em tempos, Mme D. tinha escrúpulos; desejava que suas filhas fossem "como as outras": suas veleidades engendravam dramas que felizmente não acarretavam consequências, porque as circunstâncias a afastavam de seu desígnio. Quando Olga saiu do colégio, seus pais trataram cuidadosamente de orientá-la por um caminho "normal". Não encaravam o casamento como uma carreira; acreditavam nas capacidades dela e queriam que aprendesse um ofício. Mas qual? Não tinham levado a sério o sonho da dança, e era, de resto, tarde demais. A arquitetura atraía Olga: o pai julgou que uma mulher não tem chances de alcançar êxito nessa profissão. Escolheram a medicina sem atentar para a diminuta atração que tais estudos tinham para Olga. A consequência foram os dois fracassos sucessivos no PCN em junho e outubro de 1935, e mais um ano para uma nova tentativa e que — do ponto de vista deles — fora inteiramente desperdiçado. Ficaram violentamente despeitados e não cessaram mais de repreendê-la. Quando ela estava em Beuzeville, proibiam-na de fumar, de dormir tarde e quase de ler; impunham-lhe modos de empregar o tempo; desolavam-se com a dissipação dela, com suas más relações. O conflito que opõe classicamente o adolescente a seus pais assumiu com ela uma forma particularmente penosa, porque subitamente eles encarnavam o que, mais ou menos conscientemente, eles próprios a tinham ensinado a desprezar: a boa ordem, a sabedoria das nações, os costumes estabelecidos e toda a seriedade dessa idade adulta que ela via aproximar-se com horror. Ela aborrecia-se por tê-los desiludido porque sempre se apegara apaixonadamente à estima deles, mas a mudança de atitude e o abandono deles enchiam-na de rancor. Passara o último ano desatinada e encolerizada, hostil ao mundo inteiro e a si mesma. A irmã, de quem gostava muito, era bem mais moça e ela só tinha relações superficiais com suas amigas; ninguém podia salvar Olga do marasmo.

Ninguém, a não ser eu. Estava admiravelmente disposta a ajudá-la. Nove anos mais velha do que ela, com minha autoridade de professora e os prestígios da cultura e da experiência, eu contrastava com o pessoal do colégio e com a burguesia de Rouen; vivia sem me preocupar com convenções; Olga reconhecia em mim, transfiguradas e fortalecidas pela idade e pela sabedoria que me atribuía, suas repugnâncias, suas recusas, sua sede de liberdade. Eu viajara, conhecera pessoas; Rouen e Beuzeville eram prisões de que eu possuía as chaves: a infinita riqueza do horizonte e sua novidade, era através de mim que as sonhava; e, com efeito, muitas coisas, durante esses dois anos, ela recebeu de mim: livros, música, ideias. Não somente eu lhe abria o futuro, como também, o que contava mais ainda, prometia-lhe que nele ela faria seu caminho; fustigada pelas censuras dos pais, estava prestes a afundar num amargo derrotismo; eu compreendia que o PCN a houvesse irritado e que sua jovem independência lhe houvesse subido à cabeça; eu confiava nela; ela tinha uma urgente necessidade dessa estima, de minha cumplicidade e de tudo o que — a princípio parcimoniosamente — eu lhe trazia. Naturalmente, ela não compreendeu as razões desse impulso que a impeliu para mim; pensava que se explicasse por meus méritos, mas foi a partir de sua própria situação que me tornei para ela alguém precioso e mesmo único.

Eu, ao contrário, não carecia de nada. Quando encontrava pessoas novas e atraentes, travava relações agradáveis, mas elas não me tiravam nada. Uma fênix com todas as suas graças não teria conseguido com sua sedução perturbar minha indiferença. Olga me atingiu no único ponto vulnerável de meu coração: a necessidade que tinha de mim. Anos antes, essa necessidade me teria importunado. A princípio eu não pensara senão em me enriquecer; agora parecia ter as mãos cheias, e pelo ardor com que ela acolheu meus primeiros presentes, Olga revelou em mim o prazer de dar. Eu conhecera a embriaguez de receber as delícias da reciprocidade, mas não sabia o quanto é comovente sentir-se útil, e perturbador acreditar-se necessária. Os sorrisos que, por vezes, eu fazia nascer em seu rosto despertavam em mim uma alegria de que eu não suportaria ver-me privada.

Evidentemente, seus sorrisos não teriam me impressionado sem a simpatia e a estima que Olga desde logo me inspirara. Eu apreciara o encanto de seu rosto, de seus gestos, de sua voz, de sua linguagem, de suas narrativas; apreciara sua inteligência e sua sensibilidade; mesmo que não compreendesse tudo, raramente ela se enganava a respeito da qualidade de uma pessoa ou de um livro. Possuía essa virtude que considerávamos essencial: a autenticidade; não falseava nunca suas opiniões nem suas impressões. Percebi que ela não se assemelhava em nada à moça loura, pálida, um pouco insossa que eu vira um dia chorar sobre uma composição inacabada. Havia nela algo impetuoso e extremado que me conquistou. Quando criança, ela conhecera com mais violência do que eu as convulsões da cólera; continuava capaz de furores que quase lhe faziam perder os sentidos. Mais do que por exaltações, traduzia seus desgostos e suas revoltas por prostrações; essa passividade não era moleza, e sim um desafio a todas as tiranias. Aos prazeres, Olga entregava-se sem restrições: acontecia-lhe dançar até desfalecer. Olhava com avidez todas as coisas e, sobretudo, as pessoas; seus deslumbramentos conservavam o frescor da infância, e ela os mantinha vivos em longos devaneios. Falar com ela era um prazer, porque escutava com paixão. Contou-me seu passado e disse-lhe muito do meu: tinha sempre certeza de interessá-la e ser compreendida. Conversava mais intimamente com ela do que com qualquer mulher de minha idade. Gostava também que se conduzisse e se exprimisse com tanta reserva e discrição, quando sob suas maneiras policiadas mil brasas dormiam. Desejava ajudá-la a aproveitar os recursos que desperdiçava em estudos áridos, no tédio e no remorso. Entretanto, eu era prudente. Não pensara em assumir francamente a orientação de sua vida para fazer dela um empreendimento pessoal.

 O projeto concebido pelos pais obrigou-me a dar esse passo, e Sartre encorajou-me a dá-lo; ele gostava muito de Olga, achara-a atraente em seu papel de enfermeira; pareceu-lhe impossível que eu a deixasse ser internada numa pensão de Caen; sugeriu-me uma ideia que me pareceu luminosa: Olga detestava as ciências, mas em filosofia fora uma excelente aluna: por que não a orientar para esse lado? No Havre, Sartre dava cursos de licenciatura a alguns estudantes, rapazes e moças; ele ajudaria a preparar Olga para seus certificados. Pedi para conversar com os pais, que me convidaram a ir a Beuzeville. Desci na estação anterior, e muito antes do que anunciara. Passei a tarde passeando com Olga por um triste campo tremulante; refugiávamo-nos nos pequenos cafés da cidade e colávamo-nos ao fogareiro. Ela não esperava muita coisa de minha gestão. Entretanto, depois de um deleitável jantar à russa, apresentei meu projeto a Mme e M. D. e convenci-os a me confiarem Olga. De volta a Rouen, organizei com Sartre um horário minucioso das aulas que lhe daríamos e o programa dos trabalhos que ela teria de executar: leituras, dissertações, exposições. Reservei-lhe um quarto no Petit Mouton.

Seus novos estudos pareceram agradar-lhe; escutava com zelo, dizia que compreendia bem tudo o que lhe explicávamos. Arranjou cuidadosamente sobre a mesa os livros que arranjei para ela. Mas no dia em que pedi que resumisse por escrito um capítulo de Bergson, engoliu meio quilo de caramelos que a puseram sem condições de trabalhar. Seria a reação dos pais a seus exames fracassados ou um orgulho mais antigo que lhe inspirava tal horror à reprovação que preferia nada fazer a arriscar-se? Em todo caso, não conseguiu escrever uma só linha em sua primeira dissertação. Afinal de contas, a ideia de Sartre não era tão maravilhosa assim. Para preparar uma licença longe da Sorbonne, sem companheiros de estudo, fora preciso muita paixão ou muita vontade. Olga tomara facilmente a dianteira da classe de filosofia graças à sua inteligência, mas na realidade as especulações abstratas não a interessavam. Era incapaz de se dobrar a imposições e a palavras de ordem. Compreendi que seu derrotismo durante os dois anos de PCN tinha razões menos acidentais do que eu pensara. Há pessoas a quem a dificuldade estimula: ela desanimava Olga. Persuadida desde a infância de que não pertencia à sociedade que a cercava, não esperava nenhum futuro da mesma; o amanhã mal existia para ela, muito menos o ano seguinte. Via pouca diferença entre um projeto e um sonho; às voltas com uma tarefa árida, nenhuma esperança a sustinha. Tentei combater sua indolência, mas minhas censuras e seus remorsos, longe de incitarem-na a reagir, faziam-na mergulhar em um desespero inerte. Sartre deixou logo de se obstinar, e eu segui seu exemplo. Depois do Natal, as aulas de filosofia tornaram-se um mito.

Fiquei desapontada mas não me incomodei mais. Agora que Olga vivia sem constrangimento, ela desabrochava. Estudante emburrada, mostrava-se, em compensação, a mais agradável das companheiras. Vivia o presente com tanto mais ardor quanto duvidava do futuro; nunca se cansava de olhar, escutar, falar, dançar, passear, sentir o coração bater. Por causa dela, deixamos o Havre por Rouen. Ela levava-nos para o terraço do Café Victor para ouvirmos o belo violinista cigano Sacha Maio; ele foi depois substituído por uma orquestra feminina que nos lembrou a do grande Café de Tours e cuja graça nos divertiu tanto que Sartre mais tarde fê-la entrar no *Sursis*. Tínhamos, em geral, mais curiosidade pelas mulheres do que pelos homens; dávamos ouvidos sempre às tagarelices das mulherezinhas do Chez Alexandre e às dançarinas do Océanic Bar. Na rua da Grande-Horloge, havia um Cintra que lembrava um pouco o de Marseille. Lá jogava pôquer de dados com Olga, conversava com Sartre tomando café ou suco de laranja. A diretora de uma importante casa de modas aparecia muitas vezes para discutir com fornecedores ou fregueses ao redor de um dos tonéis que serviam de mesa; nós a observávamos com simpatia; as mulheres decididas, as mulheres de negócios não eram muito comuns na época; apreciávamos sua elegância, sua desenvoltura, sua rispidez, sua autoridade. Quando Colette Audry ia a Paris, deixava-nos as chaves de seu estúdio. Cozinhávamos espaguete no seu forno, tocávamos seus discos, brincávamos com seus pombos. No fim do mês, ela emprestava-nos quase sempre sua vitrola para que a puséssemos no penhor; eu penhorava também um broche de ouro, presente de minha avó.

 Na ausência de Sartre, encontrava-me muito com Olga. Fazia-a ler Stendhal, Proust, Conrad, todos os autores de que gostava, e ela falava-me deles ora com arrebatamento, ora com raiva, pois tinha com eles relações complexas e tão vivas quanto com gente de carne e osso; Proust em particular inspirava-lhe sentimentos ambíguos que oscilavam — sem nunca se deterem numa posição intermediária — de um ódio enojado a uma admiração deslumbrada. Para conversar, sentávamo-nos no Océanic, no Cintra e, muitas vezes, em um barzinho do cais, cujas cortinas, bem como o forro dos móveis e até os espelhos, eram de um tom de abricó que nos encantava; bebíamos exclusivamente refrescos de cassis. Resolvi ensinar xadrez a Olga. Jogamos algumas partidas na *brasserie* do Opéra, mas nossa ignorância acarretou-nos tantas observações indignadas que não ousamos mais jogar, a não ser clandestinamente; fechávamo-nos em meu quarto e ao mesmo tempo que calculávamos as jogadas bebíamos grandes goles de Cherry Rocher: tínhamos por esse licor uma predileção imoderada; engolimos tal quantidade certa noite que, depois de ter me deixado, Olga se encolheu na escada e dormiu até que um inquilino a empurrou com o pé. Muitas vezes, íamos ao quarto de Marco ouvir discos: os *Quartetos* de Beethoven, os *Concertos brandeburgueses*, o *Octeto* de Stravinsky. Familiarizei-me com muitas obras que mal conhecia ou não conhecia absolutamente. O que me aborrecia era que ao fim de cada música Marco me lançava uma olhadela inquisidora e um pouco zombeteira: eu fazia um grande esforço para arrancar de mim mesma um comentário.

Marco convocou, certa tarde, Olga, Sartre e eu ao estúdio onde estudava canto. Quando ele cantarolava nas ruas de Rouen a *Passacaglia* de Bach ou a sublime *Cavatina* de Beethoven, sua voz me extasiava; atacou a grande ária de *Boris Godunov*: as vidraças tremeram, acreditei que meus tímpanos iam explodir e fiquei aterrorizada. Outras sessões confirmaram a triste verdade: Marco cantava cada vez mais alto e menos bem. Ele não o percebia e continuava certo de que faria dentro em breve uma estreia triunfal no Opéra. Em compensação, lutava desesperadamente contra um infortúnio a meus olhos muito menos grave: perdia os cabelos. Todas as noites esfregava a cabeça com uma loção sulfurosa e tinha a impressão de se esfolar vivo; durante cinco minutos, crispava as mãos à janela para não berrar. Nada perdera ainda, entretanto, de sua beleza. Agora eu o conhecia demais, seu encanto sedutor atenuara-se um tanto. Mas Olga, por quem ele demonstrava viva simpatia, comprazia-se enormemente em sua companhia. Saíam muitas vezes juntos.

Uma tarde, descendo a rua Jeanne d'Arc, Olga imitou o passo dos patinadores. Marco tomou-a pelo braço e deslizaram pela rua dançando; Marco cantava. Subitamente, depararam na calçada do outro lado da rua com um grupo que os contemplava petrificado: um aluno de Marco com os pais. "Merda!", disse Marco. E acrescentou, sem largar Olga: "Oras, continuemos, é tarde demais." O colegial viu o professor afastar-se saltitante nos braços de uma loura.

Com Marco, o mais simples passeio se transformava em uma aventura; inventava para Olga belas e fabulosas mentiras, invadia restaurantes, abordava desconhecidos, oferecia-lhes bebidas, fazia-os falar sobre suas vidas. Uma tarde, no bar cor de abricó, tínhamos sido abordadas, Olga e eu, por um capitão inglês, muito feio, com um nariz de bêbado, mas que contava histórias de navios; tínhamos escutado, e ele admirara o inglês de Olga. Dias depois, encontrando-se em outro bar com Marco, ela tornou a vê-lo. "Apresente-me", disse Marco. "E diga", murmurou entre os dentes, "que sou seu parente". O capitão tomou-o pelo irmão de Olga, ofereceu-lhes bebida e propôs que terminassem a noite no navio. Marco hesitou: visivelmente o capitão tinha intenções a respeito de Olga. "Será melhor irmos para casa", disse Marco. "Mas o senhor deve imaginar que não há nada para beber na casa de uma moça", acrescentou, "conviria a arranjar uma garrafa". O capitão sabia onde arranjá-la e saiu para comprar uísque. Marco expôs seu plano: iam dar-lhe um suadouro. Marco o deixaria a sós com Olga, o capitão tentaria evidentemente dar em cima dela, e Marco, surgindo inesperadamente, ameaçaria fazer escândalo. Era preciso, antes de tudo, embriagar a vítima. Subiram ao quarto de Olga e começaram a esvaziar uma garrafa de Johnny Walker. O capitão bebia; os outros derramavam delicadamente o conteúdo dos copos na cama — que durante um mês recendeu a uísque. Entretanto, o capitão conservava sua lucidez. Em dado momento, pediu a Marco que o acompanhasse ao patamar; então propôs-lhe pagar. Marco, para desanimá-lo, reclamou um preço exorbitante, e o outro ficou bravo. Para amansá-lo, Marco acabou explicando, com lágrimas nos olhos, que a miséria o impelira a vender sua jovem irmã, mas sentia a ignomínia de sua conduta e arrependia-se. O capitão não se acalmou; foi preciso que Marco o pegasse pelos ombros e o empurrasse vigorosamente contra a porta. Entretanto, o capitão não guardou rancor. Dias depois, eu ouvia discos com Olga no quarto de Marco quando um carro parou na esquina de nossa viela; refletindo sobre o caso, o capitão comovera-se com a miséria dos dois; vinha buscar-nos para visitar o navio. Acompanhamo-lo, e ele nos fez muito amavelmente as honras do barco.

Graças à presença de Marco, aos progressos de minha amizade com Olga, à cura de Sartre, ao novo ardor com que me entregava ao trabalho, foi um trimestre particularmente feliz. Eu andava por demais ocupada para ler tão gulosamente como antes; assim mesmo, mantinha-me a par das novidades. O ano precedente enriquecera pouco a literatura francesa. A direita enaltecia os livros de Robert Francis, irmão de Jean Maxence e fascista como ele, e que em *La Grange aux trois belles* e *Le Bateau-refuge* tentara imitar Alain Fournier. Nesse inverno, Malraux publicou o pior de seus livros, *Le Temps du mépris*. Nizan publicara *Le Cheval de Troie*. Um dos personagens principais, Lange, era professor na província; anarquista, passeava sua solidão pelas ruas da cidade, e, ao mesmo tempo que contemplava as pedras, entregava-se a devaneios metafísicos sombrios; tinha, portanto, semelhanças evidentes com Sartre. Nas últimas páginas, aderia ao fascismo. Nizan afirmou em tom displicente mas firme que fora Brice Parain quem lhe serviria de modelo. Sartre disse-lhe com bom humor que não acreditava.

O único livro que impressionou durante o ano foi a tradução de *Luz de agosto*, de Faulkner. Sartre não apreciou o estilo; censurava certa redundância bíblica que não me desagradava. Concordamos em admirar sua novidade e audácia. Nunca o mundo faulkneriano, que o sexo incendeia e ensanguenta, tivera esse trágico brilho. Espantou-me ver que a aventura que joga Christmas nas mãos dos linchadores fosse ao mesmo tempo pungente como a vida e inelutável como a morte. No Sul, despojado de seu futuro, e que não tem mais outra verdade a não ser sua lenda, os mais violentos combates são de antemão petrificados pela fatalidade. Faulkner soubera dar uma duração a sua história anulando totalmente o tempo; no meio do livro, fazia-o oscilar e tombar: onde o destino triunfa, o passado e o futuro se equivalem, o presente não tem mais realidade; para Christmas, ele não passa de um corte entre duas séries, uma que remonta ao dia do nascimento, outra que desce para seu horrível fim, ambas manifestando uma mesma maldição: o sangue negro em suas veias. Dando uma sacudida no tempo, Faulkner enriquecia sua técnica. Distribuía, mais habilmente ainda do que em seus outros romances, as luzes e as sombras; a tensão da narrativa e o relevo dos acontecimentos faziam de *Luz de agosto* uma obra exemplar. Marco, que cultivava as fórmulas, declarou que a partir desse livro o romance seria sincrônico ou não seria. Pensávamos em todo caso que o romance francês tradicional estava ultrapassado, que era impossível não levar em conta as novas liberdades e as novas imposições propostas pelos jovens norte-americanos.

Não íamos muitas vezes a Paris, mas aproveitávamos bem nossas estadas. Visitamos a exposição de arte italiana, a exposição de arte flamenga. Fomos olhar com alguma nostalgia os restos do velho Trocadero, que estavam demolindo. No Cassino de Paris, Maurice Chevalier cantava *Quand un vicomte rencontre un autre vicomte*. Fazia espantosas imitações de seus imitadores. Exibiam nos cinemas *La kermesse héroique*, *Le mouchard*, *La bandera*. Vimos Marguerite Jamois em *Les caprices de Marianne* e ouvimos Madeleine Ozeray recitar: "Le Petit Chat est mort." Entretanto, a sábia perfeição dos espetáculos de Jouvet aborrecia-nos um pouco, e negligenciamos *La Guerre de Troie n'aura pas lieu*. No Atelier, assistimos ao ensaio geral do *Faiseur*, que Camille soubera adaptar muito bem de Balzac. Envolto no suntuoso roupão de Mercadet, Dullin era sua própria personagem; no papel de M. Violette, credor chorão e lamentável que solicita em vão seu crédito, a presença de Sokoloff era mais espantosa ainda: tinha alguma coisa de feitiçaria. Foi a primeira vez que pus os pés nos bastidores numa noite de ensaio geral; as pessoas lançavam-se sobre Dullin e sobre Camille com gemidos, rugidos, arrulhos que me deixavam sem voz. Com Dullin e com Camille eu não tinha felizmente necessidade de fazer frases; mas Camille, a quem eu dissera a que ponto o desempenho de Sokoloff me impressionara, empurrou-me: "Vá cumprimentá-lo." Ele estava sentado num banquinho com uma atitude longínqua e, nos joelhos, a cartola sovada de Violette; balbuciei algumas palavras, e ele olhou-me por entre as pálpebras enrugadas com mais surpresa do que ironia. Eu sentia que meu rosto pegava fogo, o suor inundava minha fronte; disse a mim mesma que decididamente eu não era bem-dotada para as delicadezas mundanas.

Eu conservava uma deslumbrante recordação de minhas últimas férias de Natal. Nesse ano, Lionel passava o inverno com uma tia velha num chalé de Gsteig, na Suíça. Tinham convidado minha irmã. Instalei-me com Sartre num hotel vizinho, muito pequeno, muito bonito: era de madeira, como todas as casas da aldeia, e aquecido por um amplo fogareiro de faiança; as ruas cobertas de neve cheiravam a pinheiro molhado e fogo de sarmento. Exercitamo-nos em declives um pouco mais duros do que em Montroc e quase tão caprichosamente: Lionel era um excelente esquiador, mas um professor medíocre. A tia velha encomendara, para comemorar o Natal, um pudim inglês, que inundou de rum e queimou alegremente; logo que se apagou, Sartre, com um gesto tão decidido que parecia deliberado, jogou-o no chão. Comemos assim mesmo.

Dava-me muito bem com Olga, mas não éramos parecidas. Eu vivia de projetos; ela negava o futuro. Todo esforço parecia-lhe desprezível; a prudência, uma mesquinharia; a perseverança, uma mentira a si própria; só dava valor a suas emoções: o que se compreende com a cabeça não a interessava. Deleitava-se ao ouvir Beethoven ou Bach, mas quando Marco nos fazia escutar o *Octeto* de Stravinsky, dizia, emburrada: "A música me aborrece, gosto somente dos sons." No vocabulário de Scheler,[53] que empregávamos de bom grado na época, ela colocava os "valores vitais" bem acima dos "valores espirituais"; nem a arte, nem a literatura, nada a comovia mais do que os corpos, os gestos, as fisionomias humanas. Adorava Oscar Wilde, e eu julgava seu esteticismo um pouco curto, mas não me sentia em absoluto perturbada com seus preconceitos; atribuía-os à sua idade e divertia-me com eles sem nunca supor que Olga pudesse ter razão contra mim. Suas relações com Sartre eram igualmente sem história: gostavam de estar juntos e nenhum deles nada pedia ao outro. O presente bastava a Olga; as palavras que definem, limitam ou prometem, e sempre antecipam, pareciam inteiramente fora de propósito.

Como acontece na maioria das vezes, foi a intervenção de um terceiro que atrapalhou tudo. Ela não escondia o prazer que experimentava em sair com Marco, e Sartre imaginou que ela o preferisse a ele. Logo que se compara, que se mede portanto, deixa-se de se entregar ao instante; o presente já não passa de um indício do futuro, e surgem problemas. Sartre os expôs a si mesmo e a Olga, e acabaram discutindo. Esse ciúme e os desenvolvimentos que se seguiram situaram-se num plano inteiramente platônico. Marco, com as mulheres, bancava sem esforço o bom moço. Olga, ao mesmo tempo infantil e etérea, tornava-se facilmente arisca e inspirava respeito. Tratava-se, da parte de Sartre, de um imperialismo puramente sentimental.

---

[53] Que hoje encaramos como precursor do fascismo.

Ele teria se afirmado se Olga não tivesse nenhuma simpatia por Marco? Acho que sim: Marco foi apenas um pretexto. Já desde o ano anterior, Sartre se apegava a Olga. Não a confinara no seu papel de enfermeira. No princípio, quando lhe contava histórias e lhe inventava canções, preocupava-se menos em seduzi-la do que em se distrair; perto de mim, nem sequer tentava: eu estava próxima demais para que pusesse em risco o que acreditava ser sua verdade. Mas repugnava-lhe infligir a uma estranha a companhia do lamentável neurótico com quem se identificava; substituía-o durante algumas horas por um brilhante bufão: as lagostas, surpresas, abandonavam-no. Ele pôs-se a aguardar com impaciência essas tréguas e a desejar a presença de Olga: e ela deixou de ser um meio e tornou-se um fim. Desde então, foi para lhe agradar que se mostrou agradável. Com a loucura de Sartre extinta, ela conservou a seus olhos o valor que adquiria nessas tardes em que o protegia. Sartre não se detinha no meio caminho em suas empreitadas; tendo esboçado uma amizade com Olga, precisava conduzi-la até o apogeu. Mas não imaginava que nenhum ato, nenhum gesto encarnasse esses laços que criava entre ambos, pois Olga era sagrada; era somente de uma maneira negativa que seu caráter privilegiado podia manifestar-se: Sartre exigia a exclusividade desses laços; ninguém devia importar para Olga tanto quanto ele.

Os sorrisos de Olga, seus olhares, suas palavras se revestiram de uma importância temível a partir do momento em que se tornavam sinais e apostas. Por outro lado, retirando-se, os crustáceos tinham deixado para trás uma espécie de grande praia vazia, pronta para se povoar de novas obsessões. Em vez de se fascinar com uma mancha preta dançando à altura dos olhos, Sartre espiou com idêntica atenção maníaca o menor bater de pálpebras de Olga: em cada um descobria um mundo. Evitou prudentemente intimidá-la sob o peso de suas interrogações, de suas interpretações; a mim não as poupava; tinha marcado um ponto contra Marco? Olga já tinha lhe dado, ou lhe daria logo, essa predileção radical que ele reclamava dela? A esse respeito conversávamos durante horas.

Isso não me aborrecia; preferia que Sartre vigiasse os sentimentos de Olga a que fosse tomado pela psicose alucinatória. Outra coisa me inquietou. Com sua obstinação em conquistá-la, Sartre dava a Olga um valor infinito. Era-me, subitamente, proibido encarar com displicência as opiniões dela, seus gostos, seus desdéns; eis que definiam um sistema de valores, e esse sistema contradizia o meu. Não me acostumei facilmente a essa mudança.

Não repugnava absolutamente em Sartre esse tipo de contestação. Em Berlim, ele se interessara por Marie Girard em grande parte porque ela não gostava praticamente de nada, não acreditava em quase nada e, por certo, tampouco na supremacia da literatura e da arte. Era impossível que alguma vez uma dúvida se insinuasse nele e que sua decisão de escrever deixasse de preponderar; nada o impedia, portanto, de perder seu tempo, de ter paixões, de dizer ou pensar o que quer que fosse: não corria perigo. Achava mesmo vantajoso brincar com um fogo com o qual não arriscava queimar-se; desse modo, persuadia-se de que em relação a seus projetos e objetivos permanecia livre; escapava a esse espírito de seriedade que tanto detestava.

Eu estava muito interessada no livro em que trabalhava naquele momento, mas durante esses dois anos, fora por fidelidade a meu passado que escrevera e porque Sartre me encorajava a fazê-lo. As obrigações que me impunha repugnavam-me tanto mais pô-las em discussão quanto eu sabia ser minha decisão irremovível. Recusei, pois, a desordem que Olga teria introduzido em minha vida se lhe houvesse atribuído um peso demasiado grande. Esforcei-me por reduzi-la ao que sempre fora para mim; gostava imensamente dela, estimava-a, ela me encantava; mas ela não detinha a verdade, não ia abandonar para ela esse lugar soberano que eu ocupava no centro de tudo. Pouco a pouco, entretanto, cedi. Era-me por demais necessário concordar com Sartre em tudo para ver Olga com outros olhos que não os dele.

Nossos amigos irritavam-se ou achavam graça, e todos se espantavam com a relevância que uma menina tinha para nós. Explicava-se primeiramente pela qualidade de Olga. À medida que me inspirei nela para compor a personagem de Xavière em *A convidada*, fi-lo desfigurando-a sistematicamente. O conflito entre minhas duas heroínas não poderia ter atingido nenhuma acuidade se não emprestasse a Xavière, sob aparências atraentes, um egoísmo insuperável e matreiro; era preciso que seus sentimentos não passassem de um brilho falacioso para que Françoise se visse um dia acuada ao ódio, ao assassinato. Olga tinha, por certo, seus caprichos, seus momentos temperamentais, suas inconsistências, mas eles só constituíam sua verdade mais superficial. Sua generosidade (no sentido cartesiano que dávamos à palavra) era evidente; e uma evidência — que todo o futuro deveria confirmar — assegurava-nos da profundidade, da firmeza, da lealdade de seu coração. Pelo desdém, pelas vaidades sociais e pelo seu sonho de absoluto, ela se encontrava muito perto de nós. Não teríamos sido fascinados pelos traços que a opunham a nós se ela não tivesse satisfeito fundamentalmente nossas exigências morais; essa conformidade era para nós natural: não prestávamos atenção, observando somente o que nos espantava, mas era a própria base de nossas relações com Olga. Quando inventei Xavière, só retive de Olga — denegrindo-o — o mito que havíamos forjado a partir dela; mas sua pessoa não teria nos atraído, e ela não teria engendrado um mito, se não tivesse sido infinitamente mais rica do que ele.

Foi essa a aberração que desnorteou, não sem razão, a nossa roda; em vez de nos comprazermos tranquilamente em nossas relações com Olga, colocamos em seu lugar um mito. Cumpre imputar essa deturpação ao desgosto que nos inspirava a idade adulta. De preferência a aceitar a coisa, Sartre tentara voltar-se para a neurose e eu dizia a mim mesma muitas vezes que envelhecer é uma diminuição. Na vida de todos os dias, eu me prevalecera de minha maturidade em relação a Olga. Contudo tínhamos o culto da mocidade, de seus tumultos, de suas revoltas, de sua liberdade, de sua intransigência. Pela sua impetuosidade, pelo seu extremismo, Olga insurgia-se — não somente em suas palavras como em sua conduta — contra as convenções, as instituições, as palavras de ordem, as rotinas e os limites; recalcava a fome e o sono e zombava da razão; pretendia escapar a essa condição humana a que nos resignávamos sem vergonha. Atribuímos-lhe então valores e símbolos. Tornou-se Rimbaud, Antígona, as crianças terríveis, um anjo negro que julgava do alto de um céu de diamante. Não fazia nada para provocar essa metamorfose, ao contrário: aborrecia-se com isso, detestava a personagem maravilhosa que lhe roubava seu lugar. Mas era impotente para impedir que a devorasse.

Admirávamos que ela se entregasse sem reserva ao instante. Entretanto, nosso primeiro cuidado foi construir para ela, para nós, um futuro: em vez de um casal, de um par, seríamos agora um trio. Pensávamos que as relações humanas precisavam ser perpetuamente inventadas, que, *a priori*, nenhuma forma é privilegiada, nenhuma é impossível: e essa pareceu impor-se a nós. Já tínhamos sonhado com ela. Na época em que Sartre fazia seu serviço militar, tínhamos encontrado numa noite, em Montparnasse, uma mulher muito jovem, encantadora, semiembriagada e possivelmente atordoada. Nós tínhamos convidado-a para tomar alguma coisa e ouvíamos suas queixas; sentíramo-nos muito velhos e prudentes. Deixando-a, divertíramo-nos em dizer que a adotávamos. Agora que estávamos inteiramente maduros e comportados, parecia-nos oportuno e lisonjeiro gastar-nos por uma jovem que soubesse aproveitar nossos cuidados. Com sua inépcia em viver, Olga reclamava nosso auxílio; em compensação, rejuvenescia esse mundo que já achávamos puído. Organizamos um sistema de conversas a sós e de reuniões plenárias que parecia satisfatório para todos nós.

Efetivamente, os entusiasmos de Olga varreram as poeiras da província; Rouen pôs-se a brilhar de maneira inédita. Ela nos abria a porta cerimoniosamente, oferecia-nos chá de jasmim e sanduíches de sua invenção; falava-nos de sua infância e das paisagens da Grécia no verão; nós lhe contávamos nossas viagens; Sartre cantava as canções de seu repertório; inventávamos comédias, voltávamos aos nossos vinte anos. Nos primeiros albores da primavera, fomos um domingo a Saint-Adrien ao pé das penedias de calcário das margens do Sena; lá dançavam em caramanchões que se iluminavam à noite com grinaldas de lampiões. Descobrimos o Aero-Bar, perto do campo de aviação cercado pela floresta. Havia uma pista de dança e compartimentos onde se podia tomar uma bebida ou jantar. À tarde, o lugar era deserto e acontecia-nos passar várias horas lá — eu trabalhando a um canto enquanto no outro Sartre e Olga conversavam; depois juntava-me a eles. De vez em quando, muito raramente, um aviãozinho decolava ou aterrissava. Sartre, que sempre tivera inclinação para trocar as coisas por palavras, habituara-me a fazer o mesmo; Olga, que tudo admirava, encorajou essa mania. De tempos em tempos, eu me irritava. Quando comentávamos, ao infinito, o gosto de um copo de cassis, a curva de um rosto, eu nos acusava de "fazer explicações de textos". Mas tínhamos, em verdade, que explorar ao máximo nossos magros recursos.

Nas férias de Páscoa, Olga nos acompanhou em Paris e a levamos para assistir a *Tempos modernos*; assistimos ao filme duas vezes seguidas, gostaríamos de conhecer de cor todas as imagens. Pela primeira vez, Carlitos utilizava o som, mas de uma maneira nada realista; servia-se dele, ao contrário, para desumanizar certos personagens: as ordens da diretoria eram dadas pelo microfone, um fonógrafo repetia sem cessar o aranzel do inventor. Tínhamos cuidadosamente decorado a canção que ele cantava com a melodia de *Je cherche après Titine*:

La spinach or la tacho
Cigarretto todo totto
E rusho spalagetta
Je le tu le tu le tava.

Nós a cantarolávamos muitas vezes, e Marco a cantava aos berros. Passamos horas no Dôme, no Vikings, observando as pessoas, bebendo e conversando. Jantamos num restaurante espanhol onde havia bons guitarristas e uma cantora já idosa e patética; ela também dançava, e seu corpo pesadão tornava-se, então, surpreendentemente leve. De vez em quando desaparecia, e, quando voltava, havia algo triunfal em sua fisionomia: tomava heroína, disse-nos Camille que, como filha de farmacêutico, pensava entender de drogas. Ao fim de alguns dias, Olga precisou partir para Beuzeville, seus pais a chamavam. Seus desesperos eram ainda mais intensos do que suas alegrias e como, para ela, a cada minuto o tempo desmoronava, não imaginava, quando nos deixava, que pudesse nos ver novamente. Durante duas horas, sentados no banco do Dôme, agonizamos os três em silêncio. Quando ela regressou a Rouen, esperava tão pouco achar-se na cidade e encontrar-nos que no saguão da estação a maleta caiu de suas mãos. Sartre e eu tínhamos terminado nossas férias com uma rápida viagem à Bélgica: Bruxelas, Bruges, Antuérpia, Malinês; pedras mortas, um porto grande e vivo e a mais bela pintura do mundo.

Amigos vieram ver-nos durante esse último trimestre. Camille passou dois dias em Rouen e, como gostava de cidades provincianas, mostramos-lhe todos os recantos. Apreciou o pato ao molho pardo do hotel da Couronne, tomou vinho do Porto no Cintra. À noite, o Royal lembrou-lhe os melancólicos *dancings* de Toulouse na sua juventude; uma grade de madeira esverdeada cobria a parede; no teto estendiam-se grinaldas de papel; numa luz alaranjada comerciários e estudantes dançavam. Camille pediu champanhe e arrastou Olga para a pista; quando a orquestra atacou um *paso doble*, ela cruzou os braços, jogou a cabeça para trás e, batendo com o salto no chão, fez uma exibição em grande estilo. Suas joias retiniam, suas tranças esvoaçavam, todo mundo olhava. Voltando ao Petit Mouton, sua voz cantante enchia as ruas sonolentas; decididamente Sartre e eu pertencíamos à raça de Abel, mas Olga era marcada, como ele, por um sinal demoníaco, e ela a proclamou sua afilhada perante Lúcifer.

No ano anterior, Sartre fizera amizade com Jacques Bost, que se preparava para a licença em filosofia. Trouxe-o a Rouen, e ele voltou várias vezes. Tinha dezenove anos, um sorriso estrepitoso, um desembaraço de príncipe, pois estimava, como bom protestante, que nesta terra todo mundo é rei. Democrata por princípio e com convicção, não se sentia superior a ninguém, mas admitia dificilmente que pudesse viver em outra pele que não a dele e sobretudo ter outra idade; à sua maneira, encarnava também a mocidade para nós. Da juventude, tinha a graça, quase insolente, a tal ponto desenvolta, e a fragilidade narcisista; cuspira um pouco de sangue por ter arranhado a garganta e, para convencê-lo de que não estava condenado a morrer aos vinte anos, Sartre tivera que acompanhá-lo ao médico. Por necessidade de segurança, ele procurava a companhia dos adultos, embora lhe inspirassem — salvo Sartre talvez — um espanto apiedado. Tínhamo-nos divertido durante esses anos com inventar um personagem a quem nos referíamos frequentemente: o Craniozinho. Já disse que detestávamos a vida interior, pois Craniozinho não tinha sombra de vida interior; estava sempre "fora" nas situações e nas coisas. Modesto, sereno, obstinado, não se gabava de pensar, mas o fazia sempre, e dizia o que convinha dizer e fazer. Jacques Bost — a quem chamamos "o pequeno Bost" por oposição ao irmão, Pierre — pareceu-nos a encarnação do Craniozinho.[54] Colava-se, como

---

[54] No Boris, de *A idade da razão*, Sartre pintou, russificando-o, um retrato do "pequeno Bost" tal qual o víamos então.

este, aos objetos, ao *pernod* que bebia, à história que lhe contavam. Não tinha nenhuma ambição, mas um punhado de pequenos desejos, obstinados, e regozijava-se imoderadamente quando os satisfazia. Nunca pronunciava uma palavra nem fazia um gesto inconveniente; reagia em todo caso exatamente como devia: isto é, bem-entendido, como o teríamos feito nós mesmos. Sua inteligência não era inventiva, e ele receava a tal ponto "dizer asneiras" que, se uma ideia lhe passava pela cabeça, procurava cuidadosamente escondê-la; mas era espontânea e engraçada. Essa graça imprimia-se em suas maneiras e em suas palavras; nascia de um choque entre a educação puritana que Bost recebera e o frescor de sua espontaneidade: num mesmo impulso ele se infligia normas e as infringia. Lembro-me quando entrou num café do Havre onde Sartre, Marco e eu o esperávamos; avançou num passo brusco, ao mesmo tempo rápido e sofreado, a fisionomia risonha embora cuidadosamente controlada; essa junção de precipitação alegre e de reserva aprendida fez-nos sorrir. Ele olhou-nos desconfiado: "Do que é que vocês três aí estão rindo?" Marco não aguentou e caiu na gargalhada, e nós fizemos o mesmo. Bost conquistara todo mundo em Rouen. Marco devorava-o com os olhos. Olga passeou com ele uma noite inteira; beberam à regalada uma garrafa de Cinzano e se encontraram de madrugada na sarjeta. Quanto a mim, desde o momento em que empurrou a porta do Café La Métropole, com um ar ao mesmo tempo de ousadia e timidez, simpatizei com ele. Sartre saía com Olga nessa tarde e eu fui passear com Bost. Ele me contou uma porção de histórias que me divertiram muito a propósito da maneira com que Sartre dava seus cursos, seu desprezo pela disciplina, seus ataques de ira, que não eram de um professor, e sim de um homem escandalizado repentinamente com o absurdo da vida; fora assim que uma vez parara no meio de uma explanação e, lançando um olhar consternado sobre a classe, exclamara: "Em nenhuma dessas caras, uma só faísca de inteligência!" Essas saídas intempestuosas aterrorizavam a metade da classe e provocavam em Bost acessos de riso que com dificuldade dissimulava.

Minha irmã fez uma estada bastante demorada no Petit Mouton; preparava uma exposição que devia realizar-se na galeria Bonjean. Iniciou um retrato de Olga, a quem as sessões de pose lançavam num doloroso abatimento. Gégé veio na mesma época. Amontoamo-nos no quarto de Olga e inventamos jogos. Gégé dançou a dança do ventre, Marco cantou, Bost acendeu fósforos com os dedos do pé, Sartre se vestiu de mulher. Curiosamente, a fantasia lhe caía bem. Durante seu cruzeiro à Noruega, por ocasião de um baile à fantasia, ele usava um vestido de veludo preto de sua mãe e arranjara uma peruca loura com tranças compridas: uma lésbica norte-americana perseguira-o a noite inteira. No dia seguinte pela manhã, afastara-se dele consternada.

Rouen estava agitada, então, por um enorme escândalo que divertiu particularmente a mim e a minha irmã. Numa das "distribuições de recompensas" do Curso Désir, tínhamos piedosamente beijado a ametista do Monselhor de La Villerabel, que presidia a cerimônia. O Vaticano acabava de decretar severas sanções contra ele em consequência de um caso de prevaricação e maus costumes. Uma jovem perdera a vida. Religiosas estavam comprometidas. Murmurava-se muito à sombra da catedral; o bispo tinha defensores que atribuíam toda a culpa ao mais próximo auxiliar dele. Mas ninguém pensava em negar os fatos. Estes jogavam uma luz inesperada sobre as ruas calmas, flanqueadas de conventos, que cercavam o bispado.

Minha irmã renunciara a seu emprego de secretária, que não lhe deixava tempo suficiente para pintar; agora trabalhava da manhã à noite. Instalara-se em um novo ateliê, na rua Santeuil, perto do mercado de couros; era um lugar grande, rude mas agradável, a que infelizmente o vento trazia por baforadas um odor de curtume e de carniça; ela transportara para o local uma bateria de cozinha e ali fazia suas refeições; praticamente era onde vivia, com extrema austeridade, pois as tintas custavam caro e ela não tinha dinheiro. Sua exposição ocorreu no princípio de junho; muita gente foi ao *vernissage* e a crítica elogiou muito. Suas paisagens e seus retratos demonstravam qualidades indiscutíveis. Fiquei com raiva de Marco, que a submeteu a suas manobras. Em Rouen, ele esboçou com ela uma dessas falsas amizades em que era mestre; depois convidou-a duas ou três vezes para almoçar em restaurantes parisienses razoavelmente luxuosos; acumulou gentilezas, abriu-lhe a alma, cercou-a de olhares aveludados e disse-lhe com voz macia a que ponto deplorava o fato de Sartre e eu a apreciarmos tão pouco; não repetiu nenhum comentário preciso e seu belo rosto transpirava candura: minha irmã ficou desolada. Felizmente éramos unidas o suficiente para que ela não me pedisse esclarecimentos. Expliquei-lhe quem era Marco e ela se sentiu muito arrependida por ter acreditado nas histórias dele.

Ele interveio com êxito mais duradouro nas nossas relações com Pagniez. Pagniez censurava muito vigorosamente nosso entusiasmo por Olga; sua amizade era ciumenta, e, por outro lado, não simpatizava com Olga. Cometemos o erro de revelar a Olga tais reticências, o que não funcionou a favor dela. Uma noite em que ela saiu com Marco, este abordou Pagniez com displicência; Olga mordeu a isca e foi mais longe ainda: falou-lhe do seminoivado de Pagniez com a prima. Pagniez não desejava que Marco estivesse a par disso, mas Marco apressou-se em lhe falar a respeito, e arranjou-se de tal maneira que Pagniez pensou que Olga o odiava e que calculara as indiscrições: ficou irritado com ela e conosco. No que nos diz respeito, sua má vontade com Olga nos aborrecia. Ele veio a Rouen com Thérèse e passou a noite no Petit Mouton. Disse-nos pela manhã a que ponto se comovera ao ouvir, no quarto contíguo, um diálogo entre uma voz masculina e uma voz feminina: não distinguira as palavras, mas na alternância dos sons graves e agudos parecera-lhe apreender o canto eterno de um casal. Protestamos violentamente: ele ocupara um quarto contíguo ao do militar que batia na mulher. Pouco importava, afirmou ele: o duo não deixava de ter um sentimento simbólico, universal e perturbador. Entre Pagniez e nós, essa discordância nada tinha de novo, mas tínhamos perdido nossa antiga parcialidade em relação a ele e admitimos que seu humanismo cavava um abismo entre nós.

Não chegávamos nunca a nos zangar com Marco. Ele ria ante as nossas censuras e desarmava-nos. Seu satanismo levou-nos a uma brincadeira de bastante mau gosto e cuja graça hoje não mais entendo. Ele desenvolvera antipatia por um de seus colegas, Paul Guth: censurava seu excesso de deferência para com as autoridades e abusivas pretensões literárias. Guth escrevia um livro cujos méritos se gabava ultrajosamente, e Marco queria dar-lhe uma lição de humildade. Em grande parte para divertir Olga, Sartre concordou em entrar no jogo. Marco demonstrou a Guth que ele teria interesse em conhecer a opinião de um autor já consagrado e pretendia entrar em contato com Pierre Bost: este devia passar justamente por Rouen, afirmava. Marco propôs transmitir-lhe o manuscrito de Guth e combinar um encontro. Guth concordou.

No dia combinado, fui a primeira a me instalar no café-tabacaria ao lado do Petit Mouton, onde estava marcado o encontro. Pouco depois chegou Marco com um homenzinho redondo como um chouriço e que, de imediato, me falou de sua obra. Achava injusto e absurdo, explicou-me, que antigos colegas de colégio, Brasillach, por exemplo, já tivessem ganhado notoriedade, quando ele, que merecia certamente mais, permanecia obscuro. Mas tinha certeza de que muito em breve ele também apareceria. Tirou do bolso passagens de metrô, pedaços de barbante: eram sua fonte de inspiração, materiais que asseguravam seu contato com as realidades da vida. Seu livro contava de um modo épico a história de um ser humano — o próprio autor e o Homem em geral — desde a concepção até a morte; só tinha terminado o primeiro capítulo. Durante essa exposição, Olga entrou no café e sentou-se a uma mesa sem demonstrar conhecer-nos; pretendia desempenhar o papel de uma prostituta. Alguns minutos depois, Sartre apareceu, envolvido numa echarpe e com um volumoso caderno que se assemelhava a um registro sob o braço. Marco apresentou-o a Guth com o nome de Pierre Bost. Sartre espalhou o manuscrito à sua frente e começou a desmantelar a narrativa, mais insossa e desgraciosa do que o céu de Rouen e repleta de metáforas grotescas. Somente uma expressão lhe agradara, disse:"Um morango de sangue", mas ela se encontrava em todos os manuais de fisiologia; quanto ao resto, o falso Pierre Bost censurou a Guth escrever coisas deste gênero:"A locomotiva de minha paixão roda sobre os trilhos de vossa indiferença." Depois dessa execução, justa senão justificada, saiu, deixando Guth aterrado e Marco deliciado.

O caso teve consequências. Guth escreveu ao verdadeiro Pierre Bost. Este respondeu-lhe, desenganando-o. E disse a seu irmão Jacques que o aborrecia terem abusado de seu nome. Esse movimento de mau humor pareceu-nos traduzir um lamentável espírito de seriedade; condenamo-lo. Na verdade, tanto Sartre quanto eu teríamos ficado assaz descontentes se alguém, em circunstâncias análogas, houvesse usurpado nossa identidade. Contudo, essa farsa duvidosa não me deixou remorsos: a vítima continua a passar muito bem.

Continuávamos sempre muito atentos às pessoas com quem cruzávamos na vida; falávamos delas com Olga, Bost, Marco, que nos acompanhavam de bom grado em nossas ruminações. Um acontecimento que ocorreu na classe de Sartre impressionou-me muitíssimo: um de seus alunos, de inteligência brilhante, mas de origem ilegítima, fascista e emburrado, suicidou-se pulando de um telhado. Engolira, às oito horas da manhã, uma caneca de café com leite e escrevera duas cartas, uma para a avó e outra para uma moça; depois entrara no banheiro e cortara a garganta com lâminas de navalha; a morte não ocorrera; subira então ao telhado e gritara aos transeuntes: "Cuidado, afastem-se", e saltara. Pensei muito tempo com ansiedade nessa caneca de café com leite, nessa preocupação com os outros que conservara até no limiar da morte.

Havia, nos arredores de Rouen, um grande manicômio que Sartre teve a curiosidade de visitar; obteve autorização para levar-me junto, bem como dois estudantes: Olga e Bost. O diretor esperou-nos diante da porta externa, em pleno campo; atravessamos hortas e pomares em que trabalhavam homens: todos doentes mas inofensivos, disse o diretor. Causou-me uma estranha impressão ver loucos trabalhando em liberdade, armados de picaretas, pás e ancinhos. O diretor escoltou-nos até o edifício principal e confiou-nos a um jovem médico. Entramos numa primeira sala: um estreito corredor separava duas filas de camas; pairava no ar um cheiro selvagem e enjoativo que não era nem inteiramente humano nem inteiramente bestial. Homens vestidos de brim azul tinham se agrupado no corredor. Um deles havia aberto a braguilha e os outros reprimiam-no e tentavam escondê-lo; sorriam-nos como que pedindo desculpas. Senti um nó na garganta; Olga, Bost e Sartre pareciam igualmente pouco à vontade; que horrível inspeção estávamos fazendo? Somente o médico sorria com naturalidade e falava em tom despreocupado. "Somos obrigados a alimentar esses com sonda", disse, designando dois corpos prostrados nas camas. Debruçou-se e murmurou algumas palavras: o homem tinha os olhos abertos mas nada mexeu em seu rosto. Passamos a um segundo dormitório e a um terceiro: por toda parte o mesmo cheiro e homens imóveis em seus uniformes azuis. Um grande sujeito moreno precipitou-se sobre o doutor: "O rádio está quebrado!", gritou. Continuou a gritar, com arrebatamento; a vida já não era nada divertida naquele barraco: sem rádio, como matar o tempo? O médico fez um gesto vago: o rádio não era com ele. "É verdade", disse a mim mesma, "até aqui o tempo existe, é preciso matá-lo". Ficavam ali da manhã à noite sem fazer nada, sem um canto pessoal a não ser a cama. À medida que avançávamos, eu sentia a desgraça se condensar em torno de mim.

Em outra sala havia, entretanto, mesas, e os homens escreviam; cobriam cadernos com palavras admiravelmente caligrafadas que se ordenavam segundo certas disposições de assonâncias e homonímia: aqueles pelo menos não se aborreciam. A sala vizinha era barulhenta, ouvia-se um murmúrio de vozes: eram doentes atingidos de paranoia ou de psicose alucinatória. Um deles puxou-nos de lado, suplicou--nos que o ajudássemos: tinham instalado um telefone em seu ventre, atormentavam-no sem cessar. Falava com muita naturalidade mas com um ar de exaustão. O vizinho piscou-nos e tocou a testa com o dedo: "Não regula bem", disse entre os dentes e pôs-se a contar-nos sua própria história: um sinal na coxa direita provava que era filho legítimo do imperador dos mares do Sul. Outro empenhou-se em descrever--nos um aparelho que inventara e cuja patente lhe fora roubada. Eu vira casos análogos em Sainte-Anne, mas eram justamente apenas casos; aqui lidava-se com gente de carne e osso, vivendo sua vida cotidiana, com todo um futuro ainda diante de si: isso era o pior. Enquanto esses homens nos falavam com vozes e fisionomias normais e paixões vivas no coração, percebi por trás das grades das janelas rostos bestializados, ridicularizados; eram dementes caídos no último estágio da imbecilidade. Fatalmente, dentro de dez ou vinte anos, estes alucinados terão afundado nas mesmas trevas, seu olhar terá se apagado, suas recordações terão se dissipado. "Há por vezes quem se cure?", perguntei ao médico. Ele deu de ombros. Duzentos e sessenta internados masculinos e só ele para se ocupar deles; ele tratava dos gripados, dos doentes do fígado; quanto às perturbações mentais, não lhe sobrava um minuto para tratá-las: na verdade, não conhecia sequer todos os seus doentes. Era lamentável, ele concordava. Compreendi com pavor que, em caso de internação abusivo, a vítima não tinha nenhuma probabilidade de ser solta, e, entre esses homens, havia por certo os que não eram incuráveis; nada se tentava para salvá-los. Quando lá se entrava, devia-se abandonar toda esperança.

O médico abriu uma porta. No meio de uma cela de paredes de ladrilhos, um homem amarrado à cama de ferro debatia-se e uivava; numa cela vizinha igualzinha, outro homem dormia. Eram violentos. Vimos a seguir a ala dos doentes de paralisia geral, os únicos a quem aplicavam com regularidade um tratamento; inoculando-lhes o micróbio da malária, sustavam a evolução da doença no estágio eufórico: todos sorriam e balbuciavam estupidamente. A visita terminou no pátio dos dementes: lá se encontravam destroços humanos, os mesmos que eu divisara através das janelas de grades; rosto abatido, boca babosa, um deles saltitava sobre um pé, outro retorcia os dedos, outro ainda oscilava para a frente e para trás: repetiam indefinidamente gestos outrora simbólicos e agora vazios de sentido. Teriam um dia — em sua longínqua infância — se assemelhado a todo mundo? Como e por que tinham vindo parar ali? E o que fazíamos nós naquele pátio a olhá-los, a interrogar-nos? Havia em nossa presença algo de insultante.

O diretor nos convidara para almoçar. Residia num pavilhão onde fomos recebidos por sua mulher, uma senhora vestida de preto e cuja fisionomia mostrava com arrogância que ninguém nunca lhe atormentava o cérebro nem o coração. A criada que servia à mesa era uma interna; tinha crises, mas cuidava de prevenir os patrões um ou dois dias antes; outra doente ocupava interinamente o lugar. A conversa careceu de vivacidade: estávamos os quatro sob a impressão da manhã que acabávamos de viver; sentíamos dificuldade em responder às observações exageradamente normais do diretor e de sua esposa.

Depois do café, o diretor nos mostrou o pavilhão reservado aos internos "que pagavam". Cada um tinha seu quarto; uma grade metálica protegia os vidros das janelas sem trinco. Uma fresta permitia ao guarda fiscalizar num só golpe de vista toda a peça. Deviam sentir-se ainda mais acuados do que na sala comum.

Não era ainda o fim. Um médico velhinho e bigodudo conduziu-nos ao pavilhão reservado às mulheres. Não as tinham distribuído, como os homens, em diferentes seções: idiotas, melancólicas, paranoicas, maníacas acotovelavam-se em saguões tão atravancados de camas, de mesas e cadeiras que mal se podia circular. Não usavam uniforme. Muitas tinham espetado flores nos cabelos e envolvido os corpos em estranhos ouropéis; ouviam-se clamores agudos, canções, monólogos cerimoniosos. Eu tinha a impressão de assistir a uma comédia burlesca, montada de maneira incoerente. Entretanto, mulheres vestidas sem exagero bordavam num canto. O médico mostrou-nos uma que na véspera tentara pular da janela; era a sétima tentativa de suicídio. Pôs a mão no seu ombro: "Então? Recomeçou? Não está certo, a vida não é assim tão má! Precisa prometer-me que vai ser sensata..." "Sim, doutor", disse a mulher sem erguer os olhos. Aquele médico não ia procurar chifre em cabeça de cavalo: louco é louco. Não imaginava ser possível curá-los ou compreendê-los. Mulheres pregadas à cama, com camisa de força, olhavam-no com desespero ou ódio: tirariam a camisa se prometessem ser razoáveis, dizia o médico numa voz de admoestação. Detive-me com Olga perto de uma velha muito bonita que tricotava, sentada numa cadeira; lágrimas escorriam serenas sobre seu rosto cor de marfim. Perguntamos-lhe por que chorava: "Choro o tempo todo", disse ela, com um ar de desespero. "É triste demais para meu marido e para meus filhos verem-me chorar assim. Foi por isso que me trouxeram para cá." E as lágrimas se multiplicaram; ela parecia suportá-las como uma fatalidade contra a qual nada nem ninguém podiam. Da manhã à noite viviam lado a lado, as que soluçavam e se desesperavam, as que cantavam com vozes estridentes ou que dançavam erguendo as saias: como não se detestariam? "Na semana passada", disse-nos o médico, "uma delas, durante a noite, matou a tesouradas sua vizinha de cama". Estávamos abatidos de desgosto, de cansaço e de uma espécie de vergonha quando reencontramos no terraço do Café Victor o mundo cotidiano.

As coisas iam acontecendo como tínhamos esperado. Olga conhecia nossos amigos, partilhava nossas experiências, nós a ajudávamos a enriquecer-se, e seu olhar reavivava para nós as cores do mundo. Seus desdéns de aristocrata no exílio concordavam com nosso anarquismo antiburguês. Juntos, odiávamos as multidões domingueiras, as senhoras e os homens de bem, a província, as famílias, as crianças e todos os humanismos. Gostávamos das músicas exóticas, do cais do Sena, das barcas, dos vagabundos, dos pequenos cafés de fama duvidosa, do deserto das noites. Escondidos no fundo de um bar, tecíamos, com palavras e sorrisos, casulos sedosos que nos protegiam de Rouen e do mundo inteiro; tomados pela magia que se desprendia de nossos olhares se cruzando, cada um de nós se sentia ao mesmo tempo feiticeiro e enfeitiçado. Nesses instantes, o "trio" se afigurava um êxito deslumbrante. Entretanto, fendas haviam rachado rapidamente essa bela construção.

Era obra de Sartre. Não se pode dizer que a tivesse construído, mas ele a suscitara pelo simples fato de se ter apegado a Olga. Quanto a mim, por mais que fizesse para satisfazer-me, nunca me senti inteiramente à vontade. Eu queria Sartre e queria Olga, de maneiras diferentes e até sem termo de comparação, mas queria ambos de um modo exclusivo. Os sentimentos que lhes dedicava não se podiam amalgamar. Tivera por Olga uma afeição profunda mas familiar, cotidiana e, de modo algum, maravilhada: quando resolvi vê-la com os olhos de Sartre, pareceu-me que falseava o coração; sua presença e seus humores atingiam-me mais vivamente do que antes, e ela tinha maior influência sobre mim. Mas a espécie de constrangimento que comandava minhas reações de certo modo me afastava dela. Mesmo em nossas conversas particulares, eu não me sentia mais livre nos meus impulsos, posto que proibia a mim mesma reticências e indiferença; não reconhecia mais nela a companheira tranquila que me fora cara. Quando saíamos os três, a antiga Olga escamoteava-se inteiramente porque era outra que Sartre reclamava; por vezes ela correspondia a essa espera, mostrava-se mais feminina, mais faceira, menos natural do que comigo; por vezes ela se irritava e era, então, seca ou mesmo azeda; mas não podia de modo nenhum não levar em conta a situação. Sartre não era tampouco o mesmo quando conversávamos a sós e quando se ocupava com Olga, de maneira que, nessas reuniões plenárias, eu me via duplamente frustrada. Elas tinham frequentemente um encanto a que eu me entregava. Mas encarando o trio como uma empreitada de fôlego, que levaria anos, ficava horrorizada. Nas viagens que sonhava fazer com Sartre, não desejava em absoluto que Olga estivesse presente. Por outro lado, esperava lecionar no ano seguinte em Paris e mandar vir Olga: mas, se pensava que suas alegrias dependeriam tanto de Sartre quanto de mim, ou mais, meu prazer ia por água abaixo. Tinha certeza de que ele acabaria me suplantando na vida de Olga; não se tratava de disputá-la com ele, pois eu não poderia suportar nenhum desacordo entre mim e ele. Além do mais, ele merecia essa preferência pela obstinação com que a exigia, obstinação cuja equivalência eu não encontrava em mim; não tinha o direito de queixar-me, uma vez que ele dava a Olga mais tempo e cuidados do que eu jamais dera. No entanto, essa lógica não abrandava meu despeito. Sem o formular, irritava-me com Sartre por ter ele criado essa situação e com Olga por se acomodar a ela; era um rancor confuso e um pouco envergonhado de si mesmo, e tanto mais difícil de suportar quanto não o confessava a mim mesma. Com minhas palavras, minhas condutas, eu contribuía com zelo para o bom êxito do trio. Entretanto, não estava contente nem comigo nem com os outros e tinha medo do futuro.

Olga achava-se também em dificuldade. No início, sua história com Sartre desenrolara-se sem choque; ele a interessava, ele a divertia, cativava-a. E depois, o insólito era de seu agrado; descobrira uma poesia picante nesses passeios em que juntos eludiam as lagostas. Através de seus devaneios sombrios, através de *Melancholia*, que lera com paixão, Sartre apresentava-se a ela como um personagem um tanto fantástico, capaz de transportá-la para longe dos tédios da terra. "Passei um momento formidável com você", dizia ela com frequência. Ele tivera o cuidado, nos primeiros tempos, de não lhe fazer muitas perguntas, de não manifestar exigências exageradas. Mas não lhe bastava agora ter ganho de Marco; reclamava de Olga uma amizade tão exclusiva, tão absoluta como um amor e precisava que ela lhe assegurasse mediante um sinal claro: palavras, olhares, símbolos. Ela não tinha vontade de acorrentar-se a ninguém, menos ainda, por certo, a um homem que não se achava só em face dela. Queria-o muito bem e tinha suas faceirices, por isso mesmo oferecia-lhe muitas vezes as expressões e os gestos que ele esperava, mas desmentia-os no dia seguinte. Ele censurava seus caprichos, ela queixava-se da tirania dele, discutiam. Às vezes, separavam-se, zangados — Sartre telefonava-me então do Havre para saber se Olga lhe guardara rancor. Marco presenciou algumas dessas conversas, que o fizeram chorar de rir.

Um dia em que o encontro fora particularmente tempestuoso, foi Olga que ligou, duas horas depois da partida de Sartre. Um desconhecido informou-a de que, à chegada do trem de Rouen, um homenzinho colérico agredira um sujeito duas vezes mais forte e maior e que lhe machucara um olho; o furioso fora levado para o hospital e pedira que previnissem Olga. Ela bateu à minha porta, aterrorizada. Botei meu casaco e meu chapéu, decidida a partir para o Havre no primeiro trem. Entrementes, subi ao quarto de Marco. Ele sugeriu que telefonássemos ao Café Guillaume Tell a fim de verificar se Sartre não estava trabalhando tranquilamente em sua mesa habitual. Sartre veio ao telefone e confundiu-se em desculpas; pensara que Olga reconheceria a voz e compreenderia que com essa brincadeira ele bancava o louco para ser perdoado pelo seu arrebatamento. Eu me senti aliviada, Olga, encabulada, e Marco, jubilante.

Nem todas as discussões terminavam tão alegremente assim. Ora Sartre, ora Olga me expunham suas queixas e reclamavam minha aliança. Eu tomava muitas vezes o partido de Olga, mas ela sabia que minhas relações com os dois não eram simétricas. Colocávamos sua juventude mais alto do que nossa experiência; seu papel era, afinal de contas, o de uma criança às voltas com um casal de adultos que uma cumplicidade sem falha unia. Podíamos consultá-la com devoção; conservávamos nas mãos a direção do trio. Não tínhamos estabelecido com ela verdadeiras relações de igualdade, tínhamo-la anexado. Ainda que, episodicamente, eu censurasse Sartre, permanecia solidária a ele, a tal ponto que ela podia recear, zangando-se, comprometer os sentimentos que eu tinha por ela; essa ideia exasperava-a, porque era muito mais apegada a mim do que a ele; irritava-se com ele, mas também comigo. Ele corria o risco de estragar nossa amizade com seu imperialismo, e eu não me opunha! Em minha discrição, ela via apenas indiferença e disso lhe advinha um rancor que o medo de perder-me exaltava. Era raro que se zangasse com Sartre sem me envolver em sua hostilidade. Por vezes também, para se vingar de minha apatia, ela aproximava-se ostensivamente dele e tratava-me friamente; depois, subitamente, essa inimizade entre nós assustava-a e ela se voltava contra Sartre.

Ele não se satisfazia tampouco com o caso, não somente porque as hesitações e as reviravoltas de Olga o irritavam, como ainda porque em verdade ignorava o que queria dela; não era nada que se pudesse formular, imaginar e, por conseguinte, obter. Eis por que muitas vezes a presença de Olga e mesmo sua gentileza o desiludiam, embora o encantassem; tinha, então, acessos de raiva, menos por motivos precisos do que para mascarar, sob tumultos, o vazio que solapava seus desejos e suas alegrias; frequentemente esses ataques intempestivos consternavam Olga. Ele continuava a manter-me minuciosamente a par de seus encontros; eu acolhera, a princípio com benevolência, essas narrativas e os comentários que as acompanhavam; agora, sentia uma impaciência que não dissimulava quando Sartre se interrogava ao infinito acerca do franzir de sobrancelhas ou de um amuo de Olga. Eu o irritava contrariando suas interpretações e, mais ainda, se acontecesse dar razão a Olga contra ele. Havia uma palavra tirada da fenomenologia e de que abusávamos durante essas discussões: evidência. Os sentimentos, todos "os objetos psíquicos" são apenas prováveis, mas a *Erlebniss* encerra sua própria evidência. Para me fazer calar, Sartre dizia: "Olga estava furiosa comigo agora há pouco: é uma evidência." Eu lhe devolvia outras evidências, e censurava-lhe o fato de transformar essas evidências instantâneas em verdades hipotéticas: a hostilidade de Olga ou sua amizade. Com isso não parávamos de discutir mesquinhamente, e, afinal, eu me exasperava.

Encontramo-nos assim, os três, maltratados por essa máquina docemente infernal que tínhamos montado. Afinal, saímos disso ilesos: a amizade triunfou. Houve muito estouvamento e mesmo loucura nessas agitações todas; pelo menos, emprestávamos-lhe igualmente uma grande boa vontade: nenhum de nós suscitou no outro um ressentimento prolongado, o que não impediu que cada um de nós conhecesse horas amargas. Pelo fato de nos querermos bem intensamente, as menores sombras ampliavam-se até se tornarem nuvens que cobriam todo o céu. Certamente, não teriam adquirido a mesma importância se tivéssemos vivido em Paris; teríamos tido outros recursos: nossos amigos, nossas distrações. Mas nosso trio vivia numa estufa, na solidão opressiva da província; quando um aborrecimento nos atormentava, nada nos ajudava a eludi-lo. Sartre mergulhava em melancolias que me inquietavam menos que as do ano anterior, mas que certamente nada tinham de agradável. Olga desandava por momentos; em Paris, durante as férias, quando estávamos visitando Camille, ela queimara a mão apoiando na pele um cigarro aceso com uma paciência de maníaco. Contei esse episódio em *A convidada*; era uma maneira de se defender contra o desatino em que essa complexa aventura a jogava. Eu, até então — fora das curtas crises em que o horror da morte me empolgava —, vivera dentro da luz implacável de uma felicidade sem fraquezas; foi quase com estupor que conheci o gosto da tristeza. Lembro-me de uma tarde em que nos arrastamos, Olga e eu, lado a lado, e ambas mornas, através do calor ingrato do verão de Rouen; na rua Eau-de-Robec, duas crianças perseguiam-se, rindo, dentro de um mictório; um violino gemia no andar térreo de uma das casas que mergulhavam na água. No fim da rua, sentado em um banquinho, um homem tocava realejo cantando numa voz molenga:

Chove na estrada
Pela noite ouço
O coração em ruínas
O ruído de teus passos.[55]

Eu ouvia o ruído de nossos passos e tinha o coração partido. Lembro-me também de um almoço na *brasserie* do Opéra com Marco. Olga dissera-me um até logo gélido e partira com Sartre, rindo. Estavam vivendo um momento idílico; juntos olhavam as coisas, encantavam-se com elas; tinham abarcado o mundo, e o rancor de Olga excluía-me dele; eu estava destituída de tudo, flutuava no vácuo. Não conseguia engolir uma garfada de meus ovos mexidos, a tal ponto me apertava a garganta — e as palavras de Marco perdiam-se nos abismos do vazio.

---

[55] *Il pleut sur la route*
Dans la nuit j'écoute
Le coeur en déroute
Le bruit de ton pas. (N.T.)

É que agora eu era incapaz de manter a distância o mau humor de Olga; não, os pensamentos das pessoas não eram uma inofensiva fumacinha dentro de suas cabeças: invadiam a Terra, e eu me dissolvia neles. Olga obrigou-me a enfrentar uma verdade que até então, já o disse, eu me esforçara por esquivar: o outro existe, ao mesmo título que eu e com igual evidência. Por temperamento, e também por causa do papel que lhe era dado no trio, ela conservava com obstinação sua suficiência; podia entregar-se sem reserva à amizade durante um tempo mais ou menos longo, mas sempre se dominava; não havia entre nós a comunidade de projetos, que é a única a assegurar a continuidade de um entendimento. Separada de mim, ela me olhava com olhos estranhos que me transformavam em objeto: às vezes um ídolo, às vezes uma inimiga. O que a tornava temível é que, esquecida do passado e recusando o futuro, ela afirmava com uma violência sem apelo a verdade presente; se uma palavra, um gesto e uma decisão que eu tomava lhe desagradavam, eu me sentia odiosa para sempre e por inteiro. Eu tinha novamente contornos e limites; condutas que eu acreditara louváveis não revelavam senão minhas deficiências; minhas razões tornavam-se erros. Efetivamente, Olga não se obstinava na animosidade, e eu cuidava de minhas defesas. Em mim mesma, arrebatava-me contra ela, acusava-a, condenava-a. Nunca cheguei, portanto, a encarar-me com uma severidade radical, mas perdi um pouco de minha segurança e com isso sofri. Nesse terreno, eu precisava de certezas, a menor dúvida dava-me vertigens.

O que me abalou mais ainda foram as dissensões que, por vezes, me opunham a Sartre; ele cuidara sempre de nada dizer nem fazer que pudesse alterar nossas relações. Nossas discussões eram, como de costume, de uma vivacidade extrema, mas sem nenhum azedume. Nem por isso deixei de ser levada a revisar certos postulados que até então tomara por certos; confessei a mim mesma que era abusivo confundir um outro e eu mesma sob o equívoco desta palavra demasiado cômoda: nós. Havia experiências que cada um vivia por sua conta; eu sempre sustentara que as palavras não conseguem definir a presença da realidade: cumpria-me tirar as consequências disso. Trapaceava quando dizia: "Somos um só." Entre dois indivíduos a harmonia nunca é dada, precisa ser conquistada continuamente. Isso eu estava disposta a admitir. Mas uma questão mais angustiante se punha: qual a verdade dessa conquista? Pensávamos — e nisso a fenomenologia confirmava-se em convicções muito mais antigas — que o tempo transborda os instantes, que os sentimentos existem para além das "intermitências do coração"; mas se elas são mantidas apenas com juramentos, condutas e palavras de ordem não acabam por se esvaziar de sua substância e assemelhar-se aos sepulcros caiados das Escrituras? Olga desprezava raivosamente todas as construções voluntaristas; não era o suficiente para me abalar. Mas diante dela Sartre também se entregava à desordem de suas emoções: sentia inquietações, furores, alegrias que não conhecia comigo. O mal-estar que senti ia além do ciúme: por momentos, eu me perguntava se minha felicidade não assentava inteiramente numa enorme mentira.

No fim do ano escolar, e sem dúvida por causa de uma separação que parecia a cada instante definitiva, as relações entre Sartre e Olga estremeceram. Tiveram algumas discussões sérias e deixaram de se ver. Por uma necessidade instintiva de compensação, Olga redobrou as gentilezas comigo; eu estava cansada de trabalhar, concedia-me alguns lazeres, e durante alguns dias passamos quase todo o tempo juntas. À noite, por vezes, Marco acompanhava-nos. As pequenas ruas atrás do cais enchiam-se de marinheiros estrangeiros que perambulavam na doçura da noite; Marco abordava-os; levava-nos a bares em que se reuniam os "desembarcados". Para lá, voltamos sem ele; Olga falava inglês muito bem e tínhamos longas conversas com jovens louros que vinham de muito longe. Houve um muito bonito, um norueguês que vimos várias vezes. Perguntou nossos nomes: "Ela se chama Castor", disse Olga designando-me. "Então você é Pólux", exclamou ele alegremente. Daí por diante, sempre que nos via, corria a nós: "Olhem Castor e Pólux!", gritava com entusiasmo e beijava nossas faces. Acabávamos a noite em um café-restaurante que ficava aberto até as quatro horas da manhã e que era frequentado pela juventude boêmia da cidade; chamava-se Chez Nicod e era o único lugar onde se podia cear depois de meia-noite. Eu gostava de nossas vagabundagens e da intimidade exclusiva que reencontrava com Olga. Só que sabia que Sartre não via sem amargor essa renovação à sua custa; eu me sentia quase culpada em relação a ele;

em todo caso, durante esses dias, ele não pensava mais em mim como aliada, e essa discordância envenenava o ar que eu respirava.

Olga não tinha sequer apresentado um certificado de licença, e seus pais escreviam-lhe cartas irritadas. Partiu para Beuzeville no princípio de julho. Lamentei-o. Entretanto, a atmosfera em que se debatia o trio acabara por se tornar tão abafante que foi para mim um alívio sair dela e lançar-me na frivolidade de camaradagens sem consequência. Bost, por quem Marco desenvolvera grande amizade, veio fazer uma curta estada no Petit Mouton; à noite, corríamos os três às boates um tanto duvidosas que Marco se esforçava para descobrir. A rua de Cordeliers tinha menos encanto do que, no Havre, a rua de Galions, mas era possível também ver brilharem estrelas violeta, moinhos vermelhos, gatos verdes.[56] Uma noite, Marco cumprimentou num gesto senhoril uma cafetina sentada à entrada de um corredor; conversou com ela, que introduziu-nos numa espécie de sala de espera lamentável; algumas mulheres de vestidos compridos estavam sentadas em banquinhos de madeira. Marco ofereceu bebida a uma loura héctica e fez-lhe perguntas com uma cortesia exagerada; a loura respondia com um ar embaraçado, e eu achei que Marco carecia de tato. Em geral, entretanto, ele podia permitir-se mais ou menos tudo; tinha graça. Sartre suportava melhor sua briga com Olga desde que ela voltara para o seio da família. Em Rouen, ele mostrava-se de muito bom humor. Eu passava a noite com ele, íamos comer ovos estrelados no Chez Nicod, e, por volta de meia-noite, Marco aparecia numa entrada notável: carregava nos ombros Bost embriagado com dois *pernods* e rindo perdidamente.

Sua alegria contagiava-nos, e fazíamos os quatro muito barulho. Já era tempo, tanto para Marco como para mim, de deixar Rouen: nossas reputações começavam a ser seriamente prejudicadas. Tínhamos sido ambos nomeados em Paris: essa promoção me enchia de alegria. Sartre, no ano seguinte, deveria sair do Havre. Não sei mais por que razão — sem dúvida questão de posto duplo — precisaram de outro professor de filosofia. Propuseram a Sartre, em permuta, uma *khâgne*[57] em Lyon.

---

[56] Nomes comuns de cabarés. (N.T.)
[57] Preparação de alunos de curso secundário para École Normale. (N.T.)

Seus pais e Mme Lemaire pressionaram-no muito para que aceitasse, mas Lyon era longe e ele corria o risco, sob o pretexto de que a *khâgne* era uma promoção, de ficar lá durante muito tempo; preferiu o último ano do secundário em Laon; permanecia assim nas proximidades de Paris onde, dada a modéstia do posto que escolhia, tinha muitas chances de ser nomeado no ano seguinte. Apoiei energicamente sua decisão.

Minha felicidade restabelecia-se. Sartre parecia sossegado e eu ia partir para Roma com ele. Por outro lado, através dos remoinhos de nossa existência privada, tínhamos nesse ano acompanhado atentamente o desenrolar da vida política. Assistimos com entusiasmo à vitória da Frente Popular.

Há muito tempo contávamos com isso. Entretanto, a direita lutara obstinadamente para impedi-lo. O caso Jèze fora um dos episódios mais barulhentos da desordem. Professor de direito, Jèze dera anteriormente numerosas garantias à reação, mas concordara em setembro em pronunciar na LDN em nome da delegação da Etiópia, um requisitório contra a Itália. Seu primeiro curso público foi acolhido em novembro com tamanha algazarra que ele tivera que interrompê-lo. Na presença do decano Allix, enfrentara novamente os estudantes em janeiro: a algazarra recomeçou. Fecharam a Faculdade de Direito, e as juventudes fascistas tentaram desencadear uma greve geral de estudantes no Quartier Latin: a greve fracassou, enquanto a Câmara votava uma lei autorizando o governo a dissolver as ligas sediciosas. Em fevereiro, no momento em que os exércitos italianos ocupavam Adis-Abeba, em que a direita endereçava a Mussolini telegramas de felicitações, a Faculdade de Direito reabriu: o curso de Jèze foi, mais uma vez, sabotado. Acusaram o decano de tê-lo insuficientemente protegido, e ele teve que pedir demissão. Em março, depois de uma última tentativa, Jèze renunciou definitivamente a falar em público.

Um atentado mais sério foi dirigido contra Léon Blum. Os "patriotas" tinham querido dar às exéquias de Bainville a importância de um luto nacional. De volta da cerimônia, cruzaram no bulevar Saint--Germain com o automóvel que conduzia Blum da Câmara para casa: detiveram-no, maltrataram os ocupantes, feriram seriamente Blum antes que a polícia interviesse. Houve prisões; Maurras, que escrevera contra Blum artigos violentíssimos, foi processado por incitações ao assassinato e condenado a vários meses de prisão. A Frente Popular organizou contra os agressores de Blum uma manifestação maciça, durante a qual, mais uma vez, sua força se evidenciou. Reuniões e desfiles confirmavam a iminência de uma vitória que os acontecimentos da Espanha pareciam prefigurar. A Passionária, com sua eloquência, provocava o entusiasmo dos republicanos: a direita foi derrotada nas eleições; em vão, o general Franco tentou um *pronunciamiento*: a vitória ficou com a *Frente populare*, que nossos jornais bem-pensantes batizaram de "Frente crapulare" e cujas atrocidades empreenderam descrever. A imprensa de esquerda obteve êxitos fáceis mas legítimos parodiando à vontade tais narrativas.

Quando Hitler ocupou a Renânia, os neopacifistas pregaram ainda a paciência. "Resistir e negociar", escrevia Emmanuel Berl. Mas a esquerda, segura de sua força, se retesava. A paz, declarava, não devia ser um recuo perpétuo. Era graças à cumplicidade da direita francesa que os blefes de Hitler davam certo: diante de um adversário decidido, ele teria batido em retirada. As massas francesas não queriam a guerra, mas, para conjurá-la, desejavam uma política de firmeza.

Todos os nossos amigos e nós mesmos aderíamos a esse ponto de vista. Contávamos com a Frente Popular no exterior para salvar a paz e no interior para dar início a um movimento que levaria um dia a um verdadeiro socialismo. Desejávamos ardentemente, Sartre e eu, o seu triunfo; entretanto, nosso individualismo freava nosso "progressismo" e conservávamos a atitude que, em 14 de julho de 1935, nos confinara no papel de testemunhas. Não consigo mais lembrar onde passamos a noite de 3 de maio; foi numa praça, de Rouen sem dúvida, e alto-falantes anunciavam números que nos enchiam de satisfação; Sartre, porém, não votara. As pretensões políticas dos intelectuais de esquerda faziam-lhe dar de ombros; Jacques Bost escutara os resultados das eleições em Paris, na companhia do irmão, de Dabit e de Chamson. Contou-nos que Chamson dava gritos de triunfo: "Que sova lhes estamos dando!" "Chamson não dá sova em ninguém", disse Sartre, com impaciência. Tagarelar, declamar, manifestar, pregar: agitação vã! Ela teria nos parecido tão irrisória se nos tivesse sido dada a oportunidade de participar?

Não sei. Mas tenho quase certeza, em compensação, de que se houvéssemos estado em condições de agir com eficácia, nós o teríamos feito; nosso abstencionismo provinha em grande parte de nossa impotência; não nos recusávamos *a priori* a participar dos acontecimentos. A prova está em que, quando as greves rebentaram e recolhiam donativos nas ruas para os grevistas, demos o que podíamos. Pagniez censurou-nos; pela primeira vez uma divergência política séria ocorreu entre ele e nós; a seu ver, as greves comprometiam a experiência de Blum, ao passo que nós víamos nelas o único meio de radicalizá-la. Foi com grande entusiasmo que acolhemos as ocupações de fábricas; operários e empregados espantaram-nos pela ousadia maciça de sua ação, pela habilidade de sua tática, sua disciplina, sua alegria: enfim acontecia algo novo, importante e realmente revolucionário. A assinatura dos Acordos Matignon encheu-nos de alegria: contratos coletivos, elevação dos salários, semana de quarenta horas, férias pagas; alguma coisa mudava na condição do operariado. As indústrias de guerra foram nacionalizadas, criou-se um Instituto do Trigo, o governo decretou a dissolução das ligas fascistas. A estupidez, a injustiça e a exploração perdiam terreno; isso punha nossos corações em festa. Entretanto — e em suma não vejo nisso nenhuma contradição —, o conformismo continuava a irritar-nos, mesmo mudando de cor. Não apreciamos em absoluto o novo matiz de chauvinismo que se derramava sobre a França. Aragon escrevia artigos patrióticos. No Alhambra, em meio ao entusiasmo geral, Gilles e Júlien cantavam *La belle France*: só se falava em *bleuets* e *coquelicots*, já dizia um poema de Déroulède.[58] Ao contrário do ano anterior, em que tínhamos assistido à festa de 14 de Julho, dessa vez a esquecemos; tendo Jacques Bost corrido às festividades, demonstramos a ele a futilidade de sua conduta. Era belo olhar a multidão marchar para a vitória: ela a alcançara, e parecia-nos insosso olhá-la comemorar o triunfo.

Nesse verão, vimos partirem para as praias e os campos os primeiros beneficiários das férias pagas. Quinze dias não era muito, assim mesmo os operários de Saint-Ouen e de Aubervilliers iam respirar um ar diferente do das fábricas e favelas. À alegria dessa evasão, aos clamores

---

[58] Acianos (azuis) e papoulas (vermelhas), cores francesas. (N.T.)

felizes do 14 de Julho, misturavam-se rumores inquietantes. A imprensa anunciara "um motim no Marrocos Espanhol". Na noite de 12 para 13, o general Franco desembarcou na Espanha. Mas o país inteiro escolhera a República: a derrota dos rebeldes não parecia duvidosa. Arrumamos nossas malas sossegados.

No ano anterior, tivéramos grande prazer em explorar a França; antes de chegar à Itália, detivemo-nos alguns dias em Grenoble; todas as manhãs, um ônibus transportava-nos para os Alpes; à noite, tomávamos um Porto num Cintra; passeávamos conversando sobre Stendhal; Sartre cantava uma canção sua sobre Grenoble e seus burgueses de colarinhos nobres e sobre a praça Grenette e suas solteironas de almas limpas.[59] Pagniez passava as férias com os pais em Guillestre e fomos visitá-lo. Acompanhou-nos até Marseille de ônibus.

Em Roma, hospedamo-nos durante dez dias no Albergo del Sole; comíamos a *porchetta* na praça do Panteon. Eu gostava de Roma, sua cozinha, seus ruídos, suas praças, seus tijolos e seus pinheiros.

Nápoles intrigava-nos; o *Guide Bleu* elogiava seus encantos, sem os explicar. Minha irmã, que acabava de fazer uma viagem pela Itália, escrevera para mim: "Não é absolutamente bonito. É sujo. A sujeira não basta." A praça da estação e o Rettofilo rígido e empoeirado inquietaram-nos. Mas logo nos enfiamos pela rede de minúsculas vielas que nosso mapa indica ao redor da Via Roma. É de crer que sem o saber tenhamos sido humanistas obstinados, porque os burgueses conscientes, os higienistas, os comunistas, todos os racionalistas e todos os progressistas condenam — não sem razão — essa sujeira e o obscurantismo que a alimenta. Comprometendo o próprio coração, a gente ama os homens não como deveriam ser, e sim como são. Nápoles. Subitamente, o Sul capota; o sol não está mais presente como uma luz no céu, e sim na terra como uma enorme lacuna de sombra; não há mais nada mineral no fundo desse poço: tudo fermenta, tudo formiga; a própria pedra é esponjosa, sua, secreta musgos e liquens. A vida dos homens exibe-se

---

[59] Em francês a frase rima ironicamente: "Grenoble et ses messieurs aux coeurs nobles, sur la Place Grenette et ses demoiselles aux ames nettes." (N.T.)

em sua nudez orgânica, em seu calor visceral: foi sob esse aspecto que ela nos estonteou, enojou, enfeitiçou.

Sentimos o horror: as crianças nuas e imundas, os escrofulosos, os aleijados, as chagas palpitantes, as purulências, os rostos lívidos como abscessos, os recantos insalubres — designados por cartazes: inabitável, proibido — e onde pululavam famílias; nas sarjetas, os restos e carniças que mil mãos disputavam; as Virgens benzedoras sorrindo em todos os cantos de rua, cobertas de ouropéis dourados, em meio a flores e lanternas. Mas não nos aprofundamos; deixamo-nos em parte ludibriar pelas aparências. Na via dei Tribunali, ao redor da Porta Capuana, olhávamos as pirâmides de melancias e melões, os montes de tomates, berinjelas, limões, figos, uvas, peixes cintilantes e esses altares rococós tão lindos que as vendedoras de conchas fabricam com mariscos e algas: ignorávamos que os produtos alimentícios só se espalham com essa violência quando as pessoas morrem de fome. Desconhecendo a profundidade dessa miséria, pudemos gostar de alguns de seus efeitos; agradava-nos que suprimisse todas as barreiras que isolam os homens e os diminuem: todo aquele povo habitava o calor de um mesmo ventre; as palavras dentro e fora tinham perdido qualquer sentido. Os antros obscuros em que ícones brilhavam fracamente pertenciam à rua; numa grande cama de casal, doentes dormiam e mortos repousavam sem cobertas. E a intimidade das casas expandia-se pelas calçadas. Alfaiates, sapateiros, ferreiros, fabricantes de flores artificiais e artesãos trabalhavam à soleira das lojas; mulheres sentavam-se diante das portas para catar os piolhos dos filhos, lavar a roupa, limpar o peixe, vigiando ao mesmo tempo as bacias de tomates esmagados que expunham ao azul longínquo do céu. Do princípio ao fim da rua, corriam sorrisos, olhares, vozes, amizade. Fomos tomados por essa gentileza. Ao redor da Porta Capuana, havia quase permanentemente bandeirolas, grinaldas, marionetes, charlatães. À noite acendiam-se velas, e sempre com seus aranzéis, suas discussões, suas gesticulações, comerciantes e transeuntes alimentavam uma festa. Revejo um camponês, em pé na sua carroça, no meio de uma carga de melancias; com um gesto vivo cortava um pedaço sangrento da fruta, que exibia na ponta da faca; provando, desse modo, que era fresca e boa, ele jogava a fatia a um comprador, que a colhia no ar: logo a seguir, com uma rapidez extraordinária, talhava outra e a lançava. Tínhamos nos hospedado em um hotel perto da estação, no coração de um bairro populoso; íamos ouvir cançonetas num cafezinho das redondezas. Ignoramos os bares, os restaurantes elegantes, a luxuosa avenida que corre ao longo da baía, mas almoçávamos confortavelmente num restaurante agradável e mergulhado na sombra, o Papagallo, perto da Via Roma, e que possuía um papagaio de verdade; as paredes eram cobertas de fotografias de artistas italianos e estrangeiros. Para jantar, comprávamos, nessa rua, sanduíches ou frango frio e comíamos andando. De vez em quando, tomávamos um café na Galleria, saboreávamos os doces caramelados da grande confeitaria Cafflish ou experimentávamos um sorvete na praça Município, no terraço do Café Gambrinus. Escapando das durezas de Nápoles, encontrávamos certa doçura na cidade. Assim mesmo, por toda parte, a todas as horas, o vento trazia-nos a poeira desolada das docas, ou odores úmidos e estranhos. Quando subíamos ao Posilippo, a mentirosa brancura de Nápoles, ao longe, não nos iludia.

Sartre era como eu, um turista aplicado; não queria perder nenhuma atração mais importante. Todas as manhãs, vagonetes de cremalheira levavam ao alto do Vesúvio uma carga de norte-americanos. Noventa francos por cabeça não estavam ao nosso alcance. Subimos a pé, a partir de uma pequena estação onde o *circum-vesuvio* nos conduzira; andamos primeiramente por atalhos empedrados que atravessavam vinhedos plantados numa terra preta; depois subimos através de conglomerados de lavas, de escórias, de cinzas; as cinzas tornaram-se espessas, o terreno desfazia-se sob nossos pés, e caminhávamos com dificuldade. Finalmente escalamos o leito da via férrea, disposto em degraus, como uma escada gigantesca; para passar de um degrau a outro, era preciso um esforço que me cortava a respiração. Um vendedor ambulante que nos tinha alcançado encorajava-me com gestos e palavras. Dois ou três nativos da região nos seguiam; instalaram perto do ponto final seus mostruários de miudezas: medalhas esverdeadas, pedaços de lava, falsas relíquias. Um deles vendia uvas, e nós compramos cachos cor de âmbar dele. Apesar dos vapores de enxofre que nos sufocavam, ficamos durante um bom momento sentados à beira da cratera, descobrindo com surpresa a verdade desta expressão já tão gasta: a crosta terrestre. Que enorme bolo este planeta malcozido, cozido demais, inchado, fendido, rachado, salpicado de manchas, cheio de bolhas e de bolsas, repleto de fumaça e ainda ardendo, ainda fervendo e já fervido! Distraímo-nos com a chegada de um grupo de turistas; atiraram-se ao abismo, conduzidos por um guia que os atormentava com números: largura, comprimento, profundidade, datas das últimas erupções; pechincharam lembranças, fizeram funcionar suas máquinas. Saboreamos um momento ainda nossa solidão, antes de descermos correndo a encosta pela qual havíamos penosamente nos arrastado. Estávamos orgulhosos de nós mesmos.

Eu gostava sempre de conquistar as paisagens com a força das pernas. Em Capri, subimos pela antiga escadaria que vai da Marina a Anacapri. Almoçamos no alto, num terraço solitário que dominava o mar: um sol brilhante e leve, um vento acarinhante, o vinho das colinas, as águas azuis, Nápoles ao longe, o omelete claro, minha cabeça um pouco tonta, eis uma de minhas recordações mais deslumbrantes.

Vimos Pozzuoli e suas exalações vulcânicas; tomamos o trenzinho de Pompeia. Nossa visita ao museu de Nápoles inquietara um pouco Sartre; escreveu a Olga: "O que de início me desagradou foi a mania que tinham os pompeanos de alargar ficticiamente seus quartos pequenos. Os pintores encarregavam-se disso cobrindo as paredes de falsas perspectivas; pintavam colunas e, por trás das colunas, linhas de fuga que davam à peça dimensões de palácio. Não sei se se iludiam, esses vaidosos pompeanos, com tais artifícios, mas parece-me que eu teria tido horror a isso, pois é exatamente esse tipo de desenho irritante de que não se pode mais tirar os olhos quando se tem um pouco de febre. E, depois, fiquei bastante decepcionado com esses afrescos ditos da 'boa época', que representam personagens e cenas mitológicas. Esperava encontrar em Pompeia uma revelação, até certo ponto, da vida romana, da verdadeira, uma vida mais jovem, mais brutal do que a que nos ensinaram na escola. Parecia-me impossível que essa gente não fosse um pouco selvagem. E toda a pretensiosa banalidade greco-romana eu atribuía ao século XVIII. Pensava, portanto, descobrir a verdadeira Roma. Ora, os afrescos desenganaram-me: essa vulgaridade já se encontrava em Pompeia. Sente-se que já não acreditavam há muito em todos esses deuses e semideuses que mandavam pintar em suas paredes. As cenas religiosas não passavam de pretextos, e, no entanto, não se desembaraçavam delas. Percorrendo essas salas cheias de afrescos, sentia-me envolvido nesse classicismo cheio de convenções, revia dez, vinte vezes uma cena da vida de Aquiles ou de Teseu, e parecia-me excessivo uma cidade cujos habitantes só tinham isso nas paredes, isso que por si só já fazia de sua civilização uma civilização morta, bem longe de suas preocupações de banqueiros, de comerciantes, de armadores. Imaginava a distinção fria e a cultura cheia de convenções desses indivíduos e sentia-me muito afastado das belas estátuas enfeitiçadoras de Roma. (O Castor lhe terá dito sem dúvida que encontramos, dias mais tarde, no andar térreo desse mesmo museu, numerosas estátuas enfeitiçadoras com pupilas de cobre. Mas datam de uma época anterior.) Saindo do museu, eu já quase não tinha vontade de ver Pompeia e sentia por esses romanos uma mistura de curiosidade e repulsa bastante desagradável. Parecia-me, por assim dizer, que, mesmo em seu tempo, eles já eram a Antiguidade e que poderiam ter dito: 'Nós, romanos da Antiguidade', como esses cavaleiros de não sei mais que opereta burlesca que diziam: 'Nós, cavaleiros da Idade Média, que partimos para a Guerra dos Cem Anos.'"

Na realidade, Pompeia, milagrosamente conservada pela sua morte fulminante, ultrapassou tudo o que podíamos imaginar. Finalmente passeávamos dentro de ruínas em que reconhecíamos não somente templos, palácios, edifícios públicos, mas também casas, mansões e barracos, lojas, tabernas, mercados, toda uma cidade formigante e barulhenta, como é hoje Nápoles. As ruas pesadamente calçadas que enveredavam para o horizonte por entre muros caindo aos pedaços enchiam-me os olhos. Entretanto, nossa imaginação as povoava de sombras; imprensada entre esses fantasmas e a realidade opaca, eu tocava, mais do que em qualquer outro lugar do mundo, o mistério da ausência. Passamos o dia inteiro a errar entre esses vestígios, só nos interrompendo para comer às pressas e beber um vinho carregado de todas as lavas do Vesúvio.

Em Pesto, contemplamos pela primeira vez um templo grego. Sartre ficou desnorteado, pois me disse: "Não há o que pensar disso." A mim também se afigurava que essa beleza era demasiado simples, pura demais; não sabia como apreendê-la. Em minha memória, os dias que se seguiram tiveram muito mais brilho. Sartre regressou diretamente a

Nápoles. Eu desci na estação depois de Salerno e dispus-me a fazer de mochila às costas os vinte quilômetros que me separavam de Amalfi. Um cocheiro de fiacre fez-me um sinal: me levaria lá por oito liras. Estupefata com o achado, sentei-me no carro ao lado de um jovem italiano taciturno que usava um chapéu de feltro com penas. Entreguei-me às almofadas, olhando desfilarem a costa cintilante e a brancura das velhas aldeias gregas, decoradas de azulejos azul e ouro. Vi a catedral e as ruas de Amalfi, dormi num antigo convento, no Albergo della Luna, e teria ficado durante muito tempo no terraço olhando as barcas dos *lamperos* brilharem no mar rosado se o porteiro não tivesse se apresentado um tanto precipitadamente para povoar minha solidão. No dia seguinte, conheci Ravelo, seus jardins, suas vilas, seus belvederes, suas balaustradas em que se erguiam, de costas ariscamente voltadas para o mar, bustos de mármore que pareciam comidos pelas formigas de *L'Âge d'or*. De Amalfi a Sorrento, continuei de ônibus pela costa mais linda do mundo.

Sartre não lamentou nada quando lhe descrevi todas essas delícias, porque também se divertira consideravelmente. Quando perambulava sozinho à noite, um rapaz o convidou para beber. Levara-o de taberna a taberna e propusera-lhe um espetáculo requintado: quadros vivos inspirados nas pinturas que decoram a Vila dos Mistérios em Pompeia. Sartre acompanhara-o até uma casa especializada. Mediante remuneração bastante discreta, uma cafetina introduzira-o num salão redondo com paredes cobertas de espelhos: ao redor da peça, um banco de veludo vermelho; sentara-se sozinho porque a cafetina não permitira a entrada do companheiro. Duas mulheres apareceram; a mais velha trazia à mão um pênis de marfim e desempenhava o papel do homem; tinham imitado com displicência as posições amorosas ilustradas pelos afrescos. Depois, a mais jovem dançara agitando um tamborim. Mediante pequeno suplemento, o freguês podia isolar-se com a eleita de seu coração. Sartre declinara a vantagem. Na rua, em frente à porta, encontrara novamente o guia; este carregava uma garrafa de vinho comprada por Sartre na última *bottigliera* em que tinham se detido e da qual só tinham bebido a metade; ele esperava Sartre para esvaziá-la; em seguida separaram-se. O que encantara Sartre fora, disse-me, a impressão de *desenraizamento* que tivera, vendo-se sentado sozinho no meio de seus reflexos, naquele salão rutilante em que duas mulheres se entregavam, para ele, a um trabalho ao mesmo tempo burlesco e rotineiro. Ele intitulou *Dépaysement* (Desenraizamento) a novela em que tentou, no ano seguinte, contar a aventura.

De Nápoles a Palermo, dormimos no convés do navio. Acostumada com a miséria de Nápoles, suportei a de Palermo — apesar de horrível. Ainda ali a exibição dos alimentos dissimulou-me a fome. O pitoresco e a cor local transbordavam, e eu aproveitei o quanto pude: vielas sombrias, roupas velhas, lojas sórdidas, pirâmides de melancias. E como achava bonitas essas imagens ambulantes que contavam nos flancos dos carros as lendas de Robert Guiscard e dos Cruzados! Havia uma porção de teatrinhos de fantoches; certa tarde entramos em um: estava cheio de crianças amontoadas em bancos de madeira, e éramos os únicos adultos. Vimos Carlos Magno, Roland, Robert Guiscard e outros cavaleiros enfiados em suas armaduras a trucidarem infiéis. De vez em quando uma criança se agitava: um homem, então, batia nela de leve com a ponta de uma vara. Comíamos uvas carameladas e sentíamo-nos muito felizes.

Para visitar as igrejas e os palácios de uma ponta a outra da cidade, passeávamos frequentemente de fiacre; certa noite, caminhando pela grande rua central, vimos um cujo cavalo disparara. O ruído dos cascos e o barulho das rodas desmantelavam a calma do crepúsculo e as pessoas que vagavam. Parecia um filme fantástico ou uma caça do *Domenica del Corrière*.

Novamente nos interrogamos acerca dos templos gregos; continuávamos a não ter o que dizer, nem eles nos diziam nada, mas seu silêncio tinha mais peso do que muitas falações. Durante horas, em Selinonte, nós os suportamos sem nos cansarmos, sentados em enormes pilastras partidas. Nenhuma alma ao redor; tínhamos trazido água, pão, uvas, e almoçamos à sombra dos mármores sobre os quais deslizavam lagartos; Sartre assobiava para encantá-los. Em Segesta começamos a sentir o que significa uma coluna dórica.

Renunciamos a Agrigento: a viagem teria sido muito complicada. Não o lamentei de tanto que gostava de Siracusa, da nudez brilhante de suas pedras, dispostas em anfiteatro à beira de um mar de metal, de suas estradas empoeiradas pelas quais marchavam pesadamente bois de chifres magníficos, do despojamento da terra em volta do castelo de Euríalo: perambulamos durante muito tempo pelos seus subterrâneos, pelos caminhos de ronda e na solidão da lande corroída pelo mar, longe, muito longe de tudo. Descemos às Latomias, o único lugar que conheço onde o horror se mistura à poesia. De Messina, cuja feiura comemorava indiscutivelmente um cataclismo, atravessamos de balsa o esplendor do estreito. Na volta, aborreci-me porque enquanto navegávamos no azul Sartre lia os jornais: falava-me da Espanha, da Alemanha, do futuro em que não se via nada de azul.

Uma miserável embarcação transportou-nos de Messina a Nápoles. Passei uma noite péssima: fazia frio demais para dormir no convés e dentro do navio respiravam-se odores insuportáveis. Ficamos ainda alguns dias em Roma. Bruscamente, o comportamento de Sartre mudou. A viagem chegava ao fim e ele voltava a enfrentar suas preocupações: a situação política, suas relações com Olga. Tive medo. Iriam ressuscitar as lagostas?

Ele assegurou-me que não, e eu não pensava mais nisso quando chegamos a Veneza, que queríamos rever. Lá ficamos quatro ou cinco dias e decidimos, como dois anos antes em Roma, varar uma noite inteira. Para evitar vínculos e por economia, pagamos o hotel e entregamos o quarto: não tínhamos mais um canto nosso na cidade. Andamos de café em café até fecharem, sentamo-nos nos degraus da praça S. Marcos; caminhamos ao longo dos canais. Silêncio total; no *largo* ouvia-se, através das janelas abertas, a respiração das pessoas que dormiam. Vimos o céu clarear por cima das Fundamenta Nuova; entre o cais e o cemitério, barcas largas e chatas deslizavam como sombras pelas águas da laguna; homens gingavam nas proas: traziam legumes e frutas de Murano, de Burano, das ilhas e das praias. Voltamos pelo centro da cidade; nos mercados, à beira do Grande Canal, iniciavam-se os negócios em meio à profusão das melancias, das laranjas, dos peixes, enquanto o dia se firmava; abriram-se os cafés, as ruas se encheram. Fomos, então, arranjar um quarto e dormir. Sartre disse-me mais tarde que durante toda essa noite uma lagosta o seguira.

Capítulo V

De regresso a Paris, em setembro, afundamos no drama que durante dois anos e meio dominou toda a nossa vida: a guerra da Espanha. Os exércitos de Franco não tinham triunfado tão rapidamente quanto esperava a direita; não tinham tampouco sido esmagados tão depressa quanto pensávamos. A marcha dos rebeldes contra Madri fora sustada, mas avançava em Sevilha, Saragoça, Oviedo. Quase todo o exército — 95% — e quase todo o aparelhamento do Estado haviam aderido a Franco; para se defender, a República só podia contar com o povo.

Este correra em auxílio do governo num imenso entusiasmo. As narrativas que líamos nos jornais, as informações que nos transmitiam Fernando e seus amigos abrasavam nossa imaginação. Em Madri e em Barcelona, os operários tinham tomado de assalto as casernas e tinham se armado; os madrilenses haviam hasteado a bandeira vermelha na caserna de Montana. Os camponeses desenterravam de suas granjas seus velhos fuzis e bacamartes. Nas cidades e aldeias, os milicianos, por carência de armas, utilizavam bastões; havia uma grande quantidade de mulheres em suas fileiras; combatiam com o mesmo ardor que os homens. Contra os carros de combate de Franco, os *dinamiteros* jogavam granadas e garrafas inflamadas. O heroísmo de um povo de mãos vazias ia barrar o caminho às tropas equipadas e disciplinadas que contra ele lançavam a Propriedade, a Igreja, a Finança: era uma epopeia estonteante e a que nos sentíamos diretamente ligados. Com nenhum outro país tínhamos tão grande afinidade. Fernando estava entre os nossos melhores amigos. Tínhamos partilhado a alegria do primeiro verão republicano ao sol de Madri; tínhamos nos misturado à jovial efervescência de Sevilha, depois da fuga de Sanjurjo, quando a multidão fazia incêndios que os bombeiros não apagavam, nos clubes aristocráticos. Tínhamos visto com nossos olhos a gorda arrogância dos burgueses e dos padres, a miséria dos camponeses, e feito votos para que a República se apressasse em cumprir suas promessas. Em fevereiro, a voz da Passionária exaltara nossas esperanças; sua derrota teria nos atingido como um desastre pessoal. Além disso, sabíamos que a guerra espanhola punha em jogo nosso próprio futuro; a imprensa de esquerda dedicava-lhe tanto espaço quanto a um assunto francês, e na verdade o era; era necessário impedir que um novo fascismo se instalasse às nossas portas de todas as formas.

Isso não aconteceria, tínhamos certeza; ninguém do nosso lado duvidava da vitória republicana. Lembro-me de um jantar, num restaurante espanhol de que falei e que era frequentado exclusivamente pelos republicanos. Uma jovem freguesa espanhola levantou-se subitamente e declamou um poema à glória de seu país e da liberdade; não compreendíamos as palavras — um vizinho nos explicou o sentido geral —, mas ficamos comovidos com a voz da jovem e com sua fisionomia. Todos os convivas se ergueram e gritaram: "Viva a República Espanhola!" Todos acreditavam em seu próximo triunfo. A Passionária havia lançado um desafio aos fascistas: "*No pasarán!*", que ecoava através de toda a Espanha.

Entretanto, nosso entusiasmo tinha outra face: a cólera. Para que a vitória fosse rápida, seria preciso que a França voasse ao socorro do povo espanhol, que lhe enviasse canhões, metralhadoras, aviões, fuzis, armamentos de que dolorosamente careciam. Ora, apesar do tratado de comércio que ligava a França à Espanha, Blum, desde os primeiros dias de agosto, optara pela "não intervenção". Recusava-se a entregar armas à República e fechava a fronteira até a expedições particulares. Em 5 de setembro, Irun caiu porque seus defensores não tinham o que combater, enquanto que a cerca de cem metros dois trens carregados de fuzis destinados à Espanha haviam sido detidos pelas autoridades francesas. Por causa desse embargo, Talavera de la Reina caía, e os franquistas progrediam na Estremadura e em Guipúzcoa. A neutralidade de Blum era tanto mais revoltante quanto o fornecimento de homens e material de guerra aos rebeldes por Hitler e Mussolini. No dia 28 de agosto, a primeira bomba que caiu sobre Madri foi lançada por um *junker* alemão. Admirávamos Malraux e sua esquadrilha, que tinham se posto a serviço da República; mas poderiam enfrentar sozinhos a aviação nazista? No grande encontro pacifista de Saint-Cloud, Blum foi recebido com clamores: "Aviões para a Espanha!" A CGT, os comunistas e grande parte dos socialistas exigiam a reabertura da fronteira dos Pireneus. Outros socialistas, entretanto, e os radical-socialistas aprovavam Blum; antes de tudo, era preciso salvar a paz, diziam; a verdade era que, apesar de não aprovarem o fascismo, temiam mais ainda o entusiasmo revolucionário que animava a Frente Popular. Essas dissensões refletiam-se nos jornais que líamos. No *Vendredi*, Guéhenno recusava ainda "sacrificar a paz pela revolução", enquanto André Viollis e até o pacifista Romain Rolland ligavam as possibilidades de paz às possibilidades da República Espanhola. Em sua maioria, os colaboradores do *Canard Enchainé* eram pela intervenção; Galtier-Boissière combatia-a. Nós detestávamos a guerra tanto quanto os outros, mas não suportávamos a ideia de que recusassem fornecer aos republicanos algumas dezenas de metralhadoras e alguns milhares de fuzis que teriam bastado para liquidar Franco. A prudência de Blum enojava-nos, e não pensávamos em absoluto que fosse útil à paz. Com que angústia soubemos, em princípios de outubro, que os rebeldes estavam às portas de Madri! Em novembro, que ocupavam a cidade universitária e que o governo se retirava para Valência! E a França não se mexia! A URSS decidiu-se, felizmente: enviou tanques, aviões, metralhadoras, e a milícia, apoiada pelas Brigadas Internacionais, salvou Madri.

Quando a batalha de Madri se iniciou, Fernando não mais suportou permanecer em Paris: resolveu partir para lutar. Vimo-nos mais uma vez em desacordo com Pagniez; este não via senão uma fanfarronice na decisão de Fernando; Mme Lemaire julgava também que ele devia preocupar-se com a mulher e o filho e ficar com eles em vez de bancar o herói. Eram dos que, embora favoráveis à República, não desejavam ver a guerra civil transformar-se em uma revolução triunfante. Nós aprovávamos Fernando de todo o coração; acompanhamo-lo à estação, juntamente com Stépha e vários amigos. O pintor Bermann partiu com ele. Na plataforma, todo mundo estava muito comovido; os republicanos ganhariam, mas quando? E que preço pagariam pela vitória?

A rebelião franquista, em grande parte suscitada por Mussolini, fortalecia as esperanças do Eixo, ao qual o Japão se integrou após um acordo nipo-germânico. Toda a direita francesa aplaudia as vitórias franquistas; os "intelectuais ocidentais" em particular — Maxence, Paul Chack, Miomandre, Bonnard — aclamavam-nas com barulho. Eu adquiria o hábito de ouvir sem pestanejar meu pai louvar o bom senso de *Gringoire* e o patriotismo esclarecido de Stéphane Lauzanne. Mas voltava — em silêncio — a meus furores juvenis quando meus primos Valleuse se maravilhavam com as atrocidades atribuídas por sua imprensa à "Frente crapular" — freiras violentadas aos milhares nas escadarias das igrejas, coroinhas estripados, catedrais em cinzas — ou quando exaltavam o heroísmo dos cadetes do Alcazar. Tinha dificuldade em compreender como, de seu ponto de vista, os êxitos dos *Stukas* nazistas podiam alegrá--los. Seus jornais intensificavam a virulência; a campanha de calúnias desencadeada por Carbuccia em *Gringoire* contra o ministro do Interior, Salengro, levou este ao suicídio. O patronato erguia a cabeça; tentava voltar atrás nas concessões que as greves de junho haviam lhe arrancado. Entretanto, observava-se certo recrudescimento no movimento da indústria. Graças à semana de quarenta e oito horas, era possível ver, nos sábados de manhã, casais de tandens pedalando em direção às portas de Paris; regressavam à noite, carregados de flores e folhagens nos guidãos. Bandos de jovens partiam, de mochila nas costas, para acampar nas florestas dos arredores. Alguma coisa fora ganha e permanecia adquirida. Embora dividida na questão da intervenção na Espanha, a esquerda conservava suas esperanças.

Eu ensinava no Liceu Molière. Não pensava evidentemente em morar em Passy; ia lá para os cursos e regressava logo depois. Hospedei-me, na rua Gaîté, em um hotel decente, o hotel Royal Bretagne. No ano anterior, Simone Labourdin instalara-se num "três cômodos" que Mme Lemaire achava muito bonito, e eu tivera vagamente vontade de alugar um pequeno apartamento que arranjaria a meu gosto. Não fazia questão, *a priori*, de ser boêmia. Mas a ideia de percorrer as agências e de mudar aterrorizava-me; ademais, onde encontrar dinheiro para os móveis? O hotel livrava-me de quaisquer preocupações... Pouco importava que dispusesse tão somente de um quarto e que este carecesse de encanto: tinha Paris, suas ruas, suas praças, seus cafés.

Marco ensinava em Louis-le-Grand; residia embaixo da rua Delambre, num hotel um pouco mais caro do que o meu. Bost terminava sua licença na Sorbonne; morava com o irmão num pequeno quarto independente, na praça Saint-Germain-des-Prés. Não pensávamos em abandonar Olga em Beuzeville, mas os pais sabiam que ela não obtivera nenhum certificado e opunham-se à sua vinda para Paris. Olga tomou o trem sem a permissão deles e alugou um quarto no meu hotel. A filosofia não a atraía decididamente, e ela perguntava-se com ansiedade o que iria fazer de si mesma. Durante algum tempo, foi garçonete numa cafeteria do bulevar Saint-Michel que tinha também uma biblioteca e uma discoteca, mas isso não parecia uma solução.

Duas vezes por semana eu ia esperar Sartre na estação do Norte. Sua crise de Veneza não tivera consequências; as lagostas tinham desaparecido definitivamente; tomávamos alguma coisa num café vizinho, que não existe mais e que nos deliciava: tinha uma sala em desnível cujos espelhos emoldurados de tartaruga, bancos de marroquim, mesas de mármores e luz glauca nos lembravam a *brasserie* Paul; as paredes eram cobertas de lambris pretos entalhados que nos faziam pensar num carro mortuário napolitano. Contávamo-nos os últimos acontecimentos de nossas vidas e comentávamos as notícias. Descíamos depois a Montparnasse. Tínhamos estabelecido nosso quartel-general no Dôme. Nas manhãs em que não ia ao liceu, lá tomava meu café. Não trabalhava nunca em meu quarto, e sim num pequeno compartimento dos fundos do café. Ao redor de mim, refugiados alemães liam os jornais e jogavam xadrez; estrangeiros de todas as nacionalidades discutiam com paixão, mas em surdina; seus murmúrios não me incomodavam; é austera a solidão diante de uma folha branca; eu levantava os olhos e via que os homens existiam: isso me animava a traçar palavras que, talvez, um dia comovessem alguém. Quando conversava com Sartre e com Olga, gostava de ver as pessoas se movimentarem. Graças a Fernando e Stépha, podíamos saber quem eram alguns indivíduos: havia Rappoport com sua barba florida, o escultor Zadkin, o enorme Dominguez, o minúsculo Mané-Katz, o pintor espanhol Flores, Francis Gruber, com quem minha irmã tinha bastante intimidade, Kisling, Ehrenburg com sua cara atarracada sob a espessa cabeleira, uma profusão de pintores e escritores mais ou menos conhecidos e desconhecidos. Intrigava-nos particularmente um homem de rosto rude, de cabelos hirsutos, de olhos ávidos, que vagabundeava todas as noites pela calçada sozinho ou com uma linda mulher; parecia, ao mesmo tempo, sólido como um rochedo e leve como um elfo; era demais. Sabíamos que não se deve confiar nas aparências e essa era por demais sedutora para que não a supuséssemos decepcionante: era suíço, escultor, e chamava-se Giacometti. Em conjunto, em Paris como em Rouen, as mulheres pareciam-nos mais divertidas do que os homens. À noite, norte-americanas altas embriagavam-se majestosamente. Mulheres artistas, mulheres de artistas, modelos, pequenas atrizes do teatro Montparnasse, mulheres bonitas e outras menos bonitas, mais ou menos sustentadas: comprazíamo-nos em contemplá-las a sonhar em frente ao seu café com leite, a tagarelar com suas amigas, a cacarejar com seus machos. Vestiam-se com simplicidade mas não sem requinte; algumas usavam vestidos de um encanto obsoleto, comprados no mercado de pulgas. Lembro-me bem de uma a quem chamávamos "a suíça"; tinha cabelos louros, muito lisos, que enrolava num coque empolado, puro estilo 1900; usava uma blusa de tafetá avermelhado com mangas bufantes e empurrava um carrinho de criança. De vez em quando, sentávamo-nos no Sélect, entre lésbicas de nucas raspadas, que exibiam gravatas e, às vezes, monóculos: esse exibicionismo parecia-nos vazio. Preferíamos as comédias menos previsíveis que se representavam com alguma graça. Uma noite descobri com Olga, na rua Monsieur-le-Prince, o Hoggar, que era, então, um lugar barato e equívoco; ficamos encantadas com o exotismo fácil do cenário, com a música fanhosa que subia do subsolo e principalmente com os copos decorados com florzinha em relevo em que um árabe vestido a caráter nos serviu chá com menta. Embaixo, uma falsa Uled-Nail dançava a dança do ventre; não havia ninguém na sala de cima, a não ser uma mulher de aproximadamente trinta anos, de cabelos repuxados, sem beleza, e que cantava inclinada sobre um banco. Tornamos a vê-la muitas vezes no Dôme; estava sempre sozinha, não cantava mais, porém mexia os lábios com um ar inspirado. Outra, mais ou menos da mesma idade, de traços rudes, fazia requebros, conversando com um interlocutor invisível que suspeitávamos ser Deus. Quanto mais estranhas e mais desgraçadas parecessem as pessoas, mais simpatia tínhamos por elas. Algumas, contudo, nos inquietavam. Havia um exoftálmico, cujos olhos cada semana se tornavam mais proeminentes: iam destacar-se de repente das órbitas e rolar no ladrilho. Houve também um a quem chamávamos masoquista. Eu tomava uma bebida com Olga em La Coupole; ela vestia um casaco de imitação de pantera e eu estava com um chapéu de feltro bastante masculino; um homem de orelhas em leque, queixo caído, observava-nos com um olhar vítreo; largou em nossa mesa um jornal em que escrevera: "Escravo ou cão?" Engolimos depressa nossas bebidas. Quando passamos por ele, murmurou: "Digam-me para atravessar a sala de quatro e eu atravesso." Vimo-lo novamente algumas semanas depois; caminhava pela rua ao lado de uma mulher de colarinho duro, gravata, botinas de cano alto e um ar de maldade no rosto: ele parecia em transe. Uma espécie de familiaridade tácita estabeleceu-se entre nós e os outros frequentadores do Dôme; tendo sabido, por uma ou outra fonte, que éramos funcionárias e, portanto, razoavelmente sem problemas graves de dinheiro, muitas vezes um bêbado, um mendigo, um picareta profissional vinham pedir-nos cinco francos em troca; achavam-se no dever de contar um punhado de mentiras: a mitomania florescia. Todos esses desclassificados, esses exilados, esses malogrados, esses contadores de fábula descansavam-nos da monotonia da província. Dizem que há um conformismo do anticonformismo: em todo caso, dá margem a mais fantasia do que o outro. Senti grandes satisfações em trabalhar solitariamente no meio dessa gente, muito próxima e muito longínqua, numa busca tateante de sua vida.

A despeito dos recursos que Paris nos oferecia, nosso trio não demorou para cair nas mesmas dificuldades que em Rouen. Sartre escrevera longas cartas a Olga durante as férias — uma, entre outras, em que lhe descrevia Nápoles e que serviu de ponto de partida para sua novela *Dépaysement*; ela tinha lhe respondido e eles haviam se reencontrado com entusiasmo. Acontecia de eles frequentemente perambularem por Paris até de madrugada pelo prazer de estarem juntos. E depois, subitamente, Olga fechava a cara. Esses movimentos de mau humor irritavam ainda mais Sartre à medida que a amizade parecia progredir; Olga por sua vez suportava cada vez menos as impaciências dele. Depois de passar horas a servir chá, mostrava-se não raro nervosa; o vazio de seu futuro assustava-a. Fora Sartre e eu, ela só conhecia Marco e Bost; caminhava sozinha durante longas horas e aborrecia-se. Alguns meses antes, em Rouen, quisera experimentar os efeitos do álcool; engolira num balcão de bar dois *pernods* seguidos: o resultado superara de longe suas previsões. Não recomeçara. Agora, para eludir o tédio, o mal-estar, recorria de bom grado ao *pernod*, que a precipitava em delírios sombrios. Entrando no meu quarto, eu encontrava às vezes embaixo da porta um papelzinho cor-de-rosa coberto de uma caligrafia desordenada: Olga exalava seu desgosto do mundo e de si mesma. Ou então, à maneira de Louise Perron, pregava na sua porta com tachinhas uma folha de papel em que eu decifrava palavras sibilinas e desesperadas. Eu me atormentava por ela e achava mais injusto ainda que fizesse muitas vezes cara feia para mim. Esperara que em Paris saíssemos naturalmente desse labirinto em que a solidão de Rouen nos mantinha presos, mas não. Sartre não acabava de discutir sobre as condutas de Olga; eu perdia a esperança de encontrar uma solução e começava a sentir-me exasperada com aquilo. Longe de ter melhorado, a situação tornava-se cada vez mais intolerável para os três. Eu encarava como uma evasão as noites que passava com Marco e Bost, que tinham se tornado inseparáveis. Iam juntos ao cinema, ao concerto. Marco dera a Bost a chave do quarto a fim de que pudesse ouvir discos quando quisesse. Bost era sensível à sedução de Marco, a suas brincadeiras, a suas gentilezas, que aceitava com a simplicidade imperial da juventude; não se espantava tampouco quando via Marco cair em mornos abatimentos. Pensava que Marco se preocupava com a carreira. No verão, cantava no cassino de Vichy, e Lauri Volpi, que era a atração principal, exclamara ao ouvi-lo: "Eis uma voz extraordinária." Os cantores célebres manifestam pouca benevolência em relação aos estreantes, e o elogio inesperado subira à cabeça de Marco. Em outubro, ele se submetera a uma audição perante o diretor do Opéra: "Pois bem", dissera-lhe o diretor, "volte quando souber cantar no compasso". Bost atribuía a esse fracasso, que nós explicávamos mal, as irritações de Marco. Pouco a pouco, teve que entender a verdade: Marco esperava dele muito mais do que amizade e jogara toda a sua felicidade nessa esperança. Bost não queria nem renunciar à amizade dele nem dobrar-se à sua paixão: debatia-se também dentro de uma armadilha. Marco não dissimulava mais; exaltava-se, chorava, suspeitava de Bost buscar ajuda com Sartre. Eu trabalhava, certa manhã, no Dôme quando Marco surgiu: "Venha", disse-me autoritariamente com uma voz engasgada. Subi com ele a rua Delambre e verifiquei com estupor que tinha lágrimas nos olhos. Na véspera, voltando para casa às seis horas da tarde, ele ouvira no quarto uma música abafada e murmúrio de vozes; espiara pelo buraco da fechadura e vira Olga e Bost se beijando; nada de mais, porém, dada a reserva de Olga, ele tirara da cena conclusões trágicas.

Soube depois que, à noite, encontrara Sartre e Olga no Dôme e pronunciara frases que nenhum dos dois entendera. Sartre, por ignorar o que Marco sabia, e Olga, porque não desconfiava que ele soubesse. O resto da noite Marco chorara; compreendia bem demais o que acabava de acontecer: havia muito os dois jovens de vinte anos se gostavam; tinham-se jogado nos braços um do outro, contra as complicações e as exigências dos adultos.

Pessoalmente, achei que Olga tomara uma decisão sadia, quebrando o círculo de que não conseguíamos sair. Sartre sempre enfrentava tudo e mostrou-se bom perdedor. Marco tentou apaixonadamente convencer-nos a romper com Olga e sobretudo com Bost; recusamos, e ele nos incluiu em seu rancor. Passeava por Montparnasse de revólver no bolso; entrava no Dôme inopinadamente para surpreender nossas conversas particulares; acreditava que nos reuníamos os quatro em meu hotel para conspirar contra ele; fiscalizava uma das janelas: sombras projetavam-se na vidraça, e ele apertava raivosamente a coronha do revólver; ficou desnorteado quando lhe mostrei que morava em outro quarto. Esquecia-se de mostrar-se altivo. Exibia sua dor, suas lágrimas. Deixou-nos tão penalizados que resolvemos levá-lo a Chamonix.

Sartre não estava contente tampouco. Além do fracasso do trio, tivera outro que o tocava mais profundamente. O manuscrito de seu livro — intitulado *Melancholia* por causa da gravura de Dürer que muito apreciava — fora entregue por Nizan a um leitor da editora Gallimard. Sartre recebeu uma carta de Paulhan, avisando-o de que, apesar de certas qualidades, a obra não fora aceita. Ele suportara tranquilamente a recusa de *La Légende de la vérité*, mas trabalhara quatro anos em *Melancholia*; o livro atendia a suas intenções; de seu ponto de vista e do meu, ele acertara. Paulhan condenava, portanto, o próprio desígnio de Sartre: exprimir numa forma literária verdades e sentimentos metafísicos; esse projeto estava por demais arraigado nele, e havia tempo demais, para que aceitasse a sentença condenatória, mas ela desnorteou-nos.

Mme Lemaire e Pagniez ficaram influenciados por ela; sugeriram que *Melancholia* talvez fosse tedioso e escrito com inabilidade; essa defecção acabou por nos desorientar: como podia haver tal distância entre um ponto de vista de outra pessoa e o nosso? Sartre esperava apresentar seu manuscrito a outros editores, mas como toda crítica encontrava eco nele, longe de se defender com arrogância, pôs-se uma porção de problemas desagradáveis.

A estada em Chamonix careceu, pois, de entusiasmo. O inverno fora muito rude; tinham fechado todas as pistas por causa do regelo. Um jovem colegial, depois de oito dias de treinamento, apostara que faria a descida do monte Brévent; encontraram seu corpo despedaçado num rochedo. Subíamos de teleférico a Planpraz e eu descia com Sartre por pequenas rampas. Marco, que qualquer desnível apavorava, tomava lições particulares e, a pretexto de adquirir estilo, exercitava-se indefinidamente no plano. Uma tarde, fui com Sartre à passagem de Voza; descemos por Les Houches por uma pista azul que atravessava o bosque e saímo-nos bastante mal da aventura. No hotel, encontráramos Marco, que se tornara mais sombrio à medida que a noite caía. Sonhara que Bost o acompanharia aos esportes de inverno e não se consolava com sua ausência. Depois do jantar, saía na neve para esfregar a cabeça com sua loção sulfurosa que cheirava mal: exigiu de uma feita que Sartre a experimentasse; eu deixei apenas que pusesse três gotas num tampão e me esfregasse o crânio; e tive a sensação de que meu couro cabeludo caía aos pedaços.

Marco suplicara, a tal ponto a solidão das noites lhe era insuportável, que dormíssemos os três no mesmo quarto. Ocupávamos uma espécie de sótão triste e vazio em que havia três camas. Logo que se deitava, Marco punha-se a chorar lágrimas de verdade, e suas lamentações prolongavam-se durante muito tempo nas trevas. Ele já amara, tivera mesmo paixões, dizia, mas nunca encontrara alguém com quem houvesse desejado trocar juramentos definitivos; em julho, essa possibilidade fora-lhe oferecida, pensava, e acabava de perdê-la. Não se consolaria nunca. Evocava, soluçando, a vida que poderia ter tido com um companheiro de elite; teria posto aos pés dele sua glória iminente, sua fortuna; teriam viajado juntos de um hotel de luxo para outro, em imensos carros cintilantes. Recomendávamos-lhe que dormisse; calava-se, suspirava e de novo contava em voz alta as imagens que lhe vinham à mente: Bost, seu lenço branco, a brancura do sorriso, a juventude, a graça, a inconsciente crueldade; quando ao sair de uma cena violenta iam ao cinema ver Carlitos ou os Irmãos Marx, Marco, com o coração em frangalhos, ouvia o riso de Bost a seu lado. Havia nesses disparates algo mais sombrio ainda e mais implacável do que nos delírios de Louise Perron: parecia-me que ele estava fabricando um inferno para si mesmo, de que nunca mais escaparia.

No reinício das aulas, recomeçou a perseguir Bost, que já não o suportava com seus insultos e suas lágrimas; Olga não suportava tampouco essas cenas. Ela continuava a ver Sartre, que se dedicava a manter boas relações com ela; mas o coração não ajudava mais; ela duvidava, como sempre, do futuro e levava-me, para esquecer, a pequenos *dancings* de Montparnasse — a La Bohème, a L'Arc-en-ciel — onde eu me aborrecia; nossas noitadas eram frequentemente melancólicas. O estado de espírito de Sartre melhorava, felizmente. Readquiriu alguma esperança em relação a *Melancholia*. Dullin era velho amigo de Gaston Gallimard e escrevera-lhe pedindo que examinasse pessoalmente o manuscrito recusado. Por si mesmo, Pierre Bost fora falar com Gallimard para recomendá-lo. Sartre trabalhava numa novela e sentia grande prazer nisso. Durante sua viagem à Noruega, tentara pela primeira vez o gênero do conto: *Le Soleil de minuit*, que perdeu em Causses e não reescreveu. Nesse ano, escrevera *Érostrate* e agora trabalhava em *Dépaysement*.[60] Acompanhei-o duas ou três vezes a Laon; morava num velho hotel confortável, com cheiro de mofo. Em Paris, visitamos a exposição Gauguin, vimos filmes. Líamos. *Fascisme et grand capitalisme*, de Guérin, ajudou-nos um pouco a compreender nossa época. Apaixonamo-nos por *A mulher frígida*, de Steckel, porque propunha uma psicanálise que rejeitava a noção de inconsciente. Achávamo-nos muito distantes

---

[60] Somente alguns trechos de *Dépaysement* foram publicados, muito tempo depois de ter sido impresso *O muro*.

de Bernanos, entretanto, o *Journal d'un curé de campagne* forçou nossa estima; li-o várias vezes, espantada com o virtuosismo que se escondia sob a simplicidade. Dois autores, que desconhecíamos, despertaram nossa simpatia: Queneau com *Les derniers jours* e Michel Leiris com *L'Âge d'homme*.

Assistimos a vários ensaios de *Júlio César*, que Dullin estava encenando; Camille, que fizera a adaptação, tomou parte ativa na encenação. Dullin desempenhava o papel ingrato de Cássio; foi como animador que se superou. Escolhera para encarnar César um velho cabotino de magra reputação em quem certo conhecimento do ofício substituía o talento, mas cujo físico convinha ao personagem: moldou-o gesto por gesto, palavra por palavra, a tal ponto que, no fim, o teriam tomado por um grande ator. Vandéric compôs um belo Bruto; Genica Athanasiou tinha um rosto nobre e uma voz comovente apesar de seu forte sotaque. Quanto a Marchat, pôs-se de imediato na pele de Marco Antônio e foi excelente. Eu apreciara devidamente o trabalho de Dullin, de Camille, de todo o elenco e, na noite do ensaio geral, vigiei com emoção os críticos que Camille me indicara: eram em sua maioria velhos e pareciam entediados; era inverno e tossiam; Lugné-Poe cuspia numa caixinha de prata. O texto, que Camille evitara cuidadosamente suavizar, pareceu chocá-los. Assim mesmo, o espetáculo foi um sucesso. Durante a cena das Lupercais, dois jovens escravos atravessavam o palco correndo com um chicote na mão e quase nus; cada vez que o faziam, quase derrubavam o busto de César erguido no centro da praça. Nessa noite, evitaram-no com habilidade. Um deles impressionou todos os espectadores pela sua beleza. Jean Cocteau perguntou quem era: chamava-se Jean Marais.

Eu me entregava com menos disposição que de costume a minhas ocupações, a minhas distrações: sentia-me sempre cansada. Com Olga, com Sartre, com ambos, ficava até tarde acordada; Sartre descansava em Laon; Olga, durante o dia; eu, nunca. Obstinava-me ao trabalho, queria acabar meu livro. Levantava-me cedo para ir ao liceu. Muitas vezes, no metrô, media com ansiedade o tempo que me separava da noite: "Dezesseis horas ainda antes de me deitar!" Teria dado tudo para dormir imediata e indefinidamente. À espera de Sartre num café perto da estação do Norte, às vezes fechava os olhos e perdia a consciência durante alguns minutos.

O sono tornava-se uma obsessão. Eu conhecera a fadiga no ano em que me preparava para a *agrégation*, mas quando à noite minha cabeça pesava, não resistia: ia deitar-me. Agora era preciso arrancar mais alguma coisa de mim até tarde da noite, e eu acordava insatisfeita. Não recuperava. Era exaustiva essa espera nunca realizada de uma trégua que não conseguia alcançar. Aprendi então que a lassidão pode ser mais devastadora do que uma doença e matar todo o prazer de viver.

Por outro lado, acompanhara com demasiada alegria o progresso da Frente Popular para não me entristecer com seu declínio. Blum, às voltas com graves dificuldades financeiras, declarava que uma pausa era necessária. Acabavam de descobrir uma associação secreta, organizada pela extrema direita, que estocava armas e trabalhava com os serviços de espionagem hitleristas. Descoberta a conspiração, em vez de publicarem os nomes, abafaram o caso. A Inglaterra, como a França, tolerava sem se mexer a intervenção das forças alemãs e italianas na Espanha. O único país capaz e sinceramente desejoso de barrar o caminho ao fascismo era a URSS. E eis que não compreendíamos mais nada do que acontecia por lá. Gide entusiasmara-se depressa demais e desdissera-se igualmente demasiado depressa para que levássemos a sério seu *Retour d'URSS*, que se apressara em publicar ao regressar da Rússia e que tivera grande repercussão. Mas o que significavam os processos de Moscou? *Le Matin* contava, sem rir, que as confissões dos acusados tinham sido extorquidas graças a um "soro da verdade" que se podia comprar por alguns níqueis na América do Norte. Era uma imbecilidade, mas que explicação opor a essa? Nizan, que vivera na URSS um ano de euforia, estava profundamente desnorteado. Tivemos com ele uma longa conversa no Mahieu e, embora só revelasse seus sentimentos com prudência, não nos escondeu sua confusão. Nós nunca tínhamos imaginado a URSS como um paraíso, mas nunca havíamos tampouco posto em dúvida a construção socialista. Era incômodo ser incitado a tanto no momento em que a política das democracias nos enojava. Não haveria mais nenhum lugar no mundo onde se pudesse depositar nossa esperança?

A Espanha não era mais a terra da esperança, e sim o campo de uma batalha cujo resultado se fazia duvidoso. Fernando teve uma licença em fevereiro; transbordava de entusiasmo, mas, através do que nos relatava, a situação parecia inquietante. Fez-nos rir contando como conquistara o título de "responsável": durante um combate sem importância, estando com seus companheiros em terreno descoberto, sob o fogo inimigo, corajosamente os arrastara para trás de um pequeno muro; tinham-no felicitado calorosamente pela iniciativa. Obteve rapidamente os títulos de capitão e depois de comandante; acabou general. Rindo ele próprio conosco dessas promoções, disse-nos a que ponto o exército popular carecia de quadros, de disciplina, de organização. As desordens sociais e políticas eram mais graves ainda. Comunistas, radicais, anarcossindicalistas não serviam aos mesmos interesses. Os anarquistas recusavam-se a compreender que, antes de fazer a revolução, era necessário ganhar a guerra. Em certas províncias, entre outras a Catalunha, os sindicatos preocupavam-se em organizar sovietes, quando deveriam tratar de fazer com que as fábricas funcionassem. As colunas anarquistas perturbavam a ação governamental com atos intempestivos; não obedeciam às ordens do poder central. Essa falta de unidade constituía um perigo terrível frente ao sólido exército de Franco, que, cada vez mais maciçamente, era apoiado pelos corpos expedicionários alemães e italianos.

Ficamos com o coração partido quando Fernando nos falou de Madri: as casas destruídas no Alcalá, as ruas esburacadas ao redor da Puerta del Sol, a Cidade Universitária em ruínas. Voltou para a Espanha assegurando-nos que a vitória final caberia assim mesmo aos republicanos. E os acontecimentos pareceram confirmar suas profecias. Em Jarama, em Guadalajara, o exército popular deteve a ofensiva de Franco lançada contra Madri. Entretanto, os *dinamiteros* fracassaram na sua tentativa de retomar Oviedo. No Sul, Málaga caiu.

A causa desses malogros era sempre a mesma: não havia armas. A comédia da "não intervenção" parecia-nos dia a dia mais criminosa. Pela primeira vez em nossa vida, porque nos interessávamos profundamente pelo destino da Espanha, a indignação não era mais para nós um antídoto suficiente; nossa incapacidade política, longe de nos fornecer um álibi, desolava-nos. Era total. Estávamos isolados, não éramos nada:

nada do que pudéssemos dizer ou escrever em prol da intervenção teria o menor peso. Não havia como pensar em partir para a Espanha, nada em nossa vida nos predispunha a essa loucura. Ademais, apesar de ter capacidades técnicas ou políticas definidas, arriscávamo-nos a auxiliar de maneira inútil. Simonne Weil atravessara a fronteira para alistar-se como miliciana; pediu um fuzil; mandaram-na para a cozinha e ela derrubou um tacho de azeite fervente nos pés. Colette Audry encontrou em Barcelona os dirigentes do poum e falou em reuniões; voltou exaltada e feliz, mas nós duvidávamos da eficiência de seus discursos.

Bost quis partir a fim de escapar do marasmo em que as cenas de Marco o tinham jogado, bem como do término de uma relação antiga. A fronteira estava fechada desde fevereiro, não somente para as armas como para os voluntários; ele indagou Sartre a respeito de Nizan não poder ajudá-lo a atravessá-la clandestinamente. Sartre ficou perplexo: devia ou não aceder ao desejo de Bost? Em princípio, deve-se respeitar a liberdade das pessoas, mas se acontecesse uma desgraça a Bost, ele se sentiria responsável... Acabou falando sem muito entusiasmo com Nizan, que enviou Bost a Malraux. Este explicou que a República precisava de armas, de quadros, de especialistas, mas não de combatentes inexperientes. Bost sabia manejar uma metralhadora? Ele confessou que não. "Talvez você pudesse exercitar-se em Gastine-Reinette", disse Malraux com seriedade. E o projeto de Bost foi por água abaixo.

Uma noite, por volta das dez horas, conversava no Sélect com Bost quando fui tomada por um arrepio. Tinha o hábito de tratar com desprezo as gripes, as anginas, as febres, mas dessa vez o choque foi tão brutal que disse logo: "Preciso ir para casa." Dormi agitada, acordei suando, fiquei de cama o dia inteiro. Quando Sartre chegou de Laon à noite, não duvidamos nem um nem outro que um tratamento tão enérgico fosse curar-me... Há muito tempo Camille desejava conhecer Mme Lemaire e a convidara para jantar conosco; eu não queria faltar. Vesti-me com dificuldade, vacilava, mas enfim não ia ceder diante de um micróbio. Do lado de fora, fazia frio e cheguei à casa de Camille bastante mal. Ela mudara, morava na rua Navaria num grande ateliê que mobiliara como a casa de Ferrolles, utilizando acessórios de teatro, objetos encontrados em antiquários e criações pessoais; um enorme fogareiro de faiança aquecia o local. Era belo e necessário como um cenário e, no entanto, íntimo, um verdadeiro lar. Camille nos recebia com uma suntuosidade requintada. Mas eu mal consegui notar as jarras, as flores, as entradas multicores; estendi-me numa cama recoberta de seda antiga e, enquanto os outros comiam, bebiam, conversavam, eu tentava penosamente respirar. Mme Lemaire e Sartre acabaram levando-me embora; na escada, vacilei de fraqueza. Uma garoa glacial invadira as ruas e eu a sentia descer em meus pulmões enquanto, à entrada do prédio, esperava Sartre, que fora buscar um táxi. Deitei-me, fervendo e com frio; durante a noite inteira, transpirei e tremi de frio. Antes de tomar o trem no dia seguinte, Sartre chamou um médico, que receitou sinapismos. Durante dois dias, minha irmã, Olga e Mme Lemaire trataram de mim. Traziam-me comidas de doente: cremes de caramelos, compotas de abricós; eu não tocava em nada; ao menor movimento uma dor aguda apunhalava-me o lado esquerdo. Uma enfermeira colocou-me ventosas escarificadas, contudo, suei de febre a noite inteira, deixei dois pijamas pingando. Pela manhã, o médico assustou-se: declarou que devia ser internada com urgência numa clínica. Quando Sartre, de volta de Laon, anunciou-me que Mme Lemaire arranjara tudo, que uma ambulância me conduziria a Saint-Cloud na mesma tarde, solucei. Parecia-me que me arrancavam de minha vida para sempre. Acalmei-me. Quando os enfermeiros me deitaram na maca e me fizeram descer as escadas de cabeça para baixo, tudo o que subsistia em mim era uma enorme surpresa. Na frente da porta, os curiosos olhavam, e enquanto me enfurnavam na ambulância, eu me dizia: "E eis que isso acontece comigo, comigo!" Não teria ficado mais estupefata se acordasse na Lua. Então qualquer coisa podia acontecer a mim, como a qualquer pessoa: que revolução! É tão espantoso ser a gente mesma, justamente a gente mesma, é tão radicalmente único que se tem dificuldade em persuadir-se de que essa singularidade se encontra em todo mundo e que a gente participa das estatísticas. Doença, acidente, desgraça é só aos outros que ocorrem: mas aos olhos dos curiosos, o outro, bruscamente, era eu; como todos os outros, eu era para os outros um outro. Sim, tinham me arrancado de minha vida, de minha segurança, para jogar-me num *no man's land*[61] onde tudo era possível; nada me protegia mais, estava exposta a todos os perigos. No momento, não me disse isso tudo com palavras, mas era o sentido desse estupor em que permaneci mergulhada durante todo o trajeto: "Essa doente que transportam sou eu."

Depois, não pensei mais tanto assim; entreguei-me ao frescor dos lençóis; deitavam-me, aplicavam-me injeções, tomavam conta de mim; eu que vivia sempre com as mãos crispadas, que descanso! Soube mais tarde que ao entrar para a clínica um de meus pulmões assemelhava-se a um pedaço de fígado e que o outro começava a ser atingido; não se conhecia então nenhum meio de interromper a infecção — limitavam-se a dar-me injeções para sustentar o coração. Se o segundo pulmão não aguentasse, eu estaria acabada. Essa ideia não me passou sequer pela cabeça. Aguardei com confiança a cura. Dormia com o busto sustentado por travesseiros; durante o dia, conservava a mesma posição e mal ficava acordada. O tempo turvava-se. Quando recobrava a consciência, a febre tomava-me; multiplicava ao infinito os sons mais tênues, as mais ínfimas vibrações da luz: pela manhã, o canto de um pássaro enchia de um lado a outro o Universo, a eternidade; eu olhava a cesta de flores que minhas alunas tinham enviado e a jarra de laranjada à minha cabeceira: não desejava nada mais, tudo me satisfazia.

Pouco a pouco, despertei. Minha mãe vinha quase todas as manhãs; Sartre, às tardes em que não estava em Laon. Minha irmã, Olga, Mme Lemaire e Bost revezavam-se à cabeceira; conversava com eles. Um dia pude ler. No primeiro romance de Thyde Monnier, *La Rue courte*, tornei a encontrar a Provence. O médico quis saber se meus pulmões não estavam gravemente atingidos e mandou tirar radiografias; que suplício ficar em pé! Quase desfaleci. Durante dois dias, aguardei os resultados com mais curiosidade do que apreensão; chorara ao deixar meu quarto de hotel, mas a ideia de partir para um sanatório não me revoltava. "Será uma experiência", dizia. Permanecia fiel à minha atitude, que era a de retomar por minha conta tudo o que a vida impunha. Queixava-me de que o mundo se repetia; pois bem, eis que iria mudar! O trio, suas

---

[61] Em inglês no texto: "Terra de ninguém." (N.T.)

agitações, suas obsessões tinham acabado pesando-me de tal modo que o exílio me parecia repousante. Talvez, também, esse desapego não passasse de uma defesa precária: se tivesse tido realmente que me tratar num lugar longínquo e durante muito tempo, teria conservado meu bom humor? A prova foi-me poupada. Autorizaram-me a terminar minha convalescença em Paris.

 Sartre alugara para mim um quarto no hotel de Marco, mais confortável e espaçoso do que o do Royal Bretagne. Eu ainda não saía da cama, mas sentia-me contente por deixar a clínica! Eram as férias de Páscoa; à hora do almoço, Sartre ia buscar no Coupole uma porção do prato do dia que trazia a passos miúdos a meu quarto, tentando nada derramar. À noite, comia presunto, frutas, recuperava minhas forças. O chato é que estava à mercê de todas as pessoas que pensavam em vir me ver. E depois, esse enclausuramento começava a parecer-me penoso. Tentei andar no quarto mas a cabeça virou: foi preciso reaprender a ficar em pé. Sartre tendo voltado para Laon, foram Marco e Bost — superficialmente reconciliados — que me fizeram dar meu primeiro passeio; levaram-me ao Luxemburgo, sustentando-me cada um por um braço. O ar e o sol estonteavam-me, eu titubeava.

 Lia novamente os jornais: os mesmos de antes, mas também *Ce soir*, que fora publicado no início de março e era dirigido por Aragon, tendo Nizan na seção de política exterior. Embora Blum tivesse proclamado uma pausa, a alta finança aplicava-se sistematicamente em arruinar seu governo. As ligas tinham sido dissolvidas, mas logo depois La Rocque fundara o Partido Social Francês, e Doriot, pouco depois, o Partido Popular Francês, ao qual Ramon Fernandez aderiu. A uma reunião do PSF os operários de Clichy tinham respondido com uma manifestação vigorosa que, contida pela polícia, redundara na morte de cinco deles. A guerra na Espanha ia mal. Os franquistas bombardeavam Madri e as províncias bascas. Em Durango, tinham feito uma hecatombe de mulheres e crianças; aviões alemães haviam destruído Bilbao. No fim de abril, o massacre de Guernica provocou a indignação de certos católicos: Mauriac, Madaule, Bernanos e Maritain protestaram. Na França, nova campanha da imprensa se iniciava contra as prisões de menores: um colono de dezenove anos morrera em Eysses, vítima de maus-tratos.

O governo prometia que tudo iria mudar e nada mudava em Eysses, Amiane, Mettray. Impotente para combater as desgraças do mundo, só esperava esquecê-las. Obedeci alegremente ao médico, que me prescrevera descansar três semanas no Sul.

Olga acompanhou-me ao trem; minha cabine estava superaquecida; não consegui dormir e passei a noite lendo *Le Perce-oreille du Luxembourg*, de André Baillon. De madrugada, Toulon recendia a mimosa e a peixe; tomei uma espécie de litorina que fazia um caminho tortuoso ao longo das costas e gingava perigosamente. Tinha a impressão em cada curva de que ia saltar fora dos trilhos. O médico proibira-me o mar, as longas marchas e todo cansaço, por isso escolhera Bormes-les-Mimosas. A estação era um barracão abandonado diante do qual fui a única a descer; nenhum empregado à vista. Era meio-dia; o sol e todos os odores de Provence pularam em mim; sair das brumas da convalescença foi uma radiosa ressurreição. Um homem enveredou juntamente comigo pela rampa que subia à aldeia e encarregou-se de minha maleta. Via-se o mar da praça e viam-se também as ilhas de Hyères, mas decidi que a distância era suficiente entre nós; não me sentia mais doente. Era a primeira vez de minha vida que tinha um período de repouso, e, a princípio, achei divertido. Hospedara-me no melhor hotel — pensão completa por trinta francos — e empanturrava-me de comida olhando as solteironas que jogavam *belote*[62] no alpendre. Passeei pelas colinas, através das florestas de pinheiros, cortadas de belos caminhos arenosos a que as pessoas do lugar chamavam pomposamente "bulevar"; tornei a ver as pesadas flores aveludadas e brilhantes que não tinham perfume, as relvas de cheiros penetrantes que tanto gostara de esmagar com os dedos. Lia novelas de Faulkner, me empanturrava de sol. Mas, ao fim de três dias, achei insuportável ver os mesmos rostos em cada refeição. Pus a mochila nas costas e parti. Apesar das advertências do médico, fiz um passeio a Porquerolles e Port-Cros. Depois fui para o lado da montanha. Chovia em Collobrière e passei dois dias num hotel onde era o único hóspede; na sala de jantar de ladrilhos vermelhos, lia *Catherine-soldat*, *Jalna*, de Mazo de la Roche, que me encheu, *As ambições desenganadas*

---

[62] Jogo de cartas muito popular na França. (N.T.)

de Moravia, que me aborreceu, e uma obra de Morgan, *Embriologia e genética*, que não me divertiu tampouco. Tinham me recomendado que engordasse. Empanturrei-me de creme de castanha, a especialidade da região, na qual eu recuperava os castanhais de minha infância; deitava-me às dez horas da noite; tratava-me com carinho; era um brinquedo novo. Tinham me recomendado também que não andasse muitos quilômetros. Mas pouco a pouco voltei às longas caminhadas a que estava acostumada. Percorri os Maures; através de florestas calcinadas e sob um céu tempestuoso, fui à Chartreuse de la Verne; descobri a península de Saint-Tropez, suas aldeias empoleiradas, seus cabos selvagens a que se tinha acesso por atalhos aduaneiros, ou adentrando-se a vegetação. Minhas leituras entrelaçavam-se caprichosamente às paisagens; entre os rochedos vermelhos do Estérel, nos "desfiladeiros do inferno" onde o calor era mesmo satânico, fui cativada por *Na pior em Paris e Londres*, de Orwell. Subi ao cume do monte Vinaigre. Respirei as mimosas em flor no Tanneron. Novamente a saúde e a alegria corriam nas minhas veias.

Nos correios das aldeias, encontrava sempre, como um presente inesperado, cartas de Sartre. Falava-me de *Numance*, montada por Jean-Louis Barrault, baseada na peça de Cervantes e com cenários de Masson: era um espetáculo realmente novo e amiúde muito belo. Deu-me uma notícia que me fez pular de alegria; fora chamado por Gallimard: *Melancholia* fora aceito. Eis como me contou o caso:

"Saiba, pois, que desembarquei na estação do Norte às duas e quarenta. Bost esperava-me. Tomamos um táxi e passei no hotel para pegar *Erostrate*. Dali fomos ao Dôme, onde encontramos Poupette, que corrigia as duas outras novelas: *Dépaysement* e *O muro*. Atacamos a coisa, os três, e em exatamente quatro horas estava terminado. Deixei Bost no botequim onde a esperei no dia em que fomos melancolicamente buscar a obra recusada pela *NRF*. Entrei gloriosamente. Sete sujeitos esperavam na sobreloja, Brice Parain ou Hirsch ou Seligmann. Disse meu nome e pedi a uma mulher que manejava os telefones numa mesinha para ver Paulhan. Ela pegou um desses telefones e anunciou-me. Disseram-me que esperasse cinco minutos. Sentei-me a um canto, numa cadeira de cozinha, e esperei. Vi passar Brice Parain, que me olhou vagamente sem parecer reconhecer-me. Pus-me a ler *O muro* para me distrair e para me reconfortar, pois achava *Dépaysement* bem chato. Um homenzinho elegante surgiu: roupa branca deslumbrante, alfinete de gravata, paletó preto, calça riscada e o chapéu-coco um pouco inclinado para trás. Um rosto vermelho com um nariz grande e cortante e olhos duros. Era Jules Romains. Tranquilize-se, não se trata de uma semelhança. Primeiramente era natural que se achasse ali em vez de em outro lugar: depois, disse o nome. Ao fim de um momento, como todo mundo me esquecera, a mulher do telefone saiu de seu canto e pediu fogo a um dos quatro sujeitos que restavam. Não tinham, nem uns nem outros. Então ela levantou-se e com impertinente faceirice: 'Então, são quatro homens e não têm fogo?' Ergui a cabeça, ela encarou-me com atenção e disse: 'Cinco.' E depois: 'O que faz o senhor aí?' 'Desejo ver M. Parent... não, Paulhan.' 'Então suba!' Subi dois andares e fiquei na frente de um sujeito alto e queimado de sol, com um bigode de um preto macio que vai docemente passando para o cinzento. Estava com uma roupa clara, era um pouco gordo e deu-me a impressão de ser brasileiro. Era Paulhan. Introduziu-me em seu escritório; fala num tom distinto, de um agudo feminino, dengoso. Sentei-me na ponta de uma poltrona de couro. Disse-me logo: 'Que mal-entendido é esse das cartas? Não entendo.' Eu respondi: 'O mal-entendido vem de mim. Eu não pensara em sair na revista.' Ele disse-me: 'Era impossível: principalmente porque é muito comprido, e depois o leitor teria perdido o fio na segunda parte. Mas é admirável.' Seguiram-se vários epítetos laudatórios que você imagina, 'acento muito pessoal etc.' Eu estava muito pouco à vontade porque pensava: 'Depois disso, vai achar minhas novelas ruins.' Você me dirá que pouco importa o juízo de Paulhan. Mas, à medida que podia me lisonjear que ele achasse *Melancholia* bom, aborrecia-me que viesse a achar minhas novelas ruins. Durante esse tempo, ele me dizia: 'Conhece Kafka? Apesar das diferenças, só vejo Kafka a quem possa comparar isso na literatura moderna.' Levantou-se, deu-me um número de *Mesure* e disse: 'Vou dar uma de suas novelas a *Mesure* e me reservo uma para a *NRF*.' Eu observei: 'Elas são um pouco... bem, um pouco livres. Toco em questões até certo ponto sexuais.' Ele sorriu com um ar de indulgência. 'Quanto a isso, *Mesure* é muito estrita, mas na *NRF* publicamos tudo.' Disse-lhe então que tinha duas outras. 'Pois bem', disse com satisfação, 'dê-me as duas, assim poderei escolher a que combina com a revista, não é?' Vou levar-lhe as duas dentro de oito dias, se minha correspondência não me impedir de acabar 'O quarto'. Ele disse-me em seguida: 'Seu manuscrito está nas mãos de Brice Parain. Ele não está inteiramente de acordo comigo. Acha que tem prolixidades e trechos sem vida. Mas eu não sou dessa opinião: acho que é preciso sombras para que se realcem melhor os trechos brilhantes.' Eu estava absolutamente aborrecido. Ele acrescentou: 'Seu livro será seguramente aceito. Gallimard *não pode deixar de aceitá-lo*. De resto, vou levá-lo a Parain.' Descemos um andar e demos com Parain, que se parece, agora, tal qual um sósia, com Constant Rémy, porém mais hirsuto. 'Aqui está Sartre.' 'Era o que estava presente...', disse o outro cordialmente. 'Aliás, só existe um Sartre.' E passou a tratar-me por 'você' imediatamente. Paulhan voltou para seu escritório, e Parain atravessou uma sala de fumar cheia de poltronas de couro e de sujeitos nas poltronas, para levar-me a um terraço-jardim ao sol. Sentamo-nos em poltronas de madeira esmaltadas de branco, em frente a uma mesa também esmaltada de branco, e ele começou a falar-me de *Melancholia*. É difícil contar-lhe em seus pormenores o que ele me disse, mas eis suas palavras em resumo: leu as trinta primeiras páginas e pensou: eis um camarada apresentado como os de Dostoievski; é preciso que continue assim e que lhe aconteçam coisas extravagantes, porque ele está fora do social. Mas a partir da trigésima página, ele ficou desiludido e impaciente com coisas sem brilho, no gênero populista. Acha a noite no hotel longa demais (a das duas criadas) porque qualquer escritor moderno pode fazer uma noite no hotel assim. Longo demais também o bulevar Victor-Noir, embora ache 'formidável' o homem e a mulher que se xingam no bulevar. Não gosta nada do Autodidata, que acha sem vida e caricatural ao mesmo tempo. Gosta, ao contrário, muito da náusea, do espelho (quando o tipo se descobre no espelho), da aventura, dos cumprimentos e do diálogo da gente pacata da *brasserie*. Está nesse ponto, não leu o resto. Acha o gênero falso e pensa que se sentiria menos (gênero jornal) se eu não tivesse me preocupado em costurar as partes de 'fantástico' com as de populismo. Gostaria que eu suprisse tanto quanto possível o populismo (a cidade, o descolorido, frases como esta: 'Jantei demais na *brasserie* Vézelise') e as ligações — as costuras — em geral.

Gosta bastante de Rollebon. Disse a ele que de qualquer maneira não há mais costuras a partir do domingo (há somente o medo, o museu, a descoberta da existência, a conversa com o Autodidata, a contingência, o fim). Ele disse-me: 'Temos por hábito aqui, quando pensamos que se pode mudar alguma coisa no livro de um jovem autor, devolver--lhe, para seu próprio bem, a fim de que dê alguns retoques. Mas sei o quanto é difícil refazer um livro. Tu verás; se não puderes, pois bem, resolveremos a coisa sem isso.' Era um pouco protetor, muito 'jovem e mais velho'. Como ele tinha o que fazer, deixei-o, mas ele convidou--me a tomar alguma coisa quando terminasse. Fui então fazer uma farsa com o jovem Bost. Como, por inadvertência, conservara comigo o manuscrito de *Melancholia*, entrei no café e joguei o livro na mesa sem dizer uma palavra. Bost olhou-me empalidecendo um pouco, e eu lhe disse com um ar lamentável e falsamente displicente: 'Recusado.' 'Não! Por quê?' 'Acham isso descolorido e chato.' O rapaz ficou tonto; depois contei-lhe tudo e ele ficou alegríssimo. Larguei-o novamente e fui beber com Parain. Não lhe contarei a conversa no cafezinho da rua do Bac. B.P. é bastante inteligente, e só. É um cara que pensa sobre a linguagem, como Paulhan: isso lhes diz respeito. Você conhece o velho truque: a dialética não passa de logomaquia, porque não se esgota nunca o sentido das palavras. Ora, tudo é dialética etc. Ele quer escrever uma tese sobre o tema. Deixei-o. Ele me escreverá dentro de oito dias. Quanto às modificações de *Melancholia*, eu a esperarei naturalmente e resolveremos juntos o que cumpre fazer..."

Quando voltei para Paris, Sartre deu-me novos pormenores sobre o caso *Melancholia*. Paulhan recusara somente publicá-lo na *NRF*. Quanto à edição em volume, o leitor encarregado de opinar ficara perplexo. Sabendo que Sartre fora recomendado por Pierre Bost, anotara na ficha: "Perguntar a Pierre Bost se o autor tem talento." Depois disso, Gallimard tinha lido o livro e parecia gostar; só lhe censurava o título e sugeriu outro: *A náusea*. Eu era contra; sem razão, compreendi-o mais tarde, mas receava que o público tomasse *A náusea* por um romance naturalista. Combinou-se que a obra seria publicada durante o ano de 1938. No mês de julho, Paulhan publicou *O muro* na *NRF*. Essa novela de um desconhecido surpreendeu; Sartre recebeu numerosas cartas. Além disso, ele acabara de ser nomeado para o Liceu Pasteur, em Neuilly. Eu acabava de rever *Quando o espiritual domina*, que minha irmã batia à máquina; no reinício das aulas, em outubro, Sartre o recomendaria a Brice Parain.

Eu tornara a encontrar toda a minha alegria e aproveitei Paris. Vi os dançarinos negros do Cotton Club de Nova York, que reanimaram em meu coração as miragens da América. A exposição abria as portas. Passamos horas diante das obras-primas da arte francesa e mais tempo ainda nas salas consagradas a Van Gogh: era a primeira vez que víamos o conjunto de sua obra, desde as manchas escuras de sua juventude até os lírios e os corvos de Auvers. O pavilhão espanhol foi inaugurado em meados de julho, e recebemos em toda a sua pujança o choque de *Guernica,* de Picasso.

Nizan voltava do Congresso dos Escritores que havia sido realizado em Madri, sob as bombas; descreveu-nos com graça a atitude dos diversos participantes durante o bombardeio, a placidez de uns e o pavor de outros; havia um que ao menor estouro se jogava de quatro embaixo da mesa. Disse-nos que na Madri destruída o entusiasmo não diminuía. No entanto, a situação era crítica. No princípio de maio, a insurreição anarcossindicalista que ensanguentara Barcelona quase fizera a Catalunha cair nas mãos dos fascistas. Negrin constituíra um novo governo e empenhara-se em acabar com as desordens anarquistas e trotskistas que desorganizavam a luta contra Franco; tinham detido os líderes do poum, os quais os comunistas denunciavam como um bando de traidores. Entretanto, os anarquistas e uma fração socialista acusavam Negrin e os stalinistas de assassinar a República, assassinando o movimento das massas. Tais discussões eram um mau agouro para o futuro. A aviação nazista multiplicava os bombardeios em Madri e Barcelona; no Norte, a ofensiva franquista redobrava a violência. A 19 de junho, Bilbau caía. Os neutralistas franceses de esquerda começavam a compreender seu erro. Guéhenno, em *Vendredi,* fazia autocrítica: "Há no fundo dos homens de minha idade uma massa de recordações paralisantes", escrevia. E concluía: "É preciso aceitar a eventualidade de uma guerra para salvar a paz." Em muitos outros, uma reviravolta análoga se incitava. Mas o governo não pensava em modificar sua atitude. Apesar de seus excessos de prudência, o gabinete Blum caiu, derrubado pelas estradas de ferro, pelos seguros e pelos bancos. Não havia possibilidade de Chautemps se decidir pela intervenção. Com o novo ministério, a esquerda permanecia no poder; mas *Le Canard Enchaîné* fazia muito mais do que zombar quando anunciava que se caminhava para uma forma inteiramente nova da Frente Popular: sem comunistas, sem socialistas, sem radicais.

Dançamos na noite de 14 de julho em pequenos bailes de bairro, em Montparnasse e na Bastille, e saí de Paris, onde Sartre devia ficar uns dias. Eu resolvera enfrentar uma região mais alta do que todas as que fizera a pé: Pagniez aconselhara-me os arredores da passagem de Allos. Tendo saído ao meio-dia de Lauzet, dormi num abrigo no sopé do Trois-Evêchés, cuja escalada realizei pela manhã; o atalho indicado pelo *Guide Bleu* mal se percebia, e dentro em pouco eu me senti aterrorizada pelo declive que via a meus pés; para fugir dele, subi mais, e mais o vácuo se aprofundou. Parei: por esse caminho o pico era-me inacessível, mas eu não podia tornar a descer, pensava, sem quebrar a cabeça. Fiquei ali, colada à montanha, com o coração batendo. Tentei avançar um passo: o cansaço e o medo faziam-me cambalear; para reforçar meu equilíbrio, tirei a mochila, que caiu verticalmente no vale; como alcançá-la sem me espatifar? Novamente, avancei um passo; caminhei metro por metro, com extrema lentidão; parecia-me que nunca chegaria ao plano. Subitamente senti o chão falhar, escorreguei, agarrei-me às pedras que rolavam comigo. "Pois é", disse-me, "isso acontece, isso me acontece. Está tudo acabado". Achei-me no fundo da ravina com a pele da coxa arrancada, mas os ossos indenes; espantei-me em ter sentido tão pouca emoção quando pensava estar tão próxima da morte. Peguei a mochila, corri até Lauzet, parei um carro, que me levou ao outro lado da montanha, ao chalé-hotel da passagem de Allos, onde dormi murmurando sombriamente: "Perdi meu dia."

Compensei-me nos dias seguintes. Caminhava através de altas montanhas com seus nevados eternos brilhando, muito brancos, através de platôs cujas aldeias se achavam abandonadas às urtigas e às cobras. Na última noite, dormi num banco, na Riez silenciosa. Na hora em que as telhas dos telhados começavam a desbotar no céu, tomei um ônibus para Marseille, onde devia embarcar à tarde, com Sartre e Bost, para o Pireu.

Tínhamos planejado havia muito essa viagem à Grécia; nesse caso, como em muitos outros, se não seguíamos uma moda, éramos, pelo menos, impelidos pelas circunstâncias: muitos intelectuais com pouco dinheiro arranjavam-se para visitar sem grandes despesas esse país longínquo, mas de moeda desvalorizada. Gégé lá estivera no ano anterior; pegara malária mas transbordava de entusiasmo, e dera-nos informações preciosas. Bost estava louco por acompanhar-nos, e ficara combinado que passaria conosco duas ou três semanas.

Encontrei Sartre e Bost na estação e fomos tratar dos mantimentos. As passagens de convés que tínhamos comprado só davam direito à travessia, não à comida. Graças a essa economia, tínhamos os bolsos cheios, e nas mercearias opulentas da rua Paradis, metemos a mão em tudo o que nos apetecia; tinha a impressão embriagante de saquear, não de comprar. Embarcamos no *Cairo City* e observamos que, entre os passageiros do convés, se operava espontaneamente uma segregação; os pobres emigrantes que voltavam para seu país amontoavam-se na proa com seus sacos e fardos; os turistas, pouco numerosos, descansavam na popa. Alugamos espreguiçadeiras, arranjamo-nos com nossos sacos e nossas cobertas — não tínhamos sacos de dormir — e um fogareiro que Bost, o técnico da expedição, trouxera. Dois casais de mais ou menos trinta anos armaram outro campo; tínhamos cruzado em Montparnasse com uma das mulheres, morena, viva, de coxas curtas e robustas, e o marido, grande, louro, bronzeado, belo, que apelidamos "o grande simpático". Ele tinha as costas profundamente feridas pelo sol e ela untava as queimaduras com pomada. Às seis horas da manhã, quando os marinheiros regavam o convés, eles saltitavam em roupas de banho sob os jatos de água gelada. Pareciam extremamente felizes.

Nós também o éramos. O fogareiro de Bost logo escangalhou. Mas os cozinheiros de bordo deixavam-nos esquentar em seus fornos nossos chucrutes e nossos *cassoulets* em conserva. Davam-nos uvas e pêssegos. Comíamos, dormíamos, líamos, conversávamos. Embalada pelo balanço do navio, embrutecida pelo sol, sentia na alma um vazio agradável. Revi o estreito de Messina e, à noite, o Estrômboli cuspiu fogo. O tempo e o navio deslizaram docemente até o canal de Corinto. Até o Pireu. Um táxi levou-nos a Atenas por uma estrada esburacada.

Metaxas era ditador desde 1936. De vez em quando, viam-se soldados de saiotes de pregas exibindo-se nas praças; mas Atenas não parecia a capital de um Estado militar; era desordenada, melancólica e extraordinariamente miserável. À primeira vista, achei muito charmosas as ruas populosas que rodeiam a Acrópole: casinhas cor-de-rosa ou azuis, muito baixas, com terraços e escadas externas. De uma feita, quando passamos, crianças jogaram-nos pedras: "Não gostam dos estrangeiros", pensamos placidamente. Mais tarde, atravessando um país pobre, senti ódio, e isso me magoou bastante. Mas nos anos 1930, sempre nos indignando com a injustiça do mundo, abastecia-nos, sobretudo em viagem, quando o pitoresco nos ofuscava, tomá-lo como um dado natural. Contra as pedras dos meninos gregos empregamos o subterfúgio que nos era habitual: esses turistas alvos da raiva deles na verdade não nos incluía. Não reconhecíamos nunca como nosso o estatuto que nos impunham objetivamente as circunstâncias. Pela imprudência e pela má-fé, defendíamo-nos contra as realidades que porventura pudessem envenenar nossas férias. Sentimos, contudo, algum mal-estar em certos bairros do Pireu, cheios de barracões alegremente sarapintados mas horrivelmente sujos. Os indivíduos empilhados nessas zonas não se sentiam à vontade na sujeira de sua cidade como os napolitanos na de Nápoles: eram espécies de ciganos, emigrantes, gringos, destroços humanos, sub-homens. Andrajosos, esfomeados, purulentos, não tinham nem a gentileza nem a alegria italianas. Os mendigos pululavam e exibiam maldosamente suas chagas. Havia uma quantidade aterrorizante de crianças aleijadas, disformes, cegas, mutiladas. No cais do Pireu, vi um moleque hidrocéfalo que, à guisa de cabeça, ostentava uma protuberância monstruosa em que mal se desenhava um rosto. Em geral, mesmo os pequeno-burgueses e os burgueses abastados, todos os atenienses eram tristes. Nos terraços dos cafés só se viam homens meio balofos, de roupa escura, que se calavam e debulhavam melancolicamente seus terços de âmbar. Quando se pedia a um comerciante uma mercadoria que não tinha, um jornal que ainda não chegara, sua fisionomia exprimia desdém e consternação; meneava a cabeça com uma mímica que na França significa *sim* e que refletia toda a desgraça do mundo.

Ficamos em um quarto em um hotel bastante ruinzinho, perto da praça Omonia; o patrão autorizara Bost a dormir de graça no terraço; por vezes Bost preferia passar a noite embaixo dos pinheiros da Pnyx. Para nosso café da manhã, subíamos até o alto da rua relativamente luxuosa do estádio; às nove horas da manhã, a temperatura já chegava a 35°C à sombra e sentávamos suarentos no terraço de uma confeitaria renomada onde eu engolia um chocolate com leite cremoso e engrossado e ainda com uma gema de ovo. Era a melhor refeição do dia. Os elegantes restaurantes franceses não estavam ao nosso alcance e comia-se muito mal nas tabernas da praça Omonia, onde o cardápio anunciava em francês: *indestins* de carneiro à la *broache*;[63] o arroz colava no céu da boca e cheirava a suarda. Em todas as ruas da redondeza, assavam-se tripas de carneiro que não nos tentavam. Ademais, eu ficara com ojeriza, nos mercados de Atenas, a todos esses carneiros de perfil idiota, exibindo com uma obscenidade triste sua carne exangue e repugnante. Lembro-me de um dia em que procuramos um restaurante na rua do Estádio, que tostava ao sol do meio-dia; Sartre recusava todos, e foi tomado por uma dessas raivas rápidas que a canícula encorajava nele; ria-se depois, ele próprio, mas ria amarelo. "28 de julho de 1937. Cólera prolongada de Poulou", resmungava, parodiando um diário de bordo que de resto não escrevíamos. Descobrimos nesse dia, ou outro, uma pequena *brasserie* alemã, na sombra, e desde então alimentamo-nos quase exclusivamente de *bauernfruschtück*. Nos cafés, tomávamos minúsculas xícaras de um xarope preto, que era café e de que eu gostava muitíssimo; bebíamos grandes copos de água gelada e clorada que serviam com uma colherada de geleia de cerejas num pires.

Passávamos os dias nas ruas, nos mercados, no porto, no Licabeto, nos museus, mas principalmente na Acrópole e na Pnyx, de onde contemplávamos a Acrópole. A beleza conta-se ainda menos do que a felicidade. Se digo: vi a Acrópole, vi as Kórai no museu, não há que acrescentar, ou então fora preciso escrever um outro livro. Aqui não pinto a Grécia, mas tão somente a vida que levamos na Grécia. Não ficávamos mais tomados de mutismo em face dos templos gregos; tínhamos aprendido

---

[63] *Intestins à La boche*: tripas no espeto. (N.T.)

a traduzi-los em palavras; na Pnyx, evocávamos os séculos passados, as assembleias, as multidões, os rumores da antiga Atenas. Porém, o mais das vezes estávamos comovidos e calávamo-nos. Ao crepúsculo, verificávamos que o Himeto era realmente roxo. Então os guardas expulsavam-nos da Acrópole; Sartre e Bost faziam corridas de alto a baixo da escada de mármore onde um cartaz advertia: "É proibido jogar detrito." O cartaz inspirara a Sartre uma estrofe de um ritmo claudeliano:

Nos degraus da escadaria de mármore
Sabendo que era proibido jogar imundícies
O pequeno Bost, lá esquecido
Se apressava[64]

Combináramos com cuidado um cruzeiro às Cidades: Míconos, Delos, Sira, Santoríni. Dormíamos no convés de naviozinhos de cabotagem, como tínhamos dormido no convés do *Cairo City*. Uma enorme lua ruiva erguia-se no céu, na noite em que deixamos o Pireu, e o ar era tão doce que me senti desfalecer; mais de uma vez a felicidade despertou-me, e abri os olhos para ver a Ursa Maior. Em Míconos, tomamos um café e olhamos os moinhos de vento. Uma barquinha conduziu-nos a Delos; o mar agitava-se e comecei a enjoar. "Ficamos em Delos quatro horas ou três dias?", indagava Sartre, indiferente a esses espasmos que imputava à minha má vontade. "Quatro horas ou três dias? Resolva." Nao dava a mínima, eu não tinha mais corpo nem alma. Ele insistia: "É preciso resolver agora." Balbuciei "três dias" e quase perdi os sentidos; voltei a mim, vacilante, no caminho do Pavilhão do Turismo. Os dois quartos estavam ocupados por dois jovens ingleses, vestindo shorts de uma brancura impecável, mas o gerente ajudou-nos a arranjar nossas coisas no terraço. Sartre ficou no chalé e eu fui com Bost tomar um banho de mar que acalmou minhas náuseas e um banho de sol que queimou seriamente minhas costas. Mas suportei a dor com estoicismo

---

[64] *Sur les marches de l'escalier de marbre*
Sachant qu'il était interdit de déposer des immondices
Le petit Bost, oublié là
Se hâtait (N.T.)

de tanto que estava contente. Apreciamos tanto os leões meditando entre os mármores dos templos! Gostávamos tanto que essas ruínas, como em Pompeia, fossem em grande parte as de uma cidade viva: um porto com seus armazéns, seus entrepostos, suas lojas, seus botequins de marinheiros! Cedo pela manhã, desembarcavam mulheres de Míconos, com seus vestidos locais e que espalhavam no dique uma porção de coisas para turistas: xales, tapetes, bonés, bijuterias, um monte de bugigangas. Pelas onze horas, um barco de cruzeiro chegava, os turistas desciam, disciplinadamente conduzidos por um guia, como no alto do Vesúvio. Ficavam apenas três horas e em sua maioria almoçavam no hotel; percorriam as ruínas a galope. Alguns aventureiros pretendiam subir ao Cinto; faziam--nos voltar para o dique com assobios; compravam bagatelas, e nós os víamos reembarcarem com um delicioso sentimento de superioridade. Os vendedores voltavam também para seus barcos. A ilha tornava-se novamente nossa propriedade particular. Pouco mais tarde, subíamos ao Cinto e olhávamos as ilhas luzirem ao longe e se apagarem na poeira roxa da tarde. Delos foi um dos lugares onde possuí o paraíso.

No vapor que nos conduzia a Sira, dormimos no meio de gaiolas de galinhas que fediam. Pela manhã, subimos e descemos escadas entre casas brancas velhíssimas. À tarde, fui banhar-me com Bost a dez quilômetros de distância, do outro lado da ilha. Devíamos tomar o barco a vapor para Santoríni às três horas da manhã e deitamo-nos os três num monte de areia, no porto. Dormi pesadamente. Levantamos âncora de madrugada e na madrugada seguinte acordávamos ao pé das falésias de Santoríni. O vapor ancorava a certa distância da costa e foi cercado por barcos ruidosos; três jovens franceses barbudos, para não "serem enganados", discutiam o preço da passagem com uma arrogância que escondia mal sua avareza: em visita a um país pobre, achavam-se explorados se não explorassem. Criticamo-los, entre nós, severamente. Tive pena também; que tolice estragar tão radiosa aparição: as casas brancas faiscando no alto da falésia cor de sangue e que se fincava, reta, no azul do céu. Remadores e depois um atalho em escada levaram-nos à aldeia, e perguntamos pelo hotel Vulcan, onde queríamos hospedar-nos. As pessoas meneavam tristemente a cabeça, ou sorriam. Uma delas indicou-me um buraco num muro: uma taverna. O taberneiro serviu-nos café forte, trouxe um narguilé que Bost e Sartre fumaram aplicadamente. Novamente perguntamos pelo hotel Vulcan; ele conseguiu compreender e explicar que tínhamos nos enganado de aldeia; não havíamos descido em Tira, principal aglomeração, e sim em Oia, na extremidade norte da ilha. Pouco importava: bastou-nos seguir por uma vereda ao longo da falésia, durante menos de três horas; percebi que ela não era realmente vermelha, assemelhava-se a certos bolos em que diversas camadas vermelhas, marrons, amarelas, cerejas, alaranjadas ou cor de limão se sobrepõem: em frente, as Kaimenes brilhavam como antracite. Encontramos o hotel Vulcan; por economia e medo de percevejos, pedimos ao patrão para dormir no telhado; ele concordou. Conheci novamente noites paradisíacas. A dureza do cimento não me incomodava. Enrolados em nossas cobertas, ouvíamos em cima de nossas cabeças murmúrios, ruído abafado de passos: eram os cães e as pessoas que andavam em outros telhados, já que a cidade era como uma escadaria de terraços. A filha do hoteleiro acordou-nos trazendo um jarro de água e uma bacia; divisávamos embaixo de nós cúpulas caiadas de branco, terraços como que engomados e, no mar deslumbrante, o enxofre e as latas das Kaimenes; mal mexia as pálpebras e já mergulhava num esplendor tão agudo que me parecia que alguma coisa em mim ia partir-se.

De manhã, tomávamos café no hotel e lá jantávamos à noite; serviam-nos esses frangos ossudos e mirrados que, no mercado do Pireu, me afligiam tanto quanto os carneiros. Ao meio-dia estávamos sempre em excursão. A mais longa que fizemos conduziu-nos às ruínas de Tera e ao santuário de Stavos. Caminhava-se através de vinhedos, por atalhos cobertos de cinzas em que os pés se enterravam, de modo que era preciso dar três passos por um, e era verdadeiramente cansativo; e o sol ardia enquanto seguíamos ao longo dos pequenos muros brancos, deparando de vez em quando com uma figueira magra. Além disso, perdemo-nos um pouco. Sartre encolerizou-se: "Parece piada", resmungou, e disse também, não sem injustiça: "Saí para fazer grande turismo e me obrigam a bancar o escoteiro!" Acalmou-se, mas estávamos os três esgotados ao entrarmos em Emborio, onde esperávamos almoçar.[65] Nenhuma alma

---

[65] Descrevendo Argos, no primeiro ato de *As moscas*, Sartre inspirou-se em Emborio.

nas ruas tórridas de casas hermeticamente fechadas; uma mulher vestida de preto com quem tentamos falar fugiu. Ficamos girando por ali naquele forno, mas finalmente encontramos um café cheio de moscas zumbindo; serviram-nos uma salada de tomates, constelada de moscas mortas e banhada num azeite ainda mais nauseabundo que o de Tarifa. Para matar a sede podíamos escolher entre um vinho com gosto de resina que ninguém suportava e uma água lodosa de poço. Experimentei beber alternadamente um gole de vinho e outro de água, tirando um o gosto do outro, mas tive que desistir.[66]

Fomos de barco às Kaimenes; fumaças erguiam-se do solo sulfuroso e nos queimavam os pés; era espantosa aquela cratera negra manchada de amarelo, bem em cima das águas azuis. Sartre e Bost mergulharam a pequena distância das ilhas e nadaram em volta do barco; por momentos, a água escaldou e a imensidão do abismo abaixo deles perturbou-os; subiram logo para o barco.

De Santorini regressamos diretamente a Atenas. Acocorados no convés, Sartre e Bost tocavam música grega nos seus cachimbos: imitavam muito bem os sons fanhosos. Nas escalas, Bost mergulhava e nadava em volta do navio. Ficou no Pireu, onde embarcou para a França. Contou-nos depois que passara sua última noite grega num antro infecto; ao perguntar à senhoria onde era aquilo a que chamamos "latrinas", ela lhe designara o mar num gesto largo e gritando como Xenofonte: "*Thálassa! Thálassa!*"

Fui a Delfos com Sartre. A paisagem em que o mármore se casa tão ternamente com a oliveira, com o mar ao longe, superava em beleza todos os outros lugares do mundo. No estádio onde dormimos a primeira noite, o vento soprava tão forte que no dia seguinte fomos para um quarto de hotel; felizmente, pois à noite uma tempestade fustigou selvagemente as ruínas e as árvores; espiando pela vidraça, deleitávamo-nos com nossa sorte: ouvir troar a cólera de Zeus por cima das Feríades. Descemos para Itea, onde dormimos algumas horas num lamentável *xenodokeion*; despertada no meio da noite para tomar o navio, deparei,

---

[66] Um ano mais tarde, Pagniez falou-nos de Emborio como de uma aldeia deliciosa; lá almoçara muito bem com Thérèse em um albergue acolhedor.

por uma porta aberta, com uma mulher, de costas, de vestido preto comprido e que penteava os cabelos longos e negros; ela se virou para trás: era um homem de barba, um pope; um bando deles atravessou o canal conosco. Eu estudara um engenhoso circuito para alcançar Olímpia pelas montanhas: por um trem à cremalheira atingimos o convento de Megas Pileoh — famoso mas destruído por um incêndio três anos antes —, a seguir, uma lamentável estação de água. Um carro de aluguel nos levou a quarenta quilômetros dali e parou à beira de uma torrente que barrava a estrada. Continuamos a pé. A estrada serpenteava em meio a colinas cujas cores hesitavam entre a cor de ametista e a de ameixa e que uma vegetação rasteira e verde-escura aveludava; Sartre, com um vasto chapéu de palha e um bastão, carregava nossa mochila; eu tinha nos braços uma pasta. Não encontramos uma só alma, apenas de quando em quando cães amarelos, que Sartre espantava jogando pedras: tinha medo de cachorros. Depois de quatro horas de caminhada, lembrei-me de que para dormir ao ar livre, à noite, a mais de mil e duzentos metros, mesmo na Grécia, era preciso estar equipado. Vi com inquietação o céu escurecer. Subitamente, uma aldeia surgiu a uma curva da estrada e pude ler numa sacada de madeira: *xenodokeion*. Os lençóis brilhavam de brancura e descobri pela manhã que um ônibus descia para Olímpia. Deixamo-nos transportar através dos campos cobertos de grades de vime em que secavam uvas pretas.

Passamos três dias perambulando pelos terraços de Olímpia em meio a enormes blocos de colunas; essas calmas ruínas impressionaram-nos menos que Delos e Delfos. À noite, dormíamos ao lado do pequeno monte Crônion, ao abrigo dos pinheiros; queimávamos à cabeceira rodilhas odoríferas esverdeadas para afugentar os mosquitos; enfiávamos nossos pijamas, enrolávamo-nos em nossas cobertas; no silêncio ouviam-se, de repente, palavrões; Sartre rolara sobre pinhas até embaixo da rampa. Subia ferindo os pés. Pouco depois eu ouvia passos, percebia a luz de uma tocha: o "grande simpático" e seu bando dormiam a poucos metros acima de nós; nós os tínhamos visto na aldeia, bebendo num caramanchão de um jardim particular, sempre alegres.

As tardes eram escaldantes e só se podia andar no princípio e no fim do dia. Partimos para Andritsena às cinco horas da tarde; cruzamos, por entre os juncos, com dois jovens ingleses que regressavam; tinham um guia, e um asno transportava-lhes a bagagem; era, pensávamos, muita complicação. Dormimos embaixo de uma árvore e partimos de madrugada. De acordo com nossos cálculos devíamos chegar por volta das dez horas, antes do grande calor, ao hotel do M. Kristopoulos que Gégé elogiara. O *Guide Bleu* não passava a ideia de que a travessia do Alfeu fosse difícil. Na verdade, esse rio era uma hidra de inumeráveis braços e a gente afundava até o umbigo. Foi preciso mais de duas horas para atravessá-lo; ademais, eu havia subestimado a duração do trajeto: encontramo-nos à uma hora da tarde, a mais de 40°C, ao pé de uma colina pedregosa. Nenhuma sombra para uma parada; Sartre enfiara espinhos nos pés e uma brasa ardia em nossas gargantas. Durante um momento, abatidos entre as pedras, conhecemos o desespero. Erguemo-nos depois, e subimos. Avistei uma casa, corri para pedir água, bebi desesperadamente. Quando voltei para Sartre, vi-o congestionado sob o chapéu de palha, fazendo um molinete com a bengala para defender-se contra um cão muito agressivo. Ele bebeu e recobrou a coragem. Uma hora depois chegávamos a uma estrada e a uma aldeia; descansamos na sombra de uma taverna e pedimos pelo telefone ao M. Kristopoulos que nos viesse buscar de automóvel; enquanto o esperávamos, almoçamos ovos duros; não havia outra coisa, nem mesmo pão. O hotel de Andritsena e sua cozinha pareceram-nos um luxo requintado.

Subimos em lombo de burro ao templo de Bassal; alcançamos Esparta de ônibus, onde não há o que ver, e Mistra, onde dormimos no chão em um palácio desmantelado. Quando abrimos os olhos, cinco ou seis rostos, enquadrados em xales pretos, debruçavam-se sobre nós perplexos. Visitamos todas as igrejas, olhamos todos os afrescos; impressionados e encantados com essa maciça revelação da arte bizantina. No ossuário, Sartre roubou um crânio, que levamos conosco. Sentados no frescor do palácio do Déspota tivemos uma das duas ou três memoráveis discussões de nossa vida. Eu projetara subir ao Taigeto: ascensão, nove horas e meia, descida, cinco horas e meia, abrigo, nascentes. Sartre disse categoricamente que não, que tinha amor à sua pele. E penso que, de fato, teríamos podido possivelmente morrer de insolação naqueles desertos de pedra em que a gente se perdia tão facilmente. Mas podíamos perder o milagre de ver nascer o sol de cima do Taigeto? Perdemo-lo.

Micenas. Nos túmulos, em frente à porta dos Lions, conhecemos, como na Acrópole, esse "arrepio de penacho" de que tão bem fala Breton e que nasce do encontro com a beleza absoluta; e a mais admirável das paisagens terrestres talvez fosse a que descobria Clitemnestra quando, apoiada às balaustradas do palácio, espiava no mar longínquo o regresso de Agamêmnon. Ficamos dois dias no hotel da Bela Helena e do rei Menelau, cujo nome nos seduzia.

Atingimos o mar em Náuplia; em cima da baía, numa colina coberta de figueiras-da-barbária, cujos frutos podres exalavam um odor enjoado e azedo, havia uma cadeia. Um guarda ia e vinha entre os cactos e o arame farpado enferrujado. Com um gesto altivo mostrou-nos uma janela de grades e disse em francês: "Lá dentro, todos os comunistas da Grécia." Então lembramo-nos de Metaxas. Tínhamo-lo esquecido e adormecemos, quando despertamos ao pé dos degraus do teatro de Epidauro, com o céu circular como teto. É uma das recordações em que detesto pensar que morrerão comigo.

Depois houve Corinto, que nos aborreceu; e novamente Atenas; Egina, seu pequeno porto bem-ladrilhado, seu templo graciosamente erguido no meio dos pinheiros que de tão longe cheiram. E partimos para a Macedônia. Era fim de agosto e não tínhamos mais dinheiro. Bost devia receber nossos ordenados e mandar-nos a importância por telegrama, para Salônica; mas, no dia em que embarcamos, sobrava-nos tão pouco dinheiro que, para nos alimentarmos durante vinte e quatro horas, comprei somente pão, um pote de geleia e cebolas. Quando chegamos, a ordem de pagamento ainda não tinha chegado. A única solução era fazer uma pensão num hotel: pagaríamos nossas refeições juntamente com nosso quarto dentro de uma semana. A desgraça quis que nenhum hotel oferecesse refeições. Reclamamos com tanta insistência, no mais confortável, pensão completa, que o patrão espantado acabou por se entender com a melhor *brasserie* da cidade, no porto. Assim ficamos assegurados da comida e do descanso. Mas foi preciso medir avaramente nossos prazeres. Em um cinema ao ar livre assistimos sem entusiasmo a *Mayerling* e, com muita satisfação, a *Os 39 degraus*, de

Hitchcock, cujo nome ignorávamos. Mas quantos rodeios antes que Sartre comprasse um maço de cigarros, ou que eu comesse um desses bolinhos gordurosos e poeirentos a que chamam *kurabié* e que eu tanto apreciava! Íamos ao correio duas vezes por dia: invariavelmente nada. A situação tornava-se crítica: não tínhamos mais literalmente um níquel. Cruzamos com Jean Prévost numa rua: era um amigo de Pierre Bost e não nos teria por certo recusado um adiantamento, mas não ousamos abordá-lo. Não tínhamos projetado ficar tanto tempo assim em Salônica. A graça das basílicas, a frescura encantadora dos jardins e das cúpulas acabaram irritando-nos.

Logo que recebemos o dinheiro embarcamos. Eu queria ver os Meteoros: quatorze horas de trem ida e volta, a partir de Volos. Sartre, a quem as curiosidades naturais deixavam distante, insurgiu-se. Dizia tantas vezes sim para me agradar que minha esquizofrenia cedia necessariamente ante sua recusa, mas não sem resistência; sozinha em minha cabina verti algumas lágrimas de raiva. O navio vagava entre grandes esponjas e pedras-pomes, eu olhava as costas da Eubeia; dizia a mim mesma que ali maravilhas me aguardavam e que não compareceria ao encontro marcado.

Em Atenas nos divertimos num restaurante francês antes de instalar nosso campo no *Théophile-Gautier*. Esse grande navio não tinha as facilidades do *Cairo City*. Nele também, uma segregação espontânea separava os emigrantes dos turistas. Estes eram mais numerosos, os emigrantes, mais miseráveis e sujos. Eu só tinha adquirido magras provisões; os cozinheiros não tinham o direito de vender o que quer que fosse, mas davam-nos à vontade frutas e doces; tínhamos fome assim mesmo e fazia frio em meados de setembro. O mar agitava-se e eu sentia dos pés à cabeça a tristeza do regresso.

Dois dias em Marseille com Sartre revigoraram-me. Ele voltou para Paris; fui dar com Olga uma rápida volta pela Alsácia. Em Strasbourg, ela mostrou-me os lugares de sua infância, e uma noite, num cabaré, vimos com estupor os alsacianos dançarem o tango. Vimos Bar, Obernai, uma série de aldeias coloridas como Silly Symphonies; gostávamos principalmente das fortalezas de granito rosado solitariamente empoleiradas em cima dos pinheiros. Olga caminhava com muita disposição nas colinas suaves através da espessura dos bosques. Estávamos pobres e alimentávamo-nos principalmente com tortas de cebolas e com grandes ameixas; à tarde, eu tomava vinho branco e dormíamos em chalés, em casas de guardas-florestais, nos albergues da juventude. O frio estragou assim mesmo um pouco nossos passeios e não nos aborreceu regressar a Paris.

Lionel de Roulet trocara o Havre por Paris, mas havia um ano caíra doente. Uma tuberculose renal interrompera seus estudos. Passara meses na clínica de Saint-Cloud, onde eu me tratara de minha congestão pulmonar. Depois retornara ao pequeno apartamento que alugara na rua Broca. Suportara penosos tratamentos e uma operação muito dolorosa. Por momentos, o mal parecia dominado; de vez em quando reaparecia. Suportava com estoicismo essa insegurança e sofrimentos atrozes. Começara um ensaio em que estudava as reações à doença. Sua experiência corroborava as ideias de Sartre: no momento mais agudo de suas torturas, descobria uma espécie de vazio que o impedia de cercá-las, de apreendê-las. Entregava-se com paixão a tudo o que fazia e esse trabalho ajudava-o a suportar seu estado. Mas em meados do mês de junho, teve uma recaída; viu-se atacado de tuberculose óssea e os médicos mandaram-no para Berck. Antes de reiniciarmos nossos cursos, fomos em fins de setembro passar dois dias com ele. Apesar de tudo o que lera sobre Berck, o lugar pareceu-me mais sinistro ainda do que imaginara. O vento era violento, brutal, gelado, o céu e o mar tinham cores betuminosas. A clínica era insólita; sem móveis, ou quase, nos quartos; nem mesa na sala de jantar onde, a horas certas, as enfermeiras alinhavam os carrinhos. Entretanto, Lionel não parecia abatido. Interessava-se por tudo que o cercava, divertia-se com quase tudo e devia a essa curiosidade uma espécie de displicência. Descreveu-nos os costumes desse mundo estranho; contou-nos uma porção de anedotas, sobretudo a respeito do amor dos doentes entre si ou com suas enfermeiras. Esses relatos, de um realismo violento, e toda a atmosfera de Berck inspiraram a Sartre um episódio de *Sursis* que as belas almas lhe censuraram particularmente.

★ ★ ★

A província tinha acabado para nós; eis que afinal vivíamos ambos em Paris: não haveria mais viagens de trens nem esperas nas estações. Instalamo-nos em um hotel muito mais agradável do que o Royal Bretagne e que Sartre descobrira durante minha convalescença na Provence. Situava-se entre a avenida do Maine e o cemitério de Montparnasse; eu tinha um sofá, umas prateleiras e uma escrivaninha muito cômoda para trabalhar. Adquiri novos hábitos: pela manhã tomava um café e comia uns pãezinhos no balcão de uma *brasserie* barulhenta com decorações vermelhas, Les Trois-Mousquetaires. Trabalhava muito em casa. Sartre morava no andar de cima. Tínhamos assim todas as vantagens e nenhum inconveniente de uma vida em comum.

O que iria escrever, agora que terminara minhas novelas? De há muito, tinha certos temas na cabeça, mas não sabia como os tratar. Uma tarde, pouco depois do reinício das aulas, estava sentada com Sartre no fundo do Dôme; falamos de meu trabalho e ele criticou minha timidez. Em meu último livro eu abordara questões que me preocupavam, mas através de personagens por quem tinha antipatia ou uma simpatia mitigada; era pena, por exemplo, ter apresentado Anne através de Chantal. "Enfim! Por que você não se coloca em pessoa no que escreve?", disse-me com certa veemência. "Você é mais interessante do que todas essas Renée, Lisa..." O sangue subiu-me ao rosto; fazia calor; como de costume, havia muita gente e muito barulho e tive a impressão de haver recebido uma pancada violenta na cabeça. "Não ousarei nunca!", disse. Jogar-me cruamente num livro, não conservar certa distância, comprometer-me, a ideia assustava-me. "Ouse", disse Sartre. E insistia: eu tinha minhas maneiras de sentir, de reagir, e era o que devia exprimir. Como sempre acontecia quando se entregava a um projeto, suas palavras faziam surgir muitas possibilidades, esperanças, mas eu tinha medo. De quê, ao certo? Parecia que no dia em que a alimentasse com minha própria substância, a literatura seria coisa tão grave quanto a felicidade e a morte.

Refleti, nos dias seguintes, sobre o conselho de Sartre. Ele encorajava-me a apegar-me seriamente a um assunto em que pensava de vez em quando havia pelo menos três anos: já me referi a isso, mas preciso voltar ao assunto. Como a morte, de que se fala sem nunca a ver de frente, a consciência de outra pessoa permanecia para mim um "dizem que"; quando me ocorria realizar-lhe a existência, sentia-me às voltas com um escândalo da mesma ordem que a morte, igualmente inaceitável; este podia, de resto, compensar absurdamente aquele: tiro a vida ao Outro, e ele perde qualquer poder sobre o mundo e sobre mim.[67] Ficara muito impressionada com uma história acontecida em 1934. Um rapaz assassinara um motorista de táxi: "Não tinha dinheiro para pagar", explicara. Preferira o crime à vergonha. Eu o compreendia até certo ponto. Sonhava com esse caso de polícia porque correspondia em mim a todo um conjunto de preocupações. Não me resignava à morte e, se imaginava uma morte violenta, sentia-me sufocar. Em um segundo, minha consciência podia estourar como uma dessas vagens secas e cheias de vento que, em criança, eu arrebentava com o salto do sapato; em um segundo poderia estourar a consciência de outro: sob seu aspecto metafísico, o ato de matar fascinava-me. Por outro lado, por razões éticas, o crime era um de meus fantasmas familiares. Via-me no banco dos réus, em frente ao promotor, ao juiz, aos jurados, à multidão, suportando o peso de um ato em que me reconhecia: suportando-o sozinha. Desde que encontrara Sartre descarregava nele o cuidado de justificar minha vida; achava essa atitude imoral, mas não encarava nenhum meio prático de mudar: o único recurso fora cometer um ato cujas consequências ninguém pudesse assumir em meu lugar, mas era preciso que a sociedade se apossasse dele, sem o que Sartre as partilharia comigo. Somente um crime qualificado poderia devolver-me a minha solidão. Divertia-me amiúde em entrelaçar mais ou menos estreitamente esses temas. Uma consciência desvendava-se a mim em sua irredutível presença; por ciúme, por inveja, eu cometia uma falta que me punha à sua mercê; encontrava minha salvação aniquilando-a. Por causa do prestígio remoto que tinha a meus olhos, pensei em erguer diante de mim uma protagonista inspirada em Simone Weil: quando falei disso a Sartre, ele argumentou que uma mulher que se prestava à comunicação através do mundo e da razão universal não podia apresentar-se como uma consciência fechada

---

[67] Eu ignorava a frase de Hegel: "Toda consciência visa à morte do outro." Só a li em 1940.

sobre si. Olga, separada de mim por sua mocidade, seus silêncios, seus impulsos temperamentais em que a inábil tentativa do trio a lançara, conviria muito melhor. Convenci-me de imediato. Mas o esquema de *A convidada* formara-se antes que ela fosse alguém para mim.

Não tive a ousadia de entrar de imediato no âmago do assunto e pôr francamente em discussão a mulher de trinta anos que eu era. Usei de um expediente que também se explica pela minha carência de técnica. Queria que minha heroína, segundo uma observação de D.H. Lawrence que me impressionara, "tivesse raízes". Admirava a maneira com que Faulkner, em *Luz de agosto*, transtorna o tempo; mas seu procedimento convinha a uma história escrita sob o signo da fatalidade, ao passo que eu lidava com liberdades imprevisíveis; por outro lado, eu o sabia, torna-se uma narrativa pesada quando se lhe interrompe o desenrolar com referências ao passado. Resolvi pois contar diretamente a infância e a mocidade da personagem em quem me encarnei e a quem dei o nome de minha mãe, Françoise. Não lhe atribuí minhas verdadeiras recordações, descrevia-a a distância em um estilo calcado, mais uma vez, em John Dos Passos. Retomei um tema que já explorara a propósito de Chantal em *Quando o espiritual domina*: tentei indicar a que ardis se entregam facilmente as jovens por desejo de se mostrar importantes. Dotei Françoise de uma amiga a quem chamei Elisabeth, embora não tivesse nenhuma afinidade com Zaza. Atribuí a Elisabeth o físico de uma de minhas alunas do terceiro ano que, com quinze anos, tinha um ar de *vamp*, com seus imensos cabelos de um louro veneziano, seus vestidos pretos e colantes. Enfrentava a vida com uma segurança provocante que subjugava sua colega de liceu, Françoise: novamente eu mostrava outra pessoa como miragem; na realidade, Elisabeth era um reflexo servil de seu irmão Pierre, que Françoise, no início, mal entrevia. Pintei bastante longamente as relações incertas de Françoise com um jovem professor de história da arte que se assemelhava a Herbaud. Finalmente, ela conhecia Pierre Labrousse e confundiam suas vidas. Elisabeth, que sentia pelo irmão um amor violento, mas recalcado, ficava com ciúme de Françoise e por sua vez fascinava-se por ela. Trabalhei durante um ano nessa primeira parte.

Sartre, entrementes, escrevia um tratado de psicologia fenomenológica que intitulou *La Psyché* e do qual só publicaria um trecho com o título de *Esquisse d'une théorie phénoménologique des émotions*. Desenvolvia a teoria do objeto psíquico, esboçada em *Essai sur la transcendance de l'Ego*. Mas, a seus olhos, isso não passava de um exercício e ele o interrompeu ao fim de quatrocentas páginas, para terminar sua coletânea de novelas.

Olga reconciliara-se com os pais e passara as férias em Beuzeville. Tinham eles o espírito bastante arejado para admitir que ela tentasse a sorte em Paris em vez de vegetar numa aldeia. No mês de junho, eu lhe sugerira que experimentasse o teatro. Camille, que a chamava sempre "minha afilhada", animou-a. Ela entrou em outubro para a escola do Atelier e apresentou a Dullin o monólogo de *L'Occasion*, de Mérimée, que eu ajudara a preparar. Embora tivesse se debulhado em lágrimas no fim da prova, ele felicitou-a e durante algumas semanas ela frequentou as aulas com grande prazer. Ele deu-lhe novo papel para estudar e ela o aprendeu de cor. No entanto, não conhecia ninguém na escola, ficava no seu canto sem falar com nenhum colega e não ousou pedir a alguém para lhe dar a réplica. "Não tinha quem me desse a réplica", confessou, com um ar lamentável a Dullin quando ele a chamou para a primeira audição. Ele ergueu os braços e os olhos e designou um parceiro. Disse-lhes que trabalhassem juntos nos dias seguintes e apresentassem a cena dentro de uma semana. Olga, aterrorizada, não pôs mais os pés no Atelier durante meses. Estava chateada, porque as lições de Dullin encantavam-na. Não me confessou a derrota; o silêncio pesava-lhe, fazia a si mesma uma porção de censuras que não lhe facilitavam a vida. Lionel, exilado em Berck, cedera-lhe provisoriamente o apartamento; lá ela meio que se sequestrava, fumando sem parar e entregando-se a devaneios melancólicos, em meio a uma imensa desordem. Seu mau humor acentuava-se em suas relações comigo. Foi o período mais morno de nossa amizade.

E foi também um dos períodos mais mornos de minha vida. Eu não queria admitir que a guerra fosse iminente, nem mesmo possível. Porém, por mais que bancasse o avestruz, as ameaças que se ampliavam ao meu redor esmagavam-me.

Na França, a Frente Popular agonizou durante alguns meses: desmantelou-se quando os socialistas saíram do ministério Chautemps.

Enquanto a esquerda desmoronava, as ameaças fascistas aumentavam. Em consequência dos atentados da rua Presbourg,[68] um inquérito revelou a amplitude da organização clandestina que a *Action Française* batizou *Cagoule*. Ela era responsável por vários assassinatos cujos autores não tinham sido identificados: o do engenheiro Navachine, cujo cadáver fora encontrado no Bois de Boulogne, o de Laetitia Toureaux, morta num vagão de metrô perto da Porte Dorée e o dos irmãos Rosselli, fundadores do movimento antifascista Justiça e Liberdade. Em fins de janeiro, quarenta membros da Cagoule estavam na cadeia. O desaparecimento do general Miller indicou a existência de uma conspiração fascista reunindo, através da Europa e da América, numerosos russos brancos. Em si, esses movimentos não constituíam um perigo muito sério, mas demonstravam a existência de uma internacional fascista preparando-se de uma extremidade a outra do mundo inteiro. Essa internacional operava, além do mais, abertamente. No Extremo Oriente, o Eixo acabava de provocar uma nova guerra: em consequência do incidente da ponte de Marco Polo, os japoneses tinham ocupado Pequim e resolvido submeter a China inteira. Comunistas e nacionalistas unidos, os chineses resistiram, mas com que sacrifícios! Nanquim foi pulverizada, Chapei — imenso bairro popular ao norte de Xangai —, incendiado. Os jornais publicavam imagens horríveis: montes de mulheres e crianças assassinadas pelas bombas japonesas.

Às nossas portas, Mussolini e Hitler estavam acabando com a Espanha. Em 26 de agosto, as tropas italianas tinham entrado em Santander; em fins de outubro, Gijon caiu; desde então os fascistas eram senhores do carvão das Astúrias, do ferro da Biscaia; ocupavam todo o norte do país, e todas as tentativas feitas para desalojá-los haviam fracassado. O governo transportou-se em outubro para Barcelona, que terríveis ataques devastaram. Valência, Madri, Lerida eram bombardeadas; cadáveres de mulheres e crianças amontoavam-se nas calçadas. Em um grande encontro realizado em Paris, a Passionária prometeu mais uma vez: "*No pasarán*" e os republicanos alcançaram uma vitória em Teruel: cercaram

---

[68] Bombas tinham derrubado dois prédios pertencentes à "Confederação Geral do Patronato Francês". Dois guardas tinham morrido. Era um ato de provocação.

a cidade e ocuparam-na. Mas tiveram que evacuá-la. E Franco ameaçava a Catalunha. Se a França e a Inglaterra se obstinassem em seu neutralismo, a Espanha estava perdida: e elas obstinavam-se. A República não recebia um só canhão, um só avião, ao passo que a Itália e a Alemanha enviavam um material cada vez mais poderoso a Franco. No mês de março, os fascistas forçaram a frente leste; seus aviões pulverizaram todas as cidades da costa catalã; bombas de ar líquido aniquilaram os bairros baixos de Barcelona e devastaram o centro; em dois dias houve mais de mil e trezentos mortos e quatro mil feridos. Ao desfiladeiro de Perthus, afluíam imensos e miseráveis rebanhos de refugiados. A Resistência organizava-se em Barcelona, mas a produção estava reduzida praticamente a zero pelos bombardeios, e a Catalunha, cortada do Levante e do Centro, achava-se numa situação quase desesperada. Fernando veio ainda uma vez em licença; mudara bastante, não sorria mais. "Franceses imundos!", dizia. Parecia envolver Sartre e a mim em seu rancor. Isso me parecia injusto, pois desejávamos de todo o coração que a França socorresse seu país, mas seu ódio não atentava para esses matizes.

O drama espanhol afligia-nos profundamente; os acontecimentos da Alemanha assustavam-nos. Em setembro, em Nuremberg, diante de trezentos mil nazistas e um milhão de visitantes, Hitler pronunciara o mais agressivo de seus discursos. Uma viagem de Mussolini a Munique e a Berlim selara a aliança dos ditadores. O malogro de um golpe de Estado militar colocara a Reichswehr sob as ordens diretas de Hitler; Himmler tornara-se ministro do Interior, a Gestapo triunfava. Em Viena, o poder caíra nas mãos de Seyss-Inquart, hitlerista. Depois de um novo discurso retumbante, Hitler mandara suas tropas invadirem a Áustria: o Anschluss realizava-se. O terror reinava em Viena enquanto na Tchecoslováquia os alemães dos Sudetos começavam a reclamar autoritariamente sua autonomia. Sartre não se iludia mais: as probabilidades de paz faziam-se dia a dia mais tênues. Bost estava absolutamente convencido de que logo partiria para a guerra e parecia-lhe verossímil que nela deixasse a pele.

Eu tentava ainda me enganar, não encarava a situação. Mas o futuro vacilava sob os meus pés e eu experimentava um mal-estar que participava da angústia. Foi sem dúvida por que só conservei deste ano uma recordação confusa. Em minha história particular quase nada encontro de importante. Poupava-me mais do que no ano anterior; não ficava acordada até tão tarde, saía menos vezes. Em outubro ou novembro, assisti com Olga e Sartre ao festival que Marianne Oswald deu na sala Gaveau depois de um suicídio falhado. Vestida de preto, agressivamente ruiva, dizia "Anna la bonne" de Cocteau num tom de cólera surda em que parecia arder a revolta das irmãs Papin. Cantou muitas canções de Prévert, entre outras a que lhe inspirara a evasão malograda dos pequenos internados de Belle-Île:

Bandidos, moleques, ladrões, patifes!
É a malta da gente de bem
Que anda caçando criança.[69]

Havia no anarquismo de Prévert uma virulência que me satisfazia. Eu gostava da voz áspera e quente de Marianne Oswald, de seu rosto atormentado, e do desacordo sutil entre seus gestos, suas mímicas e o texto de suas canções.

Foi também na sala Gaveau que pela primeira vez ouvi, com Sartre, a série integral dos quartetos de Beethoven. Vimos Camille, que, durante os trechos que achava tediosos, rabiscava pedaços de papel; anotava ideias para seu romance, disse-nos; essa acumulação deixou-me perplexa.

Nas férias de Natal, fomos a Megève; hospedamo-nos numa pequena pensão. Minha irmã e Gégé encontravam-se em casa de amigos num chalé vizinho, e Bost juntou-se a nós. Resolvemos tomar lições; eu não era nem ágil nem corajosa, mas assim mesmo progredia dia a dia. Passamos bons momentos nos declives do monte Arbois e de Rochebrune. À noite, líamos o *Diário* de Samuel Pepys, o *Journal to Stella*, de Swift, que acabavam de ser traduzidos. Foi então, ou pouco antes de nosso regresso a Paris, que lemos *L'Espoir*, de Malraux, com uma paixão que se situava muito além da literatura. Como em seus outros romances, seus heróis careciam de carne, mas era sem grande importância porque os acontecimentos contavam bem mais do que os

---

[69] *Bandits, voyous, voleurs, chenapans!*
C'est la meute des honnêtes gens
Qui fait la chasse à l'enfant. (N.T.)

personagens, e Malraux os descrevia muito bem. Sentíamo-lo perto de nós por causa de sua predileção pelo Apocalipse, pela maneira por que sentia a contradição entre o entusiasmo e a disciplina. Ele abordava temas novos em literatura: as relações entre a moral individualista e a prática política; a possibilidade de conservar valores humanísticos mesmo em plena guerra, pois os combatentes do exército popular eram civis, homens, antes de serem soldados, e não o esqueciam. Interessávamo-nos por seus conflitos, sem pressentir a que ponto pareceriam, dentro em pouco, obsoletos, a guerra total devendo abolir radicalmente todas as relações inter-humanas com que se preocupava Malraux e às quais dávamos tão grande valor.

Ao lado dos bombardeios de Madri, das batalhas ganhas e perdidas, todas as coisas que antes haviam alimentado minha curiosidade me pareciam descoloridas. Mal lia as notícias nos jornais. Fiquei indiferente ao processo de Weidmann ao qual, num intuito evidente de diversão, os jornais dedicavam páginas inteiras. Divertia-me menos do que nos anos anteriores a olhar as pessoas com que cruzava.

Em janeiro, acompanhamos no Atelier os ensaios de *Plutus*, que Camille adaptara muito livremente de Aristófanes; compusera, com cenários de Coutaud e música de Darius Milhaud, uma espécie de revista que, em conjunto, não significava grande coisa, mas que comportava muitas cenas divertidas. Dullin brilhava. Com sua beleza e sua graça, Marie-Hélène Dasté arrancava do pieguismo o papel de Pauvreté. O que dava ao espetáculo um sabor particular era o fato de Marco dele participar; queria exercitar-se a cantar no palco e pensava que a proteção de Dullin lhe poderia ser útil. De pernas nuas, túnica curta, sandálias, conduzia o coro dos camponeses. Mas era-lhe difícil dirigi-lo porque, como lhe havia dito cruelmente o diretor do Opéra, não tinha o menor sentido do compasso. Cantava ao lado da música e quando se deslocava no palco seu passo não se dobrava ao ritmo. Entretanto, na pequena sala do Atelier, sua voz produzia grande efeito.

Só vi com Sartre uma outra peça nesse ano: *Le corsaire*, de Marcel Achard, montada por Jouvet. A peça era bastante fraca e o procedimento que consistia em representar certas cenas com um duplo recuo — como em *Hamlet* na representação dada diante da Corte pelos comediantes

— nada tinha de original; mas nós achávamos sempre certo encanto nessa irrupção do imaginativo no seio de um mundo imaginário.

Em compensação íamos muito ao cinema. Com exceção de Prévert e Vigo — abrimos uma exceção para *La kermesse héroïque* — o cinema francês aborrecia-nos: os cenários eram chatos, as fotografias não tinham cor, os atores falavam de maneira forçada. Ademais, como não apreciávamos os filmes de guerra, chegáramos até a hostilizar *A grande ilusão*, de Renoir. Em compensação, comprazíamo-nos imensamente com as comédias norte-americanas: *A única solução*, *New York-Miami*, *My man Godfrey*, *O galante Mr. Deeds*, *A oitava mulher de Barba Azul* etc. As histórias que contavam não tinham muito sentido, mas eram admiravelmente construídas: nenhum incidente que não tivesse — de acordo com o preceito de Valéry — uma multiplicidade de relações com o conjunto; apreciávamos essa construção como a de uma sonata clássica. Por outro lado, seu realismo nos era mascarado pelo seu exotismo; uma rua, uma escada, uma campainha e o mais íntimo pormenor do cenário tiravam-nos de nosso meio. O antagonismo que opunha geralmente os namorados parecia-nos uma invenção picante: ignorávamos que correspondia à realidade norte-americana da luta dos sexos. Em uma dessas comédias, o herói, carregando nos braços uma heroína insuportável através dos campos inundados, deixava-a cair numa poça de água: tomamos por uma ousadia esse episódio, que traduzia a hostilidade latente do macho americano em relação à mulher. E assim tudo. Atravessando o oceano, o verdadeiro e o falso embrulhavam-se, e dessa confusão nasciam, para nós, agradáveis fantasias. Em muitos filmes, de resto, havia achados reais. Nesse ano, Hollywood enviou-nos um de seus êxitos mais notáveis e para nós inteiramente inesperado: *Verdes campos*, inspirado na peça de Connely — a Bíblia contada e representada por negros. O Bom Deus barbudo e preto fumava enormes charutos, cercado de anjos negros que cantavam *negro spirituals*; anjos-arrumadeiras, com asas protegidas por capas escocesas, limpavam a residência divina a vassouradas. Os filhos de Caim trocavam tiros de revólver. No céu, pescava-se de vara e comiam-se fritadas. Achávamos que essa história tinha o frescor dos paraísos perdidos sem jamais cair na falsa ingenuidade.

Desde 1933 vínhamos assistindo ao aparecimento nas telas das Silly Symphonies em cores e Sartre imitava o Pato Donald. Eu tinha encontrado novamente, com júbilo, um dos contos prediletos de minha infância: *Os três porquinhos*, e durante anos cantarolamos como todo mundo: "Quem tem medo do lobo mau?"

O acontecimento mais marcante desse inverno foi a exposição surrealista aberta a 17 de janeiro de 1938, na galeria de Belas Artes, no subúrbio em Saint-Honoré. À entrada, num táxi inventado por Dalí, um manequim louro molhado de chuva extasiava-se em meio às alfaces e às endívias cobertas de caracóis; outros manequins vestidos e despidos por Man Ray, Max Ernest, Dominguez, Maurice Henry povoavam a *rua surrealista*; tínhamos predileção pelo de Masson, com a cara encerrada numa gaiola e amordaçado por um pensamento. A sala principal, mobiliada por Marcel Duchamp, era uma gruta que continha um charco e quatro camas colocadas ao lado de um braseiro: o teto era constituído de sacos de carvão. Objetos emergiam de uma obscuridade cuidadosamente dosada num odor de café do Brasil: um abrigo de peles, uma mesa-banquinho sustentada por pernas de mulher; portas, paredes, vasos e, por toda parte, mãos surgindo. Não creio que o surrealismo tenha exercido uma influência direta sobre nós, mas impregnara o ar que respirávamos. Os surrealistas, por exemplo, é que tinham posto em voga o mercado de pulgas e objetos usados onde eu passava muitas vezes minhas tardes de domingo com Sartre e Olga.

Os divertimentos não nos faltavam portanto. Mas nossas amizades haviam empobrecido. Marco não nos dissimulava sua hostilidade, eu o vi pouco e sem prazer. Pagniez eclipsara-se de nossa vida; irritara-se com o extremismo político de Sartre, com nosso apego a Olga, e duvidava, sem razão, que tivéssemos amizade por sua prima; não tínhamos rompido, mas não nos encontrávamos mais. Uma tarde encontrei Thérèse no Dôme com uma aliança. Acabava de casar com um colega, disse-me. Esperava Pagniez, eu esperava Sartre: passamos uma ou duas horas os quatro juntos. Perguntávamo-nos, Sartre e eu, por que Thérèse e Pagniez haviam renunciado um ao outro; eles não se explicaram e nosso embaraço comum aumentava a cada minuto. Dias depois, Mme Lemaire informou-me que haviam casado e Marco servira de testemunha.

Pouco mais tarde, reatamos nossas relações mas nunca compreendemos as razões que os tinham levado a representar-nos aquela melancólica comédia. Por outro lado, minhas relações com Olga não eram brilhantes. E minha irmã vivia angustiada por causa da saúde de Lionel; todas as vezes, ou quase, que a via, ela tinha crises de lágrimas. Certamente, essas lacunas e essas sombras contribuíam para meu abatimento. Suponho que um êxito literário me teria animado, mas não confiava nele. Sartre disse-me uma tarde que iria passar por Gallimard e pediria notícias de meu manuscrito. Esperei-o no Dôme, trabalhando sem grande impaciência. O livro fora recusado. Brice Parain achava-o mal-construído no conjunto e sem brilho nos pormenores. "Tentaremos outro editor", disse-me Sartre, que recomendou o manuscrito a Grasset. Eu me desiludi a custo no momento, mas talvez o fracasso tenha contribuído para me afundar no marasmo. O que estava escrevendo não era de muita ajuda: a narrativa da infância e da adolescência de Françoise nem sequer me convencia. Ademais, minha saúde continuava frágil. Nas vésperas das férias de Páscoa adoeci novamente: não era grave mas tive que ficar de cama alguns dias.

Logo que me levantei, deixamos Paris. Tínhamos planejado ir para a Argélia, mas não dava mais tempo. Tomamos o trem para Bayonne e demos uma volta pelas províncias bascas. A primavera desabrochava e eu também desabrochei. Em Ixtassou nosso quarto tinha como anexo uma árvore a que se tinha acesso por uma passarela; haviam construído entre as folhagens uma plataforma onde Sartre se instalava para trabalhar enquanto eu percorria as colinas dos arredores. Eu caminhava entre as samambaias, enchendo os olhos de sol e do rosado das ameixas. De regresso, paramos em Saintes e em La Rochelle, onde Sartre passara a infância. Ao redor do porto fortificado, nas ruas de arcadas, discutíamos a sorte de *A infância de um chefe*, que ele estava escrevendo. Ele se perguntava se a narrativa não poderia parar no ponto em que termina de fato, quando Lucien emerge da adolescência; eu achava que convinha continuá-la, senão o leitor não ficaria satisfeito. Penso agora que estava errada.

O ar livre, as caminhadas, a agitação das viagens faziam-me tão grande bem que, por ocasião de Pentecostes, parti de novo, dessa vez sozinha, com mochila nas costas, para passear em Auvergne. Lembro-me, em particular, de uma tarde nos desfiladeiros tórridos das cercanias de Saint-Flour. Rememorei minha infância e veio-me à mente uma de minhas mais antigas recordações: a flor que tinham me acusado de ter colhido no jardim de tia Alice; disse a mim mesma que gostaria de ressuscitar um dia em um livro essa longínqua menina, mas duvidava que algum dia tivesse a oportunidade de fazê-lo.

Fiz com Sartre uma peregrinação a um passado mais recente: Rouen. Nada mudara e de quanta coisa nos lembrávamos! Entretanto, sentimo-nos frustrados; no lugar da estufa quente em que havíamos vivido, encontrávamos um herbário, exato, inodoro. O futuro, agora realizado, destacara-se dos momentos de que fora a própria carne: nas ruas e em nossa memória subsistiam somente esqueletos.

E que futuro tinham esses dias que estávamos vivendo? Revejo-me conversando com Sartre no café-catafalco perto da estação do Norte a que voltávamos de vez em quando. Falava-lhe alegremente do êxito de *A náusea*, que a crítica acolhera como uma espécie de acontecimento, e também das cartas que ele recebera a propósito de *Intimidade* e de *O quarto*, publicadas na *NRF* e em *Mesure*. "Seria talvez divertido tornarmo-nos escritores realmente conhecidos", disse-lhe; foi a primeira vez que a ideia de um êxito público me tocou de leve, me tentou. Conheceríamos outras pessoas, outras coisas, pensava vagamente; seria uma renovação. Até então só contara comigo para assegurar minha felicidade e só pedia ao amanhã que repetisse o hoje; subitamente desejava que alguma coisa me viesse de fora, algo diferente. Tudo aquilo que tínhamos vivido durante esses nove anos pedia o seu preço. Para consolar-me, fazia projetos menos incertos do que meus sonhos de glória. Muito em breve nossos ordenados seriam suficientes para que pudéssemos comprar um automóvel. Parecia-me extravagante que reservássemos o dinheiro para mobiliar um apartamento de preferência a comprar um carro: aprenderia a dirigir e que liberdade então em nossas viagens! Considerávamos também a ideia de tomar um dia o avião Paris-Londres. Encarávamos ainda — não nesse ano, mas em 1939 talvez —, apesar de nossa repugnância pelas viagens organizadas, a possibilidade de visitar a URSS com a *Inturist*. A América brilhava ao longe com mais brilho do que qualquer outro país, mas não esperávamos muito ter, um dia, os meios de pôr os pés naquela terra; por enquanto, em todo caso, estava fora de cogitação.

Grasset recusou meu manuscrito: eu esperava por isso. O leitor, Henry Müller, escrevia-me: "Há sem dúvida na sua evocação do destino das jovens do pós-guerra diversamente influenciadas pelas correntes intelectuais de seu tempo qualidades de inteligência, análise e observação. A descrição de certos meios dessa época pareceu-nos bastante exata. A principal crítica, entretanto, é a de que o romance carece de originalidade profunda. Em outros termos, o quadro de costumes que você fez, nos últimos vinte anos, já foi muitas vezes esboçado. Você se contentou com descrever-nos um universo em decomposição e nos abandonou no umbral de um mundo novo, sem nos indicar o brilho peculiar dele...

"Há em *Quando o espiritual domina* dons que nos autorizam a esperar que você escreverá um dia um livro bom"...

Fiquei surpresa. Não quisera esboçar um quadro de costumes; imaginava ter feito estudos psicológicos matizados. A crítica de "falta de originalidade" desconcertou-me; as heroínas que pintava, eu as conhecera em carne e osso, ninguém antes de mim falara nelas; cada uma delas era singular, única. Muito mais tarde, suscitei espanto análogo em principiantes que pensavam ter exprimido uma experiência "original" enquanto eu só encontrava vulgaridades em seus manuscritos. As verdades mais comuns podem, em compensação, na pena de um escritor, iluminar-se de uma luz inédita. Nisso consiste todo o problema da passagem da vida à literatura, é todo o problema da arte literária que se coloca. Em todo caso, se me tinham compreendido mal, era porque eu não soubera fazer-me entender, disse a mim mesma. Não desanimei. Estava certa de que, na próxima vez, ajustaria melhor. A aproximação das férias, projetos sedutores, ajudaram-me a enterrar sorrindo o *Quando o espiritual domina*.

Com Sartre retido em Paris, fui passear nos Alpes. Admiro minha saúde: depois de uma noite de trem, saí imediatamente por montes e vales e caminhei durante nove horas bem puxadas. O ritmo não diminuiu. De Chamonix a Tigne escalei todos os picos acessíveis a um andarilho solitário.

Em Tignes, recebi uma carta de Sartre. Terminara, no princípio de julho, *A infância de um chefe*, e pensava em um romance. Escrevia-me: "Encontrei subitamente o assunto de meu romance, suas proporções e o título. Tal qual você o desejava, o assunto é a liberdade." O título, que indicava em caracteres tipográficos, era *Lúcifer*. O primeiro volume iria se intitular *La Révolte* e o segundo, *Le serment*. Em epígrafe: "A desgraça está em que somos livres."

Devíamos embarcar em Marseille para o Marrocos; tínhamos passagens de terceira classe, mas um antigo camarada de Sartre, que pertencia à Companhia Paquet, reservara-nos lugares na segunda. Cuidei de não comprometer essa sorte e cheguei à estação de Saint-Charles antes da hora marcada. Ai de mim! O trem de Paris que, em princípio, assegurava a correspondência com o navio e que era esperado às dez horas estava muito atrasado. Ao meio-dia não chegara ainda, nem às duas horas: eu me moí de impaciência, e depois de desespero. Recebi Sartre às quatro horas tristíssima: "Vamos assim mesmo para o porto", disse-me. Quando nosso táxi parou no cais aprontavam-se para retirar a escada; precipitei-me, Sartre foi empunhado por marinheiros que o ergueram por cima do fosso que se abria entre o barco e a terra. Recordava nossas viagens no *Cairo City* e nas barcaças gregas: o conforto da travessia pareceu-me fabuloso. Descansava ao sol, numa espreguiçadeira cômoda, olhando os peixes voadores darem cambalhotas. Não, eu não envelhecera; parecia-me ter vinte anos e estar na mais bela idade de minha vida.

Em Casablanca, o bairro europeu aborreceu-me; procuramos as favelas, que não nos foi difícil encontrar; a vida era ali ainda mais horrível do que nos mais horríveis bairros de Atenas, e era uma obra francesa; nós as atravessamos apressadamente, tínhamos vergonha. Fiéis às tradições de que falei e que haviam forjado Gide, Larbaud, Moraud e numerosos discípulos, fomos ao Bous-bir. Na displicência da tarde, dir-se-ia — cindindo em dois bairros: o árabe e o judeu — uma dessas aldeias artificiais que se visitam em certas exposições e espantei-me com encontrar mercearias e cafés. Uma mulher árabe, coberta de tatuagens, de joias escandalosas e de um vestido comprido, levou-nos a um botequim e, a seguir, a seu quarto; tirou o vestido, fez tremer o ventre e fumou um cigarro com seu sexo.

De Rabat, lembro-me sobretudo do cacarejar das cegonhas empoleiradas em torres em ameias, cor de pão queimado, em meio aos loureiros-rosa. Chegamos à noite em Fez. Tínhamos resolvido hospedar-nos no palácio Djalnai; um fiacre conduziu-nos pela estrada deserta que costeava muralhas brancas; não se ouvia nenhum ruído a não ser o do passo medido do cavalo; o trajeto não tinha fim e a escuridão e o silêncio perturbaram-nos: em que antro iríamos parar? Depois de cinco ou seis quilômetros, o cocheiro deteve-se com um ar aborrecido diante de uma porta fechada; ele sabia evidentemente que o hotel não estava aberto, mas não se resignara a perder o lucro da corrida; voltamos para a cidade europeia, desiludidos, mas consolados pelo cintilar das estrelas. Estávamos separados da cidade típica por três tórridos quilômetros que percorríamos com despeito todas as manhãs; mas depois, que felicidade! Como gostamos de Fez, tão secreta com suas mulheres de véus, seus palácios fechados, seus *medersa* e suas mesquitas proibidas, tão abundantemente oferecida na exuberância de seus mostruários, de seus gritos e na gesticulação de seus mercadores. Mais secreta do que oferecida: ao crepúsculo, quando subíamos a rua central em que tremelicavam luzes, à direita e à esquerda policiais trancavam com correntes as vielas escuras; a porta dos *suks* e, em seguida, a grande porta da cidade fechavam-se atrás de nós. Uma tarde, perdidos no labirinto dos *suks*, seguimos um jovem que se oferecia para nos conduzir; logo tivemos a impressão de que nos despistava. "Não vão com ele!", gritou-nos um muçulmano mais idoso; bruscamente nosso guia saiu correndo. Teria esperado roubar-nos? Mesmo de dia, respirava-se mal nesse labirinto em que o ar se fazia espesso com as exalações de canela, de cravo, de couro recém-curtido e todos os perfumes da Arábia. Os gradeados abafavam o céu: tinha-se a impressão de circular em galerias subterrâneas. Pequenos asnos caracolavam ou ficavam imóveis parando o trânsito; por vezes um *caïd* passava, todo branco, num cavalo todo enfeitado, e as pessoas afastavam-se. Se imaginava um incêndio, um pânico desencadeando-se nesses túneis obstruídos, sentia um suor frio. Mas essa impalpável inquietação exaltava os odores, as cores, os gostos. Se a palavra "encantamento" teve algum dia sentido para mim, foi em Fez. Ficamos retidos em nosso hotel europeu feioso dois dias a mais do que teríamos desejado. Em um restaurante turístico mas agradável, e deserto naquela estação, engolimos escrupulosamente uma refeição típica; sentados no chão, comemos com os dedos a *pastilla*, o frango com limão, o *méchoui*, o cuscuz e chifres de gazela. Ao sairmos, felicitamo-nos por nos sentirmos tão leves: era por não termos bebido vinho, concluímos. Mas logo que chegamos ao quarto, Sartre teve uma crise de fígado que o deixou de cama dois dias.

Mequinez era mais discreta do que Fez, menos magnífica e menos opressiva. Deixamo-la em um ônibus nativo, para visitar as ruínas romanas de Volúbilis e Mylay Idriss. A cidade santa entediou-nos um pouco; suas únicas atrações eram as mesquitas, todas pomposamente proibidas a mais de cem metros ao redor por correntes e cartazes ilustrando a política de Lyautey. O que nos agradava é que — graças ao calor do mês de agosto — não houvesse na cidade um só europeu salvo nós. Sentados na esteira de um minúsculo café mouro — um buraco no muro —, experimentamos uma dessas sensações de desenraizamento que constituíam os momentos culminantes de nossas viagens; havia em torno de nós marroquinos miseráveis e, levando aos lábios nossos copos de chá com menta, pensávamos ambos nas bocas sifilizadas que neles se haviam pousado: mas não demos importância. O patrão estendeu a Sartre um cachimbo de canudo comprido e pito minúsculo cheio de uma poeira fina: o *kiff*. Ria, seus amigos riam com simpatia, enquanto Sartre aspirava a fumaça áspera sem sentir as vertigens que a assistência lhe prometera, mas jubilante assim mesmo. No regresso, fomos conduzidos por um motorista muito hábil, mas que não freava nunca; o ônibus repleto exclusivamente de nativos balançava tão violentamente que atrás de mim um dos passageiros vomitou volumosamente, respingando o vômito na minha blusa e no pulôver de Sartre.

Em Marrakech não quisemos isolar-nos, como em Fez, longe do centro. Todos os grandes hotéis também estavam fechados. Hospedamo-nos num hotel árabe, imundo, mas que dava para a praça Djelma el Fna; à noite, como morríamos de calor nos quartos, arrastávamos as camas para o jardim mirado que os cercava. Achei muito encanto nesse dormitório ao ar livre; menos nas latrinas, quase inutilizáveis. Passávamos as horas mais tórridas num café, do outro lado da praça. Havia um terraço onde jantávamos; não nos cansávamos da feira turbulenta em atividade dia e noite na esplanada. Viam-se homens muito diferentes dos do Norte: grandes, secos, nodosos, bronzeados como são João Batista e sem dúvida alimentados de gafanhotos; vinham do deserto. Olhavam, com olhos tão espantados quanto os nossos, os encantadores de serpentes, os engolidores de sabres; em pé, ou sentados nos calcanhares, em círculo, escutavam a voz lenta, sincopada, ritmada como uma música, dos contadores de histórias. À sombra das tendas assavam-se pedaços de carneiros; enormes guisados cozinhavam em marmitas. As pessoas vendiam, compravam, gritavam, admiravam, discutiam: que burburinho! À noite, serenado o calor, lampiões iluminavam fracamente os mostruários e melodias subiam aos céus. Eu já vira camelos no Norte, mas foi em Marrakech, sob as muralhas de terracota, em meio às palmeiras e às fontes, que conheci sua nobreza e sua graça. Não me cansava de vê-los ajoelharem-se, levantarem-se, caminharem com seu passo balanceado. Os *suks* eram mais largos, mais iluminados do que em Fez, mais rústicos também; sentia-se menos a opulência dos mercadores e mais o trabalho dos artesãos; a rua dos tintureiros fascinava-me. A cor não era lá uma qualidade das coisas, e sim uma substância; como a água que se faz neve, granizo, gelo, geada, vapor, tinha suas metamorfoses: o vermelho e o violeta corriam líquidos nas sarjetas; assumiam nas bacias a consistência de um creme; tinham a moleza, a doçura da lã, quando, sob a forma de meadas, eles secavam nas sebes. Entre todas essas matérias, devolvidas à sua inocência e moldadas por técnicas elementares — a lã, o cobre, o couro, a madeira —, parecia-me recomeçar os aprendizados fecundos de minha infância.

Munidos de informações, de mapas e de provisões, demos uma volta a pé pelo Atlas; um ônibus conduziu-nos a uma passagem e voltou para buscar-nos três dias depois; entrementes passeamos por atalhos desertos através da montanha suntuosamente vermelha; dormimos em abrigos, ao pé de aldeias berberes; compramos de camponeses de olhos azuis bolachas sem levedura que substituem o pão e as comemos com salsichão, debruçados à janela de nosso refúgio. Lembro-me sobretudo do primeiro, em frente a uma serra muito alta; Sartre indagava se a linha das cristas subia ou descia; a nossos olhos ela subia evidentemente, mas era possível vê-la também como um desmoronamento e procuramos fazê-lo durante muito tempo com seriedade.

Alcançamos de ônibus o Sul. Éramos os únicos passageiros europeus e o motorista, também europeu, fez-nos sentar a seu lado; recebíamos o enorme calor do motor, o cheiro de gasolina, e acreditei-me várias vezes a ponto de ter uma congestão; se estendia o braço para uma janela aberta, o ar vermelho queimava-me; rodava-se através de um forno. Essa região onde os habitantes nunca comiam o suficiente era cronicamente devastada pela seca e pela fome: estávamos num desses anos nefastos. Hordas desesperadas tinham tentado subir para o norte; as autoridades haviam barrado as estradas; davam-lhes um pouco de sopa e rechaçavam-nas. Morria gente como mosca e quem sobrevivia parecia agonizante. De quando em quando parávamos numa aldeia; no botequim-mercearia (sempre de um jovem judeu de quipá preto) engolíamos grandes copos de água; eu não gostava de ver a população andrajosa e cadavérica que cercava o ônibus; reclamava ansiosamente as mercadorias que tinha encomendado na cidade, em geral adubos. O motorista bancava o *caïd*: jogava os pacotes como esmolas e a distribuição parecia depender unicamente de sua benevolência e de seu arbítrio. Muitas vezes, ele passava sem parar diante dos grupos imóveis sob as palmeiras: mal diminuía a marcha enquanto o pequeno nativo que o ajudava jogava os sacos e os fardos de cima do ônibus.

Acontecia-nos rodar durante horas sobre um solo varrido pelas chamas do siroco e no qual nem uma folha de capim crescia. Ao redor da mina de fósforo onde paramos, a terra tinha cores venenosas e extraordinárias: verde, verde-cinzento, amarelo-limão, alaranjado, rosa doentio. Tomamos anisete e almoçamos na cantina com os engenheiros da mina. Todas as cidades pareceram-me lúgubres. Foi em Uarzazate que ficamos mais tempo. O calor era tão intolerável que não saíamos à tarde; depois do almoço tentávamos dormir apesar das nuvens de mosquitos minúsculos, esverdeados, quase invisíveis, que nos chupavam o sangue; depois, na sala de jantar do hotel, com janelas hermeticamente fechadas, bebíamos cassis com água. Ao crepúsculo, púnhamos o nariz fora de casa, caminhávamos ao longo de um uádi ressequido, entre palmeiras esqueléticas, comovidos com o silêncio que desposava a imensidão do céu. Tínhamos grande simpatia pelo dono do hotel; usava calças largas e cuspia os pulmões; descreveu-nos a epidemia de tifo que pouco antes assolara a região.⁷⁰ Diariamente, ao meio-dia, ele distribuía gratuitamente arroz cozido a crianças; a meninada vinha até de dez quilômetros dali e eu nunca vira tamanha miséria; quase nenhuma tinha os olhos saudáveis; sofriam de tracoma ou os cílios cresciam no interior da córnea e perfuravam-lhe; eram cegos, caolhos, cataratas mais ou menos adiantadas cobriam-lhes as pupilas; outros tinham os pés voltados para trás; era a enfermidade mais espetaculosa, mais insuportável à vista. Esses pequenos espectros acocoravam-se num pátio ao redor de grandes bacias e todos juntos — em ritmo regular, para que nenhum ficasse prejudicado — pegavam a comida com as mãos.

Um peso caiu-nos do coração quando deixamos o inferno do Sul. Regressamos a Casablanca pela costa; em Safi, em Mostaganem, aspiramos a plenos pulmões o frescor do mar. Voltamos para a França.

Durante essa viagem, Sartre acompanhara com inquietação as negociações que se realizavam na Tchecoslováquia. Desde o Anschluss, o partido alemão dos Sudetos agitava-se, exigindo a supressão do Estado nacional em prol de uma organização federal, garantindo aos alemães uma autonomia total. Depois das eleições municipais que elegeram o partido dos Sudetos, Heinlein, chefe dos nazistas tchecoslovacos, reclamou a anexação dos autonomistas à Grande Alemanha. Hitler concentrara tropas nas fronteiras. Praga decretou uma mobilização parcial. Lorde Runciman visitou Praga no princípio de agosto em missão pacificadora: declarou que os distritos sudetos tinham direito de escolher seu destino e encorajou-lhes as reivindicações. A situação tornou-se dia após dia mais tensa, com a má vontade dos delegados sudetos impossibilitando qualquer acordo entre eles e Praga. Em 31 de agosto as negociações estiveram a um triz do rompimento; lorde Runciman reatou-as *in extremis*. Durante todo o princípio de setembro, a atividade diplomática da Inglaterra foi intensa; Chamberlain e lorde Halifax multiplicavam as conferências. Em 13 de setembro, na véspera do dia em que encontrei Olga em Marseille, o estado de sítio era proclamado

---

⁷⁰ Sartre inspirou-se nessa narrativa no enredo de *Typhus*, que foi depois modificado para fazer-se *Les Orgueilleux*.

em Praga e Heinlein rejeitava as últimas propostas do governo tchecoslovaco. A guerra parecia iminente e estive prestes a voltar para Paris com Sartre. No dia seguinte, as notícias eram um pouco mais tranquilizadoras: Chamberlain tomava o avião para ir a Berchtesgaden discutir pessoalmente com Hitler. Sartre aconselhou-me a não modificar meus projetos. Ele me mandaria um telegrama posta-restante no caso de a situação agravar-se. Minha esquizofrenia venceu facilmente minhas inquietações e deixei que tomasse o trem.

Foram dias estranhos. Olga passara boa parte de suas férias com Bost em um pequeno hotel que dava para o Vieux Port de Marseille; ela ocupava um quarto de ladrilhos vermelhos, muito miserável, mas cheio de sol e de ruídos felizes; foi lá que a encontrei. Fiquei quarenta e oito horas em Marseille e partimos de mochila nas costas, primeiramente de ônibus e depois a pé, através dos Baixos Alpes. Olga irritava-se por vezes, quando escalávamos uma montanha, a ponto de batê-la com o bastão; mas ela gostava como eu das grandes paisagens de pedras brancas e terra vermelha; ela gostava, nos caminhos de vegetação rala e odorífera, de colher figos rebentados e subir as ruas em escada das velhas aldeias empoleiradas no alto. Ao longo dos atalhos, ela pegava ervas de odores fortes com as quais, à noite, no albergue em que havíamos ficado, preparava sopas curiosas. Entretanto, a cada etapa, eu corria aos correios. Em Puget-Théniers, em 20 de setembro, encontrei um telegrama de Sartre bastante otimista. Mas, dia 25, em Gap, ele me dizia que voltasse imediatamente para Paris; lembro-me do pânico de que fui tomada naquela lúgubre Prefeitura esmagada por um calor de tempestade. No trem, censurei com raiva meu cego otimismo, minha obstinação em meus projetos. Quando desci em Paris, os jornais publicavam em manchete: "Horas preocupantes". Os reservistas de segunda e terceira classes tinham sido chamados. Um ultimato de Hitler exigia que Praga cedesse dentro de seis dias. E Praga resistia. Dessa vez a guerra parecia inevitável. Recusei-me furiosamente a acreditar; uma catástrofe tão imbecil não podia cair sobre mim. Lembro-me de ter encontrado no Dôme Merleau-Ponty, que eu não revira desde nosso estágio em Janson-de-Sailly, mas com quem tive nesse dia uma longa conversa. Certamente, disse-lhe, a Tchecoslováquia tinha o direito de se indignar contra a traição da Inglaterra e da França, mas qualquer coisa, mesmo a mais cruel injustiça, era melhor do que a guerra. Meu ponto de vista pareceu-lhe curto, como parecia a Sartre: "Não é possível ceder indefinidamente a Hitler", dizia-me Sartre. Mas, se sua razão o inclinava a aceitar a guerra, ele se revoltava assim mesmo com a ideia de vê-la estourar. Passamos dias sombrios; íamos muito ao cinema e líamos todas as edições dos jornais. Sartre retesava-se, tentando conciliar seu pensamento político com seus impulsos íntimos; eu estava radicalmente desamparada. Subitamente, a tempestade afastou-se sem se desencadear: o pacto de Munique foi assinado; não senti o menor escrúpulo em regozijar-me. Parecia-me ter escapado da morte para sempre. Havia mesmo em meu alívio algo triunfante; decididamente eu nascera com sorte; a desgraça não me atingiria nunca.

Depois de Munique meus olhos não se abriram imediatamente; ao contrário, a guerra recuara e eu readquiri confiança em meu futuro. Acerca do valor dessa paz que nos era concedida, as opiniões da esquerda divergiam. Embora uma parte de sua equipe tivesse atacado outrora a não intervenção, o *Canard Enchaîné* exultava. *L'Œuvre* hesitava. *Vendredi* estava tão dividido que abandonou seu papel político: sob o título de *Reflets*, confinou-se no terreno cultural. Giono e Alain obstinavam-se num pacifismo incondicional. Numerosos intelectuais repetiam com eles que "as democracias acabavam de declarar a paz ao mundo". Outro *slogan* circulava: "A paz trabalha para as democracias." Os comunistas tinham votado contra o pacto de Munique mas não podiam ficar a vida inteira ruminando sua indignação: precisavam ir para a frente — qualquer que fosse sua convicção íntima — com o aparente otimismo em vigor no partido. Eles convidavam a França a mudar sua política interna, a concluir um pacto com a URSS, a ampliar a defesa nacional, a opor aos blefes hitleristas indiscutíveis demonstrações de firmeza; pregavam esse programa com um ardor em que a esperança ressuscitava. Assim, uns consideravam a paz salva, outros indicavam os meios de conquistá--la: ninguém me proibia de acreditar nela.

Restabelecida na minha serenidade, recomecei logo a trabalhar. Entregara a Brice Parain as cem primeiras páginas datilografadas de meu romance, isto é, a infância de Françoise; ele julgou-as inferiores a minhas novelas e Sartre era da mesma opinião. Resolvi encarar como dados o passado de minha heroína, seu encontro com Pierre, seus oito anos de bom entendimento; a história começava no momento em que uma estranha entrava na vida deles. Estabeleci um plano sumário: o nascimento do trio, a revelação da consciência de Xavière, o ciúme de Françoise, seu crime; ela intervinha de maneira pérfida nas relações de Pierre com Xavière; esta esmagava-a com seu desprezo e, para defender-se contra isso, Françoise a matava. Era demasiado linear. Sartre deu-me um conselho. Para acentuar a que ponto Françoise se apegava à felicidade que construíra com Pierre, seria bom que no primeiro capítulo do romance ela lhe sacrificasse alguma coisa. Introduzi Gerbert; embora tentada pela mocidade dele, pelo seu encanto, Françoise renunciava a ele. Mais tarde, depois de Gerbert conquistar o amor de Xavière, ela caía em seus braços. Era essa traição que ela apagava com um assassinato. O enredo, enriquecendo-se, condensava-se; pude dar um papel precioso a Elisabeth, cuja figura em si me interessava.

Segui a regra que Sartre e eu considerávamos fundamental e que ele expôs pouco mais tarde num artigo sobre Mauriac e o romance francês: em cada capítulo eu coincidia com um de meus heróis, proibia a mim mesma saber ou pensar mais longe do que ele. Adotei habitualmente o ponto de vista de Françoise, a quem emprestei, através de importantes transposições, minha própria experiência. Ela acreditava ser uma pura consciência, a única; associara Pierre à sua soberania: juntos achavam-se no centro do mundo que ela tinha por missão imperiosa revelar. O mal do privilégio estava em que, confundindo-se com tudo, ela não possuía, a seus próprios olhos, figura definida. Eu conhecera outrora essa deficiência, quando me comparava a Zaza, em meu primeiro romance. Mme de Préliane, do alto de sua prudência, olhava com melancólico arrependimento as lágrimas que sujavam o rosto de Geneviève; do mesmo modo, Françoise, em um *dancing*, invejava vagamente a infelicidade que inchava os lábios de Elisabeth e os êxtases de Xavière. Havia tristeza em seu orgulho quando na festa que celebrava a centésima representação de *Júlio César* ela dizia com os seus botões: "Eu não sou ninguém."⁷¹ Exilada, uma tarde, longe de Pierre e de Xavière, ela buscava em vão um apoio em si mesma: literalmente ela não tinha um Eu. Era pura transparência, sem fisionomia nem individualidade. Depois de se ter deixado tragar pelo inferno das paixões, uma coisa a consolava de sua decadência: limitada, vulnerável, tornava-se uma criatura humana de contornos precisos e situada precisamente em certo ponto da Terra.

Era o primeiro avatar de Françoise: sujeito absoluto, tudo abarcando, subitamente reduzia-se a uma ínfima parcela do Universo; a doença acabava de convencê-la disso, tal qual me convencera: ela era um indivíduo entre outros, um indivíduo qualquer. Então tinha um perigo à espreita, esse mesmo que desde minha adolescência eu procurava conjurar: outra pessoa podia não somente roubar-lhe o mundo, como igualmente apossar-se de seu ser e enfeitiçá-lo. Com seus rancores, seus furores, Xavière desfigurava-o; quanto mais se debatia mais se perdia na armadilha; sua imagem tornava-se tão horrorosa que lhe era preciso detestar-se para sempre ou destruir o sortilégio suprimindo quem o exerce. Desse modo ela fazia sua verdade triunfar.

Sem dúvida, esse fim, que muitas vezes me censuraram, era o ponto fraco de meu livro. Aprovo, entretanto, um de seus momentos: o contraste entre a noite tão alegre, tão inocente que une Françoise a Gerbert e a traição que ela representa para Xavière. Por causa dos antagonismos das existências, a felicidade, a beleza, o frescor têm muitas vezes como reverso a feiura e o mal: encontra-se essa verdade em todas as encruzilhadas da vida. Motivar com isso um homicídio é outro assunto. Os romancistas esquecem demasiadas vezes que na realidade um abismo separa o sonho de matar do ato de matar: matar não é um ato cotidiano. Françoise, tal qual eu a pintara, era tanto quanto eu incapaz disso. Por outro lado, compreende-se, creio, que Xavière pudesse lançar Françoise na dúvida e no ódio; mas, por mais que nos últimos capítulos eu levasse ao paroxismo o egoísmo, a capacidade de dissimulação que lhe atribuo de início, ela continuava a não ter bastante maldade nem

---

⁷¹ Anne também o diz em *Os mandarins* no réveillon de depois da Libertação, mas sem orgulho nem despeito, com tranquilidade.

bastante consistência para que se estabelecesse entre ela e Françoise um ódio verdadeiramente sombrio; pueril, caprichosa, ela não pode atingir Françoise a ponto de a transformar em monstro; uma única pessoa, de resto, possuiria essa força necessária: Pierre. Objetaram-me, ademais, que com essa violência Françoise não se salva: não extingue a condenação lançada contra ela por Xavière. Essa crítica não me convence. Françoise renunciou a encontrar uma solução ética para o problema da coexistência; ela suporta o *Outro* como um escândalo irredutível. Defende-se suscitando no mundo um fato igualmente brutal e irracional: um assassinato. Pouco importa que tenha ou não razão: *A convidada* nada tem de um romance de tese. Eu me daria por satisfeita se, ainda que lhe contestando a resolução, acreditassem nela.

Não. Literariamente, meu erro é flagrante a ponto de não conseguir jogar o cotidiano na tragédia. E no entanto, na medida em que a literatura é uma atividade viva, era-me indispensável parar nesse desenlace: ele teve para mim um valor catártico. Primeiramente, matando Olga no papel, liquidava as irritações, os rancores que experimentara com ela; purificava nossa amizade de todas as más recordações que se misturavam às boas. Mas, sobretudo, desligando, mediante um crime, Françoise da dependência em que a mantinha seu amor por Pierre, eu tornava a encontrar minha própria autonomia. O paradoxo está em que para recuperá-la eu não precisei cometer nenhum gesto inexpiável, mas tão somente contar um num livro. Pois, mesmo se somos atentamente encorajados e aconselhados, escrever é um ato cuja responsabilidade não repartimos com ninguém. Nesse romance eu me entregava, eu me arriscava a ponto de, por momentos, parecer impossível traduzir meu coração em palavras. Mas essa vitória ideal, projetada no imaginário, não teria tido seu peso da realidade; era preciso ir até o fim da minha fantasia e dar-lhe corpo sem nada atenuar, se quisesse conquistar para mim a solidão em que precipitei Françoise. E, com efeito, verificou-se a identificação. Relendo as páginas finais, hoje estáticas, inertes, tenho dificuldade em acreditar que ao redigi-las tinha um nó na garganta como se houvesse realmente cometido um crime. Contudo assim foi. De caneta na mão, fiz com uma espécie de terror a experiência da separação. O assassinato de Xavière pode parecer a solução apressada de um drama que não sabia como terminar. Foi, ao contrário, o motor, a razão de ser de um romance inteiro.

Encarnei em Xavière a opacidade de uma consciência fechada em si mesma: nunca a mostrei, pois, de dentro. Em compensação, em vários capítulos tomei Elisabeth como centro de referências. Sua malignidade, longe de lhe prejudicar a lucidez, tornava-a mais contundente; ela reduzia a aventura do trio às proporções irrisórias que as paixões têm, de costume, aos olhos de um terceiro. Indiquei, como autor, que mantinha presente no espírito essa ambiguidade: podia-se achar graça também da experiência que Françoise vivia num plano trágico.

Mas Elisabeth não era uma simples coadjuvante; eu atribuía muita importância à sua personagem. Um dos problemas que me preocupavam era a relação entre a sinceridade e a vontade; Elisabeth falsificava sua figura e toda a sua existência; Françoise tentava realizar, sem trapacear, a unidade de sua vida: era levada a perguntar-se, considerando a amiga, o que separa uma construção verdadeira de uma falsa. Xavière confundia frequentemente as duas mulheres em um mesmo desdém. Havia entre elas uma diferença que eu considerava essencial. Era raro que Françoise se inquietasse com o vazio instalado no coração de toda criatura humana: ela amava Pierre, interessava-se pelo mundo, pelas ideias, pelas pessoas, por seu trabalho. A desgraça de Elisabeth, que eu imputava à sua infância, era que nada nem ninguém se impunha a ela com evidência e calor; mascarava essa indiferença com aparências de paixão — pela política, pela pintura — que não a iludiam; andava à cata de emoções, de convicções que lhe parecia não sentir nunca de verdade; censurava-se essa incapacidade, e o desprezo em que se mantinha acabava de devastar o mundo: recusava qualquer valor às coisas que lhe eram dadas, às aventuras que lhe aconteciam; tudo que tocava transformava-se em coisa falsa. Cedia a essa vertigem que eu conhecera ao lado de Zaza e por instantes diante de Camille; a verdade do mundo e de seu próprio ser pertencia a outros: a Pierre, a Françoise. Era para se defender que se apegava a simulacros. Eu retomava, nesse retrato — sobretudo nos monólogos interiores — muitos dos defeitos que atribuíra a Chantal: sua má-fé, seus exageros verbais. Mas pintei o quadro com cores mais sombrias. Elisabeth sabia — como Louise Perron durante sua crise — que representava comédias para si mesma e seus esforços para evadir-se não faziam senão encerrá-la nelas. Françoise experimentava por sua amiga uma simpatia apiedada; via nela como uma paródia de si mesma, mas por momentos a caricatura parecia-lhe pôr em discussão sua própria verdade.[72]

Para corrigir a visão que Elisabeth tem do trio, mediante um julgamento igualmente exterior mas complacente, dei em um capítulo a palavra a Gerbert. Tratei-o, entretanto, de maneira superficial, por isso mesmo não desempenha ele senão um papel acessório. Várias razões levaram-me a não olhar o mundo com os olhos de Pierre; atribuo-lhe uma sensibilidade, uma inteligência pelo menos iguais às de minhas heroínas: se as houvesse apresentado em sua abundância viva, o romance teria ficado desequilibrado, posto que é a história de Françoise que desejo contar. Por outro lado, quis que, entre as resistências de Xavière e a aparente translucidez de Pierre, houvesse uma simetria: era preciso que fossem ambos vistos através de Françoise. O que lamento é não ter conseguido dar a ele o relevo que, precisamente, ele tem para Françoise. Conheço uma das razões disso, e sem dúvida a principal. Pus em Françoise demasiado de mim mesma para ligá-la a um homem que me fosse estranho; minha imaginação recusava-se a essa substituição, mas não me repugnava menos entregar ao público uma imagem de Sartre tal qual o conhecia. Detive-me num meio-termo. Pierre conservou o nome e o gênero de ambição do herói de meu segundo romance; tirei de Dullin certos traços superficiais; outros, tirei-os de Sartre mas adocicando-os; inventei alguns por causa das exigências do enredo. Privada de minha liberdade por um jogo de barreiras e de autocensuras, não soube nem criar uma personagem nem pintar um retrato. E o resultado é que Pierre — em quem se assenta toda a história, uma vez que Françoise se determina essencialmente em função dele — tem menos espessura e menos verdade que qualquer dos outros protagonistas.

A convidada comprova as vantagens e desvantagens disso que se chama "transposição romanesca". Era mais divertido e lisonjeiro descrever

---

[72] Observo que na maior parte de meus romances coloquei ao lado das heroínas principais uma que as ressaltasse por antagonismo: Denise opõe-se a Hélène em *O sangue dos outros*; Paule a Anne em *Os mandarins*. Mas minha relação Françoise-Elisabeth é mais estreita: a segunda é uma inquietante contestação da primeira.

Paris, o mundo do teatro, Montparnasse, o mercado de pulgas e outros lugares que apreciava mais do que Rouen. Mas, transportada para Paris, a história do trio perdia muito de sua verossimilhança e de sua significação. A afeição maníaca de dois adultos por uma criança de dezenove anos só podia explicar-se no contexto da vida provinciana; era preciso aquela atmosfera abafante para que o menor desejo, a menor nostalgia se transformassem em obsessão, para que toda emoção se fizesse violentamente trágica, para que um sorriso pudesse abrasar o céu. De dois jovens professores desconhecidos fiz personalidades bem parisienses, cheias de amizades, de relações, de prazeres, de ocupações: a aventura infernal, pungente, por vezes milagrosa da solidão a três, viu-se assim desnaturada.

Quando iniciei *A convidada*, premeditei situar o assassinato de Xavière durante uma ausência de Pierre: sem dúvida estaria viajando. A guerra forneceu-me um excelente pretexto para afastá-lo. Pensava que numa cidade sem homens a convivência de duas mulheres só atingiria, mais facilmente do que em tempos normais, um paroxismo de tensão. Mas é impossível que a enormidade do drama coletivo não arranque Françoise — tal qual a mostrei — de suas preocupações individuais; sua relação com Xavière deveria ser vivida fracamente, deveria carecer da convicção necessária para matá-la. O desenlace pareceria mais plausível se ocorresse na província, durante a paz. Nesse ponto, em todo caso, o desnível entre o espaço e o tempo prejudicou-me.

Quanto à estética de *A convidada*, já disse em que preceito se assenta essencialmente; fico feliz por tê-lo respeitado: meu livro deve-lhe o que tem de melhor. Graças à ignorância em que mantenho meus heróis, os episódios são por vezes tão enigmáticos quanto num bom romance de Agatha Christie; o leitor não percebe em absoluto seu alcance. Pouco a pouco, novos desenvolvimentos, discussões, descobrem seus aspectos inesperados; Pierre pode discutir indefinidamente sobre um gesto de Xavière que Françoise mal observara, e de que nunca será dada nenhuma interpretação definitiva, porque ninguém detém a verdade. Nos trechos bons do romance chega-se a uma ambiguidade de significações que corresponde à que se encontra na realidade. Quis também que os fatos não se encadeassem segundo relações unívocas de causalidade, mas fossem, como na própria vida, ao mesmo tempo compreensíveis e contingentes: Françoise dorme com Gerbert para vingar-se de Xavière, mas também porque o deseja há muito tempo, porque suas normas de moral não funcionam mais, porque se sente velha, porque se sente jovem, por uma porção de razões que transbordam todas as que poderíamos indicar. Recusando englobar numa só espiadela as múltiplas consciências de meus heróis, proibi-me também intervir no desenrolar do tempo; nele recorto, de capítulo em capítulo, certos momentos, mas apresento cada qual em sua integralidade, sem nunca resumir uma conversa ou um acontecimento.

Há uma regra, menos rigorosa mas cuja eficiência a leitura de Dashiell Hammett tanto quanto a de Dostoievski me ensinaram e que tentei aplicar: toda conversa deve ser em ação, isto é, modificar as relações entre os personagens e o conjunto da situação. Ademais, enquanto se desenrola, é necessário que outra coisa importante aconteça alhures; assim, voltado para um acontecimento de que se acha separado pela espessura das páginas impressas, o leitor experimenta como os personagens a Resistência e o passar do tempo.

A mais manifesta das influências que sofri é a de Hemingway, que vários críticos assinalaram. Um dos traços que apreciava nas narrativas dele era sua hostilidade às descrições pretensamente objetivas: paisagens, cenários, objetos são sempre apresentados segundo a visão do herói, dentro da perspectiva da ação. Tentei fazer o mesmo. Procurei também imitar,[73] como ele, o tom, o ritmo da linguagem falada, sem temer as repetições e as futilidades.

Quanto ao resto, aceitei — a exemplo dos americanos — certo número de convenções tradicionais. Sei o que podem censurar neles, mas sei também em que se justificam. Falarei disso quando analisar *Os mandarins*, pois no momento em que escrevia *A convidada* eu não as discutia. Eu queria escrever um romance, eis tudo, e já era muito.

Eis enfim que, ao começar um livro, tive a certeza de que o terminaria, de que seria publicado; capítulo por capítulo, Sartre dava-me tal

---

[73] Digo imitar e não copiar, pois não se trata de reproduzir num romance esse balbucio que é uma verdadeira conversa.

segurança, e eu me persuadia: conheci novamente a alegria que me visitara certo dia de outono, à beira da lagoa de Berre; escapava à argila cotidiana, entrava em carne e osso no esplendor dos mundos imaginários. Esse romance que dentro de um ou dois anos existiria de verdade encarnava meu futuro, e eu caminhava para ele eufórica: não me sentia absolutamente mais velha. Vesti-me com especial cuidado nesse inverno. Mandei fazer um *tailleur* de uma bela lã cor de casca de ovo, uma saia preta de pregas, camisas pretas e amarelas com as quais eu combinava gravatas amarelas e pretas. Mudei de penteado; adaptei-me à moda e ergui os cabelos. Na primavera comprei um chapéu de palha preto que usava com um véu. Achava-me elegante e sentia-me vaidosa.

Sartre também vivia com vontade. Trabalhava num romance de que me havia falado e que já não se chamava mais *Lúcifer*, mas *Os caminhos da liberdade*. O êxito de *A náusea* não arrefecera e *O muro*, que foi publicado em 1939, fez barulho. Paulhan e Cassou pediram-lhe crônicas para a *NRF* e para *Europe*; ele aceitou com prazer. Consagravam-lhe artigos, leitores mandavam-lhe cartas, ele relacionava-se com vários escritores, entre os quais em particular com Paulhan. Entretanto, não fez novos amigos: os antigos bastavam-nos. Marco evitava-nos, mas tínhamos encontrado de novo a intimidade com Pagniez e a mulher. Nizan acabava de publicar seu melhor livro, *La conspiration*, de que gostávamos muito e que recebeu o prêmio Interallié.

Lamentávamos a ausência de Bost. Fazia seu serviço militar em Amiens como soldado de segunda classe. Como bom protestante, era ultrademocrata, e preferia, a comandar, ter crises de raiva contra os salafrários que se arrogavam o direito de dar ordens. Irritados com sua educação, com sua cultura, seus oficiais exortavam-no a seguir cursos de preparação militar, e sua recusa obstinada os lançava num despeito de que ele tirava grandes satisfações. Tinha como companheiros camponeses da Picardia, mal-educados, e entendia-se muito bem com eles. Isso não o impedia de detestar a caserna. Felizmente podia vir a Paris frequentemente aos domingos.

Minha profissão não me aborrecia. As reuniões de professores eram fastidiosas, mas eu não detestava a disciplina que meu emprego do tempo impunha, dava uma estrutura a meus dias; só tinha dezesseis horas de aula por semana, não era excessivo. Continuei entretanto a recusar qualquer solidariedade com meus colegas. Dada a estima que hoje sinto pelo corpo docente, lamento-o um pouco; na verdade, se me mantinha a distância, era para me manter a distância de mim mesma. Eu preenchia as funções de um professor de filosofia, mas não era uma professora de filosofia. Não era sequer aquela adulta que os outros imaginavam: vivia uma aventura individual a que nenhuma categoria se aplicava realmente. Quanto a meus cursos, dava-os com prazer: eram mais conversas de indivíduo com indivíduo do que trabalho. Lia livros de filosofia, discutia-os com Sartre; fazia com que meus alunos aproveitassem minhas aquisições e evitava assim, a não ser a respeito de alguns assuntos fastidiosos, repetir as mesmas lições. Ademais, de um ano a outro, o auditório mudava: cada classe tinha sua fisionomia e punha-me problemas novos. Nos primeiros dias, examinava com perplexidade os quarenta adolescentes a quem ia tentar inculcar minha maneira de pensar: quem me seguiria? E até que ponto? Aprendera a desconfiar dos olhos que se acendem demasiado depressa, das bocas que sorriem com inteligência demais. Pouco a pouco, uma hierarquia se estabelecia: as simpatias e as antipatias formavam-se. Como eu não cuidava em absoluto de dissimular as minhas, inspirava, reciprocamente, sentimentos bastante nítidos. Contrariamente às previsões de minhas colegas de Marseille, depois de sete anos de ensino, gostava ainda de conversar com certas alunas; estavam na "idade metafísica"; a vida só existia para elas em ideias, e eis por que suas ideias eram tão vivas. Eu as induzia a falarem muito durante os cursos, e, à saída, as discussões continuavam. Depois dos exames finais, eu continuava a ver de quando em quando as que se especializaram em filosofia. Era o caso de Bianca Bienenfeld, que no ano anterior fora a primeira da classe e que se ligara na Sorbonne a um grupo de antigos alunos de Sartre, entre os quais se encontrava Jean Kanapa. Tentavam em suas dissertações e exposições fazer com que aceitassem o método fenomenológico. Bianca punha em seu trabalho muita paixão e reagia com violência ao que acontecia no mundo. Ficamos amigas.

Havia uma colônia de russos brancos em Passy, e nesse ano minha melhor aluna era uma russa branca. Dezessete anos, loura, com uma risca no meio dos cabelos que a envelhecia, sapatões pesados, saias compridas demais, Lise Oblanoff divertiu-me desde logo com sua agressividade. Ela interrompia-me brutalmente: "Não entendo." Por vezes obstinava-se tão demoradamente em recusar minhas explicações que eu era obrigada a não lhe dar mais importância; ela cruzava os braços então com ostentação e seus olhares assassinavam-me. Encontrei-a de uma feita na estação do metrô do Trocadéro onde eu trocava de linha. Abordou-me com um grande sorriso: "Queria dizer-lhe, senhorita, que, no conjunto, acho seus cursos muito interessantes." Conversamos até a porta do liceu. Encontrei-a várias manhãs na mesma plataforma e compreendi que não era por acaso; ela me aguardava, espiando; aproveitava nossas conversas para reclamar as respostas que eu não lhe dera em classe. Gostaria de continuar seus estudos de filosofia no ano seguinte, mas seus pais não eram naturalizados. Como apátrida, o ensino era-lhe vedado, e seu pai queria que se tornasse engenheira química. Frequentava o Liceu Molière havia anos, mas só fizera uma amiga, russa também, que deixara os estudos três anos antes para ganhar a vida. Ela achava as outras colegas insossas e tolas; julgava todo mundo com extrema severidade; não se sentia solidária com essa sociedade que observava de longe com uma ironia displicente. Era essa distância que a tornava intelectualmente tão exigente; recusava qualquer crédito a essa civilização estrangeira; não aceitava senão as verdades demonstradas à luz da razão universal. Devia igualmente à sua situação de exilada uma visão barroca e muitas vezes engraçada das coisas e pessoas.

Eu não ocupava meus lazeres de uma maneira inteiramente idêntica à dos anos anteriores. Abandonei Montparnasse. Olga seguia novamente os cursos do Atelier. Voltara discretamente; depois, para dar a réplica a um colega, estudara o papel de Olívia em *A noite dos reis*, de Shakespeare; foi por ela que Dullin se interessou quando se submeteu à audição. Fez-lhe grandes elogios. De imediato, toda a classe quis sua companhia e, o que contava mais, ela adquiriu segurança; retornou regularmente e agora nenhum aluno era mais assíduo do que ela. Aperfeiçoava sua dicção e aplicava-se a repetir: "*Dis-moi gros gras grain d'orge, quand te dé-gro-gra-graindorgeras-tu? Je me dé-gro-gra-graindorangerai quand tous les gros gras grains d'orge se dé-gro-gra-graindorgeront.*"[74] Fazia exercícios de improvisação com diferentes professores: estudava mímica com Jean-Louis Barrault. Dullin apreciava-a e o demonstrava; falou-me dela muitas vezes com grande estima. Ela instalou-se num hotel da praça Dancourt, e eu a encontrava muitas vezes para jantar em um pequeno restaurante ao lado do teatro, frequentado pelos atores e pelos alunos do curso. Contava-me de uns e outros uma porção de histórias. A bela Madeleine Robinson já tinha representado e rodado, mas continuava a aprender seu ofício; vivia frenética e desordenadamente, jogando dinheiro pela janela, usando vestidos encantadores mas sempre em razoável mau estado: desdenhava a decência, a prudência, as aparências, e Olga estimava-a por isso. Entre as estreantes, Dullin previa o mais belo futuro a Berthe Tissen, uma pequena e feia luxemburguesa dotada de um temperamento incomum. No papel de Mara, em *L'Annonce faite à Marie*, arrancara lágrimas de suas colegas. Esperava-se muito também de uma jovem de tranças compridas, rosto apaixonado, que usava o pseudônimo de Andrée Clément; era muito ligada a um rapaz estranho, de muito talento, chamado Dufilho. Conheci Cécilia Bertin, que, embora se destinando ao teatro, estudava para ser licenciada em filosofia. Olhos brilhantes, maçãs salientes, pele morena, envolvia-se em xales de cores vivas que lhe davam um ar de cigana. Tinha encanto mas carecia de naturalidade. Olga ligou-se bastante intimamente a uma iugoslava de cabelos bem pretos, que já vira em Montparnasse muitas vezes e que também se chamava Olga. Mas de todos os moços e moças da escola, seu predileto era o pequeno Mouloudji, que dois ou três filmes já tinham tornado célebre; com dezesseis anos, escapava à falta de graça da adolescência; conservava a seriedade e o frescor da infância. Adotado por Jacques Prévert e seu bando, em particular por Marcel Duhamel, adquirira na companhia deles uma cultura curiosamente variada; era espantoso o número de coisas que sabia e que não sabia. Familiarizado havia muito com a poesia surrealista, com os romances norte-americanos, descobria agora Alexandre Dumas e maravilhava-se com a descoberta. Suas origens, seu êxito situavam-no à margem da sociedade que ele julgava

---

[74] Intraduzível. Jogo de sons como "a aranha arranha o rato" etc. (N.T.)

com uma intransigência juvenil e uma austeridade proletária. "Entre os operários, isso não se faz", dizia frequentemente num tom de censura. Burguesia e boêmia pareciam-lhe igualmente corrompidas. Reservado até a selvageria, e cordial com exuberância, decidindo do bem e do mal, e no entanto perplexo até o desnorteamento, sensível, aberto, com bruscas obstinações, de uma gentileza extrema, mas capaz de rancor e, por vezes, de perfídia, era um pequeno monstro sedutor. Entendia-se com Olga porque nela também alguma coisa se salvara da infância.

Olga descia muitas vezes de Montmartre a Saint-Germain-des--Prés. Foi ela, creio, que me conduziu pela primeira vez ao Café de Flore, onde me acostumei a passar as noites com ela e Sartre. O café tornara-se o lugar de encontro de pessoas ligadas ao cinema: diretores, atores, roteiristas, montadoras. Viam-se ali Jacques e Pierre Prévert, Grémillon, Aurenche, o cenarista Chavanne, os membros do antigo grupo "Octobre": Sylvain Itkine, Roger Blin, Fabien Lorris, Bussière, Baquet, Yves Deniaud, Marcel Duhamel. Viam-se também mulheres muito bonitas. A mais deslumbrante era Sônia Mossé, cujos rosto e corpo soberbos — embora um pouco exuberante para seus vinte anos — inspiraram escultores e pintores, entre os quais Derain; ela levantava sobre a nuca, em sábios retorcimentos, admiráveis cabelos louros; a originalidade sóbria de suas joias, de seus vestidos, encantava-me; admirei, entre outros, um vestido de corte estrito mas feito com uma velhíssima e preciosa caxemira. Andava em geral acompanhada por uma morena agradável, de cabelos curtos e atitudes meio masculinas. Às vezes Jacqueline Breton aparecia, com conchas nas orelhas, os olhos eriçados de cílios falsos, agitando, num ruído de pulseiras, mãos de unhas provocantes. Mas o tipo feminino mais comum era o das que denominávamos *bouleversantes*:[75] criaturas de cabelos desbotados, mais ou menos corroídas pela droga, ou pelo álcool, ou pela vida, com bocas tristes e olhos que não acabavam mais.

O Flore tinha seus costumes, sua ideologia; o pequeno grupo de fiéis que lá se encontravam cotidianamente não pertencia nem inteiramente à boêmia nem inteiramente à burguesia; em sua maioria

---

[75] As estupendas, as assombrosas, as estonteantes. (N.T.)

ligavam-se de maneira incerta ao mundo do cinema e do teatro; viviam de rendas vagas, de expedientes ou de esperanças. O deus, o oráculo, o mestre do pensamento era Jacques Prévert, de quem veneravam os filmes e os poemas e cuja linguagem — e espírito — tentavam copiar. Nós também apreciávamos os poemas e as canções de Prévert: seu anarquismo sonhador e um tanto estapafúrdio convinha-nos inteiramente. Tempos antes, *L'Affaire est dans le sac* e mais recentemente *Drôle de drame*, encenado por Carné, com Barrault, Jouvet, Françoise Rosay tinham-nos encantado. Apreciáramos principalmente *Quai des brumes*, admiravelmente representado por Gabin, Brasseur, Michel Simon e pela maravilhosa desconhecida Michèle Morgan; o diálogo de Prévert, as imagens de Carné, o brumoso desespero que envolvia o filme tinham-nos comovido. Nisso também estávamos de acordo com nossa época, que viu em *Quai des brumes* a obra-prima do cinema francês. Entretanto, os jovens ociosos do Flore inspiravam-nos uma simpatia matizada de impaciência; seu inconformismo servia sobretudo para justificar sua inércia; entediavam-se muito. Sua principal distração eram as *bouleversantes*: sucessivamente, cada um tinha, com cada uma, uma ligação de duração variável mas em geral breve; fechado o circuito, recomeçavam, o que não se dava sem certa monotonia. Passavam o dia exalando seu tédio em pequenas frases céticas entrecortadas de bocejos. Não cessavam nunca de deplorar a estupidez humana.

Domingo à noite, abandonávamos as amargas elegâncias do ceticismo e exaltávamo-nos com a esplêndida animalidade dos negros da rua Blomet. Acompanhei muitas vezes Olga a esse baile, a que iam também Sônia e suas amigas. Lá encontrei Marie Girard, que pouco mudara desde Berlim; andava por Montparnasse e pelos lugares que as pessoas de Montparnasse frequentavam. Éramos exceções: nessa época muito poucas brancas se misturavam à multidão negra; menor número ainda se arriscava na pista. Diante dos africanos flexíveis, dos antilhanos frementes, sua rigidez era aflitiva; se tentavam despojar-se dela, ficavam parecidas com histéricas em transe. Eu não ia muito com o esnobismo da gente do Flore, não imaginava que participava do grande mistério erótico da África, mas gostava de olhar os dançarinos; bebia ponche; o ruído, a fumaça, os vapores do álcool, os ritmos violentos da orquestra entorpeciam-me; através dessa bruma eu via passarem belos rostos felizes. Meu coração batia um pouco mais depressa quando explodia o tumulto da quadrilha final: no desencadeamento dos corpos em festa, era como se tocasse meu próprio ardor de viver.

O espírito Café de Flore triunfava no cabaré que, graças ao apoio de Sônia Mossé e outra comanditária, Agnès Capri, antiga aluna de Dullin, abriu na rua Molière no princípio de 1939. Um palco em miniatura, protegido por uma cortina vermelha, ocupava o fundo da sala acolchoada. Agnès Capri, com um ar de candura em seu rosto agudo, cantava canções de Prévert. Dizia poemas dele, versos de Apollinaire; gostei do frescor ácido de sua voz, nunca me cansei de ouvi-la em *La pêche à la baleine*, nem de ver desabrochar em seus lábios o venenoso narciso. Yves Deniaud, declamando os méritos de um aparelho para dar nó na gravata, era um estonteante vendedor ambulante. Fazia-nos chorar de rir no número dos *Barbus*, que executava com Fabien Larris; tinham um repertório notável de canções de 1900; a mais aplaudida punha em cena um oficial alemão cujo filho recém-nascido, em virtude de circunstâncias conjuntas, estava morrendo de fome; ele oferecia uma fortuna a uma jovem matrona alsaciana para que aceitasse alimentar a criança:

Não, não, nunca, o meu seio é francês
Não aleitarei o filho do alemão.[76]

respondia a alsaciana barbuda, com voz vibrante e a mão no peito. A ironia, a paródia ocupavam o primeiro lugar nos programas de Capri; zombando das gerações passadas, experimentávamos o prazer delicado de um narcisismo coletivo; sentíamo-nos lúcidos, informados, críticos, inteligentes. Quando, um ano mais tarde, compreendi minha cegueira, minha ignorância, fiquei com horror de todas essas malícias.

Não tínhamos abandonado completamente o Dôme, cujos frequentadores eram mais lamentáveis e mais imprevistos do que os do Flore. Uma noite, o enorme Dominguez, que conhecêramos não sei por

---

[76] *Non, non, jamais, ma mamelle est française.*
Je n'allaiterai pas le fils de l'Allemand. (N.T.)

intermédio de quem, convidou-nos, Olga e eu, ao seu ateliê. Lá se achavam Roma, a greco-romena com quem ele vivia então, o pintor Flores e mais uma dezena de pessoas. Pela primeira e única vez na minha vida participei do jogo da verdade que os surrealistas adoravam. Quase todas as perguntas tinham um caráter sexual ou mesmo obsceno. Perguntaram a Roma por que gostava de dormir com Dominguez. Com um gesto largo e sedutor, ela desenhou no ar um corpo gigantesco: "Porque tem muito", disse. Mas em conjunto as respostas, como as perguntas, eram tão chatas quanto cruas. Fizemos boa imagem, embora a preço de um grande esforço. Pouco a pouco a atmosfera tornou-se, como teria dito o *Canard Enchaîné*, "nitidamente ambiente": certos jogadores pareciam prestes a passar das palavras aos atos. Demos o fora.

Comparados com *Quai des brumes*, os novos filmes franceses não satisfaziam. Mouloudji era assim mesmo encantador em *L'Enfer des anges*. Os filmes norte-americanos estavam ficando chatos. Beneficiavam uniformemente os policiais em detrimento dos gângsteres. Em *Anjos de cara suja*, James Cagney consentia em morrer como um covarde para desviar do crime um bando de meninos. *A mulher faz o homem* e *Do mundo nada se leva* eram comédias bem-feitas, bem-representadas e engraçadas, mas pretendiam transmitir uma mensagem: o capitalismo deve ser o humanismo.

Houvera bons espetáculos na Comédie-Française desde que Jean Zay convidara os diretores do Cartel para as encenações. Quinze anos antes, eu assistira no Atelier a *Chacun sa vérité*. Revi a peça na realização mais ampla que Dullin apresentava no palco do Français. Quando surgiam do fundo do corredor, que um efeito de perspectiva fazia parecer imenso, Ledoux e Berthe Bovy, empertigados em seu luto, provocavam um estupor angustiado no público e nos protagonistas ao mesmo tempo. Com *Le Mariage de Figaro*, Dullin suscitou vivas polêmicas. O pequeno Cláudio, que interpretava Chérubin, parecia ter doze anos apenas: acharam-no realmente jovem demais. Censuraram também Dullin por não ter acentuado mais o lado social e político da peça; a meu ver ele não lhe diminuíra a virulência, tratando-a com leveza. Assisti ao ensaio geral de *La Terre est ronde*, de Salacrou, que, com ou sem razão, se afigurou para mim um grande acontecimento mundano. Achei Lucienne

Salacrou soberba com seu comprido vestido sedoso e seu penteado alto enfeitado com um pente precioso. E como Sylvia Bataille estava bonita, em carne e osso, com seu chapéu de plumas rutilantes. Eu não tinha nenhuma vontade de fazer parte do Tout-Paris e exibir vestidos de festa, mas divertia-me ver de perto celebridades e belas roupas.

Dullin entregou o palco do Atelier a Barrault para que ele apresentasse *A fome*; Olga desempenhava vários pequenos papéis nesse espetáculo. Começava por uma adaptação de *Hamlet* de Laforgue realizada por Granval e na qual Barrault se oferecia alegremente aos espectadores. Em *A fome* ele tentava pela primeira vez levar às últimas consequências sua concepção do "teatro total". Só conservara do romance de Knut Hamsun a ideia geral: a solidão sem esperança de um homem esfomeado no coração de uma grande cidade; a esse tema juntara outro que particularmente lhe agradava: o homem e seu duplo. O herói que Barrault interpretava era acompanhado por um "irmão interior" ao qual Roger Blin emprestava sua figura inquietante. A palavra tinha unicamente uma importância secundária; era muitas vezes substituída pela *fatrasie*.[77] Barrault tirava excelentes efeitos desse procedimento ainda novo, mas a linguagem que usava preferencialmente era a mímica. Aluno de Decroux, que dedicara a vida a ressuscitar a mímica, não considerava que essa arte se bastasse em si mesma: queria utilizar seus recursos a serviço de um desenvolvimento dramático. Não resistiu à tentação de introduzir em *A fome* algumas cenas de efeito: por exemplo, subia por uma escada imaginária na praça; esse exercício isolava-se do conjunto e quebrava-lhe o ritmo; apreciei bem mais os momentos em que o gesto se tornava um verdadeiro modo de expressão teatral. Em sua ousadia sem vulgaridade, a cena muda em que o herói, por excesso de fraqueza, fracassa na posse da mulher que deseja, constituía uma solução notável. A peça teve êxito, foi representada mais de cinquenta vezes. Depois de *Numance* e *Tandis que j'agonise*, *A fome* permitia vislumbrar que Barrault iria dar ao teatro uma renovação que se sentia necessária. O Cartel dera o que podia dar: não inventou mais nada. No momento em que o cinema deslizava para o realismo, desejava-se ver surgir no palco um

---

[77] Palavras e frases sem ligação lógica. (N.T.)

modo inédito de transposição: a relação entre o ator e o texto, o texto e o espetáculo, o espetáculo e o público, tudo tinha que ser recriado. Talvez Barrault o conseguisse.

   Nas férias de Natal, voltamos a Mégève; começávamos a nos arranjar de uma maneira que nos satisfazia: não éramos ambiciosos. Durante a Páscoa, fizemos uma viagem à Provence; eu deixava Sartre nas cidades e aldeias que alcançávamos de trem ou de ônibus e passeava pelas encostas do Lubéron e pelas montanhas ainda com neve das cercanias de Digne. Em Manosque, em todas as bancas de jornais e livrarias viam-se expostos os romances de Giono; ele começara a pregar a volta à terra e como eu seguisse de mochila nas costas uma pequena estrada dos arredores de Contadour, camponeses perguntaram-me se eu pertencia à colônia. Sartre lia Heidegger desde o princípio do ano na tradução de Corbin e no texto alemão. Falou-me seriamente disso pela primeira vez em Sisteron. Revejo ainda o banco de pedra em que estávamos sentados: Sartre explicava o que significa a definição do homem como "ser dos distantes" e como "o mundo se desvenda no horizonte dos instrumentos desmantelados"; mas eu tinha dificuldade em compreender que presença Heidegger atribui ao futuro. Sartre, que sempre fizera questão, antes de tudo, de salvar a realidade do mundo, apreciava na filosofia de Heidegger uma maneira de reconciliar o objetivo com o subjetivo; não a julgava muito rigorosa, mas ela era rica de sugestões.

   Cada vez que eu tinha alguns dias de liberdade, deixava Paris. No Pentecostes, passei pelo Morvan e visitei Dijon, Auxerre, Véselay. Durante a semana dos exames finais, em junho, parti para o Jura. Escalei todas as cristas. Cansei-me tanto que meu joelho inchou e andar tornou-se um suplício para mim. Tomei o trem para Genebra, por onde me arrastei mancando. O governo espanhol transferia para lá as coleções do Prado, a fim de preservá-las dos bombardeios e eu passei uma tarde entre os Goya, os El Greco, os Velásquez. Doía meu coração, porque sabia agora que tão cedo não retornaria à Espanha!

Durante o ano inteiro, tentara ainda encerrar-me no presente, aproveitar todos os instantes. Mas não conseguira assim mesmo esquecer o mundo ao redor de mim. As esperanças de junho de 1936 tinham acabado de se desfazer. A classe operária malogrou na tentativa de se opor aos decretos-leis que lhe tiravam grande parte de suas conquistas. À greve de 30 de novembro, o patronato respondeu vitoriosamente com uma greve maciça. Eu carecia por demais de imaginação para me comover com o incêndio de Cantão ou a queda de Hankeu, mas as derrotas dos republicanos espanhóis atingiam-nos como uma desgraça pessoal. Suas divergências internas, o processo do POUM que se realizava em Barcelona deixavam-nos inquietos. Teriam realmente os stalinistas assassinado a Revolução? Ou devia-se acreditar que os anarquistas haviam, sem querer, trabalhado para os rebeldes? Estes triunfavam. Barcelona agonizava. Fernando, de licença em Paris, descreveu-nos os bombardeios, a miséria; nada para comer, salvo de vez em quando um punhado de grão-de-bico; nada de fumo para enganar a fome; não se encontrava sequer uma ponta de cigarro nas ruas. As crianças estavam esqueléticas, exangues, de ventres inchados. Em janeiro, devastada por bombas de ar líquido, a cidade caiu. Cada vez mais numerosos, chegavam à fronteira refugiados maltrapilhos, esgazeados. Madri ainda resistia, mas a Inglaterra já reconhecia Franco; a França enviara Pétain como embaixador em Burgos. Depois de alguns estertores deu-se a queda de Madri. Toda a esquerda francesa se sentiu de luto e culpada. Blum confessava que, em agosto de 1936, rápidas entregas de armas teriam salvado a República e que a não intervenção fora uma política de ingênuos. Por que a opinião pública não conseguira impor-lhe outra? Eu começava a compreender que minha inércia política não me conferia um diploma de inocência, e agora, quando Fernando resmungava "franceses imundos", eu me via incluída.

Mas então, diante das tragédias de além-Reno, podia eu ainda optar pela passividade? Os nazistas tinham organizado o terror na Boêmia e na Áustria. A imprensa revelou-nos a existência do campo de Dachau, em que eram internados milhares de judeus e de antifascistas. Bianca Bienenfeld recebeu a visita de um primo que conseguira fugir de Viena depois de ter passado uma noite nas mãos da Gestapo; tinham-no surrado durante horas; tinha o rosto ainda azulado e salpicado de queimaduras de cigarro. Contava que na noite depois da morte de Von Rath, numa cidadezinha em que tinha parentes, haviam arrancado da cama todos os judeus, os reunido na grande praça, obrigado a despirem-se e os haviam mutilado com ferro em brasa. Por toda parte no Reich, o atentado servira de pretexto a horríveis matanças; as últimas sinagogas tinham sido incendiadas, saqueados os armazéns dos judeus, internados milhares de israelitas. "Pode alguém trabalhar, divertir-se, viver quando ocorrem tais coisas?", dizia Bianca chorando. Eu me envergonhava de meu egoísmo, mas obstinava-me em apostar na felicidade.

Tinha vergonha mas não dava o braço a torcer, queria ainda acreditar que não haveria guerra. A Itália por sua vez reivindicava seu "espaço vital", denunciava o pacto com a França, suscitava desordens na Tunísia, ameaçava Djibuti. No dia em que as tropas italianas entraram em Barcelona ao lado dos soldados de Franco, a multidão romana manifestou-se ruidosamente; celebrou a vitória dos ditadores gritando: "Queremos a Tunísia, queremos a Córsega!" Eu me embalava no último *slogan* pacifista: "Mesmo assim não lutaremos por Djibuti." Parecia com efeito que não lutaríamos. Hitler sustentava fracamente Mussolini; Roosevelt prometia que em caso de ataque correria em socorro das democracias. Mas a Eslováquia e a Ucrânia colocaram-se sob a proteção do Reich; em 16 de março, Hitler entrava em Praga. Na Inglaterra, o governo instaurava o serviço militar obrigatório; na França, Daladier obtinha plenos poderes, começavam a distribuir máscaras contra os gases, sacrificaram a lei das quarenta horas aos interesses da defesa nacional. A paz recuava dia a dia. Mussolini atacava a Albânia, Hitler ameaçava Memel e reclamava Dantzig. Optando por uma política de firmeza, a Inglaterra assinava um pacto de assistência com a Polônia. Talvez a conclusão de um acordo anglo-franco-russo intimidasse Hitler? Mas as negociações com a URSS não chegavam a um resultado. Dentro em breve, não haveria alternativa senão a guerra ou mais uma concessão. Déat escreveu em *L'Œuvre* um artigo que causou grande sensação: "Morrer por Dantzig". Incitava os franceses a todas as renúncias: desde os radicais até os comunistas, a esquerda mostrou-se unanimemente indignada.

Lembro-me a esse respeito de uma discussão entre Colette Audry e Sartre; ela ficara tão transtornada com os desastres espanhóis que não acreditava mais em nada relacionado à política: "Tudo é melhor do que a guerra." "Não tudo, não o fascismo", respondia Sartre. Ele não tinha uma alma belicosa; no momento, em 30 de setembro, não estava descontente com reiniciar sua vida civil; nem por isso deixava de considerar Munique como um erro e achava que um novo recuo seria criminoso; transigindo, tornávamo-nos cúmplices de todas as perseguições, de todos os extermínios: essa ideia também me repugnava. Havia dezenas de milhares de judeus que, para escapar dos campos de concentração e das torturas, erravam pelo mundo: a história do *Saint-Louis* fez-nos sentir o horror de sua situação. Novecentos e dezoito israelitas tinham embarcado em Hamburgo para Cuba: o governo de Cuba recusou-os e o capitão dirigiu-se para a Alemanha. Todos se comprometeram, num juramento coletivo, a morrer juntos de preferência a voltar para Hamburgo. Navegaram sem rumo durante semanas; finalmente, a Holanda, a Inglaterra e a França consentiram em lhes dar asilo. Numerosos outros navios transportavam assim de um porto a outro essas cargas miseráveis que nenhum país queria receber. Já era tempo de acabar com essas atrocidades que nosso egoísmo tolerara por demais.

Entretanto, as imagens da outra guerra voltavam-me ao espírito: condenar à morte, por humanitarismo, um milhão de franceses, que contradição! Sartre respondia que não se tratava de humanitarismo nem de nenhuma espécie de moral abstrata: estávamos em jogo; se não derrubássemos Hitler, a França conheceria algo próximo à sorte da Áustria. Eu dizia como Colette Audry, como muitos discípulos de Alain: "Não é pior uma França em guerra do que uma França nazificada?" Sartre meneava a cabeça: "Não quero que me obriguem a comer meus manuscritos. Não quero que arranquem os olhos de Nizan com colherinhas." Bem, a nós, intelectuais, o domínio nazista tiraria o sentido de nossas vidas; mas, se a decisão estivesse em nossas mãos, ousaríamos mandar os pastores dos Baixos-Alpes, os pescadores de Douarnenez morrer em defesa de nossas liberdades? A coisa também lhes dizia respeito, respondia Sartre; por não pegar em armas contra Hitler, sem dúvida se veriam um dia forçados a combater por ele; em uma França anexada ou vassala, operários, camponeses, burgueses, todos sofreriam: todos seriam tratados como vencidos, como sub-homens e duramente sacrificados à grandeza do Reich.

Ele convenceu-me. Não se podia mais evitar a guerra. Mas por que se tinha chegado a esse ponto? Eu não tinha o direito de queixar-me, já que não levantara um dedo para impedi-la. Sentia-me culpada. Se ao menos pudesse dizer: "Pois bem, pagarei; eu resgatarei minha cegueira, meu estouvamento, aceitando as consequências." Mas pensava em Bost, em todos os rapazes de sua idade que não tinham tido a menor oportunidade de agir sobre os acontecimentos; podiam, com razão, acusar os mais velhos: temos vinte anos e vamos morrer por vossa culpa. Nizan tivera razão ao sustentar que não era possível de modo algum eludir à participação política: abster-se é tomar posição. O remorso corroía-me.

Não é possível designar um dia, uma semana, nem mesmo um mês para a conversão que se operou então em mim. Mas é certo que a primavera de 1939 assinala um corte em minha vida. Renunciei a meu individualismo, a meu anti-humanismo. Aprendi a solidariedade. Antes de iniciar a narrativa desse novo período, gostaria de dar rapidamente um balanço do que me haviam trazido esses dez anos.

É arbitrário cortar a vida em fatias. Entretanto, o ano de 1929, de que datam, ao mesmo tempo, o fim de meus estudos, minha emancipação econômica, minha saída da casa paterna, a liquidação de minhas antigas amizades e meu encontro com Sartre, abriu evidentemente para mim uma nova era. Em 1939 minha existência mudou de maneira igualmente radical: a História pegou-me para não mais largar; por outro lado, dediquei-me a fundo e para sempre à literatura. Encerrava-se uma época. O período que acabo de contar fez-me passar da juventude à maturidade. Duas preocupações dominaram-no: viver e realizar minha vocação ainda abstrata de escritora, isto é, encontrar o ponto de inserção da literatura em minha vida.

Viver, antes de tudo; por certo, vive-se, o que quer que se faça; mas há uma maneira de unificar os momentos que a gente atravessa: subordinando-os a uma ação, por exemplo, ou projetando-os em uma obra. Meu empreendimento foi a própria vida que eu pensava ter em minhas mãos. Ela devia atender a duas exigências que em meu otimismo eu não separava: ser feliz e ter o mundo; a desgraça, pensava, só me houvera dado uma realidade adulterada. Garantida a minha felicidade em virtude de meu entendimento com Sartre, minha preocupação foi nela incluir a mais rica experiência possível. Minhas descobertas não seguiam, como na minha infância, uma linha segura, eu não tinha a impressão de progredir dia a dia; mas, em sua desordem e sua confusão, elas me satisfaziam; eu confrontava as coisas em carne e osso com o que pressentira do fundo de minha gaiola, e via algumas insuspeitas. Viram com que obstinação eu levava avante minhas investigações. Conservei durante muito tempo a ilusão de que a verdade absoluta das coisas se dava à minha consciência, e somente a ela — com exceção talvez de Sartre. Evidentemente sabia que muitas pessoas podiam compreender melhor do que eu um quadro, uma sonata; mas parecia-me confusamente que, a partir do momento em que um objeto se achava integrado em minha história, já gozava de uma iluminação privilegiada. Um país permanecia virgem de qualquer olhar enquanto eu não o via com meus olhos.

Até trinta anos, senti-me mais prevenida do que os jovens e mais jovem do que os velhos; uns eram demasiado estouvados, outros demasiado acomodados. Somente em mim a existência organizava-se de maneira exemplar; cada pormenor se beneficiava dessa perfeição. Por isso, era urgente para o universo como para mim que tudo conhecesse dele. O gozo era secundário ao lado desse mandato que se perpetuava; eu o acolhia com interesse, mas não o buscava; preferia iniciar-me no *Octeto* de Stravinsky — que não me dava então nenhum prazer — a escutar a *Cavatina* por demais familiar. Havia algo de frívolo em minha curiosidade. Como na minha infância, imaginava que na primeira decifração de um trecho de música, de uma cidade, de um romance, eu aprendia o essencial; preferia a diversidade à repetição e ver Nápoles de novo do que retornar a Veneza; em certa medida, entretanto, essa avidez se justificava. Para atingir um objeto, é preciso situá-lo no conjunto a que pertence; a *Cavatina* reporta-nos à obra inteira de Beethoven, a Haydn, às origens da música e até a seus desenvolvimentos ulteriores. Isso eu o sabia, não somente por ter lido Spinoza como também porque a ideia de síntese comandava, já o disse, o pensamento de Sartre e o meu. Era preciso visar à totalidade do universo para possuir a menor poeira dele. A contradição não nos assustava; expurgávamos, podávamos, cortávamos; rejeitávamos para o nada Murillo, Brahms; ao mesmo tempo recusávamos escolher: tudo o que existia devia existir para nós.

É normal, dada a infinidade da tarefa, que sem cessar tenha andado às voltas com projetos; cada conquista era uma etapa a ultrapassar. Esse traço, entretanto, não se explica unicamente pela imensidade do campo que desejava cobrir pois hoje que renunciei a esgotá-lo não mudei muito: eu projeto. A contingência amedronta-me; povoando o futuro de esperas, de apelos, de exigências, empresto ao presente uma necessidade. No entanto, já o disse, conhecia sonhos: contemplava. Eram uma fabulosa recompensa esses momentos em que a preocupação de existir se perdia na plenitude das coisas com as quais eu me confundia.

Esse trabalho que realizávamos, Sartre e eu, a fim de nos ligar ao mundo, não se acomodava com rotinas e barreiras estabelecidas pela sociedade; por isso mesmo as recusávamos: pensávamos que o homem devia ser criado de novo. Colette Audry, a quem amigos fortemente politizados censuravam o fato de desperdiçar-se conosco, respondeu alegremente: "Preparo o homem de amanhã." Sorrimos com ela dessa piada mas ela não nos parecia tão piada assim; um dia as pessoas se libertariam de sua esclerose, inventariam livremente sua vida: era o que pretendíamos. Na realidade, éramos de costume arrastados por uma correnteza: quando íamos aos esportes de inverno, à Grécia, a um concerto de jazz, a um filme norte-americano, quando aplaudíamos Gilles e Julien. Contudo, enfrentávamos todas as situações com a ideia de que nos cabia moldá-las sem nos dobrar a nenhum modelo. Tínhamos inventado nossas relações, sua liberdade, sua intimidade, sua fraqueza; inventamos com menos felicidade o trio. Em nossa maneira de viajar havia uma originalidade que provinha, em parte, de nossa negligência em nos organizarmos; mas essa imprudência refletia nossa vontade de independência. Visitamos a Grécia do nosso modo. Na Itália, na Espanha, no Marrocos, uníamos, de acordo com o sabor de nossa inspiração, o conforto à frugalidade, o esforço à preguiça. Principalmente, inventávamos atitudes, teorias, ideias; recusávamos amarrar-nos a elas, praticávamos a revolução permanente; isso perturbava muitas vezes os nossos amigos que pensavam seguir-nos fielmente quando já nos achávamos alhures. "O que há de cansativo em vocês", disse, um dia, Bost, "é que é preciso ter suas opiniões *no mesmo momento que vocês*". De fato, suportávamos mal da parte de nossos íntimos as contradições que entre nós multiplicávamos; nós os esmagávamos com argumentos irrefutáveis que pulverizávamos no dia seguinte.

Graças a essas reviravoltas e à atenção que dávamos às coisas, parecia-nos que nos colávamos à realidade. Achávamos graça quando, em seus trabalhos, Jean Wahl ou Aron falavam de caminhar "para o concreto", cercá-lo: estávamos convencidos de manuseá-lo completamente. Entretanto, semelhante nesse ponto à de todos os intelectuais pequeno-burgueses, nossa vida caracterizava-se pela sua *desrealidade*. Tínhamos um ofício que exercíamos corretamente, mas ele não nos arrancava do universo das palavras; intelectualmente éramos sinceros e aplicados; como Sartre me disse um dia, tínhamos *um sentido real da verdade*,[78] era alguma coisa; mas isso não implicava em absoluto que tivéssemos *um sentido verdadeiro da realidade*. Não somente éramos como todos os burgueses protegidos contra a necessidade, e, como todos os funcionários, contra a insegurança, como também não tínhamos filhos, nem família, nem responsabilidade: uns elfos. Não existia nenhuma ligação inteligível entre o trabalho, afinal divertido e de nenhum modo cansativo, que fornecíamos e o dinheiro que recebíamos: este não correspondia ao esforço. Não estando sujeitos a nenhum padrão, gastávamo-lo caprichosamente; às vezes, bastava-nos para terminar o mês, outras vezes não; esses acasos não nos revelavam a realidade econômica de nossa situação e nós a ignorávamos; crescíamos como os lírios dos campos. As circunstâncias favoreceram nossas ilusões. Rebentávamos de saúde; nosso corpo só nos opunha resistência quando íamos até os limites de suas forças; podíamos pedir-lhe muito e isso compensava a modéstia de nossos recursos. Tínhamos viajado tanto quanto se tivéssemos sido ricos, porque não hesitávamos em dormir ao ar livre, em comer em pés-sujos, em caminhar. Nesse sentido, merecíamos nossas alegrias, nós as pagávamos a um preço que outros teriam achado excessivo, mas era uma sorte nossa poder merecê-las dessa

---

[78] A maioria dos burgueses, todas as pessoas da sociedade têm relações perfeitamente irreais com a verdade.

maneira. Tivemos outras. Não sei por que nossos laços ilegítimos eram encarados com quase tanto respeito quanto um casamento: M. Parodi, inspetor-geral, conhecia-os, e os levou em consideração com benevolência quando me enviou a Rouen, depois de ter nomeado Sartre para o Havre; podia-se portanto derrogar impunemente aos costumes. Isso confirmou-nos em nosso sentimento de liberdade. A evidência que dele tínhamos escondeu-nos a adversidade do mundo. Cada um a seu modo, alimentamos sonhos. Eu queria ainda que minha vida "fosse uma bela história que se tornava verdadeira na medida em que a contava". Ao mesmo tempo que a contava ia ajudando a embelezá-la; como minha triste heroína, Chantal, carreguei-a durante dois anos de símbolos e de mitos. Em seguida, renunciei ao maravilhoso; mas não me curei do moralismo, do puritanismo que me impediam de ver as pessoas como são, nem de meu universalismo abstrato. Continuei impregnada de idealismo e de esteticismo burgueses. Minha obstinação esquizofrênica da felicidade, sobretudo, tornou-me cega à realidade política. Essa cegueira não me era pessoal: quase toda a época sofria da mesma doença. É impressionante o fato de que depois de Munique a equipe de *Vendredi* (unânime e sinceramente de "esquerda") se tenha cindido, desnorteada. Como Sartre o indicou em *Sursis*, vivíamos todos uma vida falsa cuja substância era a paz. Ninguém dispunha dos instrumentos necessários para abarcar o conjunto de um mundo que se unificava e que não se podia entender em parte sem o compreender em seu todo. Levei assim mesmo a um grau excepcional minha recusa da História e de seus riscos.

Mas o que há então de válido na experiência que acabo de contar? Parece-me ela por vezes impregnada de tanta ignorância e de tanta má-fé que só sinto despeito em relação a esse momento de meu passado. Eu olhava a Úmbria, era um instante único, inesquecível. Na realidade a Úmbria me escapava; contemplava jogos de luz, contava a mim mesma uma lenda; a severidade dessa terra, a vida sem alegria dos camponeses que lá trabalhavam, eu não o via. Há, sem dúvida, uma verdade da aparência, à condição de conhecê-la como aparência, e não era o meu caso. Estava ansiosa por saber e contentava-me com ilusões. Desconfiava disso às vezes; foi por essa razão, penso, que me interessei tão calorosamente pela discussão que opôs Pagniez a Sartre diante das luzes da Grande-Couronne. Mas não me detive.

Mesmo assim, fazendo um balanço desses anos, parece-me que me deram muitíssimo: tantos livros, quadros, cidades, tantas fisionomias, ideias, emoções, sentimentos! Nem tudo era falso. Se o erro é uma verdade mutilada, se a verdade só se realiza pelo desenvolvimento de suas formas incompletas, compreende-se que mesmo através de mistificações a realidade consiga abrir passagem. A cultura imperfeita que adquiri era necessária à sua própria superação. Se sabíamos muito mal utilizar os materiais que acumulávamos, não deixava de ser útil colhê-los. O que me inclina a considerar com indulgência os nossos erros é o fato de nem mesmo nossas próprias certezas nos terem detido: o futuro permanecia aberto e a verdade em *sursis*.

De qualquer maneira, mesmo se tivéssemos tido mais lucidez, nossas existências não teriam sido muito diferentes, pois o que nos importava era menos situar-nos com exatidão do que ir para a frente. A própria confusão em que me debatia orientou-me imperiosamente para o objetivo que me fixara havia muito: fazer livros.

Porque esse era, inextricavelmente ligado ao primeiro, o meu segundo problema. Para que minha vida me bastasse, precisava dar um lugar à literatura. Em minha adolescência e minha primeira juventude, minha vocação fora sincera, mas vazia; limitava-me a declarar: "Quero ser uma escritora." Tratava-se agora de encontrar o que desejava escrever e ver em que medida o poderia fazer: tratava-se de escrever. Isso me tomou tempo. Eu jurara a mim mesma, outrora, terminar com vinte e dois anos a grande obra em que diria tudo, e tinha já trinta anos quando iniciei o meu primeiro romance publicado, *A convidada*. Na minha família e entre minhas amigas de infância, murmurava-se que eu era uma fruta seca. Meu pai agastava-se: "Se tem alguma coisa dentro de si, que o ponha para fora." Eu não me impacientava. Tirar do nada e de si mesma um primeiro livro, que, custe o que custar, fique em pé, era uma empreitada, bem o sabia, exigente de numerosíssimas experiências, erros, trabalho e tempo, a não ser em virtude de um conjunto excepcional de circunstâncias favoráveis. Escrever é um ofício, dizia-me, que se aprende escrevendo. Assim mesmo, dez anos é muito e durante esse período rabisquei muitos papéis. Não creio que minha inexperiência baste para explicar um malogro tão perseverante. Não era muito mais esperta quando iniciei *A convidada*. É preciso admitir que encontrei, então, "um assunto", quando antes nada tinha a dizer? Mas há sempre o mundo ao redor; o que significa esse *nada*? Em que circunstâncias, por que, como as coisas se revelam como devendo *ser ditas*?

A literatura aparece quando alguma coisa na vida se desregra; para escrever — bem o mostrou Blanchot no paradoxo de Aytré — a primeira condição está em que a realidade deixe de *ser natural*; somente então a gente é capaz de vê-la e de mostrá-la. Ao sair do tédio e da escravidão de minha mocidade, sentia-me submergida, desatinada, cega. Como poderia ter esgotado em minha felicidade o desejo de fugir dela? Minhas determinações de trabalho permaneceram ocas até o dia em que alguma coisa ameaçou essa felicidade e eu encontrei certa solidão na ansiedade. O malogro do trio fez mais do que me fornecer um assunto de romance: deu-me a possibilidade de tratá-lo.[79]

Apesar de minha impotência e de meus malogros, continuei convencida de que um dia escreveria livros que seriam editados; seriam exclusivamente romances, pensava; a meus olhos, esse gênero superava todos os outros, a ponto de eu achar que Sartre se desperdiçava quando se pôs a redigir notas crônicas para a *NRF* e para *Europe*. Eu desejava apaixonadamente que o público gostasse de minhas obras; então, como George Eliot, que se confundira para mim com Maggie Tulliver, eu me tornaria uma personagem imaginária; dessa personagem teria a necessidade, a beleza, a brilhante transparência; era essa transfiguração que minha ambição visava. Eu era sensível, eu o sou ainda, a todos os reflexos que se desprendem dos vidros e da água; observava-os longamente,

---

[79] Tudo o que escrevi depois confirma a importância dessa noção de distância. Mal falei das viagens e paisagens que tinham contado tanto para mim, porque se tinham integrado em mim. Em Portugal, interroguei-me acerca dos prazeres e da vergonha do turismo, e percebi-lhes as mistificações; tive vontade de me explicar a respeito. Havia uma enorme diferença entre a ideia que fazia da América e sua verdade: essa diferença incitou-me a contar minhas descobertas. A China, enfim, pôs à minha frente uma porção de problemas e perturbou-me de certa maneira a consciência: reagi procurando relatar o que vira e sentira. Mas, quanto à Itália, à Espanha, à Grécia, Marrocos, e tantos outros países que visitei sem segundas intenções, não tinha, ao deixá-los, nenhum motivo para falar deles, nada tinha a dizer e não falei.

curiosa e encantada; sonhava em me desdobrar, tornar-me uma sombra que atravessaria os corações e os assombraria. Era inútil que esse fantasma tivesse ligação com uma pessoa de carne e osso; o anonimato era-me perfeitamente adequado. Foi somente — já o disse — em 1938 que desejei, durante um curto momento, tornar-me alguém conhecido a fim de, em consequência, conhecer outras pessoas.

Foi de outra maneira que meu universo mudou. Mas antes de falar nisso quero fazer algumas observações. Sei que lendo esta biografia certos críticos vão triunfar: dirão que desmente brutalmente *O segundo sexo*, já o disseram a propósito de minhas memórias. É que não compreenderam meu velho ensaio e talvez mesmo dele falem sem o ter lido. Escrevi porventura algum dia que as mulheres eram homens? Pretendi não ser uma mulher? Meu esforço foi, ao contrário, o de definir em sua particularidade a condição feminina que é minha. Recebi uma educação de moça; terminados meus estudos, minha situação continuou a ser a de uma mulher no seio de uma sociedade em que os sexos constituem duas castas nitidamente separadas. Em numerosas circunstâncias, reagi como a mulher que era.[80] Por razões que expus precisamente em *O segundo sexo*, as mulheres, mais do que os homens, experimentam a necessidade de um céu por cima da cabeça; não lhes deram essa têmpera que faz os aventureiros, no sentido que Freud dá à palavra; elas hesitam em discutir a fundo o mundo, como hesitam também em aceitá-lo. Convinha-me portanto viver junto de um homem que eu estimava ser superior a mim; minhas ambições, embora obstinadas, permaneciam tímidas, e a marcha do mundo, conquanto me interessasse, não me dizia respeito. Viu-se entretanto que eu atribuía pouca importância às condições reais de minha vida: nada travava a minha vontade, pensava. Não negava a minha feminilidade; não a assumia tampouco. Não pensava nela. Tinha as mesmas liberdades e as mesmas responsabilidades que os homens. A maldição[81] que pesa sobre a maior parte das mulheres

---

[80] O que distingue minha tese da tese tradicional é que, a meu ver, a feminilidade não é uma essência nem uma natureza; é uma situação criada pelas civilizações a partir de certos dados fisiológicos.

[81] Que com ela sofram, que se acomodem a ela ou se felicitem de sua dependência, é sempre, afinal de contas, uma maldição; minha convicção a respeito não fez senão confirmar-se desde que escrevi *O segundo sexo*.

— a dependência — foi-me poupada. Ganhar a vida não é em si um fim, mas somente assim se alcança uma sólida autonomia interior. Se recordo com emoção minha chegada a Marseille é porque senti, no alto da escadaria, que força tirava de meu ofício e dos próprios obstáculos que me obrigava a enfrentar. Bastar-se materialmente é sentir-se um indivíduo completo; partindo daí pude recusar o parasitismo moral e suas facilidades perigosas. Por outro lado, nem Sartre, nem nenhum de seus amigos manifestaram nunca algum complexo de superioridade em relação a mim. Nunca me pareceu portanto que levasse desvantagem. Sei hoje que, para me descrever, devo dizer primeiramente: "Sou uma mulher"; mas minha feminilidade não constituiu para mim nem um incômodo nem um álibi. Como quer que seja, é um dos dados de minha história, não uma explicação.

Há outras pequenas explicações de que desconfio. Tento apresentar os fatos de uma maneira tão aberta quanto possível, sem lhes trair a ambiguidade nem os encerrar em falsas sínteses; eles se oferecem à interpretação. Contudo, recuso as grades que certa psicanálise, demasiado simplista, pretenderia aplicar-lhes; dirão sem dúvida que Sartre foi para mim um substituto do pai e Olga, o sucedâneo de um filho: aos olhos desses doutrinários, não existem nunca relações adultas; ignoram a dialética que da infância à maturidade — a partir de raízes cuja importância extrema estou longe de desconhecer — transforma as relações afetivas: ela as conserva, mas superando-as, e nessa superação se envolve o objeto que o sentimento encara como novo. Certamente, minha afeição por Sartre levava-me de volta à infância; mas também ao que ele era. Sem dúvida para me interessar por Olga era preciso que eu estivesse disponível, que meu desejo de me despender por alguém não se achasse satisfeito: mas foi a personalidade de Olga que fez a realidade e a singularidade de nossa amizade. Com essas reservas, creio ainda hoje na teoria do "ego transcendental"; o *eu* não passa de um objeto provável e quem diz *eu* só o apreende em parte; outra pessoa pode ter dele uma visão mais nítida e justa. Mais uma vez, esta exposição não se apresenta em absoluto como uma explicação. E mesmo, se a empreendi, foi em grande parte porque sei que nunca alguém pode conhecer-se, mas tão somente contar-se.

Segunda parte

O que perturba quando nos atrelamos a uma obra de longo fôlego e construída com rigor é que, muito antes de terminar, deixamos de coincidir com ela; nela não se pode depositar o momento presente. Comecei *A convidada* em outubro de 1938, terminei no princípio do verão de 1941; entrementes, acontecimentos e personagens reagiram mutuamente, e os últimos capítulos levaram-me a rever os primeiros, cada episódio foi revisto à luz do conjunto; mas essas modificações obedeciam a exigências internas do livro: não refletiam minha própria evolução; só fiz empréstimos absolutamente necessários à atualidade. O romance fora concebido, construído para exprimir um passado que eu estava superando, justamente porque me tornava diferente da que eu pintava, minha verdade de hoje, nele, não tinha mais lugar. Passei semanas, meses incapaz de trabalhar, mas logo que me colocava diante do papel, dava um pulo para trás, ressuscitava o mundo de outrora. Nas páginas impressas, não encontro vestígios dos dias em que as escrevi; nem a cor das manhãs e das tardes, nem o frêmito do medo, da espera, nada.

Entretanto, enquanto as arrancava laboriosamente do nada, o tempo partiu-se, o solo tremeu e eu mudei. Até então só me preocupara com enriquecer minha vida pessoal, com aprender a traduzi-la em palavras; tinha pouco a pouco renunciado a meu quase-solipsismo, à ilusória soberania de meus vinte anos; adquirira o sentido da existência de outro; mas eram ainda minhas relações individuais com as pessoas que contavam e eu desejava asperamente a felicidade. Subitamente, a História caiu sobre mim, explodi: reencontrei-me espalhada pelos quatro cantos da Terra, presa por todas as minhas fibras a todos e a cada um. Ideias, valores, tudo foi por água abaixo; a própria felicidade perdeu sua importância. Em setembro de 1939, anotei: "Para mim, a felicidade era antes de tudo uma maneira privilegiada de apreender o mundo. Se o mundo muda a ponto de não poder ser apreendido dessa maneira, a felicidade já não tem o mesmo valor." E em janeiro de 1941, eu escrevia novamente: "Como minha antiga ideia de felicidade me parece curta! Dominou dez anos de minha vida, mas acho que a abandonei quase por completo." Na realidade, nunca me libertei inteiramente. Antes deixei de conceber minha vida como uma empreitada autônoma e fechada sobre si; foi-me preciso descobrir de novo minhas relações com um universo cuja fisionomia eu não reconhecia mais. É essa transformação que vou contar.

Capítulo VI

No princípio do verão de 1939, eu não tinha ainda renunciado totalmente a esperar. Uma voz obstinada continuava a sussurrar em mim: "Isso não acontecerá comigo; não haverá guerra." Hitler não ousaria atacar a Polônia, o pacto tripartite acabaria sendo concluído e o intimidaria. Esbocei ainda projetos de paz. O momento não era propício para utilizar, como desejáramos, os serviços da *Inturist* e conhecer a URSS. Mas se as coisas se arranjassem poderíamos ir passear em Portugal. Seja, dizia Sartre, acrescentando que por certo não se arranjariam. Advertia-me; era melhor enfrentar a verdade, pois, do contrário, no dia em que se revelasse, eu não a poderia suportar, desmoronaria. Mas como preparar-se para o horror?, dizia a mim mesma; é inútil pretender domesticá-lo; gastaria em vão minhas forças, seria necessário improvisar. Deliberadamente bloqueei minha imaginação.

Mme Lemaire nos convidara para passar o princípio do mês de agosto em sua vila de Juan-les-Pins. Em 15 de julho, parti sozinha, mochila nas costas, para Provence. Foi a mais bela de todas as minhas viagens a pé: o monte Ventoux, a montanha da Lure, os Baixos Alpes, o Queyras, os Alpes Marítimos. Fernando, que se achava em Nice com Stépha, teve a ideia de acompanhar-me durante alguns dias. Alcançou-me em Puget-Théniers, calçado de magníficas botinas ferradas. No primeiro dia, andamos alegremente durante oito horas através de colinas vermelhas. No dia seguinte, fomos, em nove horas, pela montanha, de Guillaume a Sainte-Étienne-de-Tinée. Ele deitou-se, à noite, tremendo de febre. Fiz sem ele, no outro dia, uma longa escalada e, quando o reencontrei à tarde, ele decidira retornar a Nice. Prossegui sozinha. Subi, acima de Saint-Véran, a mais de três mil metros em picos solitários onde espantei um rebanho de cabritos-monteses. Seguindo ao longo da fronteira italiana, deparei com soldados em manobras; por duas vezes os oficiais examinaram meus papéis, com desconfiança. Larche, onde cheguei à tarde após uma etapa particularmente longa, estava ocupada pela tropa; impossível encontrar uma cama; dormi com a esposa do guarda-florestal, uma velhinha muito limpa. Eu não pensava em nada senão em bichos, flores, pedras, horizontes, no prazer de ter pernas, um estômago, pulmões e bater os meus próprios recordes.

Em Marseille, encontrei Sartre e Bost, que estavam de licença; ambos consideravam a guerra inevitável; os alemães já se infiltravam em Dantzig; não se podia imaginar que Hitler renunciasse a seus desígnios nem que a Inglaterra deixasse de cumprir as obrigações assumidas com a Polônia. Sartre, de resto, não desejava de modo algum um novo Munique, mas não era de coração alegre que encarava a mobilização. Fomos comer uma *bouillabaisse* em Martigues; o sol inundava os barcos coloridos e as redes de pesca. Sentamo-nos à beira da água, sobre grandes blocos de pedra de arestas cortantes; era pouco confortável, mas Sartre gostava da falta de conforto. Em face do céu azul, sonhamos em voz alta displicentemente: seria melhor voltar do front cego ou desfigurado? Sem pernas ou sem braços? Seria Paris bombardeada? Utilizariam gases? Bost deixou-nos dias depois e nós ficamos ainda mais dois ou três dias na cidade. Estávamos sentados, uma tarde, no Brûleur de Loups no Vieux-Port, quando passou Nizan carregando um enorme cisne de borracha; embarcava à noite para a Córsega com a mulher e os filhos. Devia encontrar-se lá com Laurent Casanova. Tomou uma bebida conosco e confiou-nos em tom triunfante que se concluía o pacto tripartite. Ele, sempre reservado, falava com uma alegria febril: "A Alemanha cairá de joelhos", declarou. Encarregado da política estrangeira no *Ce Soir*, compartilhava evidentemente os segredos dos deuses e seu otimismo reconfortou-nos. Desejamos-lhe férias pacíficas e felizes e ele deixou--nos com seu cisne nos braços, para sempre.

O pai de Mme Lemaire construíra a casa Puerta del Sol numa época em que esse pedaço da costa ainda era deserto. Era cercada por um grande jardim plantado de pinheiros e que descia até o mar no fim da praia do Provencel. Tomávamos nosso café da manhã no terraço, olhando os esquiadores deslizarem na água azul ao ruído dos motores das lanchas. Certa manhã, assistimos com prazer a um concurso de *slalom*.[82] Sartre escrevia; eu lia; naquela época eu não sabia muito bem

---

[82] Descida com curvas perigosas. (N.T.)

misturar o trabalho com o lazer. Por volta de meio-dia, íamos à praia e Sartre ensinava-me a nadar; consegui permanecer na superfície, mas nunca percorrer mais de dez metros. Sartre chegava a nadar um quilômetro; só que quando alcançava o largo, sozinho, persuadia-se de que um enorme polvo ia surgir do fundo e arrastá-lo para o abismo; voltava a toda para a terra firme. Eu gostava de entrar, por volta das duas horas, na sombra da casa cujas janelas tinham sido todas fechadas. Comíamos saladas de Nice, peixe frio, por vezes um *aïoli*[83] que nos dava sono. Havia sempre gente para almoçar e jantar; os filhos Lemaire traziam os numerosos amigos. Marco também se encontrava na Puerta del Sol. Acabava de fracassar mais uma vez na audição que lhe deveria abrir as portas do Opéra, tinha novamente aborrecimentos amorosos e as ameaças de guerra apavoravam-no. Perdia os cabelos, engordava, enfeava. Com isso se enchia de amargor. Imaginava que Mme Lemaire, Sartre e eu o criticávamos; espiava nossas conversas: surpreendemo-lo uma vez atrás de uma porta e outra embaixo da janela; desculpou-se com sua grande risada de outrora que agora não lhe assentava bem; andava à cata de aliados, fomentava intrigas. Entre alguns dos familiares da casa existiam divergências e, como de costume, apaixonávamo-nos por seus problemas; nós os discutíamos com Mme Lemaire, arquitetando hipóteses, distribuindo censuras com parcialidade. Marco divertia-se com a confusão, pelo prazer de prejudicar todo mundo. Comunicou a Jacqueline Lemaire, deturpando-as, reflexões desagradáveis que Sartre teria feito; ela queixou-se e foi um barulho do inferno. Sartre tinha muitas vezes furores benignos, mas só raramente o vi zangar-se seriamente; quando o fazia, sua expressão nada tinha de bom e, com poucas palavras, ele esfolava vivo o adversário: Marco chorou. Para selar nossa reconciliação, levou-nos com Mme Lemaire a Cannes, a uma boate de indivíduos vestidos de mulher. Entretanto, pelo fato de não trabalhar, os dias pareciam-me um tanto lânguidos. O azul do céu, o azul do mar abatiam-me por momentos; tinha também a impressão de que alguma coisa se escondia nesse azul; não um polvo, mas um veneno. A calma, o sol não passavam de um disfarce: subitamente tudo se romperia.

---

[83] Prato marselhês com muito alho. (N.T.)

Efetivamente, tudo se rompeu. Uma manhã soubemos pelos jornais da conclusão do pacto germano-soviético. Que golpe! Stalin deixava a Hitler a liberdade de atacar a Europa; a paz estava definitivamente perdida, e foi inicialmente essa evidência que nos angustiou. Depois, embora fazendo restrições ao que ocorria na URSS, pensamos que servia à causa da revolução mundial; o pacto dava brutalmente razão aos trotskistas, a Colette Audry, a todos os oposicionistas de esquerda: a Rússia tornara-se uma potência imperialista, obstinada como as demais em seu interesse egoísta. Stalin pouco se importava com o proletariado europeu. Através das trevas que se amontoavam, tínhamos percebido até esse dia uma chama de esperança: ela acabava de se apagar. A noite descia sobre a terra e em nossos ossos.

Tivemos vontade, Sartre e eu, de passar alguns dias a sós e deixamos Juan-les-Pins. Não adiantava nada regressar imediatamente a Paris. Fomos passear nos Pireneus. Tínhamos o coração angustiado quando dissemos adeus a Mme Lemaire e mesmo a Marco: em que circunstâncias voltaríamos a nos ver? O trem de Juan a Carcassone estava repleto de militares com suas licenças interrompidas e que já reivindicavam direitos de antigos combatentes: "Nós que morreremos amanhã", diziam ocupando deliberadamente os lugares reservados. Achei as fortificações de Carcassonne horríveis, mas gostei bastante das pequenas ruas da cidade; bebemos vinho branco em caramanchões, numa tasca deserta, falando da guerra, do pós-guerra, felizes por estarmos juntos para enfrentar a desgraça. Pegamos um ônibus, visitamos cidadezinhas, igrejas, claustros; em Mont-Louis, chovia e vimos nos muros os primeiros cartazes da mobilização; resolvemos voltar para Paris, mas passamos ainda um dia em Foix. No hotel Barbacane, oferecemo-nos um lauto almoço — frios, truta, *cassoulet, foie gras*, queijo e frutas, com um vinho da região — e Sartre explicou-me como, no terceiro volume de *Caminhos da liberdade*, Brunet, enojado com o pacto germano-soviético, desaliava-se do PC; iria pedir ajuda a Mathieu: modificação necessária, dizia Sartre, da situação exposta no primeiro volume. Depois fomos passear à beira de um rio de águas claras; dizíamo-nos que em todo caso esses campos, essa calma cidadezinha não seriam atingidos pela guerra e que os encontraríamos intactos *depois*: isso nos dava algo a que nos agarrarmos. Contávamo-nos que o inevitável acontecera, que tínhamos nos conformado com a guerra: caminhávamos com displicência procurando convencer-nos de que a tranquilidade de nossos gestos e a serenidade da paisagem correspondiam ao estado de nossos corações. Essa atitude durou pouco. Às sete e meia da noite, pegamos um trem para Toulouse, onde devíamos tomar imediatamente o rápido de Paris, mas estava cheio; ficamos duas horas e meia numa estação abarrotada e negra onde luziam fracamente algumas pequenas estrelas violeta. A multidão inquieta, as trevas anunciavam um cataclismo; não o podia mais evitar, ele penetrava-me até a medula. Um segundo rápido chegou, a multidão precipitou-se; fomos bastante espertos para conquistar dois lugares de canto em meio à bagunça.

Em Paris, tudo estava fechado, restaurantes, teatros, lojas porque era agosto. Nenhum de nossos amigos regressara: Olga achava-se em Beuzeville; Bost, numa caserna de Amiens; Pagniez, no campo com a família da mulher; minha irmã, em La Grillère com meus pais; Nizan, na Córsega; com ele sobretudo é que gostaríamos de conversar; não conseguíamos entender como fora tão mal-informado. Havia, no *Ce Soir*, pessoas importantes que o hostilizavam, mas em circunstâncias tão graves essas inimizades deveriam ter sido esquecidas. Como teria reagido? Nem na vida particular nem na vida de militante era homem de engolir sapos. O comunismo representava para ele algo que o pacto contradizia. Pensávamos muito nele. De um modo geral, a sorte dos comunistas preocupava-nos: prendiam-se certos militantes; *L'Humanité* e *Ce Soir* tinham sido suspensos. Era uma situação paradoxal e desagradável, porque os comunistas franceses tinham-se colocado, afinal, na vanguarda da luta contra o fascismo. Muitas outras coisas nos perturbavam nos jornais e nas conversas que surpreendíamos nos terraços dos cafés. Fora com razão que a imprensa havia algum tempo denunciara as atividades de uma "quinta-coluna"; sem dúvida alguma, constituía um verdadeiro perigo. Mas adivinhava-se que iria servir de pretexto para o desencadeamento de uma onda de *espionite* pior do que a que se verificara em 1914-18. A natureza de fanfarronice e covardia, de futilidade e pânico que sentíamos no ar punha-nos pouco à vontade.

As horas passavam lentamente; não tínhamos o que fazer e nada fazíamos senão andar pelas ruas cegas à espreita das edições dos jornais. À noite íamos ao cinema ver os novos filmes norte-americanos; vimos, entre outros, a obra-prima de Ford, *A cavalgada fantástica*, que ressuscitava, em estilo moderno, tudo o que tínhamos apreciado nos antigos *westerns*. Era uma curta trégua: saíamos da sala, tornávamos ao Champs-Élysées, precipitávamo-nos sobre a última edição do *Paris-Soir*. Todas as noites ao deitarmos, perguntávamo-nos o que aconteceria no dia seguinte. Nossa angústia despertava conosco. Por que fora preciso chegar a isso? Com pouco mais de trinta anos, nossa vida começava a desenhar-se e eis que a confiscavam brutalmente da gente; iriam devolvê-la? E por que preço? A tarde tranquila de Foix fora apenas uma pausa: apegávamo-nos demasiado a um grande número de coisas para sacrificá-las tão depressa. Nossa inquietação, nossa íntima revolta, cada qual a guardava para si, mas nenhum de nós se iludia com a serenidade do outro. Eu recordava os acessos de raiva de Sartre na época de seu serviço militar, seu horror às vãs disciplinas e ao tempo perdido; hoje ele recusava-se à cólera e até à amargura, mas eu sabia que se era mais do que qualquer pessoa capaz de arcar com responsabilidades, a coisa lhe custava igualmente mais do que a qualquer pessoa; pagara caro sua submissão aos imperativos da "idade da razão"; aceitava sem resmungar partir para a Frente, mas por dentro estava a ponto de rebentar. Não duvidávamos da realidade da guerra. Os correspondentes dos jornais franceses em Berlim insinuavam que Hitler, tendo anunciado na sexta-feira o pacto germano-soviético, planejava invadir a Polônia no sábado às cinco horas da manhã; o golpe falhara, eis por que tinha convocado Henderson em Berchtesgaden. Talvez desejasse negociar com o governo polonês por intermédio da Itália. Sartre não dava nenhum crédito a esses boatos. Em compensação, estava convencido, como todo mundo, que a guerra não duraria muito tempo e que as democracias ganhariam. Os jornais lembravam as palavras de Schacht: "A rigor, acaba-se uma guerra com o racionamento do pão, mas não se começa." A Alemanha carecia de abastecimento, de ferro, de petróleo, de tudo. A população não tinha nenhuma vontade de se exterminar: não aguentaria; o Reich desmoronaria. Dentro dessa perspectiva, a guerra assumia um sentido. Encontramos Fernando no

Dôme, ouvimos no Flore simpatizantes comunistas conversarem: se a URSS permite que a Alemanha desencadeie a guerra, é porque confia na revolução mundial. Essa justificativa do pacto parecia-nos uma utopia. Esperávamos, pelo menos, que a liquidação dos fascismos acarretasse na França e em toda a Europa um progresso do socialismo. Eis por que Sartre não se revoltava contra a sorte; desenvolvia ele próprio um esforço obstinado para obrigar-se a aceitá-la. Encontrei Merleau-Ponty nos últimos dias de agosto e expus-lhe nosso ponto de vista; a guerra era, em suma, um meio aceitável de fazer que cessasse certo número de idiotices. Ele perguntou-me com alguma ironia por que a acolhia, este ano, tão serenamente, quando no ano anterior tivera tanto medo. O que o fez sorrir foi, creio, o entusiasmo com que me pus a defender tão recentes convicções. No entanto — como em muitos casos —, minha reviravolta coincidia com a de todo mundo, ou quase. Durante aqueles doze meses, a guerra impusera-se à maioria dos que, no momento de Munique, acreditavam ainda poder recusá-la. Pessoalmente, a principal razão de minha resignação estava em que sabia que era inevitável e, para conservar a paz do coração, procurei vencer a mim mesma de preferência a lutar contra a sorte. Tentei até o limite do possível — até 11 de maio de 1940 — apegar-me a esse preceito cartesiano. De resto, estava menos calma do que pretendia; tinha medo. Não temia pessoalmente nada; nenhum só instante pensei em sair de Paris. Tinha medo por causa de Sartre. Ficaria na retaguarda, dizia-me ele, perto de algum campo de aviação; receava muito mais o tédio do que o perigo; eu não lhe dava muito crédito. E ambos tínhamos medo por causa de Bost — soldado raso, era carne para canhão: e tinha apenas vinte e um anos. Certas pessoas diziam que essa guerra seria diferente das outras, talvez. Gostaríamos de adivinhar como se desenrolaria e também o que aconteceria *depois*. Enquanto estávamos juntos e conversávamos, a curiosidade e uma espécie de febre superavam a tristeza de uma separação iminente.

E subitamente, certa manhã, a coisa aconteceu. Então, na solidão e na angústia, comecei a escrever um diário. Este parece-me mais vivo, mais exato do que a narrativa que dele poderia tirar. Ei-lo portanto. Limito-me a suprimir pormenores ociosos, considerações demasiado íntimas, repetições.

1º de setembro

Dez horas da manhã. O jornal expõe as reivindicações de Hitler, nenhum comentário; não acentuam o caráter inquietante das notícias, nem falam tampouco de esperança. Dirijo-me ao Dôme, sem ter o que fazer, desatinada. Pouca gente. Mal acabo de pedir um café e o garçom anuncia: "Declararam guerra à Polônia." É um freguês que está com o *Paris-Midi*. Correm a ele e também às bancas de jornais: o *Paris-Midi* não chegou. Levanto-me, vou para o hotel. Na rua ninguém sabe nada ainda, todos sorriem como há pouco. Na avenida do Maine, algumas pessoas têm o *Paris-Midi*; param-nas para ler os títulos. Encontro Sartre, acompanho-o a Passy onde vai ver os pais e espero-o no viaduto perto do metrô. Passy está absolutamente deserto, nem um transeunte nas ruas, mas, à beira do cais, um interminável desfile de automóveis cheios de maletas e de crianças; há até *side-cars*. Não penso em nada, estou bestificada. Sartre volta. A mobilização foi decretada. Os jornais anunciam que se iniciará amanhã: temos algum tempo à nossa frente. Passamos no hotel, procuramos o cantil, as botinas no porão. Sartre receia chegar atrasado ao local de reunião e vamos de táxi para a Praça Hébert: uma pequena praça perto da porta de La Chapelle. Está vazia. Um poste no meio com um cartaz: "Local de reunião nº 4" e embaixo do cartaz dois guardas. Acabam de colar cartazes no muro: um longo apelo à população parisiense com faixas tricolores, e, mais modesta, a ordem de mobilização decretada a partir de 2 de setembro à meia-noite. Sartre aproxima-se dos guardas e mostra sua caderneta: deve partir para Nancy. "Venha à meia-noite se quiser", diz o guarda. "Mas não poderemos fretar um trem só para você." Vamos a pé até o Flore. Sônia está linda com um lenço vermelho nos cabelos e Agnès Capri, primaveril, com um chapéu de pastora com uma larga fita branca; uma mulher de ar severo chora. "Desta vez parece sério", diz um garçom. Mas as pessoas continuam sorridentes. Eu não penso em nada, mas estou com dor de cabeça. Há um lindo luar por cima de Saint-Germain-des-Prés, parece uma igreja do campo. E no fundo de tudo, por toda parte, um horror vago na atmosfera: nada se pode prever, imaginar, tocar.

Tenho medo da noite, embora me sinta cansada. Não durmo, o luar invade o quarto. Subitamente um grande grito, vou à janela; uma mulher gritou, aglomeração, passos na calçada, uma lâmpada elétrica. Adormeço.

2 de setembro
O despertador toca às três horas. Descemos a pé até o Dôme; a temperatura é amena. O Dôme e a Rotonde estão fracamente iluminados. O Dôme está barulhento; muitos uniformes. Duas putas cercam dois oficiais no terraço, uma cantarola maquinalmente; os oficiais não lhes dão atenção. Dentro, gritos, risos. Na noite vazia e amena, partimos de táxi para a praça Hébert; a praça está deserta ao luar mas os guardas continuam lá. Parece um romance de Kafka: o andar de Sartre parece absolutamente livre, gratuito, com uma rigorosa fatalidade, entretanto, que vem de dentro dele, para além dos homens. Os guardas acolhem-no com um ar amigo e indiferente: "Vá para a estação Leste", dizem, mais ou menos como se se dirigissem a um maníaco. Seguimos pelas grandes pontes de ferro por cima dos trilhos; o céu está vermelho, é belíssimo. A estação está vazia; há um trem às seis e vinte e quatro, mas decidimos que Sartre tomará o de dez para as oito. Sentamos em um terraço. Sartre repete-me que, na meteorologia, não corre perigo algum. Conversamos ainda na estação, por cima de uma corrente, e depois ele parte. Volto a pé para Montparnasse; bela manhã de outono; um cheiro fresco de cenouras e repolhos se espalha pelo bulevar Sébastopol...

Quando saio do cinema, às cinco horas, o ar está pesado; grande silêncio nas ruas. *L'Intransigeant* faz alusão a vagas manobras diplomáticas: a Polônia resiste, o Reich está intimidado; um segundo de esperança, sem alegria, mais penoso do que o torpor. Na avenida do Opéra, muita gente faz fila para conseguir máscaras contra gases. A livraria Tchuntz, no bulevar Montparnasse, colou na vitrine um cartaz: "Família francesa. Filho mobilizado em 1914 etc. Mobilizável no nono dia."

Subo ao apartamento de Fernando. Ele me acolhe com um ar patético: "Veremos se você tem ânimo! Ehrenburg é um homem acabado." Ehrenburg não come mais, não dorme mais por causa do pacto germano-soviético; estaria pensando em se suicidar. Isso não me comove muito. Vamos comer numa casa de pasto bretã, na rua de Montparnasse; lá fora é noite fechada. Distingue-se no muro em frente o aviso abrigo; as meretrizes percorrem a calçada, uma ou duas luzes azuis. A creperia não está sendo mais abastecida: faltam pão, farinha. Eu como pouco. Esta noite os cafés fecharão às onze horas e as boates não abrirão. Não posso suportar a ideia de voltar para meu quarto; vou dormir na casa de Fernando. Pusemos um lençol no sofá de baixo. Custo a adormecer, mas adormeço.

3 de setembro
Acordo às oito e meia; chove. Meu primeiro pensamento: "É verdade!" Não estou exatamente triste ou infeliz, não tenho a impressão de uma dor em mim; é o mundo lá fora que é horrível. Ligamos o rádio. Eles não responderam aos últimos apelos da França e da Inglaterra, continuam a combater na Polônia. É impensável: depois deste dia haverá outro, e outro, bem piores ainda do que este porque estaremos combatendo. O que nos impede de chorar é a impressão de que, depois, ainda teremos lágrimas para verter.

Leio o *Journal* de Gide. O tempo passa lentamente. Onze horas: última gestão em Berlim: a resposta sairá hoje; não há esperança; não posso sequer imaginar minha alegria se me dissessem: "Não haverá guerra" e talvez até não a tivesse.

Telefonema de Gégé; vou dar um pulo à casa dela, a pé; todas as distâncias encurtaram tanto: um quilômetro corresponde a, pelo menos, dez minutos de ocupação. Os guardas têm bonitos capacetes novos e trazem as máscaras a tiracolo num saquinho de borracha. Há civis que também as carregam assim. Muitas estações de metrô estão fechadas com correntes, e cartazes indicam a estação mais próxima. Os faróis dos automóveis, pintados de azul, parecem enormes pedras preciosas. Almoço no Dôme com Pardo,[84] Gégé e um inglês de olhos muito azuis. Pardo aposta comigo e Gégé que não haverá guerra; o inglês é da mesma opinião; entretanto, corre o boato de que a Inglaterra já declarou guerra. Gégé conta sua volta de Limoges para Paris; cruzara com uma

---
[84] O segundo marido de Gégé. Ela conseguira a anulação do primeiro casamento.

fila ininterrupta de táxis e carros carregados de colchões; poucos automóveis na direção de Paris; somente homens, chamados às armas. Vedam as vidraças do Dôme com pesadas cortinas azuis. Subitamente, às três e meia, no *Paris-Soir*: "A Inglaterra declarou guerra às onze horas; a França vai declará-la às cinco horas da tarde". Enorme choque apesar de tudo...

Tumulto na praça Montparnasse. Uma mulher chamou um sujeito de estrangeiro, ele a xingou; pessoas protestaram; um guarda pega o sujeito pelos cabelos, novamente a multidão protesta; o guarda parece confuso e dispersa o povo; em conjunto parecem censurar essa hostilidade contra "o estrangeiro".

À noite, com Gégé, passeio pelo Flore; as pessoas dizem ainda que não acreditam na guerra mas fazem caras sinistras. Um sujeito da Hachette conta que todos os caminhões foram requisitados e que os livreiros do metrô se acham bruscamente sem o seu ganha-pão. Voltamos à rua de Rennes. São belos, na noite escura, os faróis azuis e roxos. No Dôme, um guarda discute com o gerente que acrescenta mais cortinas às janelas. Percebo Pozner, de uniforme, e o húngaro. Às onze horas fecham. As pessoas continuam na calçada, ninguém tem vontade de voltar para casa. Vou dormir em casa de Gégé. Pardo dá-me um comprimido e eu adormeço.

4 de setembro

Do correio, telefono para o Liceu Molière: é preciso mostrar papéis de identidade para se ter o direito de telefonar. É difícil encontrar um táxi; é necessário aguardar que alguém desça. Pego um na estação Montparnasse. A diretora em pessoa toma as medidas de meu rosto e entrega-me uma máscara contra gases de tamanho pequeno explicando-me como manejá-la. Parto com meu cilindro a tiracolo. Encontro Gégé na estação Saint-Lazare e volto de metrô; há uma fila imensa: o metrô passa sem parar por uma porção de estações, é uma sensação estranha. Desço em Solférino e vou ao Flore escrever cartas. Chegam Pardo e seu amigo da editora Hachette. Ele conta a história dos "voluntários da morte"; é uma invenção de Péricart, o mesmo do "De pé os mortos!" Lançou um apelo a todos os pernetas e papudos, que nada perderiam perdendo a vida, para que a ofereçam à pátria. Recita-nos uma carta recebida por Péricart: "Tenho trinta e dois anos, um braço, um olho, acreditava que minha vida não tivesse mais sentido, mas você reintegrou-me na existência restituindo-me toda a grandeza da palavra servir." O autor da carta pede que se utilizem igualmente os semidementes. Enquanto isso, o gerente anuncia que o Flore fechará amanhã; é uma pena, era uma pequena *querência*. É divertido ver as pessoas de uniforme. No Flore, Breton de oficial; no Dôme, Mane Katz de soldado da outra guerra.

O húngaro senta-se à minha frente e anuncia-me gaguejando pomposamente que vai alistar-se. Pergunto-lhe por quê, e ele faz um gesto vago. Um aviador meio embriagado, meio maluco, diz-lhe nobremente: "Permita-me, senhor, que lhe ofereça alguma coisa." Bebem conhaques e discutem sobre a Legião Estrangeira; o húngaro não gostaria de se misturar à plebe. O aviador fala de ataques aéreos; não acredita nos gases, e sim nas bombas de ar líquido: aconselha que se desça aos abrigos. Todos falam de alerta para a noite; nunca Paris esteve tão escura. Vou novamente dormir na casa dos Pardo.

À noite, Gégé entra no meu quarto: as sirenes. Vamos para a janela. As pessoas correm para os abrigos sob um belo céu estrelado. Descemos até a portaria, onde a porteira já enfiou a máscara, e tornamos a subir, certos de que se trata de um alarme falso. São quatro horas; readormeço até as sete: a sirene me acorda; estão saindo dos abrigos; duas mulheres de roupões floridos surgem com lençóis em volta da cabeça, à guisa de máscara, sem dúvida. Passa um sujeito de bicicleta com a máscara a tiracolo e grita: "Ah, desgraçadas!"

5 *de setembro*
Os jornais anunciam que "contatos se estabelecem progressivamente no front". Bonito e delicado! Pardo e Gégé arrumam suas malas. Chega uma pequena roteirista que vão levar com eles; está toda despenteada, afirma que as mulheres não se pintam mais, não se penteiam e é em parte verdade. Conta que houve anteontem um enorme desastre de trem em Aubrais: cento e vinte mortos e uma porção de automóveis se arrebentou nas estradas.

Carta de Sartre, de Nancy, de 2 de setembro à noite. Kisling passa de uniforme no Dôme; Fernande Barrey — a ex-mulher de Fujita — chama-o: "Então, recomeça-se mais uma vez, velhinho?" Tabouis continua otimista em *L'Œuvre*: não haverá guerra.

Um decreto sobre os alemães residentes na França: vão jogá-los em campos de concentração.

Os armazéns Uniprix proclamam: "Casa francesa. Direção francesa. Capital francês."

O Flore está fechado. Sento-me no terraço dos Deux Magots e leio o *Journal* de Gide de 1914; grande analogia com o momento presente. Ao meu lado Agnès Capri, Sônia e sua amiga morena. Estão ansiosas por deixar Paris. Capri pensa em partir para Nova York. Todo mundo num tom angustiado do alerta da última noite. Dizem que aviões alemães tinham atravessado a fronteira em missão de reconhecimento. Tudo isso é pouco interessante, apenas pitoresco. Não se sente ainda que estamos numa guerra de verdade; aguarda-se; o quê? O horror da primeira batalha? Por enquanto, parece uma farsa, as pessoas com suas máscaras, com seus ares importantes, os cafés vedados. Os comunicados não dizem nada: "As operações militares desenrolam-se normalmente". Já terá havido mortos?

Como que lentamente, da manhã à noite, os dias deslizam para o sinistro, lentamente, tão lentamente... A praça Saint-Germain-des-Prés está morta, banhada em sol, homens de macacão manejam sacos de areia; um homem toca flauta; um outro vende amendoins.

Janto com o húngaro num terraço do bulevar Montparnasse; bebo muito vinho tinto e depois *aquavita* no Vikings, que se assemelha a um jazigo. Ele explica-me que se alistou porque não pode nem voltar para a Hungria nem ter uma situação estável na França. Faz-me confidências sobre sua sexualidade e finalmente me aborrece. Volto para casa. As prostitutas aguardam seus clientes na calçada com máscaras de gás a tiracolo.

Sou despertada por explosões. Saio para o patamar da escada: "São metralhadoras", gritam-me. As sirenes apitaram uma hora antes. Visto-me, desço; não ouço mais nada e torno a subir para deitar-me.

6 de setembro
Leio os jornais no Trois-Mousquetaires. Em *Marianne* não há mais palavras cruzadas; todos os passatempos desse tipo são proibidos por temor de uma linguagem cifrada. Bruscamente, a porta de ferro é aberta e as pessoas saem: sirenes. Detêm-se na rua em pequenos grupos, muito calmos. Volto para o hotel; a senhoria continua a lavar a louça e eu leio Gide no meu quarto e, depois de terminado o alerta, no Dôme. Segundo o *Paris-Midi* não há ainda verdadeiras batalhas no nosso front. Fernando diz que esta guerra lhe dá a impressão de uma guerra-ilusão, de uma imitação de guerra, igualzinha à verdadeira, mas sem nada dentro. Durará isso?

7 de setembro
Sinto-me ternamente afeiçoada a esta praça de Montparnasse: seus terraços de café semivazios, o rosto da telefonista do Dôme; parece-me estar na minha família e isso me protege contra a angústia. Leio Gide tomando um café, e um sujeito de olhos exorbitados que vimos muitas vezes no Dôme interpela-me: "Ver alguém ler André Gide! Pode-se acreditar que maior estupidez não existe!" Conta-me que a mulher de Breton fez escândalo ontem no terraço do Dôme gritando: "Esse puto do general Gamelin." Chama-se Adamov e conhece vagamente os surrealistas.
Segunda carta de Sartre, que se arrasta ainda por Nancy.
Comprei a *Marie Claire*: a palavra guerra não é mencionada uma só vez e, no entanto, o número está perfeitamente adaptado a ela. Nos toaletes do Dôme uma puta se maquia; explica misteriosamente: "Não pinto os olhos por causa dos gases."

8 de setembro
Fernando encontra-me no restaurante da rua Vavin e toma café comigo. Viu ontem Ehrenburg e Malraux. Malraux tenta auxiliar os estrangeiros que são alistados à força na Legião; constituiu-se um exército eslovaco; cento e cinquenta mil judeus da América propuseram formar um corpo expedicionário, mas parece que se vai reforçar o pacto de neutralidade e eles não poderão vir. Os jornais anunciam que "nossas posições melhoram" e falam de "violentos combates entre o Reno e o Mosela". Fernando insinua que já foram tomados alguns fortes da

linha Siegfried. Passo no hotel onde a criada de quarto me fala de um rapazinho, como Bost, que terminara seu serviço militar e que está na frente: bombardeiam-no. Receio por Bost. E apesar de tudo, por Sartre.

Oito dias de luta, para quê? Era como se eu esperasse um milagre, mas oito dias não me fizeram avançar um passo, era apenas o começo; é o que se deveria pensar e eu não consigo. Não sei por que lado encarar a guerra, nada de consistente, como dizia Lionel de sua doença: uma eterna ameaça. Por momentos, considero o estado de medo como uma crise que cumpre aceitar mas que é preciso tentar vencer; e, por instantes, parece-me o momento de verdade e o resto de uma fuga. Nenhuma emoção revendo os lugares onde fui feliz; teria alguma se se tratasse de uma ruptura. Numa ruptura, trata-se de renunciar a um mundo que ainda está presente, a que nos enganchamos de todos os lados, e o dilaceramento é horrível. Mas, uma vez por todas, eis o mundo destruído, resta apenas um universo informe. Toda melancolia, toda dor, é proibida. Fora preciso uma esperança, pelo menos.

Na praça Edgar Quinet, o povo levanta a cabeça para ver grossas salsichas cinzentas subirem no céu rosado. Instalo-me no Dôme para escrever este caderno. Agora, nos cafés, é preciso pagar imediatamente o que se consome a fim de poder sair em caso de alerta.

Voltando para casa à meia-noite, encontro um bilhete: "Estou aqui, no 20, no fundo do corredor. Olga." Bato na porta do 20 e uma voz grossa de homem responde; depois, com minha vela (não há eletricidade no hotel há dois dias), caminho pelo corredor escutando os ruídos; a ruiva da frente sai de seu quarto e olha-me com desconfiança. Acabo batendo no 17, onde encontro Olga meio adormecida. Conversamos até as três horas da manhã.

9 de setembro

Olga diz-me que por enquanto Bost não corre perigo. O correio traz-me uma carta de Sartre, que parece bem tranquilo. O medo dissipa-se, é uma libertação física. De imediato reencontro, senão recordações, um futuro pelo menos.

Vou ao Dôme com Olga. Ao nosso lado duas pequenas lésbicas; uma se desentende com o garçom: "Não falo com garçons", diz; e o garçom bigodudo, bonachão mas ameaçador: "Mas os garçons têm ouvidos e podem repeti-lo e o paredão de Vincennes não é muito longe." Olga conta-me como a guerra transformou Beuzeville: as refugiadas elegantes que passeiam nas ruas, o incessante desfile de trens repletos de cavalos que gemem e de soldados silenciosos. Só negros cantavam; havia também trens de refugiados; os escoteiros, diz ela, apoderam-se selvagemente das crianças para entupi-las de leite condensado. Passa Fernando. Diz que a coisa vai mal na Polônia; Varsóvia teria sido tomada. Instalo-me com Olga no apartamento vazio de Gégé.

10 de setembro

Pela manhã passo na casa de minha avó; encontro-a às voltas com uma mulherzinha da defesa passiva que quer persuadi-la a partir: "Estão evacuando as crianças e os idosos antes de tudo", diz. Minha avó pousa as mãos na barriguinha redonda e com um ar vivo e teimoso: "Mas eu não sou uma criança." Ela recebeu uma carta de minha mãe: em Saint-Germain-les-Belles prenderam um espião que queria, ao que afirmam, descarrilar o trem Paris-Toulouse.

Em casa encontro também uma carta de Sartre e um aviso de telegrama, sem dúvida de Bianca; mas para receber o telegrama é preciso visar a notificação na delegacia, o que exige um atestado de domicílio; só depois vai-se buscar o telegrama no correio.

Às onze horas da noite, estou lendo na cama *A mãe*, de Pearl Buck, livro insípido, quando ouço na rua vozes berrando: "Luz, luz!" Tento discutir, mas gritam: "Deem-lhe um tiro na janela... Se quer fazer espionagem, saia daí." E eu resolvo apagar.

Às quatro horas da madrugada, um curto alerta. Descemos ao abrigo: tábuas no chão, cadeiras; alguns inquilinos chegam com banquinhos; a porteira diz-nos que as cadeiras pertencem a uns senhores, vizinhos de frente, e que não podemos sentar. Subimos a pretexto de buscar cadeiras e conversamos até o fim do alerta.

Nesta manhã, no restaurante, um soldado contava aos berros que, na sua caserna, dois soldados tinham se enforcado para não partirem; um deles por não querer abandonar seus quatro filhos.

11 de setembro
Impressão de imenso lazer; o tempo não tem mais valor. Vou buscar o telegrama de Bianca; ela pede-me que vá a Quimper; irei. Escrevo cartas. Recomeço a ter vontade de trabalhar mas é preciso que espere. No Dôme, o garçom bigodudo conta suas recordações da outra guerra: "Meu primeiro boche era tão gordo que quando o recolheram foi preciso um carrinho de mão e ele não cabia dentro, tínhamos que segurar-lhe os pés. Eu estava tão impressionado que, quando fui ferido, meu sangue não coagulava."

Compramos de Gégé um pó azul que Olga dilui na água, no óleo e até no líquido para bronzear, e pincela os vidros enquanto eu ponho discos na vitrola e escrevo um monte de cartas. Às nove horas, saímos. Nossas janelas estão maravilhosamente azuis; vamos ao Dôme através de profundas trevas, dando topadas nas beiradas da calçada. Sentamo-nos à mesa de Fernando; há um grego muito bonito, espanhóis, uma insignificante poetisa surrealista, gorducha, mas com uma pele, olhos e dentes admiráveis. Está transtornada de furor porque um amigo apresentou-lhe dois tipos que ela não conhecia e em seguida pediu-lhe notícias do marido (que não é seu marido, esclarece); ela deu uma vaga resposta e um dos sujeitos disse: "A senhora faz reflexões que não me agradam." Parece que se trata de agentes provocadores. Conta vinte vezes sua história e parece apavorada. Todos esses estrangeiros estão acuados, muitos vão dar o fora. Fernando pensava levar-nos, todos, ao seu apartamento para tomar alguma coisa, mas tem medo do barulho e do escândalo.

12 de setembro
Manhã cinzenta. Os *Sita* só passam agora às dez horas; uma estatueta de gesso jaz no meio da rua. Sempre as mesmas notícias: avanços locais no front, resistência de Varsóvia. Uma carta de Sartre deixa-me angustiada: não está com a aviação, está com a artilharia; nada recebeu ainda de mim. Novamente tenho medo, tudo está envenenado, tudo é horrível.

14 de setembro
As notícias da guerra não variam. Os poloneses resistem; a chuva atrapalha o avanço alemão. Restrições severas no interior da Alemanha

e, dizem, descontentamentos. Poucos movimentos no front francês; acumulam-se reservas, em vista dos acontecimentos futuros. Em suma, a guerra, para nós, não começou ainda. Quando combatermos, quando Paris for bombardeada, tudo terá outro aspecto. Não se pode ainda acreditar que isso acontecerá, daí o estranho estado neutro desses dias. Os cinemas, os bares, os *dancings* vão reabrir até as vinte e três horas. Tudo vai voltar à normalidade.

Atravessei o Luxemburgo, calmo como a morte; o tanque está vazio, tudo dorme; sacos de areia ao redor do Senado. Frágeis barragens de cadeiras cortam a zona próxima do Pequeno Luxemburgo; há militares lá dentro cavando inutilmente a terra e uma porção de galhos derrubados. Pergunto a mim mesma o que estão fazendo ali.

Noite de cinema. Leio à noite, na cama, *Retrato de mulher*, de Henry James.

15 de setembro

Confeccionamos enormes pacotes de livros e fumo para Sartre e Bost. Em frente ao correio, encontramos Levillain[85] de uniforme de oficial de cavalaria, desenvolto, batendo com o chicote nas belas botas enquanto nos fala. Perfeito oficial, Sartre e Bost devem respeitar sujeitos como esse; é divertido. Há uma longa fila no correio; a senhoria do antigo hotel de Marco está no meio, discute com um homem; a menor disputa, nestes tempos, torna-se uma discussão nacional e os conciliadores benévolos têm consciência de encarnar a união sagrada.

Vamos ver *Branca de Neve*; insosso.

16 de setembro

Carta de Sartre; está numa aldeia tranquila da Alsácia; trabalha.

Ajudo Olga a arrumar as malas, acompanho-a à estação de Montparnasse e vou tomar meu trem na estação Leste. Mergulho de novo na guerra, novamente só, apenas um pedaço de uma humanidade trágica. Dói no coração esse café de Esbly onde espero o trem de Crécy; estou fora, no terraço, ao crepúsculo e as pessoas conversam no interior, perto

---

[85] Antigo estudante de Rouen, da *Action Française* (monarquista).

da janela iluminada. Falam de uma mulher que recebeu um telegrama: "Marido morto no campo de honra" e mostram-se um tanto indignados; em geral é o prefeito que vem e comunica: "Escute, minha pobre senhora, seu homem está gravemente ferido"; é menos frio do que um telegrama. Dizem que o prefeito de não sei que aldeia tem quinze telegramas dessa espécie e não ousa entregá-los; falam da passagem dos carteiros, da inquietação das mulheres que os espreitam e vivem no correio. Indagam: "Quinze mil alemães mortos dá quantos franceses?" Bebem vinho do Porto e *pernod* e alguém se indigna: "É proibido ficar de luto, prendem a gente num campo de concentração." As mulheres respondem que o luto nada significa. A noite desce, passam automóveis. Uma mulher diz: "E aqueles que a gente ama e não pode demonstrar..." Trens passam, cheios de soldados que se calam. Fui para o terraço de outro café e só se falava de soldados e de guerra. A guerra está aqui, em toda parte e novamente até o fundo de mim mesma.

Contava estar em Crécy em uma hora, mas os trens não têm horário. Só cheguei às sete horas em Esbly, depois de ter longamente sonhado à porta do vagão; sinto-me fora do mundo e concebo sem horror poder aniquilar-me totalmente. Entretanto, lembro-me claramente do que era a felicidade. Em Esbly disseram-me que era preciso esperar uma hora; dois cafés já me afugentaram e no terceiro escrevo isto. Faz-me bem esta parada, esta noite, o ruído dos trens. Não é uma parada, é a realidade: ser sem casa, sem amigo, sem objetivo, sem horizonte, um pequeno sofrimento no meio da noite trágica.

Peguei um trenzinho escuro, com lâmpadas azul-escuras no teto e que não clareavam nada; fiquei na porta do vagão; o trem projetava um quadrado de luz no barranco. Nas pequenas estações um empregado gritava o nome da parada e agitava a lanterna. À saída da plataforma, encontrei Dullin todo envolvido em xales, que me pegou nos braços e me fez subir no seu carrinho velho onde havia um cão negro muito incômodo. O carro não tinha as luzes obrigatórias e Dullin atravessou Crécy com ares de conspirador. Não fazia muito frio, a coberta aquecia-nos as pernas e o passo do cavalo era agradável dentro da noite; não se via coisa alguma. À entrada da aldeia, uns homens pediram nossos papéis. Dullin repetia em seu tom mais *tragediante*: "É horrível, horrível!" Está enojado com os da retaguarda, sobretudo com Giraudoux e seu bando de censores, de *embusqués*,[86] e com Jouvet que Giraudoux fez grande magnata do cinema e que com seu monóculo assume ares de general. Como tem vários filmes iniciados, declara: "É preciso primeiramente terminar os filmes iniciados e depois encorajar a produção cinematográfica." Jouvet diz também: "No rádio são necessários programas que levantem o moral; coisas alegres, fáceis de se compreender: *Le soulier de satin* de Claudel, *La Jeanne d'Arc* de Péguy. Nada de autores estrangeiros."

Baty conversou longamente com Dullin: encararam a possibilidade de temporadas na América e nos países neutros, mas a América não enche os olhos de Dullin, e depois ele acha que seria tirar o corpo fora; preferiria tentar na França uma espécie de teatro ambulante, mas isso parece difícil.

Entramos em Ferrolles e eis um vulto escuro iluminado por uma lampadazinha azul: é Camille. Ela escolta o carro e dois soldados juntam-se a nós caçoando. Há soldados por toda parte. A casa de Mme J. — mãe de Camille — é ao mesmo tempo uma enfermaria; só lhe resta seu quarto; mesmo o banheiro é repartido com um sargento. Nas esquinas, cartazes indicam: "Seção X, Seção Y". Dullin levou o cavalo para a estrebaria e o desarreou cuidando de não deixar a luz filtrar; idênticas precauções às que se tomam em Paris. Depois entramos na sala de jantar onde Mme J. nos contemplou com ar severo prestes a pegar Dullin em flagrante.

No entanto, beijou-me nas duas faces. É um pouco assustadora, ruiva, mas com a raiz dos cabelos branca, olhos fora das órbitas, boca pendente, rosto pisado, voz cortante e dura. À mesa, discutiu asperamente com Dullin por causa de uma rodela de salsichão; chama-o contudo Lolô e beijou-o antes de ir deitar-se. Camille, a sós comigo, contou-me que sua mãe era eterômana e dava escândalos na aldeia. A situação tornara-se especialmente horrível quando o pai, com encefalite letárgica, teve que ser tratado por essa viciada que se jogava no chão a ponto de fraturar o crânio nos ferros da lareira. Acabaram transportando-o para uma clínica em Lagny, onde Camille acompanhou durante oito dias

---

[86] Emboscados. Os que arranjam serviço na retaguarda. (N.T.)

sua agonia. Empresta-me o prólogo e o primeiro ato de sua peça sobre a Princesa de Ursins: leio-os na cama. Adormeço e só desperto às onze horas da manhã.

17 de setembro
Tristeza do despertar. Uma luz agradável passa pela janelinha pintada de verde e me sinto horrivelmente triste. Mas outrora, a pior das minhas tristezas era o espanto que me causavam, e minha revolta escandalizada. Ao passo que, agora, aceito isso com complacência, com uma impressão de familiaridade.

Camille diz-me algumas palavras pela porta; vão à procura de mantimentos. Arrumo-me e desço. Gosto dessa casa. Embelezaram mais ainda o quarto do corsário. Uma admirável arca antiga e uma coberta de cama bordada de navios suntuosos. Mariette traz-me o café no jardim, numa mesinha de madeira; flores, sol. Da cozinha vem um ruído de caçarolas e água fervendo, tudo parece tão feliz. Acabo de ler a peça de Camille, escrevo cartas. Soldados em frente ao jardim; por toda parte soldados; a aldeia transformou-se.

Camille e Dullin voltam; desembrulhamos os mantimentos e almoçamos no claustro; um almoço suculento, com bom vinho e bagaceira. As relações de Dullin com Mme J. são sempre encantadoras. Chega uma parenta jovem, algo disforme, que beija Dullin, dá um bom-dia geral e depois anuncia que os russos entraram na Polônia; dizem que isso não suprime sua neutralidade perante as demais nações; parece que negociam um tratado com o Japão e também com a Turquia. Isso pode significar uma guerra de três anos, de cinco anos, uma longa guerra. Eu não tinha ainda encarado a possibilidade de uma guerra longa. Dullin volta a falar da outra: alistara-se, passara três anos nas trincheiras, sem um ferimento; insiste sobretudo no sofrimento físico, no frio. Descreve também com arte a sorte da infantaria ligeira: gases, lança-chamas, bombardeios, soldados que vão ao ataque com baionetas e granadas. Parece admirar, e me irrito com isso, o que Céline denomina "a alma heroica e ociosa" de certos chefes.

Passeio pelos campos com Camille sob um céu nublado, belíssimo; pomares repletos de maçãs; aldeias tranquilas de telhados vermelhos;

punhados de vagens secando nas fachadas das casas. Paramos à beira de uma estrada, perto de uma pequena estação, e tomamos uma limonada no terraço do hotel. Dois soldados cuidam da estrada; o barbudo é pintor de Crécy, o outro traz consigo um bastão de guarda civil. Passam automóveis, geralmente cheios de oficiais. Voltamos através de campos e aldeias. É um momento muito comovente e me recordo do que Sartre me dissera em Avignon, e é tão verdadeiro: que se pode viver com grande doçura um presente cercado de ameaças; não esqueço nada da guerra, da separação, da morte, o futuro acha-se impedido e, no entanto, nada pode dissipar a ternura e a luz da paisagem; como se estivesse invadida por um sentido que se basta a si mesmo, que não entra em nenhuma história, como se fosse arrancada de minha própria história, totalmente desinteressada, de repente.

Na volta ouvimos o rádio. As informações são inconsistentes. Tentam diminuir a importância da intervenção russa. Ficamos abatidos durante um bom momento diante desse horizonte tão carregado, tão indeciso. No jantar, Dullin anima-se e conta histórias divertidas a respeito de Gide e Ghéon.

18 de setembro

Desço às onze horas e sento-me ao lado do aquecedor. Dullin enche páginas inteiras com um ar aplicado, creio que trabalha em seus projetos. Leio a primeira parte de *Henrique IV*, de Shakespeare, que iniciara outrora em inglês e nunca terminara. Por volta de meio-dia, Camille aparece num vestido caseiro; escutamos um pequeno trecho de Couperin e depois as informações: noite calma em todo o front, mas a Polônia, entre dois campos de batalha, é devastada. Ouvem-se lá fora as vozes grossas dos soldados; cada ordem, cada assobio tem uma ressonância sinistra. Camille acompanha-me a Crécy; é jovem e graciosa com seu cão na coleira. Crécy está cheia de soldados e de automóveis requisitados. Tomo o trem: são cinco horas. Levo duas horas e meia para chegar a Paris, com mais meia hora de espera em Esbly. Trens compridos passam vazios na direção do leste; mais um trem com soldados e canhões: para lá, ao longe, há um outro mundo, impossível de se imaginar. A estação Leste está escura, escuros estão também os corredores do metrô com suas lâmpadas azuladas. Meu quarto está fúnebre com essa luz. Leio até tarde da noite. Amanhã parto para Quimper.

19 de setembro
Espero Colette Audry no terraço do Dôme. Faz bom tempo. Estou contente por mudar de ares, contente com este dia de outono, com as cartas que recebi ontem à noite. É quase alegria: uma alegria sem futuro, mas como gosto de viver apesar de tudo!
Colette Audry chegou numa magnífica bicicleta de niquelados brilhantes. No momento da declaração da guerra comprou essa bicicleta, que lhe custou novecentos francos, e lhe levou todo o dinheiro. Partiu para Seine-et-Oise e voltou. É casada com Minder, que é reformado. A irmã é muito importante agora, com o marido general. Parece que é possível conseguir muitas coisas com proteção, por exemplo, arranjar um salvo-conduto para ir ver o marido; mas como obter essas proteções? Fala-me de Katia Landau, cujo marido foi raptado, que nunca ninguém mais viu e que, como judia alemã, está terrivelmente furiosa. Conversamos cinco minutos com Rabaud: ele acredita que a moral dos soldados é infecta, que só pensam em ferir um olho para não ir para a linha de frente. Passa Alfred, irmão de Fernando; diz-me em voz baixa que Fernando foi preso. Subo ao apartamento de Stépha, que encontro em lágrimas; na véspera, uns sujeitos vieram buscar Fernando e não o viram mais. Chega Billiger, muito patético: "Passei a noite com Fernando." Ontem, quando saía da Rotonde, pediram-lhe seus papéis; tem um salvo-conduto de súdito austríaco e já foi mandado uma vez para um campo de concentração em Colombes, onde lhe entregaram um papel autorizando-o a voltar para Paris. O guarda conduziu-o assim mesmo à delegacia e o delegado raivosamente rasgou o salvo-conduto. Depois levaram-no para a Prefeitura, onde ele teve a surpresa de ver Fernando no meio de um bando de espanhóis. Deram-lhe um pedaço de pão e, à noite, fecharam-nos numa espécie de porão cheio de carvão. Tinham prendido todos os espanhóis, inclusive os comerciantes que residiam na França havia meses. Pela manhã soltaram Billiger, mas o pobre precisava voltar para Colombes, e Stépha preparava-lhe uma mochila e uma gamela. Quanto a Fernando, devia ter ficado

detido; Stépha pede auxílio à vizinha, uma puta jovem e sedutora que é amiga de um deputado socialista. Aconselho Alfred a procurar Colette Audry,[87] que poderá sem dúvida fazer alguma coisa. Almoço com Stépha na pastelaria bretã; ela teme pela mãe que se encontrava em Lvov; acalma-se um pouco.

Tenho encontro marcado com Raoul Lévy[88] no Dôme; ele guia-se em tudo pelo cálculo das probabilidades: considera que tem grandes probabilidades de morrer na guerra, mas não se sente muito impressionado; Kanapa tampouco, diz. Fala-me da propaganda alemã na França: como os soldados da linha Siegfried enfiam cartazes no chão com estes dizeres: "Não queremos mal aos franceses; não seremos os primeiros a atirar." Uma mãe alemã fez pelo rádio um discurso às mães francesas: tudo é culpa da Inglaterra, os jovens franceses não devem se matar por ela. Fala-me também de um artigo de Massis: a filosofia alemã é uma filosofia do devir, eis por que os alemães superam suas promessas e não as cumprem. E também de um artigo: "O boche não é inteligente." Sustenta que cinco milhões de homens ou um é a mesma coisa, porque não há pessoa que pense a totalidade.

Pego meu trem — um imenso trem — na plataforma ao ar livre que domina a avenida do Maine; impressiona-me menos o número de viajantes do que a altura das maletas. A luz é tão fraca que não posso ler. Cochilo. Penso em minha vida, com a qual me acho profundamente satisfeita. Penso na felicidade; para mim, era antes de tudo uma maneira privilegiada de apreender o mundo; se o mundo muda a ponto de não mais poder ser apreendido dessa maneira, a felicidade não tem mais importância. Há sete mulheres e um homem no meu compartimento; o homem e duas mulheres carregam consigo maletas repletas de prataria; uma menina infecta tagarela histórias de espiões e assinala com censura as expressões mais insignificantes. Atmosfera de pânico: parece que o trem está carregado, em cima e embaixo, de conspiradores armados de bombas fulminantes. Espiam-se os sinais: "Vi um relâmpago", diz um; e outro, tremendo: "Senti um cheiro"; "Ouvi um ruído", diz um

---

[87] Ela conhecia bem Stépha e Fernando.
[88] Antigo aluno de Sartre, camarada de Bianca e de Jean Kanapa.

terceiro. O ruído é da tampa da privada: meus vizinhos acreditam em explosões. O trem faz terríveis paradas bruscas; são velhos mecânicos convocados que os conduzem agora; em uma das paradas uma mulher sente-se mal, treme de medo, dão-lhe chá. Todo mundo acredita num descarrilamento. É verdade que num dos compartimentos uma maleta caiu na cabeça de um sujeito e matou-o. Levaram-no numa maca. Noite comprida e calma, sem incidente; amanhece lentamente, reconheço a tranquila campina bretã, seus campanários cinzentos e atarracados.

20 de setembro
Bianca espera-me na plataforma. Conduz-me a meu hotel, Relais Saint-Corentin, muito elegante outrora e onde pego um quarto por doze francos; minúsculo, é verdade; é um pouco parecido com o Petit Mouton; sou a única hóspede com um oficial; a velha bretã fecha a porta a cada instante e entra por trás, atravessando uma espécie de depósito de carvão e um pátio malcheiroso. Mas o hotel é muito agradável e eu me sinto satisfeita. Dia de paz, de esquecimento. O tempo é magnífico; descemos para o lado do Odet através das urzes e das landes; há granjas deliciosas, cinzentas sob as rosas brancas, mas que abrigam idiotas de olhos brancos, doentes e crianças apavoradas. Bianca fala-me da propaganda anti-inglesa dos alemães e diz-me que muita gente por aqui está impressionada. Ela volta a jantar em casa. Procuro um restaurante barato, estou muito pobre; paro num ignóbil botequim onde me servem sopa com pão enquanto o rádio narra um combate atroz entre poloneses e alemães. Às oito horas vou escrever cartas na *brasserie* de L'Épée. Às oito e meia fecharam as cortinas azuis, depois empurraram-me para perto da caixa e apagaram quase tudo. É exageradamente mortuário. Há duas mesas: a minha e a de um homem com duas putas. Vou dormir.

21 de setembro
Passeio à beira do Odet, que cheira a algas e a lodo. Tagarelice. À noite releio *Tête d'or*, que acho belo, principalmente a morte de Cébès, mas é uma peça fascista e até nazista. Escolho um café um pouco menos triste que o de ontem, embora a porta de ferro esteja abaixada; há pelo menos luz e duas mesas ocupadas.

22 de setembro
Excursão a Concarneau. A velha "cidade fechada", toda cercada de muralhas, avança para o mar como um pequeno Saint-Malo; de cima das muralhas, olhamos os barcos onde secam redes azuis.

23 de setembro
Encontro no correio uma carta de Mme Lemaire, que me convida para ir a La Pouèze; alegra-me muito. Marco está em Constantina, Pagniez em Dijon. Na praça do Marché, vemos passarem soldados canadenses em enormes motocicletas cáqui; todos olham. No botequim onde almoço, o rádio dá notícias da Polônia. Duas bretãs de toucas brancas voltam-se para o aparelho e, recolhidas, deixam escorrer pelos rostos queimados os desastres poloneses. Em seguida, há um discurso para os camponeses franceses, o que me faz fugir. Vamos a Beg-Meil; a praia está deserta e suntuosa com suas areias brancas e seus rochedos; a água gelada queima-me voluptuosamente.

24 de setembro
Novamente passeamos pelas landes; são belos esses pinheiros, esses juncos tristes, essas águas cinzentas. Tomo leite e como panqueca na pastelaria. Gente aos montes e tagarelando... refugiados chiques rodando de automóvel e queixando-se da falta de distrações. A situação não muda. Alemanha e Rússia repartiram a Polônia; no nosso front, alguns "combates".

25 de setembro
Estou curiosa para saber como vou passar esses três dias de viagem solitária. Não ousei pegar minha mochila de montanha; carrego comigo um pacote ridículo, com minha roupa de banho, meu despertador e dois livros: desfaz-se a cada instante. O que me aborrece é que quase não tenho mais dinheiro. O ônibus conduz-me em duas horas a Morgat. O pequeno porto me encanta; estou com fome mas não como nada por economia e parto ao longo da costa; de quando em quando, aldeias onde me olham como se fosse uma espiã; velhas resmungam à minha passagem em bretão: ninguém fala francês. Vou ao cabo da Chèvre, mas

os arredores estão interditados pelas autoridades militares num raio de quinhentos metros. Alcanço o cabo de Dinan por um atalho. Numa padaria, como um pedaço de pão, chocolate e péssimos doces secos.

Gosto das pálidas cores destes campos, de encontro à brancura surda do céu, do mar e das pedras; o mar está presente em toda parte, sobre a lande, entre as casas de granito e os moinhos de vento. Vou a Locronan de ônibus, aturdida de sol, de vento, e com dor de cabeça, sem dúvida porque não comi nada. Reconheço bem a praça e nosso hotel a que queria voltar; mas fizeram dele uma creperia que está fechada; o hotel mudou-se para a casa da frente, numa magnífica casa da Renascença, onde janto. A sala de jantar é muito bonita com suas faianças, suas grossas vigas, sua vista para a baía, mas está vazia; a dona arranja as malas, fecha amanhã, não dá lucro. Torno a tomar o ônibus para Douarnenez. Reencontro o porto, os pescadores de calças vermelhas, e os barcos, e as redes azuis. Luar e crepúsculo coincidem; a lua triunfa. Mulheres riem e rapazes cantam no dique; vejo uma noite de paz e me ponho a chorar.

26 de setembro
Ainda é noite às seis e meia. Sigo por uma pequena estrada que acompanha a costa. Não há cafés nas aldeias, mas botequins, mercearias com um balcão e sem mesa. Não é a selvageria inumana da montanha mas uma desolação humana que aperta ainda mais o coração. Muitos aviões sobrevoam a costa, muitos cruzadores no mar. Só se encontram mulheres, crianças e enfermos; os homens estão ausentes. Percorro vinte e quatro quilômetros e banho-me num mar violeta e azul, ao pé das falésias fendilhadas. Um atalho conduz-me à ponta do Raz, onde fico sentada muito tempo. Penso em toda essa vida atrás de mim que nenhum futuro poderá arrancar-me. Não tenho mais medo de morrer.

Há quatro hotéis perto do semáforo: três estão fechados, o quarto sobrevive com dificuldade; esvaziam um quartinho cheio de papéis para mim. A iluminação é feita com lampiões a gás e, enquanto janto, leio *Les Mémoires de Gramont*, que me diverte um pouco. Vou dar uma volta ao luar; dois homens de uniforme da marinha interpelam-me: "É da região?" "Não." "Está passeando?" "Estou." "A esta hora? Não se vê nada." "Vê-se o luar." "O luar você poderá ver igualmente e tão bem de

Quinper ou de Landernau." O tom elevou-se até tornar-se francamente insultante; mostro-lhes meus papéis, que eles examinam com uma lanterna; desculpam-se vagamente. Meu quarto é no andar térreo, dá para a lande e para o mar e parece que durmo à luz das estrelas.

27 de setembro
Levanto-me às seis horas na escuridão. Há uma vela acesa lá embaixo e continuo a ler *Les Mémoires de Gramont* à espera do ônibus. Faz frio. O sol ergue-se sobre a lande enquanto vamos para Audierne. Tomo um cassis na mercearia-botequim-tabacaria, à espera do ônibus. Passeio a pé de Pont-l'Abbé a Saint-Guénolé pelas dunas. Regresso de ônibus a Quimper. Bretãs pintadas sob as toucas em forma de pão de açúcar; é barroco.

Tomo um trem lotado para Angers. Cai a noite. A região é chata, mas o luar a embeleza. "Parece cinema", diz uma velha em êxtase. As pessoas discutem os méritos da manteiga bretã. Impossível ler, sob a lâmpada azul, mas eu me sinto com uma paciência infinita, é como um estado de graça que a guerra me doou.

Chego às duas horas da manhã. À saída, um militar interpela-me pelo nome; engrola alguma coisa a propósito de Mlle S.,[89] que lhe telefonou. Pega minha maleta e meu braço dizendo-me: "Poderia ser seu pai"; conduz-me a um quarto que reservou para mim; traz cerveja, bananas, sanduíches; estou encantada com a recepção, divertida por me achar às três horas da manhã numa cidade desconhecida, fechada num quarto de hotel com um militar desconhecido; a coisa parece-me irreal. Ele tem, de resto, uma atitude suspeita. Primeiramente, pede para ficar, com um ar estranho; depois, como continuo de pé, incomodada com seu olhar insistente, ele diz: "Sente-se." Puxo uma cadeira. "Sente-se na cama." Pego a cadeira e convido-o a beber. "Vai ser preciso que beba no mesmo copo, não se incomoda?" Conversamos mundanamente. Acaba deixando-me, dizendo que me mandará o café da manhã.

---

[89] Uma amiga de Mme Lemaire.

28 de setembro
Escrevo cartas em um grande café, na praça do Ralliement, e sinto-me um pouco inquieta porque não tenho um centavo no bolso. Mme Lemaire chega de carro com a filha e tenho grande prazer em revê-las. Largam-me uma hora da tarde em Angers, que visito e que me agrada sob este belo sol frio. Depois, através de uma paisagem feia, chegamos a uma aldeiazinha feia onde a casa me encanta. Há três armários cheios de livros, no sótão, e já vou fazendo uma primeira provisão. Fico sabendo que Pagniez é telefonista num estado-maior, e Marco continua em Constantina. Durmo na sala de jantar; fogo forte na lareira e sinto-me tão bem que leio até uma hora da manhã.

29 de setembro
Desço do sótão uma braçada de livros e leio o dia inteiro. Varsóvia capitulou, o tratado foi assinado entre a URSS e a Alemanha, que anuncia que vai oferecer a paz às democracias; nós recusaremos e a coisa começará de verdade. Digo isso a mim mesma e leio livros sobre a outra guerra, e ainda não consigo acreditar.

30 de setembro
Mme Lemaire faz chegar-me às mãos uma coleção do *Crapouillot* da guerra de 1914-18. Leio-os e leio também um livro de Rathenau e um de Kautsky. O fogo brilha. Jacqueline Lemaire bate à máquina. Chove. Há muito não conhecia semelhante lazer.

1º de outubro
"Ofensiva de paz de Hitler." Não se sabe nada do que acontece nem do que vai acontecer. Vivo uma vida folgada. Antes de cada refeição Mme Lemaire leva-me à adega para escolher uma garrafa de vinho velho. Ingurgito-me de comida e de leitura.

2 de outubro
Que lindo tempo! Leio em um prado, estendida ao sol, ao pé dos álamos. Isso lembra-me o Limousin; gordas maçãs brilham nas macieiras. Abundância de outono feliz.

3 de outubro
Vive-se um momento engraçado. Ninguém pode aceitar a paz de Hitler; mas que espécie de guerra vão fazer? O que significa exatamente a palavra guerra? Há um mês, quando foi impressa nos jornais, em letras enormes, era um horror informe, algo confuso mas consistente. Agora não é mais nada, nem se encontra em lugar algum. Sinto-me relaxada e vaga, espero não sei o quê. Dir-se-ia que todo mundo espera. De resto, é isso que impressiona antes de tudo, nos livros de Pierrefeu, na história da guerra de 1914: é uma espera de quatro anos, cortada de massacres inteiramente inúteis; dir-se-ia que é o tempo que trabalha, e só o tempo.

4 de outubro
Até então estava de férias. Agora vou instalar-me nesta existência de guerra e ela parece-me sinistra. Entretanto, foi como um pânico esta manhã, o desejo de fugir desta calma, de fazer alguma coisa. Com a vaga esperança, depois da última carta de Sartre, de poder ir vê-lo; e novamente com o medo e a impaciência. Resolvi partir hoje mesmo e conduziram-me a Angers às 7 horas. Estou num café perto da estação; como é sinistro! Quis ir ao cinema, errei por um bairro de casernas, com meretrizes que catavam soldados, e botequins cheios de militares. O cinema não funcionava. Voltei por essas ruas que me davam medo. Sinto de novo a guerra em mim, em volta de mim, e uma angústia que não sabe onde pousar.

5 de outubro
Paris. Corro à delegacia de polícia e digo tolamente que quero ir visitar meu noivo que é militar; respondem-me que essas autorizações são sistematicamente recusadas e que ele seria punido se eu conseguisse alcançá-lo. Resolvo trocar de delegacia e ser mais esperta. Vou ao Bon Marché tirar foto e como, no bar ao lado do Photomaton, um pedaço de porco com lentilhas; minhas fotos são horríveis. O mais difícil é obter um novo atestado de residência. Na rua de Rennes, Mme Martand recusa-me: "Mas a senhora não reside mais aqui, seria uma falsificação", diz muito secamente; vê-se que é a guerra, com o poste de fuzilamento no horizonte para todas as almas de porteiro. Vou

ao Liceu Camille-Sée: belíssimo prédio, falo com a diretora, bastante jovem, esbelta, elegante, pintada, com um queixo azul por baixo do pó de arroz; banca a mulher viva, algo fantasiosa e decidida. "Eu que sou decidida", diz com desembaraço. Não terei muito trabalho; de duzentos alunos ao todo no liceu, só terei vinte: sobram professoras, a ponto de não se saber o que fazer.

Volto à rua d'Assas; a zeladora de Gégé costura à máquina; não pode me dar o atestado posto que subloco; fico parada diante dela, ela continua a costurar, não dizemos quase nada e isso dura muito tempo; de repente ela se levanta e me dá um atestado a partir do dia 14 de setembro. Passo-lhe cinquenta francos, ela recusa, indignada; depois amansa: "Basta a metade." E, afinal, pega tudo. Na delegacia, tudo se passa muito bem; falo de uma irmã que tem uma doença dos ossos e que vou buscar em Marmoutiers. O empregado mostra-se paternal e me arranja um papel com sua bela letra. Contudo, desanimam uma loira que quer ir ver o marido em Seine-et-Marne: "Não por esse motivo." "Mas por outros motivos é possível?" "Bem, trata-se de descobrir um pretexto válido." Prometem-me o salvo-conduto para segunda ou terça. Subo à casa de Stépha e Fernando para tomar alguma coisa. Ele ficou preso quatro dias. Foi denunciado por "propaganda contra o alistamento de estrangeiros na Legião". Um sujeito disse que era russo-branco e perguntou-lhe se era possível entrar na Espanha. "Naturalmente que sim", respondeu Fernando. "Mas não tenho passaporte." "Vai-se até a fronteira e anda-se." O sujeito era um agente provocador. Fernando foi mandado para a chefia de polícia, depois para o campo, onde os soldados e os sargentos se mostraram muito amáveis; um deles deu-lhe fumo e quando disse que combatera na Espanha e acrescentara que fora general, deu-lhe um maço a mais. Os amigos de Fernando estão espantados que o tenham soltado tão depressa e desconfiam um pouco dele; ele tem a impressão de que a polícia o vigia e não ousa ir ver Ehrenburg. Parece que Malraux quer se alistar para os tanques, mas que não o aceitam por causa de seus tiques nervosos.

Nizan enviou a Duclos uma carta de afastamento muito seca: "Envio-te meu desligamento do PC francês. Minha situação de soldado mobilizado dispensa-me de acrescentar o que quer que seja." Janto no Coupole; está cheio de gente; Montparnasse está invadido pelos militares e toda uma freguesia nova; os velhos *habitués* têm um ar um pouco pré-histórico. Peço sem refletir meia dose de *munich* ao garçom. Ele ri: "Espere que tenhamos atravessado a linha Siegfried." A noite em Paris causa-me uma formidável impressão; eu esquecera: a Ursa Maior brilha em cima da encruzilhada Vavin; é insólito e bonito. Quase mais ninguém nos terraços dos cafés, começa a fazer demasiado frio; tudo está ainda mais deserto do que no mês passado. Volto para casa por ruas escuras como túneis.

6 de outubro
Gégé acorda-me ao regressar à meia-noite; volta de Castel Novel onde havia uma horda de mulheres e de refugiados espanhóis. Lá pelas seis e meia, o uivo de uma sirene, mas fraco; as pessoas correm às janelas; será um alerta? Não, apenas um desarranjo mecânico. Correio: uma das cartas de Sartre foi aberta pela censura, é a primeira vez. Ai de mim, em 3 de outubro ele partiu para destino desconhecido, todos os meus projetos malogram. Faço mil coisas que tenho de fazer com um nó na garganta. Essas três semanas que deixo para trás são uma trégua sem verdade, agora reencontro a aflição, o medo; e revolta-me pensar que isso vai durar. Não me interessa mais isso, sobretudo não me interesso mais por isso, escrevo esse diário porque me impus fazê-lo. Compro para Sartre O *idiota* e o *Journal* de Green, mas a *NRF* não se vende mais, só os assinantes a recebem.

7 de outubro
Dia lúgubre. Tenho encontro à tarde no Marignan com os Audry, mas o café foi fechado pela autoridade militar porque ficara aberto depois das onze horas. Instalo-me em frente, no Colisée. Um público infame de prostitutas de luxo, de oficiais "que morrem na cama" e de "emboscados"; é o público de 1916 visto pelo *Crapouillot*. Os Audry falam com desgosto dos filmes de propaganda que começaram a rodar. Noite brumosa, que já cheira a inverno, trágica e bela. Em Paris o cataclismo está presente em toda parte. E já é uma ocupação; basta somente tomar consciência disso.

10 de outubro
Pardo regressa hoje; foi minha última noite no apartamento de Gégé. Mudo-me para um hotel da rua Vavin. Agrada-me o quarto com suas pesadas cortinas vermelhas e poderei ter luz à noite. Lise Oblanoff voltou para Paris; chora sua triste sorte: não pode mais inscrever-se na Sorbonne sem carteira de identidade, nem ter carteira sem estar inscrita, é sempre a mesma história; o pai não recebe mais nada e a mãe não tem o direito de trabalhar. Diz-me chorando: "Por que será que N. tem todos os direitos e eu não?"

No Dôme, Adamov sentou-se à minha frente, o olhar esgazeado. Ele também não ganha nada; tem uma carteira militar e aguarda ser chamado. O Dôme está assim, repleto de destroços humanos.

Fernando afirma que mil soldados do front tomaram um trem à força e vieram em licença ilegal, sem que ousassem detê-los.

11 de outubro
Quero retomar meu trabalho. Passei o dia relendo meu romance. Há muito que fazer.

12 de outubro
Trabalho. À noite, encontro Marie Girard no Dôme. Há ao nosso lado um estranho velhinho todo de azul que lê *Science and Health* em uma espécie de missal preto. Um bêbado tenta conversar com ele e quase brigam. O bêbado volta-se para nós: "Tenho os ombros estreitos, mas a fronte pesada." "Não me aporrinhe com seus ombros", diz Marie. Dois amigos do bêbado arrancam-no de nossa mesa. Jantamos na creperia e depois vamos ao subsolo do Schubert; está vazio mas há um pianista que toca jazz e isso muda um pouco o cenário. "Eu me pergunto para onde foi essa gente!", diz Marie em voz alta, o que provoca um murmúrio do garçom. Põem-nos para fora às onze horas e vamos passear à beira do Sena. Patrulhas de guardas dentro da noite com suas amplas capas e seus capacetes brilhantes; a pé, de bicicleta, focam os transeuntes com suas lanternas e param todos os homens para pedir os papéis; escarafuncham até os mictórios. Marie conta-me seus amores com um refugiado espanhol de vinte e dois anos, belo como um deus,

e que ela ia encontrar às escondidas nas montanhas onde vive seminu e acuado; a gente da aldeia detesta esses refugiados; Marie afirma mesmo que mataram alguns a socos porque não queriam alistar-se; ela devia ser, portanto, extremamente prudente. Uma noite perdeu-se, perdeu os sapatos, fez cinco quilômetros descalça na capoeira. O espanhol não sabe vinte palavras de francês. Ela não pensa senão em ir encontrá-lo. Está convencida de que Daladier pediu a Hitler que desencadeasse a guerra para abater a Frente Popular. Faz reflexões derrotistas. Num trem, tentou comover os soldados sobre a sorte de Giono: "Não diga coisas assim a jovens soldados", observou-lhe um deles em tom severo. Não deseja outra coisa senão ir para a prisão, assim economizará dinheiro. Divertiu-me muito.

13 de outubro
Marie propôs-me acompanhá-la esta noite à casa de Yuki Desnos e eu aceitei. A sala de jantar está cheia de fumaça, muita gente e copos de vinho tinto. Nas paredes, quadros de Fujita, um dos quais representa Yuki nua, com um leão; são coloridos porque ela lhe pediu que provasse que podia pintar sem ser unicamente com branco; não os acho muito bonitos. Yuki preside, envolvida num quimono que exibe seus belos braços e o alto dos seios; é loira, bastante bonita. Está presente uma antiga amiga de Pascin que começa a se perder no misticismo e fala, com olhos chorosos, de tudo o que sofreu por causa dos homens; o marido, de comprido rosto calamitoso, tira a sorte com as cartas na peça vizinha; tira a sorte da "humanidade" e não prediz nada de bom. Há uma atriz malograda, uma pequena lésbica que fuma cachimbo, duas outras mulheres, rapazes silenciosos e um soldado em licença que se assemelha a Buster Keaton. Yuki lê uma carta de Desnos que conta tranquilamente a vida que leva no front e todo mundo fica indignado: não é bastante revoltado. O soldado responde com uma voz patética. É uma verdadeira comédia: de um lado um anarquismo cínico, de outro, o combatente enojado com a mentalidade civil. Vocabulário grosseiro: "Merda! Cago para você!", destacando bem as palavras e tão pouco naturalmente quanto possível. Toda essa gente parece estar no cio. O soldado diz: "Que nos importam as mulheres?! Diga a suas

amigas que não esperamos que elas cheguem para nos acariciarmos." "Diga também a seus camaradas que não os esperamos tampouco", diz uma mulher, "mas nós não nos acariciamos". Cantam escarnecendo canções patrióticas da última guerra e canções antimilitaristas até as quatro horas da manhã.

16 de outubro
Reinício dos cursos. No Camille-Sée, dou duas horas de aula a nove mocinhas bem-comportadas, de blusas azuis. Parece-me uma coisa irreal e absurda. Vou depois ao Henri IV para onde se mudou o Liceu Fénelon; as classes foram transferidas para uma ala moderna e muito feia. Corredores estreitos com cartazes: ABRIGO 1, ABRIGO 5 e mulheres de preto carregando o saco de plástico a tiracolo. Tenho vinte e quatro alunas, sem uniforme, tratadas, pintadas, muito Quartier Latin. Trazem suas máscaras para a aula e pousam-nas ao lado delas.

Olga voltou ontem. Dá notícias de Bost, que não parece ter uma vida muito divertida.

Atividade alemã no front oeste — e nova ofensiva de paz de Hitler.

17 de outubro
Dir-se-ia que começam a combater seriamente. Ataque alemão e reação das tropas francesas, bombardeio das costas da Escócia pelos alemães. Que vai fazer Stalin? Leio tudo isso no jornal com uma espécie de indiferença. Estou anestesiada.

Para ir ao Henri IV atravesso o Luxemburgo, dourado e lamacento, depois tomo um café no balcão da Capoulade. Duas horas e meia de aula, interrompidas por um exercício de alerta. A diretora percorre os corredores, de chapéu na cabeça, assobio nos lábios a apitar estridentemente. Descemos em fila indiana a um abrigo magnificamente arranjado e sentamo-nos em cadeiras de jardim. Exercício com as máscaras. De repente, ela descobre-se e grita sob a máscara: "Professores também!", mas eu não trago a minha. As alunas riem por se verem mascaradas e ela resmunga: "Não tem nada de engraçado, não." E explica que nos abrigos não se deve nem falar nem se mexer, a fim de economizar oxigênio.

Noitada com Olga no Flore, que acaba de reabrir. Está todo guarnecido de cortinados azuis e tem novos bancos vermelhos, é estupendo! Agora os cafés aprenderam a se camuflar bem, acendem todas as lâmpadas e a gente é ofuscada pelo brilho quando vem de fora.

18 de outubro
Vou buscar minha irmã na estação de Austerlitz; a estação está sinistra; muitos soldados; um guarda barra-lhes o caminho e pede-lhes as licenças. Conduzo Poupette ao Milk-Bar. Ela me conta que em Saint-Germain-les-Belles, há seis semanas, são esperados os refugiados de Haguenau e o arauto proclama nas ruas: "Não esqueçam que os alsacianos são apesar de tudo franceses."
Uma carta de Sartre em que me diz em linguagem cifrada que se acha em Brumath.

21 de outubro
Vou esta noite, com minha irmã e Olga, ao Jockey. Está vazio. A sala é muito bonita, maior do que antes, com os mesmos cartazes de cinema nas paredes, porém limpos, e uma pista de dança no meio. Ao lado do piano, uma cantora ruiva ensaia suas canções. O dono aproxima-se para anunciar que a partir de segunda-feira haverá jantares com música a vinte e cinco francos; janta-se em todas as boates, é a nova fórmula. Explica que arranjou a sala de acordo com as casas de dança de Sevilha. Lembro-me da de Alameda. Que mudança para a Espanha, para nós! É a primeira vez que o curso do tempo me torna irremediável e histórica. Enche-se a sala pouco a pouco; casais de meia-idade, militares de azul-marinho e sem número de matrícula. A ruiva canta. Não se dança por causa da guerra. Às onze horas, um despertador toca e a orquestra anuncia o desligamento das luzes. Na calçada uma porção de grupos hesitantes. Leio até uma e meia da manhã *O testamento espanhol*, de Kœstler. Por volta desse horário, grandes gritos, perseguem-se na escada, uma mulher urra. Entreabro a porta, mas a mulher tem um tal sotaque que não se compreende o que diz. Creio que é a bela norueguesa loira e que ela quer arranjar suas maletas; ela grita: "Covarde, covarde." A senhoria sobe e adverte-a em voz baixa.

23 de outubro
Novas gestões para um salvo-conduto. Faço preencher minha ficha na delegacia do XV, assim não encontrarão minha pista.

Às nove horas, vou com minha irmã e Gégé à casa de Agnès Capri. Os lugares se desalinham, é como um teatro sem luz, numa noite de ensaio. A uma mesa acham-se Capri, com uma capa de pele branca, Sônia, com uma pele preta, e Marie-Hélène, e Germaine Montero com um chapeuzinho engraçado de véu vermelho. Deniaud, um dos antigos barbudos, janta de *smoking*. Leduc serve, de *smoking*. A uma mesa, Tony com uma desconhecida deslumbrante. Dois casais desconhecidos, elegantes. Deniaud canta *La marchande de violettes*, é fácil demais e me agasta. Capri está encantadora, de vestido preto e ouro, sapatos pretos de sola dourada e muito alta; muitas de suas canções são censuradas, mas sobram-lhe ainda algumas excelentes.

Dizem que não acontecerá nada no front francês antes da primavera. Fala-se de licença de dez dias a cada quatro meses.

25 de outubro
Olga está contente porque os cursos do Atelier vão, talvez, recomeçar. Quer comprar um casaco no bulevar Saint-Germain mas ocorre que o que ela escolheu no mostruário é de soldado e a vendedora zomba de nós. Sua irmã chegou de Beuzeville e instalou-se em nosso hotel.

Knock, à noite no cinema. Fernando diz que os jornais estão cheios de mentiras e que a guerra será longa. Não reajo a todas essas predições. Trabalho em meu romance, dou meus cursos, e vivo numa espécie de embrutecimento: nenhum futuro tem realidade.

27 de outubro
Todos os dias, duas vezes por dia, a diretora do Fénelon distribui papeizinhos designando voluntárias, monitoras que fecharão a janela em caso de alerta etc.

Parece que o ditador de São Domingos abre as portas a cem mil refugiados e reclama intelectuais. Fernando e Stépha pensam em ir para lá. Falamos do manifesto pela "paz imediata" que Giono, Alain, Déat assinaram. Protestam todos agora alegando que foram surpreendidos em sua boa-fé. "Tendo lido a palavra paz, assinei sem ver o resto", teria dito Alain.

29 de outubro
No número 7 do hotel há uma vienense hermafrodita, com gênero masculino no documento, seios, sexo feminino mas também sexo de homem, barba e pelo no peito. No tempo do dr. Hirschfeld, era célebre em Viena; ela explica que depois do Anschluss teve que se expatriar porque Hitler declarara: "Não quero gente desse tipo aqui." Tem uma porção de aborrecimentos sentimentais porque gosta somente de homens de verdade e só agrada aos pederastas. Tem também outros aborrecimentos mais graves: a Alemanha reclamava-a como soldado, e na França puseram-na num campo de concentração; quando se despiu verificaram com horror que era uma mulher. Chora todo o tempo. Quanto à norueguesa da outra noite, é uma bêbada e seu homem lhe bate quando ela bebe demais, para que fique sossegada.

30 de outubro
Lise acompanha-me à delegacia. Espero um pouco e, quando digo meu nome, o empregado assume um ar promissor. Tenho minha licença! É uma grande alegria. É válida até segunda-feira. Devo deter-me em Nancy, mas terei bem cinco dias inteiros se o médico me der um atestado em tempo. Faço o que tenho de fazer, dou minhas aulas e volto para me pôr de cama e pedir um médico. Espero até às oito e meia lendo; tenho quase a impressão de estar verdadeiramente doente. Chega: cabelos grisalhos jogados para trás, óculos de tartaruga, ar pertinente. Apalpa-me e, ai de mim, pensa que se trata de um simples cansaço. Pergunta-me exatamente à maneira de Knock: "Não subiu em corda, não ergueu uma mala pesada? Muito curioso." Indaga também com um ar penetrante: "Não tem por vezes a impressão de sentar em cima de pedras?" Vai assim mesmo buscar uns pequenos instrumentos para verificar se não tenho apendicite. Pica-me o dedo, aspira o sangue numa pequena proveta e o dilui num líquido verde. Acha onze mil glóbulos brancos, é demais, mas não o bastante para uma apendicite aguda. Ausculta-me e fala doutamente dos efeitos do frio nos pés, puxando

as calças para mostrar-me suas ceroulas compridas; fala-me igualmente da ansa circulatória dos negros e dos esquimós. "Quando o negro sai de sua choça e pousa o pé na relva úmida, sente imediatamente um reflexo intestinal", informa. Assina afinal um atestado que me outorga uma licença até a segunda-feira seguinte. Levanto-me depressa e arrumo minha maleta.

31 de outubro
Seis horas e trinta minutos. O Dôme, a Rotonde começam apenas a despertar. Estação do Leste, tomo exatamente o trem em que Sartre partiu há dois meses nesta mesma plataforma. Está cheio de soldados. Meu vizinho tem dedos como um casco de cavalo e uma cara avermelhada e idiota; os demais são camponeses bastante vivos que voltam de uma licença agrícola; jogam bisca e falam pouco. Digo a mim mesma que muito em breve serão mortos, mas não consigo acreditar; tudo conserva um aspecto de manobras, de imitação de guerra. O campo está inundado; é poética e cataclísmica essa paisagem de bosques, de sebes, emergindo de imensas lagoas.

Chego a Nancy à uma hora da tarde. Não me pedem sequer a licença; desço por uma grande rua, com a maleta na mão. Silêncio de morte; as lojas são animadas, as confeitarias estão entupidas de confeitos, caramelos gordos que parecem fresquinhos, mas não se vê ninguém, parece uma cidade evacuada, a impressão que tenho é muito forte. Chego à praça Stanislas que, através de *Les déracinés*, de Barrès, sempre me pareceu tão atraente por causa de suas misteriosas grades douradas; surge muito bela no grande silêncio, deserta sob o céu azul, com as folhas ruivas do parque no fundo. Vou até outra praça, ao Quartel-General, onde me enviam à polícia, que ainda está fechada. Resolvo ir almoçar primeiramente e atravesso o parque, imenso e suntuosamente ruivo. Subitamente ouço a voz estridente das sirenes; a gente não perde a cabeça, ao contrário, faz-se mais numerosa do que há pouco; penso que se trata de uma manobra a que a população de Nancy está acostumada, mas a coisa me espanta um pouco assim mesmo. Finalmente compreendo: cheguei durante o alerta e agora é o fim. Agora a cidade formiga de gente. Descubro a rua principal, flanqueada da Uniprix, de cinemas, de *brasseries*; lembra Strasbourg menos bonita; quase todas as casas estão protegidas por paliçadas de madeira; a cidade assemelha-se a um acampamento imenso. Um sujeito grita: "Quando eu a vejo acredito que ainda estou nos bulevares." É por causa do turbante amarelo, dos saltos altos e dos brincos. Almoço numa *brasserie* e retorno à polícia. Há uma enorme aglomeração, pisam nos pés uns dos outros, uma mulher geme porque tem flebite; outra derrama lágrimas porque acaba de ser informada da morte do filho; recusam todos os salvo-condutos para Mulhouse, ordem do general. Todo mundo fala alemão, mesmo os soldados. Ao fim de uma meia hora alcanço a primeira fila; tomam o meu papel; o sujeito meneia a cabeça ao ler: "Brumath" e corre ao tenente; eu me precipito atrás. O tenente olha-me através dos óculos: "Não é para ir ver um amigo?" "Ah, não!", respondo do fundo do coração. Ele me concede vinte e quatro horas. Vou-me perturbada e desapontada; somente vinte e quatro horas: será que poderão prorrogar? Vou passear melancolicamente à beira dos canais.

Às seis horas encontro-me na plataforma da estação; faz frio, doem-me os pés por ter andado tanto de salto alto. Somos uma multidão, civis e militares, à espera do trem. É noite escura. Vemos dançarem nos trilhos luzes azuis, vermelhas, brancas, mas não é o trem, são lanternas apenas; por vezes um trem chega, mas nunca é o nosso. Sete horas, sete e meia: cansaço, frio; tudo parece irreal. Finalmente o trem; precipitamo-nos, está repleto, contudo descubro um canto. Está cheio de alsacianos; uma mulher gorda ronca tão forte que o compartimento ri. Ninguém fala francês. Todo mundo está calmo, não se diria que o trem vai para o front; como é diferente da derrocada dos parisienses fugindo para Quimper! Com sua prataria! Fora há um imenso luar, a paisagem é plana e gelada. O trem para em todas as estações e eu espio os nomes. Passamos Sarreburgo, Saverne, o trem esvazia-se, fico só com um soldado. Começo a ter uma verdadeira impressão de aventura. Somente mais cinco estações: esta história torna-se verdadeira.

Brumath. Desço na plataforma deserta, acompanho as pessoas; à saída não me pedem nada, há soldados, mas não me detêm. Um albergue brilha perto da estação; atravesso depois, ao luar, uma campina desértica. Penso: "Sartre está em algum lugar aqui", e penso-o com algum espanto incrédulo. Eis a Taverne du Cerf onde, segundo o que me escreve, faz suas refeições da manhã. Bato na porta do hotel Lion d'Or. Ninguém responde, mas uma lâmpada me ilumina: uma patrulha. Não se tem o direito de estar fora de casa depois de meia-noite. Mostro meus papéis e os dois soldados propõem-me amavelmente escoltar-me; são de Paris. Abalam a coronhadas as janelas do Écrevisse mas ninguém responde. Andamos durante uma meia hora. Finalmente em La Ville de Paris entro em um hangar, depois em um pátio e, enfim, na casa. Está escrito numa porta: "Patrão". Bato e um alsaciano gordo e louro vem abrir-me: Dá-me um quarto gelado. Lavo-me tremendo e enfio-me em lençóis glaciais, depois de ter acertado o despertador para as sete horas.

1º de novembro

O despertador toca. A manhã é cinzenta, todas as casas estão fechadas, não há ninguém nas ruas, a não ser alguns soldados. Toque de clarins. Não me sinto feliz, mas inquieta: como prevenir Sartre? Como obter uma prorrogação? Sinto-me cercada de ameaças, dependendo do capricho de um oficial, do humor de um guarda. Mas é romanesco o despertar da aldeia. Caminhões param em frente de minha janela: ruídos de passos, ruídos de vozes, estão embarcando gente. E se embarcassem Sartre justamente hoje? Corro à Taverne du Cerf: compridas mesas de madeira, cadeiras de palha, grande lareira de faiança; tudo cochila ainda, as janelas estão abertas, faz frio e eu não me sinto em segurança. As duas mulheres têm um ar bonachão: indago o endereço da escola e elas dizem: "Estado-Maior." Escrevo um bilhete para Sartre: "Você esqueceu seu cachimbo na Taverne du Cerf, o cachimbo o espera." E saio pela rua lamacenta; atravesso um pórtico, um terreno baldio e deparo com um grande prédio moderno, de tijolos vermelhos, com janelas pintadas de azul como vitrais. Em frente, há uma porção de soldados; pergunto a um deles se pode transmitir meu bilhete. "Deve ser um dos sujeitos do escritório", diz ele com perplexidade e promete entregar a carta dentro de alguns instantes. Retorno ao Cerf e no fim da rua diviso a silhueta de Sartre; reconheço de imediato seu passo, sua estatura, seu cachimbo; mas tem uma horrível barba esponjosa que o desfigura; não recebera meu telegrama e não me esperava. Os cafés são-nos proibidos e levo-o para meu quarto. Conversamos durante uma hora e ele precisa ir embora. Volto ao Cerf. Disse-me que os guardas são severos e eu continuo inquieta. Retorna às onze horas, bem-barbeado; ele e seus ajudantes são os únicos a usarem o uniforme azul da aviação; nenhum número de matrícula como todos os sujeitos do front. Muitos soldados estão de cáqui com a boina basca ou um casquete com pompons: são os caçadores. Poucos civis. Mas a taverna está cheia, sem dúvida por ser 1º de novembro. Almoçamos numa mesa dos fundos. Resolvemos substituir minha irmã doente por uma prima que Sartre se encarrega de descobrir. As patroas olham-nos com um olhar amistoso e começo a sentir-me menos acuada.

Quando Sartre me deixa, caio na cama, não aguento mais de cansaço, durmo três horas como um animal. Meu despertador tira-me da cama e a dona vem dizer-me em alsaciano que prometeu meu quarto a uma senhora que chegava do interior para ver o marido; os habitantes acham isso natural e fazem-se cúmplices, só há que temer os guardas. Arranjo a maleta e procuro em vão um quarto no Écrevisse, no Lion d'Or. Encontro Sartre, ele se encarrega de encontrar um lugar enquanto vou à polícia; os guardas mandam-me para a Prefeitura; o prefeito discute em alsaciano com um sargento e dois civis gordos, aquilo não acaba, finalmente olha meu papel, não compreende nada do meu pedido de prorrogação e carimba ao acaso; um guarda chamado em auxílio fica impressionado com os carimbos de Paris, declara meu papel válido até domingo à noite. Que alívio! Volto ao Cerf repleto de militares. Sento-me ao balcão. Um caçador grande, bastante bonito, de bigodinho, aproxima-se de mim; cheira a álcool: "Então, ainda está por aqui? Esperamos você no Écrevisse há pouco." Lembro-me de que quando entrava na polícia dois sujeitos tinham gritado: "Até logo no Écrevisse" e eu não prestara atenção. Digo: "Estou esperando alguém." "Por que não seria eu?", diz o caçador; insiste, irrita-se, deve estar me tomando por uma profissional. "Eu sei que você não veio aqui com intenções belicosas", diz ainda ele. "Não quero histórias, não me acho em situação regular." O companheiro gordo impacienta-se: "Então vem ou não vem?", indaga. Um terceiro me murmura: "Não se incomode." "Eu queria que ele não me incomodasse", digo desesperada. O caçador bêbado mistura ameaças e promessas de proteção: "Afinal você está conosco ou contra nós?" "Nem uma coisa nem outra." "Você é alsaciana ou é francesa?" "Sou francesa." "É tudo o que eu queria saber", diz ele satisfeito e misterioso; oferece-me a bengala, um cacete estranho que recuso. Sartre chega; eu me hospedarei em casa dele, mas sem ele, porque quando ele disse à hospedeira: "Minha mulher vem", ela respondeu chocada: "Mas você não tem mulher", e ele precisou retificar: "Minha noiva". Jantamos no Lion d'Or repleto, há até uma mulher que veio claramente para ver o marido. É espantosa essa mistura de aventura inquieta na escuridão e no frio com o pesado conforto alsaciano: vozes grossas, fumaça, calor, cheiro de chucrute. Sartre observa-me que o tratam com cerimônia, como um civil, porque está com uma mulher: isso como que lhe outorga de novo uma individualidade. Separamo-nos logo: os soldados não devem mais ficar na rua depois de nove horas. Meu quarto é vagamente aquecido, mas os lençóis estão gelados. Nas paredes, pedaços de pano com inscrições bordadas em alemão: durma sem preocupação.

2 de novembro

Levanto-me às seis para o café da manhã com Sartre; está escuro e gelado; uma luz brilha de longe em longe. A Taverne du Cerf também mergulha na escuridão, as lâmpadas acham-se embrulhadas em papel azul e só uma está acesa; a sala está quase vazia; as patroas acabam de se levantar, acendem a lareira; a alvorada desponta. Sartre chega logo. "Hoje ele ri e fala", diz a mulher como se falasse de uma espécie de coisa mecânica. "De costume fica aí lendo." Ela afasta os livros que eu trouxera e com um ar de cúmplice: "Hoje não se lê." Serve-nos horríveis cafés alsacianos, piores que os cafés ordinários dos albergues. Conversamos uma hora, Sartre sai para fazer algumas sondagens meteorológicas e eu fico na sala vazia que, aos poucos, vai clareando. Fora, desfilam soldados com pás aos ombros; uma das criadas da casa, uma ruiva, coloca à janela um café e um copo de rum que o guarda da praça vem tomar sem deixar de vigiar a circulação; usa pesadas luvas de lã e seu bafo faz uma névoa no ar. Leio o romance de Sartre, cem páginas; é a primeira vez que leio de enfiada trecho tão grande e acho excelente. Anoto algumas críticas, em particular a respeito do caráter de Marcelle. Depois vou para o café, onde Sartre me encontra para o almoço. Dois de seus ajudantes vêm buscá-lo e partem juntos para tentar arranjar um quarto. Encontram um, para mim e Sartre, no Bœuf Noir. A gente daqui trata bem os militares que a ajudam a viver e é bem mais amável com eles do que com os civis. Tudo está muito bem combinado. Longas conversas. Sartre também acredita que não combateremos, será uma guerra moderna, sem massacre, como a pintura moderna é sem assunto, a música sem melodia e a física sem matéria.

3 de novembro
Essa reminiscência que eu não conseguia precisar ontem: é uma recordação dos esportes de inverno. Mesma noite, mesmo frio, mesmo esforço consentido por um prazer a acontecer quando se mergulha, pela manhã bem cedo, no mundo gelado, mesmo odor de madeira molhada nos corredores do hotel. Os soldados apoiam-se ao balcão, como, em Chamonix, os monitores que tomam alguma coisa antes das primeiras lições; momento de conforto provisório na madrugada invernosa. E estou de férias, sozinha com Sartre numa aldeia. A impressão dissipa-se quando a manhã envelhece, mas durante a primeira hora é muito forte. A sala do Bœuf Noir é agradável, decorada, assim, com borboletas espetadas com alfinetes, cabeças de veados, pássaros empalhados. Leio com paixão os cadernos de Sartre; falamos a respeito quando ele regressa.[90]

À tarde, numa mercearia, vejo dois soldados em frente a uma enorme marmita cheia de mostarda; nunca vi tão grande quantidade de mostarda; querem levar, mas a dona não quer emprestar a marmita. "Mas eu não posso levar a mostarda nas mãos", resmunga um dos soldados; e acrescenta com rancor que os alsacianos não são comerciantes. Sente-se por toda parte essa hostilidade. A gente daqui recusa-se a ser evacuada porque fora daqui é chamada de *boche*. Mostra-se muito calma aliás, embora dez quilômetros a separem da frente.

Mostro meu diário a Sartre. Ele diz que eu deveria desenvolver mais o que digo de mim. Tenho vontade de fazê-lo. Sinto que me vou tornando algo bem definido; vou completar trinta e dois anos e sinto-me

---
[90] Anotava nesses cadernos sua vida diariamente e dava uma espécie de balanço do passado.

uma mulher feita, mas gostaria de saber que mulher. Em que, por exemplo, sou "mulher" e até que ponto não o sou? E em geral o que peço hoje a minha vida, a meu pensamento, como me situo no mundo? Se tiver tempo, hei de ocupar-me disso neste caderno.

5 *de novembro*
Ontem a temperatura foi amena: hoje é o degelo. Aproveito para passear um pouco na aldeia, que é bonita. Soldados jogam bola numa praça, outros tomam a fresca num banco; quase só se veem uniformes; todos os automóveis estão camuflados. Cavalos e caminhões desfilam. E, no entanto, a paz brota sob a guerra; perto do canal, há ainda placas indicadoras que dizem que as estradas vão para algures e não assinalam que essas estradas estão interditadas. Há nos telhados das casas um musgo insólito; as árvores parecem existir com insolência, para si mesmas. Brumath reencontra timidamente uma individualidade; não é apenas um acampamento militar. Entretanto... eis um velho ônibus de campanha, camuflado, o motorista fardado e em vez de um nome de aldeia, lê-se "Vagomestre"; os caminhos lamacentos chocam-se contra o arame farpado.

No Bœuf Noir, um soldado que trabalha numa repartição conversa comigo. Fala-me de Strasbourg, inteiramente vazia, onde permanecem apenas alguns administradores; os civis vêm buscar seus trens mas não têm o direito de dormir na cidade; as tabacarias estão sendo liquidadas; tudo está morto. Mas as pessoas esperam a paz para o Natal. Ele também acredita numa guerra "diplomática" em que não se combaterá. Mais nos aproximamos do front e mais a guerra perde consistência. Paris tranquiliza os que chegam de Beuzeville ou Quimper, e Brumath tranquiliza os que chegam de Paris.

Como Sartre me vem encontrar às quatro horas, servem-nos numa sala do fundo, pois o café não abriu ainda para os militares; está bom para conversar, a um canto da comprida mesa coberta com um encerado azul e branco. De vez em quando alguém abre a porta e retira-se depressa com ar de pedir desculpas. Digo a Sartre que não farei agora esse trabalho sobre mim mesma de que falamos anteontem. Quero acabar meu romance. Tenho vontade de viver ativamente e não de me recensear. Às cinco horas passamos para a grande sala, comemos chouriço com maçãs. Sob o grande céu estrelado, ele me acompanha até a praça da estação e depois desaparece dentro da noite.

A sala de espera está escura: muitos soldados e também civis, carregados de pacotes; muitos trazem a mochila às costas; na plataforma sente-se um cheiro forte de *kirsch*.[91] O trem chega, repleto a tal ponto que mal se pode abrir a porta. Vou para a frente, agarro-me a um punhado de soldados e tenho a sorte de arranjar um cantinho. Paramos em todas as estações até Saverne.

Saverne: nove horas, imensa estação escura e formigante. Só existe um restaurante — sala de espera onde não se bebe. Saio e um aviador me segue; atravessamos uma praça inteiramente escura e ele bate ao portão de um hotel, conversa com a dona, que parece conhecer muito bem e nos deixa entrar. Numa triste sala de jantar, tomo uma limonada em frente do aviador, que bolina a criada. Mas expulsam-nos logo. O rápido só parte à meia-noite e eu me sinto um pouco acuada. A sala de espera fede a guerra; mesas juntas uma às outras cobrem-se de coisas tristes: colchões, cobertas, bagagens de evacuados: estes se amontoam em cadeiras em meio a uma fumaça espessa, ao calor nocivo de um radiador de óxido de carbono. Fico em pé a um canto e leio; depois saio. Na passagem subterrânea há sacos empilhados e soldados comem sentados sobre os sacos; outros descansam nos degraus da escadaria; a plataforma está tão repleta de soldados que não se pode dar um passo. Fico em pé como uma coluna e tão absorvida pelos meus pensamentos que não sinto passar a última hora de espera. Porque é "inadiável", como diria Sartre, esta guerra está em toda parte; esta plataforma *é* a guerra.

Um primeiro trem engole todos os soldados; em seguida chega o rápido, entro num compartimento confortável de bancos de couro verde. "Está sozinha? Então nós a aceitamos", diz um militar alsaciano gordo. Sento-me a um canto. Há um civil que trocou o chapéu-coco por um boné e dois soldados, camponeses de Deux-Sèvres; vão para lá em licença de três dias, em missão excepcional. O alsaciano é da classe

---

[91] Aguardente de cerejas. (N.T.)

de 1910 e volta para casa deixando o filho no Reno. Diz piadas pesadas acerca do prazer de viajar com uma senhora e, vendo que tento ler, sobe no banco e com um canivete raspa o azul da lâmpada; ilumina assim meu nariz, meus olhos, meu queixo, e posso ler. Depois, quando tenho vontade de dormir, o alsaciano envolve-me em seu capote e o civil, tomado de emulação, dá-me um belo travesseiro fofinho. Estendo-me à vontade; meus pés encostam no alsaciano, puxo-os e ele me diz: "Mas por favor, é o primeiro contato que tenho com uma mulher há doze semanas." Oferecem à roda bagaceira da Alsácia, tomo metade de um quarto, é excelente; faz com que me entorpeça. Cochilando, ouço histórias deles; são ainda histórias de ofensivas de paz: como alemães e franceses que pescam de vara de um e outro lado do Reno; como uma vez uma metralhadora alemã disparou inopinadamente e viu-se, de imediato, aparecer um cartaz: "Soldados franceses, desculpem, foi um trapalhão que fez disparar, não queríamos atirar em vocês." Falam de Strasbourg e das tristezas da evacuação; uma pessoa chorava, voltando de casa, onde encontrara tudo saqueado. Os soldados se indignam; contam que numa casa ocupada pela tropa tinham esfolado um coelho, pregando-o no armário de espelho; o fato de terem desmantelado tão belo móvel transtornava-os. Parecem ter simpatia por seus oficiais; o capitão vai pessoalmente, à noite, comprar álcool no botequim para seus homens. Contudo, esses camponeses de Deux-Sèvres não compreendem grande coisa nesta guerra; o alsaciano discorre afetadamente; faz uma piada: "Duas cabras e dois bodes: são vocês os bo Dês."[92] E ri. Pega meus pés, tira os sapatos e coloca-os nos joelhos perguntando-me se está bem assim; respondo estouvadamente: "Faça o que quiser com meus pés", e durante a noite sou despertada por uma terna pressão no tornozelo. Retiro os pés e ele não insiste.

De regresso a Paris, continuei a escrever este diário, mas sem convicção. Estava instalada na guerra: a guerra instalara-se em Paris. Não era mais a mesma cidade de outrora; primeiramente, viam-se muito mais mulheres, crianças e velhos do que homens moços. Mas, sobretudo, Paris perdera

---

[92] "Deux chèvres", trocadilhando com "Deux-Sèvres", de onde são os soldados. (N.T.)

essas fascinantes profundezas, esses mistérios que Caillois descrevera um ou dois anos antes num estudo sobre *Le mythe de la grande ville*. Os desconhecidos com quem cruzava tinham o mesmo futuro que eu: o fim da guerra. Essa estreita perspectiva transformava a antiga selva em um domínio familiar, sem surpresa; não me sentira mais uma citadina mas quase uma aldeã. Nas noites bonitas, a Via Láctea brilhava no céu. À tarde ouviam-se, atrás das grades do Luxemburgo, vozes militares e o ulular das corujas.

Meus pais tinham voltado para Paris; minha irmã ficou no Limousin; não pôde pintar na rua Santeuil, por causa do frio e do blecaute. E depois Lionel, ainda doente, precisava do ar do campo; foi com a tia para Saint-Germain-les-Belles e tomou pensão em casa de um médico. Eu via quase exclusivamente mulheres: Bianca, que continuava a preparar-se para a licença em filosofia, Olga, que trabalhava novamente com Dullin. Voltamos às rotinas do ano anterior. No Flore, viam-se algumas fisionomias novas: Simone Signoret, muito jovem, com um ar de colegial, a boina cobrindo-lhe os cabelos pretos e cortados muito curtos; a ruiva Lola, que sonhava durante horas a uma mesa, a boca pesada, os olhos perdidos, sem parecer suspeitar a que ponto era bonita. Quanto aos homens, um recém-chegado eclipsava-os todos, Nicod, meio grego, meio etíope, então na exuberância de seus vinte anos; dançava no Bal Nègre com uma graça desenvolta e soberana. Em conjunto, o bando do Flore continuava igual a si mesmo; agradava-me a companhia mas não tinha vontade de maior intimidade.

Pus-me a ouvir música para encher meus lazeres excessivos e, como de costume, entreguei-me maniacamente a esse estudo; tirei dele enorme proveito: como nas horas mais intensas de minha infância, gozo e saber confundiam-se. Alguém emprestou-me uma vitrola, pedi emprestados discos aos conhecidos; diante dessas silenciosas panquecas carregadas de sons, experimentava a mesma exaltação que sentia diante dos livros novos no dia do reinício das aulas; tinha pressa em ouvir-lhes a voz; mas não bastava que me tocasse o ouvido, queria ao mesmo tempo compreendê-la e embriagar-me com ela; fazia meu disco tocar dez vezes seguidas, analisando cada trecho, tentando apreendê-lo em sua unidade. Li uma quantidade de ensaios sobre a história da música e os diversos compositores. Frequentei o Chanteclerc no bulevar Saint-Michel; afundava numa poltrona e colocava os fones aos ouvidos: os sons chegavam-me através de horríveis chiados, mas o inconveniente era compensado pelo prazer de organizar livremente meus programas; enchia, assim, numerosas lacunas. Fui muito a concertos e, sobretudo, acompanhei regularmente os da sala do Conservatório dirigidos por Charles Munch: ele punha nisso tamanha paixão que era obrigado a trocar de camisa entre cada peça. Assistia muitas vezes aos ensaios gerais do sábado pela manhã e sempre às sessões do domingo de tarde. Viam-se presentes celebridades, entre outras Cocteau e Colette, de sandálias e sem meias. Ouvi também, no Opéra, *Alceste*, de Glück. Ninguém se vestia mais, nem mesmo para a plateia, e como em todos os teatros os preços haviam baixado consideravelmente, no meu ingresso tinham riscado o preço antigo, trinta e três francos, e carimbado doze francos. Interessava-me particularmente pela música moderna — que, para mim, parava em Stravinsky; e meu compositor predileto era Ravel, cuja obra estudei tão exaustivamente quanto pude. Durante dois anos a música ocupou-me muito.

Às vezes, muito raramente, tomava alguma coisa no Jockey com Olga. Depois de 9 de dezembro, começou-se novamente a dançar nas boates. As *girls* cantavam a "Marselhesa"; usavam cintas tricolores ou saiotes com as cores inglesas. Amiúde os policiais davam uma batida; com seus capacetes de metal brilhante, uma lanterna plantada na barriga, examinavam os documentos dos fregueses. À noite, de vez em quando, sirenes apitavam mas eu não prestava mais atenção. Olga, a irmã, uma ou duas vizinhas reuniam-se para tomar chá e tagarelar; mas eu não queria estar cansada no dia seguinte; tapava os ouvidos para dormir em paz.

Nessa existência monótona até a austeridade, a menor diversão assumia uma grande importância. Destaco de meu diário estas duas narrativas.

3 de dezembro
Dia agradável em Ferrolles com Olga. Em vez do pequeno trem-leito, uma esplêndida litorina conduziu-nos de Esbly a Crécy. Mas eis que dois guardas nacionais, postados diante da porteira de entrada, pretendem mandar-nos de volta para Paris: não temos salvo-condutos.

Discuto e um deles acaba amolecendo, leva-me com um ar indeciso ao chefe, que começa por gritar; mostro meu passaporte falando com desembaraço, e há uma mulher que deixam passar porque a mãe está doente, então autorizam-nos igualmente; examinam cuidadosamente o passaporte de Olga, em vista do nome estrangeiro, mas não encontram nada e saímos de cabeça erguida.

Subimos pela pequena rampa, o sol é tão forte que tiro meu casaco. Chegamos a Ferrolles e mostro a Olga a casa de Mme J.; um sujeito está ferrando um cavalo; volta-se, é Dullin de calças de veludo riscado e um grande avental de aniagem; cumprimenta-nos e diz para irmos ver Camille, que nos chama do primeiro andar. Entramos; há um pequeno sofá novinho e no fundo da sala uma espécie de jardim de inverno com flores artificiais e belas gravuras de pássaros na parede. Camille desce linda num roupão de vários tons roxos, uma fita violeta, uma joia nos cabelos trançados, um anel berbere, pulseiras, um colar. A cadelinha e o gato brincam. Dullin chega e bebemos *advokat* misturado com um pouco de porto: é deleitável. Mme J. está menos aterrorizante do que há dias, mas seus cabelos são tricolores: brancos na frente, ruivos no meio, com um coque cinzento na nuca. Depois do almoço, Dullin trabalha no cenário de *Ricardo III*, que vai ser representada de novo; serra, cola, fabrica uma pequena torre de Londres. Mme J. olha-o com censura: "Ah, não pensava que fosse tão complicado fazer um cenário; pensava que punham uns móveis e pronto." Enquanto isso, Olga copia uma cena de *Ricardo III*, Camille tricota meias violeta e brancas. A tarde passa e afundamos dentro da noite com uma pequena lanterna azul que Camille nos emprestou.

8 de dezembro
Estou trabalhando no Mahieu, quando passa um sujeito que vende imagens que se transformam: a cabeça de Hitler num corpo de gorila, de porco, de elefante; é a primeira vez que vejo esse tipo de comércio. Cécilia Bertin aproxima-se de minha mesa.[93] Está com um vestido de veludo vermelho, tem a tez cor de cera, com manchas rosadas nas

---

[93] Fora aprovada na licença em filosofia e deixara o curso do Atelier para trabalhar com Jouvet.

maças. "Creio que, sem o saber, era você que vinha ver aqui", diz-me. Foi professora de literatura no colégio de rapazes de Saint-Quentin, explicava *Horace* a meninos de terceira série: "Quando voltava para casa soluçava e pedia perdão a Corneille", disse-me. Tinha também uma classe do último ano: "Comecei lendo para eles Verlaine, Baudelaire, não compreendiam nada, mas sentiam que eu lia com minha dor e a verdade de minha dor impressionou-os." Obteve uma licença para se apresentar ao Conservatório. Jouvet escrevera-lhe prometendo ocupar-se dela; não fez nada. Ela construiu, em torno de Jouvet, um delírio tão caracterizado quanto o de Louise Perron. Explica-me que ele tem medo do amor porque quando ama amarra-se inteiramente à mulher amada. "Então ele chega a só receber-me em corredores e em patamares. Ah! como nos fazemos sofrer!" Cada sinal de indiferença lhe parece uma prova de paixão; ela o acredita ciumento: quando lhe levanta a gola do casaco para que ela não sinta frio, ela pensa: "Ele gostaria que eu usasse uma máscara e que nenhum homem me visse." Imagina que ele a segue e crê tê-lo visto no Mahieu. Sábado de manhã, não foi à aula e à tarde ele lhe disse rudemente: "Por que não vieste esta manhã? Vamos, dá o fora", e, por vingança, beijou na frente dela uma jovem bastante bonita. Quando ela ensaia *Hermione* e declama: "Ah!, eu não te amava, cruel! que fiz então?", ele esconde o rosto para não mostrar emoção; e nunca lhe fez um elogio. Fala-me de sua solidão e de sua dor que alimentam seu gênio. Numa "explosão de solidão" encontrou para o papel de Phèdre efeitos extraordinários: efeitos "interiores", precisa. Vangloria-se de não se ter oferecido a Jouvet que, de resto, nada lhe pediu. Vive em um hotel sem ver ninguém. Escreve: "A princípio poemas, para 'dessocializar' o sentido das palavras, depois novelas com estas palavras." Na noite em que foi recusada no Conservatório, foi ver Jouvet; estava calma e serena; ele tomou-lhe as mãos, olhou-a bem nos olhos, dizendo: "Estás de sangue frio?" Ela respondeu que sim, e ele beijou-lhe as mãos com um olhar extraordinário: "O olhar de um ser que achou, enfim, uma coisa que procurara toda a vida." Ela acrescenta: "Estou contente por ter sido recusada porque tive esse olhar." Jouvet só tem necessidade de um ser no mundo: Cecília; mas ele se conhece, ele acredita que seu gênio difícil o impede de ligar-se a uma mulher;

então, prefere romper. E ela pergunta-me com olhos ardentes: "Que pensa de mim?" Desconverso.

Nizan teve uma licença em fins de novembro, veio a Paris, mas não o vi, o que lamentei. Tínhamos tido notícias dele; como imagináramos, o pacto germano-soviético estarrecera-o; na Córsega, seus camaradas comunistas não tinham dito palavra do que se tramava; ele pensava que o haviam deixado deliberadamente na ignorância e sentia-se mortalmente ferido. Compreendíamos, portanto, muito bem as razões de seu afastamento; mas teríamos gostado que ele se nos explicasse mais a fundo. Ele escrevera a Sartre uma cartinha em que não dizia grande coisa. Sartre respondeu-lhe e recebeu dele nova carta datada de 8 de dezembro: o último sinal de vida que nos deu.

"Meu caro camarada. Obrigado pelo cartão que acabo de encontrar ao regressar a Paris, onde pude ir. Paris é curiosa, e as pessoas que vi, singularmente engraçadas. Somos, você e eu, dos seis ou sete escritores ingênuos que não se acham nem na Censura nem com Giraudoux. Não nos consideram sem ironia. Escrevemos nossos romances. Quanto a mim, ponho-me em questão, mas o trabalho de sondagem deve ocupar um pouco menos do que os pioneiros: estou apenas no segundo caderno; tudo isso é impublicável ainda por muito tempo. Os próprios romances são censurados de uma maneira que dá vertigem e eu não poderia explicar agora as razões que me levaram a pedir demissão do Partido Comunista. Vi Petitjean, ligeiramente ferido mas extremamente heroico, dado que está no corpo de voluntários e se encara como um duro e um meditativo. Precisará de dez anos para nos explicar as coisas. Aron e ele vão rivalizar na filosofia. Entre esse neo-Péguy e esse neo--Dilthey, não riremos mas pareceremos frívolos. Não tinha muito tempo em Paris e não vi o Castor que teria gostado de ver e que te peço que cumprimentes por mim. Escreve-me de teu setor 108. Saudações.

NIZAN"

Por intermédio de Olga tinha notícias frequentes de Bost, que não corria nenhum perigo mas se queixava de sua vida ser por demais embrutecedora. Quanto a Sartre, continuava a frequentar as tavernas de Brumath e a fazer sondagens. Escrevia-me quase todos os dias, mas perdi essa correspondência durante o êxodo. Em uma carta a Paulhan,[94] assim descrevia sua existência: "Meu trabalho consiste aqui em lançar balões e acompanhá-los com a luneta; chama-se a isso fazer sondagens meteorológicas. Depois do quê, digo por telefone a direção do vento aos oficiais das baterias de artilharia que fazem o que querem da informação. A jovem escola utiliza as informações, a velha joga-as na cesta. Os métodos se equivalem, posto que não damos tiros. Este trabalho extremamente pacífico (não vejo senão os columbófilos, se é que os há ainda no Exército, com função mais suave e poética) deixa-me grandes lazeres que emprego em terminar meu romance. Espero que apareça dentro de alguns meses e não vejo muito bem que lhes poderia reprovar a Censura, a não ser 'a carência de saúde moral'; mas esta não se refaz."

Assim se arrastava a estranha guerra; no front como na retaguarda, tratava-se de passar o tempo, de ir pacientemente até o fim dessa espera cujo nome decifrávamos mal: temor ou esperança? O primeiro trimestre terminou e pensei em esquiar nas férias de Natal: por que não? O diabo foi que não achei ninguém para me acompanhar: ora, nas pistas, tem-se necessidade de emulação e as excursões solitárias são perigosas. Bianca disse-me que Kanapa estava na mesma situação que eu; mal nos conhecíamos, mas partimos juntos para Mégève. Hospedamo-nos no chalé Ideal Sport, em cima do monte de Arbois; na época oferecia tão somente um conforto sumário e, apesar de sua admirável situação, seus preços eram módicos. Havia poucos esquiadores nesse inverno. Só no domingo fazíamos fila em frente do teleférico de Rochebrune; nos outros dias tinha a impressão de que os campos de neve eram meus. Dei-me bem com Kanapa, de maneira curiosamente negativa: em dez dias não esboçamos uma só conversa; mesmo à mesa, em face um do outro, líamos sem cerimônia. As coisas que me divertiam — os outros hóspedes do chalé, suas histórias, suas maneiras — não o interessavam

---

[94] Paulhan transmitiu esta carta a Adrienne Monnier, que quis publicar este trecho em não sei mais que boletim; ela enviou uma cópia datilografada a Sartre, pedindo-lhe autorização para utilizá-la; ele recusou.

e eu nunca consegui descobrir o que o divertia. No esqui, nós nos equivalíamos e deslizávamos um ao lado do outro em silêncio: fizemos uma bela descida, através da neve virgem, do Prarion a Saint-Gervais. Essa situação me convinha, havia alguém perto de mim em caso de acidente e, cotidianamente, ninguém. Quando eu regressava por volta das cinco horas, sentava-me à mesa da grande sala, ao lado do aparelho de rádio, de que dispunha sem partilha; manipulava os botões, em busca de um concerto interessante: amiúde tinha sorte e agradava-me muito essa procura. Aproveitei imensamente a música, a neve, tudo, tanto mais que Sartre devia vir em licença em janeiro.

Em Paris, comecei a esperá-lo. O único acontecimento notável desse mês foi um ensaio geral de *Ricardo III* no Atelier.

10 de janeiro
Ensaio de *Ricardo III*. Belos cenários, belos costumes. Marie-Hélène Dasté suntuosa em seu vestido preto e sua touca branca; Blin esplêndido na vestimenta branca de Buckingham. Somente Dullin de paletó claro com uma boina basca, que lhe dá um ar de malandro. As mulheres representam bem e Dullin é extraordinário. Os homens parecem-me menos bons, mesmo Blin. Mouloudji passeia pela sala de camisa de dormir de fantasma. Dullin faz uma série de seus pequenos esquetes, como os denomina Mouloudji. Tem um acesso de raiva particularmente bem cuidado no alto do balcão de onde deve arengar a multidão. Cumprimenta-me: "*Ela* está com bronquite", diz-me com esse ar religioso e matreiro que assume para falar de Camille.

No princípio de fevereiro, fui esperar Sartre na estação do Leste. A semana transcorreu toda em conversas e passeios. Sartre pensava muito no pós-guerra; estava decidido a não mais se manter afastado da vida política. Sua nova moral, baseada na noção de autenticidade, e que ele se esforçava em pôr em prática, exigia que o homem "assumisse" sua "situação"; e a única maneira de fazê-lo era superá-la empenhando-se numa ação: qualquer outra atitude era uma fuga, uma pretensão vazia, uma farsa fundada na má-fé. Vê-se que uma mudança séria se operara nele e também em mim, que aderi imediatamente à sua ideia, pois nosso primeiro cuidado outrora fora manter nossa situação a distância, mediante jogos, ilusões e mentiras. Quanto aos desenvolvimentos dessa teoria, ele se explicou suficientemente depois para que eu insista. Ele não sabia ainda — não podia saber de antemão e não queria prejulgar coisa alguma — em que consistiria ao certo uma participação política; mas estava convencido de que tinha deveres em relação aos mais moços; não queria que estes se sentissem, depois da guerra, como os jovens combatentes de 1914-18, uma "geração perdida". A respeito dessa ideia de geração teve ele uma discussão bastante animada com Brice Parain, que se imaginava de imediato em foco quando atacavam um de seus contemporâneos. Detestávamos, por exemplo, *Gilles*, de Drieu; Parain sentia-se atingido pelas nossas críticas. Em uma carta que não lhe enviou, Sartre escrevia: "Não se trata de negar que Drieu se encontrou com um espírito formado de outra maneira que o meu, em circunstâncias que não conheci. Seria infantil. Mas é preciso não escamotear Drieu quando quero julgá-lo e apresentar bruscamente a sua 'geração' no seu lugar, dizendo-me que é a mesma coisa. O indivíduo Drieu é de sua geração, é claro, e conheceu os problemas da geração. Mas não se deve dizer que ele é sua geração. A geração é uma *situação*, como a classe ou a nação, e não uma disposição.

"No que concerne à política, não tenhas medo, irei sozinho para o barulho, não seguirei ninguém, e os que quiserem seguir-me, seguir-me-ão. Mas o que é preciso fazer antes de tudo é impedir que os jovens que entraram nesta guerra com a idade em que entraste na outra saiam com 'consciências infelizes'.[95] Isso só é possível, creio, aos mais velhos que tiverem feito esta guerra com eles."

A licença terminou.

15 de fevereiro
Sartre veste novamente seus trajes de militar. Chegamos por volta de nove e quinze à estação. Um grande cartaz avisa: retorno de licença, partida de todos os trens às nove e vinte e cinco. Um mar de sujeitos com suas mulheres envereda pela passagem que conduz ao subsolo da estação; estou calma, mas vendo esta partida como um acontecimento coletivo,

---

[95] Não por não ser isso belo em si, mas é desagradável para eles.

sinto-me comovida. Na plataforma, a coisa aperta-me a garganta, todos esses homens, essas mulheres que se apertam as mãos, embaraçados. Há dois trens repletos, um à direita, outro à esquerda; o da direita parte e há um desfile de mulheres: mães, mas, sobretudo, esposas e namoradas que se afastam, de olhos vermelhos, olhar fixo; algumas soluçam. Apenas uma dezena de velhos pais no meio delas; essa separação dos sexos, os homens que levam para a frente, as mulheres que voltam para a cidade, tem um quê de primitivo. Entre as que aguardam a partida do outro trem poucas choram, assim mesmo algumas penduradas ao pescoço de seus homens; sente-se uma noite quente atrás delas, a falta de sono, o cansaço nervoso da manhã. Os soldados brincam: "Que dilúvio, agora!" Mas sente-se que estão solidários. Quando o trem está no momento de partir, a porta se acha atulhada de sujeitos, só percebo de longe o barrete de Sartre na sombra do compartimento, seus óculos e sua mão que acena de vez em quando; o sujeito da porta afasta-se, dá o lugar a um outro que beija a mulher e diz: "De quem é a vez?" As mulheres fazem fila e sobem no estribo cada qual por seu turno. Subo também, depois Sartre torna a desaparecer no fundo. Tensão coletiva e violenta: esse trem que vai partir é como que uma extirpação física. E eis que parte. Sou a primeira a afastar-me, muito depressa.

No dia seguinte, a neve caiu tempestuosamente sobre Paris. Por falta de mão de obra, não se limparam as ruas: mesmo ao longo dos grandes bulevares andava-se sobre camadas de neve; para atravessar era preciso pular os montes que barravam as calçadas; a rua era um pantanal em que se afundava até os tornozelos. Os passantes pareciam algo assustados e transidos: a natureza invadira tumultuosamente a cidade, os homens não sabiam contê-la, grandes cataclismos se anunciavam, dir-se-ia. Bost veio em licença num desses dias glaciais. Mesmo na linha de frente, disse, a guerra se afigurava uma guerra-fantasma: não se via sombra de alemão em nenhum lugar. Gostava muito de alguns de seus camaradas mas aborrecia-se odiosamente: jogava cartas e dormia; certa vez, de desespero, dormira sessenta horas seguidas. A ideia de continuar durante um ano ou dois a apodrecer em granjas não lhe sorria absolutamente. Ficou muito intrigado quando lhe disse que Sartre depois da guerra contava fazer política.

O inverno terminou. Surgiram os primeiros racionamentos. Muito em breve iriam distribuir-nos cartões de pão; o pão de farinha pura estava proibido, as confeitarias fechavam três vezes por semana; não se vendia mais chocolate de luxo; instituíram três dias sem álcool; nos restaurantes tinha-se direito a somente dois pratos, sendo um só de carne. Nada disso perturbava muito. A guerra continuava ainda "inachável". A paz sino-soviética fora assinada em Moscou; Hitler anunciava em princípios de abril que em 15 de junho estaria em Paris; mas ninguém dava ouvidos a essas fanfarronices. A respeito da ocupação da Polônia, contavam-se coisas abomináveis; os patriotas eram encerrados em campos de concentração, os alemães deixavam-nos sistematicamente morrer de fome. Falava-se mesmo de trens blindados em que os fechavam: depois faziam circular gases asfixiantes nos vagões. Hesitávamos em acreditar nessas histórias que também tinham tido curso na outra guerra e desconfiávamos da propaganda.

Continuei a trabalhar, a ir ao liceu, a ver meus amigos e a definhar; tinha o coração vazio e a solidão pesava-me; eis por que só resisti molemente aos esforços que fez Lise para infiltrar-se em minha vida. Amiúde, quando saía do hotel às oito horas da manhã, ela esperava-me diante da porta, com um xale amarrado no queixo e uma lágrima nos olhos: "Fugi de casa: meu pai queria matar-me", gemia resfolegando um pouco. Ou então era a mãe que a tinha esbofeteado, ou o pai que batera na mãe; em todo caso tinha direito a consolação. Eu me apiedava e ela acompanhava-me até o liceu através do Luxemburgo desolado. Terminadas as aulas, eu a encontrava novamente plantada na calçada e me suplicava que tomasse alguma coisa com ela. E de novo queixava-se; estudava química como o pai exigira; os cursos teóricos aborreciam-na, os trabalhos práticos assustavam-na; quebrava as provetas, cortava os dedos; tinha certeza de malograr. Descrevia-me os pais, sua pobreza, sua maldade, sua brutalidade. De vez em quando, interrompia suas lamentações para me contar, com encanto, histórias de sua infância. Aos quatorze anos, com sua amiga Tânia, roubara assiduamente as Galerias Lafayette; dera uma série de golpes frutuosos e depois um dia, na esquina do bulevar, uma mulher de luto pusera-lhe uma mão no ombro e arrastara-a até a delegacia de polícia; Lise soluçara, seus pais tinham suplicado e liberavam-na; mas, em casa, recebera uma boa correção. "E era injusto", disse-me, "porque quando minha mãe me encarregava de comprar coisas e eu as roubava, fazia-lhe preços especiais". Na mesma época, passando as férias num campo de juventude, seduzira um coronel escoteiro: um russo-branco, quinquagenário; ele marcava-lhe encontros noturnos e beijava-a vorazmente; mas tinha uma esposa, uma reputação; de volta a Paris, abandonara-a covardemente.

Em verdade, eu compreendia que ele tivesse tido medo; essa criança mártir não carecia de defesa; havia em seus olhos, no seu rosto, uma violência que desmentia a doçura intimidada da boca. Da infância, conservava as teimosias, as raivas ingênuas, as exigências e o desatino. A necessidade que ela tinha de mim comoveu-me. No seu calendário, assinalava em vermelho os dias em que me via e em cinza os dias em que eu estava ausente; o preto designava os acontecimentos inteiramente nefastos. Adquiri o hábito de, toda semana, passar com ela algumas horas, que ela achava demasiado curtas. "Calculei", disse-me uma vez, "você não me dedica mais do que uma centésima quadragésima parte de sua vida". Expliquei-lhe que tinha trabalho, escrevia um romance. "E é por isso que recusa ver-me!", disse-me com indignação. "Para contar histórias que nem sequer aconteceram!" Falei-lhe um pouco de Sartre e ela ficou muito contente que estivesse no Exército, pois de outro modo eu não me houvera absolutamente ocupado dela. Declarou mesmo um dia, com raiva: "Espero que morra!"

Havia dias em que eu aspirava à solidão: as notícias eram más, a angústia ou a tristeza tinham-me invadido; eu pedia a Lise que não me viesse buscar à porta do liceu, mas ela vinha; dizia-lhe que me deixasse, que não estava com disposição de espírito para conversar; ela andava a meu lado falando por dois. Ela me aborrecia, me irritava, ela escarnecia e, afinal, punha-se a chorar e eu abrandava. Parecia tão vulnerável que eu me sentia inteiramente desarmada.

O ritmo das licenças foi acelerado. Sartre voltou a Paris em meados de abril e retomamos nossas conversas. Falamos dos livros que, longe um do outro e ao mesmo tempo, tínhamos lido. Ele gostava muito de *Terra dos homens*, de Saint-Exupéry, que ele ligava à filosofia de Heidegger.[96]

---

[96] Falou sobre isso em *Qu'est-ce que la litterature?*

Descrevendo o mundo de aviador, Saint-Exupéry também superava a oposição do subjetivismo e da objetividade; ele mostrava como as mais variadas verdades se revelam através das diversas técnicas que as desvendam, cada uma exprimindo, entretanto, toda a realidade, e não tendo nenhuma privilégios em detrimento das outras. Ele fazia com que assistíssemos detalhadamente a essa metamorfose da terra e do céu vivenciada pelo piloto, nos comandos de sua máquina. Era a melhor ilustração possível, a mais concreta, a mais convincente das teses de Heidegger. Numa outra linha de ideias, éramos apaixonadamente interessados pelas obras de Rauschnig; *Hitler me disse* e, sobretudo, *A revolução do niilismo* esclareciam, para nós, a história do nazismo. *O castelo* acabava de ser publicado em francês; era um livro ainda mais extraordinário do que *O processo*; tratava, entre outros — através da história de um mensageiro falacioso e sedutor em quem K. deposita suas esperanças —, de um problema que nos consumia: o da comunicação. Fomos tomados também pelo retrato que Kafka traça dos dois "ajudantes" do agrimensor: solícitos, confusos e hábeis em comprometer, com zelo, todas as chances, já bem pequenas, de sucesso. Nesses dois "acólitos", Sartre reconhecia os "apoios" e iríamos encontrar outros ao longo de nossas vidas.

Fomos ao cinema, um pouco ao teatro. O tema de *Monstres Sacrés*, de Cocteau, me tocou: aproximava-se muito do de *A convidada*, tratava também de um casal unido por um longo passado de amizade, por um projeto comum que coloca em perigo, de repente, a tentação da juventude.

O imaginário acabava de ser publicado pela Gallimard. Nele, Sartre indicava a teoria da "nadificação", que estava aprofundando. Nos cadernos de Moleskine em que anotava o dia a dia de sua vida, assim como muitas reflexões sobre si mesmo e sobre seu passado, ele esboçava uma filosofia; explicou-me, grosso modo, uma tarde, quando passeávamos perto da estação do Norte; as ruas estavam escuras e úmidas e tive a impressão de irremediável desolação: eu tinha desejado demasiadamente o absoluto e tinha sofrido com sua ausência por não reconhecer em mim esse inútil projeto de ser que descreve em *O ser e o nada*; mas que triste ilusão essa procura indefinidamente vã, indefinidamente recomeçada em que a existência se consome! Nos dias seguintes, discutimos certos problemas particulares e, sobretudo, a relação da situação com a liberdade. Eu sustentava que, do ponto de vista da liberdade tal qual Sartre a definia — não resignação estoica, e sim superação ativa do dado —, as situações não são equivalentes: qual a superação possível para uma mulher encerrada no harém? Mesmo essa claustração, há diferentes maneiras de vivê-la, dizia-me Sartre. Obstinei-me durante muito tempo e só cedi superficialmente. No fundo, eu tinha razão. Mas, para defender minha posição, fora preciso abandonar o terreno da moral individualista, logo idealista, em que nos colocávamos.

Separamo-nos novamente. A cada dia mais, o horizonte escurecia. Os Estados Unidos não se decidiam a entrar na guerra. Os alemães tinham atacado a Escandinávia e, no início da batalha de Narvik, Reynaud anunciara enfaticamente pelo rádio: "A rota do ferro está e ficará fechada." Não estava. As tropas aliadas retiravam-se. Hitler tornava-se senhor da Noruega e de seus minérios.

No dia 10 de maio pela manhã, comprei o jornal na praça Vavin e abri-o descendo o bulevar Raspail. A manchete entrou-me pelos olhos. "Esta manhã, às primeiras horas, os alemães invadiram a Holanda, atacaram a Bélgica e o Luxemburgo. O Exército franco-britânico atravessou a fronteira belga." Pus-me a chorar, sentada num dos bancos do bulevar. "Viram você chorar esta manhã", disse-me Fernando com ar protetor. Fernando que desde a guerra da Espanha tinha raiva de todos os franceses e a quem nossa desgraça não deixava desolado. No dia seguinte e nos dias que se seguiram, foi com o coração batendo que me atirei aos jornais; as linhas foram logo rompidas; falou-se de "bolsão" que se iria rapidamente fechar; mas em 14 de maio, corria o boato de que o Exército Corap debandara inteiramente; setenta mil homens tinham largado os fuzis e voltado as costas ao inimigo. Teria havido traição? Nenhuma outra explicação parecia plausível.

As fronteiras estavam fechadas, mas a correspondência com os países neutros não fora suspensa. Recebi uma carta de minha irmã. Lionel deixara o Limousin havia algumas semanas para ir viver com a mãe, que se casara de novo com um pintor português em Faro; tinham-na convidado para passar duas ou três semanas com eles. Ela levou três dias para atravessar a Espanha num vagão de terceira classe e chegara a Lisboa esgotada. Sentou-se ao terraço de um café: não havia outra mulher; o garçom notou-a e, servindo-lhe o café, indagou: "A senhora é francesa?" "Sou." "Pois, minha senhora, os alemães acabam de invadir a Holanda e a Bélgica." Ela correu para a praça: as notícias achavam-se afixadas em cartazes, numa língua para ela quase ininteligível; mas compreendeu assim mesmo o suficiente e debulhou-se em lágrimas. Em volta dela mostravam-se solícitos: "É uma francesa." Ficou presa no exterior durante toda a guerra.

Uma noite, em fins de maio, encontrei Olga no bar da Capoulade; tinha a fisionomia descomposta: "Bost foi ferido", disse-me. Recebera uma carta dele em que contava que um estilhaço de obus o atingira no ventre; estava fora de perigo e evacuavam-no para a retaguarda em Beaune. Nesse caso, o ferimento era antes uma sorte; mas devia-se acreditar? Em menos de uma semana seu regimento fora aniquilado, seus melhores camaradas tinham morrido. A morte tornava-se uma presença cotidiana, impossível pensar em outra coisa. Sartre enviava-me cartas tranquilizadoras, mas achava-se no front, tudo lhe podia acontecer.

E tudo acontecia. O pior. A cada dia mais, o Exército alemão aproximava-se. Ouvimos a voz de Reynaud pelo rádio: "Se me viessem dizer um dia que somente um milagre pode salvar a França, eu diria: acredito num milagre porque acredito na França"; isso significava que tudo estava perdido. Eu não tinha mais força para trabalhar, mal conseguia ler. Ia ao cinema, ouvia música. O Opéra montou *Medeia* de Darius Milhaud com encenação de Dullin e cenários de Masson; a música pareceu-me belíssima e o conjunto, um espetáculo notável; além do coro cantante — mascarado, hierático, encerrado em espécie de sacos — havia um coro mudo; este acentuava certos momentos do drama com movimentos que participavam mais da mímica do que da dança: creio que Barrault o dirigira, e tirara dele grandes efeitos. Durante algumas horas, esqueci o mundo. Não demorei em reencontrá-lo. No dia 29, abrindo *L'Œuvre,* pude ler num título garrafal: "O rei Leopold traiu." Houve depois Dunquerque. Então Hitler não blefara? Entraria em Paris em 15 de junho? Que fazer? Sartre evidentemente se retiraria para o Sul: eu não queria me ver separada dele. Pensava em partir para

Le Pouèze; de lá atravessaria facilmente o Loire, se, como se dizia, o Exército se reunisse do outro lado do rio. Mas não podia largar meu cargo de professora.

No dia 4 de junho, a região parisiense foi bombardeada; houve muitas vítimas. Os pais de Olga suplicavam-lhe que regressasse a Beuzeville com a irmã e eu insisti: partiram. Stépha e Fernando desceram para o lado da Espanha, queriam atravessá-la clandestinamente e alcançar os Estados Unidos ou o México.[97] Eu devia examinar os exames finais do secundário em 10 de junho, estava presa em Paris. Sentada no terraço do Dôme, imaginava com angústia a chegada dos alemães, sua presença. Não, não queria ficar enclausurada nesta cidade até o fim da guerra, nesta cidade transformada em fortaleza; não queria viver durante meses, mais talvez, como prisioneira. Mas materialmente, moralmente, era obrigada a ficar: a vida cessara definitivamente de se dobrar às minhas vontades.

Bruscamente tudo soçobrou. Redigi em fins de junho um relato desses dias e transcrevo-o, limitando-me, como fiz com meu diário de guerra, a praticar alguns cortes.

9 de junho de 1940 e dias seguintes

Era domingo; as notícias tinham sido más na véspera, por volta de cinco: uma retirada indeterminada do lado do Aisne. Eu passara a noite com Bianca, no Opéra; representavam *Ariane et Barbe-Bleu*, a sala estava vazia. Tinha-se a impressão de uma derradeira manifestação de fanfarronice, uma manifestação simbólica em face do inimigo; o tempo estava chuvoso e estávamos ambas nervosas; revejo a grande escadaria e Bianca com seu vestido vermelho. Tínhamos voltado a pé, falando da derrota; ela dizia que é sempre possível suicidar-se e eu respondia que, em geral, a gente não se mata. Entrei no hotel num estado de grande tensão nervosa. O domingo assemelhou-se aos quinze últimos dias que acabava de viver: li pela manhã, ouvi música no Chantecler de uma às três horas, fui ao cinema rever *Fantôme à vendre* e ver *L'Étrange visiteur*. Em seguida, escrevi a Sartre, do Mahieu. A DCA troava; havia nuvens de

---

[97] Refugiaram-se efetivamente em Nova York.

fumaça branca no céu e os consumidores instalados no terraço fugiam. Eu sentia o avanço alemão como uma ameaça pessoal; tinha só uma ideia; não perder a possibilidade de contato com Sartre, não ficar presa como um rato em Paris ocupada. Ouvi ainda um pouco de música, voltei para o hotel às dez horas; encontrei um bilhete de Bianca dizendo que me procurara o dia inteiro, que estava no Flore, que tinha notícias muito graves a me dar, que partiria talvez de noite. Procurei um táxi, mas já não havia mais e tomei o metrô; Bianca estava no terraço do Flore com colegas. Saímos juntas. Disse-me que seu pai sabia, por um sujeito do QG, que estava previsto um recuo para o dia seguinte, que os exames haviam sido adiados e os professores liberados; fiquei gelada: era definitivo, os alemães entrariam em Paris dentro de dois dias, nada me restava a fazer senão partir com ela para Angers. Foi quando ela me disse que, evidentemente, a linha Maginot iria ser contornada e compreendi que Sartre ficaria prisioneiro por tempo indefinido, que teria uma existência horrível, que eu não saberia nada dele; pela primeira vez na vida tive uma crise de nervos. Foi, para mim, o momento mais horroroso da guerra. Arranjei minhas maletas levando apenas o essencial.[98] Acompanhei Bianca até seu hotel, na rua Royer-Collard; estavam ali seus colegas da Sorbonne e dois amigos suíços. Discutimos até as quatro horas da manhã; era um reconforto ter gente perto e barulho. Ainda acreditávamos possível a vitória; tratava-se de resistir atrás de Paris até a chegada dos reforços americanos.

Levantei-me às sete horas no dia seguinte, 10 de junho; tive a sorte de encontrar um táxi que me conduziu ao Camille-Sée; alguns alunos tinham vindo ver se não havia mesmo exames. A diretora entregou-me uma ordem de evacuação: o liceu retirava-se para Nantes. Regressei ao Quartier Latin, encontrei alunas do Henri IV muito alegres; para muita gente, esse dia de exames sem exames, de desordem e lazeres tinha algo festivo; caminhavam jovialmente pela rua Soufflot, pareciam divertir-se muitíssimo. Mas os terraços dos cafés já estavam quase desertos e iniciava-se o grande desfile dos automóveis no bulevar. Eu estava num estado horrível. No hotel Royer-Collard, bebi com os suíços um

---

[98] Levava todas as cartas de Sartre. Não sei como nem onde se perderam.

péssimo champanhe abandonado por uma austríaca enviada para um campo de concentração; isso me revigorou um pouco; depois almocei com Bianca no restaurante saboiense. O dono disse-nos que partiria à noite. Todos partiam. A mulher dos toaletes do Mahieu fazia as malas, o merceeiro da rua Claude-Bernard fechava seu comércio, o bairro esvaziava-se.

Esperamos o pai de Bianca no terraço do Mahieu. Foi demorado e enervante: ele dissera que viria entre duas e cinco horas, e nós nos perguntávamos se chegaria em tempo, se não seria tarde demais para sair de Paris; e, principalmente, eu estava ansiosa por acabar, não suportava esse interminável adeus a Paris. O desfile dos carros não cessava. As pessoas aguardavam ansiosamente os táxis, tomavam-nos de assalto, e quase não os havia mais. Durante o dia, vi pela primeira vez as carroças de refugiados que iria encontrar tantas vezes mais tarde: cerca de uma dezena, atreladas cada qual a quatro ou cinco cavalos e carregadas de feno que uma lona verde protegia; as bicicletas, as malas amontoavam-se nas extremidades e no meio estavam as pessoas agrupadas, imóveis, com imensos guarda-chuvas: tudo isso parecia composto com tanto cuidado quanto um quadro de Breughel; dir-se-ia um cortejo de festa, solene e belo. Bianca pôs-se a chorar e eu também tinha lágrimas nos olhos. Fazia muito calor, a atmosfera era pesada, mal havíamos dormido, nossos olhos ardiam. O passado voltava-me à memória, por clarões, e era de uma vivacidade intolerável. Um homem limpava tranquilamente os lampiões, na calçada da frente. Seus gestos criavam um futuro em que não era possível acreditar.

O automóvel chegou, enfim. M. B. levava uma de suas empregadas, estava sentada no fundo, entre uma pilha de maletas, e nós nos instalamos na frente. Como estávamos subindo, a dona gritou exaltada: "Os russos e os ingleses acabam de desembarcar em Hamburgo." Era um soldado chegado do Val-de-Grâce que espalhava a notícia; soube depois que o boato da entrada da Rússia na guerra correra com insistência em Paris[99] nos dias seguintes. A notícia deu-me uma emoção idiota mas logo compreendi que era falsa, porquanto a emissão das quatro horas

---

[99] Sartre disse-me mais tarde que o boato correra também no front.

e meia não falara disso. Partimos assim mesmo com a vaga ideia de que tudo não estava ainda perdido. Na Porta de Orléans, havia muitos carros mas não havia ainda muito congestionamento; poucas bicicletas e ninguém a pé. Partíamos antes do grosso da multidão. Em Croix-de--Berny, foi preciso parar um quarto de hora para deixar passarem os caminhões cheios de jovens soldados estafados. Depois enveredamos por pequenos caminhos em direção ao vale de Chevreuse. O tempo era bonito e, passando em frente de casas floridas, podíamos imaginar que viajávamos somente durante o final de semana. Nos arredores de Chartres, fomos desviados da rota, e começamos a encontrar obstáculos que criavam engarrafamentos; fomos detidos por uma comprida fila de automóveis parados, as pessoas espalhavam-se pelos campos; foi-nos preciso um bom momento para entender; um jovem soldado corria de carro em carro gritando que havia um alerta. Descemos também e fomos sentar e comer à entrada de um pequeno bosque. Em seguida, durante uma hora, arrastamo-nos quase sem avançar atrás de uma fila de automóveis; e depois rodamos. Ao atravessarmos uma aldeia, um soldado tocava uma pequena corneta. Gritou-nos: "Atenção, alerta, deitem-se à saída da aldeia", mas nós continuamos pela estrada. Numa encruzilhada, outro soldado anunciou-nos a entrada da Itália na guerra: estava previsto. A noite descia. Uma bicicleta amarrada diante dos faróis impedia que os acendêssemos. Paramos em Illiers, uma aldeiazinha, onde tivemos a sorte de encontrar logo dois quartos na casa de um velho papudo. Fomos tomar alguma coisa no café; as portas gradeadas já estavam quase fechadas; as pessoas discutiam questões de iluminação e da municipalidade; perguntaram com desconfiança de que bairro de Paris nós éramos. Voltamos para dormir. Bianca dormiu num colchão no quarto do pai e eu numa cama grande com a empregada. Havia um grande relógio, eloquente, que quase nos impediu de dormir; mas imobilizamos o pêndulo.

Pela janela, às oito horas da manhã, vi um céu cinzento, um jardim retangular com um campo horrivelmente plano no fundo. Corri ao café para escrever a Sartre, sem esperança. O rádio deu informações na loja de trás; uma mulher escutava o comunicado soluçando e eu a imitei; era impossível agora duvidar da derrota; estava em toda parte, nas palavras do locutor, em sua voz, em toda a aldeia. "Então está tudo perdido? Paris foi tomada?", indagavam. Um homem colava cartazes nos muros de Illiers; referiam-se aos italianos. Havia automóveis de refugiados em todas as esquinas.

Voltamos a partir às nove horas. A viagem foi fácil. Passávamos por carroças semelhantes às que víramos no bulevar Saint-Michel; mas já semidesmanteladas, o feno em parte comido, as pessoas a pé; na véspera, à noite, tínhamos visto pessoas comendo nas valetas, cavalos desatrelados, gente aprontando-se para dormir à luz das estrelas. Le Mans estava repleto de soldados ingleses. Alcançamos Laval, que formigava de refugiados; encontramos um carro com os pneus pretos de fumaça e que atravessara Evreux em chamas, e comecei a tremer de medo por Olga. Muitos refugiados vinham da Normandia. Em Laval, todas as calçadas estavam flanqueadas de automóveis, todas as esplanadas e praças submergidas por gente sentada no meio de fardos e pacotes, os terraços dos cafés alongavam-se indefinidamente e eram invadidos. Na estação, corria o boato de que os trens de Paris se haviam desviado no caminho; soube que havia às cinco e meia um ônibus para Angers. Procuramos um restaurante. No Grand-Hôtel riram-nos na cara, não sobrava nem uma fatia de presunto. Fomos a uma *brasserie* de paredes ladrilhadas que devia ter sido bem tranquila dias antes, com seus jogos de damas e de gamão encostados à janela; assemelhava-se a um botequim de estação, com todas as mesas pretas ao lado umas das outras e onde só serviam vitela com ervilhas; comemos igualmente. Peguei minhas maletas, disse adeus a Bianca e agradeci a seu pai; depositei minha bagagem no depósito dos ônibus e fui ao correio a fim de telefonar para La Pouèze. Havia muita gente e tive que esperar a comunicação mais de uma hora. Uma refugiada miserável aproximou-se da telefonista: "Quer telefonar por mim?" A empregada rebentou de rir. Por necessidade de atividade, ocupei-me da pobre mulher. Ela disse-me para onde queria telefonar e eu procurei na lista o nome dos assinantes: nenhum lhe convinha; um partira, outro devia estar no campo. Acabei largando-a ali. Estava tão cansada, tão nervosa que meu coração se pôs a bater, minha voz tremia quando consegui falar com Mme Lemaire ao telefone; ela disse-me que a casa estava em desordem e repleta, mas que viriam me buscar em Angers depois do jantar. Tomei o ônibus e tive que ficar em pé. Encontrei uma antiga aluna de Rouen que fugia de mochila às costas, passando de um ônibus a outro. Falamos do passado.

Em Angers, às oito horas da noite, a praça da estação estava repleta de refugiados que não sabiam que fazer da vida: nem um lugar para se hospedar. Uma espécie de maluca, envolvida numa coberta, passeava ao redor da praça empurrando um carrinho de mão com suas maletas; girava indefinidamente, desesperadamente. Eu estava sentada num terraço, a noite caía e um pouco de chuva também; o tempo passava e eu me sentia cansadíssima; finalmente, um automóvel parou; dentro Jacqueline Lemaire e uma de suas cunhadas de origem alemã, que durante todo o trajeto censurou aos soldados franceses sua falta de ideal. Jantei um pouco e dormi numa estranha cama sem enxergão; o colchão afundava dentro da armação de madeira e eu tinha a impressão de estar no fundo de um barco.

Durante três dias não fiz senão ler romances policiais e desesperar-me. Mme Lemaire não saía da cabeceira do marido: ele tinha todas as noites horríveis pesadelos de guerra, ela o velava e não dormia nunca. A aldeia estava repleta de parentes, de amigos. Escutavam febrilmente todos os comunicados. Uma noite bateram na porta, às nove horas: tinham visto paraquedistas e pediam a Mme Lemaire que fosse prevenir a polícia a cinco quilômetros; soube-se no dia seguinte que os paraquedistas eram simples balõezinhos...

Parei aqui na narrativa. Contei, mais ou menos, em *O sangue dos outros*, atribuindo a experiência a Hélène, como os dias seguintes se passaram. Diariamente atravessavam a aldeia caminhões vindos de Alençon e de Laigle. Entre os numerosos hóspedes de Mme Lemaire, alguns tinham muito medo, queriam fugir para Bordeaux, amedrontavam a gente da aldeia contando que os alemães iam cortar as mãos de todos os meninos. Mas não havia como transportar M. Lemaire para fora de casa e qualquer fuga parecia vã; pessoalmente, convencida de que Sartre estava prisioneiro, eu não tinha nenhuma razão para estar em Bordeaux de preferência a La Pouèze. À medida que podia ter algum sentido pensar que o Liceu Camille-Sée havia-se transferido para Nantes, mais valia ficar nas proximidades. Por isso, ninguém se mexeu. Homens patrulhavam as ruas à noite de fuzil ao ombro, não se sabia bem por quê. Uma noite alguém gritou: "Eles estão em Le Mans." No dia seguinte, pela manhã, toda a gente da aldeia fugiu de carroça ou bicicleta ou se espalhou pelos campos; ninguém mais se exibia com um fuzil nas ruas. A aldeia estava deserta, todas as portas trancadas, todas as janelas fechadas; ouvia-se o canhão, ouviam-se ruídos de explosões: os reservatórios de gasolina de Angers iam pelos ares. No silêncio da rua principal passavam caminhões cheios de soldados franceses cantando. Quatro oficiais elegantes, desenvoltos, desceram de um automóvel. "É a estrada de Cholet?", perguntou um tenente a Jacqueline Lemaire. "É." Hesitaram; iam tentar no Loire uma "ação retardadora"; explicaram-nos: mas gostariam bem de saber se os alemães estavam ou não em Angers; pediram que os levassem ao correio; dentro, o telefone tocava mas a porta estava fechada a chave. Jacqueline foi buscar um machado e eles arrebentaram a fechadura. Depois de ter telefonado, aconselharam-nos a voltar para casa e não nos mexermos. Zarparam. Alguns soldados passaram ainda na rua, sem capacete, sem fuzil, apoiados em bastões. Depois houve um desfile de tanques de costas voltadas para o inimigo. E depois mais nada. A maioria dos habitantes da casa fora instalar-se no fundo do jardim. M. Lemaire estava deitado em seu quarto onde eu nunca entrara, e Mme Lemaire foi juntar-se a ele depois de fechar todas as venezianas. Fiquei sozinha atrás de uma janela a espiar pelas fendas a estrada deserta. O dia era de sol forte. Eu tinha a impressão de viver um romance por antecipação; era sempre a mesma aldeia familiar, mas o tempo precipitara-se. Eu fora projetada num momento que não pertencia a minha vida. Não era mais a França, não era ainda a Alemanha — um *no man's land*. Depois, alguma coisa explodiu junto às nossas janelas, os vidros do restaurante de frente voaram em estilhaços, uma voz gutural lançou palavras desconhecidas e eles surgiram, todos muito grandes, muito louros, com rostos rosados. Marchavam ritmadamente e não olhavam nada. Desfilaram longamente. Atrás deles, passaram cavalos, tanques, caminhões, canhões e cozinhas rolantes.

Um destacamento bastante importante instalou-se na aldeia. À noite, timidamente, os camponeses voltaram para suas casas; os cafés abriram as portas. Os alemães não cortavam as mãos das crianças, pagavam suas consumações e os ovos que compravam nas granjas, falavam cortesmente: todos os comerciantes lhes sorriram. Começaram imediatamente sua propaganda. Como eu estivesse lendo num prado, dois soldados aproximaram-se; arranhavam um pouco o francês e asseguraram-me de sua amizade pelo nosso povo: os ingleses e judeus é que nos haviam arrastado para essa desordem; essa conversa não me surpreendeu, o que desnorteava era cruzar na rua com esses homens de uniformes verdes que se assemelhavam a todos os soldados do mundo. Na segunda ou terceira noite, um deles pulou o muro do jardim; murmurou em alemão — Mme Lemaire sabia alemão — que o toque de recolher soara e ele receava ser apanhado pelo cabo; parecia ter bebido um pouco e estava visivelmente assustado. Ficou escondido um bom momento antes de partir.

Entretanto, desde que eu acordava e até a noite, escutava todas as notícias do rádio. No dia 17 pela manhã, o locutor anunciou que Reynaud pedira demissão, que Lebrun encarregara Pétain de organizar um novo Ministério. Ao meio-dia e meia, uma voz militar e paternal ressoou na sala de jantar: "Faço à França o dom de minha pessoa a fim de atenuar-lhe a desgraça... É com o coração amargurado que vos digo hoje que é preciso cessar a luta." Pétain, o responsável pela repressão de Verdun, o embaixador que correra a felicitar Franco pela sua vitória, um amigo íntimo dos *Cagoulards*; o tom de sua homilia enojou-me. Contudo sentia-me aliviada por saber que o sangue francês deixava, enfim, de correr; que horrível absurdo aquelas "missões retardadoras" em que homens morriam por um simulacro de resistência! Compreendi mal o sentido das palavras: "Procurar entre soldados, depois da luta e dentro da honra, os meios de pôr fim às hostilidades." Acreditei que se tratasse de uma capitulação militar. Precisei de vários dias para compreender o verdadeiro alcance do armistício. Quando as cláusulas foram divulgadas, em 21 de junho, interessei-me principalmente pela que dizia respeito aos prisioneiros; não era clara ou, pelo menos, quis achá-la obscura; estipulava que os soldados internados na Alemanha lá ficariam até o fim das hostilidades. Mas os alemães não iriam levar para sua terra as centenas de milhares de homens que acabavam de recolher nas estradas; seriam obrigados a alimentá-los, com que vantagem? Não, iam mandá-los para seus lares. Corriam muitos boatos. Soldados escondidos em porões, em moitas tinham evitado cair nas mãos dos ocupantes; reapareciam inopinadamente em suas aldeias e granjas, com roupas de civil; talvez Sartre se tivesse arranjado para alcançar Paris. Como saber? Nem telefone, nem correio, nenhum meio de me informar acerca do que se passava lá: a única solução era regressar. Havia entre as pessoas refugiadas em La Pouèze um holandês com sua jovem esposa e a sogra e que possuía uma tinturaria perto da estação de Lyon, regressavam e concordaram em levar-me. Mas, novamente, prefiro recopiar aqui a narrativa dessa volta tal qual a escrevi então.

28 de junho e dias seguintes
Havia quatro dias que não sossegava mais: estava persuadida de que Sartre podia ter regressado inesperadamente a Paris e que em todo caso lá teria notícias dele. Os holandeses resolveram voltar e concordaram em levar-me. Levantei-me às cinco horas, despedi-me, estava comovida com a ideia de partir, angustiada com a ideia do vazio que me aguardava em Paris, mas feliz por tentar alguma coisa. O holandês levou uma hora carregando o automóvel, tinha gestos plácidos que convidavam ao assassinato; pôs um colchão na capota e uma porção de maletas atrás; sua mulher amontoou uma porção de pacotinhos, sem esquecer um frasco de vagens, o resto do jantar da véspera que ela não desejava perder. Instalaram, no que sobrava do banco, a sogra e eu, a esposa sentou-se ao lado do marido; estavam de chapéu e com blusas de cetim branco.

Todas as estradas estavam atravancadas de automóveis, de quando em quando vestígios de bombardeio; vi à beira da estrada um tanque virado, um caminhão, o túmulo de um alemão com o capacete e uma cruz e quantidade de carros carbonizados. Chegando a La Flèche, soube que tínhamos partido com dez litros de gasolina ao todo, tendo o holandês confiado nos alemães, que haviam prometido distribuir gasolina ao longo do caminho. Poderia alguns dias antes ter recebido vinte e cinco litros, mas cansara-se de ficar na fila e fora embora em vez de esperar meia hora a mais. Em La Flèche foi ele, portanto, a Kommandantur, instalada à beira da água num magnífico prédio; foi lá que vi os primeiros uniformes cinza-chumbo; os alemães de La Pouèze andavam de verde. Dei uma volta na cidade com as duas mulheres, compramos *La Sarthe* e lemos as condições do armistício. Já soubera delas pelo rádio, só ignorava a cláusula sobre a extradição dos refugiados alemães, que me revoltou. Li atentamente o parágrafo referente aos prisioneiros e pareceu-me certo que só guardariam os que se encontravam na Alemanha. Essa ideia sustentou-me durante dois dias e permitiu interessar-me pela viagem de regresso.

O holandês comunicou que só receberíamos cinco litros e às duas horas da tarde. Eram onze horas e ele resolveu ir até Le Mans; "pensava" ter bastante gasolina para lá chegar. A dez quilômetros da meta, desanimaram-nos: não havia mais gasolina em Le Mans, onde já estavam bloqueados cerca de trezentos carros. Nós não possuíamos mais nada, não podíamos avançar mais, mas tivemos a sorte de encontrar numa granja cinco litros de uma gasolina avermelhada abandonada pelos ingleses.

Ao meio-dia, o carro parou em Le Mans entre duas grandes praças; numa se achava a Kommandantur, na outra a Prefeitura. Diante das grades da Prefeitura, ainda fechadas, duzentas pessoas se acotovelavam com potes, latas e regadores nas mãos. Em torno da estátua de um convencional de chapéu de pluma e ridiculamente pequeno (Levasseur, creio), uma porção de carros parados, bem como caminhões carregados de colchões e de baterias de cozinha; refugiados esperavam, comendo, cochilando, sujos e em estado lamentável, com suas crianças e seus fardos; resmungavam, diziam que esperavam há oito dias, indefinidamente enviados da Prefeitura à Kommandantur; corria também o boato de que Paris carecia de abastecimento. Sob um sol de fogo, o holandês sorria idiotamente; não queria fazer fila, mas a mulher, apoiada por mim, obrigava-o a ficar. "Estou com fominha", dizia ela numa voz infantil; queixava-se de que a multidão cheirava mal e confeccionava um chapéu de papel para proteger o crânio do marido. Afirmavam que era necessário, primeiramente, obter um número de ordem, mediante o que se teria um cartão com o qual se teria gasolina, quando ela chegasse. Às duas e meia, as grades foram abertas e foi uma corrida, mas um empregado afastou todo mundo gritando que às três horas um vagão-tanque iria trazer dez mil litros e haveria gasolina à vontade. Algumas pessoas ficaram assim mesmo, receberam cartões que lhes permitiram obter cinco litros numa garagem vizinha. Mas o holandês tinha fome. Fomos para a praça principal; era a atmosfera das feiras empoeiradas, formigantes e esmagadas pelo sol. Uma multidão de soldados de cinzento, carros alemães, centenas de caminhões e de carros de refugiados; todos os cafés repletos de alemães. Era acabrunhador vê-los bem-cuidados, corteses, alegres, enquanto a França era representada por aquele miserável rebanho. Caminhões militares, carros de rádio, motocicletas rodavam ruidosamente pela esplanada; um alto-falante difundia uma música militar ensurdecedora e também os comunicados em francês e em alemão, era um inferno. A vitória estava impressa na fisionomia de cada alemão, cada fisionomia francesa era uma derrota gritante.

Nada para comer nos cafés. Fomos buscar nossas provisões e as repartimos. Os alemães entravam, saíam, saudavam com bater de botas; bebiam e riam. Exibiam grande amabilidade; deixei cair não sei que objeto e um deles se apressou em apanhá-lo. Depois sentamo-nos à beira da calçada, ao lado do carro; o desfile continuava, ida e volta, Prefeitura, Kommandantur e as pessoas carregando sempre seus regadores vazios; alguns sentavam nas suas latas e esperavam o milagre: o caminhão-tanque e seus dez mil litros de gasolina. Uma ou duas horas passaram. O holandês cansara-se novamente de ficar na fila e voltara sem nada. Encontramos numa venda um pouco de pão e de salame; as confeitarias estavam cheias de jovens alemães que se empanturravam de sorvetes e de confeitos. Novamente esperamos. Por volta das oito horas, o holandês encontrara cinco litros de gasolina. Era um alívio deixar esse caravançará tórrido e rodar através dos campos. Encontramos uma granja e dormimos no feno.

As mulheres acordaram gemendo; a velha estava sofrendo de seu nervo ciático. "Os horríveis alemães!", dizia a jovem com sua voz fecal. "Ah, se os tivéssemos nas mãos faríamos pam, pam." O marido queixava-se da palha que lhe picara os joelhos. A camponesa da granja vendeu-nos leite e ovos, bem barato até.

Novamente, o desfile dos carros, das carroças carregadas de feno e de camponeses, das bicicletas, de alguns pedestres. Em La Farté-Bernard, havia muitos refugiados que caminhões alemães tinham trazido até ali e haviam abandonado ao anoitecer; esperavam outros. Novamente, os regadores vazios e o boato de que não haveria gasolina durante o dia todo. Eu estava exausta, resolvi voltar por meus próprios meios. Na estação um trem partia para Paris; era reservado aos empregados de estrada de ferro que repatriavam; havia muitos vagões vazios, mas não deixavam subir ninguém; a ordem era não aceitar nenhum viajante para Paris; para Chartres somente, e era preciso provar que residia lá. Pessoas disseram-me que há dias lá iam todas as manhãs, mas em vão. Paris carece de abastecimento, contavam, eis por que não repatriavam os refugiados. Entretanto, os jornais e o rádio exortavam-nos a voltar; e os caminhões alemães os transportavam para suas casas. Ademais, em La Ferté, não havia abastecimento e arriscávamo-nos a morrer de fome. Voltei a sentar-me, desamparada, no estribo do carro, depois quis comprar o que comer; só encontrei um pedaço de pão espesso e salgado demais, que engoli melancolicamente. Não haveria gasolina antes de três dias, diziam. Faltou-me coragem. Confiei minha maleta ao holandês e resolvi partir de qualquer jeito. Cento e setenta quilômetros de Paris. É fácil dizer: irei a pé se necessário, mas cento e setenta quilômetros numa estrada asfaltada e com aquele sol, era desanimador. Fiquei, pois, sentada à calçada. Tinha mil francos na bolsa, era muito e não era nada; na véspera, pessoas tinham pago mil e quinhentos francos por um lugar num automóvel e agora nem por esse preço se teria encontrado alguma coisa. Dois homens haviam colocado braçadeiras às mangas e, plantados ao meio da estrada, paravam todos os carros que pareciam ter algum espaço, mas os carros não podiam nunca pegar ninguém. Finalmente, um caminhão alemão parou, duas mulheres precipitaram-se e eu, com elas, subi de cambulhada. O caminhão ia para Mantes; somente quarenta quilômetros de Paris, aproximava-me bastante! Sob o toldo fazia um calor danado, havia um mundo de gente e um forte cheiro de gasolina. Eu estava sentada atrás numa maleta, e pulava a cada sacudidela; e ainda por cima, estava sentada de costas e senti angustiada que meu estômago se revoltava: restituí todo o pão que havia engolido sem que ninguém sequer parecesse observá-lo. Paramos, deitei-me num barranco enquanto os outros comiam; um alemão tocou-me o ombro e perguntou se queria comer. Disse que não; pouco depois ele me despertou polidamente; uma velha dizia que durante dois dias os motoristas os tinham enchido de cigarros, comida, champanhe; eram realmente gentis e não pareciam executar determinações mas, sim, ter espontaneamente vontade de prestar serviço. Nogent-le-Rotrou pareceu-me bastante maltratada. Chartres apenas atingida. Dreux quase intacta: alguns buracos de obuses na estrada; cruzávamos muitos caminhões militares; amiúde soldados gritavam *Heil*; num desses caminhões todos tinham espetado em seus uniformes cinzentos suntuosas rosas vermelhas. E, contudo, o cortejo de refugiados arrastava-se. Em Mantes, dei uma volta um pouco aturdida e cruzei com um carro da Cruz Vermelha que parecia prestes a partir. Subi no fundo entre uma enfermeira ultrachique, uma senhorita de Hérédia e que não o esquecia, e uma chefe de escoteiros de óculos; na frente havia outra enfermeira e um senhor, M. de... não sei quê, que guiava. Elas diziam que, em toda a França, os médicos tinham fugido antes de todo mundo, deixando as enfermeiras sozinhas nas clínicas e hospitais. Descreviam os incêndios nos arredores de Paris e Étampes, onde duas filas de automóveis em colisão se tinham incendiado, o êxodo, a carência dos socorros, as ridículas insuficiências da defesa passiva. Parece que os alemães se torceram de rir diante de nossas trincheiras-abrigos. Eram ferozmente anglófobas. Uma contava que, durante três semanas, não largara seu revólver porque os soldados ingleses e franceses assediavam seu automóvel; queriam roubá-lo para ir mais depressa. Em Saint-Germain, fizemos uma parada; eu estava com a cabeça em pedaços e vi num espelho o meu rosto preto de poeira. Tomamos *pippermints* numa cidade absolutamente morta. Até Paris, tudo estava morto; vi pontes destruídas sobre o Sena, adiante buracos de bombas, casas desmoronadas, por toda parte, um silêncio lunar. Na rua François I, havia uma fila em frente à Cruz Vermelha; vinham buscar notícias dos prisioneiros; algumas pessoas também diante dos açougues, mas quase todos os armazéns estavam fechados. Que vazio nas ruas! Eu não esperava encontrar tamanho deserto.

Na rua Vavin, a dona expandiu-se em exclamações de desespero porque jogara fora todas as minhas coisas; pouco me importava. Deu-me uma carta de Sartre, datada de 9 de junho, ainda otimista. Arrumei-me um pouco e quis ir ao correio para tentar telefonar. Vi meu pai no terraço do Dumesnil e comi um sanduíche e bebi um chope com ele. Havia alguns alemães, mas nós os sentíamos menos familiares do que em La Pouèze. Meu pai disse-me que eram muito delicados, que naturalmente Paris só tinha agora informações alemãs, que as moedas estrangeiras estavam bloqueadas, que seguramente não libertariam os prisioneiros antes do fim da guerra, que os tinha morrendo de fome em imensos campos de concentração: em Garches, em Antony etc.; alimentavam-nos com restos. A França ocupada está incorporada à Alemanha, disse-me meu pai, portanto todos continuarão presos. O correio estava fechado. Passei na casa de minha mãe; quando a deixei, às oito e meia, ela disse que me apressasse por causa do toque de recolher. Não creio que possa algum dia sentir-me mais deprimida do que durante esse regresso pelas ruas vazias, sob um céu tempestuoso, a cabeça em fogo, os olhos ardendo e pensando que Sartre estava literalmente morrendo de fome. As casas, as lojas, as árvores do Luxemburgo, tudo continuava em pé, mas não havia mais homens, não haveria nunca mais, e eu não sabia por que sobrevivia, absurdamente. Deitei-me, presa num desespero absoluto.

30 de junho
Voltarão? Não voltarão? Contam-se histórias de soldados que regressam em trajes civis, quando menos se espera por eles. No fundo, eu quase esperava encontrar Sartre sorrindo no terraço do Dôme; mas não, é a mesma solidão de La Pouèze, e mais irremediável. Há, contudo, um comentário um pouco consolador em *Le Matin*. Perguntam se, enquanto se espera a desmobilização, não poderiam autorizar as famílias a comunicarem-se com os soldados; digo então a mim mesma que os campos retêm talvez os soldados que vão ser desmobilizados por classes. Não posso deixar de esperar. A temperatura é agradável. Tornei a meu lugar habitual no Dôme, perto do terraço quase vazio. Os pratos do dia estão afixados, vi mercearias com frutas magníficas, presunto fresco: era a prosperidade, comparado com Mans, com Chartres. Quase ninguém no bulevar; dois caminhões carregados de jovens alemães em uniformes cinzentos: vi tantos nestes últimos tempos que a coisa não me pareceu insólita. Com todas as minhas forças, subitamente acredito num *após*: a

prova está em que comprei este caderno, tinta, e que acabo de anotar a história destes últimos dias. Durante estas três semanas, não estava em nenhum lugar, havia grandes acontecimentos coletivos com uma angústia fisiológica particular; eu queria tornar a ser uma pessoa com um passado e um futuro. Talvez em Paris o conseguisse. Se puder receber meu ordenado, ficarei aqui muito tempo.

Paris está extraordinariamente vazia, mais ainda do que em setembro; mais ou menos o mesmo céu; a mesma doçura no ar, a mesma calma; há filas diante dos raros armazéns de alimentos que permanecem abertos e veem-se alguns alemães; mas a verdadeira diferença está noutra coisa. Em setembro, algo começava, era temível mas apaixonadamente interessante. Agora acabou, e o tempo à minha frente está inteiramente estagnado, vou apodrecer aqui durante anos. Passy, Auteuil estão radicalmente mortos, com odores de verdura e de tília que lembram as vésperas de férias, os outros anos; até as zeladoras se foram. Passei pelo bulevar Grenelle em frente do antigo campo de concentração para mulheres. De acordo com as cláusulas do armistício, devemos devolver à Alemanha todos os refugiados alemães; não há cláusula que me cause mais horror. Voltei ao Quartier Latin, está vazio, mas os cafés acham-se abertos, vê-se pouca gente nos terraços. Quase nenhum alemão aqui.

Retorno ao Dôme; agora há gente: o escultor suíço, a mulher do Hoggar, a ex-bela mulher que usa estranhas calças de golfe e um pequeno capuz. E os alemães aparecem; acho estranho, mas de maneira abstrata. Têm caras inertes, dir-se-ia que são turistas; não se sente, como em Mans, sua força coletiva; e individualmente suas fisionomias não suscitam interesse. Olho-os e não sinto nada. De resto, hoje, de maneira geral, não sinto nada. Durante o dia todo passaram aviões sobre Paris, raspando quase as casas e com enormes cruzes pretas sob as asas brilhantes. Só três ou quatro putas no terraço; procuram a freguesia alemã, não sem algum êxito.

1º de julho
As putas invadiram hoje toda a frente do café, a tal ponto que a gente imagina entrar num bordel; uma chora; as outras a consolam: "Ele não escreveu, mas ninguém escreve, não se preocupe." É a mesma história por toda parte; as mulheres no metrô, as mulheres à soleira da porta:

"Tem notícias?" "Não." "Certamente está prisioneiro." "Quando teremos as listas?" etc. Não, não largarão nenhum antes da paz, é mais do que certo; mas as histórias continuam a circular: "Tinha chegado às portas de Paris quando o detiveram. Os alemães dão-lhes trajes civis." Então, o milagre é possível; é tão falaz como um bilhete de loteria, tão enervante e irresistível, é a obsessão de todas as mulheres de Paris. Eu pensava que não se pudesse suportar esse gênero de incerteza, mas, mesmo aqui, a paciência se instala: dentro de oito dias talvez tenhamos notícias, talvez haja listas, cartas. Esperemos oito dias, o tempo não vale grande coisa.

Fiz um imenso passeio nos arrabaldes para passar o tempo; muita gente voltava para casa: "Estamos chegando de Montauban: se soubéssemos não teríamos partido." Só ouvi isso em todo o caminho. Um ciclista detem um grupo. "Tua mãe já regressou!", e cercaram-no para dar-lhe notícias da casa e da mãe. Os vizinhos se reconhecem e se saúdam. Havia jardins cheios de rosas e de groselhas, campos de trigo semeados de papoulas e, ao longo dos taludes, um cheiro quente de coroas de rei; todo um campo desabrochado ao redor das vilas hermeticamente fechadas. Em algumas portas lia-se: "*Casa habitada*" e o mais das vezes "*Bewohnt*". Para voltar, pedi carona; um carro velho aceitou-me; o motorista vinha de Agen; ele também dizia: "Se tivéssemos sabido!" Fizera setecentos quilômetros de motocicleta com a mulher, que tem um desvio da coluna vertebral; explicava-me como fora penoso para ela e para ele: "Posso dizer-lhe, porque a senhora é idosa, mas ali, naquelas partes de baixo eu sofro, minha senhora, eu sofro!" Nos departamentos não ocupados, os prefeitos proibiam que partissem, diziam que seriam detidos em Vierzon, mas em Vierzon não havia nenhuma barragem. Ele traz-me de volta seguindo as margens do Sena, pessoas remam ou nadam em redor da Grande-Jatte: uma atmosfera de férias, mas algo pesada. Ao parar o automóvel perto de uma ponte, um soldado alemão joga-nos um pacote de chocolate. Outros soldados à beira do caminho conversam alegremente com umas moças bonitas. E o sujeito diz-me: "Vamos ter muitos alemãezinhos." Ouvi dez vezes essa frase e nunca ela continha uma censura: "É a natureza", dizia o sujeito, "não é preciso falar a mesma língua para isso". Não vi ódio em ninguém, mas tão somente um pânico entre os habitantes das aldeias e quando o medo se dissipava, o olhar deles era de reconhecimento.

Encontrei Lise novamente. Tentou sair de Paris de bicicleta na quinta-feira; rodou pela estrada ao lado de um carro alemão, depois viu-se encaixada num desfile de caminhões e disseram-lhe que voltasse para trás. Puseram-na num caminhão com a bicicleta e trouxeram-na. Ela quer ensinar-me a andar de bicicleta.

Meus pais queixam-se da escassez de alimentos; janta-se sopa e macarrão; há muitos dias que não faço uma refeição de verdade. Parece que Paris é realmente mal-abastecida. Meu pai cita-me o cardápio de um grande restaurante da praça Gaillon: salada de pepinos, oito francos; omelete de queijo, doze francos; risoto de caranguejos, vinte francos; macarrão, oito francos; framboesas, dezoito francos. Nenhum prato mais. Penso nos jantares de Magny, no Braibant, durante o cerco de Paris.

2 de julho

O dia é cinzento e um pouco frio, tudo está deserto. Há exatamente seis pessoas perto do vendedor de jornais no metrô. Comprei dois jornais. Que vazio! Propaganda sentimental a favor dos alemães, um tom de piedade desolada, superior, fraternal para com o pobre povo francês. E promessas: as estradas de ferro recomeçam a funcionar, o correio vai recomeçar.

Telefonei para Camille. Mme J. disse-me que ela partira a pé, de mochila às costas, com Zina; não há notícias dela. Dullin também teve aventuras. Irei vê-lo amanhã. Telefonei a uma irmã de Bost: ele fora evacuado para Avignon. O irmão é prisioneiro.

Fui à Sorbonne a fim de me informar acerca de meus emolumentos e estava preenchendo umas fichas quando um inspetor da academia pulou-me em cima: "Professora de filosofia? É exatamente de que precisamos." Telefonou a Duruy e devo ir lá amanhã; oito horas de trabalho por semana, não me desagrada nada.

3 de julho

Tomei uma lição de bicicleta com Lise nas pequenas ruas calmas perto da rua Vavin. Equilibrei-me imediatamente e até aprendi a montar sozinha e a virar. Curso em Duruy.

Às quatro e quinze, saio para ver Dullin no Atelier. Achei Montmartre terrivelmente morto. A zeladora não me queria deixar entrar:

"M. Dullin não está em estado de receber", depois voltou muito espantada, dizendo que eu tinha sorte, que ele me esperava. Encontrei-o em mangas de camisa, com um avental amarrado à barriga, no meio de papéis velhos, fotografias rasgadas, esgazeado. Apertou-me as mãos efusivamente e disse-me quanto estava inquieto por causa de Camille. Ele partira terça-feira para buscar Mme J. em Ferrolles e, entrementes, Camille e Zina pegavam um trem na estação de Orsay. Tinham encontro em Tours mas Dullin não as pôde descobrir e nada sabia delas. Crécy fora inteiramente evacuada quando ele embarcara Mme J. em sua carroça; partiram para os lados do Loire, caíram no meio da multidão dos refugiados e rodaram durante treze dias, dormindo no carro, comendo quase nada, amiúde metralhados e sem poder atravessar o rio; levara também uma criada velha que enlouquecera; durante um dia inteiro divagou a propósito de alimentos; depois afundou num bosque dizendo que ia buscar ovos e nunca mais a viram. Finalmente, os alemães os alcançaram e obrigaram-nos a voltar. Tinha muito medo de ser reconhecido pelos alemães e fazia-se passar por camponês. Cruzou um comboio de prisioneiros que lhe gritaram: "Dullin!" Ficou muito aborrecido.

5 de julho
Os jornais são infames, enojam-me e põem-me de mau humor. Fui com Lise ao Palais-Royal olhar a lista de prisioneiros. O Palais-Royal estava fechado, havia uma fila imensa e só se têm notícias dos campos dos arredores de Paris. De resto, sei que Sartre é prisioneiro, a única coisa que me interessa é saber quando o soltarão. Tomamos alguma coisa no Café La Paix, cheio de oficiais alemães muito elegantes, e fora isso, vazio e completamente sinistro. Instalei-me no apartamento de minha avó, que reside em casa de meus pais. Reinicia-se a correspondência; escrevi cartas mas nem por isso me senti menos desesperadamente isolada.

6 de julho
No Dôme, um cartaz anuncia que o estabelecimento é interditado aos alemães; pergunto a mim mesma por quê. Em todo caso dá prazer não mais ver esses uniformes.

Fui à Biblioteca Nacional. Pedi um cartão e comecei a ler Hegel, *A fenomenologia do espírito*; por enquanto, não compreendo quase nada. Resolvi estudar Hegel todos os dias, de duas às cinco horas, é o que se pode encontrar de mais calmante.

Telefonei a Dullin. Encontrou Grécy terrivelmente saqueada pelos franceses. Assinalaram-lhe a presença de Camille nos arredores de Tours e ele quer ir para lá de caminhão.

A ideia de morrer não me parece absolutamente escandalosa desde este ano; sei muito bem que, de qualquer maneira, não se passa nunca de um morto em *sursis*.

7 de julho

Passeio de bicicleta em Paris com Lise. Cruzei com um desfile de carros blindados, cheios de alemães vestidos de preto com grandes boinas flutuando ao vento; era bastante bonito e sinistro. Na Nacional, li Hegel, que ainda tenho dificuldade em compreender. Encontrei um trecho que copiei e que serviria maravilhosamente de epígrafe no meu romance.

Há novamente batatas à vontade em Paris, e carne, e até manteiga. No Dôme, come-se normalmente; não se sente absolutamente mais a falta de alimentos. Do que tenho vontade é de cinema, mas só projetam filmes impossíveis.

É engraçado, com essa hora alemã e o toque de recolher às onze horas, estar fechada no quarto com dia claro ainda. Fico durante muito tempo na sacada, incrédula.

11 de julho

Um bilhete de Sartre, a lápis, num envelope aberto e com carimbo do correio e outro do governo de Paris. Durante um instante não reconheço a letra e depois olho sem compreender a própria carta, que parece ter sido entregue em mãos. Diz que voltará talvez antes do fim do mês, mas é apenas um talvez; diz-me que escreva, mas não estou certa de que a carta lhe chegará; diz que não é infeliz; não pode dizer outra coisa; não sei como está realmente. É imensa essa carta, e não é nada. Assim mesmo, respiro um pouco melhor.

14 de julho

Paris estava sinistra. Chovia. Tinha tanta vontade de falar com alguém que telefonei a Dullin. Ouvi, com espanto, a voz de Camille e fui vê-la às seis horas. Estava com um vestido caseiro, balofo, mas bastante bem. Dullin estava também com uma roupa caseira, todo de preto e um ar muito satisfeito; havia ainda Mme J. e Vandéric. Vandéric estivera no exército belga; conta que os mandaram para o front, sem armas, que os largaram lá e no fim de três dias lhes disseram para retornar, sem os ter armado. Camille conta-me seu êxodo. Na terça-feira, enviara as bagagens para Tours; é provável que se tenham perdido e continham uma porção de manuscritos e de notas; depois partiu com Zina, cada qual com sua mochila, e Camille carregando uma maleta com Friedrich e Albrecht. Alcançaram Nevers de trem, em dois dias. Então, tentaram chegar a Tours de caminhão; fora difícil mas tinham conseguido. Tours estava vazia; minavam as pontes e havia bombardeios todas as noites. O encontro com Dullin era na posta-restante e o correio estava fechado. Deixaram a cidade e encontraram no campo um trem sem locomotiva que apodrecia ali havia dias; subiram nele; esperavam os alemães à noite e todos tremiam. Camille e Zina refugiaram-se, finalmente, na casa do guarda-cancela, que lhes alugou um quarto; ficaram ali, vestidas de camponesas e aborrecendo-se muito. Entretanto, pouco a pouco, o trem esvaziava-se. Um coronel chegara uma tarde e prevenira que haveria no dia seguinte um "curto combate de artilharia" e que era preciso abrigar-se. Foram todos deitar-se numa gruta e, depois do curto combate, tinham voltado para casa. Camille fazia-se passar pela cunhada do guarda, imaginando estranhamente que os alemães reservavam não sei que tratamento sombrio aos refugiados. Pôde mandar uma carta para Dullin; quando Dullin soube que havia uma carta, largou todos os pacotes que tinha na mão e pôs-se a tremer tão fortemente que Mme J. pensou que ele fosse desmaiar. Depois um caminhão a trouxera.

Meu diário para novamente aqui. Nada mais tinha que anotar. Os uniformes verdes e cinzentos, a cruz gamada flutuando no Senado tinham-se tornado familiares a mim. Dava minhas aulas em Duruy e lia Hegel na Nacional, que agora abria pela manhã. Hegel acalmava-me um pouco. Da mesma maneira que aos vinte anos, com o coração sangrando por causa de meu primo Jacques, eu lera Homero "para pôr toda a humanidade entre mim e minha dor particular", tentava fundir no "curso do mundo" o momento que estava atravessando. Em torno de mim, embalsamado em milhares de volumes, o passado dormia e o presente aparecia-me como um passado a vir. Eu me abolia. De nenhuma maneira, entretanto, esses devaneios me incitaram a aceitar o fascismo; podia-se, sendo otimista, considerá-lo como a antítese necessária do liberalismo burguês, logo uma etapa para a síntese a que aspirávamos: o socialismo. Mas, para esperar superá-lo um dia, era preciso começar recusando-o. Nenhuma filosofia me houvera convencido a aceitá-lo; contradizia todos os valores sobre os quais minha vida se construíra. E cada dia me trazia novas razões para detestá-lo. Que náusea pela manhã, quando lia em *Le Matin*, em *La Victoire*, virtuosas apologias da Alemanha e os sermões de reprimenda com que nos abatiam os vencedores. A partir de fins de julho, surgiram cartazes nos mostruários de certas casas de comércio: "Proibido aos judeus". *Le Matin* publicava uma reportagem sórdida sobre "o Gueto" e reclamava-lhe a extinção. A Rádio de Vichy denunciava os "judeus fujões" que tinham desertado da França; Pétain suprimia a lei que proibia a propaganda antissemita; manifestações antissemitas eram provocadas em Vichy, Toulouse, Marseille, Lyon e no Champs-Élysées; numerosas fábricas dispensavam os operários judeus e estrangeiros. A violência que de imediato assumiu essa campanha assustou-me. Onde se deteriam? Teria gostado de partilhar com alguém meu medo e sobretudo meu ódio. Só me sustentavam as cartas que Sartre me enviava de Baccarat; afirmava que nossas ideias, nossas esperanças acabariam triunfando. Dizia também que tinha uma possibilidade de ser libertado em princípio de setembro. Repatriavam certas categorias de funcionários. Do terraço do Dôme, eu olhava o *Balzac* de Rodin, cuja inauguração causara escândalo dois anos antes, e parecia-me que Sartre ia aparecer, sorridente com seu passo miúdo. Noutros momentos, eu me dizia que não o tornaria a ver antes de três ou quatro anos e teria gostado de dormir. Nunca, com efeito, mesmo nessa época, encarei a paz como próxima; uma decisão rápida teria significado a vitória do nazismo e, no que se recusa com sincera violência, não se pode acreditar, tão depressa pelo menos. A URSS, os Estados Unidos interviriam; Hitler seria derrubado então, e isso implicava uma longa guerra. Uma longa separação.

 Logo que os trens foram restabelecidos, Olga veio ver-me; passou seis horas em pé no corredor do vagão; até os banheiros estavam cheios, de modo que as crianças se aliviavam pela porta e as velhas no chão mesmo. A estação de Beuzeville fora pulverizada. A família de Olga residia a trinta metros, refugiara-se em casa de amigos, a alguma distância; na volta tinham encontrado todos os vidros da casa em pedaços. Olga ficou durante alguns dias no apartamento de minha avó. Depois voltou para a casa dos pais. Bianca passou por Paris; permanecera durante duas semanas numa granja bretã colhendo ervilhas; terminava agora suas férias no Yonne com a mãe e a irmã. O pai fazia gestões para que um de seus amigos, ariano, se encarregasse de dirigir-lhe os negócios; previa o pior; Bianca também: estava devorada pela angústia e, por mais que eu tentasse, sentia-a sozinha em frente de mim. Lembrava-me do tempo em que dizia a Olga: "Não existem judeus, existem homens somente!" A que ponto eu fora abstrata! Já em 1939, quando Bianca me falava de seus primos vienenses, eu pressentira, com uma espécie de vergonha, que ela não estava em perigo, ao passo que eu não tinha nada de preciso a temer; nossas afinidades, nossa amizade malogravam em encher esse abismo entre nós. Nem uma nem outra o medíamos e, talvez por generosidade, evitava ela, ainda mais do que eu, sondá-lo; mas se ela se recusava à amargura, eu não me evadia de um mal-estar que se assemelhava ao remorso.

 Foi-se embora e novamente não tive mais com quem conversar. Meus pais viviam desnorteados. Meu pai não chegava a compreender como *Le Matin*, que ele encarava como o mais lucidamente patriótico de todos os jornais parisienses, fora o primeiro a vender-se aos alemães. Ele os odiava na qualidade de *boches*; eu nunca pude utilizar esse termo cujo teor chauvinista me chocava; era na qualidade de nazistas que os detestava; pelo menos, graças a esse equívoco, eu não me achava em conflito com meus pais. Via Lise amiúde; maltratada pela França, encarava a ocupação alemã com indiferença. Foi-me assim mesmo de grande ajuda. Era robusta, ousada, empreendedora como um rapaz, e eu me divertia muito com ela. Deu-me de presente uma bicicleta que aceitei sem escrúpulo, embora ela a tivesse obtido muito ilegalmente. Passeamos pelos arredores de Paris e, quando no mês de agosto meus cursos foram interrompidos, fomos além. Vi a Île-de-France, suas florestas, seus castelos, suas abadias. Vi Compiègne em ruínas, Beauvais em ruínas, a Normandia em ruínas; tais devastações já se me afiguravam naturais. Eu pedalava, o esforço físico ocupava-me. E os modos de Lise faziam-me dar risada; por vezes, apesar de minha carência de respeito humano, eu me sentia assim mesmo um pouco embaraçada; ela cultivava deliberadamente o escândalo. Em Évreux, entrando numa igreja para visitá-la, ela lavou as mãos na pia de água benta. Em Louviers, havia uma pia no corredor que conduzia à sala de jantar: ela ensaboou o rosto sob o olhar surpreso das criadas e dos fregueses. "E por que não?", dizia-me numa espécie de desafio; como toda resposta devia basear-se na razão com extremo rigor, houvera sido necessário invocar todo um sistema filosófico para impedi-la de assoar o nariz no guardanapo. Ela gostava realmente da filosofia, aliás, e eu lhe dei algumas lições. Apaixonou-se por Descartes porque ele fazia tábua rasa de tudo e reedificava o mundo dentro da evidência. Mas ela não consentia em ler por parágrafos nem mesmo por frases; apegava-se teimosamente às palavras, o que tornava as horas de trabalho borrascosas. Eu não gostava das tempestades, mas Lise se comprazia nelas. Confessou-me rindo que as cenas de família de que se valera como pretexto no ano precedente para me esperar à porta do hotel, inventara-as o mais das vezes; nem por isso deixava de estimar que, consolando-a assiduamente, eu lhe dera direitos sobre mim e os reivindicava. Censurou-me com veemência ter deixado Paris sem ela no mês de junho. Não admitia que eu preferisse a solidão à sua companhia; quando fiz o passeio aos arrabaldes, que contei em meu diário, acompanhou-me até a Porta de Orléans repetindo com um ar obstinado: "Quero ir com você." Minha cólera intimidou-a; mas muitas vezes pedidos e ameaças de nada adiantavam contra sua teimosia. Quando trabalhávamos ou conversávamos, à noite no meu quarto, tinha que sair cedo por causa do toque de recolher; eu vigiava o relógio: "Está na hora", dizia-lhe. Um dia ela declarou calmamente: "Não, não vou." Alteou a voz: não era delicado expulsá-la, podia dormir aqui, o apartamento era bastante grande, de resto eu já hospedara Olga. Meu único argumento era que não tinha vontade que ficasse; recusou levá-lo em consideração; eu via com furor aproximar-se a hora do toque de recolher e fui finalmente obrigada a pô-la para dormir no quarto de minha avó. O êxito fez com que ficasse mais audaciosa: recomeçou. Então, lágrimas de raiva vieram-me aos olhos; não sei como consegui — pois ela era muito mais forte — empurrá-la até a escada; sem dúvida sua obstinação fraquejou um instante; mas ela mudou vivamente de ideia e pôs-se a tocar a campainha. Não me mexi. Quando adormeci, com os ouvidos tapados com bolas de cera, ela ainda tocava intermitentemente. De manhã, encontrei-a deitada no capacho, com o rosto sujo de lágrimas e pó. O apartamento era no último andar, nenhuma porta se abria para o patamar e ela dormira ali, sem que ninguém a perturbasse. Eu esperava que a lição valesse, mas qual: ela era indomável. Continuamos a entender-nos muito bem e a brigar.

O mês de agosto passou, setembro começou. Por volta do dia 15, recebi uma carta de Sartre anunciando-me sua transferência para a Alemanha; como de costume dizia que estava com boa saúde e muito alegre. Mas eu contara tanto com sua volta que desmoronei. Encontro esta nota num caderno em que tentava reiniciar meu diário:

"Desta vez, estou infeliz. No ano passado, o mundo em torno de mim fizera-se trágico e eu vivia de acordo com ele, não era uma desgraça. Lembro-me bem de como, em setembro, eu me sentia apenas um fragmento de um grande acontecimento coletivo, e estava interessada no acontecimento. Mas de oito dias para cá é diferente. O mundo é informe. A desgraça está em mim como uma doença íntima e particular; é apenas uma sequência de insônias, pesadelos, dores de cabeça... Vejo vagamente um mapa da Alemanha, com uma fronteira sombria de arame farpado, e depois há algures a palavra Silésia, e frases ouvidas, como: 'Morrem de fome.'"

Não tive coragem de continuar; a solidão diante do papel era-me insuportável.

Aproveitei, contudo, os últimos belos dias de setembro. Bianca, que havia regressado a Paris, propôs que fizéssemos juntas uma viagem de bicicleta; eu não esperava mais Sartre, e aceitei. Tomamos um trem até uma pequena cidade, La Brière: estava curiosa por explorar a região; as aldeias com suas casas caiadas de branco, imaculadas, seus tetos de telha, pareciam quase artificiais; erguiam-se em meio a pantanais hirsutos cuja desolação me impressionou pouco. Vi Guérande, sossegada dentro de suas muralhas antigas; vi a costa ternamente ensolarada do Morbihan, os pinheiros, os rochedos, as areias, as pequenas enseadas, o céu de outono, as charnecas, e Rochefort-en-Terre, suas casas de granito cinzento, ornadas de gerânios vermelhos. Comíamos lagosta, panquecas, doces saborosos. Não encontrávamos alemães nas estradas, mas nos albergues falavam-nos muito deles. Engoliam omeletes de cinco ovos, jarros de creme: nunca se vira gente se empanturrar com tanto alimento: "É que são gulosos!", disse-nos um garçom num café de Rennes. Contudo, durante esses quinze dias quase os esqueci: alguma coisa daquilo que fora outrora a doçura de viver ressuscitou em mim. Depois regressamos.

Capítulo VII

Não, o tempo não soçobrara, as estações continuavam sua ronda: iniciava-se um novo ano escolar. Começou mal. No Liceu Camille-Sée — como em todos os liceus — fizeram-me assinar um papel em que afirmava, sob juramento, que não era filiada à maçonaria, nem judia; eu achava repugnante assinar, mas ninguém se recusava; para a maioria de minhas colegas, como para mim, não havia meio de fazer de outro jeito.

Deixei o apartamento de minha avó e instalei-me de novo no hotel Danemark, na rua Vavin. Paris era melancólica. Não havia mais gasolina, nem automóveis nas ruas; os raros ônibus que rodavam eram a gás. Circulava-se quase exclusivamente de bicicleta; muitas estações de metrô estavam ainda fechadas. O toque de recolher passara para meia-noite, os lugares públicos fechavam às onze horas. Eu não punha mais os pés nos cinemas: só projetavam filmes alemães e filmes franceses de última categoria. Os alemães haviam proibido aplausos durante as "atualidades"; julgavam tais manifestações insultantes. Numerosas salas, entre outras o Rex, tinham sido transformadas em *Soldaten-Kino*. Eu comia em pequenos restaurantes que ainda se arranjavam bastante bem. Mas nos mercados, nos armazéns de alimentos, era a penúria. Em fins de setembro, tinham estabelecido os cartões de racionamento sem que o abastecimento se tornasse mais fácil. À mesa de meus pais, eu encontrava os legumes da outra guerra: tupinambos,[100] nabos da Suécia.

Entretanto, a cidade repovoara-se. Vi Marco no Dôme, voltara para seu posto no Louis-le-Grand. Disse-me misteriosamente: "Tenho o homem de Philippe Pétain", o que significava que conhecia alguém que conhecia de longe Alibert. Não havia de que se vangloriar, pensava eu. Tive grande satisfação em rever Pagniez; ele fizera a retirada como motorista de um coronel e guiara cerca de quarenta e oito horas sem dormir. Desconcertou-me recusando indignar-se comigo contra Vichy: falar mal de Pétain, assegurou-me, era fazer o jogo dos que desejavam

---

[100] Espécie de mangarito, legume pouco apreciado. (N.T.)

submeter a França inteira a um *gauleiter*. "E depois?", perguntei-lhe. De qualquer maneira, Vichy obedecia aos alemães. Em 2 de outubro, uma ordem alemã determinara que todos os judeus se declarassem, que todas as empresas judias fizessem o mesmo. Em 19, Vichy promulgava o "estatuto dos judeus": o acesso às funções públicas e às profissões liberais era-lhes proibido. O servilismo hipócrita do homem que ousava declarar: "Odeio as mentiras que nos fazem tanto mal" punha-me colérica. Ele pregava a volta à terra — como outrora em suas peças de beneficência M. Jeannot, amigo de meu pai — a pretexto de renovação moral, e obedecia aos vencedores, reduzindo a França a um celeiro da Alemanha. Todos mentiam: esses generais, esses notáveis, que tinham sabotado a guerra porque preferiam Hitler à Frente Popular, proclamavam agora que fora por "espírito de gozo" que tínhamos perdido. Esses ultrapatriotas faziam da derrota da França um pedestal para insultar os franceses. Declaravam melifluamente que trabalhavam pelo bem da França: qual França? Aproveitavam-se da presença alemã para escravizar a seu programa antigos *cagoulards*. As "mensagens" do marechal atacavam tudo o que tinha valor a nossos olhos e, antes de tudo, a liberdade. Doravante, a família seria soberana, a virtude iria reinar, dever-se-ia falar devotamente de Deus nas escolas. Eu reconhecia aquela morna estupidez que obscurecera minha infância: ela esmagava oficialmente o país inteiro. Hitler, o nazismo eram um universo estrangeiro que eu odiava a distância, com uma espécie de tranquilidade. Pétain, a Revolução nacional, eu os detestava de maneira íntima e com uma cólera que se acendia de novo diariamente. Os pormenores do que ocorria em Vichy, das transações, das concessões não me interessaram nunca porque Vichy, em bloco, era para mim um escândalo vergonhoso.

Olga voltou definitivamente para Paris e instalou-se juntamente com a irmã num hotel da rua Jules-Chaplain. Bost juntou-se a ela. Arrastara uma longa convalescença em Montpellier e agora estava inteiramente curado. Depois de tantos meses passados exclusivamente com mulheres, era preciso reencontrar uma amizade masculina. Estávamos de acordo em todos os pontos, mas ele não via as coisas melhor do que eu. O futuro era limitado, o próprio presente nos escapava; nossas únicas fontes de informação eram os jornais alemães. Eu não tinha o menor contato político: Aron partira para Londres, Fernando e Stépha tinham deixado a França, Colette Audry fixara-se em Grenoble com o marido, o irmão de Bost era prisioneiro. Com quem me informar? Sentia-me muito só. Já circulavam alguns jornais clandestinos: *Les Conseils à l'occupant*, de Jean Texier, *Pantagruel*; mas eu ignorava sua existência. Fui à *NRF* e falei com Brice Parain. Ele me disse que a revista ia reaparecer; Paulhan recusara-se a dirigi-la sob fiscalização dos alemães: Drieu encarregava-se disso. Falou-me da "lista Otto", lista dos livros que os editores e livreiros deveriam retirar do comércio: Heine, Thomas Mann, Freud, Steckel, Maurois, as obras do general De Gaulle etc. Só soube dele uma coisa importante: Nizan fora morto, não se sabia exatamente onde nem como, mas o fato era certo. A mulher e os filhos tinham partido para a América. Senti-me desesperada; teriam visto morrer Nizan, que detestava a morte? Escrevera seu melhor livro, um livro muito bom, *La conspiration*. Pouco mais tarde, o solo vacilara sob seus pés; ele pusera-se novamente em discussão e, enquanto decidia acerca de si mesmo, morrera. Parecia-me particularmente absurdo que seu futuro lhe tivesse sido roubado exatamente naquele momento. Alguns dias passaram e soube com estupor que lhe estavam roubando o passado igualmente.

Sartre anunciara-me numa de suas cartas que um de seus camaradas de prisão, comunista, fora repatriado, não sei mais por que razão, e dava-me o endereço dele; de imediato marquei encontro com B. por telefone. Sabia-se mal o que acontecia entre os comunistas; alguns publicavam números de *Humanité* clandestinos, anti-imperialistas, mas que mantinham uma espécie de neutralidade para com os alemães. Havia folhetos, ditos comunistas, que falavam em colaboração. Corria o boato, entretanto, de que muitos entre eles organizavam uma propaganda antialemã. Como quer que fosse, se Sartre me animava a ir ver B., era porque com ele se entendia a respeito do essencial. Tinha portanto a esperança, quando entrei no confortável escritório de B., de ficar a par de coisas interessantes. Recebeu-me muito amavelmente e deu-me notícias de Sartre que me restituíram o gosto de viver. A condição de prisioneiro, pelo menos nos *stalags*,[101] era muito suportável; comia-se pouco, mas não

---

[101] Campos de prisioneiro, na Alemanha, reservados a certas categorias de prisioneiros. (N.T.)

se trabalhava; Sartre aproveitava seus lazeres para escrever, arranjara uma porção de amigos, sua existência interessava-o; era efetivamente o que dizia nas cartas, mas eu só ousara acreditar em parte. Perguntei então a B. se tinha algumas informações acerca da situação: em que ponto estávamos? O que podíamos esperar? O que devíamos recear? Falou-me com desdém do gaullismo que, a seu ver, só impressionava umas velhas sentimentais; deu-me a entender que a salvação viria de alhures; não lhe pedi esclarecimentos precisos, não os tinha para me dar. Mas disse-lhe que o pacto germano-soviético abalara, em mim e em muita gente, a simpatia que tínhamos pela URSS e não incitava a confiar no PC. Ele desandou a rir: somente pequeno-burgueses sem educação política podiam menosprezar a habilidade de Stalin. Objetei que comunistas de categoria se tinham comovido com isso e citei Nizan. Sua fisionomia fez-se grave: era preciso ser um traidor para abandonar o partido em consequência do pacto. Respondi que Nizan não era um traidor. Ele deu de ombros: só dois membros do PC tinham pedido afastamento, declarou com serena arrogância: um deles era uma jovem militante que a polícia prendera porque estivera metida num caso de aborto; o outro era Nizan, e sabia-se de há muito que recebia do Ministério do Interior. A indignação cortou-me a respiração: quem sabia? Como o sabia? Sabia, e ademais não pedira desligamento? Protestei em vão e fui-me embora enojada. Entretanto, eu não media ainda o alcance dessas calúnias; via nelas uma aberração de B., sem dúvida mal-informado por pessoas que não haviam conhecido Nizan. Não podia imaginar que se tratava de uma campanha cinicamente dirigida por gente que o conhecia.

Brice Parain citara-me dois escritores que tinham conseguido, por meios misteriosos, fazer que repatriassem prisioneiros. Ou as informações eram falsas ou não soube agir, pois minhas gestões não deram em nada. Fiquei algum tempo sem receber notícias de Sartre, mas não me inquietei; minha entrevista com B. tivera pelo menos a vantagem de me tranquilizar sobre sua sorte. Resolvi recomeçar a escrever; parecia-me que era um ato de fé, um ato de esperança. Nada autorizava a pensar que a Alemanha seria vencida; Hitler não experimentara ainda nenhuma derrota, Londres estava devastada por terríveis bombardeios, talvez os exércitos nazistas conseguissem desembarcar dentro em breve na Inglaterra; os Estados Unidos não se mexiam, a URSS permanecia passiva. Mas fiz uma espécie de aposta: que importavam as horas vãs passadas a escrever, se amanhã tudo se perder? Se jamais o mundo, minha vida, a literatura recobrassem um sentido, eu me censuraria os meses, os anos perdidos no ócio. Instalei-me, portanto, no Dôme pela manhã e no fim da tarde para compor os últimos capítulos de meu romance; e revi o conjunto. Isso não me apaixonava: o livro exprimia um momento ultrapassado de minha vida; mas exatamente por isso tinha pressa em terminá-lo e esforcei-me zelosamente.

Continuei a ler Hegel, que começava a compreender melhor; em relação a pormenores, sua riqueza deslumbrava-me; o conjunto do sistema dava-me vertigem. Sim, era tentador abolir-se em benefício do universal, considerar a própria vida dentro da perspectiva do fim da história, com o desapego que implica também o ponto de vista da morte; como parecia então irrisório, este momento ínfimo da marcha do mundo, um indivíduo, eu! Por que me preocupar com o que me acontecia, com o que me cercava, exatamente aqui, agora? Mas o menor movimento de meu coração desmentia tais especulações: a esperança, a cólera, a espera, a angústia afirmavam-se contra todas as superações; a fuga no universal não passava, na realidade, de um episódio de minha aventura pessoal. Eu voltava a Kierkegaard, que me pusera a ler com paixão; a verdade que ele reivindicava desafiava a dúvida tão vitoriosamente quanto a evidência cartesiana. O Sistema, a História não podiam, como não o podia o Gênio Maligno, pôr em xeque a certeza vivida: "Sou, existo, neste momento, neste lugar, eu." Reconhecia nesse conflito as hesitações de minha juventude que, lendo alternadamente Spinoza e Dostoievski, ora a literatura se me afigurava um ruído fútil, ora a metafísica uma elucubração vazia. Conhecera agora filosofias que se colavam à existência, que davam seu valor à minha presença na terra e a que eu podia aderir sem reticências. Contudo, por causa das dificuldades que atravessava, eu era por vezes solicitada pelo sonho dessa calma indiferença em que o ser se iguala ao nada. Intelectualmente, era banal esse confronto do universo com o indivíduo: mas, para mim, foi uma experiência tão original, tão concreta quanto a revelação da consciência de outra pessoa. Pensei fazer dela o tema de meu novo romance.

Quanto mais me adiantei, mais me separei de Hegel — sem deixar de admirá-lo. Sabia agora que, até na medula de meus ossos, estava ligada a meus contemporâneos; descobri o reverso dessa dependência: minha responsabilidade. Heidegger convencera-me de que em cada existente se realiza e se exprime "a realidade humana": inversamente, cada qual a empenha e a compromete inteiramente. Conforme uma sociedade se projeta para a liberdade ou se acomoda a uma escravidão inerte, o indivíduo apreende-se como um homem entre os homens ou como uma formiga num formigueiro. Mas temos todos o poder de discutir a escolha coletiva, de recusá-la ou ratificá-la. Experimentei cotidianamente essa solidariedade equívoca. Nesta França ocupada, bastava respirar para consentir na opressão; o próprio suicídio não me houvera libertado, teria consagrado minha derrota; minha salvação confundia-se com a do país inteiro. Mas meus remorsos tinham-me descoberto que eu contribuíra para criar essa situação que me impusera. O indivíduo não se desfaz no universo que o cerca; suportando-o embora, age sobre esse cerco ainda que seja com sua própria imobilidade. Essas verdades ancoraram profundamente em mim. Infelizmente, eu não via por que meios tirar delas resultados práticos. Censurando minha antiga inércia, nada achava por fazer senão viver, sobreviver, à espera de melhor solução.

Os teatros tinham reaberto as portas. As representações começavam às oito horas e terminavam às onze, por causa do toque de recolher. Dullin transportara-se para o Théâtre de Paris no qual representara *Pluto*. Marco abandonara seu papel; Dullin confiara um papel curto, mas agradável, a Olga, que o desempenhava muito bem; Tissen, a pequena luxemburguesa, fez uma criação picante que a crítica notou. Pouco mais tarde, em meados de novembro, Dullin montou outro espetáculo: *A mulher silenciosa*, de Ben Jonson, que pertencia ao repertório do Atelier. Eu devia assistir ao ensaio geral com Olga e Wanda. Vesti-me, saí do hotel e encontrei no meu escaninho um bilhete enviado pela mulher de um camarada de cativeiro de Sartre; dava-me o novo endereço dele. Empalideci. "Kranken Revier, Stalag XII D." Eu deixara de me inquietar por ele e eis que se achava na enfermaria, com tifo talvez, talvez agonizando. Dei um pulo assim mesmo ao teatro para avisar que não contassem comigo. Tissen, que sabia alemão, confirmou-me que

Sartre se encontrava na enfermaria. Tomei o metrô para tentar ver a mulher que me transmitira o endereço; tremia por dentro e tinha os olhos embaçados por horríveis visões. A mulher abriu-me a porta e a angústia com que deparou em meu rosto e na minha voz deixou-a estupefata: sim, o marido dela e Sartre estavam na enfermaria e encantados com a mamata; ajudavam supostamente os enfermeiros, estavam mais bem-acomodados e aquecidos do que nas barracas. Voltei ao teatro, cheguei no fim do primeiro ato. As luzes, as poltronas vermelhas, a multidão que se espalhava pelos corredores, conversando, que contraste com as imagens que ainda me enchiam a cabeça: catres, corpos descarnados retorcidos de febre, cadáveres. Desde 10 de maio, dois mundos coexistiam: um familiar e mesmo por vezes sorridente, o outro, horrível. Era impossível pensá-los juntos; e a passagem brutal que sem cessar eu efetuava de um a outro punha duramente à prova meu coração e meus nervos.

Cartas de Sartre acabaram de me acalmar. Mandava-as de dois tipos: umas regulamentares, a lápis, limitadas pelo formato do papel a mais ou menos vinte linhas; outras longas, semelhantes às cartas comuns, que camaradas trabalhando na cidade se encarregavam de selar e enfiar na caixa. Estava muito contente com a sorte e extremamente atarefado; discutia com os jesuítas os mistérios da virgindade de Maria; esperava voltar dentro em breve para Paris, mas não imediatamente porque montava uma peça que escrevera para o Natal. Depois não demoraria. Dir-se-ia que a data de regresso só dependia dele mesmo: pensaria em evadir-se? Eu imaginava a evasão como uma empresa terrivelmente temerária: as sentinelas atiravam, soltavam os cães; fiquei com medo. Mas ele falava também de civis que iam repatriar, como se fizesse parte do grupo. Sem dúvida, estava tramando qualquer coisa. Resolvi não me agitar.

Pouco a pouco, encontrara novamente meu equilíbrio; mas continuava a sofrer com meu isolamento. Em 11 de novembro, no Champs-Élysées, os estudantes desafiaram tão audaciosamente os alemães que estes, como represália, fecharam a Universidade, que só reabriu em 20 de dezembro. Era uma resposta feliz à farsa destinada a selar a amizade franco-alemã: a restituição à França das cinzas do Aiglon. Mas eu não conhecia nenhum desses rapazes que tinham abertamente dito não ao nazismo. Só via gente tão desarmada quanto eu mesma; nenhum de nós possuía rádio, eu não podia sequer ouvir a BBC. Como decifrar os acontecimentos através das mentiras dos jornais? Além de *La Victoire* e *Le Matin*, apareciam agora diariamente *L'Œuvre* e *Temps Nouveaux*. Explicavam euforicamente que Gide, Cocteau, os inspetores, os judeus e *Quai des brumes* é que nos haviam precipitado no abismo. Jornalistas de quem eu gostara nos belos dias do *Canard enchaîné* — Henri Jeanson, Galtier-Boissière — pretendiam em *Aujourd'hui* salvaguardar alguma liberdade de espírito; mas eram obrigados a publicar os comunicados alemães e numerosos artigos pró-alemães: tais compromissos pesavam mais do que suas pequenas astúcias. Certas notas de Jeanson pareceram assim mesmo subversivas; foi preso por algumas semanas e sua equipe eliminada. Suarez assumiu a direção do jornal, que seguiu a linha dos outros. A *NRF*, de Drieu, apareceu no mês de dezembro. Alain estava tão teimosamente pacifista que sua colaboração mal me surpreendeu. Mas por que Gide publicava trechos de seu diário? Encontrei Jean Wahl no Dôme tão consternado quanto eu. Isso aliviou-me um pouco, poder partilhar minha indignação com alguém que não era de minha intimidade.

Em compensação, tive, poucos dias depois, uma desagradável surpresa. Nas últimas vezes que lhe falara, Dullin fizera contra os *boches* discursos inspirados em seu chauvinismo de antigo soldado. Jantei no *foyer* do Théâtre de Paris com ele e Camille. No meio da refeição, ela fez, em tom categórico, uma profissão de fé que ele ouviu sem dizer palavra: posto que o nazismo triunfava, cumpria aderir; seria agora ou nunca que Camille conquistaria a glória: como fazer de sua época um pedestal se essa época a condenava? Ela aderia do fundo do coração, estimando que, finalmente, sua hora chegara. Cortei com um argumento que me parecia irretorquível: as perseguições antissemitas. "Oh", disse ela, "Bernstein já governou suficientemente o teatro: uma vez cada um". Pus-me, eu também, a falar com volubilidade; ela envergou sua máscara mais soberba, mãos frementes e um delicado sorriso nos lábios: "Perseguidas ou não, as pessoas que valem alguma coisa acabam vencendo." Nas circunstâncias presentes, a futilidade desse nietzscheísmo barato foi-me insuportável e quase abandonei a mesa: o embaraço, a gentileza de Dullin retiveram-me; mas parti depois de engolir o último bocado; estava furiosa e triste; não os revi durante muito tempo.

No dia 28 de dezembro, como descesse o bulevar Saint-Michel, deparei com um ajuntamento em frente de um tapume em que se exibia um cartaz vermelho:

AVISO
"O engenheiro Jacques Bonsergent, de Paris, foi condenado à morte pelo tribunal militar alemão por ato de violência contra um membro do Exército alemão.
Foi fuzilado esta manhã."

Quem era? Que fizera? Não sei.[102] Mas pela primeira vez os corretos ocupantes anunciavam-nos oficialmente que haviam executado um francês culpado de não ter baixado a cabeça.

Entre os que se curvavam, o entendimento não reinava. A imprensa parisiense apoiava a política de Laval, cuja demissão Pétain exigia, substituindo-o por Flandin, primeiramente, e depois por Darlan. O RNP que Déat criou em janeiro de 1941 opunha-se em certos pontos ao PPF de Doriot, ao francismo de Bucard; mas todos censuravam Vichy por servir demasiado molemente à Alemanha. Na zona livre, entretanto, a Legião sustentava a "Revolução nacional", impedindo André Gide de pronunciar em Nice uma conferência sobre Michaux. Essas dissensões, essa confusão, esses matizes não tinham a menor importância aos olhos dos que recusavam em bloco a colaboração. Estes confundiam numa idêntica repugnância os que a apregoavam. Senti-me assim mesmo particularmente revoltada quando, em fevereiro, o semanário *Je suis partout* reapareceu: a equipe parecia tomada de paranoia coletiva. Não somente exigiam a vida de todos os homens da Terceira República, de todos os comunistas, de todos os judeus, como ainda se desencadeava contra os escritores da outra zona que tentavam, dentro dos limites muito estreitos

---

[102] Soube depois que Bonsergent pagara por um de seus amigos, culpado de ter atropelado acidentalmente um oficial alemão na rua do Havre.

do possível, exprimir-se sem abdicar. Multiplicava freneticamente as denúncias: "Há outro direito que reivindicamos", escrevia Brasillach, "é o de indicar os que traem". E não se pejava em usá-lo.

Esse inverno foi ainda mais frio do que o precedente; durante dias e dias, o termômetro assinalou menos de zero. Faltava carvão, meu quarto não era aquecido; deitava-me com calças de esqui e pulôver, dentro de lençóis gelados. Tremia ao me lavar. Por causa da hora alemã, as ruas ainda estavam escuras quando eu saía. Precipitava-me para o Dôme em busca de um pouco de calor. O local já não era mais proibido aos alemães e, enquanto eu engolia um sucedâneo de café, "ratos cinzentos" colocavam sobre a mesa manteiga, geleia e confiavam ao garçom um saquinho de chá verdadeiro. Eu trabalhava, como antes, num compartimento do fundo, mas não havia mais refugiados lendo os jornais ou jogando xadrez; a maioria dos estrangeiros e quase todas as fisionomias que eu conhecia tinham desaparecido. De vez em quando, Adamov surgia à minha frente, com os olhos mais arregalados do que nunca, numa interrogação sem fim. "Tudo bem?", dizia destacando as palavras; a interrogação fixava-se em meu rosto: "Refletiu? O que é esse tudo que vai ou não vai bem?" Por mim, ele refletia demasiado, na época, sobre as etimologias e os símbolos. Olga, que o conhecera, dizia-me que ele contava maravilhosamente lendas irlandesas e uma porção de belas histórias; era sem dúvida assim que conquistava as mulheres com quem o viam, que eram todas "chocantes", mas da melhor qualidade. Infelizmente, comigo ele procurava a conversa em profundidade e nós não nos acertávamos. Escrutava meus papéis: "Mas o que é que está escrevendo?", perguntou-me uma vez. Confessei corajosamente: "Um romance." "Um romance? Um romance de verdade? Com um começo, um meio e um fim?" Tinha um ar tão aturdido quanto os amigos de meu pai, outrora, ouvindo os poemas de Max Jacob. Fez-me ler no rascunho, rabiscado em cadernos escolares, *L'Aveu*, que me consternou como o consternaria mais tarde.

Minhas noitadas, passava-as em geral no Flore; nenhum ocupante lá punha os pés. Não ia mais a boates porque os alemães invadiam todas. O Bal Nègre estava fechado. Privada de cinema, desforrava-me com o teatro. Pergunto-me em virtude de que acaso não vira ainda Dullin em *O avarento*; era nessa peça muito mais extraordinário do que em qualquer outro papel; com suas madeixas cinzentas em desordem, a fisionomia esgazeada, a voz partida, gritava pelo cofre perdido com gritos de velho amoroso no cio; parecia um feiticeiro enfeitiçado. No Mathurins, *La Main passe*, de Feydeau, friamente representada, não me fez dar risada. Discutiu-se muito o *Britannicus* que Cocteau montou no Bouffes-Parisiens. É certo que, como Agripina, Dorziat distinguiu-se como modista; mas graças à mocidade e ao entusiasmo de Jean Marais, Nero tornava-se um herói moderno. Racine readquiria frescor. O papel de Britannicus era desempenhado por um estreante de quem se podia esperar muito, dizia-se: Reggiani. Voltei a vê-lo nos ensaios da peça de Andreiev, *Os dias de nossa vida*, que Rouleau estava montando e na qual aparecia Olga; outro jovem ator brilhava, e prediziam-lhe um grande futuro como cômico, Parédès. Em geral, eu saía pouco. Minha principal distração era ouvir música, ler, conversar com Olga, Bost, Bianca, Lise.

Apesar da atitude infantil que adotava comigo, Lise ultrapassara a idade ingrata: andava e movimentava-se pesadona como um mujique, mas seu rosto tornara-se muito bonito sob os cabelos louros e lisos. Causava sensação quando entrava no Flore. Notavam-na por toda parte onde passava, por causa de seu brilho e de suas maneiras insólitas. Não tinha o hábito dos cafés; nos primeiros tempos, estendia a mão aos garçons e chamava-os "Senhor". Eu começava a compreendê-la bem. Apátrida, educada sem ternura por pais que não se entendiam, sofria de frustração generalizada; reagindo, acreditava ter direitos absolutos sobre todas as coisas e todo o mundo. Sua relação com outras pessoas era *a priori* um antagonismo reivindicativo. Podia ser generosa com sua amiga Tânia, igualmente apátrida e pobre. Mas todos os franceses, ela os olhava como salafrários privilegiados que cumpria explorar o mais possível: não lhe davam nunca bastante. Inscrevera-se na Sorbonne e, ao mesmo tempo que preparava sua licença em filosofia, procurava fazer amizades; abordava ab-ruptamente os rapazes e moças que lhe agradavam e, em geral, os assustava; não iam ao encontro marcado ou então a evitavam depois da primeira conversa. Ela conseguiu, afinal, agarrar com unhas e dentes um estudante de mais ou menos vinte anos, bastante bonito, muito bem-vestido, que pertencia a uma rica família de proprietários; morava numa *garçonnière* confortável e propôs-lhe viver com ele. Ela desejava ardentemente abandonar o lar paterno e não perdeu a oportunidade. Certa manhã, como eu me dirigisse para o Dôme, ela correu a mim: "Sabe, dormi com André Moreau: foi muito divertido." Mas pôs-se a detestar André; ele poupava dinheiro e saúde, dobrava-se a todos os usos e a todas as convenções, era francês até o último fio de cabelo; queria fazer amor todo tempo e ela achava a coisa aborrecida; ela falava de suas relações sexuais com uma brutalidade de sargentão. A mãe exortava-a a ficar com André: era um bom partido, talvez acabasse casando. Tal cumplicidade dava-lhe raiva: se eu lhe arranjasse todos os meses um pouco de dinheiro, dizia-me, mandaria ambos às favas; mas eu não podia dar-lhe e ela quase me acusava de obrigá-la a prostituir-se. Continuava também a censurar-me por medir avaramente meu tempo: "Você parece um relógio numa geladeira", gemia. Não se entendia absolutamente com Olga, mas tinha afinidades com Wanda e elas saíam às vezes juntas. Uma noite de ensaio geral, foram ao teatro e durante o intervalo Lise desembrulhou um pedaço de salsichão com alho que devorou sem sair de sua poltrona; Wanda sentiu-se um pouco envergonhada. Lise tinha simpatia por Bost, mas todos nós a exasperávamos quando lhe falávamos de Sartre. "Esse seu Sartre que se toma por um falso gênio", dizia. Sentia-se feliz por ele se achar preso: "Sem isso, tenho certeza de que vocês me abandonariam." Ele declarava também, sorrindo: "Não detesto que você tenha pequenos aborrecimentos." Essa hostilidade em relação às pessoas integradas na sociedade explicava seu gosto pelo escândalo e também o ceticismo de que falei: não confiava em ninguém, mas tão somente na lógica e na experiência. Não era corajosa; fugia, se se acreditava em perigo. Mas não consegui convencê-la de que, apesar de seu vigor, um homem tinha mais força. Uma tarde, três rapazes cruzaram com ela numa rua deserta do Quartier Latin e um deles beliscou-a; ela deu-lhe um soco; e ficou muito espantada de se encontrar no chão, com o nariz sangrando e um dente quebrado. Evitou desde então medir-se com adversários masculinos, mas, a despeito de meus conselhos, recorria de bom grado à violência quando tinha certeza de ganhar. Uma de suas antigas colegas de classe, Geneviève Noullet, quase surda e tão retardada que eu me pergunto como passara nos primeiros exames finais, vinha esperar-me à porta do Liceu Camille-Sée. Eu me recusava a falar-lhe, mas ela trotava atrás de mim pelas ruas e pelos corredores do metrô. Pegava-me pela manga: "Senhorita, quero ser sua amiga." Eu a escorraçava. Ela me enviava pequenas cartas cerimoniosas: "Não poderíamos ir juntas amanhã ao museu do Louvre? Estarei às três horas no metrô Sèvres-Croix-Rouge." Eu não respondia. E de novo, quando saía do liceu, eu a encontrava à espera. Acontecia que Lise tinha encontro comigo e atirava-se contra Noullet: "Dá o fora." "Tenho direito de ficar aqui!", dizia a surda; em geral, ficava com medo e fugia. Uma vez, entretanto, adotando os próprios métodos de Lise, ela nos seguiu; Lise jogou-se sobre ela e moeu-a de pancadas antes que eu tivesse tido tempo de intervir. Noullet fugiu soluçando. À noite, bateu à porta de meus pais e entregou à minha mãe um grande ramalhete de rosas ao qual juntara uma carta de desculpas. Pouco depois, eu também recebi uma carta: "Senhorita. É duro demais, em minha família e em toda parte, ser um general. Não aguento mais, renuncio. Doravante dedico-me a você. Meus encantos lhe pertencem e adorarei os seus. Espalhe a notícia em volta de você." Não soube mais nada dela. Mas Lise comprazia-se demais em odiá-la para reconhecer que a surda era uma desequilibrada; Lise era radicalmente cega a todas as coisas que achava vantajoso ou agradável ignorar. Em compensação, o que queria compreender compreendia; tinha capacidades intelectuais notáveis; na Sorbonne, seus professores interessavam-se por ela; uma exposição que fez no curso de Gilson valeu-lhe grandes felicitações. Agastava-se vendo-me escrever, mas teve vontade de me imitar; iniciou uma narrativa viva, brusca, muito agradável, de sua infância, sua família, seus amores com o coronel escoteiro. Divertia-se também com desenhos estranhos e encantadores. A meus olhos, sua vitalidade, seus dons sobrepujavam de longe seus defeitos.

Uma noite de fim de março, voltando a meu hotel depois do jantar, encontrei no escaninho um bilhete de Sartre: "Estou no Café Trois-Mousquetaires." Saí correndo pela rua Delambre e rua de Gaité, entrei ofegante no café todo vermelho por trás das cortinas azuis: ninguém. Deixei-me cair no banco; um dos garçons que me conhecia aproximou-se e entregou-me um pedaço de papel. Sartre esperara duas horas, fora dar uma volta para não se enervar; voltaria.

Nunca tínhamos tido dificuldade em nos entendermos; nessa noite, entretanto, e nos dias seguintes, durante algum tempo ainda, Sartre me desnorteou; chegava de um mundo que eu imaginava tão mal quanto ele imaginava o mundo em que eu vivia fazia meses, e tínhamos a impressão de não falar a mesma linguagem. Ele contou-me primeiramente sua evasão. A fronteira luxemburguesa era próxima, numerosos prisioneiros conseguiam atravessá-la: constituíra-se uma organização no campo, que lhes arranjava papéis e roupas e que elaborara diversas combinações para fazê-los sair do recinto. Os membros da organização arriscavam a pele; em compensação, os que tentavam a sorte não corriam perigo; quando recapturados, mal os puniam. Sartre pensara, a princípio, juntar-se a um pequeno grupo de camaradas que se dispunham a alcançar a pé o Luxemburgo. De há muito, porém, encarava outra solução e subitamente a oportunidade de recorrer a ela se apresentara. Havia no *Stalag* grande número de civis, recolhidos nas estradas, nas aldeias; os alemães tinham prometido repatriá-los um belo dia, e resolveram fazê-lo. Provava-se a qualidade de civil mostrando a caderneta militar: os alemães libertavam os que eram jovens demais ou demasiado velhos para voltar às fileiras, ou então os que tinham sido reformados. Falsificar as cadernetas era uma brincadeira: uma equipe de especialistas conseguiu obter admiráveis carimbos falsos. O diabo é que os alemães desconfiavam e submetiam a interrogatório os pretensos reformados; contudo não faziam disso um assunto grave; estava determinado que devolveriam, a título de civis, certo número de homens: pouco lhes importava que a seleção fosse rigorosamente justa. O exame médico era, portanto, rápido e a decisão caprichosa. O prisioneiro que precedeu Sartre carecia de malícia. À pergunta: "Qual a sua doença?", respondeu: "Palpitações cardíacas." O pretexto não valia nada, sendo esse tipo de perturbação demasiado fácil de simular e, na hora, inverificável; com um pontapé, o desastrado foi mandado de volta para o campo. Sartre, ao chegar sua vez, puxou a pálpebra, desnudando de maneira patética seu olho quase morto: "Perturbações do equilíbrio." O médico ficou satisfeito com a evidência e Sartre juntou-se ao grupo dos civis. Em caso de malogro, teria partido oito dias depois, a pé, como projetara. De qualquer maneira, nunca imaginara que o cativeiro pudesse durar anos. Seu otimismo não fora abatido pelos acontecimentos.

    Não me espantei, tampouco, com a atividade que ele desenvolvera durante esses nove meses nem com a curiosidade que pusera em os viver. O que me desorientou foi a rigidez de seu moralismo. Valia-me do mercado negro? Sim, comprava um pouco de chá de vez em quando; era demais, disse-me. Eu errara em assinar o papel afirmando que não era da maçonaria nem judia. Sempre Sartre afirmara imperiosamente suas ideias, suas repugnâncias, suas preferências tanto em suas palavras como em sua conduta; mas nunca se exprimia sob a forma de máximas universais; a noção abstrata do dever aborrecia-o. Eu esperava encontrá-lo cheio de convicções, de cóleras, de projetos, mas não couraçado de princípios. Compreendi pouco a pouco as razões disso. Diante dos alemães, dos colaboradores e dos indiferentes com que se defrontavam diariamente, os antifascistas do *Stalag* formavam uma espécie de fraternidade, aliás muito reduzida, cujos membros se achavam ligados por um juramento implícito: não se dobrar, recusar qualquer concessão. Separado dos outros, cada qual jurara manter essa determinação em toda a sua rigidez. Mas a situação era mais simples no *Stalag* do que em Paris, onde o simples fato de respirar implicava um compromisso. Sartre não renunciou sem lamento à tensão e à nitidez de sua existência de prisioneiro; mas, na vida civil, sua intransigência se houvera tornado formalismo, e ele adaptou-se pouco a pouco à nova condição.

    Nessa primeira noite, ele me surpreendeu ainda de outra maneira: se viera para Paris não fora para gozar as doçuras da liberdade, e sim para agir. Como?, perguntei-lhe atordoada. Estávamos tão isolados, tão impotentes! Justamente, disse-me, era preciso quebrar esse isolamento, unir-se, organizar a resistência. Fiquei cética. Já vira Sartre fazer com algumas palavras nascerem possibilidades inesperadas, mas temia que dessa vez se embalasse com ilusões.

    Antes de empreender o que quer que fosse, concedeu a si mesmo uma trégua; passou por Paris, reviu os amigos. Conheceu Lise em circunstâncias que o divertiram. Ela acolhera de mau humor a notícia do regresso dele. No dia em que ele foi almoçar pela primeira vez com os pais, marcou comigo um encontro no bairro, em Passy. O tempo estava lindo e partimos a pé para o lado de Montparnasse; no vão de um portão, deparei com Lise, que se jogou vivamente para trás. Seguiu-nos durante todo o trajeto, dissimulando-se inabilmente por trás dos pilares do metrô aéreo. Sentamo-nos no terraço do Café Biard e ela plantou-se na calçada em frente, olhando-nos com um ar mau. Fiz-lhe sinal e ela aproximou-se gingando, meio sem jeito; Sartre sorriu-lhe e convidou-a para sentar; ela acabou sorrindo também e consentiu em ir para o lado dele. Mas disse a Sartre que, se ele se tivesse mostrado menos amável ou lhe houvesse desagradado, ela o teria picado até sangrar com um enorme alfinete de gancho que trouxera com essa intenção. Ficou muito vexada ao verificar que a ameaça não parecia aterrorizá-lo.

Mas não era tão fácil assim vencê-la. Dias depois, eu esperava Sartre no Dôme e dentro em pouco me inquietei: de costume ele era tão pontual quanto eu. Uma hora passou, e mais. Teria tido complicações? A situação dele não era regular e comecei a sentir-me muito ansiosa. Apareceu, afinal, acompanhado por Lise, que baixava a cabeça, procurando esconder o rosto atrás dos cabelos. "Não se zangue com ela", disse Sartre. Ela o interceptara à porta do Dôme: Marco ali se achava, contara, ia importunar-nos durante horas; eu pedira a Sartre que fosse para o Trois-Mousquetaires, onde me juntaria a eles depois de me livrar de Marco. Ela o acompanhara e tinham conversado. E como Sartre começava a espantar-se com meu atraso, ela dissera tranquilamente: "Não virá. O encontro era noutro lugar." "Mas por que esta mentira?", indagara Sartre com estupor. "Queria falar com você; queria saber com quem ando", disse ela. Foi preciso todo um trabalho para Sartre arrancar-lhe a verdade. Posteriormente, ela consentiu na existência dele e tomou-se mesmo de grande amizade por ele.

Se quisesse seguir a lei, Sartre deveria se desmobilizar na zona livre, em Bourg. Mas a universidade não se preocupou muito com isso; reintegrou-o em seu cargo no Liceu Pasteur. Pouco mais tarde, o inspetor-geral Davy teve com ele, a respeito dos alemães, de Vichy e da colaboração, uma conversa em que se compreenderam por meias palavras e Davy prometeu a Sartre confiar-lhe, no ano seguinte, o curso de preparação do Liceu Condorcet.

Sartre retornou, pois, a seus cursos depois das férias de Páscoa e preocupou-se então em conseguir contatos políticos. Reviu antigos alunos; encontrou Merleau-Ponty, que fizera a guerra como tenente de infantaria. Preparava uma tese sobre a percepção; conhecia na Normale estudantes de filosofia vivamente antialemães, entre outros Cuzin e Desanti, que se interessavam concomitantemente pela fenomenologia e pelo marxismo. Uma tarde, no quarto do hotel Mistral, onde residíamos novamente, realizou-se a nossa primeira reunião. Havia Cuzin, Desanti, três ou quatro amigos deles, Bost, Jean Pouillon, Merleau-Ponty, Sartre e eu. Desanti propôs com uma ferocidade risonha que se organizassem atentados individuais: contra Déat, por exemplo. Mas nenhum de nós se sentia qualificado para fabricar bombas ou lançar granadas. Nossa principal atividade, além do recrutamento, consistiria, por ora, em recolher informações e difundi-las em volantes e boletins. Soubemos muito logo que existiam muitas formações análogas à nossa. Embora os dirigentes do "Pentágono" fossem homens da direita, Sartre pôs-se em contato com eles. Reuniu-se a um de seus camaradas de juventude, Alfred Péron, professor de inglês que realizava um trabalho de informações para a Inglaterra. Encontrou-se várias vezes com Cavaillès, que fundara em Clermont o movimento "Segunda coluna" e fazia a ligação entre Auvergne e Paris. Acompanhei Sartre a uma dessas entrevistas na Closerie des Lilas; era sempre lá, ou nos jardins do Petit-Luxembourg, que Cavaillès marcava encontro. Todos esses grupos tinham traços comuns: primeiramente, o número restrito dos efetivos; em seguida, a imprudência. Fazíamos nossas reuniões em quartos de hotel, em salas da escola onde os muros podiam ter ouvidos. Bost passeou pelas ruas com um mimeógrafo. Pouillon transportava uma pasta empanturrada de panfletos.

Além das tomadas de contato e de nosso trabalho de informação, tínhamos um objetivo remoto: pensávamos que era preciso preparar o futuro. Se as democracias ganhassem, a esquerda teria necessidade de uma doutrina nova; devíamos, mediante um conjunto apurado de reflexões, de discussões, de estudos, aplicar-nos a construí-la. O essencial de nosso programa cabia em duas palavras — cuja conciliação põe grandes problemas — que serviram para batizar nosso movimento: "Socialismo e Liberdade". Entretanto, encarando a eventualidade de uma derrota, Sartre expôs, em nosso primeiro boletim, que se a Alemanha ganhasse a guerra, nossa tarefa seria fazê-la perder a paz. Não tínhamos, com efeito, nenhuma razão objetiva para acreditar na vitória. A "guerra do deserto" redundara em vantagem para o Eixo; as tropas alemãs, comandadas por Rommel, e as italianas tinham atingido Marsah-Matruk, no Egito; os italianos dominavam a Grécia inteira; escorraçados dos Bálcãs, os ingleses não possuíam sequer uma base na Europa. Os colaboradores triunfavam. As perseguições antissemitas ampliavam-se. Doravante, era proibido aos judeus possuir, dirigir ou gerir qualquer empresa; Vichy ordenara-lhes que se fizessem recensear e instaurara para os estudantes um *numerus clausus*. Milhares de judeus estrangeiros foram internados num campo, em Pithiviers, e começaram a deportá-los para a Alemanha. Para justificar tais medidas, a propaganda do Reich mandou projetar nos cinemas de Paris O *judeu Süss*. Disseram-me que as salas onde passava a fita ficaram vazias; como muitos parisienses, não íamos ver nenhuma fita alemã. Queríamos conservar a esperança, mas o horizonte estava sombrio.

Assim mesmo, rimos de bom grado ao saber que Rudolph Hess se fizera lançar de paraquedas na Inglaterra; os esforços dos alemães para disfarçar a aventura, seu embaraço e confusão quando a verdade veio à tona, divertiram-nos durante dois ou três dias. Depois, boatos começaram a espalhar-se: a Reichswehr teria tentado um desembarque nas costas inglesas e teria sido rechaçada: contava-se que tinha visto, nos hospitais, feridos alemães horrivelmente queimados. Em todo caso, Hitler blefara, quando anunciara um ano antes a iminente ocupação da Inglaterra. No mês de junho, atacou a URSS. Podia-se temer o êxito de uma nova guerra-relâmpago; o Exército Vermelho foi desbaratado, a linha Stalin rompida, Kiev tomada, Leningrado sitiada. Entretanto, dada a extensão do país, a URSS seria sem dúvida menos facilmente vencida do que a Polônia e a França; se aguentasse alguns meses, talvez o famoso inverno russo destroçasse os alemães como destroçara Napoleão.

Na França, a entrada da Rússia na guerra acarretou a criação da LVF, que Déat, Deloncle e outros antigos *Cagoulards* dirigiam; ela esclareceu de maneira trágica a situação dos comunistas. Há muito a imprensa os acusava de anglofilia, e até de gaullismo, não se ignorava que organizavam clandestinamente a resistência; agora, não podia haver mais equívoco, tornavam-se eles inimigos públicos; na região parisiense, detiveram imediatamente mil e duzentos.

Foi nessa época que começaram a florir nos muros de Paris e nos ladrilhos do metrô os V, símbolo da vitória inglesa; incapazes de frear a multiplicação, os alemães responderam adotando a divisa *Victória* e enchendo de V toda a cidade, em particular a fachada da Câmara dos Deputados e a Torre Eiffel. O emblema gaullista da cruz de Lorena também começou a proliferar.

Sartre pusera-se novamente a trabalhar; enquanto aguardava a possibilidade de redigir a obra filosófica que elaborara na Alsácia, e depois no *Stalag*, acabava *A idade da razão*. Um velho jornalista, que lhe inspirava simpatia, Delange, propôs-lhe que se encarregasse da crônica literária no semanário *Comœdia*, que ia ser novamente publicado sob sua direção; a publicação, exclusivamente consagrada às letras e às artes, escapava a qualquer controle alemão, afirmava. Sartre aceitou. A tradução de *Moby Dick* acabava de aparecer e ele teve vontade de falar desse livro extraordinário. Dedicou-lhe sua primeira crítica que foi também a última, porque depois da saída de *Comœdia*, Sartre compreendeu que era menos independente do que dissera e, sem dúvida, esperava Delange. Este conseguiu, além disso, dar a seu jornal um tom que diferia totalmente do do resto da imprensa; ele protestou contra as delações a que se entregava *Je suis partout*; defendeu as obras que se opunham aos valores fascistas e ao moralismo de Vichy. Entretanto, a primeira regra com que concordaram os intelectuais resistentes foi que não deviam escrever em jornais da zona ocupada.

Desde o regresso de Sartre, eu tinha o coração tranquilo. Mas de maneira diferente de outrora. Os acontecimentos tinham-me mudado; o que Sartre antes chamava minha "esquizofrenia" acabara por ceder ante os desmentidos que lhe infligira a realidade. Admitia, afinal, que minha vida não era uma história que eu contava a mim mesma e sim um compromisso entre mim e o mundo; desde logo as contrariedades, as adversidades tinham deixado de se apresentar a mim como uma injustiça; não havia como revoltar-se contra elas, era preciso encontrar um meio de contorná-las ou suportá-las; eu sabia que teria que atravessar horas sombrias, que talvez mesmo nelas me abismasse para sempre: a ideia não me escandalizava. Adquiri com essa espécie de renúncia uma despreocupação que não chegara nunca a conhecer. Aproveitei a primavera, o verão; acabava meu romance; tomava notas para um outro livro.

Fomos um pouco ao teatro sem muita sorte; como "megera domada", Marguerite Jamois não se mostrava muito convincente e *La machine à écrire* de Cocteau não valia suas outras peças. Tendo Laubreaux grosseiramente insultado Cocteau em *Je suis partout*, Marais quebrou-lhe a cara, o que nos deu grande alegria. Os Margaritis — dois antigos membros do grupo "Octobre"— montaram *Les Chesterfollies*, cuja inspiração e certos números ressuscitavam melancolicamente os últimos tempos do ante-guerra: voltava-se a encontrar Deniaud no espetáculo, como barbudo e vendedor ambulante. Barrault encenou *Les suppliantes* no estádio Roland-Garros, com música de Honegger e cenários de Labisse. Os atores vestiam roupas desenhadas por M.H. Dasté, máscaras e coturnos; havia um número imenso de figurantes. Precedia o drama uma curta peça de Obey — *Huit cents mètres* — em honra do esporte, insípida, mas que permitia apreciarem-se as academias de Barrault, Cuny, Dufilho, Legentil e a beleza de Jean Marais. Foi nessa ocasião que Sartre concebeu o projeto de escrever uma peça. Nela figurariam as duas Olgas. Barrault gostava delas e, durante um dos ensaios, elas lhe perguntaram o que era preciso fazer para desempenhar um papel de verdade: "O melhor meio seria que alguém escrevesse uma peça para vocês", respondeu ele. E Sartre pensou: "Por que não eu?" No *Stalag*, escrevera e montara uma peça — *Bariona*; o assunto aparente desse "mistério" era o nascimento de Cristo; na realidade, o drama tratava da ocupação da Palestina pelos romanos e os prisioneiros não se enganaram: tinham aplaudido na noite de Natal um convite à resistência. Eis o verdadeiro teatro, pensara Sartre: um apelo a um público ao qual se está ligado por uma comunidade de situação. Essa comunidade existia também entre todos os franceses que os alemães e Vichy exortavam, cotidianamente, ao remorso e à submissão; podia-se encontrar um meio de lhes falar de revolta, de liberdade. Sartre começou a procurar um enredo ao mesmo tempo prudente e transparente.

Durante essa primavera, fizemos uma nova amizade; graças a Lise, conhecemos Giacometti; há muito havíamos observado, já o disse, seu belo rosto mineral, seus cabelos em desalinho, sua atitude de vagabundo. Soubera que era escultor, e suíço; sabia também que fora atropelado por um automóvel, eis por que mancava e se apoiava sempre a uma bengala. Era amiúde visto em companhia de mulheres bonitas. Notara Lise no Dôme, falara-lhe, ela o divertira e ele simpatizara com ela. Lise dizia que ele não era inteligente, pois perguntara-lhe se gostava de Descartes, ao que respondeu atravessado; decidira, portanto, que ele a aborrecia; oferecia-lhe no Dôme jantares que ela achava fabulosos: jovem, robusta, voraz, não conseguia matar a fome nos restaurantes de estudantes onde se alimentava; por isso, apressava-se em aceitar tais convites; contudo, mal engolido o último bocado, limpava as mãos e se levantava. Para segurá-la, ele inventara encomendar uma segunda refeição que ela engolia tão alegremente quanto a primeira; terminada esta, partia, inexoravelmente. "Que animal", dizia ele com uma espécie de admiração e, para vingar-se, dava-lhe de leve com a bengala nas pernas. De uma feita, ela queixou-se por ele a ter convidado para ir a La Palette com umas pessoas absolutamente chatas; bocejara durante toda a conversa; soubemos mais tarde os nomes desses importunos: Dora Marr e Picasso. O ateliê do escultor dava para um pátio que Lise achava cômodo para camuflar as bicicletas que roubava em todos os cantos de Paris. Perguntei-lhe que pensava das obras de Giacometti e ela riu com um ar mistificado: "Não sei; é tão pequeno!" Afirmava que as esculturas não eram maiores do que uma cabeça de alfinete. Como julgar? Ele tinha uma maneira estranha de trabalhar, acrescentava ela; tudo o que fazia durante o dia quebrava à noite, ou inversamente. Amontoara um dia num carrinho de mão as esculturas que enchiam seu ateliê e as fora jogar no Sena.

Não me lembro mais das circunstâncias de nosso primeiro encontro; foi no Chez Lipp, creio; compreendemos logo que Lise se enganara quanto à inteligência de Giacometti, tinha-a de sobra e da melhor espécie: essa que se cola à realidade e lhe arranca seu verdadeiro sentido. Nunca se contentava com um "diz-se", com um mais ou menos; ia direto às coisas; assediava-as com uma paciência infinita; por vezes, acertava em cheio e virava-as pelo avesso. Tudo o interessava: a curiosidade era a forma que seu amor apaixonado pela vida tomava. Quando fora atropelado por um automóvel, pensara com uma espécie de divertimento: "Será assim que se morre? Que me vai acontecer?" A própria morte era a seus olhos uma experiência viva. Durante sua permanência no hospital, cada minuto lhe trouxera uma revelação inesperada e foi quase lamentando-o que saiu. Essa avidez comovia-me. Giacometti servia-se da palavra com segurança para moldar personagens, cenários e animá-los; era um desses raríssimos indivíduos que, em nos ouvindo, nos enriquecem. Entre Sartre e ele havia uma afinidade mais profunda; tinham ambos jogado tudo, um na literatura, outro na arte; era impossível dizer qual o mais maníaco. Pouco se lhe dava, a Giacometti, êxito, glória, dinheiro. Queria se realizar; mas que procurava exatamente? A mim também suas esculturas me desnortearam, quando as vi pela primeira vez; era verdade que a mais volumosa tinha apenas o tamanho de uma ervilha. Durante as nossas numerosas conversas, ele se explicou. Ligara-se outrora aos surrealistas; eu me lembrava com efeito de ter visto em *L'Amour fou* o nome dele e a reprodução de uma de suas obras; fabricava então "objetos" como os apreciavam Breton e seus amigos e que só comportavam relações alusivas com a realidade. Mas havia dois ou três anos, esse caminho se lhe afigurava um beco sem saída; queria voltar ao que julgava agora o verdadeiro problema da escultura: recriar a figura humana. Breton ficara escandalizado: "Uma cabeça, todo mundo sabe o que é!" Giacometti, por sua vez, repetia essa frase escandalizado. Na sua opinião, ninguém conseguira entalhar ou modelar uma representação válida do rosto humano, era preciso partir do zero. Um rosto, dizia-nos, é um todo indivisível, um sentido, uma expressão; mas a matéria inerte, mármore, bronze ou gesso, divide-se, pelo contrário, ao infinito; cada parcela se isola, contradiz o conjunto e o destrói. Ele tentava absorver a matéria até os limites mais extremos do possível; assim chegara a modelar essas cabeças quase sem volume, em que se inscrevia, pensava, a unidade da figura humana, tal qual se dá a um olhar vivo. Talvez encontrasse, um dia, outro meio de arrancá-la à vertiginosa dispersão do espaço: por enquanto, só soubera inventar aquele. Sartre, que desde a juventude se esforçava por compreender o real em sua verdade sintética, sentiu-se particularmente impressionado com essa procura; o ponto de vista de Giacometti juntava-se ao da fenomenologia, porquanto ele queria esculpir um rosto em situação — em sua existência para outra pessoa — a distância, superando assim os erros do idealismo subjetivo e da falsa objetividade. Giacometti nunca pensara que a arte pudesse restringir-se a fazer reluzir aparências; em compensação, a influência dos cubistas e dos surrealistas tinha-o levado, como muitos outros artistas da época, a confundir o imaginário com o real: durante muito tempo ele trabalhara, não para mostrar a realidade através de um *analogon* material, mas para fabricar coisas. Agora, ele criticava essa aberração nos outros como em si mesmo. Falava de Mondrian que, considerando ser a tela plana, se recusava a nela inscrever três dimensões: "Mas", dizia Giacometti, com um sorriso cruel, "quando duas linhas se cruzam há sempre uma, afinal, que passa sobre a outra: seus quadros não são planos!" Ninguém mais do que Marcel Duchamp, que Giacometti apreciava muito, tinha ido mais longe nesse beco sem saída. A princípio, ele pintara quadros — entre outros o célebre *Mariée mise à nu par ses célibataires mêmes*. Mas um quadro só existe pelo olhar que o anima; Duchamp queria que suas criações se mantivessem em pé sem nenhum auxílio; começara a copiar pedaços de açúcar em pedaços de mármore; esses simulacros não o haviam satisfeito; ele fabricara objetos de uso comum, como os objetos reais, entre outros um xadrez; depois, contentou-se com comprar pratos ou copos e assiná-los. Acabou cruzando os braços.[103] Com Giacometti, esses falsos problemas não correspondiam a nada muito profundo: sua verdadeira preocupação era defender-se contra a vacuidade infinita e terrificante do espaço. Durante toda uma época, quando andava pelas ruas, precisava tocar com a mão a solidez de um muro para resistir ao abismo que se abria a seu lado. Em outros momentos, parecia-lhe que nada tinha peso; nas avenidas e nas praças, os passantes flutuavam. No Chez Lipp, designando as paredes cheias de decorações, dizia alegremente: "Nenhum buraco, nenhum vazio, a plenitude absoluta!" Eu nunca me cansava de ouvi-lo. Por uma vez, a natureza não trapaceara; Giacometti dava o que seu rosto prometia; olhando-o de perto, logo se percebia que seus traços

---

[103] Reproduzo a história tal qual, a julgar pelas minhas recordações, Giacometti a contava.

não eram de um homem comum. Não se podia prever se ele "torceria o pescoço da escultura" ou se malograria em dominar o espaço; mas a própria tentativa já era mais apaixonante do que a maioria dos êxitos.

Em meados do ano, minha irmã mandara-nos notícias por intermédio da Cruz Vermelha. Vivia com dificuldade em Faro, dando lições de francês; mas pintava e Lionel ia cada vez melhor. Teria sido feliz se não ficasse a pensar romanescamente nos perigos que corríamos. Tentávamos tranquilizá-la nos cartões que lhe enviávamos; mas a distância é propícia à angústia e terríveis visões atormentavam-na.

Ela não tornou a ver meu pai, que morreu no mês de julho. Fora operado da próstata e chegamos a acreditar, a princípio, que reagira bem. Mas enfraquecera-se com os meses de má alimentação e, principalmente, com o choque da derrota e da ocupação: a tuberculose dos velhos levou-o em poucos dias. Acolheu a morte com uma indiferença que me espantou. Dissera, amiúde, que pouco lhe importava chegasse ela um dia, antes ou depois, pois, de qualquer maneira, não se escapava. Ademais, não lhe sobravam muitas razões de viver neste mundo de que não entendia mais nada; contudo, admirei que retornasse tão serenamente ao nada; não se iludia, porquanto me perguntou se eu podia, sem penalizar minha mãe, evitar que algum padre viesse assisti-lo; ela conformou-se com esse desejo. Assisti à sua agonia, a esse duro trabalho vivo pelo qual a vida se abole, tentando em vão captar o mistério dessa partida para nenhum lugar. Fiquei durante longos momentos sozinha com ele, após o último suspiro; a princípio, esteve morto, mas presente: era ele. Depois, vi-o afastar-se vertiginosamente de mim; encontrei-me debruçada sobre um cadáver.

Não era muito difícil, sem bagagem, as mãos nos bolsos, atravessar a linha de demarcação. Sartre decidiu que passaríamos nossas férias em zona livre; poderia assim ser desmobilizado, mas, principalmente, desejava estabelecer ligações entre "Socialismo e Liberdade" e certas pessoas da outra zona. Lise fez-lhe presente de uma bicicleta ilegalmente adquirida que ele não teve a coragem de recusar, mesmo porque, declarou ela, não a restituiria ao proprietário. Bost emprestou-nos uma tenda e um equipamento sumário. Tinha-se o direito de mandar encomendas de uma zona para a outra. Enviamos as bicicletas e as bagagens para Roanne, para a casa de um padre que se evadira oito dias depois de Sartre; compramos uma passagem para Montceau-les-Mines: tinham-nos dado o endereço de um café onde encontraríamos um guia.

O guia fora detido dias antes, disse-nos o dono: mas, sem dúvida, poderíamos arranjar outro. Passamos a tarde no café olhando as pessoas irem e virem, com um sentimento agradável de aventura no coração. Ao cair da noite, uma mulher de preto, de cerca de quarenta anos, sentou-se à nossa mesa; disse que por um preço razoável nos conduziria à noite através dos campos. Não arriscávamos grande coisa, mas para ela o negócio era mais sério e ela multiplicou as precauções. Acompanhamo-la em silêncio pelos prados e bosques de fresco odor noturno; ela rasgou as meias no arame farpado e resmungou muito. De vez em quando, fazia-nos sinal para que parássemos e não nos mexêssemos. Subitamente, disse-nos que a linha fora atravessada, e caminhamos a passos rápidos para a aldeia. O albergue estava cheio de gente que acabava de "passar", como nós. Deitamo-nos em colchões num quarto onde já dormiam seis pessoas; um bebê gritava. Mas que alegria no dia seguinte, quando passeamos pela estrada, à espera da hora do trem para Roanne! Por ter infringido uma proibição, parecia-me que reconquistara minha liberdade.

Em Roanne, lemos num café jornais da outra zona: não valiam mais que os nossos. Recuperamos nossas bagagens na casa do Padre P., que estava ausente. Passei um bom momento a ajeitá-las nas nossas bicicletas. Estas inquietavam-me bastante. Era quase impossível conseguir pneus novos; os nossos estavam remendados, cheios de estranhas hérnias; as câmaras de ar não eram muito melhores. Mal saímos da cidade, a roda da frente de Sartre arriou. Não compreendo como embarquei nessa aventura sem ter aprendido a consertar, mas o fato é que eu não o sabia. Felizmente, um mecânico com quem topamos ensinou-nos a arte de desmontar um pneu e colar remendos... Partimos novamente. Havia anos, Sartre não fazia tão longo trajeto de bicicleta e, ao fim de quarenta quilômetros, sentiu-se bastante cansado. Dormimos num hotel. Rodou mais galhardamente no dia seguinte e, à noite, erguemos nossa tenda num prado às portas de Mâcon; não o fizemos tampouco sem dificuldade pois não éramos, nem um nem outro, muito hábeis. Entretanto, no fim de alguns dias, nós a montávamos e desmontávamos num instante. Acampávamos, geralmente, na proximidade de uma cidade ou de uma aldeia, porque no fim dessas jornadas campestres, Sartre se mostrava ansioso por se retemperar na fumaça dos botequins. Desmobilizou-se em Bourg. Examinando a caderneta adulterada, o oficial embirrou: "Não devia ter falsificado sua caderneta." "Devia ficar na Alemanha, então?", perguntou Sartre. "Não se brinca com uma caderneta militar", disse o oficial. "Devia continuar prisioneiro?", indagou novamente Sartre. O oficial deu de ombros. Não ousava ir até o fim de seu pensamento, mas a mímica significava claramente: "Por que não?" Deu assim mesmo a Sartre o certificado de desmobilização.

Passeamos pelas colinas avermelhadas de Lyon: nos cinemas projetavam filmes norte-americanos e corremos a vê-los. Atravessamos Saint-Étienne, onde ele me mostrou a antiga casa de seus pais, e descemos a Le Puy. Sartre preferia de longe a bicicleta à marcha, cuja monotonia o aborrecia. Com a bicicleta, a intensidade do esforço e o ritmo da corrida variam sem cessar. Ele se divertia com dar uma puxada nas rampas; eu resfolegava muito atrás. No plano, pedalava com tamanha indolência que duas ou três vezes foi cair na valeta. "Pensava noutra coisa", dizia-me. Gostava, como eu, da alegria das descidas. E depois, a paisagem movimentava-se mais depressa do que a pé. Eu também trocava de bom grado minha antiga paixão por esse novo prazer.

Mas a grande diferença, para mim, entre esta viagem e as precedentes provinha sobretudo de meu estado de espírito: eu não perseguia mais maniacamente um sonho de esquizofrênica, sentia-me deliciosamente livre; já era bastante extraordinário rodar em paz pelas estradas de Cévennes ao lado de Sartre. Tivera tanto medo de perder tudo: sua presença e todas as felicidades! Em certo sentido, eu perdera tudo e depois tudo me fora devolvido. Agora cada uma de minhas alegrias me parecia um presente e não uma coisa devida. Sentia mais vivamente do que em Paris o desapego despreocupado de que falei; um pequeno fato preciso deu-me uma prova disso. Ao chegar a Puy, o pneu da frente de Sartre deu prego definitivamente; se não tivéssemos achado um meio de trocá-lo, teria sido necessário abandonar nossa excursão que mal se iniciava. Sartre saiu pela cidade e eu guardei nossas bagagens no terraço de um café. Outrora, a ideia de que essa viagem pudesse terminar brutalmente sem meu consentimento ter-me-ia encolerizado: esperei com um sorriso nos lábios. Isso não impediu que pulasse de alegria quando vi Sartre reaparecer com uma bicicleta cujo pneu dianteiro, de um alaranjado vivo, parecia quase novo. Ele não sabia por que sorte um mecânico consentira em cedê-lo: estávamos aparelhados para algumas centenas de quilômetros.

Sartre conseguira, por intermédio de Cavaillès, o endereço de um de seus antigos colegas da Normale, Kahn, que participava da Resistência. Através de pequenas estradas tortuosas, alcançamos uma aldeia perdida nos bosques de castanheiros; Kahn lá passava as férias com uma mulher agradável e tranquila, crianças alegres e hospedando uma menina de tranças pretas e olhos azuis, que era filha de Cavaillès.[104] Comemos, na grande cozinha de piso revestido de ladrilhos vermelhos, um almoço saboroso. Como sobremesa, grandes pratos de airelas. Sartre e Kahn conversaram demoradamente no bosque, sentados no musgo. Eu os ouvia, mas era difícil acreditar que, naquela luz de verão, perto da casinha feliz, a ação e seus perigos tivessem uma realidade. Os risos das crianças, o frescor dos frutos selvagens, a amizade do encontro desafiavam todas as ameaças. Não, apesar do que me haviam ensinado os últimos dois anos, eu era incapaz de pensar que, dentro em breve, Kahn seria arrancado dos seus, que certa manhã o pai da menina morena seria encostado a um muro e fuzilado.

Do alto de Ardèche ao vale do Ródano, durante um dia inteiro, a metamorfose da paisagem embriagou-me; o azul do céu tornava-se mais leve, o solo mais seco, o odor das urzes morria em meio ao cheiro das lavandas, a terra assumia tons ardentes: ocre, vermelho, violeta. Surgiam os primeiros ciprestes, as primeiras oliveiras: toda a minha vida senti a mesma emoção quando, chegando do coração montanhoso de uma região, eu chegava à bacia do Mediterrâneo. Sartre foi sensível

---

[104] Minha memória me enganou, a mais velha das crianças era também filha de Pierre Kahn. Cavaillès nunca teve filhos.

também às belezas de nossa descida. Somente nossa parada em Largentière perturbou nosso passeio. Eu conhecia e gostava muito dessa pequena cidade no limiar do Centro e do Sul. Mas era dia de festa da Légion; uma multidão de jovens e velhos, de boinas bascas com insígnias e fitas tricolores, bebia e berrava nas ruas decoradas de azul, branco e vermelho. A sede, o cansaço, obrigaram-nos a parar; uma curiosidade perigosa deteve-nos um momento.

Acampamos acima de Montélimar; pela manhã, ao pegar a bicicleta, Sartre, de olhos abertos, dormia ainda tão profundamente que passou por cima do guidão. Nas estradas do Tricastin, o vento dava-nos asas, subíamos a rampa quase sem pedalar. Descemos a Arles e depois a Marseille por atalhos.

Em Marseille, encontramos quartos modestos, mas muito bonitos que davam para o Vieux-Port. Refizemos com emoção os passeios de outrora, do tempo em que o mundo estava em paz, do tempo em que a guerra era apenas uma ameaça. Os cinemas da Canebière projetavam filmes norte-americanos, e alguns abriam às dez horas da manhã. Aconteceu de irmos a três sessões num mesmo dia. Reencontramos velhos amigos muito queridos: Edward Robinson, James Cagney, Bette Davis em *Vitória sobre a morte*. Víamos o que quer que fosse, entregues à alegria de contemplar imagens da América. O passado nos refluía ao coração.

Em Marseille, Sartre encontrou Daniel Mayer e falou-lhe de "Socialismo e Liberdade": teria ele algumas diretrizes a sugerir ao nosso grupo, algumas tarefas a propor-lhe? Mayer pediu que enviássemos uma carta a Léon Blum por ocasião do seu aniversário. Sartre deixou-o, desiludido.

Era a comida muito pior no Sul do que em Paris ou no Centro; a alimentação baseava-se em tomates e Sartre, que os detestava, mal comia. Quando desembarcamos em Porquerolles, não encontramos nenhum restaurante aberto; almoçamos uvas, pão e vinho. Fui passear pela estrada do Grand-Langoustier e Sartre ficou trabalhando no café. Escreveu as primeiras réplicas de um drama sobre os Átridas. Toda nova invenção, ou quase, assumia inicialmente nele uma forma mítica e eu pensei que logo expulsaria de sua peça Electra, Orestes e sua família.

Sartre inscrevera André Gide na caderneta e rabiscara ao lado do nome um endereço indecifrável: Caloris? Valoris? Devia ser Vallauris.

Para lá fomos, costeando com delícias o Mediterrâneo. Indagamos na Prefeitura onde residia Gide. "M. Gide fotógrafo?", perguntou o empregado. Não conhecia outro. Interroguei novamente o endereço ilegível e procurei no mapa Michelin algo que se assemelhasse e, de repente, entendi: Cabris! Penamos ao sol ardente na pequena estrada íngreme, mas lá de cima víamos as oliveiras espalharem-se de terraço em terraço até o azul do mar com a mesma graça um pouco solene que havia entre Delfos e Itéa; almoçamos sob a parreira de um albergue. Depois, Sartre foi bater à porta de Gide; a porta abriu-se e, com extrema surpresa, deparou com a cabeça de Gide, mas num corpo de moça: era Catherine Gide e ela disse que o pai se mudara de Cabris para Grasse; tornamos a descer e à chegada, uma de minhas rodas estava no chão. Instalei-me perto de uma fonte para consertar. Indo em busca de Gide no hotel, Sartre percebeu o vulto e, ao alcançá-lo, freou bruscamente, arrastando um pé na calçada, fazendo um ruído de pano rasgado: "Eh! Eh!", disse Gide com um gesto para que se acalmasse. Entraram num café. Gide, contou-me Sartre, observava com desconfiança os outros fregueses e mudou três vezes de lugar. Pessoalmente, não achava muito o que fazer. "Falarei a Herbard", disse com um gesto vago. "Herbard, talvez..." Sartre disse-lhe que tinha um encontro marcado no dia seguinte com Malraux. "Pois bem", disse Gide deixando-o, "eu lhe desejo um *bom* Malraux".

    Malraux recebeu Sartre numa bela casa de Saint-Jean-Cap-Ferrat, onde vivia com Josette Clotis. Almoçaram um frango grelhado à americana, faustosamente servido. Malraux ouviu Sartre cortesmente, mas por ora nenhuma ação lhe parecia eficiente; contava com os tanques russos e os aviões norte-americanos para ganhar a guerra.

    De Nice, subimos pela estrada dos Alpes a fim de alcançar a passagem de Allos. Certa manhã ensolarada, empreendemos a etapa que devia conduzir-nos a Grenoble, à casa de Colette Audry. Almoçamos no alto da passagem e bebi vinho branco: não muito, mas, com o calor que fazia, o bastante para que me sentisse ligeiramente tonta. Começamos a descer rapidamente. Sartre rodava vinte metros à minha frente; subitamente, encontrei dois ciclistas que, como eu, ocupavam o meio da estrada, um pouco mais para a esquerda; para cruzá-los desviei para o lado que me parecia livre, enquanto eles se apressavam em pegar a direita; encontrei-me face a face com eles; meus freios freavam mal, era impossível parar; passei mais para a esquerda ainda, derrapei nos pedregulhos da valeta a alguns centímetros do precipício. Pensei num átimo: "Ah, sim! Cruza-se à direita!" e logo depois: "É então isto a morte!" E morri. Quando abri os olhos, estava em pé. Sartre sustentava-me por um braço, eu o reconhecia mas em minha cabeça tudo escureceu. Subimos novamente até uma casa onde me deram um copo de bagaceira; alguém limpou-me o rosto, enquanto Sartre subia de bicicleta até a aldeia à procura de um médico que se recusou a descer. Quando voltou, eu me refizera mais ou menos; lembrava-me de que estávamos viajando, que íamos ver Colette Audry. Sartre sugeriu que pegássemos novamente nossas bicicletas: restavam tão somente uns quinze quilômetros de descida. Mas parecia-me que todas as células de meu corpo se entrechocavam, eu não imaginava sequer repor-me em sela. Tomamos um trenzinho de cremalheira. As pessoas ao redor olhavam-me fixamente, com ar assustado. Quando bati na porta de Colette Audry, ela deu um pequeno grito, sem me reconhecer. Olhei-me num espelho: perdera um dente, tinha um dos olhos cerrados, o volume de meu rosto dobrara e a pele estava arranhada. Foi-me impossível enfiar um bago de uva entre meus lábios tumefatos. Deitei-me sem nada comer, mal esperando recuperar um rosto normal.

    Estava tão horrível pela manhã como na véspera, mas tive a coragem de montar na bicicleta. Era domingo, havia muitos ciclistas na estrada de Chambéry e quase todos aqueles com quem cruzava assobiavam de espanto ou riam ruidosamente. Nos dias seguintes, cada vez que entrava numa loja, todos os olhares se voltavam para mim. Uma mulher perguntou com ar ansioso: "Foi... um acidente?" Lamentei muito tempo não ter respondido: "É de nascença." Certa tarde em que eu tomara a dianteira e esperava Sartre numa encruzilhada, um homem interpelou-me rindo: "E você ainda o espera, depois do que te fez?"

    Entretanto, o outono despontava nas estradas do Jura. Quando saímos do hotel pela manhã, uma névoa branca escondia os campos de onde já subia um odor de folhas mortas; pouco a pouco o sol rasgava-a, ele se desfazia, o calor transpassava-nos, eu sentia em minha pele uma grande felicidade de infância. Certa tarde, a uma mesa de albergue,

Sartre recomeçou a trabalhar em sua peça. Não, não renunciava aos Átridas; encontrara o meio de utilizar sua história para atacar a ordem moral, para recusar os remorsos com que Vichy e a Alemanha procurava infestar-nos, para falar da liberdade. Escrevendo a primeira cena, inspirou-se na cidade de Santorin cuja recepção nos parece tão sinistra: Emborio, com seus muros cegos, seu sol esmagador.

Colette Audry indicara-nos uma aldeia perto de Châlons onde podíamos "passar" facilmente. Não sei quantos éramos, pela manhã, a andar pela grande rua visivelmente com o mesmo desígnio. À tarde, éramos mais de vinte, todos de bicicleta ao redor de um guia. Reconheci um casal que vira antes no Flore: um belo rapaz louro com uma pequena barba dourada, e uma linda moça, loura também, uma tcheca. Estreitos atalhos conduziram-nos, através dos bosques, a uma estrada interditada com arame farpado. Deslizamos por baixo dos fios e dispersamo-nos o mais depressa possível. Suponho que as sentinelas alemãs eram cúmplices, porque o guia não tomara nenhuma precaução.

Achei a Borgonha muito bela com seus vinhedos ricamente coloridos pelo outono; mas não tínhamos mais um vintém no bolso e a fome atazanou-nos até Auxerre, onde um vale postal nos aguardava; logo que o recebemos, corremos a um restaurante: serviram-nos apenas um prato de espinafres. Regressamos a Paris de trem.

Vivi semanas de felicidade. Fizera uma experiência cujo efeito devia prolongar-se durante dois ou três anos; vira de perto a morte e, dado o terror que sempre me inspirara, isso foi muito importante para mim. Dizia a mim mesma: "Poderia nunca mais despertar" e subitamente parecia-me exageradamente fácil morrer: compreendi então o que lera outrora em *Lucrèce*, o que eu sabia: a morte não é exatamente nada, nunca se morre, porque já não há mais ninguém para suportá-la. Pensei achar-me definitivamente liberta de meus temores.

Terminamos nossas férias na casa de Mme Lemaire e voltamos a Paris para o reinício das aulas. O clima político mudara durante o verão; no dia 13 de agosto, os comunistas haviam suscitado um motim perto da Porte Saint-Denis: dois manifestantes tinham sido fuzilados no dia 19. Em 23 de agosto, um militar alemão fora morto. Em 28 de agosto, ao fim de uma cerimônia celebrando a partida da LVF para a frente russa, Paul Colette atirara contra Laval e Déat. Houvera numerosos atos de sabotagem nas vias férreas. As autoridades francesas prometiam um milhão de recompensa para quem ajudasse a prender o autor do atentado. Pucheu desencadeara uma ampla operação policial contra os comunistas das duas zonas. Os alemães não falavam mais em amizade, ameaçavam. Tinham promulgado um decreto punindo de morte todo indivíduo que fizesse propaganda comunista; haviam instituído um tribunal especial para julgar as pessoas acusadas de atividades antialemãs. Instauraram seu sistema de represálias com uma proclamação difundida em 22 de agosto: para cada membro da Reichswehr morto, fuzilariam certo número de reféns. Em 30 de agosto, tinham anunciado o fuzilamento de cinco comunistas e de três "espiões". Desde então, viam-se seguidamente afixados nos muros de Paris cartazes vermelhos ou amarelos, enquadrados de preto, semelhantes ao que tanto me comovera dez meses antes: os reféns fuzilados eram, em geral, escolhidos entre os comunistas e os judeus. Em outubro, dois oficiais alemães tinham sido mortos, um em Nantes, outro em Bordeaux; noventa e oito franceses executados: vinte e sete achavam-se detidos administrativamente no campo de Châteaubriant.

Uma ordem lançada de Londres suspendeu os atentados individuais contra militares alemães, mas em novembro foram lançadas granadas em restaurantes e hotéis ocupados por alemães; as atividades "terroristas" multiplicavam-se a despeito das repressões. Os colaboradores desencadearam-se furiosamente contra essa resistência; a imprensa parisiense reclamava sangue; indignava-se com a lentidão dos processos de Riom e com a imperícia da polícia. "Nenhuma piedade para os assassinos da pátria", escrevia Brasillach. Sua agressividade continuava arrogante porque não duvidavam da vitória de Hitler. Na URSS, os alemães desencadearam em outubro a batalha de Moscou; o avanço foi suspenso, mas as contra-ofensivas do Exército russo malograram. O ataque de Pearl Harbor precipitou os EUA na guerra; mas os japoneses obtiveram no Pacífico êxitos fulminantes: invadiram Bornéu, a Malásia, Hong-Kong, Filipinas, a península de Malaca, Samatra e Java.

Para nós, que não queríamos consentir no triunfo do Reich e não ousávamos confiar em sua derrota, foi esse um período tão ambíguo que a recordação que dele guardei se turvou. Senti muitas vezes quanto seria difícil, com a volta da paz, falar dessa época a quem não a tivesse vivido.[105] Agora, vinte anos depois, malogro em ressuscitar-lhe a verdade mesmo para mim. Mal posso examinar alguns aspectos, alguns episódios.

Politicamente, vimo-nos reduzidos a uma impotência total. Quando Sartre criara "Socialismo e Liberdade", esperava que o grupo se integraria num conjunto mais amplo; mas nossa viagem não dera grandes resultados e nosso regresso a Paris não foi menos decepcionante. Os movimentos da primeira hora já tinham sido desmantelados ou acabavam de se desconjuntar; nascidos, como o nosso, de iniciativas individuais, reuniam burgueses e intelectuais que não tinham nenhuma experiência da ação clandestina, nem mesmo simplesmente da ação; havia muito maiores dificuldades do que na zona livre para se comunicar, para se aliar; tais empreendimentos permaneceram esporádicos e sua dispersão os votava a uma desanimadora ineficiência. Os comunistas possuíam uma organização, uma disciplina; a partir do dia em que resolveram intervir, obtiveram resultados espetaculares. Os patriotas de direita recusavam aliar-se a eles; mas, à esquerda não comunista, uma aproximação não teria repugnado; ela já não julgava o pacto germano-soviético com a mesma severidade que em 1939; talvez a URSS não tivesse podido ser capaz de resistir à força alemã se não houvesse, de qualquer jeito, conseguido um momento de trégua; se ainda se hesitava em aprovar sem restrição a manobra de Stalin, já não se ousava condená-la radicalmente. De qualquer maneira, Sartre estimava que era agora, na França, indispensável estabelecer uma frente comum; tentou novos contatos com os comunistas; mas eles desconfiavam de todos os grupos que se haviam criado fora do partido e, particularmente, dos "intelectuais pequeno-burgueses"; declararam a uma de nossas camaradas que se os alemães tinham libertado Sartre era porque ele se comprometera a servir-lhes de agente provocador; não sei se acreditavam nisso ou não; em todo caso, ergueram entre nós e eles uma barreira difícil de transpor. A solidão a que nos vimos condenados abateu nosso zelo e houve entre

---

[105] É meu próprio sentimento que exprimo em *Os mandarins* quando Anne, tentando falar com Scriassine, constata: "Tudo fora pior e mais suportável do que imaginara: as verdadeiras desgraças, não era a mim que tinham acontecido e, no entanto, tinham vivido dentro de mim."

nós numerosas defecções; além disso, Cuzin, o jovem filósofo, o mais bem-dotado, o mais sólido da equipe, foi atacado de tuberculose renal e precisou ir tratar-se no Sul; Sartre não tentou sustar a derrocada. Já em junho estava atormentado por escrúpulos. A Gestapo tinha detido vários membros do Pentágono; Péron, o amigo de juventude de Sartre, fora deportado, bem como, em um dos grupos de nossa vizinhança, uma brilhante estudante de filosofia que eu tivera como estagiária, Yvonne Picard. Voltariam?[106] Que absurdo se morressem! Ainda não tinham feito nada de útil. Até então, tínhamos tido a sorte de não ver nenhum de nós inquietado; mas Sartre mediu os riscos que, em vão, correriam nossos camaradas se prolongassem a existência de "Socialismo e Liberdade". Durante todo o mês de outubro, tivemos a esse respeito intermináveis discussões; para dizer a verdade, ele discutia consigo mesmo porquanto éramos da mesma opinião: ser responsável pela morte de alguém, por pura obstinação, era coisa que não podíamos perdoar-nos facilmente. Custava a Sartre renunciar a esse projeto que acariciara durante semanas no *stalag* e a que se dedicou alegremente; abandonou-o, contudo, embora contra a vontade. Entregou-se, então, com ardor à peça que começara; representava ela a única forma de resistência a ele acessível.

Trabalhávamos muito; além de sua peça, Sartre ocupava-se de seu tratado de filosofia. *Confluences* e *Les Cahiers du Sud* tinham-lhe pedido artigos de crítica: ele mandou-os. Entregou também a Brice Parain o manuscrito de meu primeiro romance e eu comecei outro; neste, eu falava da Resistência e sabia que não poderia ser publicado antes do fim da ocupação. Tínhamos resolvido viver como se estivéssemos certos da vitória final; essa resolução sustentava-nos; não bastava, porém, para nos dar a paz no coração. Apostar, esperar não é saber, nem mesmo crer; por momentos, minha imaginação vagabundeava no horror. Se o nazismo se instalasse por dez ou vinte anos, teríamos o destino de Péron, de Yvonne Picard, em não nos resignando. Eu estava longe de imaginar a verdadeira fisionomia de um campo de concentração; a deportação significava antes de tudo, para mim, a separação, o silêncio; mas como os poderia tolerar? Até então eu dissera para mim mesma

---

[106] Não voltaram.

que há sempre um recurso contra uma desgraça demasiado grande: o suicídio. Repentinamente, esse recurso era-me proibido. Durante dez, durante quinze anos, eu pensaria a cada instante que Sartre talvez tivesse morrido, e não ousaria matar-me imaginando que talvez estivesse vivo ainda: acreditava-me já presa nessa armadilha e um nó de pavor apertava-me a garganta. Escorraçava tais visões. Tentava convencer-me de que consentia no pior e por vezes convencia-me. Recuperava a calma, encerrava-me no presente; mas o presente outrora era um alegre desabrochar de projetos, o futuro enchia-o; reduzido a si mesmo, desfazia-se em pó. O espaço, como o tempo, contraíra-se. Dois anos antes, Paris ocupava o centro de um mundo largamente aberto à minha curiosidade; hoje a França era uma residência vigiada, isolada do resto da terra. A Itália, a Espanha que tanto amáramos, tinham-se tornado países hostis. Nuvens de trevas e de fogo escondiam-nos a América. O único rumor que nos vinha de além das fronteiras era a voz da BBC. Sufocávamos num túmulo de ignorância.

Pelo menos, eu não me achava tão isolada quanto no ano precedente; minhas emoções, minhas esperas, minhas ansiedades, minhas revoltas, eu as partilhava com uma multidão que não tinha cara mas que me cercava; estava em toda parte, fora de mim e dentro de mim; era ela que, através das batidas de meu coração, se comovia, odiava. Percebi que não tinha ainda conhecido o ódio, mas tão somente cóleras bastante abstratas; agora, sentia-lhe o gosto; ele visava com violência especial aos inimigos que me eram mais familiares. Os discursos de Pétain feriam-me mais vivamente que os de Hitler; eu condenava todos os colaboradores, mas sentia uma repugnância íntima, precisa e dolorosa pelos indivíduos de minha espécie: intelectuais, jornalistas, escritores. Quando literatos e pintores iam para a Alemanha convencer nossos vencedores de nossa adesão espiritual, achava-me pessoalmente traída. Considerava os artigos de Déat, de Brasillach, suas denúncias e seus apelos ao assassínio, como crimes tão imperdoáveis quanto as atividades de um Darlan.

Temores, cóleras, uma impotência cega: era sobre esse fundo que minha existência se desenrolava. Mas havia também surtos de esperança e até então eu não tinha sofrido diretamente. Não perdera ninguém que me fosse particularmente caro, íntimo. Sartre voltara do cativeiro;

nem sua saúde nem seu humor se haviam alterado: impossível viver perto dele horas tristes. Por mais restrito que fosse o campo em que nos achávamos confinados, sua curiosidade, sua paixão animavam-lhe cada parcela. Paris com suas ruas de aldeia, com seus grandes céus campestres, toda aquela gente ao redor de nós, suas fisionomias, suas aventuras, quantas coisas ainda para olhar, compreender, amar! Eu não conhecia mais nem a segurança, nem as grandes alegrias exaltantes; mas era alegre assim mesmo, vivendo o meu presente cotidiano, e dizia a mim mesma que apesar de tudo essa perseverante alegria ainda era felicidade.

Materialmente, a vida era muito mais difícil do que no inverno precedente; ademais, Sartre e eu tínhamos encargos. Lise resolvera abandonar André Moreau e recusava-se a voltar para a casa dos pais; instalara-se num lamentável hotel da rua Delambre e nós a ajudávamos. Ajudávamos também Olga, Wanda, Bost, que se debatiam numa quase miséria. Mesmo os restaurantes de categoria D, em que serviam com o nome de cabrito estranhos animais, eram caros para nós. Aluguei, no hotel Mistral, um quarto com cozinha; fui buscar no ateliê de minha irmã um caldeirão, umas caçarolas, talheres e pratos e comecei a cozinhar, eu mesma, sendo que Bost comia amiúde conosco. Eu tinha pouca inclinação para as tarefas caseiras e, a fim de acomodar-me a elas, recorri a um processo familiar: fiz de minhas preocupações alimentares uma mania em que perseverei durante três anos. Vigiava a saída dos cartões de racionamento e não perdi nenhum; nas ruas por trás dos mostruários factícios dos armazéns, procurava descobrir alguma mercadoria liberada; essa espécie de caça ao tesouro divertia-me. Que achado quando encontrava uma beterraba, um repolho! A primeira refeição que fizemos em meu quarto consistia num "chucrute de nabos" que tentei melhorar regando com molho Kub. Sartre afirmou que não era nada ruim. Ele comia qualquer coisa e, ocasionalmente, dispensava qualquer alimento; eu era menos estoica. Tinha muitas vezes fome e isso me perturbava; era em parte por esse motivo que punha tamanho ardor em juntar provisões: alguns pacotes de massa, de legumes secos, de flocos de aveia. Voltei a um dos esquemas prediletos de meus jogos de infância: organizar uma economia rigorosa em plena penúria. Contemplava meus tesouros, avaliava com o olhar sua distribuição diária; era o próprio futuro que eu encerrava em meu armário. Impossível desperdiçar um só grão: compreendia a avareza e suas alegrias. Não lamentava meu tempo; conversando com Bost, com Lise, que me ajudavam de bom grado nesses trabalhos, aconteceu-me passar horas a desfiar vagens, a limpar os feijões em parte carunchados. Não me demorava no preparo das refeições, mas a alquimia culinária agradava-me. Recordo uma tarde de princípio de dezembro em que o toque de recolher — fixado às oito horas em consequência de um atentado — me prendeu ao quarto. Escrevia; fora, o grande silêncio dos desertos; sobre o fogareiro uma sopa de legumes cozinhava e cheirava gostoso. O cheiro convidativo, o ciciar do gás eram uma companhia; não partilhava a condição das donas de casa, mas tinha uma ideia de suas alegrias.

Entretanto, não era atingida mais do que antes pela seriedade da existência. Em virtude de nossa idade, de nossa saúde, não receava que a austeridade de nosso regime nos afetasse; as câimbras de meu estômago não passavam de um incômodo sem consequência. Renunciei facilmente ao fumo, não o apreciava realmente em verdade; acendia cigarros quando trabalhava, para escandir o tempo: mas não tragava sequer. Sartre sofreu muito mais com essa restrição; catava tocos nas calçadas e nos bancos do Trois-Mousquetaires para encher o cachimbo. Nunca se resignou em enchê-lo com essas ervas que utilizavam certos fanáticos e davam ao Café Flore um odor de herbanário.

Vestir-se era também um problema; o mercado negro repugnava a nossa consciência e era inacessível a nossos bolsos. Os cartões de tecidos eram distribuídos com muita parcimônia. Recebi alguns por ocasião da morte de meu pai, que me permitiram mandar fazer um vestido e um casaco: poupei-os. Muitas mulheres trocaram, no fim do outono, a saia pelas calças compridas, mais quentes: imitei-as. A não ser para ir ao liceu, saía com roupas de esqui e sapatos pesados. Eu tivera prazer em me ocupar com meu vestuário no tempo em que isso era um divertimento, mas não queria complicar futilmente a existência e desinteressei-me: um mínimo de decência já exigia um esforço considerável; para mandar consertar os sapatos era preciso ter tíquetes, contentei-me com galochas de sola de madeira que começavam a fabricar. As tinturarias pediam preços exorbitantes e para limpar pessoalmente as roupas tinha-se grande dificuldade em encontrar os produtos de limpeza. Por carência de eletricidade, os cabeleireiros trabalhavam irregularmente; fazer um permanente era toda uma história, por isso surgiu a moda dos turbantes: eram ao mesmo tempo chapéu e penteado. Eu os usara de vez em quando, tanto por comodidade como porque me iam bem; aderi a eles definitivamente. Em tudo procurava o mais simples. Pouco a pouco, meu rosto desinchara, as machucaduras cicatrizaram, mas não mandei substituir o dente que perdera na estrada de Grenoble. Andava com um furúnculo bastante feio no queixo, que supurava ligeiramente e não chegava a amadurecer; não tratei dele. Certa manhã, entretanto, agastei-me; plantei-me diante do espelho e apertei: uma coisa esbranquiçada apareceu; apertei mais fortemente e durante uma fração de segundo pareceu-me viver um desses pesadelos surrealistas em que subitamente olhos desabrocham no meio da cara. Um dente rasgava-me a carne, o que se quebrara na queda: ficara incrustado ali durante semanas. Quando contei essa história a meus amigos, eles riram perdidamente.

Preocupava-me tanto menos com minha aparência quanto via muito pouca gente. Giacometti voltou para a Suíça. Jantávamos de vez em quando em casa de Pagniez, que tinha agora dois filhos: morava num quinto andar do bulevar Saint-Michel, num apartamento de onde se descortinavam o Luxemburgo e uma nesga de Paris; repentinamente deixou de defender Vichy; tínhamos as mesmas opiniões, a mulher dele era simpática, mas a agressiva modéstia de seus vinte anos transformara-se em melancolia. Nos primeiros tempos de seu casamento, ele nos dizia alegremente: "Vocês escrevem, eu consegui outra coisa: um lar, uma felicidade; não é tão pouco." Mais tarde, porém, ele considerou que o achávamos chato e, para não ser desmentido, esforçou-se por aborrecer-nos; conversava de propósito sobre os assuntos que menos nos interessavam; a puericultura, por exemplo, ou a cozinha. Algo de nossa antiga harmonia ressuscitava de vez em quando, mas tão somente por momentos. Com Marco não tínhamos mais nenhuma intimidade; calvo, fisionomia inexpressiva, ancas pesadas, andava pelas feiras de Montparnasse à procura de um amor louco; de quando em quando tomava alguma coisa conosco, apresentava-nos um jovem malandro, murmurando-nos em êxtase ao ouvido: "É um machão" ou "É um ladrão". De uma feita, chegou a dizer: "Trata-se de um assassino." Frequentávamos quase exclusivamente o pequeno grupo a que chamávamos "a família": Olga, Wanda, Bost, Lise. Tinham, eles entre si e com cada um de nós, relações diversas, cuja singularidade fazíamos questão de respeitar. Bost, eu o via habitualmente com Sartre; salvo essa exceção, era em geral o "duo" que prevalecia. Quando eu conversava no Flore com Olga ou Lise, quando Sartre saía com Wanda, quando Lise e Wanda se entretinham, nenhum de nós teria tido a ideia de sentar-se à mesa do outro par. As pessoas achavam esses hábitos absurdos; a nós, eles se afiguravam naturais. Justificavam-se, em parte, pela juventude dos membros da "família". Cada qual continuava ainda encerrado em sua particularidade e reclamava inteira atenção. Mas nós tínhamos sempre tido e conservaríamos sempre o gosto do diálogo; podíamos comprazer-nos nas mais fúteis conversas, conquanto tivéssemos uma intimidade exclusiva com o nosso interlocutor; os desentendimentos, as afinidades, as recordações, os interesses diferem de um a outro parceiro; quando nos achamos diante de várias pessoas ao mesmo tempo, a conversação torna-se mundana, salvo em circunstâncias privilegiadas. É um passatempo divertido, insípido ou mesmo cansativo, mas não a comunicação verdadeira que desejávamos.

Tínhamos desertado Montparnasse. Tomávamos o café da manhã no Trois-Mousquetaires e lá eu trabalhava às vezes, em meio ao grande ruído das vozes e da louça que se confundia com o barulho de um rádio a todo volume. À noite, marcávamos encontro no Flore, onde só se bebiam sucedâneos de cerveja ou café. Alguns fregueses tinham emigrado para Marseille e montado, contava-se, uma pequena fábrica de tortas de frutas; vendiam em Paris essas coisas escuras, feitas com restos de tâmaras e figos que os navios ainda traziam da África. Mas, em conjunto, a freguesia pouco mudara. Sônia pavoneava-se sempre bela e elegante no meio de uma pequena corte feminina. Revimos o casal de namorados louros que tinham "passado" conosco; o rapaz chamava-se Jausion e escrevia; sua amiga era tcheca e israelita; davam-se com um casal da mesma idade; ela, moreninha, pele cor de creme: Bella era israelita também e encantadora; ria sempre. Entre as recentes, notamos uma loura, etérea, muito bonita, que se chamava Joëlle le Feuve; sentava-se sozinha a uma mesa e não falava com quase ninguém; éramos sensíveis ao seu ar um pouco sofredor. Interessavam-nos, como antes, as criaturas provocadoras ou excitantes que vinham ao Flore reclamar um futuro; espiávamos suas atitudes, interrogávamo-nos sobre seus passados, supúnhamos suas sortes; os cataclismos coletivos não haviam diminuído o interesse que tínhamos pelas pessoas individualmente.

No Natal, fomos a La Pouèze; Mme Lemaire não possuía mais seu carro; embarcamos no trem nossas bicicletas e as montamos para percorrer os vinte quilômetros que separam Angers da aldeia. Até nessa rica região a austeridade castigava. Ainda assim havia um peru para o Natal e comíamos frequentemente carne no almoço. Para o jantar, pedíamos o mesmo menu: crepes de maçã, que nos saciavam solidamente. Em seguida, Mme Lemaire nos oferecia uma aguardente violenta que nos esquentava o sangue. Além disso, não fazia frio em nossos quartos, onde permanecia acesa uma grande lareira. Esse conforto era-nos tão agradável que não colocávamos o nariz para fora. Trabalhávamos, líamos, conversávamos com Mme Lemaire, que não voltaria nunca mais a Paris.

Líamos, mas as vitrines das livrarias não nos seduziam mais; não havia mais romances ingleses, nem americanos, e quase não tinha novidades. Em *Quand vient la fin*, Raymond Guérin, então prisioneiro de guerra, contava com talento e minúcia a longa agonia de seu pai com um câncer no ânus; interessei-me por essa narrativa chocante. Interessava-me bastante pelas obras de Dumézil sobre os mitos e as mitologias e continuei a estudar história. Remontei à Antiguidade. Um livro sobre os etruscos, em particular, me impressionou: eu descrevi para Sartre suas cerimônias fúnebres e nelas ele se inspirou no segundo ato de *As moscas*.

O teatro também não oferecia nada de muito atraente. A reapresentação de *Parents terribles* foi proibida em consequência de uma intervenção de Alain Laubreaux. Vimos *Jupiter* — uma comédia bastante vulgar, mas em parte salva pela leve presença de Jacqueline Bouvier, a futura Mme Pagnol — e *Le Cocu magnifique*, de Crommelinck; *O playboy do mundo ocidental* deu-nos o mito predileto de nossa juventude: mediocremente montado no Mathurins, ele nos decepcionou. Em janeiro de 1942, Vermorel representou sua primeira peça, *Jeanne avec nous*. O papel de Jeanne fora primeiramente confiado a Joëlle le Feuve: ela estreava no teatro e os jornais fizeram-lhe muita publicidade; depois, anunciaram que a saúde dela impedia que continuasse os ensaios; murmurava-se no Flore que não se mostrara à altura de sua personagem. Tornamos a vê-la à sua mesa habitual, sempre solitária, com ar de estar com frio, e causava-nos pena imaginar sua humilhação, sua decepção. Talvez seu estado se tivesse agravado com isso, pois sua saúde periclitava realmente; morreu meses depois, de tuberculose pulmonar. Não sabíamos quase nada dela e havia, nesse destino, algo absurdo que nos entristecia.

Foi Berthe Tissen que desempenhou o papel de Joana d'Arc; apesar de sua pequena estatura e de seu sotaque luxemburguês, comoveu profundamente o público. Vermorel escrevera uma peça hábil: atacava os ingleses, mas estes eram apresentados como os "ocupantes". Cauchon e seu bando como "colaboradores", de modo que, aplaudindo as ativas réplicas que lhes desfechava Joana, as pessoas se manifestavam sem equívoco contra os alemães e contra Vichy.

Sob a influência de Camille, Dullin aceitara a direção do Teatro Sarah Bernhardt, rebatizado Théâtre de la Cité. Lá montou primeiramente uma peça da autoria dela, que não alcançou grande êxito, *La Princesse des Ursins*. Na Comédie-Française, Barrault criava um Hamlet sedutor, mas todo ossos e nervos, mais próximo da paródia de Laforgue que da personagem de Shakespeare. No teatro Montparnasse, a companhia Jean Darcante levou *A Celestina* numa adaptação que infelizmente carecia de gosto.

Ao sairmos de *A Celestina*, na noite de 3 de março, deparamos com luzes no céu e ouvimos os ruídos que eu reconhecia: a DCA. As sirenes uivaram. As pessoas permaneciam imóveis nas calçadas olhando para o ar. Que acontecia ao certo? Os ingleses jogavam bombas sobre Paris? Ou teriam os alemães maquinado um falso alerta? Adormecemos na incerteza. No dia seguinte, os jornais triunfavam: os ingleses haviam derramado sangue francês. Tinham visado as fábricas Renault, em Billancourt, e feito grande número de vítimas nos arredores. A propaganda alemã explorou amplamente esse ataque.

Um dos camaradas de cativeiro que Sartre preferia foi repatriado mais ou menos em março: Courbeau, um diletante que fizera um pouco de jornalismo, que pintava de vez em quando, que desposara a filha de um dos maiores advogados do Havre. Pintara os cenários de *Bariona* e desempenhara o papel de Pilatos. Perguntava a si mesmo com alguma ansiedade o que iria fazer da pele; algo em seu rosto burguês e sutil lembrava-me meu primo Jacques. Residia com a mulher na ampla casa do sogro e convidou-nos para passar dois dias com ele. Na primeira manhã das férias da Páscoa, deixamos Paris de bicicleta. Atravessamos Rouen, cujos bairros antigos tinham sido incendiados, e Caudebec, devastada. Nos arredores do Havre, muitas casas haviam sido destruídas. "Vou mostrar-lhes coisa melhor", disse-nos M. Vernadet — sogro de Courbeau — com uma espécie de orgulho. Sua casa erguia-se numa colina não longe do porto e, nas noites de bombardeio, ele se achava na primeira fila; descreveu-nos longamente a magnificência do espetáculo que se tinha da janela e seu júbilo quando um objetivo importante era atingido. Perguntei-lhe se não sentia medo: "A gente se habitua", disse-me. Levou-nos para ver as ruínas; nos arredores, numerosas casas tinham sido destruídas ou atingidas pela RAF. Mais embaixo, zonas inteiras estavam devastadas. "Aqui", dizia-nos, "havia uma refinaria de petróleo: estão vendo, não sobra nada... Ali eram os entrepostos". Ao ouvir sua voz complacente, dir-se-ia um castelão exibindo a seus hóspedes sua propriedade. Fomos depois com Courbeau ao velho bairro de Saint-François; não passava de um terreno baldio, invadido pelo capim. A rua de Galions não existia mais, nem os antigos diques, nem os botequins de marinheiros, as casas de ventres de ardósia de que tanto gostáramos. Recordo-me daquele dia de 1933 em que, sentados no Café des Mouettes, convíramos com melancolia em que nada mais de importante nos podia acontecer: que estupor, se nos tivessem então mostrado numa bola de cristal essa primavera de 1942! Teria saudade desse tempo de paz e ignorância? Não. Estava por demais apaixonada pela verdade para gemer sobre ilusões, de resto, insossas.

Depois do jantar em que nos serviram nabos, mas luxuosamente apresentados, ouvimos a BBC. Separamo-nos por volta de meia-noite. Acabava de deitar-me quando ouvi as sirenes e, logo depois, grandes ruídos de explosões; a DCA pôs-se a atirar. Dessa vez, tive consciência de um perigo; hesitei à beira do medo; mas estava com tanto sono que careci de coragem para ficar acordada, à espreita, com um nó na garganta. "Que aconteça o que tiver de acontecer", pensei e tapei os ouvidos com os tampões "Quies" que me habituara a usar. Hoje, essa indiferença me espanta. Sem dúvida, os alertas benignos que enfrentara e todos os acontecimentos que já vivera tinham-me provisoriamente aguerrido. O fato é que dormi direto até de manhã. Courbeau mostrou-nos estilhaços de DCA no jardim; a cerca de cem metros, algumas casas haviam sofrido.

Sartre e Courbeau falaram muito do campo, dos camaradas e, em particular, de um jovem sacerdote, o padre Page, que conquistara a simpatia de Sartre pelo encanto e rigor com que adequara sua conduta a suas convicções. Dezoito meses antes, quando todos os padres se precipitavam, ele recusara a possibilidade, aliás falaciosa, de uma libertação; não queria que o sacerdócio lhe conferisse nenhum privilégio. Não pensava tampouco em se evadir; seu lugar era no campo de concentração. Optava sempre pelo mais difícil; fora cura numa aldeia de Cévennes que escolhera por sua rebarbativa selvageria. Tinha um senso agudo da liberdade; a seu ver, o fascismo, reduzindo o homem à escravidão, desafiava a vontade de Deus. "Deus respeita tanto a liberdade que quis que suas criaturas fossem livres, de preferência a serem impecáveis", dizia. Essa convicção, bem como um profundo humanismo, aproximava-o de Sartre. Durante discussões intermináveis, pelas quais Sartre se apaixonava, ele afirmava, contra os jesuítas do campo de concentração, a humanidade integral de Cristo: Jesus nascera, como todas as crianças, na imundície e no sofrimento, a Virgem não dera à luz milagrosamente. Sartre apoiava-o: o mito da Encarnação só tinha beleza se carregasse Cristo de todas as misérias da condição humana. O padre Page não era hostil ao celibato dos padres, mas não podia suportar que metade do gênero humano fosse tabu para ele. Tivera amizades femininas perfeitamente etéreas, mas íntimas e ternas, que seus superiores encaravam com desconfiança. Abria-se de bom grado com Sartre e gostava dele a ponto de declarar com arrebatamento: "Se Deus devesse condená-lo, eu não aceitaria o céu." Ficou prisioneiro até o fim da guerra. Libertado, veio a Paris. Almocei com ele e Sartre num pequeno restaurante da praça do Tertre, onde residia então Courbeau; não usava batina e tinha muita sedução. Retornou à sua triste Cévennes.

Atravessamos o Sena na balsa mais próxima; a Normandia começava a florir; alcançamos La Pouèze, onde terminamos nossas férias, por Pont-Audemer, Lisieux, Flers. Regressamos de trem; trazíamos ovos e Mme Lemaire habituou-se a mandar-nos dois ou três pacotes de alimentos por mês. Abastecia assim não sei quantas pessoas. Infelizmente, o transporte não era rápido. A primeira encomenda que recebi era um grande pedaço de porco, assado no ponto e dourado, que me pareceu muito apetitoso; olhando-o de perto, observei umas pequenas coisas brancas que mexiam. "Pouco importa!", disse. Eu pusera na cabeça que precisávamos comer carne, sem o quê, nos tornaríamos anêmicos. Cortei umas fatias, raspei, limpei. Lise surpreendeu-me no meio da operação, mas a fome, nela como em mim, superava a repugnância. Quanto a Sartre, dissimulamos-lhe a verdade. Posteriormente, muitas vezes as encomendas cheiravam mal; eu lavava vigorosamente com vinagre os pedaços de carne de vaca malcheirosos; deixava-os fervendo durante horas e temperava-os com condimentos violentos. De costume, dava certo, mas ficava mortificada quando Sartre recusava o prato. Certa vez, ele estava presente quando desembrulhei uma metade de coelho; pegou-a de imediato, e desceu correndo para jogá-la na lata de lixo.

Lise migrara da rua Delambre para o hotel Mistral; partilhava minhas preocupações caseiras. Essa familiaridade não modificara muito nossas relações: em meio a querelas e reconciliações, eu oscilava do riso à raiva. Houve numerosos alertas durante esse trimestre: Lise tamborilava à minha porta: "Estou com medo, quero descer ao abrigo, venha comigo." O centro de Paris não era nunca visado, eu não me levantava. "Vá sozinha", gritava. "Não." Ela sacudia a porta censurando meu egoísmo; não cedi nunca e ela adquiriu o hábito de correr sem mim para a estação de metrô que servia de abrigo.

Acolhíamos esses ataques com sentimentos confusos; nutríamos ardente simpatia pelos jovens pilotos que arriscavam a vida forçando as barragens alemãs; entretanto, sob suas bombas, homens, mulheres e crianças morriam e nós nos sentíamos tanto mais embaraçados em tomar partido quanto não arriscávamos nada. Assim mesmo, quando ouvíamos o crepitar da DCA e o barulho longínquo das explosões, era a esperança que dominava em nossos corações. Corria o boato de que a RAF conseguira êxito em suas incursões sobre a Alemanha: Colônia, o Ruhr, Hamburgo tinham sido seriamente atingidos. Se os ingleses ganhassem a batalha do céu, a vitória aliada se tornaria menos improvável.

Mas, nessa época, tudo se pagava caro, mesmo a esperança. A Inglaterra aguentava firme: a atitude dos alemães fazia-se mais dura, a situação interna da França piorava. Laval fora nomeado chefe do governo e sua política de ultracolaboracionismo triunfava. Na zona ocupada, foram tomadas as medidas mais violentas contra os judeus. Desde 2 de fevereiro, um decreto proibia-os de mudar de residência e sair depois das oito horas da noite. Em 17 de junho, foi-lhes determinado que usassem a estrela amarela; em Paris, a notícia causou tanto estupefação quanto indignação, a tal ponto nos convencêramos de que certas coisas não poderiam, apesar de tudo, acontecer em nossa terra; o otimismo estava tão estribado nos corações que muitos israelitas, sobretudo entre as pessoas sem recursos, imaginaram ingenuamente que, observando a lei, evitariam maiores desgraças; na realidade, poucos sobreviveram entre aqueles que a estrela marcava. Outros, com igual candura, acreditaram poder desobedecer impunemente a todos os editos; em Montparnasse, em Saint-Germain-des-Prés, nunca vi ninguém com a estrela. Nem Sônia, nem a bonita tcheca, nem Bella, nem nenhuma de suas amigas mudaram o que quer que fosse em seus hábitos, mesmo depois que, em 15 de julho, a frequentação dos lugares públicos — restaurantes, cinemas, bibliotecas etc. — lhes foi proibida. Continuaram a ir ao Flore e a tagarelar até o fechamento. Entretanto, diziam que a Gestapo, ajudada pela polícia francesa, dava batidas; separavam as crianças das mães e mandavam-nas para Drancy ou para destinos desconhecidos. Judeus de nacionalidade francesa eram encerrados no campo de Pithiviers, e outros, em quantidade, deportados para a Alemanha. Muitos, contudo, acabaram admitindo que sua vida corria perigo; resolveram atravessar a linha de demarcação e camuflar-se. Bianca, cujos pais se escondiam na zona livre, e que não pusera os pés na Sorbonne durante o ano, por repugnância ao *numerus clausus*, entendeu-se com um guia; mediante uma importância considerável, ele conduziu-a a Moulins e instalou-a num hotel prometendo voltar para buscá-la dentro de algumas horas; não voltou: esse gênero de vigarismo era comum. Ela conseguiu, porém, descer até Aix, onde várias camaradas suas se tinham fixado. Haviam acertado uma técnica para obter falsos papéis de identidade; sob um pretexto qualquer, consultavam na faculdade o registro de inscrições; deste tiravam o nome e o lugar de nascimento de um estudante ou de uma estudante mais ou menos da mesma idade; endossando essa identidade, escreviam à Prefeitura, que conservava o registro de nascimento, solicitando uma certidão que pediam enviar, mediante fáceis cumplicidades, para o nome que estavam precisamente tomando de empréstimo. Com a certidão no bolso, bastava recorrer a duas testemunhas conseguidas de qualquer maneira para que o delegado entregasse uma carteira autêntica com o nome falso, a fotografia e as impressões digitais do solicitante.

Soubemos, em fins de maio, que Politzer fora torturado e fuzilado. Feldmann foi executado em julho. Numerosos comunistas tiveram igual destino e nas paredes de azulejos do metrô sucediam-se os *Avisos* amarelos e vermelhos num ritmo cada dia mais rápido. Em julho, um cartaz assinado Oberg anunciou que a repressão se estenderia doravante às famílias dos terroristas: os parentes próximos masculinos seriam fuzilados, as mulheres deportadas, os filhos internados; não diminuíram, contudo, os atentados e as sabotagens. Laval começou a pregar a *relève*;[107] achávamos particularmente nojenta essa chantagem com prisioneiros: mas os operários franceses não toparam. Os alemães faziam grandes esforços para criar uma colaboração intelectual, mas sem êxito. Uma granada causou estragos na livraria Rive Gauche, que tinham instalado no Quartier Latin, no local do Harcourt. Quase toda a *intelligentsia* francesa desprezou a exposição Amo Breker que eles organizaram com muita publicidade na Orangerie. Nomeado ministro da Educação Nacional, Abel Bonnard censurou a falta de entusiasmo de seus predecessores e reclamou a "participação" da universidade; não foi atendido. Em nossos liceus, Sartre e eu dávamos nossos cursos como bem entendíamos sem que ninguém interferisse. Os estudantes entregavam-se no Quartier Latin a manifestações antialemãs, mais ou menos sérias, mas que irritavam os ocupantes. Uma certa juventude

---

[107] Operação que consistia em trocar prisioneiros por voluntários que iam trabalhar na indústria alemã. (N.T.)

assinalava sua repugnância pela "Revolução nacional" de uma maneira mais extravagante e que exasperava os donos da ordem moral: cabelos compridos à moda de Oxford, topetes encrespados, um guarda-chuva no braço, os *zazous*[108] organizavam *parties* em que se embriagavam de *swing*; sua anglofilia, seu anarquismo representavam certa forma de oposição. Viam-se alguns no Flore e, apesar de sua afetação, achávamo-los simpáticos.

Perseguições antissemitas, repressões policiais, penúria: o clima de Paris era sufocante. Em Vichy, a tragédia acompanhava-se de uma comédia que por vezes nos fazia rir. Soubemos com alegria que *Tartufo* fora proibido na zona livre. Regozijamo-nos com o embaraço em que Giraud colocou Pétain ao se entregar a ele depois da evasão.

Os escritores de nossa orientação tinham tacitamente adotado certas regras. Não se devia escrever em jornais ou revistas da zona ocupada, nem falar na Rádio-Paris; podia-se trabalhar na imprensa da zona livre e falar na Rádio-Vichy: tudo dependia dos artigos e dos programas. Publicar um livro do outro lado da linha era perfeitamente lícito; do lado de cá, era discutível; finalmente, considerou-se que também lá era, em suma, o conteúdo da obra que importava. Sartre guardou *A idade da razão* em suas gavetas, porque nenhum editor teria aceitado publicar romance tão escandaloso; mas entregara o meu a Gallimard. Quanto ao teatro, deveriam censurar Vermorel por ter levado *Jeanne avec nous*? Ninguém se achava com direito de decidir. Em *As moscas*, Sartre exortava os franceses a se libertarem de seus remorsos e a reivindicarem sua liberdade contra a ordem: ele queria ser ouvido. Não hesitou, portanto: propôs a peça a Barrault; era, finalmente, por sugestão dele que a escrevera. Mas para montar uma peça em que os primeiros papéis femininos seriam desempenhados por duas estreantes, era preciso muito topete: Barrault desistiu. Sartre falou então com Dullin, que nutria a maior estima pelas duas Olgas, a loura e a morena; no entanto, ele estava em dificuldade. Os espetáculos que montara no Théâtre de la Cité não tinham dado boa receita: *As moscas*, com toda a figuração que exigia, acarretaria

---

[108] Boêmios, *playboys* etc. (N.T.)

enormes despesas: precisava encontrar um auxílio financeiro; nenhum de nossos amigos estava na situação de dá-lo. Acreditamos num milagre quando Merleau-Ponty, que tínhamos mantido a par das negociações, nos anunciou que acabava de descobrir um casal de riquíssimos mecenas que ardiam de desejo de encontrar Sartre e financiar a peça.

A entrevista ocorreu no Flore. O homem atendia pelo nome soberbo de Néron. Aparentava cerca de trinta e cinco anos. Tinha um rosto de cera, um pouco degenerado, com um queixo à Filipe II, dentes estragados, olhos penetrantes. Vestia um terno suntuoso, de paletó comprido com gola muito alta, uma gravata de lã de nó minúsculo, à moda do dia; havia em sua maneira de vestir-se alguma coisa de malandro que não ia bem com a seriedade da fisionomia; um pesado anel brilhava num dos dedos. Sua amiga, Renée Martinaud, morena, agradável de se olhar, pareceu-me de uma elegância tanto mais sensacional quanto na época poucas mulheres se vestiam bem; andávamos sem chapéu ou de turbante; os imensos chapéus floridos que as modistas acabavam de lançar custavam fortunas e eram muitas vezes ridículos. Renée usava um, coberto de rosas, com tamanha desenvoltura que, longe de a ridicularizar, a embelezava. Néron orientou a conversa; falava com autoridade e preciosismo. O dinheiro só o interessava à medida que lhe permitia frequentar escritores e artistas; apaixonado por filosofia, conhecia muito bem Hegel e a fenomenologia, disse-nos. O problema do tempo preocupava-o particularmente. Começara um ensaio sobre a *escroquerie* considerada como uma perversão da noção de tempo. O escroque sofria, na sua opinião, de uma espécie de "encurtamento da duração". Lera, aproveitando-o, o manuscrito de *As moscas* e punha à disposição de Dullin o dinheiro que precisasse para montar a peça. Sua fatuidade intelectual desagradou-nos, mas não se pode exigir demasiado de um mecenas, e, ao deixá-lo, esfregávamos as mãos.

Vi-o no Flore nos dias seguintes; escrevia com um ar absorto e disse-me com mistério que descobrira um inédito de Hegel que prefigurava de maneira perturbadora a filosofia de Heidegger; mas não queria dizer-me mais antes de terminar o estudo que preparava a respeito. Em compensação, fez-nos, certa noite, confidências acerca de sua vida privada; tinha duas amantes, uma morena e outra loura, e a ambas chamava Renée; uma ignorava a existência da outra, ele dava-lhes presentes idênticos, fazia com que se vestissem mais ou menos da mesma maneira e instalara-as em apartamentos que se assemelhavam muito. Ele ocupava um terceiro apartamento, em Passy, com desconhecimento de ambas e levou-nos lá; lembro-me de cadeiras espanholas com encostos pontudos que ameaçavam o céu, poltronas de pergaminho, uma quantidade absurda de cristais, tapetes, candelabros; na biblioteca, alinhavam-se livros de grande luxo, encadernados inteiramente de couro. Esse cenário de uma suntuosidade louca espantava pela feiura e pela limpeza glacial: visivelmente ninguém sentava nessas cadeiras, nunca um cigarro sujara nenhum cinzeiro, nem mão alguma virara a página de um livro.

Néron não devia, contudo, tratar suas duas amantes exatamente da mesma maneira: só conhecemos Renée Martinaud. Ela morava em Montparnasse, num apartamento também demasiado luxuoso, mas sem extravagância. Convidou-me com Olga; ofereceu-nos doces em abundância e álcool do mercado negro. Lise, a quem a mostrei num dia no Flore, pretendeu conhecê-la: meses antes, residia com três filhos num quartinho de hotel de ínfima categoria na rua Delambre, onde Lise morava. Teria só agora encontrado Néron? Parecia entretanto acostumada de há muito a todas as facilidades da vida.

Dullin convidou Renée e Néron para irem a Ferrolles, num belo dia de maio; fui com Sartre e Olga. Almoçamos no pequeno claustro; Camille se superara. Néron falou com desembaraço, sua cultura era universal; sabia mais do que os próprios especialistas; acerca do teatro chinês, deu a Dullin pormenores que este ignorava; revelou-nos a existência, em Bolonha, de um teatro construído por Palladio, mais bonito ainda que o de Vicenza. Um encontro foi marcado no tabelionato entre Dullin, Sartre e Néron, que prometeu entregar um milhão em dinheiro.

Na manhã fixada, eu trabalhava no meu quarto quando me chamaram ao telefone: era Sartre; "Acontece cada uma!" Néron jogara-se no lago do Bois de Boulogne, de madrugada. Um oficial alemão o salvara, e ele estava no hospital; quisera suicidar-se porque não tinha um vintém.

Sarou rapidamente e confessou-nos, não sem complacência, toda a verdade. Contara-nos que escrevia sobre a *escroquerie*: na realidade, a praticava. Seis meses antes era um empregadinho de banco, dono apenas de um diploma ginasial. Mas lera e sonhava; sabia muitas coisas sobre o mundo dos negócios, tinha topete e lábia. Arranjou, no banco, papel timbrado, de que se serviu para marcar encontros com financistas mais ou menos fraudulentos; propôs-lhes aplicações de capitais a juros tão extravagantes, que eles preferiram não se mostrar demasiado curiosos: tratava-se evidentemente de especulações pouco regulares. Embolsados os primeiros lucros, a confiança deles cresceu e eles entregaram a Néron capitais cada vez mais importantes. Néron pagava X com o dinheiro que arrancava de Y, e Y com o que extorquia de Z; subtraía desses fundos o dinheiro necessário a seus faustos. Uma combinação tão simplista devia evidentemente ser logo descoberta; pouco se importava, quisera viver uma vida faustosa e o fizera. Em caso de aborrecimento sério, o suicídio era uma saída que sempre encarara sem desprazer: em verdade não estava na primeira tentativa. Quanto à sua cultura, era um blefe. O inédito de Hegel nunca existira, e o teatro de Palladio, em Bolonha, e os pormenores que dera a Dullin sobre o teatro chinês, ele os inventara. Falava e eu o escutava estupefata: ao poderoso mecenas substituíra-se um pequeno empregado delirante. De imediato, simpatizamos com ele. Sua arrogância de rico chocara-nos; tratava-se porém de uma comédia assaz extraordinária. Exibindo sua erudição, Néron parecera-nos um tolo; que astúcia lhe fora necessária para mascarar tão bem sua ignorância! Preferíamos de longe a mitomania ao pedantismo e ao esnobismo. Que comprasse com o poder de milhões suas relações intelectuais era irritante, mas admirávamos a ousadia e o engenho que desenvolvera para transformar, ainda que fugazmente, o gosto de sua vida. Compreendi como Lise pudera encontrar Renée num hotel de ínfima categoria; havia nela, também, uma semente de aventureira e o interesse que ela me inspirava aumentou. Pouco tempo depois, Néron foi encarcerado em Fresnes; mas suas vítimas tinham-se mais ou menos comprometido aceitando, de olhos fechados, lucros anormais; nenhuma delas insistiu seriamente em tocar para a frente a coisa. Além disso, Néron contraiu uma tuberculose pulmonar; saiu logo da cadeia e foi tratar-se no campo.

Sartre e Dullin riram juntos dessa armadilha em que tinham caído. Entretanto, suspiravam pelo milhão que se esvaíra. "Montarei a peça assim mesmo", disse Dullin. Estávamos certos de que cumpriria a promessa, mas era preciso ter paciência.

Quanto a mim, Brice Parain falara-me em janeiro de *Legítima defesa*; surpreendera-me muito dizendo: "Em suma, Françoise é uma solitária!", quando eu lhe dera o gosto e a necessidade de comunicação que encontrava em mim mesma. Ele observara, de forma muito justa a meu ver, que ela não tinha o estofo de uma assassina. Ele pensava que meu romance valia a pena ser publicado, mas desejava conhecer a opinião de Paulhan. Este guardou o manuscrito bastante tempo. Em junho, fui vê-lo com Sartre, no apartamento que ele ocupava em frente às arenas de Lutèce; fazia um dia bonito e eu me sentia bastante comovida. Paulhan assumiu um ar intrigado para perguntar-me se Dullin se assemelhava realmente ao personagem de Pierre. Julgava meu estilo neutro demais e sugeriu com bondade: "Não lhe aborreceria muito escrever novamente o livro do princípio ao fim?" "Oh", disse eu, "seria impossível, já trabalhei nele quatro anos!" "Pois bem, nessas condições vamos publicá-lo tal como está. É um excelente romance." Não entendi se me fazia um elogio ou se queria dizer que meu romance era um dos que se consideram comercialmente bons. O essencial, porém, era ter sido aceito o livro: seria no início do verão seguinte. Mais do que alegria, senti um imenso alívio. Asseguraram-me que meu título *Legítima defesa* não convinha em absoluto; depois de ter revirado na cabeça muitas frases e palavras, propus *A convidada*, que foi aceito.

Quisemos voltar à zona livre para mudar de ares; a passagem era particularmente fácil nos Países Bascos, afirmavam; alguém indicou-nos um endereço em Sauveterre. Bost acompanhava-nos. Por volta de meio-dia, um guia conduziu-nos de bicicleta a uma pequena estrada: "Pronto, já chegaram", disse-nos ao fim de quinhentos metros. Almoçamos em Navarrenx; o albergue estava repleto de refugiados que não tinham atravessado a linha por prazer — judeus em sua maioria — e que se sentiam exaustos. Demos um grande passeio pelos Pireneus; as paisagens da alta montanha tinham menos magnificência que os Alpes. Gostei sobretudo das regiões baixas: Saint-Bertrand-de-Comminges e seu claustro; Monségur, o célebre refúgio de onde os albigenses desafiaram durante muito tempo os cruzados do norte. Levei Bost a Lourdes, e seus olhos protestantes se arregalaram ante os "palácios do Rosário", as virgens-musicais, as grutas fosforescentes, as pastilhas milagrosas; Sartre não foi conosco; deixava que fizéssemos sozinhos certos passeios e trabalhava. Certa manhã, subi a pé, com Bost, da passagem do Tourmalet ao pico de Midi de Bigorre. Sartre ficou sentado numa pastagem, ao vento, escrevendo sobre os joelhos; tornamos a encontrá-lo muito satisfeito e depois de encher várias páginas. Entretanto, a viagem era bastante cansativa por causa da dureza das rampas e do estado de nossas câmaras de ar: era preciso consertá-las sem parar. Ademais, comíamos muito pouco. Para o almoço, comprávamos nas aldeias frutas e tomates; jantávamos habitualmente uma sopa rala e um pouco de legumes. A carne era tão rara que num caderninho em que anotava unicamente minhas etapas, assinalei um dia: dois pratos de carne! Não se achava facilmente lugar nos hotéis e, muitas vezes, dormíamos em celeiros. Revimos Foix; recordávamos nossa conversa à beira do regato, às vésperas da guerra: não era para esse *após* que nos preparávamos. Bost deixou-nos em Foix; ia visitar amigos em Lyon e dali seguiria para Paris; pegaram-no ao atravessar a linha e ficou duas semanas remoendo seu ódio na prisão de Châlons. Quando saiu, cambaleava de fome e engoliu duas refeições seguidas.

Dos Pireneus Orientais alcançamos a Provence, depois de muitas voltas. Tornava-se, dia a dia, mais difícil arranjar hotel e alimentar-se. Quando a estrada flanqueava os vinhedos, descíamos e roubávamos quilos de uvas; salvaram-nos da inanição.

Em Marseille, a penúria era mais radical do que no ano precedente; gostávamos tanto dessa cidade, tínhamos novamente tão grande prazer em rever filmes norte-americanos que lá ficamos alguns dias; alimentávamo-nos com um péssimo pão sobre o qual púnhamos uma espécie de *ailloli* sem ovo, o que queimava a boca. Era mais ou menos a única coisa à venda sem restrições nas mercearias. Descansávamos o paladar ingurgitando sorvetes verdes e rosados, que mal passavam de água colorida com açúcar, sem nenhum gosto. Encontrava-se à vontade "torta de frutas" como a que fabricava o bando antigo do Flore, mas era mais indigesta do que os cordões de sapatos de *Em busca do ouro*. "Compreendo as palavras de William James: a prova do pudim obtém-se comendo", disse a Sartre. A revolta de nossos estômagos provava que muitas mercadorias que se ofereciam como comestíveis não o eram. Como Carlitos, eu tinha visões, ou quase, ao passar diante de restaurantes onde comera outrora peixe recheado com funcho, atum com *chartreuse*, *ailloli* de verdade; víamos entrarem senhores e senhoras bem-vestidos, mas não tínhamos no bolso dinheiro para uma vez que fosse.

Apesar da fome que começava a obcecar-nos, obstinei-me em continuar a viagem, e Sartre, que não queria privar-me dela, não protestou. Revimos a região de Aigoual e a Couvertoirade; observamos por nós mesmos o que havíamos aprendido com Heidegger e Saint-Exupéry; como, através de instrumentos diferentes, o mundo se desvenda de maneira diversa; o platô de Lazargue que percorríamos de bicicleta não coincidia com aquele em que tínhamos esmagado grilos pelos caminhos; e cada qual possuía igualmente sua verdade.

Tínhamos decidido que não precisávamos de ninguém para regressar à zona ocupada; seguiríamos o mesmo caminho. Tomamos o trem para Pau: nossas bicicletas não chegaram ao mesmo tempo que nós, foi preciso esperá-las durante um dia inteiro; não tínhamos mais dinheiro; ao meio-dia, comemos frutas sentados num banco, e à noite, nada. No dia seguinte, em Navarrenx, não encontramos um só pedaço de pão, um só tomate. Passada a linha sem incidente, contávamos telegrafar para Paris a fim de pedir dinheiro: mas não se tinha o direito de enviar telegramas dos departamentos limítrofes. A situação tornava-se crítica. Uma amiga de meus pais residia a vinte quilômetros dali à beira do Adour. Fui vê-la. Emprestaram-me dinheiro e convidaram-me para almoçar: empanturrei-me de pato e feijões. Mas Sartre recusara vir comigo; estava em jejum quando à noite chegamos a Dax, onde ele jantou um prato de lentilhas. Compramos passagens para Angers e foi preciso passar a noite em Bordeaux: nenhum quarto nos hotéis. Dormimos na sala de espera. A viagem durou um dia todo de calor arrasador; nas estações comprávamos tudo o que se vendia nas plataformas: sucedâneo de café, alguns biscoitos coriáceos. Não sei como juntamos forças suficientes para rodar mais vinte quilômetros de bicicleta. Chegando a La Pouèze, começamos por tomar uma ducha e correr para a sala de jantar; Sartre engoliu algumas colheradas de sopa, depois empalideceu, titubeou, e caiu estendido num sofá, perdendo os sentidos. Ficou três dias deitado;

de vez em quando, traziam-lhe um caldo, uma compota; ele abria um olho, esvaziava devagar a caneca ou o prato e voltava a dormir. Mme Lemaire pensava em chamar um médico quando, bruscamente, ele se sacudiu e declarou que se sentia otimamente bem. Com efeito, voltou a viver normalmente. Eu emagrecera oito quilos e achava-me coberta de pústulas.

Passamos um mês restaurando nossas forças, tratando-nos carinhosamente. Essas estadas — cujo encanto não se embotaria durante os dez anos que se seguiram — eram para nós momentos de graça: olhávamos, como mais felizes, os que duravam mais tempo. A região não era bonita, nem a aldeia, nem o jardim em volta da casa; nada nessa grande residência banal, nem no seu mobiliário, agradava particularmente à vista; mas, no campo, como em Paris, Mme Lemaire tinha o dom de fazer com que nos sentíssemos bem com ela. Ela ocupava uma peça, no primeiro andar, revestida com ladrilhos vermelhos e vigas aparentes no teto, paredes caiadas de um branco surdo, grande desordem de roupas, livros, objetos cobrindo a cama, as cadeiras, as cômodas e as mesas. O quarto não era um cenário, mas uma presença. Uma porta ligeiramente em arco separava-o do quarto de Sartre, bastante amplo também, e onde eu tinha minha mesa de trabalho. Só dormia no meu.[109] Jacqueline Lemaire acampava atrás de um biombo perto do leito da mãe. No mesmo andar, vivia uma corcunda de oitenta e dois anos, que Mme Lemaire acolhera; nós a encontrávamos nos corredores, vestida com uma blusa e calças compridas. Uma princesa russa morava no rés do chão; muito velha, altiva e inteiramente surda, não saía nunca do quarto; repartia-o com um cachorrinho branco, peludo, arrogante e estúpido que ela amava loucamente. Mme Lemaire possuía uma enorme cadela de Brie, que uma viagem de três dias e três noites nas trevas de um vagão de mercadorias tornara quase louca no início da guerra; ela atacava de inopino as crianças e os pequenos animais; prendiam-na; assim mesmo, uma noite, estripou o cachorrinho. A princesa uivou durante horas. As duas velhas tomavam suas refeições em seus quartos.

---

[109] Por que se adotou essa solução e não a inversa? Não me lembro. Na realidade, fora o mesmo. Pensando bem, creio que era porque Sartre recusava de costume o menor privilégio.

Almoçávamos e jantávamos com Mme Lemaire e Jacqueline e conversávamos os quatro até depois de meia-noite, em geral no quarto de Sartre. Imperiosos toques de campainha perturbavam nossas conversas: M. Lemaire, desde a declaração de guerra, não deixava a cama; tinha crises de angústia que o punham em suor; a seu chamado, a mulher — ou a filha — se precipitava e, por vezes, ficavam ambas duas horas à cabeceira, reconfortando-o. Ele exigia em derredor uma espessa escuridão que somente a luz de uma lamparina atenuava. Certos dias permanecia absolutamente imóvel, não querendo sequer tirar as mãos de debaixo dos lençóis. Ocasionalmente, interessava-se pelas coisas do mundo; lia os jornais e até livros; pessoas da aldeia vinham pedir-lhe sua opinião. Não me aproximei jamais dele. Joséphine, uma solteirona arisca e devota, servia-o com uma dedicação de escrava; ela tiranizava o resto da família; praticamente resolvia tudo; considerava-nos, a Sartre e a mim, com desconfiança. Em compensação, tínhamos a amizade de Nanette, uma octogenária calva que cuidara outrora em Paris do lar de Mme Lemaire; ela disse-lhe com compunção, referindo-se a nós: "São gente justa e de bom conselho." Além de suas funções de enfermeiras, Mme Lemaire e Jacqueline esforçavam-se imensamente por prover ao abastecimento, confeccionar pacotes de provisões e enviá-los aos amigos parisienses; dormiam pouco e não descansavam nunca. Sartre e eu passávamos os dias a escrever e a ler; por vezes, eu conseguia arrastar Sartre para fora; passeávamos de bicicleta ou, de preferência, a pé; era mais cômodo para conversar. Quando fazia bom tempo, eu atardava-me nos prados. Li *Os sete pilares da sabedoria* deitada na grama sob as macieiras com cheiro de infância. Ouvíamos regularmente a BBC e, por vezes, um pouco de música. Em fins de setembro, Sartre escreveu para *Les Cahiers du Sud* um artigo sobre um romance que a crítica encarava como um acontecimento: *O estrangeiro*, de Albert Camus. Tínhamos lido algumas linhas, as primeiras, numa crônica de *Comœdia* e desde logo nos havíamos interessado pelo romance: o tom do romance, a atitude de *estrangeiro*, sua recusa das convenções sentimentais agradavam-nos. Em seu estudo, Sartre não elogiou o romance sem restrições mas deu-lhe muita importância. De há muito nenhum autor francês novo nos impressionara realmente.

★ ★ ★

A imprensa comentara triunfalmente o malogro do desembarque tentado em Dieppe, em 20 de agosto, pelos ingleses; entretanto, desde outubro, era fácil ler entre as linhas dos jornais que os acontecimentos não se desenrolavam como Hitler esperara. Ele anunciava há muito tempo as iminentes vitórias das tropas do Eixo na frente de El Alamein e na frente russa em Stalingrado; diziam-nos agora que resistiam, que se batiam com heroísmo; tinham passado à defensiva. No interior, estreitas relações tinham-se estabelecido entre os resistentes e Londres; os atos "terroristas" multiplicavam-se. As represálias tornavam-se mais violentas. Não somente na Normandia, como também em toda a zona ocupada, numerosos franceses acusados de ligações secretas com a Inglaterra, em consequência da aventura de Dieppe, foram internados ou executados. "Avisos" ameaçadores punham a população de sobreaviso contra os conluios com o "inimigo"; toda operação de paraquedista devia, sob ameaça de morte, ser denunciada imediatamente. A explosão de bombas-relógio no cinema Garenne-Palace e no cinema Rex, o ataque a granadas de um destacamento alemão na rua Hautpoul foram pagos muito caro: fuzilaram quarenta e seis reféns comunistas no forte de Romainville, setenta em Bordeaux. Contudo, duas outras bombas mataram, na estação de Montparnasse e na estação do Leste, três soldados alemães. Agora, a imensa maioria dos franceses desejava com impaciência a derrota alemã. A propaganda tentava em vão promover a opinião pública contra os ataques ingleses. O país sofrera demais durante esses dois anos; nem o terror, nem as belas palavras podiam paralisar seus rancores. Os apelos reiterados de Laval em favor da *Relève* e a chantagem dos prisioneiros tiveram tão pouco êxito que os alemães empregaram a força; mas, em sua maioria, os operários visados pelo STO tentavam esconder-se; entre os jovens, alguns se juntavam aos *maquis* que começavam a organizar em zona livre uma resistência armada.

E bruscamente, em 8 de novembro, que alegria em nossos corações! As tropas anglo-saxônicas tinham desembarcado no Norte da África; Giraud, que desde sua evasão vivia em residência vigiada, alcançara a Argélia; o próprio Darlan conseguira a adesão dos franceses da África contra os alemães. Os comunicados alemães, as declarações de Vichy, as vituperações angustiadas dos colaboradores, tudo contribuía para nossa alegria. Os alemães atravessaram imediatamente a linha de demarcação a fim de "defender" a costa do Mediterrâneo; mas pouco nos importava que a ficção de uma zona "livre" desaparecesse. Era um prazer, agora, abrir um jornal. Ficava-se sabendo que, em Toulon, a frota fora voluntariamente afundada para não cair nas mãos dos alemães, que De Lattre de Tassigny aderia ao *maquis*, que, apesar de sua reviravolta oportunista, Darlan fora morto. Vichy, a imprensa, a rádio esbravejavam contra os "traidores"; informavam-nos rangendo os dentes que, na "dissidência", a harmonia não reinava: as coisas iam mal entre Giraud e De Gaulle. Pouco nos importava. Os exércitos aliados estavam no Norte da África, eis o que contava. Repetindo-nos febrilmente que qualquer tentativa de desembarque anglo-saxônico na Itália, na França, se destinava ao malogro, a propaganda nazista convencia-nos de sua iminência.

O preço da vitória foi uma nova onda de prisões; os "Avisos", anunciando aos franceses as execuções de terroristas e de reféns, fizeram-se mais raros, depois desapareceram: a Gestapo não desejava mais essa publicidade; mas as prisões regurgitavam de detidos; torturavam perdidamente na rua de Saussaies e na rua Lauriston. Por instigação dos alemães, Vichy transformou a Légion numa milícia que, sob as ordens de Darnand, deveria acabar com a "dissidência do interior" e que acuou os resistentes ainda mais brutalmente do que faziam os SS. Trens de deportados partiam repletos para a Alemanha; iam cheios de "políticos" e de judeus que a polícia arrebanhava através da França inteira; não faziam mais diferença agora entre os judeus de ascendência francesa e os de ascendência estrangeira: todos deviam ser eliminados. Até então, a "zona livre" lhes servira de refúgio incerto: não tinham mais sequer esse recurso. Muitos escolheram o suicídio. O horror desses destinos obsedava-nos. Essa obsessão era benigna ante o próprio horror que milhares de homens e mulheres viviam em seu coração e em sua carne, antes que a morte chegasse. Sua desgraça permanecia estranha a nós, mas é verdade, também, que empestava o ar que respirávamos.

Tínhamos passeado pela última vez pelos velhos bairros de Marseille de que eu tanto gostara; senti-me cheia de angústia ao saber que Hitler ordenara que os destruíssem por causa de um atentado contra um bordel que os alemães frequentavam; a polícia de Pétain deu apenas algumas horas aos habitantes para abandoná-los; cerca de vinte mil pessoas se encontraram sem abrigo; encurralaram-nas nos campos de Fréjus e de Compiègne. E suas casas foram arrasadas.

Entretanto, as notícias transmitidas pela BBC reconfortavam-nos. O futuro era-nos devolvido; era preciso apenas um pouco de paciência, que tínhamos para dar e vender. Eu me acostumara ao desconforto; suportava de coração leve as dificuldades materiais que se tornavam cada dia mais graves. Primeiramente, ao regressar a Paris, tive uma surpresa desagradável: a gerente de meu hotel não me guardara o quarto; era muito difícil encontrar uma peça mobiliada e com cozinha, e passei dias correndo os hotéis de Montparnasse e Saint-Germain-des-Prés. Acabei por descobrir o que buscava, na rua Dauphine, mas era um pardieiro: uma cama de ferro, um armário, uma mesa, duas cadeiras de madeira, entre paredes nuas, com uma luz mesquinha e amarela no teto; a cozinha servia igualmente de toalete. O hotel era um cortiço infecto com uma escada de pedra glacial que cheirava a mofo e outros odores imundos; mas não havia escolha.

Para mudar-me, aluguei um carrinho de mão. Nunca me preocupara muito com o respeito humano, mas nunca imaginara que me atrelaria a varais de carroça. Agora, poucas pessoas podiam dar-se ao luxo de se preocupar com a opinião alheia e eu não fazia parte delas. Com a ajuda de Lise, arrastei alegremente pelas ruas de Paris as minhas maletas e alguns pacotes de livros. Ninguém achava o espetáculo insólito, e mesmo em Saint-Germain eu não me teria sentido envergonhada ao encontrar pessoas conhecidas; arranjávamo-nos como podíamos. Era um dos bons aspectos dessa época: numerosas convenções, acanhamentos, cerimônias haviam sido varridas; as necessidades reduziam-se à sua verdade: isso me agradava, como agradava também esta quase igualdade que nos era imposta; nunca eu tivera pendor pelos privilégios. Dizia a mim mesma que, se um regime socialista, ainda que de extremado ascetismo, se instaurasse em bases válidas, sem dificuldade a ele me acomodaria; sentir-me-ia mesmo mais à vontade do que na injustiça burguesa; somente um sacrifício teria sido difícil aceitar: renunciar a essas longas viagens que haviam enriquecido cada ano de minha vida. Dos antigos prazeres, era o único que me fazia realmente falta. Os outros, ou continuavam a existir, ou eu os dispensava.

O hotel em que me instalei era, entretanto, mais sórdido do que eu teria desejado. No mesmo andar que eu, morava uma mulher que vivia de homens; tinha um filho de quatro anos que ela estapeava; chorava todo o tempo. Quando recebia um cliente, punha o menino para fora. Ele sentava-se num degrau da escada e lá ficava horas, transido e fungando. Durante o ano, houve, dois andares acima do meu, um curioso escândalo. Uma das locatárias, uma jovem mulher, ajudava a dona a cuidar, bem ou mal, da casa e arrumava seu quarto ela própria. Ninguém entrava nesse quarto e dele se desprendia um cheiro tão inquietante que os vizinhos reclamaram. A dona, com sua chave-mestra, entrou de uma feita sem prevenir: o soalho estava juncado de excrementos e alinhavam-se num armário, sobre tábuas, cagalhões ressecados, como doces numa confeitaria. Foi um barulho dos diabos. A culpada deixou imediatamente o hotel, soluçando sob as injúrias.

Disse com que cuidado eu administrava as provisões que conseguia juntar; ficava desesperada e furiosa se, ao abrir um pacote de macarrão, deparava com vermes e carunchos: muitos comerciantes liquidavam sem escrúpulos estoques vetustos. Um dia tive a estupefação de encontrar meus sacos de lentilhas e ervilhas estripados: o que sobrava estava repleto de cocô de camundongo; tinham roído a madeira do armário para se introduzir. Arranjei umas latas e consegui proteger os meus bens; mas muitas vezes, à noite, ouvi sarabandas e ruídos de metal: o inimigo atacava. Diziam que os ratos pululavam em Paris e eles me inquietavam mais do que os inofensivos visitantes do hotel Petit Mouton. Acabaram por tornar-me odioso o meu quarto.

Entretanto não lhe medira a desordem antes da visita de Courbeau; ele veio a Paris com a mulher e eu convidei-os para jantar; cuidei da refeição, pus dois ovos na torta de batatas e alguns gramas de manteiga no prato de cenouras. Quando entraram, trocaram um olhar tão incrédulo que percebi a distância que havia entre meu pardieiro e a casa deles no Havre; servi, embaraçada, os caldos que preparara. Falamos disso mais tarde e eles concordaram em que haviam ficado estupefatos.

Eu continuei a viver isolada; entretanto a "família" enriqueceu-se com um novo membro: Bourla, jovem judeu espanhol que, na primavera de 1941, frequentara os cursos de Sartre no Liceu Pasteur. Ele vinha vê-lo de vez em quando no Flore ou no Deux Magots. O pai lidava com grandes negócios e pensava nada ter a recear dos alemães, porque o cônsul espanhol o protegia. Dezoito anos, um rosto que alguns achavam feio e outros belo; sob os cabelos muito pretos, ondulados e hirsutos, olhos sombrios, brilhantes de vida, um ar de doçura e de paixão; gostávamos muito dele. Estava presente no mundo de uma maneira tumultuosa, infantil, desajeitada, apaixonada, incansável. Lia com ardor Spinoza e Kant e esperava preparar-se mais tarde para uma licença em filosofia. Um dia, conversando a respeito do futuro, Sartre perguntou-lhe: "E no caso de uma vitória alemã?" "A vitória alemã não entra nos meus planos", respondeu ele com firmeza. Escrevia poemas e pensávamos, lendo-os, que tinha possibilidades de se tornar um poeta de verdade. Tentou um dia explicar-me como lhe era fácil e como lhe era difícil jogar palavras numa página branca: "O que é preciso", disse-me, "é ter confiança no vazio". A fórmula impressionou-me. Eu sempre dava importância ao que ele dizia, porque nada adiantava cuja verdade não houvesse experimentado.

Ele encontrou Lise e apegou-se a ela; resolveram viver juntos e instalaram-se em meu hotel da rua Dauphine. Brigavam o tempo todo, mas gostavam enormemente um do outro. A influência dele sobre ela era boa; ele não reivindicava nenhum direito e dava tudo o que tinha: seu chocolate de J3,[110] seus pulôveres, o dinheiro que arrancava do pai e o que lhe roubava. M. Bourla guardava rolos de moedas de ouro numa gaveta e, por duas ou três vezes, Bourla escamoteou uma; oferecia então a Lise imensos festins do mercado negro: engoliam de cambulhada sorvetes de creme, ostras e salsichas. Sua generosidade fascinava Lise a ponto de ela querer imitá-lo. Era divertido vê-la, tão grande, tão loura, caminhar com uma majestade camponesa ao lado de Bourla bem moreno, vivo, de olhos e mãos de atalaia. Ele me achava um pouco sensata demais mas gostava muito de mim. Lise exigia que eu fosse deitá-los à noite. Eu a beijava e ele estendia a fronte: "E eu, não me beija também?" Eu o beijava igualmente.

O inverno foi cruel. Não somente faltou carvão como também eletricidade e fecharam muitas estações de metrô. Nos cinemas

---

[110] Os adolescentes tinham direito a rações especiais. (N.T.)

suprimiram-se as matinês; havia também cortes frequentes, durante os quais nos iluminávamos com as velas que possuíamos e que eram, de resto, difíceis de encontrar. Não era possível trabalhar na umidade gelada de meu quarto. No Flore não fazia frio, lampiões de acetileno davam um pouco de luz quando as lâmpadas se apagavam. Foi então que adquirimos o hábito de lá nos instalarmos sempre que podíamos. Não somente encontrávamos um conforto relativo como também era o café nossa *querencia*; sentíamo-nos em casa, ao abrigo.

No inverno, sobretudo, eu me esforçava por chegar logo na hora da abertura a fim de ocupar o melhor lugar, onde era mais quente, ao lado do calorífero. Gostava muito desse momento em que, na sala ainda vazia, Boubal, com um avental azul amarrado à cintura, reanimava seu pequeno universo. Morava em cima do café, num apartamento a que se tinha acesso por uma escada interna que desembocava no patamar do primeiro andar; descia antes de oito horas e ele próprio destrancava as portas. No seu rosto sólido de homem da Auvergne, os olhos injetavam-se de sangue. Durante uma ou duas horas não se acalmava. Com uma voz irritada, dava ordens ao copeiro que, através de um alçapão, fazia subir e descer garrafas e latas; comentava com os garçons, Jean e Pascal, os acontecimentos da véspera: fora enganado, adquirindo um sucedâneo de café, que fedia, e que os fregueses tinham engolido sem pestanejar. Ele ria, mas com raiva: "Ainda que lhes déssemos merda comeriam!" Mandava embora ou recebia os caixeiros-viajantes com a mesma impertinência. Ajoelhada no chão, uma mulher lavava vigorosamente o piso; tinha orgulho de seu ofício: "Eu", disse ela um dia ao copeiro, "nunca precisei dos homens: eu me fiz por mim mesma". Pouco a pouco, Boubal se acalmava, tirava o avental. Loura, de cachos, rosada, bem-tratada, a mulher descia por sua vez e instalava-se no caixa. Os primeiros fregueses apareciam; eu olhava com inveja uma livreira da rua Bonaparte, ruiva, cavalar, sempre acompanhada por um belo rapaz que pedia um chá com pequenos potes de geleia de um preço exorbitante. A maioria contentava-se, como eu, com uma bebida escura. Uma moreninha, amiga de Sônia e de Agnès Capri, que se eclipsara durante dois anos, sentou-se certa manhã em frente de um balcão e pediu com simplicidade um café com creme. Houve um concerto de risos matizados de censuras. Espantei-me por terem essas palavras se tornado tão extravagantes, e sobretudo que me espantassem tão pouco como de costume. Quando me diziam, em 1938 e 1939, que os alemães, à guisa de café, engoliam cozimentos de bolotas, eu estranhava: parecia-me que pertencessem a uma espécie tão longínqua quanto essas tribos que se regalavam com vermes. E eis que era preciso fazer um esforço agora para lembrar-me de que outrora, no Flore, podíamos tomar sucos de laranja e comer ovos estrelados.

Certo número de fregueses instalava-se, como eu, diante das mesas de mármore para ler e trabalhar: Thierry Maulnier, Dominique Aury, Audiberti, que morava em frente no hotel Taranne, Adamov, de pés nus e azuis enfiados em sandálias. Um dos mais assíduos era Mouloudji. De há muito, compunha poemas e mantinha caprichosamente uma espécie de diário; ele os tinha me mostrado e eu o animara. Pensava nessa época que não havia nada de melhor a fazer do que escrever, e Mouloudji tinha, sem dúvida, talento. Pusera-se a redigir, numa forma apenas romanceada, recordações de infância. De vez em quando, eu lhe corrigia erros de ortografia ou de sintaxe, ou dava-lhe alguns conselhos, mas com prudência porque respeitava a astuciosa ingenuidade de seu estilo. Boubal detestava-o porque ele andava malvestido, malpenteado e porque lhe acontecia açambarcar uma mesa durante horas sem renovar a consumação. Acontecia-lhe aparecer num filme, mas logo que recebia algum dinheiro, dava-o ao pai, ao irmão, distribuía-o com os amigos. Nunca tinha um níquel. Conhecera, em Marseille, Lola, a bela ruiva, cuja boca pesada e olhos morteiros eu admirara tantas vezes no Flore; vivia mais ou menos com ela e ela não era rica tampouco. Ele não pertencia inteiramente à "família", não tínhamos com ele relações constantes, mas ele tinha afinidades conosco; uma amizade já velha ligava-o a Olga, entendia-se bem com Wanda e via muitas vezes Lise, que se tornou também íntima de Lola.

Todos os dias, por volta das dez horas da manhã, dois jornalistas sentavam-se lado a lado no banco do fundo e abriam *Le Matin*. Um deles, um calvo, escrevia no *Le Pilori*, o outro em *La Gerbe*. Comentavam os acontecimentos com um ar desabusado: "O que seria preciso", disse um dia o calvo, "era embarcá-los todos num imenso navio que se abrisse em dois no meio do oceano. Do jeito que vão as coisas, nunca nos veremos livres desses judeus!" O outro meneava a cabeça aprovando. Eu não detestava ouvi-los; havia em suas feições, em suas palavras, algo tão irrisório que, durante um instante, a colaboração, o fascismo, o antissemitismo pareciam-me uma farsa destinada a divertir alguns simples de espírito. Depois caí em mim, estupefata: podiam ser nocivos, eram nocivos. Seus confrades, em *Je suis partout*, indicavam os esconderijos de Tzara, de Waldemar George, de muitos outros e reclamavam a prisão deles; exigiam que se deportasse o cardeal Liénart, que fizera, no púlpito, comentários antialemães. Era sua própria nulidade que os tornava perigosos.

Ninguém se dava com esses dois colaboradores a não ser um homenzinho moreno, de cabelos crespos, que se dizia secretário de Laval; falava pouco, tinha um olhar dissimulado e nós nos espantávamos que suas funções lhe deixassem lazeres para passar tantas horas no café. Talvez, embora não o deixasse transparecer em nada, Zizi Dugommier pertencesse ao mesmo bando; era uma solteirona áspera, curiosamente enfeitada, que desenhava e coloria, da manhã à noite, Santas Teresas de Lisieux e Imaculadas Conceições. Falou comigo um dia: era copista, não teria eu trabalhos a confiar-lhe? Corria o boato de que ela estava mancomunada com a Gestapo; subia, amiúde, à privada e aí ficava fechada durante muito tempo; suspeitavam-na de estar redigindo relatórios, mas acerca de quem? De quê? Fiscalizava, pensava-se, as conversas telefônicas. É verdade que, em 1941, certos fregueses faziam ao telefone reflexões tão comprometedoras que Boubal quebrou, um dia, os vidros da cabina. Privados dessa proteção falaz, os mais imprudentes mediram desde então suas palavras. Zizi não podia, portanto, surpreender, agora, nada que interessasse à polícia. O que me parece verossímil é que ela tenha desempenhado, por gosto e sem proveito, o papel de dedo-duro. Desapareceu em 1944 e ninguém mais voltou a vê-la.

Houve outros delatores? No início da ocupação dois ou três fregueses habituais do Flore foram detidos; quem os teria denunciado? Ninguém soube. Em todo caso, agora, ninguém conspirava estouvadamente e se alguns resistentes levavam vida de café, era para disfarçar. Por volta das onze da manhã, Pierre Bénard sentava-se sempre no mesmo lugar, entre a porta e a escada, e bebia solitariamente; obeso, algo congestionado, nada indicava que tivesse outras atividades. Havia também rapazes que bebiam, fumavam, flertavam, bocejavam a mais não poder com uma afetação de displicência que me iludiu: só muito mais tarde soube da identidade deles. Em conjunto, os fregueses do Flore eram resolutamente hostis ao fascismo e à colaboração e não o escondiam. Os ocupantes sabiam-no sem dúvida porque nunca punham os pés ali. Uma vez, um jovem oficial alemão empurrou a porta e sentou-se a um canto com um livro; ninguém se mexeu, mas ele sentiu provavelmente alguma coisa porque, mais que depressa, fechou o livro, pagou e deu o fora.

Pouco a pouco, durante a manhã, a sala enchia-se: à hora do aperitivo estava repleta. Picasso sorria para Dora Marr, que trazia à trela um grande cachorro; Léon-Paul Fargue calava-se. Jacques Prévert discursava; havia discussões barulhentas à mesa dos cineastas que, desde 1939, ali se encontravam diariamente. Alguns velhos senhores do bairro misturavam-se à balbúrdia. Lembro-me de um que sofria da próstata: um aparelho inchava uma das pernas da calça. Outro a quem chamavam Marquis ou o Gaullista jogava dominós com duas jovens namoradas que sustentava ricamente, ao que diziam; curvado, de cabeça inclinada, maxilar caído, repetia aos ouvidos de Jean ou de Pascal as notícias que acabava de ouvir da BBC e que se espalhavam de imediato de mesa em mesa. Entretanto, os dois jornalistas continuavam a sonhar em voz alta com a exterminação dos judeus. Voltava a meu hotel para almoçar e se não ia ao liceu retomava meu lugar no Flore. Deixava-o para jantar e novamente voltava para ficar até o fechamento. Tinha-se sempre um arrepio de prazer quando se emergia das trevas frias para entrar naquele refúgio tépido e iluminado, atapetado com belas cores vermelhas e azuis. A "família" inteira encontrava-se por vezes no Flore, mas espalhada, segundo nossos princípios, pelos quatro cantos da sala. Sartre, por exemplo, conversava com Wanda a uma mesa, Lise em outra com Bourla, eu ao lado de Olga. Entretanto, Sartre e eu éramos os únicos que se incrustavam todas as noites naqueles bancos. "Quando morrerem", dizia Bourla agastado, "será preciso cavar-lhes uma cova sob o assoalho".

Uma noite, chegávamos ao Flore, quando vimos um clarão e ouvimos um barulho forte de explosão: os vidros tremeram, pessoas gritaram:

uma granada explodira num hotel da rua Saint-Benoît transformado em *Soldatenheim*. Houve grande efervescência em todos os cafés da redondeza, pois um atentado nessas paragens era coisa excepcional.

Muitas vezes, as sirenes apitavam à tarde ou à noite; Boubal escorraçava os fregueses e trancava as portas; a Sartre, a mim, a dois ou três outros, ele outorgava um tratamento especial; subíamos ao primeiro andar e lá ficávamos até o fim do alerta. Para evitar esse incômodo e para fugir dos ruídos do térreo, habituei-me a subir diretamente, ao primeiro, à tarde; alguns trabalhadores da pena ali se instalavam também, sem dúvida pelas mesmas razões; as canetas deslizavam sobre o papel: era de pensar que estávamos numa sala de estudo admiravelmente disciplinada. Com uma curiosidade mais benigna do que a que atribuíam a Zizi Dugommier, mas muito viva, eu prestava atenção às conversas telefônicas. Assisti uma vez a uma cena de rompimento representada por uma atriz profissional já madura e feia. Ora distante, ora insistente, altiva, patética, sarcástica, ela dosava as invectivas, a ironia, o tremor da voz com uma arte cuja inutilidade se percebia de imediato: eu quase podia ouvir os silêncios agastados do homem que aguardava do outro lado do fio o momento de desligar. Vivendo lado a lado uns com os outros, sabíamos muitas coisas de nós e, embora nunca nos falássemos, sentíamo-nos ligados uns aos outros. Normalmente, não nos cumprimentávamos; mas se dois fregueses do Flore se cruzassem no Deux Magots, um sorriso, um sinal com a cabeça assinalavam a sua conivência. O caso apresentava-se raramente: havia entre os dois estabelecimentos como que uma separação estanque. Se um freguês, homem ou mulher, do Flore enganava o parceiro oficial, ia esconder no Deux Magots seus encontros ilícitos. Era, pelo menos, o que dizia a lenda.

Apesar das restrições e dos alertas, encontrávamos no Flore uma reminiscência dos anos de paz; mas a guerra insinuou-se em nossa *querencia*. Disseram-nos certa manhã que Sônia acabava de ser detida; fora vítima, parece, de um ciúme de mulher; em todo caso, alguém a denunciara. Pediu-nos, de Drancy, que lhe enviássemos um suéter e meias de seda; depois não pediu mais nada. A tcheca loura que vivia com Jausion desapareceu e dias depois, pela madrugada, Bella dormia nos braços do rapaz que ela amava quando a Gestapo bateu à porta e a levou; uma de suas amigas vivia com um jovem de boa família que queria desposá-la: foi denunciada pelo futuro sogro. Estávamos ainda muito mal-informados acerca dos campos de concentração, mas era terrível o silêncio em que se abismavam aquelas belas moças tão alegres. Jausion e seus amigos continuaram a frequentar o Flore e a sentar-se nos mesmos lugares; falavam entre si com uma agitação algo alucinada: nada indicava no banco vermelho o fosso que se cavara ao lado deles. Era isso que me parecia a coisa mais intolerável na ausência; que fosse exatamente *nada*. Entretanto, as imagens de Bella e da tcheca loura não se apagaram em minha memória: significavam milhares de outras. A esperança recomeçava, mas eu sabia que nunca mais a inocência falaz do passado ressuscitaria.

Em La Pouèze, durante as férias de Natal, ouvimos, diariamente, a BBC, que narrava os combates de Stalingrado: o exército de Von Paulus, cercado, tentava em vão desvencilhar-se. No dia 4 de fevereiro, lemos nos jornais: "A heroica resistência das forças europeias chegou ao fim em Stalingrado." Não dissimularam que em Berlim e em toda a Alemanha houve vários dias de luto nacional.

O tom da imprensa, do rádio e até dos discursos de Hitler mudara. Não nos incitavam mais a "construir" a Europa, e sim a salvá-la: evocavam o perigo bolchevique e todas as catástrofes que se desencadeariam sobre o mundo "se a Alemanha fosse vencida". A hipótese teria parecido sacrílega um ano antes: apresentava-se agora por toda parte. Hitler decretou, no front, nos campos, nas fábricas, uma mobilização geral da população alemã e quis estendê-la aos países ocupados. Laval promulgou, em 16 de fevereiro, uma lei convocando os jovens das classes 1940, 1941 e 1942, para um serviço de dois anos na STO. Cartazes exortavam-nos: "Eles dão o sangue. Deem seu trabalho para salvar a Europa do bolchevismo." Muitos não se submeteram, falsificavam seus papéis de identidade, escondiam-se, juntavam-se aos *maquis* cujos efetivos aumentaram consideravelmente.[111] A estranha notícia que tinham lançado os jornais suíços e ingleses de uma rebelião armada na

---

[111] O exército do armistício, desmobilizado, contribuiu grandemente para esse desenvolvimento.

Alta Saboia era exagerada. Mas o fato é que exércitos, na Saboia e no Centro, se constituíam, se equipavam e se preparavam para as guerrilhas. Déat, em *L'Œuvre*, chamava a França "a Vendeia da Europa", porque assim como a Vendeia recusara outrora a Revolução Francesa, a França de hoje se insurgia contra "a Revolução Europeia".

A resistência intelectual organizava-se. Em princípios de 1943, os intelectuais comunistas propuseram a Sartre juntar-se ao CNE; perguntou-lhes se queriam um carneiro em suas fileiras, mas eles declararam tudo ignorar dos rumores que haviam espalhado a seu respeito em 1941. Ele participou, então, das reuniões presididas por Éluard e colaborou nas *Lettres Françaises*. Eu não publicara ainda nenhum livro e não o acompanhei. Lamentei-o um pouco, pois teria gostado de conhecer nova gente; Sartre falou-me de todos com tanta minúcia, que eu tive como que a impressão de os ter visto com meus próprios olhos; logo deixei de invejá-lo. Apaixonara-me por "Socialismo e Liberdade" porque se tratava então de uma improvisação aventurosa; mas, segundo os relatos de Sartre, as sessões do CNE tinham alguma coisa de oficial e rotineiro que não me seduzia. Atormentava-me um pouco cada vez que ele ia às reuniões e durante o tempo de sua ausência; mas sentia-me assim mesmo muito contente por termos saído de nosso isolamento, tanto mais quanto eu percebera muitas vezes a que ponto a passividade pesava a Sartre.

Todas as pessoas com que convivíamos eram da mesma opinião. Marie Girard, entretanto, censurou-nos um dia por não enxergarmos um palmo adiante do nariz: "A derrota alemã será o triunfo do imperialismo anglo-americano", disse-me. Ela refletia o pensamento dos intelectuais trotskistas que se mantinham a igual distância da colaboração e da Resistência; na realidade, eles temiam muito menos a hegemonia norte-americana do que o acréscimo da força e do prestígio stalinistas. Nós pensávamos que, fosse como fosse, eles não percebiam bem a hierarquia dos problemas e a urgência dos mesmos. Era preciso, primeiramente, que a Europa se limpasse do fascismo. Não duvidávamos mais, agora, que devesse ser esmagado, e num futuro próximo. A RAF bombardeava na França os centros industriais e os portos, martelava a Renânia, o Ruhr, Hamburgo, Berlim. Em 14 de maio, a batalha da Tunísia estava perdida para o Eixo. Os alemães construíam febrilmente o muro do Atlântico: em ambos os campos considerava-se iminente o desembarque.

A literatura vegetava. Queneau publicou *Pierrot mon ami*, cujas graças me pareceram por demais estudadas. Em *Aminadab*, de Blanchot, alguns trechos me impressionaram, entre outros — porque atendia a minhas preocupações do momento — o do carrasco à força: em conjunto, o romance de Blanchot assemelhava-se a uma paródia de Kafka. Bachelard, em *L'Eau et les rêves*, aplicava à imaginação um método muito próximo da psicanálise existencial: quase ninguém se arriscara ainda a esse gênero de exploração e o livro interessou-nos. Fizeram grande publicidade em torno da última obra de Saint-Exupéry, *Piloto de guerra*. Ele descrevia muito bem sua experiência de aviador durante o desmoronamento da França; mas juntara a essa narrativa uma longa e nebulosa dissertação, de um humanismo suficientemente equívoco para que o livro fosse aplaudido pelos críticos de *Paris-Midi*, *Aujourd'hui*, *Nouveaux Temps* e até por Maxence. *Je Suis Partout* só, ou quase, o atacou.

O cinema francês despertava; novos diretores surgiram. Delannoy deu-nos *Pontcarral* e *L'Enfer du jeu*; Becker, *Goupi mains rouges*; Clouzot, *L'Assassin habite au 21*; Daquin, *Le voyageur de la Toussaint*, em que se via durante alguns minutos Simone Signoret: perguntávamo-nos por que uma mulher tão bonita não conseguira ainda um grande papel. O filme mais interessante foi *La nuit fantastique*, rodado por L'Herbier com um roteiro de Chavance e que desnorteou muito o público. Raimu era notável em *Les inconnus dans la maison*, mas o roteiro fazia desagradáveis concessões ao racismo; o assassino, que Mouloudji encarnava, não era expressamente designado como judeu, mas era um gringo. Em *Os visitantes da noite*, rodado por Carné com um roteiro de Prévert, havia comida e bebida, belas imagens e um excesso de literatura. O castelo novinho em folha nada tinha de um castelo verdadeiro, recentemente construído, assemelhava-se, antes, a um bolo de casamento; estragava a paisagem. Preferi, de longe, *Lumière d'été*, em que Prévert colaborou com Grémillon.

Dullin cumpriu sua promessa; na primavera começou a ensaiar *As moscas*, com as duas Olgas. Extasiou-me ver esse texto que eu conhecia quase de cor transformado em espetáculo; fiquei com vontade de escrever, eu também, uma peça. Mas as coisas não corriam tão bem assim. Houve muita agitação antes que se escolhessem os cenários e os costumes. As estátuas de Júpiter e de Apoio tinham grande importância na ação, por isso Dullin dirigiu-se a um escultor; escolheu Adam, um gigante sossegado e muito simpático; a mulher dele tinha imensos cabelos negros e crespos que lhe comiam o rosto, um corpo pequeno agradavelmente rechonchudo que ela moldava em vestidos pretos, ornados de joias coloridas. O apartamento deles, à rua Christine, era, em outro gênero, tão atraente quanto o de Camille; na sala de jantar, ladrilhada de vermelho, tendo nas janelas cortinas de algodãozinho, havia uma mesa comprida e bancos de madeira maciça, potes de cobre, gamelas de cimento cheias de legumes lustrosos; réstias de cebolas, espigas de milho penduradas nas vigas do teto junto a uma lareira de fornalha profunda. Adam mostrou-nos em seu ateliê uma velha prensa de mão e também uma porção de instrumentos precisos e complicados com os quais burilava e gravava. Grandes corpos de pedra jaziam no soalho. Ele criou para *As moscas* cenários, máscaras e estátuas de um estilo agressivo.

A figuração era considerável: mulheres, crianças, velhos, um povo inteiro que era preciso fazer evoluir no amplo palco do Teatro Sarah-Bernhardt; Dullin lá se sentia menos à vontade do que no Atelier. O ator que desempenhava o papel de Orestes carecia de experiência: Olga também; o papel de Electra era tremendo; ela marcava-o com justeza mas nem ela nem seu parceiro dominavam o público. Dullin tinha violentos ataques de raiva: "Isso é de comediazinha!", dizia com voz cortante; Olga chorava de ódio, ele se acalmava e de novo explodia e ela reagia: ambos se empenhavam de corpo e alma em disputas que participavam a um tempo das cenas familiares e das zangas de namorados. As coleguinhas da escola assistiam a essas touradas na esperança de ver o malogro de Olga. Desiludiram-se. Os dons de Olga, o trabalho de Dullin, sua obstinação comum triunfaram: nos últimos ensaios ela representou como uma atriz experimentada; apenas sua presença no palco enchia-o.

O ensaio geral realizou-se numa tarde; à noite, ter-se-ia corrido o risco de cortes de eletricidade. Como Sartre se achasse no saguão perto da entrada, um homem jovem e moreno apresentou-se: Albert Camus. Como eu estava comovida quando o pano se ergueu! Era impossível enganar-se a respeito do sentido da peça; caindo da boca de Orestes, a palavra Liberdade explodia com um brilho fulgurante. O crítico alemão do *Pariser Zeitung* não se enganou e o disse, embora com o cuidado de fazer uma apreciação favorável. Em *Lettres Françaises*, clandestino, Michel Leiris elogiou *As moscas* e sublinhou a significação política da peça. Em sua maioria, os críticos fingiram não ter percebido nenhuma alusão: caíram em cima da peça mas alegando pretextos puramente literários: inspirava-se sem muita felicidade no teatro de Giraudoux, era verbosa, alambicada, tediosa. Reconheceram o talento de Olga e isso foi para ela um brilhante êxito. Em compensação, atacaram a direção, os cenários, os costumes. O público não foi numeroso. Estava-se já em junho e o teatro devia fechar. Dullin tornou a representar *As moscas* em outubro, alternadamente com outros espetáculos.

Minhas aulas divertiam-me menos do que no passado. No Camille-Sée, preparava minhas alunas para o concurso de Sèvres; isso permitia-me tratar a fundo certos assuntos. Mas, para essas moças já grandes, a filosofia não era mais um despertar; era-me necessário mesmo desembaraçá-las de certas ideias que eu julgava falsas. E depois, seus programas eram tão carregados que elas não podiam perder um minuto, eu devia ir ao mais urgente: essa seriedade pesava-me. Não somente seus estudos como também o conjunto de sua vida as cansavam; as mães precisavam delas para enfrentar as dificuldades materiais, exaustivas nas famílias em que havia vários filhos. Mal-alimentadas, caíam muitas vezes doentes; minha melhor aluna contraiu o mal de Pott durante o ano. Quase não sorriam; nossas discussões careciam de entusiasmo. Finalmente, eu ensinava havia doze anos e começava a cansar.

Entretanto não fui eu que resolvi abandonar a universidade. A mãe de Lise, furiosa por ter a filha deixado escapar um partido vantajoso e por viver com Bourla, sugeriu-me que usasse minha influência para fazê-la voltar a seu primeiro amante. Diante de minha recusa, acusou-me de desencaminhamento de menor. Antes da guerra a coisa não teria tido consequências; com o bando de Abel Bonnard foi diferente;

no fim do ano escolar, a diretora de queixo azulado comunicou-me que eu estava excluída da universidade.[112]

Não me aborreceu romper com uma velha rotina. O único problema era ganhar a vida. Não sei por intermédio de quem consegui ser encarregada de um programa na Rádio Nacional. Já disse que, de acordo com nosso código, tínhamos o direito de trabalhar na rádio, tudo dependia do que fizéssemos. Propus um programa incolor: reconstituições faladas, cantadas, com ruídos, de festas antigas da Idade Média aos nossos dias. Foi aceito.

Eu terminara *A convidada* durante o verão de 1941; mas já no mês de janeiro daquele ano o romance era, para mim, história antiga. Estava ansiosa por falar de questões que hoje me preocupavam. A principal continuava a ser a da minha relação com outras pessoas; mas eu compreendia melhor agora do que outrora a complexidade dela. Meu novo herói, Jean Blomart, não exigia, como Françoise, permanecer diante dos outros como um sujeito único; recusava-se a ser para eles um objeto, intervindo nas existências deles com a opacidade brutal das coisas; seu problema era superar esse escândalo estabelecendo com eles relações translúcidas de liberdade a liberdades.

Eu partia de sua infância. Filho de um rico impressor, vivia numa casa cuja atmosfera me fora inspirada pela da casa Laiguillon. Revoltava-se contra seus privilégios: empregava-se como operário no comércio de um concorrente do pai. Tendo eliminado assim as injustiças do acaso, pensava poder então coincidir com a escolha que fazia de si mesmo. Perdia logo essa ilusão: seu melhor amigo encontrava a morte num motim político a que ele o arrastara: suas responsabilidades ultrapassavam de longe suas vontades. Refugiava-se, então, na abstenção: neutralidade política, recusa de compromissos sentimentais. Mas suas fugas e seus silêncios tinham tanto peso quanto seus gestos e suas palavras: convenciam-no disso a história coletiva e sua aventura pessoal. Debatia-se. Não se conformava com a culpabilidade inerte que era seu quinhão, mas não se decidia a agir, porque toda ação é escolha e toda escolha lhe parecia

---

[112] Obtive minha reintegração por ocasião da libertação; mas não retornei ao ensino.

arbitrária: os homens não são unidades que podemos somar, multiplicar, subtrair; não entram em nenhuma equação, porque suas existências são incomensuráveis; sacrificar um para salvar dez é consentir no absurdo. No fim, a derrota, a ocupação acuavam-no a uma decisão: para além de todos os raciocínios, de todos os cálculos, ele descobria em si recusas e imperativos absolutos. Renunciava a desatar os nós górdios: cortava-os. Depois de anos de pacifismo, aceitava a violência. Organizava atentados a despeito das represálias. Essa determinação não lhe trazia paz ao coração, mas ele não procurava mais: resignava-se a viver na angústia.[113] Nas últimas páginas, entretanto, a mulher que ele amava e que agonizava a seu lado, por causa dele, libertava-o de seus escrúpulos: "no destino dos outros, tu não passas nunca de um instrumento, dizia-lhe ela; nada de exterior poderia tolher uma liberdade: fui eu que quis minha morte". Blomart concluía que cada qual tem o direito de seguir seu caminho desde que conduza a metas válidas.

A história dessa moribunda, Hélène, ocupava parte importante do livro. Em sua juventude, Hélène era o antípoda de Blomart; ela acreditava-se radicalmente liberta da coletividade; só se preocupava com sua salvação pessoal. O que ela aprendia durante sua evolução era a solidariedade.

Cometi o mesmo erro que cometera ao começar *A convidada*; julguei-me obrigada a ressuscitar a infância de Hélène; inspirei-me na minha. Depois, resolvi só indicar esse passado mediante algumas curtas alusões. No princípio do romance, Hélène tinha dezoito anos; tentava paliar a ausência de Deus pelo interesse por si mesma; não o conseguia. Sozinha, sem testemunha, sua existência não lhe parecia mais do que uma vaga vegetação; o amor de um camarada simpático, mas sem prestígio, não a tirava dessa estagnação. Blomart, quando ela o encontrava, fascinava-a por causa da força e das certezas que ele lhe emprestava; mendigava um amor que lhe teria dado, pensava, uma justificação absoluta de si mesma; mas ele dissimulava. Desesperada, furiosa, tornava-se indiferente ao mundo inteiro e à sua própria vida; a derrota, a ocupação, ela as pretendia contemplar com a serena imparcialidade da História. A amizade, o desgosto, a cólera superavam essa falsa sabedoria. Na

---

[113] Eu me impressionara muito com a ideia de Kierkegaard: um homem autenticamente moral não pode ter boa consciência; ele só empenha sua liberdade com "tempo e tremor".

generosidade da camaradagem e da ação, ela acabava conquistando esse reconhecimento — no sentido hegeliano da palavra — que salva os homens da imanência e da contingência. Morria disso, mas, no ponto a que chegara, mesmo a morte nada podia contra ela.

Dei muita importância a um terceiro personagem que me fora inspirado por Giacometti e sua descrição de Duchamp. Pintor e escultor, Marcel entregava-se, no plano estético, a uma procura análoga à de Blomart no plano ético: queria atingir a criação absoluta. Eu tivera no passado uma predileção pelos quadros e estátuas que pareciam escapar do reino humano; Marcel exigia que sua obra se mantivesse em pé sem o auxílio de nenhum olhar; por aí aparentava-se a Hélène, que acreditara, durante um momento, poder assegurar sua própria felicidade dispensando toda conivência. Ele malograva igualmente. Abismava-se numa mania sombria. Depois, fazia a guerra e caía prisioneiro. No *Stalag* pintava os cenários de uma peça que seus camaradas representavam, aprendia o calor da amizade, sua visão dos homens e da arte mudava, aceitava que toda criação reclamasse a cumplicidade de outra pessoa.

Dei a Marcel uma mulher, Denise; fiz dela, como de Elisabeth em *A convidada*, uma *repoussoir*.[114] Sozinha entre os amigos, não aspirava ao absoluto e apostava em valores mundanos; a hostilidade que ela suscitava em Marcel levava-a à beira da loucura. Eu tinha ainda pouca experiência, mas já pressentia que perigo corre uma mulher medíocre que liga sua vida a um criador fanático.[115] Ele lhe proíbe, pelo desprezo em que as tem, as satisfações temperadas com que a maioria das pessoas se contenta; não lhe fornece os meios de acesso a seu empíreo; excluída de toda parte, frustrada, humilhada, com o coração cheio de rancor, ela se embaraça em contradições que podem perdê-la definitivamente.

Eu não queria que esse romance se assemelhasse ao precedente. Mudei de tática. Adotei dois pontos de vista, o de Hélène e o de Blomart, que se alternavam de capítulo a capítulo. A narrativa centrada em Hélène, escrevi-a na terceira pessoa, observando as mesmas regras que em *A convidada*. Mas com Blomart, procedi de outro modo. Situei-o à

---

[114] *Repoussoir*: pessoa que valoriza outra oposição. (N.T.)
[115] Voltei ao assunto com muito mais insistência em *Os mandarins*.

cabeceira de Hélène agonizante, rememorando sua vida; falava de si na primeira pessoa quando aderia ao passado e na terceira quando considerava a distância a imagem que tivera aos olhos de outro; fingindo seguir o fio de suas recordações, eu podia tomar muito mais liberdades do que em *A convidada*; tornava mais lento ou mais rápido o movimento da narrativa, usava sínteses, elipses, fusões; dei menos lugar aos diálogos. Respeitava a ordem cronológica, mas, por momentos, a atualidade quebrava a evocação dos dias antigos; a isso misturei também, grifando-os, os pensamentos e as emoções que tinha Blomart durante a noite. Para evitar que suas ruminações fossem ociosas, criei um *suspense*: de madrugada, daria ele ou não daria, o sinal de um novo atentado? Todas as dimensões do tempo se achavam reunidas nessa vigília fúnebre: o herói vivia-a no presente, interrogando-se através de seu passado acerca de uma decisão que empenhava seu futuro. Essa construção convinha ao assunto. Eu me propusera pôr em foco a maldição original que constitui, para cada indivíduo, sua coexistência com os outros; os acontecimentos contavam muito menos para Blomart do que o sentido obsedante que manifestavam todos com uma trágica constância; era, portanto, útil que o hoje encerrasse o ontem e o amanhã.

Meu segundo romance é, pois, composto com mais arte do que o primeiro; exprime uma visão mais ampla e mais verdadeira das relações humanas. Entretanto — embora em 1945, sob o efeito das circunstâncias, tenha tido calorosa acolhida — a opinião geral, a das pessoas que estimo e a minha asseguram-me que é inferior a *A convidada*. Por quê?

Blanchot, em seu ensaio sobre o "romance de tese", explica muito bem que é absurdo censurar a uma obra o fato de representar alguma coisa; mas há uma grande diferença, acrescenta, entre significar e demonstrar; a existência, diz ele, é sempre significante ainda que nunca prove coisa alguma; o objetivo do escritor consiste em *mostrá-la* recriando-a com palavras; ele a trai, ele a empobrece se não lhe respeita a ambiguidade. Blanchot não coloca *A convidada* entre os romances de tese, porque o fim permanece em aberto; não há como tirar dele uma lição qualquer; ele classifica, ao contrário, nessa categoria *O sangue dos outros*, que chega a uma conclusão unívoca, reduzível a máximas e a conceitos. Estou de acordo com ele. Mas o defeito que denuncia não se prende apenas às últimas páginas do romance: é-lhe inerente do princípio ao fim.

Relendo-o hoje, o que me impressiona é a que ponto meus heróis carecem de espessura; definem-se por atitudes morais cujas raízes vivas não procurei apreender. Emprestei a Blomart certas emoções de minha infância; elas não justificam o sentimento de culpa que pesa sobre toda a sua vida. Percebi-o e imaginei que aos vinte anos ele provocara involuntariamente a morte de seu melhor amigo; mas um acidente não basta nunca para determinar a linha de uma existência. E depois Blomart ajusta-se demasiado exatamente à existência que lhe tracei. Eu não conhecia nada das lutas sindicais: o mundo em que o coloquei não possui a complexidade que teria tido para um militante autêntico. O papel, a experiência que lhe empresto são construções abstratas, sem verdade. Hélène tem mais sangue, pus nela mais de mim mesma; os capítulos escritos de seu ponto de vista me desagradam menos do que os outros. Nas cenas do êxodo, do regresso a Paris, a narrativa supera a teoria. Os melhores trechos, creio, são aqueles em que ela se decide dolorosamente a renunciar a suas obstinações; ela abandona os símbolos vãos, as miragens, as falsas aparências a que se apegara e acaba por se desprender da própria felicidade; nesse ponto, mostro sem nada demonstrar. Assim mesmo, seu retrato é demasiado sistemático e frágil. Quanto a Marcel, é sempre visto de fora, por amigos que ele espanta; eu estava, portanto, autorizada a pintá-lo de longe; acho nele mais relevo do que em meus outros personagens. Lamento mais a simetria concertada de suas preocupações e das de Blomart. Eis mais uma censura ainda que faço a esse romance: a composição é densa mas a matéria pobre: tudo converge em vez de brotar, desabrochar. Mesmo a voz que empresto a meus heróis — a de Blomart sobretudo — me incomoda: tensa, contida, ofegante. Toco aqui novamente no problema espinhoso da sinceridade literária: eu queria, eu pensava falar diretamente ao público, quando na realidade tinha instalado em mim um vampiro patético pregador. Partia de uma experiência autêntica e remoía lugares-comuns. Evita-se por certo a banalidade quando se expõe em sua verdade um momento da existência, pois esta não se repete nunca; mas o romancista cai fatalmente na banalidade quando especula; porque a originalidade de uma ideia não se define no contexto de uma disciplina que ele renova fornecendo-lhe uma chave ou um método inédito: não se inventam ideias nem nos salões nem nos romances.[116] Uma obra de tese não somente não mostra nada como só demonstra estultícias.

A partir do momento em que eu começara a resolver na cabeça os temas de O *sangue dos outros*, pressentira esse perigo. Anotei: "Como é ingrata a experiência do social! Como evitar que se apresente como edificante e moralizadora?" Na realidade, o que chamo "experiência do social" nada tem *a priori* de ingrato nem de edificante; foi a maneira de tratá-lo que me fez escorregar para o didatismo. Compreendo o defeito, relendo esta outra nota: "Eu quisera que meu próximo romance ilustrasse a relação com outra pessoa na sua verdadeira complexidade. Suprimir a consciência de outra pessoa é pueril. A intriga deve estar muito mais profundamente ligada aos problemas sociais do que em meu primeiro romance. Seria preciso chegar a um ato de uma dimensão social (mas difícil de se encontrar)." Definiram mais tarde O *sangue dos outros* como um romance "sobre a Resistência". Na verdade, ele formou-se em mim sem relação direta com os acontecimentos, posto que me parecia difícil inventar o "ato social" encarnando o tema de que queria tratar. Foi em outubro, quando comecei a escrevê-lo, que a ideia de utilizar atentados e represálias se impôs a mim. Essa dissociação entre o assunto profundo do livro e os episódios em que o moldei indica que O *sangue dos outros* foi concebido de maneira bem diferente de *A convidada*. Em *A convidada* tudo me fora dado junto sob a forma de fantasmas que remoera durante anos. Dessa vez, eu partia de uma experiência pessoal, mas que formulei abstratamente em vez de vivê-la imaginariamente. Eu sei por quê.

Até a guerra, eu seguira minha tendência: apreendia o mundo e construía uma felicidade: a moral confundia-se com essa prática; era uma idade de ouro. Minha experiência era limitada mas eu aderia a ela de corpo e alma, não pensava em discuti-la; postei-me, em relação a ela, a uma distância apenas suficiente para desejar torná-la presente a outra

---

[116] Valéry, que acreditava ter ideias e as anotava avaramente, perguntou a Einstein se trazia um caderno para escrever seus pensamentos. "Não", disse Einstein. "Então", indagou Valéry intrigado, "o senhor os anota nos punhos?" Einstein sorriu: "Ora", disse, "as ideias, isso é *muito raro*". Estimava que em toda a vida só tivera duas.

pessoa: foi o que tentei em *A convidada*. A partir de 1939, tudo mudou; o mundo tornou-se um caos e eu deixei de construir o que quer que fosse; não tive outro recurso senão essa conjuração verbal; uma moral abstrata; busquei razões, fórmulas, para justificar a mim mesma o fato de suportar o que me era imposto. Encontrei algumas em que acredito ainda; descobri a solidariedade, minhas responsabilidades e a possibilidade de consentir na morte para que a vida conservasse um sentido. Mas aprendi essas verdades, de certo modo, contra mim mesma; utilizei palavras para exortar-me a acolhê-las; explicava-me, persuadia-me, dava uma lição a mim própria; foi essa lição que procurei transmitir, sem perceber que ela não tinha forçosamente o mesmo frescor para o leitor que para mim.

Entrei, assim, naquilo que poderia chamar "período moral" de minha vida literária que se prolongou durante alguns anos. Não tomava mais minha espontaneidade por regra; fui portanto levada a interrogar-me acerca de meus princípios e de meus objetivos e, após algumas hesitações, cheguei a escrever um ensaio sobre a questão.

Terminava O *sangue dos outros*, quando, no início de 1943, Sartre me apresentou, no Flore, a Jean Grenier, que ele conhecera recentemente e que projetava reunir em volumes ensaios manifestando as tendências ideológicas da época. Conversaram e Grenier voltou-se para mim: "E a senhora", indagou, "é também existencialista?" Recordo ainda meu embaraço. Eu lera Kierkegaard; a propósito de Heidegger falava-se há muito em filosofia "existencial", mas eu ignorava o sentido da palavra "existencialista", que acabava de ser lançada por Gabriel Marcel. E depois a pergunta de Grenier chocava minha modéstia e meu orgulho: eu não tinha bastante importância objetiva para merecer uma etiqueta; quanto a minhas ideias, estava convencida de que refletiam a verdade e não uma preconceituação doutrinária. Grenier propôs-me colaborar na coletânea em que trabalhava. A princípio, recusei; já disse que, em relação à filosofia, eu conhecia minhas possibilidades limitadas; O *ser e o nada* não fora publicado ainda mas eu lera e relera o manuscrito; não via nada que acrescentar. Grenier insistiu: eu poderia escolher o assunto que me agradasse.

Sartre incentivou-me: "Por que não tentar?" Acerca de certas questões que eu pusera em O *sangue dos outros*, restavam-me algumas coisas a dizer, em particular sobre a relação entre a experiência individual e a realidade universal: esboçara um drama com o tema. Imaginava que uma cidade exigia de um de seus membros mais eminentes um sacrifício vital: o de um ente amado sem dúvida. O herói começava recusando, depois a preocupação do bem público era mais forte; ele consentia mas caía, então, numa apatia que o tornava indiferente a todos, e a cada um. Ameaçada por um perigo mortal, em vão a comunidade implorava seu socorro; alguém, uma mulher provavelmente, conseguia reanimar nele paixões egoístas; somente, então, ele reencontrava a vontade de salvar seus concidadãos. O esquema era demasiado abstrato e a peça não foi adiante. Mas desde que me ofereciam a oportunidade de tratar sem circunlóquios do problema que me preocupava, por que não aproveitar? Comecei a escrever *Pyrrhus et Cinéas* em que trabalhei três meses e que se transformou num pequeno livro.

Se o homem é "um ser dos longes", por que transcende até aí e não mais além? Como se definem os limites de seu projeto?, perguntava a mim mesma numa primeira parte. Recusei a moral do instante e também todas as morais que põem em questão a eternidade; nenhum homem singular pode entrar realmente em relação com o infinito que chamam Deus ou Humanidade. Mostrei a verdade e a importância da ideia de "situação" introduzida por Sartre em *O ser e o nada*. Condenava todas as alienações, proibia que se partisse de outra pessoa como álibi. Compreendera também que num mundo em luta todo projeto é uma opção e que é preciso — como Blomart em *O sangue dos outros* — consentir na violência. Toda essa exposição crítica parece-me hoje muito sumária mas justa.

Na segunda parte, tratava-se de encontrar a moral das bases positivas. Retomei, com mais pormenores, a conclusão do romance que acabava de terminar: a liberdade, fundamento de todo valor humano, é o único fim capaz de justificar os empreendimentos dos homens; mas eu aderira à teoria de Sartre: quaisquer que sejam as circunstâncias, possuímos uma liberdade que nos permite ultrapassá-las; se essa liberdade nos é dada, como considerá-la um fim? Distingui dois aspectos da liberdade: ela é a própria modalidade da existência que, por bem ou por mal, de uma maneira ou de outra, retoma por sua conta tudo que lhe vem de fora;

esse movimento interior é indivisível, logo total em cada um. Em compensação, as possibilidades concretas que se abrem para as pessoas são desiguais; algumas têm acesso a uma pequena parte das de que dispõe o conjunto da humanidade; seus esforços não fazem senão aproximá-las da plataforma de onde se lançam as mais favorecidas; sua transcendência perde-se na coletividade sob a forma da imanência. Nas situações mais favoráveis, o projeto é, ao contrário, uma verdadeira superação, constrói um futuro novo; uma atividade é boa quando visa conquistar para si e para outros essas posições privilegiadas: liberar a liberdade. Tentei, assim, conciliar com as ideias de Sartre a tendência que, em longas discussões, eu sustentara contra ele: restabelecia uma hierarquia entre as situações; subjetivamente, a salvação era em todo caso possível; não se devia, contudo, deixar de preferir o saber à ignorância, a saúde à doença, a prosperidade à penúria.

Não desaprovo meu cuidado em fornecer um conteúdo material à moral existencialista; a dificuldade estava em que, no momento em que eu acreditava evadir-me do individualismo, nele permanecia atolada. O indivíduo só recebe uma dimensão humana pelo reconhecimento de outras pessoas, pensava; todavia, em meu ensaio, a coexistência aparece como uma espécie de acidente que cada existente deveria superar; esse existente começaria por forjar solitariamente seu projeto e pediria em seguida à coletividade que o validasse: em verdade, a sociedade me investe desde o nascimento; é em seu seio e em minha ligação com ela que decido de mim. Meu subjetivismo revestia-se necessariamente de um idealismo que tira todo alcance, ou quase, às minhas especulações. Esse primeiro ensaio só me interessa hoje porque precisa um momento de minha evolução.

Esse diálogo entre Pyrrhus e Cinéas lembra o que se desenvolveu de mim mesma a mim mesma e que anotei num diário íntimo no dia em que completei vinte anos. Em ambos os casos, uma voz indagava: "Para quê?" Em 1927, ela denunciara a vaidade das ocupações terrenas em nome do absoluto e da eternidade; em 1943, ela invocava a história universal contra a finitude dos projetos singulares: sempre convidava à indiferença e à abstenção. Hoje, como ontem, a resposta era a mesma: opunha à razão inerte, ao nada, ao todo, a inelutável evidência de uma afirmação viva. Se me pareceu tão natural aderir ao pensamento de Kierkegaard, ao de Sartre e tornar-me "existencialista" foi porque toda a minha história para isso me preparava. Desde a infância, meu temperamento me levara a dar crédito a meus desejos e a minhas vontades; entre as doutrinas que intelectualmente me haviam formado, eu escolhera as que fortaleciam essa disposição; já aos dezenove anos, eu estava persuadida de que cabe ao homem, a ele só, dar um sentido a sua vida e que, para tanto, ele não precisa de socorro; entretanto, eu não perderia nunca de vista esse vazio vertiginoso, essa opacidade cega de que emergem seus impulsos. Voltarei ao assunto.

Pyrrhus et Cinéas ficou terminado em julho e foi aceito por Gallimard. *A convidada* ia sair dentro de um mês ou dois. Eu pensava que com *O sangue dos outros* tinha realizado um progresso. Estava satisfeita comigo mesma. Meu segundo romance não poderia ser publicado antes da libertação, mas eu não estava com pressa. O que importava era que, um dia, o futuro se abriria de novo para mim: agora não duvidávamos mais e pensávamos até que não esperaríamos muito tempo. Toda a felicidade a que eu pensara dever renunciar reflorescia; parecia-me mesmo que nunca fora tão luxuriante.

Capítulo VIII

O concurso de admissão a Sèvres era em junho e eu me vi livre no fim desse mês. Quis ainda passear durante as férias, mas escolhemos dessa vez uma das regiões mais bem abastecidas da França: o Centro. Marquei encontro com Sartre no dia 15 de julho e tomei o trem para Roanne: a linha de demarcação não existia mais. Eu reservara meu lugar e instalara-me muito antes da hora, sem o quê, ter-me-ia arriscado a ficar na plataforma; as pessoas viajavam em pé nos estribos, outros se amontoavam nos WC; nas estações, as mulheres soluçavam porque não conseguiam subir no trem. Aconteceu que meus companheiros de viagem falaram longamente de *A náusea*, que compararam com *O estrangeiro*; depois, tiveram a respeito de *As moscas* uma discussão que contei a Sartre numa carta: "Um dos sujeitos declarou que era engraçado que a peça não houvesse alcançado maior êxito e que ele soubera por Alquié que você estava aborrecido por Valéry não ter gostado (?). Quanto a ele, pessoalmente não chegava a julgá-la sem interesse." Nessa mesma carta, anotei: "Roanne parece muito pobre, tão pobre como Paris, embora eu tenha tomado café com leite na refeição da manhã. Mas, enfim, por vinte e cinco francos comi rabanetes, um prato enorme de espinafre, tão bom quanto espinafre o pode ser, excelentes bolinhos de batatas e dois damascos ruins. Tive de tudo à vontade porque serviam porções para dois e meu vizinho não comia nada. É melhor do que Paris. Contudo, os melhores hotéis só anunciam em seus cardápios espinafre e acelga." Se cito estas linhas é porque, relendo as cartas recebidas nessa época, observo com que minúcia meus correspondentes descreviam suas refeições; nem mesmo Olga deixava de fazê-lo. Comer era um problema crucial.

Rodei durante três semanas. Revi o Limousin. Passei um dia em Meyrignac na casa de minha prima Jeanne, no meio de um bando de crianças louras. A casa fora ampliada; o depósito de lenha, a cocheira, a lavanderia tinham sido transformados em quartos; não havia mais glicínias nem begônias nos muros; estátuas da Virgem erguiam-se sob as árvores e o parque planejado estava cercado de arame farpado. Não encontrei grande coisa do passado.

Minha bicicleta preocupava-me; a cada cento e cinquenta quilômetros um pneu furava. Escrevi a Sartre e indiquei-lhe o endereço de um garagista com o qual, valendo-me de uma velha relação de Bost, poderia comprar por duzentos e cinquenta francos uma câmara de ar nova. Quando ele desceu na estação de Uzerche, trazia dois sacos na mão e uma tripa de borracha a tiracolo. No terraço do hotel Chavanes, acima do Vézère, ele falou-me de Paris; disse-me que estava contratado por Pathé: devia fornecer-lhe roteiros em troca de uma remuneração regular e assaz importante. Se o negócio desse certo, abandonaria o ensino no ano seguinte.

Desta vez não viajamos como loucos, e sim por pequenas etapas e fazendo longas paradas nos lugares que nos agradavam. Por vezes chovia e nós nos abrigávamos com capas de ciclistas de encerado amarelo. Revejo ainda Sartre embaixo de uma árvore com a cabeça escorrendo água e emergindo desse encerado; ria heroicamente ao mesmo tempo que enxugava os óculos molhados. No dia em que chegamos a Beaulieu era tarde e fomos imediatamente jantar deixando nossas bicicletas encostadas na calçada em frente da porta do hotel; caiu uma tempestade, com uma violência tão repentina que Sartre não teve tempo sequer de pular para guardá-las; a borrasca já as tinha derrubado e uma torrente de lama amarela carregava nossos sacos, o manuscrito de *Sursis* era arrastado pelas águas; repescamo-lo, mas a tinta desbotara sobre as folhas encharcadas e sujas de terra; foi preciso muito trabalho para secá-las e reconstituir o texto. Todas as casas ficaram inundadas; no dia seguinte ao meio-dia, as donas de casa empenhavam-se ainda em raspar, varrer, esfregar as tábuas cobertas de limo.

Habitualmente, o sol brilhava, não nos cansávamos e comíamos à vontade. Quando víamos uma granja desviávamos para comprar ovos: encontramo-las mais de uma vez. Os hoteleiros achavam normal que lhes pedíssemos para fazer uma omelete além do cardápio habitual. Em geral também não tínhamos dificuldade para dormir; em La Roche-Cadillac, entretanto, não sobrava um quarto; acabaram indicando-nos uma fazenda longínqua, mas acolhedora, disseram-nos. Erramos durante muito tempo na escuridão; quando chegamos, tinham acabado de jantar; eram uma dezena sentados em volta de uma mesa e comiam uma grande torta de maçã. Ofereceram-nos um pedaço. O dono disse-nos com uma piscadela de conivência que na noite precedente a granja estivera cheia mas que agora dormiríamos confortavelmente; visivelmente acreditava que fôssemos da mesma espécie que seus hóspedes da véspera que não vagabundeavam por motivos fúteis.

Revimos as gargantas do Tarn; no lugar denominado Les Vignes, encontramos um hotel minúsculo dirigido por uma velha que não tinha outros hóspedes e nos encheu de presunto; ficamos lá alguns dias; a velha falava com nostalgia do tempo em que a estrada não existia, nem o turismo, e o Tarn era um belo rio secreto. Tornamos a visitar, à beira do Lot, Espalion, Entraygues, Estaing e Conques onde não encontramos quarto; esperavam refugiados e o prefeito fez-nos deitar em esteiras preparadas para eles na sala da escola. Passeamos novamente pela floresta de Grésigne. Em Vaour, serviram ao almoço um patê que nos comoveu tanto que resolvemos jantar também; não havia quarto; não fazia mal: dormiríamos no estábulo; durante a noite inteira os carrapatos nos devoraram, mas tínhamos o estômago cheio.

Nossa viagem terminou em Toulouse. Bebemos com Dominique Desanti, que se encontrava em casa dos pais; encontramos Lautmann; Sartre conhecia-o pouco e não conversamos sobre nada de especial. Soubemos, meses depois, de sua execução.

Passamos em La Pouèze o fim de agosto e o mês de setembro; lá vivemos numa euforia. Os Aliados tinham conquistado a Sicília durante o mês de julho; no princípio de setembro, desembarcaram na Calábria e em Salerno. A queda de Mussolini e depois o que a imprensa intitulou "a traição de Badoglio" perturbaram as relações germano-italianas; tendo as tropas italianas capitulado sem condições, o Exército alemão, sob as ordens de Rommel, ocupou todo o território. Mussolini, confinado no cume do Gran Sasso, foi habilmente capturado pelos paraquedistas alemães; mas a façanha não teve nenhuma consequência política; importantes unidades alemãs achavam-se definitivamente bloqueadas na Itália. A leste, os comunicados anunciavam que as forças europeias efetuavam um recuo elástico a fim de "encurtar" o front: bastava olhar um mapa para compreender que espécie de derrota significavam tais palavras. No dia D, quando os americanos pusessem o pé nas costas francesas, não seria mais possível à Wehrmacht sustentar as três frentes ao mesmo tempo.

Ouvíamos a BBC, congratulávamo-nos e trabalhávamos com afinco. Comecei meu terceiro romance cujo título já encontrara: *Todos os homens são mortais*. Sartre continuava o *Sursis*. Interrompeu-o para escrever uma nova peça quando regressamos a Paris. Empreendeu-o, como na vez anterior, para prestar serviço a estreantes. Wanda, a irmã de Olga, queria também fazer teatro; fez cursos com Dullin, que lhe confiou em outubro um pequeno papel, uma ponta, em *As moscas*. Por outro lado, Olga, a morena, acabara de se casar com Marc Barbezat, que dirigia, nos arredores de Lyon, uma fábrica de produtos farmacêuticos e editava por sua conta, semestralmente, uma revista luxuosa, *L'Arbalète*; imprimia-a ele próprio com uma prensa manual. Ele desejava que a mulher aprendesse solidamente sua profissão de atriz. Sugeriu a Sartre que escrevesse para ela e para Wanda uma peça de montagem fácil e que pudesse ser representada na França toda; ele se encarregava de financiar a turnê. A ideia de escrever um drama muito curto, com um só cenário e somente dois ou três personagens tentou Sartre. Ele pensou imediatamente numa situação a portas fechadas: indivíduos encerrados num porão durante um bombardeio prolongado; depois ocorreu-lhe a ideia de trancar seus heróis no inferno para a eternidade. Compôs com facilidade *Entre quatro paredes* que intitulou a princípio *Les autres* e foi publicado com esse título em *L'Arbalète*.

Eu jurara a mim mesma não passar mais um ano na rua Dauphine; bem antes das férias arranjara uma recomendação para os donos do hotel Louisiane, na rua de Seine, onde se achavam hospedados alguns fregueses do Flore. Mudei-me em outubro; havia em meu quarto um sofá, prateleiras, uma grande mesa maciça, e na parede um cartaz representando um *horseguard* inglês. No dia de minha instalação, Sartre derrubou um vidro de tinta no tapete que a dona mandou retirar imediatamente, mas o assoalho agradava-me bem mais. Dispunha de uma cozinha. Da janela, via um grande canteiro de telhados. Nunca nenhum de meus abrigos me aproximara tanto de meus sonhos; projetava morar ali até o fim da vida. Sartre ocupava, do outro lado do corredor, um quarto pequeno cuja nudez surpreendeu mais de uma vez os visitantes; não possuía sequer livros; os que comprávamos, emprestávamos e não nos devolviam. Lise e Bourla moravam no andar de baixo, numa grande peça redonda. Cruzávamos amiúde com Mouloudji e a bela Lola nos corredores; ela era muito popular no Louisiane porque lavava e passava as camisas de quatro ou cinco locatários do bando do Flore: nessa época em que o sabão não limpava, era preciso muita dedicação para lavar de graça.

Materialmente andávamos menos apertados do que no ano anterior. Como fora combinado, Sartre, ao mesmo tempo que conservava sua *khâgne*[117] no Condorcet, escrevia roteiros para Pathé; o primeiro, *Les jeux sont faits*, não obteve, aliás, os sufrágios dos especialistas da companhia. Dullin confiou-lhe, juntamente com Camille, um curso de história do teatro. *O ser e o nada* foi publicado por Gallimard, mas só lentamente iria abrir seu caminho; mal se falou do livro, que se vendeu pouco. Quanto a mim, eu me felicitava por não trabalhar mais em horas fixas; limitava-me a ir à Nationale uma ou duas vezes por semana. Com a ajuda de Bost examinava velhas coletâneas de canções, de farsas, de monólogos, de lamentos e fazia montagens para o rádio; esses programas eram insípidos; contudo, diverti-me bastante em prepará-los.

Essas mudanças contribuíram para alegrar minha existência; mas houve principalmente duas circunstâncias que a renovaram felizmente: a publicação de *A convidada* e uma repentina floração de amizades.

Quando cheguei a La Pouèze, *A convidada* acabava de aparecer; mal imaginava que destino o esperava; Sartre estivera ligado demais a meu trabalho para me poder esclarecer. Certos amigos tinham feito boas referências, mas eram amigos. "Confesso que estou espantado", declarou-me Marco, com sua voz mais cerimoniosa. "Li de um fôlego, é muito divertido: mas é um romance para banca de jornais de estação." Eu esperava sua má vontade e a maldade não me perturbou. Entretanto,

---

[117] *Khâgne*: estágio dos alunos que, embora frequentando ainda os cursos secundários, se preparam para a École Normale. (N.T.)

optei pela modéstia. Eu penara quatro anos na redação desse livro, nele me arriscara por inteiro, mas, agora, estava libertada. Meu otimismo exigia que minha vida fosse um progresso contínuo e autorizava-me a desdenhar tranquilamente essa obra de estreante em que eu não via senão uma frívola história de amor; sonhava agora com grandes romances participantes. Havia muito de prudência em minha severidade: ela antecipava-se a qualquer decepção e poupava-me o ridículo de me ter subestimado.

Em fins de agosto, Sartre foi a Paris para participar de uma reunião da Resistência: o CNE realizara em fins de maio sua primeira assembleia geral e reagrupamentos se verificavam. Fui esperá-lo em Angers. Do terraço de um café em frente à estação, vi-o aproximar-se a passos rápidos acenando com um jornal: a primeira crítica de *A convidada* acabava de aparecer em *Comœdia*, assinada por Marcel Arland. Nunca nenhum artigo me deu tão grande prazer; Arland falava de meu romance com calor, apesar de algumas restrições, e parecia levá-lo a sério: foi isso sobretudo que me encantou. Não acontece muitas vezes que se chegue sem equívoco à realização de um longo desejo: aquela crônica, redigida por um crítico de verdade, impressa num jornal de verdade, assegurava-me, preto no branco, que eu compusera um livro de verdade, que era verdadeiramente, de repente, uma escritora. Não escondi minha alegria.

Não diminuiu quando voltei para Paris; houve outras críticas, bastante numerosas e em sua maioria elogiosas. Muitas denunciavam a imoralidade do meio que eu descrevia; mesmo Arland lamentava que meus heróis fossem obcecados por histórias de sexo: é verdade que na época Vichy proibia *Tartufo* e mandava cortar a cabeça de uma mulher que fizera aborto; todas as mulheres eram castas, as moças virgens, os homens fiéis, as crianças inocentes; assim mesmo essa pudicícia suscetível surpreendeu-me: deita-se tão pouco em *A convidada*! Em compensação, li com agradável espanto as observações que fez Thierry-Maulnier sobre Françoise, sua teimosia em ser feliz; achei-as justas e pegavam-me de surpresa. Meu livro possuía então a espessura de um objeto: em certa medida, ele me escapava. Entretanto, senti prazer também em verificar que ele não tinha traído minhas intenções. Gabriel Marcel escreveu-me, numa carta muito amável, que Xavière se lhe afigurava uma perfeita encarnação do Outro. Um homem idoso pediu-me um encontro por intermédio de Marco; contou-me um drama político, muito tenebroso, em que ele estivera empenhado e cuja causa tinha sido, como em *A convidada*, a luta de morte de duas consciências. Convenci-me, portanto, de que os temas de que partira não se haviam degradado em caminho. Recebi outras cartas; uma de Cocteau, outra, creio, de Mauriac. Ramon Fernandez, que nunca punha os pés no Flore, lá esteve para me ver; ele aderira ao campo inimigo e seu gesto embaraçou-me um pouco; contudo comoveu-me. Em minha juventude, eu gostara muito de seus livros e seu abandono entristecera-me. Engordara e usava polainas brancas. Narrou-me, acerca da vida sexual de Proust, coisas que me aturdiram.

Marco, que frequentava a sociedade, ouviu conversas de salão que me eram favoráveis; contou — mas entre azedo e doce: "Você deve pensar que seus amigos não lhe deram o que merecia", disse-me. Registrei com satisfação seu despeito. Um romancista infeliz que Sartre conhecia um pouco encontrou-me no primeiro andar do Flore: "Você teve sorte", disse-me. "Caiu num bom assunto." Meneou a cabeça e acrescentou: "Sim, um bom assunto. Você teve sorte!" Eu esperava o desdém de Adamov. "Então", disse-lhe, "já viu? um romance de verdade, com um princípio, um meio e um fim. Desagrada-lhe muito?" Ele deu de ombros, seu olhar fez-se mais pesado: "Nem tanto. Há Xavière", disse, "há Xavière". Por causa de Xavière, alguns fregueses do Flore concediam-me circunstâncias atenuantes; mas a grande maioria olhava-me com maus olhos: queixavam-se a Olga, a Mouloudji: eu falava pessimamente do Bal Nègre e de sua esplêndida animalidade. Não encontravam no romance nenhum de seus mitos e a personagem de Françoise exasperava-os. Os homens, principalmente, condenavam-me; as mulheres estavam mais divididas. Algumas me interpelaram: "Poderíamos ver-nos de vez em quando?" Desconversei e elas pareceram-me vexadas. Um rapaz muito bonito, Francis Vintenon, que eu conhecia de vista havia muito tempo, manifestou sua aprovação com mais graça: ofereceu-me um maço de cigarros ingleses, o que era na época um presente precioso; posteriormente, trouxe-me muitas vezes cigarros e romances ingleses, embora fosse, eu o sabia, radicalmente pobre.

Eu suscitava pois, através de meu livro, curiosidade, impaciências, simpatias; havia pessoas que o apreciavam. Eu cumpria afinal as promessas que me fizera aos quinze anos; recolhia, enfim, a recompensa de um longo trabalho inquieto. Não comprometi meu prazer com perguntas indiscretas; não procurei indagar de mim mesma qual o valor absoluto de meu romance, nem se resistiria ao tempo: o futuro decidiria. Por ora, bastava-me ter dado vitoriosamente o primeiro passo: *A convidada* existia para outras pessoas e eu entrara na vida pública.

Por mais que houvesse ventilado a miragem do Outro e a tivesse ainda denunciado em *A convidada*, fui vítima dela quando me encontrei a mim mesma sob a figura de uma outra. Falando das edições Gallimard, um cronista chamou-me "a nova romancista especialidade da casa"; essas palavras tilintaram alegremente em minha cabeça; essa mulher jovem de semblante sério que iniciava sua carreira, como a teria invejado se tivesse um nome diferente do meu! E era eu! Consegui confundir-me com minha imagem, a tal ponto minha experiência ainda estava fresca: beneficiava-me de tudo o que a realçava. Se nesse ano me tivessem concedido o prêmio Goncourt, teria tido uma alegria total. Falou-se disso; na editora Gallimard, avisaram-me, no mês de março,[118] que eu tinha possibilidades sérias de obtê-lo. O CNE, disse-me Sartre, não se opunha a que eu o aceitasse desde que não concedesse entrevistas à imprensa nem escrevesse artigos a propósito. Na tarde do julgamento, trabalhei, como de costume, no primeiro andar do Flore; mas aguardava com alguma impaciência o telefonema que devia anunciar-me o resultado. Eu pusera um vestido novo, feito em La Pouèze sob a direção de Mme Lemaire com tecido *ersatz* mas de um belo azul elétrico; trocara meu turbante por um penteado alto mais requintado. A ideia de que de um momento para outro poderiam fazer muito barulho comigo intimidava-me mas excitava-me. Entretanto, não me comovi quando soube que o prêmio fora dado a Marius Grout. Dias mais tarde, asseguraram-me que estava bem colocada para o Renaudot. Encontrava-me em La Pouèze quando o jornal me informou de que o laureado era o dr. Soubiran. E dessa feita não tive sequer a sombra de uma tristeza. Não foi nem por

---

[118] A data fora transferida de dezembro para março. O Renaudot foi outorgado quinze dias depois.

orgulho nem por indiferença que me conformei tão facilmente com essas desditas; as amizades que fizera, ao mesmo tempo que favoreciam meu amor-próprio, impediam-me de fazer-lhe demasiadas concessões.

De nossas amizades antigas não sobrava grande coisa; o tempo ou a distância as havia embotado, e a ausência nos privava delas; frequentávamos quase exclusivamente a "família"; provocou uma grande mudança em minha existência o fato de o círculo de nossas relações subitamente ampliar-se.

A África fantasma e *A idade viril*, de Michel Leiris, tinham-nos impressionado pela sua sinceridade minuciosa, pelo brilho do estilo, a um tempo lírico e distante; tínhamos desejado conhecer o autor. Sartre encontrou-o no CNE e já disse que Leiris comentara *As moscas* em *Les Lettres Françaises*. Em julho, durante minha ausência, Sartre foi jantar em casa dos Leiris e, em outubro, eles me convidaram também. Sartre esquecera o número do prédio e erramos durante mais de meia hora pelo cais Grands-Augustins antes de encontrar a porta certa. De cabeça raspada, estritamente vestido, de gestos duros, Leiris intimidou-me um pouco, apesar da cordialidade acentuada de seu sorriso; mas Zette pôs-me inteiramente à vontade; uma moça sobrevivia em seus olhos azuis, enquanto sua voz, sua acolhida tinham um calor quase maternal. O apartamento burguesmente mobiliado regurgitava de livros e quadros modernos: Picasso, Masson, Miró e muito bonitos Juan Gris. As cadeiras do escritório eram recobertas de tapeçarias executadas segundo desenhos de Juan Gris. As janelas davam para uma grande paisagem de água e pedras. Leiris trabalhava no Museu do Homem. Zette dirigia a galeria de seu cunhado, Kahn Weiler, que lançara quase todos os grandes cubistas e possuía uma imensa coleção de Picasso. Vivia clandestinamente nesse apartamento que servia de refúgio a judeus e resistentes. Os Leiris conheciam um mundo de gente célebre ou conhecida e contaram-nos uma porção de histórias a respeito. Estavam intimamente ligados com Giacometti e falaram-nos muito dele. Leiris descreveu-nos também os belos tempos do surrealismo; entregara-se com paixão a essa aventura. Naquele tempo, caiava a cara com pó de arroz e mandava pintar paisagens no crânio raspado. Tomara parte no banquete que se realizara, pouco depois da guerra, no primeiro andar do Closerie des Lilas em honra de Saint-Pol-Roux; pela janela aberta berrava "Viva a Alemanha". Transeuntes tinham-no desafiado a descer e explicar-se; ele o fizera e acordara no hospital. Uma mistura de masoquismo, de extremismo e de idealismo valera-lhe muitas experiências difíceis e absurdas que relatava com uma imparcialidade ligeiramente espantada.

Queneau era um dos melhores amigos de Leiris. Não sei mais como aconteceu nosso primeiro encontro, mas ocorreu no Flore e dissemos a Queneau que gostávamos muito de *Les enfants du limon*. Sua primeira intenção fora escrever um estudo sério sobre os iluminados que se haviam consumido em procurar a quadratura do círculo e o moto-contínuo; falou-nos deles longamente e com sedução. Mas ficamos espantados com saber que entendia de matemática e lia amiúde Bourbaki. Ele era, aliás, em muitos terrenos, de uma erudição notável que, por certo, não exibia nunca mas que trocava em miúdo nas suas anedotas, nos seus paralelos, em suas sínteses. Sua conversa deixava-me alegre porque ele se divertia com tudo o que lhe diziam e mais ainda com tudo o que ele dizia: seus olhos faiscavam por trás dos óculos e ele rebentava num riso, cujo sentido, afinal, era por vezes incerto mas cuja alegria era em todo caso contagiante. Sua mulher proferia com um ar de ingenuidade verdades incomodativas ou incongruências; por vezes, desnorteava, mas era engraçada.

No ensaio geral de *As moscas*, Sartre achara Camus simpático. Foi no Flore que o encontrei, com Sartre, pela primeira vez. A conversação orientou-se, não sem alguma hesitação, para temas literários, entre outros o *Parti pris des choses*, de Ponge, que Camus, como Sartre, apreciava. As circunstâncias levaram-nos muito depressa a acabarmos com a cerimônia. Camus era louco por teatro. Sartre falou de sua nova peça e das condições em que esperava montá-la; e propôs a Camus o papel do herói, bem como encená-la. Camus hesitou um pouco e, como Sartre insistisse, aceitou. Os primeiros ensaios realizaram-se em meu quarto com Wanda, Olga Barbezat e Chauffard como criado: era um antigo aluno de Sartre, que escrevia mas queria, antes de tudo, ser ator; trabalhava com Dullin. O desembaraço com que Camus se lançou nessa aventura, a disponibilidade que testemunhava infundiram-nos amizade por ele. Acabava de chegar a Paris; era casado, mas a mulher ficara no Norte da África. Tinha alguns anos menos do que eu. Sua mocidade, sua independência aproximavam-no de nós; nós nos tínhamos formado sem ligação com nenhuma escola, solitários; não tínhamos lar nem isso a que se chama um meio. Como nós, Camus passara do individualismo à participação; sabíamos, sem que ele jamais tivesse aludido a isso, que tinha grandes responsabilidades no movimento Combat. Acolhia de vivo gosto o êxito, a notoriedade e não o escondia; um ar *blasé* fora menos natural; ele deixava transparecer de quando em vez um arzinho Rastignac, mas não parecia levar-se a sério. Era simples e era alegre. Seu bom humor não desdenhava as piadas fáceis: chamava Pascal, o garçom do Flore, de Descartes, mas podia permitir-se isso; uma sedução devida a uma feliz dosagem de displicência e ardor garantia-o contra a vulgaridade. O que me agradava, sobretudo nele, era que soubesse sorrir com superioridade das coisas e das pessoas embora se entregando intensamente a seus empreendimentos, a seus prazeres, a suas amizades.

Encontrávamo-nos em pequenos grupos ou todos juntos no Flore, em modestos restaurantes do bairro e muitas vezes em casa dos Leiris. Por vezes, eu convidava para jantar os Leiris, os Queneau, Camus: podíamos sem muita dificuldade reunir uns oito à minha mesa. Bost, que cozinhava um pouco, ajudava-me a preparar as refeições. Eu estava sendo mais bem abastecida do que no ano precedente, graças a Zette, que me arranjava de vez em quando um pouco de carne. Oferecia a meus convivas panelas de feijão, grandes pratos de carne recheada e dava um jeito de obter vinho à vontade. "Não brilha pela qualidade, mas há quantidade", dizia Camus. Eu nunca "recebera" antes e isso me divertia.

Esses encontros ocupavam-nos muito e dávamos-lhe um valor que a afinidade de gostos, de opiniões, de curiosidades não basta para explicar: deviam-no a essa solidariedade prática que nos ligava. Ouvíamos a BBC, comunicávamo-nos as notícias, comentávamo-las; juntos nos regozijávamos, nos inquietávamos, nos indignávamos, odiávamos, esperávamos; quando falávamos de coisas insignificantes, uma subconversação prosseguia em que se exprimiam ainda nossas esperas e nossos receios; bastava-nos estarmos presentes uns aos outros para nos sabermos unidos e nos sentirmos fortes. Prometíamo-nos permanecer ligados para sempre contra os sistemas, as ideias, os homens que condenávamos; sua derrota ia chegar; caberia a nós construirmos o futuro que se ofereceria então, talvez politicamente, em todo caso no plano intelectual; devíamos fornecer uma ideologia ao pós-guerra. Tínhamos projetos precisos. Gallimard dispunha-se a publicar em sua *Encyclopédie* um volume dedicado à filosofia; pensávamos em destacar dele a seção ética: Camus, Merleau-Ponty, Sartre, eu mesma faríamos um manifesto de equipe. Sartre estava resolvido a fundar uma revista que dirigiríamos todos juntos. Tínhamos chegado ao fim de uma noite, a alvorada despontava; lado a lado, preparávamo-nos para uma partida inteiramente nova: eis por que, a despeito de meus trinta e seis anos, encontrei nessas amizades o frescor deslumbrante das amizades da juventude.

Foi uma sorte para mim ter acesso a elas no momento em que entrava na vida literária; elas ajudaram-me a definir minhas ambições. Eu não aspirava ao mármore dos séculos, mas não me houvera contentado com alguns guizos; conheci meu verdadeiro desejo pela alegria que senti ao roçar sua realização. Durante o primeiro dos jantares que dei em meu quarto, Zette Leiris e Jeanine Queneau evocaram as conversas que tinham tido em setembro, rodando de bicicleta pelos caminhos campestres; falavam das relações entre Françoise e Pierre em *A convidada*, da atitude do casal para com Xavière, da infidelidade e da lealdade, do ciúme e da confiança; deram-me a entender que através dessas discussões se tinham interrogado acerca de problemas pessoais; recordo essa efervescência dentro de mim enquanto as ouvia. Uma observação de Camus também me comoveu; eu lhe emprestara uma cópia datilografada de O *sangue dos outros*; estávamos na cozinha da casa dos Leiris e íamos para a mesa quando ele me chamou de lado: "É um livro fraternal", disse-me com arrebatamento, e eu pensei: "Vale a pena escrever se se pode criar fraternidade com palavras." Penetrar tão profundamente nas vidas estranhas que as pessoas, ao ouvir minha voz, tenham a impressão de falar a si mesmas, eis o que eu desejava. Parecia-me que se essa voz se multiplicasse em milhares de corações, minha existência renovada, transfigurada, seria de certo modo salva.

Agora que tinha um livro publicado, teria sido normal que assistisse às reuniões do CNE; fiquei afastada em virtude de um escrúpulo que muitas vezes, posteriormente, me incitou a reservas análogas. Meu entendimento com Sartre era tão total que minha presença teria dobrado inutilmente a dele; e de inútil tornar-se-ia, parecia-me, inoportuna e ostentosa; eu não receava a malevolência alheia, e sim o meu próprio embaraço; teria tido, interiormente, a impressão de me entregar a uma exibição indiscreta. Essa censura não ocorreria talvez se tivesse podido acompanhar Sartre desde os primeiros dias; e certamente não me houvera importado se tais sessões me interessassem particularmente; mas Sartre as achava fastidiosas. Fiquei contente com o fato de Camus pedir-me *O sangue dos outros* para as Editions de Minuit.[119] Teria gostado de "fazer alguma coisa"; mas uma participação simbólica repugnava-me e não saí de casa.

A literatura dormia, mas houve uma estação teatral bastante animada. Barrault montou *Le Soulier de satin* na Comédie-Française. Muitas coisas nos haviam chocado nesse drama quando o víramos anos antes; entretanto, tínhamos admirado que Claudel houvesse conseguido encerrar num amor o céu e a terra. Ele nos enojava completamente desde que escrevera sua *Ode au maréchal*; tivemos assim mesmo a curiosidade de ouvir sua peça e de ver como Barrault a tratara. O espetáculo começava às seis horas da tarde e durava mais de quatro horas: prendeu-nos a atenção. Marie Bell, fantasiada, deixou-nos incomodados; eu atribuía a Doña Prouhèze uma graça mais masculina; mas gostei da voz: abrasava a África e as Américas, o deserto e os oceanos, queimava os corações; Barrault era um Rodrigue bem frágil em meio a essa sarça ardente. A encenação ia a torto e a direito. Para pintar com movimentos humanos as ondas do mar, ele se inspirara com felicidade no teatro chinês; reconhecia-se em outras invenções o inovador de *La Faim*; mas o pano ergueu-se mais de uma vez para um cenário digno do Châtelet. À saída, perguntamo-nos com perplexidade que caminho ele iria escolher. Pouco mais tarde, um elenco de jovens apresentou *A tempestade*, adaptado de Strindberg, no Théâtre de Poche: como diretor e como ator, Jean Vilar prometia muito. Não gostávamos muito das peças de Giraudoux

---

[119] Não se iniciara a impressão quando ocorreu a Libertação.

e não sei por que fomos ver *Sodome et Gomorrhe*. Notamos, como todo mundo, a passagem de um anjo que se chamava Gérard Philipe.

    Clouzot rodara *O corvo*, com roteiro de Chavance. Certos resistentes acusaram-no de servir a propaganda inimiga: projetado na Alemanha, o filme daria uma imagem odiosa da França. Na realidade, não passou a fronteira. Os amigos de Clouzot observavam que o filme criticava as cartas anônimas e que os ocupantes exortavam os franceses a denunciarem às escondidas seus vizinhos. Não pensávamos que *O corvo* tivesse a menor eficiência moral, nem que merecesse suscitar patrióticas indignações: achávamos que Clouzot tinha talento.

Fui passar o princípio de janeiro na neve. Sartre não me acompanhou, mas Bost foi comigo a Morzine, onde amigos nos tinham alugado uma casa. Reencontrei com ternura meu passado nos telhados brancos da aldeia, nas ruas que cheiravam a madeira molhada. Mas tive aborrecimentos; o método francês mudara, os monitores proibiam categoricamente o uso do *stem*; era preciso aprender tudo de novo e penei bastante: "Eu daria o prêmio Renaudot para saber o *christiania aval*", escrevi a Sartre. Assim mesmo divertia-me muito e comia.

    Certa manhã, encontrei o armazém de esportes, onde mandava engraxar meus esquis, inteiramente revirado: durante a noite, os *maquisards* o tinham saqueado. O proprietário recusava pagar as contribuições que eles reclamavam. A culpa era dele, disseram-me os outros comerciantes, mais patriotas ou mais prudentes. Em todo caso, os *maquisards* ditavam a lei em Morzine; outro acontecimento o confirmou; contei-o a Sartre numa carta:

    "O hotel[120] está em revolução; há uma hora, às seis e meia da tarde, três sujeitos do *maquis* chegaram de revólver na mão, reclamando uma tal de Odette; é uma hóspede em vilegiatura, elegante e antipática, que janta à mesa vizinha da nossa e que, dizem, trabalha para a Gestapo; eles pegaram uma jovem idiota que se ligara a Odette nestes últimos dias e subiram com ela ao quarto onde lhe examinaram cortesmente os documentos e desceram ao saguão onde a dona insistiu em lhes

---

[120] Fazíamos nossas refeições no hotel.

oferecer o aperitivo; todas as pessoas do hotel pareciam cheias de simpatia por eles. Eles esperavam Odette, mas o jantar terminou sem que ela aparecesse: era um estranho jantar, todos os olhares fixados na mesa vazia. Parece que denunciou uma porção de gente e que no hotel todos o sabiam. Eu observara que era muito dada, mas pensava que fosse por simples faceirice; à noite, saía com os monitores; fora disso, ia à missa e tinha um ar de moça de boa família. Os três sujeitos anunciaram que, quando a encontrassem eles a matariam, e ninguém, nem mesmo sua amiga de oito dias, me pareceu desejoso de avisá-la... Por outro lado vi, esta tarde, dois alemães uniformizados que se exercitavam gravemente no esqui: era pelo menos tão surpreendente quanto uma muçulmana de bicicleta..."

Na realidade, alguém deve ter prevenido Odette; ela não voltou a pôr os pés no hotel. E três dias mais tarde, regressando a Paris, enquanto aguardava o trem, vi, na plataforma da frente, seu blusão vermelho: falava com umas pessoas e parecia perfeitamente despreocupada.

A aviação aliada conquistara os céus; a imprensa, indignando-se contra o "terrorismo anglo-saxônico", confirmava as notícias difundidas pela BBC: a Renânia, Colônia, Hamburgo, Berlim estavam devastadas. No Leste, os alemães recuavam ante a ofensiva soviética. Os Aliados desembarcaram em Nettuno, em fevereiro; os exércitos que subiam de Salerno para reunir-se a essas novas unidades foram detidos em Cassino; houve um violento combate que destruiu inteiramente o famoso mosteiro, mas os anglo-americanos reiniciaram seu avanço; dentro em breve, entrariam em Roma. Nossa libertação era coisa de meses, talvez de semanas. A RAF preparava o desembarque, multiplicando os ataques sobre a França: bombardeava as fábricas, as estações, os portos. Nantes fora arrasada. Os subúrbios de Paris duramente atingidos. A Resistência apoiava esse esforço: caminhões alemães explodiam, ferroviários deterioravam as locomotivas e o material ferroviário. Na Saboia, no Limousin, em Auvergne, os *maquis* proliferavam. De vez em quando, os alemães os atacavam: prendiam-nos, fuzilavam-nos. Líamos comumente nos jornais que quinze "refratários", que vinte "bandidos", que todo um bando de "traidores" tinham sido abatidos. Corriam boatos: no Norte, na Dordogne, no Centro, os alemães tinham passado pelas armas todos os habitantes masculinos de uma aldeia, expulsado as mulheres e crianças e incendiado as casas. Em Paris, os ocupantes não colavam mais "avisos" nos muros; contudo exibiram fotografias de terroristas "estrangeiros" que condenaram à morte em 18 de fevereiro, vinte e dois dos quais foram executados em 4 de março: apesar das falhas grosseiras dos clichês, todos aqueles rostos que propunham ao nosso ódio eram comoventes e até belos; olhei-os demoradamente nos corredores dos metrôs pensando com tristeza que os esqueceria. Houve muitos outros heróis, muitas outras vítimas que não nos exibiram: atentados e represálias agravavam-se. Foi nessa época, creio, que executaram Lautmann em Toulouse; soube da morte de Cavaillès, da deportação de Kahn; recordava a menininha de tranças negras, a casa ladrilhada de vermelho, cercada de plácidos castanheiros; não conseguia acreditar que a felicidade pudesse dissipar-se num instante. Era, no entanto, verdade. Sartre ia mais ou menos três vezes por semana às reuniões do CNE e do CNTh; se custava a voltar, eu sentia um nó na garganta; durante os dez primeiros minutos, seria apenas aquilo, dizia a mim mesma; mas ao fim de duas horas, de três horas, que iria fazer? Aguardávamos a derrota de Hitler com uma alegria febril; mas até esse momento nossas vidas podiam ser desmanteladas. A alegria, a angústia casavam-se em nossos corações.

Certa manhã, ao chegarmos ao Flore, encontramos Mouloudji desesperado: Olga Barbezat e Lola acabavam de ser detidas. Eram bastante íntimas, nenhuma das duas exercia atividades políticas mas, na véspera, tinham tomado chá em casa de amigos da Resistência; a polícia prendera todos. Sartre falou ao pretenso secretário de Laval que nos pareceu assaz embaraçado. Apesar de múltiplas gestões, Mouloudji e Barbezat não conseguiram a liberdade das duas mulheres; obtiveram pelo menos a garantia de que não seriam deportadas. Ficaram, realmente, em Fresnes até o mês de junho.

Já estávamos bastante calejados pela inquietação para que ela deteriorasse por completo nossos prazeres; festejamos alegremente Mouloudji quando recebeu, em 26 de fevereiro, o prêmio La Pleiade que Gallimard acabava de criar. O júri reunia Éluard, Malraux, Paulhan, Camus, Blanchot, Queneau, Arland, Roland Tual e Sartre; Lamarchand era o secretário. Deviam coroar um manuscrito inédito: o laureado receberia cem mil francos e Gallimard publicaria o livro. Sartre votou por *Enrico*, que Camus também apoiava; Mouloudji não tinha concorrente sério e ganhou sem dificuldade. Bem que precisava do prêmio, pois, nesse inverno, arrastava a miséria pelas ruas, não possuía sequer um sobretudo. Erguia a gola do casaco e tremia de frio. Alguns escritores, nativos do Norte da África como ele, organizaram no Hoggar um almoço em sua honra. Fui convidada com Sartre. Como prato principal serviram-nos costelas de carneiro, e eu me lembro ainda de minha decepção quando percebi que a minha se reduzia a um osso enrolado num pouco de banha. A sorte de Mouloudji estupefez Boubal, em seguida escandalizou-o. Quando *Enrico* apareceu (em janeiro de 1945), ele o folheou: "Cem mil francos para escrever semelhantes imbecilidades! Cem mil francos para contar que dormiu com a mãe! Por esse preço eu também diria coisas desse porte!" Mouloudji começou imediatamente outras narrativas que apareceram em *L'Arbalète*. A crítica censurou-lhe o "miserabilismo", mas assim mesmo acolheu-o bem.

Pouco tempo depois, participamos de outra manifestação literária. Picasso acabava de escrever uma peça, *Le désir attrapé par la queue*, que evocava as obras de vanguarda dos anos 1920; era um reflexo longínquo e tardio de *Mamelles de Tirésias*; Leiris propôs uma leitura pública e concordamos; Camus encarregou-se de dirigir a coisa; segurava nas mãos uma bengala grossa com que batia no chão para indicar as mudanças de quadro; descrevia os cenários e apresentava os personagens: orientou os intérpretes, escolhidos por Leiris e que se exercitaram durante várias tardes: Leiris desempenhava o papel principal; dizia com fervor os monólogos de *Gros pied*; Sartre era o *Bout rond*, Dora Marr a *Angoisse grasse*, a mulher do poeta Hugnet, a *Angoisse maigre*. A muito bonita Zanie Campan — mulher do editor Jean Aubier e que desejava fazer teatro — encarnava a *Tarte* e eu a *Cousine*.

A leitura realizou-se por volta das sete horas da noite, no salão dos Leiris; ele arranjara umas fileiras de cadeiras, mas veio tanta gente que numerosas pessoas ficaram em pé no fundo da sala e no átrio. Nós nos agrupávamos de costas para a janela e de frente para a assistência que nos ouviu e nos aplaudiu religiosamente. Para Sartre, para Camus, para mim, tratava-se apenas de um divertimento, mas nesse meio levavam a sério — pelo menos aparentemente — todos os ditos e gestos de Picasso. Ele se achava presente e todos o felicitaram. Reconheci Barrault; apontaram-me a bela cabeça de Braque. Uma parte do público despediu-se e nós passamos para a sala de jantar onde o engenho de Zette e generosas contribuições tinham ressuscitado o anteguerra; milionários argentinos, que mandavam decorar seus apartamentos pelos maiores artistas de Paris e para os quais Picasso pintara uma porta, tinham trazido um enorme bolo de chocolate. Foi então, creio, que me aproximei pela primeira vez de Lucienne e Armand Salacrou, Georges Bataille, Georges Limbour, Sylvia Bataille, Lacan; comédias, livros, uma bela imagem tornavam-se pessoas de carne e osso e eu também existia um pouco para eles; como o mundo se alargara e enriquecera em alguns meses! E como tinha prazer em me sentir viver! Eu caprichara no vestido: Olga me emprestara um pulôver de angorá de um belo vermelho; Wanda, um colar de grandes pérolas azuis; Picasso encantou-me, elogiando esta combinação. Sorria e sorriam-me; estava contente com os outros e comigo mesma, minha vaidade rebolava-se agradavelmente, a amizade virava-me a cabeça. Brincadeiras, tolices, cortesias e efusões, alguma coisa salvava da insipidez todos aqueles mundanismos; tinham um ressaibo secreto e violento; um ano antes não teríamos imaginado reunir-nos para passar horas tão ruidosas e aturdidas. De antemão, contra todas as ameaças que pesavam sobre muitos de nós, celebrávamos a vitória.

Por volta das onze horas, a maioria dos convidados foi embora. Os Leiris retiveram os intérpretes da peça e alguns íntimos: por que não prolongar a festa até as cinco horas da manhã? Aceitamos, divertidos com o caráter irrevogável de nossa decisão, pois após meia-noite ela se revestiu de um constrangimento: voluntariamente e contra nossa vontade achávamo-nos encerrados até a madrugada nesse apartamento envolvido por uma cidade proibida. Perdêramos o hábito de dormir tarde; felizmente, sobrava bastante vinho para espantar nossos torpores. Não dançamos para não escandalizar os locatários de baixo, mas Leiris tocou em surdina discos de jazz. Mouloudji cantou *Les petits pavés* com uma bela voz ainda infantil; reclamaram de Sartre *Les papillons de nuit* e *J'ai vendu mon âme au diable*; Leiris e Camus leram uma cena de um melodrama escolhido; os outros também se expandiram não sei bem como. Por momentos, o sono me amolecia: era então que eu apreciava mais intensamente essa noite insólita. Fora, a não ser para os ocupantes e seus protegidos, as ruas não eram mais caminhos, e sim barreiras; ao invés de unir, isolavam os imóveis que mostravam suas verdadeiras fisionomias: barracões de prisioneiros. Paris era um vasto *Stalag*. Tínhamos conjurado essa dispersão e, se não havíamos infringido a regra, tínhamo-la iludido pelo menos: beber e conversar juntos, no meio das trevas, era um prazer tão furtivo que nos parecia ilícito; participava da graça das felicidades clandestinas.

Essa noitada teve para nós o prolongamento de algumas novas relações. Um ou dois anos antes, tínhamos jantado na casa dos Desnos com Dora Marr e Picasso; a conversa estagnara. Nós o revimos durante os ensaios de sua peça e no dia da leitura; ele convidou-nos para almoçar no restaurante Catalans,[121] onde fazia todas as suas refeições em companhia de Dora Marr, e recebeu-nos várias vezes em seu ateliê. Íamos, em geral, pela manhã com os Leiris. Ele residia na rua Grands-Augustins e dormia num quarto vazio como uma cela; não havia muito mais móveis no amplo sótão em que trabalhava: apenas um aquecedor, cujos tubos passavam por toda parte, cavaletes e quadros, uns virados para as paredes, outros visíveis. Eu conhecia, através de diversas exposições, a maneira pela qual ele transformava um tema de uma tela a outra; pintava, na época, um altar de Notre-Dame, um candelabro, um cacho de cerejas, e percebiam-se claramente, através das diversas versões, os jogos de sua invenção, seus progressos, suas pausas, seus caprichos. Comparadas com as obras do passado, essas eram mais perfeitas do que novas; mas essa perfeição tinha seu valor e eu gostava de descobrir essas telas no próprio momento de sua criação. Picasso acolhia-nos sempre com uma vivacidade buliçosa; sua conversação tinha alegria e brilho, mas não se conversava com ele; entregava-se, antes, a monólogos que estragava com um excesso de paradoxos algo passados; agradavam-me principalmente sua expressão, suas mímicas, seus gestos vivos. Jantou uma vez em meu

---

[121] Não ocupava o mesmo lugar que hoje; estava situado também na rua Grands-Augustins, mas na calçada da frente.

quarto com Dora e os Leiris; eu fizera prodígios. Uma grande saladeira cheia de airelas e groselhas valeu-me um concerto de elogios.

Ligamo-nos mais familiarmente com os Salacrou. Salacrou tinha o olhar penetrante, o riso curto, a mordacidade, um cinismo que voltava de bom grado contra si mesmo e se assemelhava, então, gostosamente a um frescor; um de seus encantos estava em que, embora disfarçando, como todo mundo, confessava com ardor certas coisas que costumam esconder: seus medos, por exemplo, e suas vaidades.

Revimos muitas vezes, em casa dos Leiris, Georges Bataille, cuja *Expérience intérieure*, por certos trechos, me irritara e, por outros, me impressionara vivamente; e Limbour, cujo romance *Les vanilliers* eu tanto apreciara. Pretende-se muitas vezes que os escritores só devem ser conhecidos por seus livros, que em carne e osso desiludem: verifiquei que nenhum lugar-comum era mais falso. Qualquer que viesse a ser o futuro desses encontros, nunca o contato com um autor cujas obras eu estimava me desapontou. Tinham todos uma maneira pessoal de apreender o mundo, uma malícia, um calor, um estilo, um tom que se destacava da chatice comum. O encanto podia finalmente desgastar-se ou hieratizar-se, mas existia sempre e, desde as primeiras palavras, se impunha.

Uma das seduções dessa roda para a qual entramos era que os membros pertenciam, quase todos, ao antigo surrealismo, cuja dissidência remontava a tempos mais ou menos longínquos; nossa idade, nossa formação universitária mantiveram-nos, Sartre e eu, afastados do movimento que, no entanto, indiretamente, tivera importância para nós. Havíamos herdado suas contribuições, seus malogros; quando Limbour nos contava as sessões de escrita automática, quando Leiris e Queneau evocavam as excomunhões de Breton, seus *diktats*, suas cóleras, suas narrativas, bem mais pormenorizadas, mais vivas e verdadeiras do que nenhum livro, punham-nos na posse de nossa pré-história. Um dia, no primeiro andar do Flore, Sartre perguntou a Queneau que é que lhe sobrava do surrealismo: "A impressão de ter tido uma juventude", respondeu-nos. Sua resposta impressionou-nos e nós o invejamos.

Tirei ainda mais um proveito desse comércio. Conhecia poucas mulheres de minha idade e nenhuma que levasse uma vida clássica de esposa; os problemas de Stépha, de Camille, de Louise Perron, de Colette Audry, os meus eram, a meus olhos, individuais e não genéricos. Em muitos pontos, compreendera quanto, antes da guerra, eu pecara por abstração: sabia agora que não era indiferente ser ariano ou judeu; mas não me dera conta de que houvesse uma condição feminina. Subitamente eu encontrava bom número de mulheres que tinham ultrapassado os quarenta e que, através da diversidade de suas possibilidades e de seus méritos, tinham todas uma experiência idêntica. Tinham vivido como "seres relativos". Porque eu escrevia, porque minha situação diferia da delas, e também, penso, porque sabia ouvir, disseram-me muitas coisas. Eu começava a dar-me conta das dificuldades, das falsas facilidades, das armadilhas, dos obstáculos que a maioria das mulheres encontra em seu caminho; percebi igualmente em que medida elas se sentiam a um tempo diminuídas e enriquecidas. Não dava ainda muita importância a um problema que só me tocava indiretamente, mas minha atenção fora despertada.

Beber, almoçar ou jantar juntos, em grupo mais ou menos numeroso, não bastava: quisemos ressuscitar a noite privilegiada que passáramos, depois da leitura de *Le désir attrapé par le queue*; em março, em abril, organizamos o que Leiris chamou *fiestas*. A primeira realizou-se em casa de Georges Bataille, num apartamento que dava para o pátio de Rohan. O músico René Leibovitz lá se escondia com a mulher. Quinze dias depois, a mãe de Bost emprestou-nos sua casa de Taverny: para uma viúva de pastor e septuagenária, tinha ideias largas. Fechou à chave seus móveis e seus objetos preciosos, pôs jogos de xadrez sobre uma mesa e foi dormir alhures. Em junho — voltarei a isso — houve ainda uma *fiesta* em casa de Camille. Acontecera-me muitas vezes em minha vida divertir-me muito, mas foi somente nessas noites que conheci o verdadeiro sentido da palavra "festa".[122]

Para mim[123] a festa era antes de tudo uma ardente apoteose do presente, em face da inquietação do futuro; um calmo decurso de dias

---

[122] Geneviève Gennari, no ensaio que escreveu sobre mim, observa que as festas ocupam muito espaço em meus livros; com efeito, descrevi várias em *Todos os homens são mortais*, em *Os mandarins* e falei delas em *A moral da ambiguidade*. Foram as *fiestas* — e a noite de 25 de agosto de que eram uma antecipação — que me descobriram o valor desses entreatos.

[123] Caillois, em *Le mythe de la fête*, e Georges Bataille, em *La part du diable*, deram sobre esse fenômeno uma análise muito mais exaustiva; indico somente o que significou para mim. Cada um dos escritores que por ele se interessaram interpretou-o à sua maneira: o papel da festa em Rousseau, por exemplo, foi bem focado por Starobinski em *La transparence et l'obstacle*.

felizes não suscita festa: mas, no seio da desgraça, se a esperança renasce, se encontramos novamente uma possibilidade de influir no mundo e no tempo, recomeça então o instante a brilhar, podemos encerrar-nos e consumir-nos nele: é a festa. O horizonte, ao longe, continua perturbado; as ameaças misturam-se às promessas e é por isso que a festa é patética. Ela enfrenta essa ambiguidade e não se esquiva dela nunca. Festas noturnas de amores nascendo, festas maciças de dias de vitória: há sempre um gosto mortal no fundo da embriaguez viva, mas a morte, durante um momento fulgurante, é reduzida a nada. Estávamos ameaçados; depois da libertação, muitos desmentidos nos aguardavam, muitas tristezas e o incerto tumulto dos meses e dos anos; mas não nos iludíamos: queríamos tão somente arrancar dessa confusão algumas pepitas de alegria e embebedar-nos com seu brilho, a despeito dos amanhãs que desencantam.

Conseguíamos graças à nossa conivência; os pormenores dessas noites contavam pouco; bastava-nos estarmos juntos. Essa alegria, em cada um de nós vacilante, tornava os rostos que nos cercavam um sol, e iluminava-nos: a amizade tinha nelas parte tão grande quanto a dos êxitos aliados. As circunstâncias apertavam ainda, de maneira simbólica, os laços de cujo vigor e de cuja mocidade falei. Uma insuperável zona de silêncio e de noite isolava-nos de tudo; impossível entrar ou sair; habitávamos uma arca. Tornávamo-nos uma espécie de fraternidade, desencadeando seus ritos secretos ao abrigo do mundo: e o fato é que precisávamos inventar sortilégios. Porque, afinal, o desembarque não ocorrera ainda, Paris não se achava libertada nem Hitler abatido; como celebrar acontecimentos que não se realizaram? Existem condutos mágicos que abolem as distâncias através do espaço e do tempo: as emoções. Suscitávamos uma ampla emoção coletiva que realizava sem demora todos os nossos votos: a vitória tornava-se tangível na febre que suscitava.

Usávamos para acender o fogo os processos mais clássicos. Primeiramente, a comilança. Todas as festas quebram o ritmo normal da economia por um desperdício de consumação: numa escala modesta, assim era conosco. Era preciso muito cuidado e restringir-se severamente para juntar as provisões e as garrafas com as quais guarnecíamos o bufê. E, de repente, comíamos e bebíamos à beça. A abundância, tão repugnante quando serve para exibições,[124] torna-se exaltante quando satisfaz e alegra ventres esfomeados. Acalmávamos sem vergonha nossa fome. As desordens amorosas ocupavam pouco lugar nessas saturnais. Era, principalmente, a bebida que nos ajudava a romper com o cotidiano; não poupávamos o álcool: a ninguém, entre nós, repugnava a embriaguez; alguns encaravam-na quase como um dever. Leiris, entre outros, aplicava-se com zelo e o conseguia admiravelmente; dava então exibições de grande estilo; revejo-o, desandando, sentado, pela escada de Taverny; pulava de degrau em degrau, hilariante, mas sem se despir de uma dignidade algo compassada. Cada um de nós se fazia assim, mais ou menos deliberadamente, o palhaço dos outros e as atrações não faltavam; éramos todos um circo com seus histriões, seus charlatães, seus bufões, seus desfiles. Dora Marr mimava uma tourada; Sartre, do fundo de um armário, dirigia uma orquestra; Limbour cortava um presunto com ares de canibal; Queneau e Bataille batiam-se em duelo com garrafas à guisa de espadas; Camus, Lemarchand tocavam marchas militares com caçarolas, os que sabiam cantar cantavam e também os que não sabiam; pantomimas, comédias, diatribes, paródias, monólogos, confissões, as improvisações não se esgotavam e eram acolhidas com entusiasmo. Punham discos na vitrola, dançavam, uns muito bem — Olga, Wanda, Camus —, outros menos. Invadida pela felicidade de viver, eu voltava a encontrar minha velha certeza de que viver pode e deve ser uma felicidade. Essa certeza persistia na calma da madrugada. Depois, empalidecia sem morrer inteiramente: a espera recomeçava.

Durante a Páscoa, fomos para La Pouèze; enquanto estávamos ausentes, Paris fora bombardeada quase todas as noites tão violentamente que Bost pensou, como nos escreveu, em fazer-se chefe de quarteirão; não suportava esperar de braços cruzados que o teto lhe caísse na cabeça; morava a cem metros da estação de Montparnasse e a RAF atacava sistematicamente as estações; desorganizara a tal ponto as estradas de ferro, que Bost levara três horas em lugar de vinte minutos para ir a Taverny. Primeiramente, dois trens tinham passado sem que tivesse podido

---

[124] Penso, por exemplo, no piquenique a que acompanhei Zaza à beira do Adour.

sequer subir num amortecedor; o que conseguira pegar ziguezagueara estranhamente pelos arrabaldes, parando a cada dois quilômetros. Na volta encontramos a estação do Norte, a de Lyon e a do Leste fechadas. Partia-se de Juvisy para ir a Lyon; de Denfert-Rochereau para ir a Bordeaux. Uma noite acreditei que o céu e a terra iam explodir; os muros do hotel tremeram e eu ia tremer também quando Sartre veio me buscar e me arrastou para o terraço do hotel; o horizonte estava em fogo e o céu estava feérico. Fiquei fascinada e me esqueci de ter medo. Esse espetáculo tumultuoso durou mais de duas horas. Soubemos no dia seguinte que a estação de La Chapelle estava reduzida a pó e cercada de escombros; bombas tinham caído junto ao Sacré-Cœur.

As restrições agravaram-se; os cortes de eletricidade multiplicaram-se; a última composição do metrô punha-se em marcha às dez horas da noite; diminuíram o número de sessões nos teatros e cinemas. Não se achava mais nada para comer. Felizmente, Zette indicou-me um meio de me abastecer: o porteiro da fábrica Saint-Cobain, em Neuilly-sous-Clermont, vendia carne. Fiz, com Bost, várias viagens compensadoras. Um trem conduzia-nos com nossas bicicletas até Chantilly; rodávamos cerca de vinte quilômetros; íamos fazer nossas compras na fábrica e tomar alguma coisa no albergue da aldeia; perto havia uma imensa pedreira abandonada de onde tinham tirado outrora pedras para a catedral de Beauvais; lá cultivavam agora cogumelos e trazíamos cada vez alguns quilos. Da estrada, ouvíamos muitas vezes explosões e o crepitar da DCA. A estação de Creil e seus arredores tinham sido arrasados; contudo, uma tarde, ao atravessarmos a cidade em ruínas, houve um toque de alerta; apesar do calor, pedalei quanto pude ao passar sobre a ponte por cima da via férrea. Que deserto em torno de nós! E que silêncio! Mais adiante, o calmo odor dos prados e dos campos permanecia ainda carregado de um secreto veneno; a estrada estava juncada de fitas de papel brilhante cuja origem sempre ignorei e que achei de um aspecto maléfico. Mas eu triunfei quando desembrulhei em meu quarto os pedaços de carne fresca.

Vimos surgir nos muros de Paris um caracol com as cores inglesas e norte-americanas, arrastando-se ao longo do litoral italiano; pouco tempo depois, viemos a saber que a marcha dos Aliados para Roma se precipitava; a imprensa não escondia que a hora do desembarque se aproximava. No Flore, a atmosfera mudava. Francis Vintenon disse-me confidencialmente que acabava de se empenhar até o pescoço na Resistência. O pseudossecretário de Laval desapareceu, e também Zizi Dugommier; os redatores de *Pilori* e da *Gerbe* andavam cada dia mais desapontados; na manhã em que os jornais anunciaram a execução de Pucheu, eles se disseram bom-dia com um simples aceno de cabeça, pareciam demasiado extenuados para falar. Um deles acabou pronunciando uma frase: "É nosso processo". "É", disse o outro e seus olhares se tornaram vagos. O colaborador do *Pilori* foi enforcado nos dias da libertação: ignoro a sorte de seu confrade.

Bruscamente, o céu cobriu-se de cinzas em cima de nossas cabeças: Bourla foi detido. Lise, que os bombardeios impediam de dormir e que nunca comia o bastante, partira para La Pouèze. Bourla continuara a morar em seu quarto; de uma feita, entretanto, passara a noite na casa do pai. Os alemães apareceram às cinco da manhã e levaram os dois para Drancy. M. Bourla vivia com uma ariana loura que não ficou incomodada; ao sair, Bourla beijou-a: "Não morrerei porque não quero morrer", disse. Ela entrou imediatamente em contato com um alemão que se fazia chamar Félix e que prometeu, mediante três ou quatro milhões, salvar o pai e o filho. Ele subornou um guarda e Lise, que voltara angustiada para Paris, recebeu de Bourla algumas palavras rabiscadas em pedaços de papel; tinham-nos maltratado um pouco, dizia, mas o moral era bom; confiavam em Félix. Com razão, ao que parecia. Félix anunciou certa manhã à loura que todos os internados de Drancy acabavam de ser enviados para a Alemanha, mas ele conseguira que seus dois protegidos ficassem. À tarde, acompanhei Lise a Drancy, através da primavera em flor. Disseram-nos num café próximo da estação que trens blindados haviam deixado a estação durante a noite e que os arranha-céus estavam vazios. Aproximamo-nos da cerca de arame farpado: colchões tomavam ar às janelas: ninguém nos quartos. Tínhamos trazido nossos binóculos e percebemos muito longe duas silhuetas que se inclinavam para nós. Bourla tirou a boina e agitou-a com um ar alegre, descobrindo o crânio raspado. Sim, Félix cumprira a palavra. Contou-lhe no dia seguinte que tinham transferido os Bourla para um campo de prisioneiros americanos; arranjaria logo para que saíssem; comiam bem, tomavam banhos de sol, precisavam de roupas brancas; Lise e a loura encheram uma maleta. Lise nunca via Félix, sabia apenas o que dizia a loura que por ele se enrabichara: tricotava pulôveres para ele. Lise pediu que ele trouxesse uma palavra escrita de Bourla; ele não trouxe nada. Ela insistiu; queria um anel que oferecera a Bourla e que ele não largava nunca: nada de anel. Ela ficou com medo. Por que esse silêncio? Onde era esse campo de prisioneiros? A loura pareceu embaraçada; fora vítima de Félix ou sua cúmplice, ou se esforçara por poupar Lise o mais possível? Deixou-se atormentar durante dias antes de transmitir a resposta do alemão: "Há muito tempo que os liquidaram!"

Fiquei transtornada com o desespero de Lise e também por conta própria; muitas mortes já me tinham revoltado, mas essa atingia-me intimamente. Bourla vivera bem perto de mim, eu o adotara em meu coração e ele tinha apenas dezenove anos. Sartre tentava piedosamente convencer-me de que, em certo sentido, toda vida se acha acabada, que não é mais absurdo morrer com dezenove anos do que com oitenta: eu não o acreditava. Quantas cidades e rostos que teria amado não veria! Todas as manhãs, quando abria os olhos, eu lhe roubava o mundo; o pior é que não o roubava de ninguém; não havia ninguém para dizer: "O mundo me está sendo roubado." Ninguém: e em nada essa ausência se encarnava; nem túmulo, nem cadáver, nem um osso. Como se nada, absolutamente nada, tivesse acontecido. Encontraram umas palavras dele num pedaço de papel: "Não estou morto. Estamos apenas separados." Era algo de uma outra era: agora não havia ninguém para dizer "estamos separados". Esse nada me deixava desamparada. E depois eu voltava à terra mas o solo me queimava. Por que fora assim? Por que dormira na casa do pai exatamente naquela noite? Por que o pai se acreditara em segurança? Por que o tínhamos acreditado? Não tinham sido a loura, seus milhões e Félix que o haviam trucidado? Talvez tivesse sobrevivido à deportação. Eram questões ociosas, mas elas me amarguravam. Outra havia que eu me propunha com pavor. Ele dissera: "Não morrerei porque não quero morrer." Não escolhera enfrentar a morte, ela caíra sobre ele sem seu consentimento: ele a teria visto face a face durante um instante? Quem teriam liquidado primeiro: o pai ou ele? Se o soube, bem alto ou em silêncio gritou por certo *não* e esse sobressalto atroz ficava para sempre, e em vão, ancorado na eternidade. Gritara não e nada mais existira. Eu não achava essa história suportável. Mas suportei-a.

É-me mais difícil encontrar a verdadeira cor de meus pensamentos nesse período do que em qualquer outro. Esses quatro anos tinham sido um compromisso entre o terror e a esperança, entre a paciência e a cólera, entre a desolação e os repentes de alegria; subitamente, toda conciliação parecia impossível, eu estava esquartejada. Desde há alguns meses, parecera-me ressuscitar, a vida deslumbrava-me novamente: e eis que Bourla desaparecia: nunca eu tocara com tamanha evidência o caprichoso horror de nossa condição mortal. Há pessoas, mais sensatas ou indiferentes, que tais condições espantam pouco; elas se fundem no crepúsculo indistinto em que se desenrolam os dias e que apenas algumas luzes e algumas sombras moldam, de vez em quando. Eu sempre separara obstinadamente as trevas da luz: a noite, a fuligem, eu as juntava em breves instantes que esgotava em convulsões e lágrimas; pagando esse preço, preservava para mim céus de uma limpidez sem confusão. Depois de alguns dias de pura tristeza, foi ainda nesse ritmo que chorei Bourla; por causa mesmo de sua morte, de tudo o que significava, os momentos que abandonei ao escândalo, ao desespero, adquiriram uma intensidade que eu não conhecera nunca: realmente infernal. Mas logo que escapava deles, era de novo tomada pelos esplendores do futuro e por tudo o que compunha cotidianamente minha felicidade.

Há muito ouvíramos falar de um poeta desconhecido que Cocteau descobrira na prisão e que ele considerava o maior escritor da época; fora pelo menos assim que o qualificara numa carta enviada, em julho de 1943, ao presidente do 19º Tribunal correcional perante o qual estava sendo julgado Jean Genet, já condenado nove vezes por roubo. Barbezat contava publicar em *L'Arbalète* um trecho de suas obras em prosa e alguns de seus poemas; a mulher de Barbezat, a Olga morena, ia de vez em quando visitar Genet na cadeia; foi por ela que soube da existência dele e de alguns pormenores de sua vida. Fora recolhido, ao nascer, pela Assistência Pública e entregue a camponeses; a maior parte de sua infância se desenrolara em casas de correção; muito tinha roubado e arrombado, pelo mundo, e era pederasta. Lera na prisão; escrevera versos e depois um livro. Olga Barbezat dizia maravilhas dele. Acreditei menos do que na minha juventude; o malandro de gênio parecia-me um personagem algo convencional. Sabendo do gosto de Cocteau pelo extraordinário e pela descoberta, suspeitei-o de exagero. Contudo, quando foi publicado em *L'Arbalète* o início de *Nossa Senhora das Flores*, ficamos impressionados; Genet visivelmente sofrera influências de Proust, de Cocteau, de Jouhandeau, mas tinha um acento pessoal, inimitável. Era muito raro, agora, que uma leitura fizesse reviver nossa fé na literatura: estas páginas redescobriram-nos o sentido novo das palavras. Cocteau vira com justeza: um grande escritor acabava de surgir.

Saíra da prisão, tinham-nos dito. Uma tarde de maio, como me encontrasse no Flore com Sartre e Camus, ele se aproximou de nossa mesa: "É você, Sartre?", indagou bruscamente. Cabelo raspado, lábios cerrados, olhar desconfiado e quase agressivo, tinha, ao que nos pareceu, um ar duro. Sentou-se, mas ficou apenas um momento. Voltou e vimo-nos muitas vezes. Dureza, ele tinha: essa sociedade de que fora expulso desde os primeiros choros, ele a tratava sem contemplação. Mas seus olhos sabiam sorrir, e, em sua boca, o espanto da infância continuava presente; era fácil conversar com ele; escutava e respondia. Nunca o teriam tomado por um autodidata; em seus gostos, em seus juízos, tinha a ousadia, a parcialidade, a desenvoltura das pessoas para quem a cultura é natural, e também um discernimento notável. Acontecia-lhe evocar com ênfase o Poeta e sua missão; fingia-se atraído pelo fausto e pelas elegâncias dos salões cujo esnobismo fustigava; mas não mantinha durante muito tempo essa afetação, era por demais curioso e apaixonado. Seus interesses eram categoricamente circunscritos; detestava as anedotas, o pitoresco. Tínhamos subido ao terraço de meu hotel, uma noite, e mostrei-lhe os telhados: "Que quer que faça disso?", disse-me mal-humorado; tinha muito que fazer consigo mesmo para se ocupar com espetáculos exteriores. Na realidade, sabia muito bem olhar; quando um objeto, um acontecimento, uma pessoa tinham sentido para ele, achava, para falar deles, as palavras mais diretas e mais justas; só que não acolhia qualquer coisa, precisava de certas verdades e procurava, não raro por estranhos desvios, as chaves que lhe abririam as portas delas. Levava avante essa busca com uma espécie de sectarismo, mas também com uma das inteligências mais agudas que conheci: seu paradoxo, nessa época, estava em que, apesar de obstinado em suas atitudes, e portanto pouco aberto, era um espírito inteiramente livre. Na base de seu entendimento com Sartre, houve essa liberdade que nada intimidava e o desgosto comum por tudo que a tolhia: a nobreza de alma, as morais intemporais, a justiça universal, as belas palavras, os grandes princípios, as instituições, os idealismos. Em suas observações, como em seus escritos, fazia questão de ser rebarbativo: assegurava que não hesitaria em trair ou roubar um amigo, porém nunca o ouvi falar mal de alguém; não permitia que ninguém atacasse Cocteau na sua frente; mais sensíveis a suas condutas do que a suas provocações abstratas, desde o início nos apegamos a ele.

Quando o conhecemos, projetávamos uma nova *fiesta*; eu o teria convidado de bom grado; Sartre observou que ele não gostaria; com efeito; era a pequeno-burgueses solidamente bem instalados neste mundo que convinha perder-se durante umas curtas horas no álcool e no barulho; Genet não tinha nenhum interesse por essas dissipações. Perdera-se primeiramente e agora fazia questão de sentir a terra firme sob os pés.

Camille pusera à nossa disposição o amplo apartamento em que morava agora, com Dullin, na rua de Tour-d'Auvergne, e que pertencera outrora, diziam, a Juliette Drouet. Convocamos nossos amigos para a noite de 5 a 6 de junho. Zina abriu-nos a porta: uma profusão de flores, fitas, grinaldas e ornatos deliciosos fantasiavam o átrio, a sala de jantar e o salão grande e redondo que dava para um velho jardim; mas Zina parecia agitada, cheirava a vinho: "*Ela* não está bem", disse-nos. Camille começara cedo a arranjar o apartamento, trabalhara com afinco e para se animar esvaziara tão generosos copos de vinho tinto que precisara deitar-se. Zina, certamente, não a deixara beber sozinha, mas ainda ficava em pé. Dullin acolheu-nos como pôde, embora a invasão o assustasse um pouco. Além do bando habitual, os Salacrou tinham vindo, e também um amigo de Bost, Robert Scipion, que escrevera uma paródia muito divertida de *A náusea*. Camus trouxera Marie Casarès, que ensaiava *O mal-entendido* no Mathurins; envergava um vestido de Rochas, de listras de dois tons de roxo, e puxara os cabelos negros para trás; um riso estridente descobria por vezes seus jovens dentes brancos. Estava muito bonita. Por sua vez, Camille e Dullin tinham convidado alguns alunos da École e um de seus familiares, Morvan Lebesque. A reunião era bastante heteróclita, a ausência de Camille criava um mal-estar. O início da noitada careceu de entusiasmo. Dullin disse admiravelmente poemas de Villon, mas sem esquentar a atmosfera. Jeanine Queneau reagiu a esse mal-estar bancando a criança infernal: ao fim de uma balada, latiu. Olga, para que não percebessem a travessura, deu com muita naturalidade um tapa na cadela da casa. Puseram discos, dançaram, beberam e em pouco tempo divagávamos como de costume. Scipion, ainda sem treino, depois de alguns copos deitou-se no chão e dormiu profundamente. Por volta das três horas da manhã, Camille apareceu, coberta de xales e de joias, com ruge nas pálpebras e o rosto pintado de azul; jogou-se aos pés de Zette Leiris, pedindo perdão, depois dançou com Camus um *paso doble* vacilante. Tomamos o primeiro metrô com Olga e Bost, que acompanhamos até Montparnasse. Na luz baça da madrugada, a praça de Rennes estava deserta; nos muros da estação, avisos anunciavam que todas as saídas de trem estavam suspensas. Que acontecia? Desci a pé com Sartre até a rua de Seine, com sono demais para imaginar o que quer que fosse, mas com uma estranha inquietação dentro de mim. Dormi quatro ou cinco horas; quando despertei, a voz do rádio entrava pela janela e dizia coisas esperadas mas incríveis. Pulei da cama: as tropas anglo-americanas tinham posto pé na Normandia. Todos os vizinhos de Camille ficaram convencidos de que tínhamos tido informações secretas e havíamos, nessa noite, celebrado o desembarque.

Os dias que se seguiram foram de grande festa. As pessoas riam umas para as outras, o sol brilhava, e como as ruas estavam alegres! As mulheres, desde que circulavam de bicicleta, usavam saias de cores vivas; nesse ano, tinham confeccionado saias xadrez; as elegantes utilizavam xales de luxo; em Saint-Germain-des-Prés contentavam-se em geral com tecidos de algodão. Lise arranjou-me alguns muito bonitos, de fundo vermelho e que não custavam caro. Lola acabava de ser solta, bem como Olga Barbezat; amiúde, com Lise e outros hóspedes do hotel, subia ao terraço para se bronzear. Eu não suportava esses banhos de calor na dureza do cimento, mas, à noite, gostava de sentar-me lá, acima dos telhados para ler e conversar. Com Sartre, com nossos amigos, bebia *turin-gin* falsificado, no terraço do Flore, ou *punch* falsos da Rhumerie Martiniquense; construíamos o futuro e regozijávamo-nos.

Na noite de 10 de junho, *Entre quatro paredes* enfrentou o público e a crítica. Quando Olga Barbezat fora detida, Sartre abandonara o projeto — que de resto se apresentava mal — de levar a peça em giro pela província. O diretor do Vieux-Colombier, Badel, interessou-se; Camus julgou que não estava qualificado para dirigir atores profissionais nem para representar num teatro parisiense e enviou a Sartre uma cartinha encantadora que o libertava do acordo anterior. Badel confiou a encenação a Rouleau e contratou atores desconhecidos: sua mulher, Gaby Sylvia, Balachova, Vitold; da antiga equipe, somente Chauffard conservou o seu papel. O ensaio geral alcançou grande êxito. A réplica: "Temos eletricidade à vontade" provocou risos com que Sartre não contara. Assistia à representação nos bastidores, mas para sair, misturou-se com os espectadores; como atravessasse o saguão, um desconhecido aproximou-se dele e pediu licença para uma palavra em particular: sabia de fonte certa que os alemães se preparavam para deter Sartre e fuzilá-lo: "Quando visarem, pense em mim", acrescentou, aconselhando-o a esconder-se. Entretanto, marcou-lhe encontro para o dia seguinte em frente da igreja de Saint-Germain-des-Prés: quando a décima segunda hora soasse, todos os passantes se abraçariam, os sinos tocariam, a paz universal desceria sobre a terra. Tranquilizado, Sartre foi dormir na cama. Por cortesia foi ao encontro da praça Saint-Germain-des-Prés. O desconhecido sorriu-lhe: "Dentro de cinco minutos!" Olhava o relógio com um ar de beatitude. Meio-dia soou, uma vez, duas vezes; o homem aguardou alguns instantes, pareceu desconcertado: "Devo ter-me enganado de dia", disse em tom de desculpa.

Representavam depois de *Entre quatro paredes* uma comédia tão insípida de Toulet que o público saía no intervalo; Badel fê-la representar em primeiro lugar sem modificar os cartazes. Uma noite, como Sartre caminhasse pela rua do Vieux-Colombier, cruzou com espectadores que faziam hora diante do teatro: a representação, iniciada um quarto de hora antes, fora interrompida por um corte de eletricidade. Sartre divisou Claude Morgan, que lhe estendeu a mão embaraçado; finalmente observou: "Francamente, não compreendo... Depois de *As moscas*!... Por que escreveu isso?" Atribuía a Sartre a mascarada de Toulet. Só ouvira as primeiras cenas e estava ainda estupidificado.

Dias depois do ensaio geral, Vilar, que organizara um ciclo de conferências, pediu a Sartre para falar do teatro. A reunião realizou-se num conjunto de salões que davam para o cais do Sena; havia muita gente. Barrault, Camus discutiram com Sartre, e também Cocteau que vi de perto pela primeira vez. À saída, muitas senhoras pediram autógrafos a Sartre: notei a presença de Marie Le Hardouin e Marie Laure de Noailles, com um delicioso chapéu de palha. Cocteau não vira ainda *Entre quatro paredes*; assistiu à peça com Jean Genet e dela falou nos termos mais calorosos: uma tal benevolência se encontra muitas vezes entre escritores, mas entre autores dramáticos vi poucos exemplos. Por intermédio de Genet, Sartre e Cocteau combinaram encontrar-se no bar do Hotel Saint-Yves, na rua Jacob, que se achava então na moda em certo meio. Cocteau, seus livros, seus Eugène tinham tido grande importância na minha juventude e acompanhei Sartre ao encontro. Cocteau assemelhava-se a seus desenhos; sua volubilidade deu-me vertigens; como Picasso, monologava, mas a palavra era sua linguagem e ele a usava com um virtuosismo de acrobata; eu acompanhava, fascinada, os movimentos de seus lábios e de suas mãos; por instantes, parecia-me que ele ia estatelar-se, mas, qual, reequilibrava-se: o salto mortal fora dado, desenhava no ar novas volutas complicadas e deliciosas. Para dizer a Sartre que gostava de *Entre quatro paredes* teve frases cheias de graça; depois recordou sua própria estreia no teatro e sobretudo *Orphée*; percebia-se de imediato que se preocupava muito consigo mesmo, mas esse narcisismo nada tinha de mesquinho, não o isolava de outras pessoas; o interesse que demonstrou por Sartre, a maneira por que falou de Genet, provavam-no. O bar fechou e nós descemos a rua Bonaparte até o cais. Estávamos numa ponte, e olhávamos tremerem as sombras furta--cores do Sena, quando a sirene apitou; foguetes estouraram no céu varrido por feixes luminosos; estávamos habituados às fantasmagorias ruidosas, mas essa nos pareceu particularmente bela; e que acaso nos encontrarmos ancorados ali naquelas margens sozinhos com Cocteau! Quando a DCA calava, não se ouvia senão o ruído de nossos passos e de sua voz. Ele dizia que o poeta deve ignorar o século, permanecer indiferente às loucuras da guerra e da política: "Eles nos chateiam", dizia. "Todos: alemães, norte-americanos... eles nos chateiam." Não estávamos absolutamente de acordo, mas tínhamos simpatia por ele; apreciávamos sua presença insólita naquela noite acutilada de raios verde-esperança.

Todas as manhãs, a BBC e a imprensa atiçavam nossa espera. Os exércitos aliados aproximavam-se. Hamburgo estava destruída por bombas de fósforo; nos arredores de Paris, desencadeavam-se atentados e sabotagens. Em 28 de junho, pela manhã, Philippe Henriot foi executado pelos patriotas. Os alemães, apavorados com a derrota iminente, vingavam-se nas populações. Em Paris, passava-se de mão em mão uma carta que narrava a tragédia de Oradour-sur-Glane: em 10 de junho, mil e trezentas pessoas, em sua maioria mulheres e crianças, tinham sido queimadas vivas em suas casas e na igreja onde se haviam refugiado. Em Tulle, os SS tinham enforcado oitenta e cinco "refratários" nas sacadas da rua principal. No Sul, haviam visto crianças penduradas pela garganta a ganchos de carniceiros. Houve outras prisões na nossa roda. Fomos uma tarde em casa dos Desnos e Yüki disse-nos que Desnos fora detido na antevéspera pela Gestapo; amigos tinham-lhe telefonado de madrugada para preveni-lo; em vez de fugir imediatamente, de pijama, começara a vestir-se; não tinha ainda calçado os sapatos quando bateram na porta.

Um medo incerto insinuava-se em nossas esperanças. Falava-se havia muito das armas secretas que Hitler preparava; em fins de junho, "meteoros" caíram em Londres; caíam caprichosamente, sem que nenhum sinal os anunciasse: a qualquer momento podia-se imaginar que acabava de morrer uma pessoa amada; essa insegurança difusa parecia-me a pior das provações, temia ter um dia que a enfrentar.

Por enquanto, nós a ignorávamos. Passeávamos, bebíamos, conversávamos. Assistíamos aos concertos da Pleiade, patrocinados por Gaston Gallimard: líamos a coletânea de artigos de crítica que Blanchot acabara de publicar: *Faux Pas*. E recitávamos trechos dos *Ziaux*, de Queneau:

Nós lagartos amamos as musas
E as musas amam as artes.[125]

Em princípios de julho, assistimos ao ensaio geral de O *mal-entendido*, de Camus. Tínhamos lido uma cópia meses antes e dito que preferíamos de longe *Calígula*; não nos surpreendemos em ver que, representada, a peça não se aguentava, apesar do talento de Casarès. A nossos olhos, esse malogro nada tinha de grave e nossa amizade por Camus não sofreu com isso. O que nos irritou foi a satisfação dos críticos; sabiam de que lado se encontrava Camus e sublinhavam, com escárnios, as fraquezas do texto. Mas nós ríamos também durante o intervalo, vendo-os passearem na rua com uma desenvoltura ostentosa; falavam alto, Alain Laubreaux movimentava-se exageradamente e nós nos dizíamos: "Eles sabem." Era sem dúvida o último ensaio geral que criticavam; de um dia para outro, seriam expulsos da imprensa, da França, do futuro: e eles o sabiam. Entretanto, nada tinham renegado de sua arrogância. Em suas palavras acerbas, suas fisionomias falsamente triunfantes, percebíamos com evidência nossas razões de desejar-lhes essa ruína que já, em segredo, os infectava. Graças a essa rara conjuntura, compreendi que o ódio também pode ser um sentimento alegre.

Durante todo o ano eu trabalhara muito; do novo romance que começara em setembro, falarei mais tarde porque levei muito tempo para escrevê-lo. Em julho, terminei uma peça iniciada três meses antes e que intitulei: *Les bouches inutiles.*

Desde que assistira aos ensaios de As *moscas*, eu pensava escrever uma peça; diziam-me que, em *A convidada*, os melhores trechos eram os diálogos; eu sabia que a linguagem do palco difere da do romance, mas isso não fazia senão aumentar meu desejo de experiência; essa linguagem devia ser, na minha opinião, despojada ao extremo; a de *As moscas* parecia-me por demais abundante, preferia a secura e a densidade de *Entre quatro paredes*.

Mas, primeiramente, era preciso encontrar um assunto: destaquei um dos que tinha na cabeça e que abandonei. Nas férias da Páscoa li, em

---

[125] *Nous lézards aimons les Muses*
Et les Muses aiment les Arts.
O jogo de palavras (lézards — les arts) não encontra equivalência em português. (N.T.)

La Pouèze, as crônicas italianas de Sismondi, cujos doze volumes Sartre tomara de empréstimo numa biblioteca: eu queria que meu herói reinasse em sua juventude sobre uma dessas cidades. Um fato que ocorreu em muitas delas impressionou-me: durante um cerco, para se defender da fome, acontecia que os combatentes expulsassem as mulheres e as crianças, bocas inúteis. Disse a mim mesma que utilizaria esse episódio em meu romance[126] e, subitamente, fiquei alerta: acabava, parecia-me, de descobrir uma situação eminentemente dramática. Permaneci durante um bom momento imóvel, de olhar parado, presa de viva agitação. Entre o momento em que a decisão era tomada e o de sua execução, havia um prazo, por vezes bastante longo; que sentiam então as vítimas e seus pais, os irmãos, os amantes, os esposos, os filhos que os tinham condenado? De costume, os mortos calam-se. Se conservassem uma boca, como os sobreviventes poderiam suportar o desespero, a cólera deles? Eis o que eu desejei mostrar antes de tudo: a metamorfose de entes amados em mortos em *sursis*, as relações de homens de carne e osso com estes fantasmas irritados.

Mas meu projeto alterou-se. Se meus personagens se limitassem a suportar seu destino, só tiraria de seus gemidos, pensava, uma ação morna; era preciso que sua sorte ainda continuasse em suas mãos: escolhi como heróis o magistrado mais influente da cidade e sua mulher: quis também que seu conflito tivesse uma razão de ser mais digna de interesse que a passagem de uma tirania a outra. Transportei a história para Flandres, onde, aliás, acontecimentos análogos haviam ocorrido. Uma cidade que acabava de conquistar um regime democrático achava-se ameaçada por um déspota. Punha-se, então, o problema dos fins e dos meios: tem-se o direito de sacrificar indivíduos ao futuro da coletividade? Em parte por exigências do enredo, em parte porque era, naquele tempo, minha tendência, deslizei pelo moralismo.

Repeti o erro de *O sangue dos outros*, cujos temas retomei em boa parte: meus personagens reduziam-se a atitudes éticas. O galã, Jean-Pierre, é um duplo de Jean Blomart; incapaz de inventar uma conduta que faça justiça a todos os homens, escolhe a abstenção. "Como comparar

---

[126] Eu o fiz.

o peso de uma lágrima com o peso de uma gota de sangue?", pergunta ele;[127] percebe depois que sua retirada o torna cúmplice dos crimes que se cometem sem ele e, como Blomart, participa da ação. Clarice, como Hélène — embora com traços de Xavière —, passa de um individualismo teimoso à generosidade. O Mal encarna-se no irmão dela, o fascista Georges, e no ambicioso François Rosbourg. Demonstram eles com suas atividades que não é possível fazer qualquer concessão à opressão; esta, logo que aparece numa sociedade, apodrece-a por inteiro. Os meios são inseparáveis do fim visado, desnaturam-no sem entrarem em contradição com ele. Adotando medidas ditatoriais para salvar a liberdade, os habitantes de Vauxelles precipitam sua cidade na tirania. No final, tinham consciência disso, afirmavam a solidariedade dos combatentes e das "bocas inúteis": todos juntos tentavam uma saída cujo resultado eu deixava indeciso.[128]

Não condeno sem restrições essa peça; principalmente, na primeira parte, o diálogo tem certa força e há alguns trechos com bom suspense dramático. Era uma ousadia pretender pôr no palco uma cidade inteira, mas a ousadia se compreende porque vivíamos todos então espontaneamente no nível da história. Quanto ao remate, não vale ele nem mais nem menos do que um outro. O erro foi pôr um problema político em termos de moral abstrata. O idealismo que impregna *Les bouches inutiles* incomoda-me e deploro meu didatismo. É uma obra do mesmo naipe que *O sangue dos outros* ou *Pyrrhus et Cinéas*, mas seus defeitos comuns suportam-se ainda menos no teatro do que fora dele.

Sartre pertencia ao CNE e ao CNTh e tinha, através de Camus, ligações com o movimento Combat. Em meados de julho, um dos membros da rede foi detido e comunicou que "dera" os nomes. Camus

---

[127] Percebo que, dez anos mais tarde, atribuí quase textualmente essa frase à heroína de *Os mandarins*, Anne Dubreuilh. Mas há uma grande diferença: a atitude de Anne, intimamente ligada ao conjunto de sua personagem, não representa nem uma verdade nem um erro; ela é contestada pela de Dubreuilh e de Henri Perron; o romance não indica nenhuma preferência por uma ou por outra. Ao contrário, em Jean-Pierre, como em Blomart, a *abstenção* é um momento de uma evolução moral, e eles a acabam superando. Chega-se pois a uma conclusão unívoca e edificante, ao passo que em *Os mandarins* nenhuma decisão é tomada, não se sabe se com razão ou não, a ambiguidade é respeitada.

[128] A réplica da heroína: "Por que escolheríamos a paz?" reflete, como em *O sangue dos outros*, a moral de *Temor e tremor*, de Kierkegaard.

aconselhou-nos a mudar de domicílio e os Leiris ofereceram-nos hospitalidade; era delicioso permanecer em Paris em casa de amigos, como se fôssemos estrangeiros; passamos alguns dias num grande quarto luminoso e Leiris me fez ler as obras de Raymond Roussel. Depois, alcançamos, de trem e bicicleta, Neuilly-sous-Clermont e alojamo-nos num albergue-mercearia da aldeia; seria fácil regressar quando os acontecimentos se precipitassem. Lá ficamos cerca de três semanas. Trabalhávamos, almoçávamos, jantávamos na sala pública, onde as pessoas da região jogavam cartas, bilhar e discutiam. À tarde, passeávamos pelas vielas flanqueadas de delfínios, subíamos ao platô onde ondulavam os trigais maduros; muitas vezes eu escrevia fora, sob uma árvore. Aviões ingleses atacavam comboios alemães nas estradas e mais de uma vez ouvi, bem perto de mim, o ruído das metralhadoras. À noite, lá pelas dez horas, algumas V-1 assobiavam em cima da casa, percebíamos algo vermelho no céu; e sempre eu me perguntava: "Alcançará Londres? Haverá mortos?"

Zette e Michel Leiris vieram passar uma tarde conosco; uma outra vez, tivemos a visita de Olga e de Bost. Eles deram-nos as notícias que não líamos nos jornais, entre outras, as do ataque dos alemães ao *maquis* do Vercors: aldeias tinham sido calcinadas, centenas de camponeses e de *maquisards* massacrados; Jean Prévost fora morto. Soubemos também que Cuzin fora executado em Marseille; milicianos haviam armado uma emboscada para os homens do *maquis* de Oraison; Cuzin, avisado, procurara prevenir os camaradas: caíra nas mãos da milícia que o entregara aos alemães.

Em 11 de agosto, os jornais e o rádio anunciaram que os americanos se aproximavam de Chartres. Arrumamos às pressas nossas bagagens e montamos nas nossas bicicletas. Disseram-nos que a estrada principal estava impraticável; as tropas alemãs fugiram fustigadas pela R.A.F. Tomamos por um atalho que conduzia a Chantilly por Beaumont; apesar do sol, pedalávamos febrilmente, instigados, de repente, pelo receio de nos vermos cortados de Paris: não queríamos perder os dias da libertação. De Chantilly, alguns trens ainda desciam para Paris; depositamos nossas bicicletas no furgão e instalamo-nos num dos vagões do meio. O trem rodou alguns quilômetros, ultrapassou uma estaçãozinha e imobilizou-se; ouvimos o barulho de um avião e balas crepitaram; deitei-me no chão sem sentir nenhuma emoção: o incidente não me parecia real. O metralhar cessou, o avião afastou-se e todos os viajantes correram para a valeta; nós os seguimos; enfermeiros chegavam; entraram nos vagões da frente e quando saíram levavam em bancos de madeira verde, que utilizavam como macas, feridos e talvez mortos: uma mulher tivera uma perna decepada. Retrospectivamente, senti medo. As pessoas murmuravam: "Por que eles atiraram em franceses?" "Visavam a locomotiva; não perceberam que ela estava no final", explicou alguém; o descontentamento acalmou-se. Sabíamos com que eficiência os aviadores ingleses haviam paralisado as estradas de ferro ao redor de Paris, não desejávamos senão desculpá-los. O mecânico apitou: partia-se. Algumas pessoas não quiseram retomar o trem; eu subi com Sartre, não sem alguma apreensão. Durante o resto do trajeto, ninguém riu, ninguém falou sequer. No calor da tarde, os pacotes feitos com papel de embrulho, e que enchiam as redes, expandiam um odor adocicado que eu conhecia muito bem; revia corpos ensanguentados e parecia-me que não poderia comer carne nunca mais.

Por prudência, em vez de voltar para o Louisiane, hospedamo-nos no hotel Welcome, a dez metros dele, na esquina da rua de Seine com o bulevar Saint-Germain. O tempo estava tempestuoso. Tomamos uns *turin-gin* com Camus no terraço do Flore. Todos os chefes da Resistência estavam de acordo, disse: Paris devia libertar-se sozinha. Que aspecto teria essa insurreição? Quanto tempo duraria? De qualquer maneira, custaria sangue. A cidade já apresentava uma fisionomia insólita; o metrô estava fechado, só se circulava de bicicleta; carecia-se de eletricidade e de velas; iluminávamo-nos com círios escuros. Não se encontrava mais nada para comer; ia ser preciso viver com as reservas: alguns quilos de batatas, alguns pacotes de massas. Subitamente, não houve mais nenhum guarda nas ruas, tinham sumido. Em 16 de agosto, o gás foi cortado; reuníamo-nos à hora das refeições no hotel Chaplain onde Bost fabricara uma espécie de fogareiro que alimentávamos com jornais velhos: era todo um trabalho cozinhar um punhado de macarrão. Essas privações eram tão extremas que tornavam tangível a iminência do combate final; amanhã, depois de amanhã, alguma coisa ia explodir; mas essa certeza misturava-se com a angústia: como reagiriam os alemães? Fuzilavam nas prisões, tinham fuzilado perto da estação do Leste e nas antigas fortificações. Detinham e deportavam ainda. Um perigo ameaçava-nos a todos: na retirada podiam fazer Paris voar pelos ares. Pessoas bem--informadas diziam que o subsolo estava minado em toda a região em volta do Senado; na rua de Seine, como em Montparnasse, seríamos pulverizados. Mas era inútil preocupar-se com a eventualidade, posto que não havia meio de preveni-la.

Na tarde de 18 de agosto, vi no bulevar Saint-Michel caminhões cheios de soldados e de caixotes, que se encaminhavam para o Norte. Toda gente olhava. "Vão embora!" O exército de Leclerc estava quase às nossas portas; talvez os ocupantes fugissem sem que um tiro fosse dado; contava-se que tinham esvaziado as gavetas e queimado os arquivos. "Talvez amanhã tudo esteja acabado", pensei ao adormecer.

Quando despertei, debrucei-me à janela: a cruz gamada desfraldava--se ainda sobre o Senado; como de costume, as donas de casa faziam as compras na rua de Seine; uma longa fila aguardava à porta da padaria. Dois ciclistas passaram gritando: "Tomaram o departamento de polícia!" No mesmo momento, um destacamento alemão deixou o Senado e dirigiu-se a pé para o bulevar Saint-Germain; antes de dobrar a esquina, os soldados deram uma rajada de metralhadora; no bulevar os transeuntes puseram-se a correr e buscaram refúgio nos portões dos edifícios; todos estavam fechados; um homem caiu enquanto tamborilava num batente; outros caíram no meio da calçada.

Entretanto, os alemães enveredaram pelo bulevar, enquanto enfermeiros surgiram não sei de onde para carregar os feridos em suas macas. Os portões abriram-se; uma zeladora pusera-se a limpar tranquilamente a poça de sangue que se espalhava à entrada: algumas pessoas insultaram-na. O bulevar retomara seu aspecto cotidiano; mulheres velhas tagarelavam, sentadas nos bancos. Saí da janela. Enquanto Sartre se dirigia para o CNTh, na Comédie-Française, subi à casa dos Leiris; de suas janelas via-se a bandeira francesa balançar no departamento. A insurreição fora desencadeada pela manhã; a Prefeitura, a estação de Lyon, algumas delegacias estavam nas mãos dos parisienses. Na Pont Neuf, alguns FFI, descendo de uma camioneta, haviam atirado contra um comboio alemão e carros alemães tinham queimado. Durante o dia inteiro, o telefone tocou; amigos vinham e voltavam, trazendo notícias. Alguns diziam que estávamos negociando com os alemães, que uma trégua ia ser acertada. À noite, Zette e Michel Leiris acompanharam-me de bicicleta ao hotel Chaplain onde também encontramos Sartre. Enquanto abríamos uma lata de sardinhas, uma vendedora de legumes desceu a rua Bréa com um carregamento de tomates; todos se precipitavam para comprar. Rapazes de bicicleta passaram gritando que os alemães tinham pedido um cessar-fogo.

Durante a noite, uma tempestade ocorreu: pela manhã, a bandeira de cruz gamada ainda estava no mesmo lugar. Saí com Sartre; havia nervosismo no ar; diziam que a divisão Leclerc estava apenas a seis quilômetros de Paris. Flâmulas e bandeiras tricolores surgiram em todas as janelas; entretanto, na esquina de Buci tinham atirado em donas de casa que faziam compras. Os FFI cercaram uma casa na rua de Seine e prenderam um bando de japoneses instalados no telhado. Passamos o dia rodando pelo bairro. Pelas quatro horas, automóveis munidos de alto-falantes entraram no bulevar anunciando oficialmente que os combates tinham cessado. Deixavam os alemães evacuarem Paris e eles nos devolviam certo número de prisioneiros. Entretanto algumas pessoas contavam que atiravam do lado dos Gobelins, na praça d'Italie e em outros bairros. À noite, uma multidão incerta vagava pela praça Saint-Germain-des-Prés. Uma mulher bastante idosa, com um ar de exaustão e que andava empurrando uma bicicleta, interpelou-nos: "Ao primeiro tiro, os alemães bombardeiam Paris; os canhões estão apontados. Divulguem a notícia." Continuou seu caminho repetindo a mensagem com sua voz cansada. Seria um agente da quinta-coluna ou uma maluca? Ninguém prestava atenção. Entretanto, sua profecia lúgubre ajustava-se às flutuações do fim do dia: muitas coisas podiam ainda acontecer.

No dia seguinte, Sartre voltou ao Théâtre-Français e eu fui para a casa dos Leiris. Michel juntara-se a seu grupo no Museu do Homem. Encontrei Zette e uma de suas amigas que cozinhava para os FFI numa cantina da rua Saint-Andrés-des-Arts. Os combates tinham recomeçado. A manhã parecia sossegada; viam-se pescadores de vara às margens do Sena e algumas pessoas que tomavam sol, de maiô. Mas havia FFI escondidos atrás das balaustradas do cais, outros em edifícios vizinhos, outros na praça Saint-Michel, nas escadarias da estação subterrânea, disse Zette. Um caminhão alemão passou embaixo da janela; dois jovens soldados muito louros, em pé, seguravam uma metralhadora; vinte metros dali a morte os aguardava, tinha-se vontade de gritar-lhes: "Cuidado!" Ouviu-se uma rajada e eles caíram. Membros do FFI percorriam o cais de bicicleta, interrogando combatentes invisíveis para nós: "Têm munições?" Vimos depois, novamente, desfilarem caminhões e blindados alemães. A amiga de Zette ia e vinha. Informou-nos de que os insurgentes dominavam Les Halles, a estação do Leste, as centrais telefônicas; que tinham ocupado as impressoras e os locais abandonados pela imprensa colaboracionista: vendiam-se nas ruas *Combat* e *Libération*. Comunicou-nos uma notícia inquietante: tanques alemães aproximavam-se, iam atirar contra as casas do cais; Zette não se comoveu e, com efeito, nada aconteceu. Deixei-a no fim da tarde; eu resolvera instalar-me no hotel Chaplain porque a rua de Seine não estava mesmo muito frequentável; cada vez que os tanques alemães saíam do Senado, varriam-na; quis assim mesmo passar por lá para pegar algumas coisas e umas batatas, e foi uma longa expedição. Havia poças de sangue na esquina da rua Saint-André-des-Arts; balas por toda parte. Os FFI detinham os transeuntes: "Esperem!", e depois subitamente gritavam: "Corram!", e a gente atravessava a rua às pressas.

No dia seguinte, Sartre tinha encontro com Camus, que se instalara na rua Réaumur, nos locais de *Paris-Soir*: dirigia o jornal *Combat*. Descemos a pé até o Sena, no princípio da tarde. Nas vielas, as crianças brincavam de amarelinha, as pessoas andavam com um ar despreocupado; desembocamos no cais e imobilizamo-nos: as ruas e as calçadas estavam desertas e balas assobiavam; atrás de nós, havia uma preguiçosa tarde de verão; diante de nós estendia-se um *no man's land* de que a vida se retirara. Atravessamo-lo correndo; nas pontes, os passantes curvavam-se de maneira a fazer do parapeito uma proteção. Na margem direita, não se via uma alma no cais. Mais adiante, porém, o bairro estava banhado de paz, a libertação terminara. Contornamos a rua Réaumur, batemos à porta de serviço guardada por rapazes armados de metralhadoras. De cima a baixo do prédio, havia uma enorme desordem e uma enorme alegria. Camus exultava. Pediu a Sartre uma reportagem sobre esses dias. Voltamos para a margem esquerda; na praça Saint-Germain-de-Prés, no bulevar, homens trabalhavam em erguer uma barricada. Cruzei com Francis Vintenon de fuzil a tiracolo, e um lenço vermelho amarrado ao pescoço, soberbo. Agentes de ligação percorriam de bicicleta o bulevar Montparnasse; exortavam os transeuntes a irem construir barricadas e indicavam-lhes os lugares de reunião. De vez em quando, um blindado, um tanque cheios de SS disparavam pelo bulevar Raspail por onde passavam também automóveis da Cruz Vermelha carregados de feridos. Algures, o canhão troava: senti novamente uma ansiedade: por que as tropas aliadas tardavam tanto? Não iriam os alemães bombardear Paris? Que aconteceria amanhã?

Pela manhã, a cidade parecia calma. Fomos almoçar com os Salacrou, na avenida Foch; atiravam dos telhados do prédio em frente e as balas tinham riscado as paredes do salão. Almoçamos numa das peças que davam para o pátio. No café, Salacrou e Sartre alcançaram com precaução o salão para abrir o aparelho de rádio: ouviam-se alguns tiros, enquanto a BBC anunciava triunfalmente que os combates tinham terminado, que a libertação de Paris era uma realidade.

Sartre foi novamente com Salacrou à Comédie-Française ocupada pela CNTh. Ali passou a noite e o dia seguinte, enquanto eu andava por Paris; havia sempre algo que comprar para se abastecer; talvez tenha ido também entregar a Camus a primeira parte da reportagem de Sartre. Recordo o estranho e ardente silêncio das ruas patrulhadas ainda por alguns blindados e onde, de vez em quando, assobiava uma bala. Um atirador, particularmente obstinado, mantinha a rua Dufour sob fogo; atravessava-se correndo entre duas rajadas. Jantei à noite duas batatas no hotel Chaplain, com Olga, Wanda, Bost, Lise. Ciclistas gritaram que a divisão Leclerc acabara de chegar à praça do Hôtel-de-Ville. Precipitamo-nos à praça Montparnasse; gente acorria de todas as ruas. O canhão troou, todos os sinos puseram-se a tocar, todos os prédios se iluminaram. Alguém acendeu uma festiva fogueira na calçada e nós giramos em volta cantando. Subitamente uma voz deu o alerta: "Tanques!" Um tanque alemão descia de Denfert-Rochereau. Todos voltaram para suas casas, mas nós ficamos um bom momento no pátio do hotel a conversar com os outros hóspedes: "Se devem fazer Paris ir pelos ares, será esta noite", disse uma mulher.

Às seis horas da manhã, tornei a subir correndo o bulevar Raspail. A divisão Leclerc desfilava pela avenida de Orléans e, reunida nas calçadas, uma imensa multidão aclamava-a. Na rua Denfert-Rochereau, um grupo de órfãs consteladas de insígnias tricolores agitava bandeirinhas; tinham alinhado às portas da enfermaria Marie-Thérèse as poltronas dos escrofulosos. De vez em quando, um tiro; um atirador de telhado; alguém caía, carregavam-no mas ninguém se comovia com remoinho; o entusiasmo esmagava o medo.

Andei o dia inteiro com Sartre pelas ruas embandeiradas de Paris, olhei as mulheres bem-ataviadas que pulavam ao pescoço dos soldados; uma bandeira brilhava em cima da Torre Eiffel. Que tumulto em meu coração! É muito raro que se coincida exatamente com uma alegria de há muito esperada: essa sorte era-me dada. Cruzamos com pessoas conhecidas que franziam as sobrancelhas: "Agora é que vão começar as dificuldades! Vamos ver o diabo." Eu as lamentava: essa febre, essa expansão alegre, elas não as sentiam porque não as tinham sabido desejar; nós não éramos mais cegos do que elas, mas o que quer que acontecesse depois não me arrancaria aqueles instantes; nada os arrancou de nós: brilham em meu passado com um brilho que nunca se desmentiu.

Alguns de nossos amigos se viram excluídos contra a vontade dessa festa. Subimos à casa dos Leiris; receberam um telefonema de Zanie e Jean Aubier; telefonavam agachados, combatiam ao redor da casa, não podiam sair. Havia alemães entrincheirados no jardim do Luxemburgo e parecia difícil desalojá-los.

De Gaulle desceu a Champs-Élysées na tarde seguinte. Sartre assistiu ao desfile de uma sacada do hotel do Louvre. Eu fui com Olga e os Leiris para o Arco do Triunfo. De Gaulle andava a pé em meio a uma multidão de guardas, soldados, FFI de uniformes extravagantes que se seguravam pelos braços e riam. Misturados à multidão, aclamamos, não uma parada militar, e, sim, um carnaval popular desordenado e magnífico. Repentinamente ouvi um ruído conhecido, vagamente esperado: tiros. As pessoas que me cercavam enveredaram por uma das ruas perpendiculares à avenida e eu as acompanhei pendurada ao braço de Olga; viramos e pegamos outra rua; balas assobiavam; algumas pessoas deitaram-se no asfalto; eu preferi correr. Todas as portas estavam fechadas, mas uns homens arrombaram uma e penetramos no abrigo que se abria: uma espécie de armazém, abaixo do nível da rua e cheio de papelões e papel de embrulho. Lá recobramos o fôlego. Pouco a pouco, o silêncio restabeleceu-se e saímos. Descendo para a ponte de Alma com Olga, cruzei ambulâncias e enfermeiros que transportavam feridos. Perguntava a mim mesma com alguma inquietação que teria acontecido aos Leiris e fui até a casa deles; eles chegaram pouco depois, indenes. Sartre encontrou-nos no cais Grands-Augustins; estava numa sacada com alguns membros do CNTh quando houve os tiros; os FFI tinham-nos tomado por milicianos e haviam atirado: eles tinham pulado vivamente para o fundo da peça. Jantamos com Genet, os Leiris e um americano amigo deles, Patrice Valberg; era o primeiro a quem falávamos e olhávamos seu uniforme com olhos incrédulos. Ele contou a entrada em Dreux, em Versailles, a emoção dos habitantes, a dele próprio. Acabávamos de deixar a mesa quando um avião zumbiu no céu; parecia girar em volta do telhado e houve uma grande explosão bem próxima. Nesse momento, conheci realmente o medo. Um avião alemão que sobrevoava Paris na cólera da derrota, carregado de bombas e de ódios, era infinitamente mais terrificante do que toda uma esquadrilha aliada. Estávamos no quinto andar; sugeri descermos ao térreo. Valberg sorriu de minha pusilanimidade; os outros (não sei a que ponto se achavam tranquilos) não protestaram. Os locatários em sua maioria estavam reunidos no pátio. Novas explosões fizeram os vidros tremer. Depois, a noite acalmou-se. Soubemos no dia seguinte que as bombas não tinham caído longe: a Halle dos vinhos incendiara-se; um prédio da rua Monge fora arrasado.

Estava acabado. Paris estava livre; o mundo, o futuro eram-nos devolvidos e nós nos lançamos neles. Mas antes, quero recapitular o que aprendi durante esses cinco anos.

No início da guerra comunicaram-me, aprovando-a, na editora Gallimard, a expressão de uma jovem mulher, casada com um dos autores da casa: "Que querem? A guerra não modifica minhas relações com uma folha de erva sequer." Eu me senti seduzida e embaraçada ao mesmo tempo com essa serenidade; é verdade que as folhas de erva não contavam muito para mim. Muito depressa minha perplexidade cessou; não somente a guerra mudara minhas relações com tudo, como tudo havia mudado: os céus de Paris e as aldeias da Bretanha, a boca das mulheres, os olhos das crianças. Depois de junho de 1940, não reconheci mais as coisas, nem as gentes, nem as horas, nem os lugares, nem a mim mesma. O tempo, que durante dez anos não se mexera, de repente se deslocava, arrastava-me: sem deixar as ruas de Paris, vi-me mais desenraizada do que outrora atravessando oceanos. Tão ingênua como uma criança que acredita na vertical absoluta, eu pensara que a verdade do mundo era fixa: ela permanecia ainda semiatolada num mineral que os anos iriam desgastar ou que a revolução subitamente pulverizaria. Mas, substancialmente, ela existia: na paz que nos era dada, fermentavam a justiça e a razão. Eu construía minha felicidade sobre um solo firme, sob imutáveis constelações.

Que mal-entendido! Eu não vivera um fragmento de eternidade, mas um período transitório: o pré-guerra. A terra revelava-me outra face: desencadeavam-se a violência e a injustiça, a estupidez, o escândalo, o horror; a vitória mesma não ia inverter o tempo e ressuscitar uma ordem provisoriamente transtornada; ela abria uma nova época: a do pós-guerra. Nenhuma folha de erva em nenhum prado, nem sob nenhum de meus olhares, tornaria a ser nunca o que já fora. O efêmero era meu quinhão. E a História arrastava, de cambulhada, momentos gloriosos e um enorme amontoado de dores sem remédio.

Contudo, nesse fim de agosto de 1944, eu a encarava com confiança; ela não era inimiga porque, afinal de contas, minhas esperanças triunfavam; ela acabava de me dar as alegrias mais pungentes que eu conhecera. Quanto tinha apreciado, durante minhas viagens, confundir-me com as árvores e as pedras! Eu me arrancara de mim mesma mais definitivamente ainda quando me perdera no tumulto dos acontecimentos; Paris, por inteira, se encarnava em mim e eu me reconhecia em cada rosto; a intensidade de minha própria presença me aturdia e dava-me, numa milagrosa intimidade, a dos outros. Adquirira asas e, doravante, sobrevoaria minha estreita vida pessoal, planaria no azul coletivo: minha felicidade refletiria a aventura magnífica de um mundo criando-se de novo. Não esquecia sua face de sombra. Mas o moralismo de que falei ajudava-me a enfrentá-la. Agir em ligação com todos, lutar, consentir em morrer para que a vida tenha um sentido: parecia-me que me apegando a tais preceitos, eu dominava as trevas de onde subia a queixa dos homens.

Entretanto, não; essas queixas traspassavam minhas barricadas e as derrubavam. Impossível restabelecer-me no antigo otimismo; o escândalo, o malogro, o horror, não os podemos nem compensar nem superar: isso eu sabia, para sempre. Nunca mais cairia no delírio esquizofrênico que durante anos tinha falazmente escravizado o universo a meus planos. Continuava despreocupada com muitas coisas que muita gente leva a sério; mas minha vida deixou de ser um jogo, conheci minhas raízes, não fingi mais fugir de minha situação: tentei aceitá-la. A partir de então, a realidade teve seu peso certo. Por momentos, parecia-me odioso acomodar-me a ela. Renunciando a minhas ilusões, perdera minha intransigência e meu orgulho: fora talvez a maior mudança que se verificara em mim e, por vezes, eu sentia um pesar ardente. Em *A convidada*, Françoise indagava com ódio: "Irei tornar-me uma mulher resignada?" Se eu escolhera fazer dela uma assassina, era porque preferia qualquer coisa à submissão. Agora, eu me submetia, pois que, a despeito de todas essas mortes atrás de mim, de minhas indignações, de minhas revoltas, eu me restabelecia na felicidade. Tantos golpes recebidos e nenhum me alquebrara! Sobrevivia e estava indene. Que despreocupação, que inconsistência! Nem menor nem pior do que a das outras pessoas: por isso mesmo tinha vergonha por elas, tendo vergonha de mim. Mas carregava tão alegremente minha indignidade, que, salvo em raras e curtas explosões, não a sentia sequer.

Esse escândalo, esse malogro, contra o qual me obstinava, ora recusando-o, ora adaptando-me, ora irritando-me com minha docilidade, ora ainda me conformando, tinha um nome preciso: a morte. Nunca a minha morte e a morte dos outros me preocuparam de maneira tão obcecante como durante esses anos. Está na hora de falar a respeito.

A morte apavorou-me a partir do instante em que compreendi que eu era mortal. No tempo em que o mundo estava em paz e a felicidade me parecia segura, eu encontrava muitas vezes a vertigem de meus quinze anos diante dessa ausência de tudo o que seria minha ausência ante tudo, para sempre, a partir de um certo dia; esse aniquilamento inspirava-me tamanho horror que eu não admitia que se pudesse enfrentá-lo de sangue frio: nisso que chamam coragem eu só via uma leviandade cega. Observo, entretanto, que nem nesses anos, nem nos que se seguiram, eu me mostrei particularmente pusilânime. Quando praticava esqui, quando tentava nadar, eu carecia de ousadia. Na neve, não ousava pegar velocidade, nem no mar perder pé. Desajeitada com meu corpo, receava quebrar uma perna, sufocar, ser obrigada a pedir socorro aos outros: a morte não estava em jogo. Em compensação não hesitava em escalar sozinha montanhas abruptas, atravessar, de alpercatas, campos de neve ou barreiras em que um passo em falso podia custar-me a vida; na manhã em que escorreguei de uma altura considerável até o fundo da torrente, pensei com curiosidade: está acabado, então essas coisas acontecem! Tive a mesma reação quando a queda de bicicleta me esmagou. Observei com grande desapego esse acontecimento imprevisto mas, enfim, inteiramente normal: minha morte. Em ambos os casos, fui ultrapassada pelos acontecimentos; não sei como me houvera comportado em face de um perigo sério e se minha imaginação tivesse tido tempo para funcionar. Não me foi dada a oportunidade de medir minha covardia e minha coragem. Os bombardeios de Paris, o do Havre, não me impediram de dormir; eu só corria riscos mínimos. O que é certo é que, nas circunstâncias em que me vi colocada, o medo nunca me barrou nenhum caminho. Meu otimismo poupou-me prudências exageradas; e depois, eu não receava o fato mesmo de morrer, conquanto surgisse na minha vida num dado momento: seria o seu ponto final mas ainda lhe pertenceria; nas ocasiões em que pensei enfrentá-lo, entreguei-me serenamente à aventura viva: não pensei no vazio que se abria do outro lado. O que com todas as minhas forças eu recusava era o horror dessa noite que nunca seria horrível porque não seria, mas que era horrível para mim que existia; tolerava mal sentir-me efêmera, acabada, uma gota de água no oceano; por momentos, todos os meus projetos se me afiguravam vãos, a felicidade tornava-se uma ilusão e o mundo, a máscara irrisória do nada.

Pelo menos, a morte me garantia contra um excesso de sofrimento: "Eu me matarei, de preferência a resignar-me", pensava. Quando a guerra estourou, essa resolução afirmou-se; a desgraça tornava-se uma possibilidade cotidiana: a morte também. Pela primeira vez, na minha existência, deixei de me revoltar contra ela. Sentada no cabo de Raz, em setembro de 1939, eu dizia a mim mesma: "Tive a vida que desejava; agora pode acabar. Ela terá sido." Revejo-me também debruçada à porta de um vagão, o vento fustigando-me o rosto e eu repetindo: "Sim, talvez tenha chegado o momento de um ponto final. Consinto nisso." E como a acolhia em meu coração sem escândalo, compreendi que a desafiamos. Alguns anos, a mais ou a menos, contam pouco ao lado dessa liberdade, dessa despreocupação que se conquista desde que se deixe de fugir dela. Descobri intimamente a verdade de frases que me tinham parecido vazias: cumpre aceitar morrer quando não resta mais nenhum meio de salvar a vida; a morte nem sempre é um absurdo acidente solitário: por vezes, ela cria laços vivos com outras pessoas; então, tem um sentido e justifica-se. Pouco mais tarde, acreditei ter feito a experiência da morte e saber que não era exatamente nada. Deixei por uns tempos de temê-la e até de pensar nela.

Mas não me detive nessa indiferença. Uma noite de verão, dias antes do ensaio geral de *As moscas*, jantei com Sartre em casa de Camille: voltávamos a pé de Montmartre quando o toque de recolher nos surpreendeu; entramos num hotel da rua da Université. Eu tinha bebido um pouco, suponho; em meu quarto forrado de vermelho, bruscamente a morte me apareceu. Torci as mãos, chorei, dei com a cabeça nas paredes, com a veemência dos quinze anos.

Uma noite, em junho de 1944, tentei conjurar a morte com palavras. Destaco algumas dessas notas, tais como as escrevi então:

"Estava deitada em minha cama, o ventre colado ao colchão, os joelhos e os pés enfiados no chão. Dentro da noite, o silêncio transformara-se num ruído de folhagem e de água, um grande ruído de infância. A morte descia sobre mim. Mais um pouco de paciência e eu iria escorregar para o outro lado do mundo, para uma região que não reflete nunca a luz. Existiria sozinha, longe dos outros, nessa pura existência que é talvez o exato reverso da morte e que só conheço em meus sonhos.

Em vão, a procuro por vezes no deserto das montanhas e dos platôs; a solidão nunca se completa quando mantemos os olhos abertos. Ia fugir, ao longo de uma dimensão misteriosa, que desfaria minha vida e me faria tocar minha pura presença; e talvez ao fim encontrasse a morte, o sonho de morte que a cada vez eu tomo por uma verdade definitiva, deixando-me deslizar numa espécie de abandono ao fundo do nada, enquanto uma voz grita: 'Desta vez é de verdade, não haverá despertar.' E alguém fica e diz: 'Estou morta' e sonhando a morte que um vivente pode sonhar, nesse instante milagroso a vida atinge a extrema pureza de minha presença nua. Quase não há uma semana em que eu não me entregue a esse jogo de angústia e de certeza. Mas nessa noite, meu corpo rechaçava o abandono do sono, recusando entregar-se mesmo em sonho à morte, ainda que para a renegar, recusando dormir; e não havia em mim nenhuma angústia, porque essa recusa tinha tamanha violência que a morte perdia sua importância: o tempo abolia-se, a existência afirmava-se sem recurso aos outros nem ao futuro. Mas essa chama exigia um alimento; durante um instante, queimou recordações e as frases que se formavam em minha garganta bastavam para exaltar meu coração; a vida inchava-se, pressionava-me; mas como viver na noite desse quarto, no meio de uma cidade trancada? Acendi a luz e, deitada na cama, escrevi estas linhas. Escrevi o início deste livro que é meu supremo recurso contra a morte, este livro que tanto desejei escrever: o trabalho de todos estes anos talvez não tenha sido destinado senão a dar-me a audácia e o pretexto de escrevê-lo."

"E talvez essa morte que me terá amedrontado a vida inteira se esgote em um segundo; não a perceberei sequer. Acidente ou doença, será talvez tão *fácil*. Uma resignação conduz a outra. Estarei morta para os outros e não me verei morrer."

"Sem dúvida morrerei em minha cama; minha cama me amedronta: um barco que me leva, uma vertigem. Afasto-me, afasto-me da margem, imóvel ao lado de alguém que fala e sorri e cujo rosto se apaga à superfície da água em que afundo; afundo e deslizo, e parto para nenhum lugar, em meu leito, ao sabor da correnteza, do tempo, da noite."

Os sonhos a que aludo, nas linhas que precedem, desempenharam papel considerável nas minhas lutas contra a morte. Não sei quantas vezes recebi um tiro de revólver no coração, atolei em areias movediças. Entorpecia-me, desmaiava, abolia-me: e encontrava grande sossego nesse aniquilamento em que consentia. Eu realizava minha morte, como muitas vezes eu desejara em vão realizar a guerra, a separação: dar-lhes a volta, possuí-las, aniquilá-las, graças a essa posse. Eu atravessava a morte como Alice atravessava o espelho e, uma vez do outro lado, eu me apropriava dela: absorvia-a em mim em vez de me dissolver nela; em suma, eu sobrevivia a ela. Dizia a mim mesma ao expirar: "Desta vez é de verdade, não haverá despertar." E alguém que ficava dizia: "Estou morta." Essa presença domesticava a morte; eu estava morta e a voz murmurava: "Estou aqui." E depois eu despertava e a verdade saltava-me ao rosto: quando estiver morta, a voz não dirá mais nada. Parecia-me, às vezes, que se conseguisse estar exatamente presente no instante da morte, que se coincidisse com ela, eu a faria *ser*: seria uma maneira de salvá-la. Mas não. Nunca ela me seria dada, pensava; e nunca tampouco colheria o horror que me inspirava, numa angústia definitiva; continuaria, sem recurso, esse pequeno temor insosso, continuariam esses pensamentos de sono, a imagem banal de uma barra negra, detendo a série de espaços medidos que representam os anos e após a qual a página permanece branca. Não a tocaria, não conheceria esse gosto falso, misturado ao sabor da vida. E eu tinha medo de envelhecer: não porque meu rosto mudaria e minhas forças diminuiriam, mas por causa desse gosto que iria fazer-se espesso e que apodreceria cada instante, mas por causa dessa barra negra que se aproximaria inexoravelmente.

A barra negra perdia-se ainda nos longes; mas fatalmente ocorreriam a ausência e a separação. Eu rodava de bicicleta, olhava o campo dardejante de sol e de vida, e meu coração crispava-se: aquilo ainda existiria e não mais para mim. Quando eu era criança, tentava captar de passagem uma dessas pequenas almas que ainda não se tinham encarnado e dizer no lugar delas: eu. Agora imaginava que alguém, mais tarde, me emprestaria sua consciência e que seria eu quem veria com seus olhos. Emily Brontë tinha olhado essa lua com sua auréola de musselina ruiva; ela pensara: um dia não a verei mais. A mesma lua no fundo de todos os olhos: por que éramos nós, através do tempo e do espaço, irredutíveis uns aos outros? Essa morte que nos é comum a todos, cada qual a aborda sozinho. Do lado da vida, pode-se morrer junto; mas morrer é escorregar fora do mundo, onde a palavra "junto" não tem mais sentido. O que eu mais desejava no mundo era morrer com quem amava; mas ainda que nos deitássemos, cadáveres, lado a lado, isso não passaria de uma ilusão; de nada a nada não existe laço.

Essa noite informe, eu a pressentia através de mortes que não eram a minha. Tinha havido Zaza; ela ainda vinha visitar-me à noite, com seu rosto amarelo sob o capuz cor-de-rosa; tinha havido Nizan e, perto de mim, Bourla. Bourla afundara no silêncio, na ausência, e um dia soubéramos que se devia dar a essa ausência o nome de morte. Depois, o tempo passara: ele não acabava de estar morto, não acabaria nunca. Muitas vezes, à noite sobretudo, eu dizia a mim mesma: "Enterremo-lo, e não pensemos mais nisso." Como é cômodo um bom enterro clássico! O morto desaparece na cova e sua morte com ele; jogamos terra por cima, viramos as costas, não devemos mais nada; ou querendo, voltamos, de vez em quando, para chorar neste lugar em que a morte está catalogada: sabemos onde encontrá-la. E depois, de costume, as pessoas acabam numa cama, numa casa; sua ausência é o inverno de sua antiga presença. A cadeira está vazia, dizemos; nesta hora ele estaria enfiando a chave na fechadura. A propósito de Bourla, quando eu passeava por Paris, tentava dizer: não existe mais, porém de qualquer maneira não estaria exatamente onde estou. De onde estava ele ausente? De nenhum lugar e de todos os lugares; sua ausência infestava o mundo inteiro. E, no entanto, esse mundo está cheio, e não sobra um só lugar para quem não tem mais nele o seu lugar. Que separação! Que traição! A cada batida de nossos corações, renegamos sua vida e sua morte. Um dia teremos terminado de esquecê-lo inteiramente. Um dia esse ausente, esse esquecido, será eu.

Entretanto, eu não podia sequer desejar escapar a essa maldição: infinita, nossa vida se dissolveria na indiferença universal. A morte contesta nossa existência, mas é ela que lhe dá um sentido; por ela se cumpre a separação absoluta, mas ela é também a chave de toda comunicação. Eu tentara em *O sangue dos outros* mostrar que ela se quebrava de encontro à plenitude da vida; e eu quisera demonstrar em *Pyrrhus et Cinéas* que sem ela não poderia haver nem projetos nem valores. Em *Les bouches inutiles*, ao contrário, era o horror dessa distância entre vivos e mortos que eu tivera como objetivo pintar. Quando comecei em 1943 *Todos os homens são mortais*, eu encarei o romance, antes de tudo, como um longo devaneio em torno da morte.

Desse romance falarei mais tarde porque se enriqueceu durante o primeiro ano do pós-guerra. Quero agora fazer apenas uma observação. Antes de escrever *A convidada*, tateei durante anos; a partir do momento em que o comecei, não parei de escrever, durante alguns curtos períodos em que os acontecimentos me ocupavam por inteira ou me paralisavam; a passagem de minha experiência à literatura não me trouxe mais nenhum problema capital. O mesmo ocorre com a maioria dos escritores, meu caso não é excepcional. Por isso mesmo parece-me tanto mais oportuno considerá-lo de perto. Por que foi que desde então sempre tive "alguma coisa a dizer"?

Primeiramente, conhecia melhor o meu ofício e adquirira confiança; quando metia na minha cabeça a ideia de um livro, tinha a certeza de que ele seria publicado: acreditava em sua existência, e isso me ajudava a fazê-lo existir. Mas havia uma outra razão, muito mais essencial. Disse--o: era somente quando uma falha se abria em minha experiência que eu podia distanciar-me e falar dela. Desde a declaração de guerra, as coisas tinham definitivamente deixado de ser naturais; a desgraça fizera irrupção no mundo, a literatura se me tornara tão necessária quanto o ar que respirava. Não imagino que seja um recurso contra o desespero absoluto, mas eu não fora reduzida a esse extremo, longe disso; o que sentira, pessoalmente, era a patética ambiguidade de nossa condição, a um tempo horrível e exaltante; verificara que era incapaz de atentar para os dois aspectos em conjunto, como também de articular claramente em mim mesma um ou outro deles; ficava sempre aquém dos triunfos da vida e de suas atrocidades. Consciente do abismo que separava o que sentia do que era, precisava escrever para fazer justiça a uma verdade com a qual não coincidia nenhum dos movimentos de meu coração; creio que muitas vocações de escritor se explicam de maneira análoga; a sinceridade literária não é o que se imagina habitualmente: não se trata de transcrever as emoções, os pensamentos, que de minuto em minuto nos assaltam, mas de indicar os horizontes, que não tocamos, que mal percebemos e, no entanto, estão presentes; eis por que, para compreender, de acordo com a obra, a personalidade viva de um autor, é preciso trabalhar muito. Quanto a ele, a tarefa a que se atrela é infinita, pois cada um de seus livros diz muito e muito pouco. Ainda que se repita e se corrija durante dezenas de anos, não conseguirá nunca captar no papel, nem tampouco em sua carne e seu coração, a realidade inumerável que o investe. Muitas vezes, o esforço que faz para se aproximar dela constitui, no interior da obra, uma espécie de dialética; no meu caso, ela aparece claramente. O fim de *A convidada* não me satisfazia. Não é o assassínio que permite superar as dificuldades engendradas pela coexistência. Quis, em vez de tornar óbvio a elas, enfrentá-las. Em *O sangue dos outros*, em *Pyrrhus et Cinéas* procurei definir nossa justa relação com outras pessoas. Achei que, queiramos ou não, intervimos nos destinos estranhos e devemos assumir essa responsabilidade. Mas a conclusão exigia uma contrapartida, pois eu sentia com acuidade que era responsável e, ao mesmo tempo, não podia nada. Essa impotência foi um dos temas principais que abordei em *Todos os homens são mortais*. Tentei retificar também, nesse romance, o otimismo moral de minhas duas obras precedentes, descrevendo a morte não somente como uma relação de cada homem com o todo, mas ainda como o escândalo da solidão e da separação. Assim, cada livro me lançou, desde então, a um livro novo, porque o mundo se desvendara a mim como transbordando tudo que eu podia experimentar, conhecer e dizer dele.

Conheça os títulos da Coleção Clássicos de Ouro

132 crônicas: cascos & carícias e outros escritos — Hilda Hilst
24 horas da vida de uma mulher e outras novelas — Stefan Zweig
50 sonetos de Shakespeare — William Shakespeare
A câmara clara: nota sobre a fotografia — Roland Barthes
A conquista da felicidade — Bertrand Russell
A consciência de Zeno — Italo Svevo
A força da idade — Simone de Beauvoir
A força das coisas — Simone de Beauvoir
A guerra dos mundos — H.G. Wells
A idade da razão — Jean-Paul Sartre
A ingênua libertina — Colette
A mãe — Máximo Gorki
A mulher desiludida — Simone de Beauvoir
A náusea — Jean-Paul Sartre
A obra em negro — Marguerite Yourcenar
A riqueza das nações — Adam Smith
As belas imagens (e-book) — Simone de Beauvoir
As palavras — Jean-Paul Sartre
Como vejo o mundo — Albert Einstein
Contos — Anton Tchekhov
Contos de terror, de mistério e de morte — Edgar Allan Poe
Crepúsculo dos ídolos — Friedrich Nietzsche
Dez dias que abalaram o mundo — John Reed
Física em 12 lições — Richard P. Feynman
Grandes homens do meu tempo — Winston S. Churchill
História do pensamento ocidental — Bertrand Russell
Memórias de Adriano — Marguerite Yourcenar
Memórias de um negro americano — Booker T. Washington
Memórias de uma moça bem-comportada — Simone de Beauvoir
Memórias, sonhos, reflexões — Carl Gustav Jung
Meus últimos anos: os escritos da maturidade de um dos maiores gênios de todos os tempos — Albert Einstein
Moby Dick — Herman Melville
Mrs. Dalloway — Virginia Woolf
O amante da China do Norte — Marguerite Duras
O banqueiro anarquista e outros contos escolhidos — Fernando Pessoa
O deserto dos tártaros — Dino Buzzati
O eterno marido — Fiódor Dostoiévski
O Exército de Cavalaria — Isaac Bábel
O fantasma de Canterville e outros contos — Oscar Wilde
O filho do homem — François Mauriac
O imoralista — André Gide
O muro — Jean-Paul Sartre
O príncipe — Nicolau Maquiavel
O que é arte? — Leon Tolstói
O tambor — Günter Grass
Orgulho e preconceito — Jane Austen
Orlando — Virginia Woolf
Os mandarins — Simone de Beauvoir
Retrato do artista quando jovem — James Joyce
Um homem bom é difícil de encontrar e outras histórias — Flannery O'Connor
Uma fábula — William Faulkner
Uma morte muito suave (e-book) — Simone de Beauvoir

Direção editorial
Daniele Cajueiro

Editora responsável
Ana Carla Sousa

Produção editorial
Adriana Torres
Laiane Flores
Juliana Borel

Revisão
Ana Grillo

Diagramação
Futura

Capa
Victor Burton

Este livro foi impresso em 2022
para a Nova Fronteira.